Dicionário biobibliográfico de
ESCRITORES MINEIROS

CONSTÂNCIA LIMA DUARTE
(Organizadora)

Dicionário biobibliográfico de
ESCRITORES MINEIROS

autêntica

CAPA
Christiane Costa
(Sobre fotos de Adão Ventura, Adélia Prado, Afonso Romano de Sant'anna, Carlos Drummond de Andrade, Darcy Ribeiro, Fernando Sabino, Guimarães Rosa, Henriqueta Lisboa, Silviano Santiago, Lúcia Machado, Otto Lara Rezende [Acervo de Escritores Mineiros da UFMG]; Henfil, Janete Clair, Pedro Nava [Conteúdo Expresso]; Constância Lima Duarte [Filipe Lima Duarte]; Bartolomeu Campos [José Abílio]; Carlos Herculano [Marcos Vieira/Estado de Minas])

EDITORAÇÃO ELETRÔNICA
Tales Leon de Marco
Christiane Morais de Oliveira
Verônica Luciana Martins
Waldênia Alvarenga Santos Ataíde

REVISÃO
Ana Carolina Lins
Cecília Martins
Vera Lúcia de Simoni Castro

EDITORA RESPONSÁVEL
Rejane Dias

Revisado conforme o Novo Acordo Ortográfico.

AUTÊNTICA EDITORA
Rua Aimorés, 981, 8º andar. Funcionários
30140-071. Belo Horizonte. MG
Tel.: (55 31) 3222 68 19
Televendas: 0800 283 13 22
www.autenticaeditora.com.br

COLABORADORES:
Estudantes de graduação da Faculdade de Letras da UFMG, 1º semestre de 2006, disciplina Literatura Brasileira: Estudo de Escritores Mineiros (relação completa na página 18)
Ana Caroline Barreto – Bolsista de Iniciação Científica/FAPEMIG
Bruno da Costa e Silva – Bolsista de Iniciação Científica/FAPEMIG
Juliana Cristina de Carvalho – Bolsista de Iniciação Científica/CNPq

Dados Internacionais de Catalogação na Publicação (CIP)
(Câmara Brasileira do Livro, SP, Brasil)

Dicionário biobibliográfico de escritores mineiros / Constância Lima Duarte, organizadora ; [Colaboradores Ana Caroline Barreto, Bruno da Costa e Silva, Juliana Cristina de Carvalho et al]. – Belo Horizonte : Autêntica Editora, 2010.

Bibliografia

ISBN 978-85-7526-383-9

1. Escritores mineiros – Biografia – Dicionários 2. Literatura brasileira – Biobibliografia I. Duarte, Constância Lima. II. Barreto, Ana Caroline. III. Silva, Bruno da Costa e. IV. Carvalho, Juliana Cristina de.

10-01067   CDD-869. 0398151

Índices para catálogo sistemático:
1. Escritores mineiros : Dicionários biobibliográficos 869. 0398151
2. Minas Gerais : Escritores : Dicionários biobibliográficos 869. 0398151

SUMÁRIO

RELAÇÃO DE ESCRITORES

NOS BASTIDORES DA PESQUISA

A ideia deste livro é antiga. Sempre que pensava em literatura produzida em Minas Gerais, ou em escritores mineiros, sentia falta de uma obra de referência que reunisse nomes e informações acerca das obras e que estivesse sempre ao alcance para tirar as dúvidas. Para completar, sempre gostei de dicionários, enciclopédias, catálogos e glossários, não importa que nome tenham, e sou grata por tudo que facilitam aos pesquisadores. Afinal, qualquer que seja a tarefa, ela se torna infinitamente mais fácil e rápida quando existem obras que nos fornecem generosamente as respostas que buscamos e nos poupam tempo e pesquisas desnecessárias.

Que estudioso da literatura brasileira nunca recorreu aos preciosos dicionários biobibliográficos de Sacramento Blake, Victor Brinches e Raimundo de Menezes; ou, se o foco eram as escritoras, às obras de Adalzira Bittencourt e Nelly Novaes Coelho? Entre as enciclopédias, existem várias que aí estão auxiliando o ensino e a aprendizagem da literatura pátria, com destaque para a *Enciclopédia de literatura brasileira*, de Afrânio Coutinho e Galante de Souza.

Mas, quando nos detemos na produção literária de um Estado, ou de municípios, as publicações se tornam escassas, limitadas, e não dão conta de um conjunto mais amplo de autores. No caso da literatura mineira, nem há dicionários. Predominam antologias que privilegiam a poesia e os poetas, limitam-se a um determinado período literário e fornecem dados biobibliográficos superficiais. Cito duas, à guisa de exemplo: a *Antologia da poesia mineira*, de Diva Ruas Santos (1992), e *A poesia mineira no século XX*, de Assis Brasil (1998).

Foi por isso, que, no primeiro semestre de 2006, decidi aproveitar uma disciplina optativa que oferecia aos alunos de graduação do curso de Letras da UFMG, acerca da literatura mineira, para realizar o levantamento geral de escritores e suas obras e escrever pequenos textos sobre eles. A proposta teve a adesão imediata e entusiástica dos estudantes, e uma rica aventura acadêmica, pelos meandros ainda desconhecidos da pesquisa, teve então início.

Primeiro, examinamos a estrutura e o teor de algumas obras de referência para esclarecer as diferenças entre dicionário, antologia e glossário. Depois, observamos a redação de verbetes e definimos qual a melhor forma de organizar informações biobibliográficas. Refletimos sobre a dispersão do conhecimento em fontes diversas – como livros, catálogos, acervos e a internet em geral – e sobre a ética que deve permear todo trabalho intelectual. Só então passamos à discussão dos critérios que norteariam a pesquisa, debatendo cada item e recorrendo à votação aberta, sempre que necessário, para definir se tal critério seria ou não estabelecido.

Ficou decidido, por exemplo, que entrariam no dicionário apenas escritores nascidos em Minas Gerais que tivessem mais de um livro publicado – aí compreendendo romance, conto, novela, poesia, teatro, crônica ou literatura infantil. Também foi estabelecido que deveríamos reunir um número expressivo de escritores, independentemente de serem ou não canônicos, para ampliar o conceito de texto literário e contribuir na divulgação de nomes que lutam para se tornarem conhecidos para além de suas cidades e regiões. No debate que realizamos acerca de "clássico" e "canônico", verificamos que tais conceitos têm pouco espaço no mundo de hoje, quando a disponibilidade de informação é cada vez mais diversificada, e por isso tendem a desaparecer. E decidimos que o verbete deveria apresentar uma síntese da vida e da formação do autor e, sempre que possível, um comentário ou uma apreciação crítica de sua obra.

O levantamento dos nomes – dos mais antigos aos contemporâneos – cerca de 450, foi realizado através da investigação sistemática em dicionários, antologias, enciclopédias, sites e histórias da literatura. Após recolher algumas centenas de nomes, demos início à fase da distribuição dos verbetes. Em muitos casos, a definição foi fácil: bastava o aluno manifestar interesse e justificar a preferência – como o fato de ser parente, amigo da família, conterrâneo, ou ter lido livros do autor – para ficar encarregado do seu verbete. Quando vários queriam pesquisar os mesmos – o que ocorreu com Henriqueta Lisboa, Adélia Prado, Carlos Drummond de Andrade, Murilo Mendes, Fernando Sabino e Roberto Drummond, entre outros –, foi dada a opção do trabalho em grupo ou do sorteio, que ocorreu em várias situações, com total aquiescência do resultado.

À medida que a pesquisa avançava e os textos ficavam prontos, eles eram apresentados para a turma, que dava sugestões de conteúdo, questionava informações e até sugeria outra organização para o verbete. A Biblioteca da Faculdade de Letras da UFMG (FALE), o Acervo de Escritores Mineiros, a Biblioteca Pública do Estado, o Arquivo Público Mineiro e a Academia Mineira de Letras foram alguns dos locais visitados insistentemente pelos jovens pesquisadores na busca pelos dados necessários para a formulação dos textos. Em muitos casos, os próprios autores foram os informantes, dando generosos depoimentos acerca de sua obra ou de sua biografia. Em outros, os prefácios, as apresentações e as orelhas cumpriram o papel de fonte confiável. Conforme o nome indica, este *dicionário biobibliográfico* tem a intenção de apresentar a seus leitores uma síntese biográfica dos autores e a relação dos respectivos livros.

Quando o semestre terminou, com algumas centenas de verbetes nas mãos, eu me dei conta de que era necessário fazer não apenas uma acurada revisão, como também a atualização e a uniformização do material. Ainda que os verbetes conservem traços de quem os escreveu, em muitos casos foi preciso alterar a sequência de parágrafos para reunir títulos publicados ou a relação de prêmios recebidos, por exemplo. E, à medida que os meses passavam – e novos compromissos acadêmicos demandavam minha atenção –, fui me dando conta de como aquela era uma obra provisória, pois necessitava ser continuamente atualizada com dados que a todo instante surgiam.

Mais tarde, quando já buscava concretizar a publicação do trabalho, surgiram questionamentos sobre a ausência de um e outro nome. E a decisão anterior de apenas relacionar os nascidos em Minas começou a se revelar frágil. Afinal – ponderavam –, nomes como Tomás Antônio Gonzaga, Alvarenga Peixoto e Alberto Deodato, por exemplo, não podem ficar fora de uma obra que pretenda dar conta da literatura produzida em Minas Gerais. Outro levantamento foi então realizado, e escritores que nasceram em outras regiões, mas que vivem e publicam no Estado, foram acrescentados à antiga relação...

Felizmente, para dar conta de tarefa tão extensa, contei com o auxílio competente de três bolsistas de Iniciação Científica em diferentes momentos. Foram eles: Ana Caroline Barreto (Fapemig), Bruno da Costa e Silva (Fapemig) e Juliana Cristina de Carvalho (CNPq), sendo que esta última permaneceu até o final do trabalho. E afirmo, com absoluta sinceridade, que, sem essa ajuda, teria sido muitíssimo difícil dar conta da tarefa.

Seguindo a tendência atual – e que nos parece mais sensata –, optamos pela entrada dos verbetes por ordem alfabética do primeiro nome ou da forma como os escritores e escritoras assinaram seus trabalhos.

Para terminar, lembro Wilson Martins, que disse, certa feita, que os dicionários sofrem de "inevitável velhice precoce", pois começam a se desatualizar no momento mesmo em que ficam prontos. E é a pura verdade. Felizmente, como o ideal é que os dicionários – principalmente os de literatura – sejam sempre revistos e ampliados, problemas de omissão (e o surgimento) de nomes, bem como de dados bibliográficos, poderão ser corrigidos futuramente.

Enfim, aqui está o resultado de um trabalho de grupo, feito com todo amor e dedicação às letras mineiras.

Na fase final da pesquisa, recebi a providencial ajuda de Augusto Coutinho, Eduardo de Assis Duarte, Leonardo Magalhães Gomes, Beatriz de Almeida Magalhães e Carlos Herculano Lopes. A todos e todas, meu agradecimento sincero.

Constância Lima Duarte
Professora de Literatura Brasileira da UFMG

COLABORADORES

Adélia do Rosário Ramos de Santana
Aline França
Aline Siqueira
Ana Caroline Barreto Neves
Ana Paula Gonçalves Santos
Ana Valéria Bertola
Aurylia Rotolo
Bruno César Souza de Oliveira
Bruno da Costa e Silva
Carlos Lima
Carolina Antonaci Gama
Cássio Oliveira Lignani
Cíntia Tavares
Cláudia Ribeiro Fonseca
Cleber Araújo Cabral
Cristiane Orzil Costa
Cristina Soares de Souza
Cristine Scarpelli de Lacerda
Daniel Glauber de Andrade
Daniel Rameh de Paula
Daniela de Melo Gonçalves
Deborah Brant Pimenta
Dennys Bacelete de Souza
Diogo Tadeu Silveira
Elberson Justino de Medeiros
Elo da Cunha Soares
Fernanda Fernandes Ribeiro da Silva
Fernanda Gabriela de Souza
Fernanda Soares da Costa
Flávia Gomes Xavier
Geraldo Márcio da Conceição
Gildásio P. dos Santos
Graciele Regiane do Carmo
Gustavo Tanus Cesário de Souza
Isadora Almeida Rodrigues
Janete Dias Ribeiro

Jéssica E. Bernstein
João Henrique Malta
Juliana Cristina de Carvalho
Juliana Maria Gonçalves da Silva
Juliana Silva Araújo
Juliana Xavier de Castro
Kelber Pontes Maia
Kelton Cristiano Chagas Rocha
Leda Maria Siqueira
Lia Regina de Jesus Silva Bolina
Luciana Massai do Carmo
Luíza Santana Chaves
Marcelo Rodrigo de Souza
Marcelo Souza Batista
Maria Aparecida Ferreira de Oliveira
Maria José de Abreu Pereira
Maria Tereza Achtschin
Maria Zilda S. Freitas
Michele Ferreira da Silva
Milton Pereira Júnior
Nathalia de Aguiar F. Campos.
Odilon Coeli
Patrízya Caroline Batista Martins
Priscila M. de B. Borges
Priscilla Iacomini Felipe
Rafael Teixeira de Paula Lima
Raquel Tanus Cesário de Souza
Rogério Robert Rodrigues
Rosemara de Mont'Alverne Neto
Sabrina Tamiette Bedeschi
Saulo Sales de Souza
Sumaya Mattar Oliveira Lima
Tainá Nunes Ferreira
Valéria Rennó R. Oliveira
Victor Hugo Barbosa Ramalho
Zélia Maria de N. Neves Vaz

ABGAR RENAULT (1901-1995)

Abgar de Castro Araújo Renault, escritor, poeta, tradutor e professor, nasceu em Barbacena, no dia 15 de abril de 1901, e faleceu no Rio de Janeiro, em 31 de dezembro de 1995, sendo sepultado no Mausoléu da Academia Brasileira de Letras. Seus pais eram Leon Renault, conhecido professor, e Maria José de Castro Renault. Em 1911, ingressou no Colégio Arnaldo, onde estudou latim, francês, inglês e alemão. Foi casado com Ignês Caldeira Brant Renault.

Em 1924, formou-se advogado pela Faculdade de Direito de Belo Horizonte. Mas já havia iniciado a carreira de professor de português e inglês, a que se dedicou por quase toda a vida. Abgar Renault acreditava que, somente investindo na educação, era possível enfrentar os problemas do mundo moderno. E foi para defender suas ideias que ocupou inúmeros cargos públicos, como o de diretor do Departamento Nacional de Educação, de vice-presidente do Conselho Federal de Educação, de secretário estadual da Educação e Saúde Pública de Minas Gerais, além de presidente da Sociedade Brasileira de Cultura Inglesa e membro das Nações Unidas para a Educação, a Ciência e a Cultura (Unesco). Em inúmeras ocasiões, representou o Brasil em congressos, comissões e conferências internacionais.

Foi professor de Literatura Inglesa, de 1950 a 1967, na Faculdade de Filosofia da Universidade Federal de Minas Gerais; exímio tradutor de poetas ingleses, norte-americanos, franceses, espanhóis e alemães; e profundo conhecedor da obra de Shakespeare. Contemporâneo de Carlos Drummond, Emílio Moura, Murilo Mendes e Cyro dos Anjos, participou ativamente do movimento modernista de Minas Gerais. Na poesia, conciliou as novas propostas com métodos e ritmos do verso tradicional, realizando ainda uma interessante mistura de pessimismo, ironia e bom humor. Segundo Mário Garcia de Paiva, o pessimismo – fonte de inspiração para sua poesia – manifestava-se também em sua conversação e em sua prosa.

Ao traduzir os poetas de que mais gostava, Abgar Renault tinha o cuidado de estudar atentamente o espírito da obra, suas sutilezas e mistérios da sua forma, pois considerava o trabalho de tradução "verdadeira criação literária" e uma espécie de arte. Um conjunto valioso formado por seus manuscritos, livros, fotografias, objetos pessoais e documentos em geral encontra-se depositado no Acervo de Escritores Mineiros, da Universidade Federal de Minas Gerais, à disposição de leitores e pesquisadores. O professor e poeta, entre inúmeros prêmios e homenagens, pertenceu à Academia Brasileira de Letras e recebeu o título de Professor Emérito da Faculdade de Letras, como reconhecimento pelos trabalhos intelectuais e acadêmicos prestados ao longo da vida.

Publicações: *Sonetos antigos* (poesia, 1968); *A lápide sob a lua* (poesia, 1968); *Sofotulafai* (poesia, 1971); *A outra face da lua* (poesia, 1983) e *Obra poética* (poesia, 1990). Traduções: *Poemas ingleses de guerra* (1942, de vários poetas); *A lua crescente* (1942), *Colheita de frutos* (1945), *Pássaros perdidos* (1947, de Rabindranath Tagore); e ainda *O boi e jumento do presépio* (1955), de Jules Superielle. Posteriormente, esses livros foram reunidos em *Poesia tradução e versão*, de 1994, mas ainda permaneceram inéditas numerosas outras traduções.

Fontes:

ANDRADE, Carlos Drummond de. Pessimismo de Abgar Renault. *Suplemento Literário Minas Gerais*. Belo Horizonte, v. 3, n. 99, p. 13, jul. 1968; FÁVERO, Maria de Lourdes de Albuquerque. BRITTO, Jader de Medeiros (Org.) *Dicionário de educadores no Brasil*. Rio de Janeiro: Editora UFRJ / MEC-Inep, 1999; LEAL, César. Palavra na poesia de Abgar Renault. *Suplemento Literário Minas Gerais*. Belo Horizonte, v. 14, n. 773, p. 4-5, jul. 1981; LINS, Álvaro. Poesia inglesa e a guerra. *Suplemento Literário Minas Gerais*. Belo Horizonte, v.3, n. 99, p. 8, jul. 1968; OLIVEIRA, Solange Ribeiro de. Pastiche barroco: a poesia de Abgar Renault. *Suplemento Literário Minas Gerais*. Belo Horizonte, n. 83, p. 3-7, maio 2002; PAIVA, Garcia de. Outra face da lua. *Suplemento Literário Minas Gerais*. Belo Horizonte, v. 19, n. 922, p. 2, jun. 1984; PAIVA, Garcia de. O caminho espera. *Suplemento Literário Minas Gerais*. Belo Horizonte, v. 3, n. 99, p. 1, 1968; RENAULT, Abgar. Dois depoimentos de Abgar Renault. *Suplemento Literário Minas Gerais*. Belo Horizonte, v. 3, n. 99, p. 16, jul. 1968.

ABÍLIO BARRETO (1883-1959)

Escritor, poeta, jornalista e conhecido homem público, Abílio Velho Barreto nasceu em Diamantina (MG), em 22 de outubro de 1883. Aos 15 anos, foi trabalhar na Imprensa Oficial da recém-fundada Belo Horizonte, primeiro como tipógrafo e revisor, depois como redator interino do jornal *Minas Gerais*. Em 1924, foi promovido a Primeiro Oficial do Arquivo Público Mineiro, cargo em que se aposentou dez anos depois. Em 1941, foi convidado pelo prefeito Juscelino Kubitschek para organizar o Museu Histórico de Belo Horizonte, inaugurado em 1943. Sediado na antiga Fazenda do Leitão, nos arredores do antigo Arraial do Curral Del Rei, esse museu nascia com o propósito de preservar a história da capital mineira. Em 1968, o museu ganhou nova denominação em homenagem ao primeiro diretor, tornando-se conhecido como Museu Histórico Abílio Barreto. Em 17 de julho de 1959, Abílio Barreto faleceu.

Além de importantes obras acerca da história de Belo Horizonte, como *Belo Horizonte: memória histórica e descritiva* (1928); *História Média* (1936), *Urbo Belo Horizonte* (1947) e *Resumo Histórico de Belo Horizonte* (1950), Abílio Barreto era conhecido como poeta e ficcionista, tendo publicado os seguintes títulos: *A última serenata* (poesia, 1931); *Cromos* (poesia, 1945), *A noiva do tropeiro* (romance de costumes mineiros, 1946); *A avó* (teatro, s/d), entre outros.

Fontes:

Publicações do autor; http://www.guiaentradafranca.com.br.

ACHILLES VIVACQUA (ROBERTO THEODORO) (1900-1942)

Achilles Vivacqua nasceu em Muniz Freire, no Espírito Santo, em 4 de janeiro de 1900, e faleceu em 2 de dezembro de 1942. Filho de Antônio Vivacqua, italiano de Castelluxo Superior, da Baixa Itália, e de Etelvina Vieira de Souza Monteiro Vivacqua, brasileira. Ainda jovem, em 1920, contraiu tuberculose e, por recomendação médica, veio se tratar em Belo Horizonte, acompanhado de sua irmã Maria. Um tempo depois, a família transferiu-se definitivamente para Belo Horizonte. A produção literária de Achilles Vivacqua vai se desenvolver entre o Sanatório Hugo Werneck e a casa de sua família.

Em 1934, o poeta ingressou na Escola Livre de Direito de Belo Horizonte, mas logo se transferiu para a Academia de Direito de São Paulo, onde se diplomou em 1937. Com o pseudônimo de Roberto Theodoro, entrou para o mundo literário, tendo participado ativamente do movimento modernista mineiro. Ao lado de Carlos Drummond, Edmundo Lys, T. de Miranda Santos, Ascânio Lopes, Emílio Moura, Martins de Oliveira, Guilhermino César, Camillo Soares, Henrique de Resende, Francisco Inácio Peixoto, Martins Mendes, Oswaldo Abritta e Rosário Fusco, fez parte do grupo da revista *Verde*, de Cataguases, colaborando desde seu primeiro número, em 1927.

Em 13 de maio de 1928, Achilles Vivacqua, com Guilhermino César e João Dornas Filho, lançou outro periódico, intitulado *Leite Crioulo*, filiado ao movimento antropofágico paulista, que pretendia contribuir para a reforma do pensamento e da estética em Minas Gerais. O título – *Leite Crioulo* – remetia à contribuição do elemento africano na nossa formação e queria combater o 'lado escuro' do nosso temperamento, o crioulismo brasileiro caracterizado pela 'preguiça secular' do povo brasileiro.

Achilles dedicou-se à poesia, ao conto, à novela, e ainda escreveu ensaios políticos e críticas, que publicou em diferentes revistas e jornais do País e do estrangeiro. Entre as muitas revistas que colaborou, estavam *Cidade Vergel, Semana Ilustrada, A Semana de Pará de Minas* (1926), *Novela Mineira, Belo Horizonte* (1934-1935), e *Montanheza,* de

Minas Gerais; *Fon-Fon* (1924-1935), *Careta, O Malho, Vida Doméstica, Ideia Ilustrada, Nação Brasileira* (1941), *Ilustração Brasileira, Ilustração Moderna* (1925), *Phenix, Para Todos, A Esphera, Beira Mar,* e *Revista de Artes e Letras,* do Rio de Janeiro; *Revista de Antropofagia, Vanitas* (1935), de São Paulo; e *Vida Capichaba* (1924-1929), Revista *Chanaan,* do Espírito Santo. E entre os jornais: *Diário de Minas, Folha de Minas, Correio Mineiro, Estado de Minas,* de Minas Gerais; *O Momento, Correio do Sul* (1929-1939); *Diário da Manhã,* do Espírito Santo; *Diário de São Paulo, Manhã, Folha do Povo, Folha Feminina, Época, União dos Moços,* de São Paulo; e *A Tarde,* da Bahia. Também divulgou seus trabalhos literários nos jornais *Renovación,* e *El Heraldo do Góes,* de Montevidéu, em 1929.

Publicou apenas um livro de poesias, em 1928, intitulado *Serenidade.* Chegou a preparar outro – *Bambu imperial* –, que se perdeu, conforme declaração da irmã do poeta, Eunice Vivacqua. O restante de sua obra, incluindo inúmeros contos e poemas, permanece inédito nos periódicos em que foi divulgado. Em 2007, o Acervo de Escritores Mineiros da UFMG recebeu da família de Achilles Vivaqua parte de seu espólio literário, como livros autografados, manuscritos, recortes de jornais, fotografias e cartas enviadas por Blaise Cendrars, Ribeiro Couto, Marques Rabelo, Ascenso Ferreira, Gustavo Barroso, Alcântara Machado, entre outros escritores, seus amigos e contemporâneos.

Fontes:

Acervo de Escritores Mineiros da UFMG, localizado no Campus – Pampulha, 3º andar da Biblioteca Central.

ADÃO VENTURA (1946-2004)

Adão Ventura Ferreira nasceu em 1946, em Santo Antônio do Itambé, antigo Distrito do Serro (MG). Formado em Direito pela Faculdade de Direito da Universidade Federal de Minas Gerais, em 1973, foi convidado para lecionar Literatura Brasileira na Universidade New Mexico e participar do Congresso de Escritores Internacionais, promovido pela Universidade de Iowa, nos EUA. Foi roteirista e ator dos filmes *Chapadas do Norte* e *Dançantes,* este último um documentário sobre a Festa do Rosário nas cidades do Serro e de Milho Verde. Na década de 90, dirigiu a Fundação Palmares, órgão federal responsável pela promoção cultural da população negra brasileira.

Contemporâneo de Murilo Rubião e Affonso Ávila, o poeta colaborou na criação do *Suplemento Literário Minas Gerais,* onde publicou inúmeros poemas. Parte de sua obra está traduzida para o inglês, o alemão e o húngaro, e sua produção tem gerado especial interesse por parte da crítica literária. Silviano Santiago, no ensaio "Vale quanto pesa", faz elogios ao livro *A cor da pele* e ao autor, considerando-o um importante poeta da literatura negra nacional, ao lado de Oswaldo de Camargo. Ítalo Moriconi incluiu o poema "Negro forro" na antologia *Os cem melhores poemas do século.*

A produção poética de Adão Ventura está impregnada de questões relacionadas aos afrodescendentes, como o preconceito e o racismo, e retrata a consciência de um eu poético que se aceita e se quer negro. O poeta recebeu o Prêmio Cidade de Belo Horizonte, em 1972, e o Prêmio da *Revista Literária da UFMG* e da Fundação Cultural do Distrito Federal, em 1991. Faleceu prematuramente aos 58 anos, em 2004, deixando alguns inéditos. Parte de seu espólio intelectual foi doado ao Acervo de Escritores Mineiros da UFMG.

Publicações: *Abrir-se de um abutre ou mesmo depois de deduzir dele o azul* (1970); *As musculaturas do arco do triunfo* (1976); *Jequitinhonha* (1980); *A cor da pele* (1980); *Pó-de-mico de macaco de circo* (1985); *Textura afro* (1992) e *Litanias de cão* (2002). Em 2006 foi publicado o volume *Costura de nuvem*, edição póstuma, pela Editora Dubolsinho.

Fontes:

Publicações do autor; http://www.letras.ufmg.br (acesso em: abril de 2006).

ADÉLIA PRADO

Adélia Luzia Prado nasceu em 13 de dezembro de 1935, em Divinópolis (MG). Primeira dos oito filhos de João Prado Filho e de Ana Clotilde Corrêa, viveu uma infância simples no interior, onde recebeu as primeiras letras no Grupo Padre Matias Lobato. Em 1950, a morte prematura de sua mãe coincide com o surgimento dos primeiros versos, antes mesmo de ela completar 15 anos. Algum tempo depois, concluiu então o Ginásio no Instituto Nossa Senhora do Sagrado Coração, em Divinópolis, e ingressou no Curso de Magistério da Escola Normal Mário Casasanta, que concluiu em 1953. Em 1972, morre o pai da autora.

No mesmo ano em que se formou em Filosofia, pela Faculdade de Filosofia, Ciências e Letras de Divinópolis, em 1973, enviou originais de poemas para o crítico (e poeta) Affonso Romano de Sant'Anna, que os encaminhou a Carlos Drummond de Andrade. Entusiasmado, Drummond declara em sua crônica no *Jornal do Brasil* de 9 de outubro daquele ano: "Adélia é lírica, bíblica, existencial. Faz poesia como quem faz bom tempo", e recomenda os originais – que viriam a constituir *Bagagem*, livro de estreia da autora – à Editora Imago. No ano seguinte, o livro foi lançado no Rio de Janeiro, com direito a presenças ilustres como Carlos Drummond, Clarice Lispector, Nélida Piñon, Juscelino Kubitschek, Affonso Romano de Sant'Anna e Alphonsus Guimarães Filho, entre outras.

E o prestígio de Adélia Prado só fez crescer. Em 1978, é agraciada com o Prêmio Jabuti, da Câmara Brasileira do Livro, pela obra *A faca no peito*. De 1983 a 1988, ocupa o cargo de chefe da Divisão Cultural da Secretaria Municipal de Educação e da Cultura de Divinópolis. E, em 1987, a atriz Fernanda Montenegro estreia no Teatro Delfim, no Rio de Janeiro, o espetáculo Dona Doida, dirigido por Naum Alves de Souza, inspirado em textos de Adélia Prado. "O transe poético", afirma Adélia, "é o experimento de uma realidade anterior a você. Ela te observa e te ama. Isto é sagrado. É de Deus. É seu próprio olhar pondo nas coisas uma claridade inefável. Tentar dizê-la é o labor do poeta".

Publicações: poesia: *Bagagem* (1976); *O coração disparado* (1978); *Terra de Santa Cruz* (1981); *O pelicano* (1987); *A faca no peito* (1988); *Oráculos de maio* (1999); *Poesia reunida* (1991, que continha *Bagagem, O coração disparado, Terra de Santa Cruz, O pelicano* e *A faca no peito*). Prosa: *Solte os cachorros* (1979); *Cacos para um vitral* (1980); *Os componentes da banda* (1984); *O homem da mãe seca* (1994); *Os manuscritos de Felipa* (1999); *Filandras* (2001); *Quero minha mãe* (2005); *Prosa reunida* (1999, que continha *Solte os cachorros, Cacos para um vitral, Os componentes da banda, O homem da mão seca*). Em parceria: *A lapinha de Jesus* (com Lázaro Barreto, 1969); *Caminhos de solidariedade* (com Lya Luft, Marcos Mendonça e outros, 2001); *Ficção: feminino* (com Ana Miranda e Ana Paula, 2003). Literatura infantil: *Quando eu era pequena*, 2006, com ilustrações de Elizabeth Teixeira. A obra de Adélia Prado tem sido objeto também de espetáculos de dança, como *A imagem refletida* (poema escrito para a composição homônima de Gil Jardim), levado ao palco pelo Balé do Teatro Castro Alves, com direção de Antônio Carlos Cardoso (Salvador, 1998); e de leituras dramatizadas, como *O tom de Adélia Prado* (poemas de *Oráculos de maio*, 2002); *O sempre amor*, com trilha de Mauro Rodrigues e acompanhamento da Orquestra de Câmara do Sesiminas (2005).

Adélia Prado integra ainda inúmeras antologias nacionais de poesia e prosa, e sua obra está sendo divulgada em outros países através de traduções para o inglês e o espanhol.

Fontes:

Publicações da autora; NOGUEIRA JR., Arnaldo. *Projeto Releituras*. São Paulo: 1996. Disponível em: http://www.releituras.com (acesso em: 22 de abril de 2006); http://www.wikipedia.com.br (acesso em: 22 de abril de 2006).

ADILSON DUARTE DA COSTA

Nasceu em Araújos (MG), em 7 de setembro de 1957, filho de Ângelo Duarte da Costa e de Silvéria Rosa Duarte. Rapaz, transferiu-se para Divinópolis, onde se graduou em Ciências Contábeis e em Direito. Atualmente, é inspetor de Controle Externo do Tribunal de Contas e assessor técnico da Assembleia Legislativa de Minas Gerais.

Além da publicação de romances, contos e crônicas, Adilson Duarte da Costa é autor de livros técnicos de Direito Administrativo. Sócio fundador da Sociedade dos Escritores Novos de Minas Gerais, é membro da União Brasileira de Escritores de São Paulo e do Clube dos Escritores da cidade de Piracicaba. Entre os prêmios recebidos, destacam-se o Prêmio do XIII Concurso Literário Guimarães Rosa, de Belo Horizonte, o Concurso Nacional Menotti Del Picchia, de São Paulo, e o Prêmio Casa de las Américas, de Havana, Cuba.

Publicações: *Algemas de ouro* (crônicas, 1977); *A cabana dos inocentes* (romance, 1984; 4. ed. 1993); *Anjo moleque* (contos e crônicas, 1990 e 1994); *As luzes do sol* (romance, 1973); *A pupila dos olhos de Deus* (crônicas, 1974); *Existe um sol no horizonte* (crônicas, 1974); *Jovens de infinito* (crônicas, 1974); *Ruazinha caçula* (romance, 1974); *Muralhas de um derrotista* (crônicas, 1975); *Minha torre de Babel* (crônicas, 1975); *Lágrimas negras* (crônicas, 1975); *Soluços do vento* (romance, 1976); *Terra brava* (romance, 1976); entre outros.

Fontes:

ADRIÃO, José Neto. *Dicionário biobibliográfico de escritores brasileiros contemporâneos*. Teresina: Geração 70, 1998; http://www.araujosmg.hpg.ig.com.br (acesso em: 24 de março de 2006); http://www.ube.org.br (acesso em: 24 de março de 2006).

ADILSON VILAÇA

Adilson Vilaça de Freitas nasceu em 1º de agosto de 1956, em Cuparaque, no Vale do Rio Doce, mas passou a infância em Ecoporanga, no Espírito Santo. Segundo o escritor, foram as histórias contadas pela avó paterna, dona Maria Raimunda, que aguçaram seu interesse pela narrativa e pela ficção.

Em 1983, ganhou o Concurso Literário da Fundação Ceciliano Abel de Almeida com o livro de contos *A possível fuga de Ana dos Arcos*. Depois, publicou: *Espiridião e outras criaturas* (contos, 1987); *Purpurina e outras desfolias* (contos, 1992); *Trapos* (novela e contos, 1992); *Albergue dos querubins* (romance, 1996); *A derradeira folia* (contos, 1996); *A mulher que falava pássaros* (novela, 1996); *O lugar das conchas* (romance, 1997); *Cotaxé* (romance, 1997); *Quando eu era beija-flor* (contos, 1998); *Memórias do primeiro tempo* (contos e crônicas, 1999); *Coração ilhéu* (romance-folhetim, 1999); *Carinhos de solidão lilás* (contos, 1999); *A ceia dos querubins* (edição reestruturada do romance *Albergue dos querubins*, 2000); *A trilha do Centauro* (2005); *Cotaxé* (2007); *Identidade para os gatos pardos* (2007).

Em 1999, a obra do escritor mereceu a publicação de um volume intitulado *A árvore das palavras*, com estudo crítico, seleção de texto e notícia biográfica assinada pelo professor Francisco Aurélio Ribeiro, da UFES. Para o ensaísta, a obra de Adilson Vilaça contém

> [...] um misto de realismo documental, recriação histórica e um forte apelo ao imaginário e à fantasia, além de um labor artesanal, que torna seu discurso característico da narrativa pós-moderna ou neobarroca, revelam uma qualidade artística pouco comum nos escritores brasileiros contemporâneos. Superando a tentativa de fazer da literatura obra de 'denúncia' das contradições sociais, comum nos anos setenta, e buscando o compromisso com a literariedade, a principal marca do trabalho com a linguagem, Adilson Vilaça utiliza vários recursos das conquistas literárias da modernidade: o diálogo entre os textos; o embasamento do literário no discurso mítico, no filosófico e no metafísico; o

inter-relacionamento Ficção/História; o enfoque centrado no processo narrativo, na figura do narrador e no diálogo narrador/narratário; o humor, a ironia, a paródia, provocando a reflexão crítica; o saber/sabor da linguagem (in: *A árvore das palavras*, 1999).

Entre sua produção, destaca-se ainda *Cotaxé*, romance histórico que tem como pano de fundo o embate pela posse da área situada na divisa dos Estados de Minas Gerais e do Espírito Santo, mais precisamente em Cotaxé, distrito de Ecoporanga, entre os anos de 1950 e 1963. Vilaça escreveu ainda o roteiro para o filme *Cotaxé*, de Joelzito Araújo, baseado em seu romance. O escritor reside em Vitória (ES).

Fontes:

Publicações do autor; http://www.letras.ufmg.br (acesso em: junho 2006).

ADRIANO MENEZES

Adriano Menezes nasceu em São Vicente (MG), em 1º de março de 1965, e reside em Belo Horizonte. Poeta e contista tem publicado em diferentes periódicos literários, como a revista *Dimensão,* do poeta Guido Bilharino, em antologias, como *O achamento de Portugal* (2005), e sites literários.

Seu livro mais conhecido, *Os dias,* reúne trinta e sete poemas escritos ao longo de 15 anos e contém madura reflexão sobre a vida cotidiana, a existência humana e o tempo. A disposição das palavras em linhas independentes confere a elas um novo ritmo e exige dos leitores uma leitura mais atenta. O poema que abre o livro – "Epigráfico" – é emblemático. Nele, o escritor apresenta um corpo que vai sendo marcado, com o passar do tempo, por chagas advindas do mundo exterior e do mundo interior, assim expressas: "Salvo as implicâncias/ que a realidade/ empurra e traduz/ em opacas transparências/ algo material/ conduz por superfícies/ um corpo talvez aéreo/ fabricado à saudade/ e que logo já é/ minúsculo gado/ que estoura da hora/ e segue furando o ar/ de dois mundos/ mudos através do dia".

Outros poemas, como "Estação", "A casa", "Código Morse" e "Sing Manfg. Co", contêm imagens carregadas de sentidos relacionados à memória, enquanto outros, como "Segunda-feira", "Tarde", "Marquise", "Movediço" e "Safári", tratam do cotidiano, da vida presente e da passada. Segundo Armando Freitas, poeta carioca, *Os dias*, de Adriano Menezes:

> É um livro escrito e apanhado, desentranhado, de dentro da vida de quem escreve, sem concessões e confessionalismos, mas que não abre mão desse núcleo vital. Outra coisa inusitada é o vocabulário (e a maneira de expressá-lo) pouco usual, na poesia brasileira e que,

por isso mesmo, confere ao seu livro forte marca autoral (www. paralelos.org).

Publicações: *Dois corpos* (1999); *Os dias* (2004) e *Via expressa* (2005).

Fontes:

Publicações do autor; http://www.uaisites.adm.br (acesso em: 16 de abril de 2006); http://www.gargantadaserpente. com (acesso em: 16 de abril 2006).

AFFONSO ARINOS DE MELO E FRANCO (1868-1916)

Affonso Arinos de Melo e Franco nasceu em Paracatu (MG), em 1º de maio de 1868. Era filho de Virgílio de Melo Franco e de Ana Leopoldina de Melo Franco, e tio do também escritor Afonso Arinos, seu homônimo. Em São João del-Rei, estudou no conhecido colégio do Cônego Antônio José da Costa Machado. Depois, foi para o Rio de Janeiro estudar Humanidades, e, para São Paulo, formando-se em Direito, em 1889. Por alguns anos, residiu em Ouro Preto e deixou seu nome na cidade, como professor de História do Brasil no Liceu Mineiro e fundador da Faculdade de Direito de Minas Gerais.

Em São Paulo, a convite de Eduardo Prado, em 1897, assumiu a direção do Jornal *Comércio de São Paulo*, que fazia campanha pela restauração da monarquia. Nessa época, publicou diversos trabalhos na *Revista Brasileira* e na *Revista do Brasil*. Em fevereiro de 1901, foi eleito sócio correspondente do Instituto Histórico e Geográfico Brasileiro; e, nesse mesmo ano, candidatou-se à vaga de Eduardo Prado na Academia Brasileira de Letras.

O gosto pelas letras revelou-se desde o tempo de estudante, principalmente através dos inúmeros contos que escrevia e publicava nos periódicos literários. Considerado pioneiro das tendências regionalistas na literatura brasileira, tem, entre suas publicações, os seguintes títulos: *Pelo sertão* (1898); *Os jagunços* (1898); *Notas do dia* (prosa, 1900); *O contratador de diamantes* (1917), *A unidade da pátria* (1917), *Lendas e tradições brasileiras* (1917), *O mestre de campo* (1918) *Histórias e paisagens* (contos, 1921); *Lendas e tradições brasileiras* (1917, edição póstuma) e *Histórias e paisagens* (1921, edição póstuma). O escritor faleceu em 19 de fevereiro de 1916, em Barcelona, Espanha.

Fontes:

http://www.colegioweb.com.br; http://www.letras.ufmg.br; http://www.aprendaki.com.br; http://www.educarede.org.br.

AFFONSO ÁVILA

Nascido em 19 de janeiro de 1928, em Belo Horizonte, Affonso Ávila é nacionalmente reconhecido como poeta, crítico literário, ensaísta e especialista da estética barroca.

A carreira intelectual teve início em 1950, como jornalista literário da seção Tribuna das Letras, no *Diário de Minas*. No ano seguinte, fundou a revista *Vocação*, com Fábio Lucas, Rui Mourão, Ciro Siqueira e Laís Corrêa de Araújo – também poeta, com quem se casaria. Em 1953, publicou o primeiro livro de poesia – *O açude. Sonetos da descoberta*. Na época, trabalhava como auxiliar de Gabinete do governador Juscelino Kubitschek e colaborava nos periódicos *Diário de Minas, Tendência* e *Estado de Minas*. Nos anos seguintes, ao participar da campanha de JK para presidente, aproxima-se dos poetas concretistas de São Paulo e dá uma guinada em sua obra. Ao retornar a Belo Horizonte, assume a direção do jornal *Folha de Minas,* e a função de editor do Suplemento Dominical do *Estado de Minas*, e publica *Carta do solo* (1961) e *Frases-feitas* (1963). Nesse ano (1963), organizou, a convite da Reitoria da Universidade de Minas Gerais, a Semana Nacional de Poesia de Vanguarda, que obteve enorme repercussão na mídia impressa nacional. Em 1967, tornou-se colaborador da revista *Invenção*, do grupo concretista. A identificação com a poesia de vanguarda o levou a retirar sua participação na I Bienal Nestlé de Literatura, em protesto aos ataques às vanguardas dos anos 1960.

Affonso Ávila contribuiu também, e de maneira decisiva, com projetos relacionados ao estudo e à conservação da cultura das cidades históricas de Minas, não apenas através da edição da revista *Barroco*, em 1969, como também na direção da Superintendência de Pesquisa e Tombamento do Instituto Estadual do Patrimônio Histórico e Artístico (IEPHA/MG), em 1980.

Sua produção crítica é extensa e encontra-se divulgada através de livros, jornais e revistas de todo o País. O autor afirma que, além de produzir uma arte de vanguarda com um processo de composição lastreado no barroco – segundo Antônio Sérgio Bueno, uma *escrita radical*, marcada pela *proliferação barroca*, pela modulação morfológica e pelo recurso gráfico/visual –, se engajou socialmente, preocupado com o paradoxo do "ser mineiro" (reacionário/liberal):

> Meu processo de poesia se concentra numa visão penetrante de pesquisa não só de linguagem quanto da história, procuro ir ao fundo da questão, desencobrir o componente mais sombrio e perverso da coisa mineira, em contrapartida ao componente mais saudável e confortador, que era realmente o lado positivo da história.

Em 15 de maio de 2008, para comemorar os 80 anos de vida, Affonso Ávila foi homenageado pelo Café Literário, que destacou a importância de sua obra poética e dos estudos sobre o barroco mineiro. Durante o evento, a mesa-redonda intitulada "O que é uma vida dedicada à poesia?" contou com a participação do também escritor Rui Mourão e da professora de literatura Melânia Silva de Aguiar. Na ocasião, o poeta autografou o livro *Homem ao termo: poesia reunida* (1949-2005). Ao longo da vida, o poeta vem recebendo merecidamente inúmeros prêmios, como o Prêmio Jabuti de

Poesia, em 1991, pelo livro *O visto e o imaginado*, e o Prêmio da Fundação Conrado Wessel de Arte, Ciência e Cultura de 2007.

Publicações: *O açude e sonetos da descoberta* (1953); *Código de Minas & Poesia anterior* (1953); *Carta ao solo* (1961); *Carta sobre la usura* (trad. esp. de Angel Crespo, 1962); *Frases-feitas* (1963); *Resíduos seiscentistas em Minas* (1967); *Gertrude's instante* (1969); *O poeta e a consciência crítica* (1969); *O lúdico e as projeções do Barroco* (1971); *Código nacional de trânsito* (1972); *Cantaria barroca* (1975); *O modernismo* (1975); *Discurso da difamação do poeta* (1978); *Vídeo-tape (ou fita/prontuário de leads apropriados de jornais mineiros)* (1979); *Masturbações* (1980); *Barrocolagens* (1981); *Delírios dos cinquent'anos* (1984); *O visto e o imaginado* (1990); *Infáustica* (1991); *Catas de Aluvião: do pensar e do ser em Minas* ("biografia intelectual", 2000); *A lógica do erro* (2002); *Cantigas do falso Alfonso el sábio. 1987-2001* (Cotia, SP: Ateliê Editorial, 2006); *O modernismo* (2007); *Homem ao termo: poesia reunida (1949-2005)* (poesia, 2008), entre outros.

Fontes:

Publicações do autor; BUENO, Antônio Sérgio. *Affonso Ávila*. Belo Horizonte: FALE/UFMG, 1993. Coleção Encontro com Escritores Mineiros, n.1. Contém a relação completa de sua obra, bem como um depoimento do autor e excertos de sua fortuna crítica); Jornal *Estado de Minas*, de 15 de maio de 2008; sites da internet.

AFFONSO ROMANO DE SANT'ANNA

Considerado um dos grandes intelectuais brasileiros da atualidade, Affonso Romano de Sant'Anna é poeta, cronista, ensaísta e professor universitário, autor de vasta produção literária voltada não só para o meio acadêmico, mas também para o público em geral. Sua linguagem leve e culta permite que suas crônicas e artigos em geral tenham sempre grande alcance e sejam muito apreciados.

Segundo Wilson Martins,

> Affonso Romano de Sant'Anna é não só um poeta do nosso tempo, integrado nos seus problemas e perplexidade, nas incertezas sucessivas em que as certezas se resolvem, mas é também o grande poeta brasileiro que obscuramente esperávamos para a sucessão de Carlos Drummond de Andrade [...]. Na verdade, em toda a sua obra, desde *Canto e palavra* (1965) ele é o mais brasileiro de todos os poetas destes últimos 30 anos (in: contracapa de *Os melhores poemas*, 1991).

Affonso Romano nasceu em Belo Horizonte, em 27 de março de 1937, porém foi criado em Juiz de Fora, onde permaneceu durante a infância e adolescência. De origem humilde, precisou trabalhar para custear os estudos. A educação religiosa levou-o a pregar sermões, quando jovem, em favelas, prisões e hospitais do interior mineiro. Mais tarde transferiu-se para Belo Horizonte, onde cursou a Faculdade de Letras da UFMG, e trabalhou em jornais e em bancos.

Em 1956, participou do Movimento Vanguardista, que pregava a renovação poética, destacando-se por sua estética sofisticada e o engajamento político. Em 1957, tornou-se barítono do Coral Madrigal Renascentista, regido pelo maestro Isaac Karabtchevsky. No ano em que se formou em Letras – 1962 –, publicou o primeiro livro de ensaio – *O desemprego da poesia* –, em que reflete sobre a desvalorização do poeta na sociedade moderna. A estreia na poesia ocorreu em 1965, com o livro intitulado *Canto e palavra*. Essa época ficou marcada por uma vasta produção jornalística, pois escrevia ao mesmo tempo para o *Estado de Minas*, o *Diário de Minas*, *Tendência e Leitura*.

Em 1969, doutorou-se em Literatura Brasileira pela Universidade Federal de Minas Gerais, com a tese *Carlos Drummond de Andrade, o poeta gauche, no tempo e espaço*, que obteve excelente acolhida no meio acadêmico e recebeu três importantes distinções: o Prêmio Mário de Andrade, o Prêmio Fundação Cultural do Distrito Federal e o Prêmio União Brasileira de Escritores. Na década de 70, no auge do regime ditatorial, o escritor dirigiu o Departamento de Letras e Artes da PUC/RJ; casou-se com a escritora e jornalista Marina Colasanti, musa de muitos poemas; organizou a *Expoesia,* sobre a novíssima produção poética nacional; levou o filósofo Michel Foucalt, entre outras celebridades internacionais, para ministrar conferências na Pós-Graduação de Letras da PUC do Rio de Janeiro e ainda ministrou aulas de Literatura Brasileira na Universidade do Texas, nos Estados Unidos, e na Universidade de Colônia, na Alemanha.

Em 1980, o escritor publicou seu livro de poemas mais aclamado pela mídia: *Que país é este?*. Moacyr Félix, na contracapa, afirma que o livro "planta o nome do seu autor entre os mais altos da atual poesia brasileira". Em 1981, deu aulas de Literatura Brasileira na Universidade Aix-in-Provence, na França, e, em 1984, foi convidado para substituir o cronista Carlos Drummond de Andrade no *Jornal do Brasil*. Suas crônicas, assim como os poemas, tratam principalmente da realidade sócio-política e cultural do País, destacando-se pela linguagem poética e temática acessível ao grande público. O primeiro livro reunindo as crônicas – *A mulher madura* –, de 1986, obteve grande sucesso, tornando-o ainda mais conhecido dos leitores.

Em 1990, foi nomeado presidente da Fundação Biblioteca Nacional do Rio de Janeiro, onde permaneceu até 1996. Nesse período, lançou a revista *Poesia Sempre* e presidiu o Conselho do Centro Regional para o Fomento do Livro na América Latina e no Caribe (CERLALC). Seus poemas estão traduzidos para o espanhol, o francês, o inglês e o alemão e, assim como seus trabalhos críticos, crônicas e conferências integram inúmeras antologias e coletâneas, no Brasil e no exterior. Entre os inúmeros prêmios que recebeu, destacam-se o Prêmio Especial de Marketing (pelo trabalho na Biblioteca Nacional), o Prêmio Pen-Clube (pelo livro *O canibalismo amoroso*), o Prêmio União Brasileira de Escritores (por *Mistérios gozosos*) e o Prêmio APCA-Associação Paulista de Críticos de Arte (pelo conjunto da obra), entre outros.

Em 2006, lançou os livros *A cegueira e o saber*, de ensaios, e *O homem e sua sombra*, de poemas. No primeiro, inspirado na fábula *A nova roupa do imperador*, de Christian Andersen, aborda a perplexidade do homem contemporâneo diante da vida e da cultura, com destaque para o "aparente olhar arrogante" de uma sociedade cujos indivíduos compartilham do pacto silencioso de não enxergar para além das próprias conveniências. Já em *O homem e sua sombra*, os versos tratam dos conflitos humanos, da liberdade e da solidão, entre outros temas. Em 2008, lançou a coletânea de ensaios *O enigma vazio: impasses da arte e da crítica*, em que trata de questões já abordadas em livros anteriores e reúne leituras feitas, em épocas diferentes, por pensadores como Octávio Paz, Jacques Derrida, Michel Foucault, Roland Barthes, Jean Clair, Heidegger, Mayer Shapiro, Frederic Jamenson. Affonso Romano continua publicando crônicas semanais nos jornais *O Globo* e *Estado de Minas* e viajando muito, sempre convidado para fazer conferências no País e no exterior.

Entre sua vasta obra poética, ensaística e cronística, destacam-se: *O desemprego da poesia* (ensaio, 1962); *Canto e palavra* (poesia, 1965); *Poesia sobre poesia* (poesia, 1975); *Por um novo conceito de Literatura Brasileira* (ensaio, 1977); *A grande fala do índio Guarani* (poesia, 1978); *Que país é este?* (poesia, 1980); *Política e paixão* (ensaio, 1984); *O que aprendemos até agora?* (1984); *Paródia paráfrase & cia* (ensaio, 1985); *Como se faz literatura* (1985); *A mulher madura* (crônica, 1986); *A catedral de Colônia e outros poemas* (poesia, 1987); *A poesia possível* (poesia reunida, 1987); *O homem que conheceu o amor* (1988); *A raiz quadrada do absurdo* (1989); *Análise estrutural de romances brasileiros* (ensaio, 1989); *Drummond, o 'gauche' no tempo* (ensaio, 1990); *O canibalismo amoroso* (ensaio, 1990); *O lado esquerdo do meu peito* (poesia, 1991); *De que ri a Mona Lisa?* (1991); *Agosto 1991: estávamos em Moscou* (ensaio escrito em conjunto com Marina Colasanti, 1991); *Emeric Marcier* (1993); *Mistérios gozosos* (1994); *Epitáfio para o século XX* (antologia, 1987); *Música popular e moderna poesia brasileira* (1997); *Barroco, alma do Brasil* (1997); *A vida por viver* (1997); *Porta de colégio* (antologia, 1995); *O intervalo amoroso* (poesia, 1999); *Textamentos* (poesia, 2000); *A sedução da palavra* (ensaio e crônica, 2000); *Barroco, do quadrado à elipse* (2000); *Nós os que matamos Tim Lopes* (2002); *Pequenas seduções* (2002); *Que presente te dar* (2002); *Antes que elas cresçam* (2003); *Os homens amam a guerra* (2003); *Que fazer de Ezra Pound* (2003); *Desconstruir Duchamp* (2003); *Vestígios* (poesia, 2005); *A cegueira e o saber* (poesia, 2006), *O homem e sua moto* (2008); *Tempo de delicadeza* (2007); *A implosão da mentira* (2007) e *O enigma vazio. Impasses da arte e da crítica* (2008).

Fontes:

COUTINHO, Afrânio. SOUSA, J. Galante de (Org.). *Enciclopédia de Literatura Brasileira*. São Paulo: Global, 2001. 2 vol.; LOPES, Carlos Herculano. "As contradições do vazio". In: jornal *Estado de Minas*, de 29 de outubro de 2008; *Grande Enciclopédia Larousse Cultural*. São Paulo: Nova Cultural, 1998. 24 v.; SANT'ANNA, Affonso Romano. *Os melhores poemas*. 2. ed. Seleção de Donaldo Schuler. São Paulo: Global, 1991; SANT'ANNA, Affonso Romano. *Que país é este?* 4. ed. Rio de Janeiro: Rocco, 1984; http://www.revista.agulha.nom.br (acesso em: 20 de abril de

2006); http://www.palavrarte.com (acesso em: 20 de abril de 2006); http://www.releituras.com (acesso em: 20 de abril de 2006); http://www.affonsoromano.com.br (acesso em: novembro de 2008).

AFONSO ARINOS DE MELO FRANCO (1905-1990)

Jurista, professor, memorialista, historiador e político brasileiro, Afonso Arinos de Melo Franco nasceu em Belo Horizonte, em 27 de novembro de 1905, em tradicional família mineira. Seu pai, Afrânio de Melo Franco, era advogado e líder político; o avô, Cesário Alvim, figura importante no Império e na Primeira República, e seu tio, o também escritor e homônimo Affonso Arinos de Melo Franco. Casou-se, em 1928, com Ana Guilhermina Rodrigues Alves Pereira, com quem teve dois filhos. Estudou no Colégio Anglo-Mineiro, em Belo Horizonte, no Colégio Pedro II, no Rio de Janeiro, e formou-se em advocacia pela Faculdade de Direito do Rio de Janeiro.

Em 1930, viajou para a Suíça para um tratamento de saúde, e, nesse país, cumpriu importante missão diplomática em 1932. De volta ao Brasil, assumiu, em 1933, a direção dos jornais *O Estado de Minas* e *Diário da Tarde*, dos Diários Associados. Após o rompimento de sua família com Getúlio Vargas, fundou, em 1934, juntamente com seu irmão Virgílio, a *Folha de Minas*. Afonso Arinos foi ainda consultor jurídico do Banco do Brasil e professor de História do Brasil na Universidade do Distrito Federal (hoje UERJ), antes de iniciar a carreira política e ocupar inúmeros cargos de destaque no cenário nacional. Aos 81 anos, ainda foi eleito senador pelo Partido da Frente Liberal, mantendo-se lúcido e atuante até seu falecimento, em 27 de agosto de 1990, no Rio de Janeiro.

Sua indicação para ocupar, em 1958, uma cadeira na Academia Brasileira de Letras deveu-se à extensa obra que produziu, relacionada ora com a História, ora com o Direito, a Política, a Crítica e o Memorialismo. Entre eles, destacam-se: *O índio brasileiro e a Revolução Francesa; as origens brasileiras da teoria da bondade natural* (história, 1937); *Síntese da história econômica do Brasil* (história, 1938); *Um soldado do Reino e do Império; vida do Marechal Callado* (história, 1942); *Homens e temas do Brasil* (história, 1944); *História das ideias políticas no Brasil* (política, 1972); *Um estadista da República: Afrânio de Melo Franco e seu tempo* (política, 1950); *A alma do tempo; formação e mocidade* (memórias, 1961); *A escalada* (memórias, 1965); *Planalto* (memórias, 1968); *Alto-mar maralto* (memórias, 1976); *Diário de bolso seguido de retrato de noiva* (memórias, 1979); *Amor a Roma* (memórias, 1982); *Espelho de três faces* (crítica, 1937); *Ideia e tempo* (crítica, 1939); *Mar de sargaços* (crítica, 1944); *Portulano* (crítica, 1945); *O som do outro sino* (crítica, 1978), entre outros.

Fontes:

Publicações do autor; http://www.senado.gov.br; http://www.cpdoc.fgv.br (acesso em: novembro de 2008).

AFONSO CELSO (1860-1938)

Afonso Celso de Assis Figueiredo Júnior, mais conhecido como Conde Afonso Celso, nasceu em Ouro Preto (MG), em 31 de março de 1860, e faleceu no Rio de Janeiro, em 11 de julho de 1938. Filho do visconde de Ouro Preto e de Francisca de Paula Martins Toledo, foi ministro do Império e um dos fundadores da Academia Brasileira de Letras. Aos 15 anos, ingressou na Faculdade de Direito de São Paulo e, por causa da pouca idade, precisou de autorização do Parlamento. Colou grau aos 20 anos e defendeu a tese *Direito da Revolução*. Foi eleito quatro vezes deputado por Minas Gerais, mas, com o fim do Império, abandonou a política e acompanhou o pai no exílio para Portugal. Quando retornou ao País, dedicou-se ao magistério, destacando-se como professor de Economia Política da Faculdade de Ciências Jurídicas e Sociais do Rio de Janeiro, durante quarenta anos, parte dos quais foi também seu diretor.

Iniciou a carreira literária ainda bem jovem, com o livro de poemas intitulado *Prelúdios*. Em 1884, casou-se com Eugênia da Costa, com quem teve uma filha – Maria Eugênia Celso –, que se tornou defensora do sufrágio feminino e escritora. Colaborou durante mais de trinta anos no *Jornal do Brasil*, onde mantinha uma coluna de comentários políticos, econômicos, sociais e literários. Também escreveu para os jornais *A Tribuna Liberal*, *A Semana*, *Renascença*, *Correio da Manhã* e *Almanaque*, onde divulgava suas crônicas, artigos e poemas. Entrou para o Instituto Histórico e Geográfico Brasileiro em 1892, como sócio efetivo, tornando-se depois sócio honorário e presidente perpétuo da instituição.

Seu livro de maior sucesso é *Porque me ufano do meu país*, considerado o primeiro *best-seller* da história de publicações no Brasil, por ter vendido aproximadamente 300 mil exemplares na época, e ter popularizado a expressão "ufanismo", de uso até os nossos dias. Poeta sensível, explorou, entre outros temas, os problemas da vida rural, a política e a religião.

Publicações: *Prelúdios* (1876); *Devaneios* (1877); *Telas sonantes* (1879); *Um ponto de interrogação* (1879); *Poenatos* (1880); *Rimas de outrora* (1891); *Vultos e fatos* (1892); *O imperador no exílio* (1893); *Minha filha* (1893); *Lupe* (1894); *Aos monarchistas* (1895); *Giovanina* (1896); *Guerrilhas* (1896); *Contraditas monárquicas* (1896); *Poesias escolhidas* (1898); *Oito anos de parlamento* (1898); *Trovas de Espanha* (1899); *Aventuras de Manuel João* (1899); *Porque me ufano de meu país* (1900); *Um invejado* (1900); *Da imitação de Cristo* (1903); *Biografia do Visconde de Ouro Preto* (1905); *Lampejos sacros* (1915); *O assassinato do coronel Gentil de Castro* (1928), *Segredo conjugal* (1932); *Mês do Rosário*; *Le Diamand au* Brésil (1931); *Biografia do Visconde de Ouro Preto* (1935); *Discursos parlamentares* (1978), entre outros.

Fontes:

http://www.academia.org.br (acesso em: 12 de junho de 2006); http://www.biblio.com.br (acesso em: 12 de junho de 2006); http://pt.wikipedia.org (acesso em: 14 de junho de 2006).

AGRIPA DE VASCONCELOS (1900-1969)

Agripa Ulisses de Vasconcelos nasceu em 11 de abril de 1900, em Matozinhos de Santa Rita do Rio das Velhas (MG); faleceu em Belo Horizonte, em 22 de janeiro de 1969. Filho de Ulisses Gabriel de Castro Vasconcelos e de Orminda Guimarães Vasconcelos, foi poeta, historiador, escritor e cientista. Os primeiros estudos foram realizados em casa, com professores particulares; posteriormente, frequentou o famoso Colégio Azeredo Coutinho. Completou o Curso de Humanidades no Instituto Fundamental de Belo Horizonte e no Grambery, de Juiz de Fora, e diplomou-se pela Faculdade de Medicina do Rio de Janeiro, em 1922. Foi aluno de Afrânio Peixoto de quem se tornou amigo. Enquanto cirurgião-chefe da Companhia Hidroelétrica de Paulo Afonso, na Bahia, ajudou a construir o Hospital Nair Souza.

Poeta de estilo parnasiano, era considerado homem de vasta cultura. Em 1923, publicou uma coletânea de versos intitulada *Silêncio*, que lhe valeu o convite para ingressar na Academia Mineira de Letras e ocupar a cadeira que tinha por patrono Aureliano Lessa (1828–1861). Mas foi com a coleção de romances intitulada *Sagas do país das Gerais* que se tornou realmente conhecido.

Segundo Martins de Oliveira, no livro *A vida em flor de Dona Beja*, Agripa de Vasconcelos conseguia conciliar uma temática universal em seus poemas e ainda manter intacto o sentimento pátrio e a admiração por sua terra. No final dos anos 1980, teve duas obras transformadas em novela pela extinta Rede Manchete de Televisão: *A vida em flor de Dona Beja* e *Chica-que-manda*.

Publicações: *Sinhá Braba*, (sobre o ciclo dos diamantes, 1966); *A vida em flor de Dona Beja* (sobre o ciclo do povoamento, 1966); *Congo-Sôco*, (sobre o ciclo do ouro, 1966); *Chica-que-manda* (sobre o ciclo dos diamantes, 1966); *Chico Rei* (sobre o ciclo da escravidão, 1966); *Ouro verde e gado negro* (sobre o ciclo do café e da escravidão, 2003); *Fome em Canaã* (romance do ciclo dos latifúndios nas Gerais, premiado pela revista *O Cruzeiro*, 1966*)*; *São Chico* (uma saga sobre o Rio São Francisco); *Silêncio* (poesia, 1923*)*; *Suor e sangue* (1948, Prêmio Olavo Bilac da Academia Brasileira de Letras*)*; *Nós e o caminho do destino* (1923); *A morte do escoteiro Caio* (poesias); *Sementeira nas pedras* (1959). Como médico, publicou: *Estudos dos aneurismas arteriovenosos*, *Profilaxia ao paludismo* e *Elogio de Miguel Couto*.

Fontes:

Dicionário biográfico de Minas Gerais: período republicano 1889-1991. Coordenação Norma de Góis de Monteiro. Belo Horizonte. Assembleia Legislativa do Estado de Minas Gerais, 1994, vol. 1; OLIVEIRA, Martins de. *História da Literatura Mineira* (Esquema de Interpretação e Notícias Biobibliográficas). 2. ed. Belo Horizonte: Imprensa Oficial, 1963; SANTOS, Divas Ruas. *Antologia da poesia mineira*. Belo Horizonte: Edições Cuatiara, 1992; Academia Mineira de Letras, abril de 2006.

AIRES DA MATA MACHADO FILHO (1909-1985)

Aires da Mata Machado Filho nasceu em São João da Chapada, Distrito de Diamantina (MG), em 24 de fevereiro de 1909. Filho do professor Augusto Aires da Mata Machado e de Mariana Flora de Godoy, descende de importante família de políticos e escritores, como o poeta simbolista Edgar Mata. Foi casado com Maria Solange Mourão de Miranda. O pai, grande admirador de literatura, incentivou-o a seguir a vocação literária, ao reunir seus poemas sob o título de *Versos*.

Com o agravamento de uma deficiência visual, foi para o Rio de Janeiro estudar no Instituto Benjamin Constant, onde fez o curso de Humanidades, Música e ainda aprendeu o Método Braille. Em 1931, editou *Educação dos cegos no Brasil*, que revela a grande preocupação que vai acompanhá-lo ao longo de 76 anos de vida. Foi professor de Português no Instituto de Cegos São Rafael e também no Instituto de Educação de Belo Horizonte, chegando a Catedrático de Filologia Românica na Faculdade de Filologia da Universidade Federal de Minas Gerais, onde trabalhou desde sua fundação, em 1939. Foi ainda professor de Literatura Portuguesa e Linguística Geral na Faculdade de Filosofia da Universidade do Vale do Jequitinhonha, da qual foi eleito diretor.

Mestre Aires, como era chamado, colaborou em inúmeros jornais e revistas do País, como o *Estado de S. Paulo*, onde manteve durante anos a coluna *Escrever certo*, tendo ainda fundado *O Diário* e a *Folha de Minas*. Juntamente com Murilo Rubião, auxiliou na criação do *Suplemento Literário Minas Gerais*, participando da comissão de redação. Foi membro da Academia Mineira de Letras, da Academia Brasileira de Filosofia, da Sociedade Brasileira de Antropologia, da Sociedade Brasileira de Folclore e da Academia Municipalista de Letras de Minas Gerais. Expressava frequentemente, em suas conferências e artigos, a preocupação com a liberdade de expressão e de pensamento e a necessidade de o Brasil superar definitivamente os problemas advindos de ter sido por tanto tempo colônia portuguesa.

Conquistou inúmeros prêmios, como o Prêmio João Ribeiro da Academia Brasileira de Letras, com a obra *O negro e o garimpo em Minas Gerais,* e o Prêmio Cidade de Belo Horizonte com os livros *Crítica de estilos* e *Lingüística e humanismo*. Recebeu ainda o Prêmio da Secretaria de Educação, com *Função da Literatura Infantil*, importante ensaio sobre a literatura para os jovens leitores. Aires da Mata Machado Filho faleceu no dia 21 de agosto em 1985, vítima de um grave acidente de carro, em que também faleceram sua esposa e sua filha.

Publicações: *Educação dos cegos no Brasil* (1931); *Escrever certo* (1935); *Ortografia Oficial* (1938); *Casais, José* (Rio de Janeiro, 1942); *O negro e o garimpo em Minas Gerais* (1943); *Arraial do Tijuco, Cidade de Diamantina* (1945); *Araxá* (1946); *Em busca do termo próprio* (1947); *História de Castro Alves* (1947); *Tiradentes, herói humano* (1948); *Português e literatura*

(1950); *Curso de folclore* (1951); *A correção na frase* (1951); *Maria Montessori* (1952); *Crítica de estilos* (1956); *Falar, ler e escrever* (1956); *O fazendeiro formado* (1957); *Camões épico* (1957); *Ideias e poesia* (1960); *Bodmer, Frederick*: O homem e as línguas (1960); *Pequena história da Língua Portuguesa* (1961); *Português fora das gramáticas* (1964); *Aventuras de um caçador de palavras* (1965); *Dicionário didático e popular da Língua Portuguesa* (1965); *Mário de Andrade folclorista* (1965); *Coleção escrever certo* (1966); *Dicionário ilustrado Urupês* (1969); *Grande Coleção da Língua Portuguesa* (1969); *Estudos de Literatura* (1969); *Recepção de João Etienne Filho* (1970); *Nova ortografia* (1972); *Dias e noites em Diamantina* (1972); *Camões lírico* (1974); *Linguística e humanismo* (1974); *O que se deve ao sistema Braille* (1975); *O enigma do Aleijadinho e outros estudos mineiros* (1975); *Novíssimo dicionário ilustrado Urupês* (1976); *Tijuco e Diamantina* (1979); *A palavra é de ouro* (1979); *Aspectos do estilo camiliano em Eusébio Macário*-In: *Estudos Portugueses* (1979); *Função da literatura infantil.* In: *Ensaio sobre literatura infantil* (1980) e *O caso de Helena Keller* (1980), entre outros.

Fontes:

Publicações do autor; http://www.letras.ufmg.br (acesso em: 8 e 10 de junho de 2006); http://www.nggenealogia. com.br (acesso em: 10 de junho de 2006).

ALAÍDE LISBOA (1904-2006)

Alaíde Lisboa de Oliveira nasceu em 22 de abril de 1904, na cidade de Lambari (MG), filha do farmacêutico e político João de Almeida Lisboa e de Maria Rita Vilhena Lisboa, e irmã de Henriqueta Lisboa. Na cidade natal, cursou o primário no Grupo Escolar Dr. João Bráulio Júnior. Em Campanha (MG), fez o Curso Normal no Colégio Notre Dame de Sion. Já em Belo Horizonte, formou-se na Escola de Aperfeiçoamento Pedagógico de Minas Gerais. Nessa época, fez amizade com a educadora Helena Antipoff, que veio ao Brasil a convite do professor José Lourenço de Oliveira, com quem viria a se casar, em 1936. Doutorou-se em Didática pela Universidade Federal de Minas Gerais, tornando-se catedrática, por concurso público, e, mais tarde, professora emérita. Dirigiu o Colégio de Aplicação e a Faculdade de Educação da UFMG por 13 anos. Lecionou ainda Português no Instituto de Educação de Minas Gerais, Didática Geral e Especial na PUC Minas e na Pós-Graduação da FaE/UFMG, e Metodologia do Ensino Superior, na Faculdade de Medicina da UFMG.

Alaíde Lisboa, sempre muito ativa, exerceu várias funções, obtendo em todas grande reconhecimento. Esteve à frente de publicações como o suplemento infanto-juvenil "Diário do Pequeno Polegar", do jornal *O Diário*, de Belo Horizonte, e foi presidente da Associação dos Professores Públicos de Minas Gerais. Em 1950, foi eleita a primeira vereadora de Belo Horizonte e, em 1995, membro da Academia Mineira de Letras. Em 1976, recebeu o título de Cidadã Belo-Horizontina por sua atuação pública.

Como educadora, publicou uma vasta obra literária com mais de 20 títulos, entre os quais se destacam os dedicados ao público infantil, além de colaborações em jornais e revistas do País. Obras como *A bonequinha preta* e o *Bonequinho doce* fizeram – e continuam fazendo – a alegria de muitas gerações, celebrando a capacidade de sonhar por meio de uma imagística próxima da realidade da criança e de uma linguagem delicada, livre de qualquer moralismo ideológico.

No início de 2000, lançou um livro de memórias, intitulado *Se bem me lembro*. Em 2004, a Academia Mineira de Letras (AML) comemorou o centenário de nascimento da autora, e a Biblioteca Pública Infantil e Juvenil de Belo Horizonte registrou, com uma exposição de fotografias, livros e documentos, a rica trajetória intelectual de Alaíde Lisboa de Oliveira. Em 22 de abril de 2006, quando Alaíde completava 102 anos, o clássico *A bonequinha preta*, de 1938, foi reimpresso para comemorar 68 anos de publicação. A escritora faleceu no dia 4 de novembro de 2006.

Prêmios recebidos: Medalha Santos Dumont, do Governo do Estado de Minas Gerais, 1986; Medalha do Mérito Educacional, da Secretaria de Estado da Educação de Minas Gerais, 1984, e Prêmio Crítica e Interpretação, da União Brasileira de Escritores, 1997, entre muitos outros.

Obras infantis e outras: *A bonequinha preta* (1938); *Bonequinho doce* (1938); *Como se fosse gente* (s/d); *Ciranda* (1954); *Cirandinha* (1954); *Mimi fugiu* (1971); *Gato que te quero gato* (s/d); *Comunicação em prosa e verso* (2 vol. 1971); *Comunicação em prosa e verso* (Manual do Professor, 1971); *Edmar, esse menino vai longe* (1981); *Era uma vez um abacateiro* (1981); *Nova didática*; *Ensino de língua e literatura* (1983); *Da alfabetização ao gosto pela leitura* (1991); *O livro didático* (s/d); *Poesia na escola* (s/d); *Meu coração* (quatro volumes, s/d); *Meu coração* (Manual do Professor, s/d); *Primário no Brasil* (s/d); *Educação e língua*; *Simbad, o marujo* (adaptação, s/d); *Impressões de leitura* (1996); *Crítica e interpretação* (1997). Separatas: *discurso de posse na Academia Mineira de Letras* (s/d); *Biblioteca e socialização, tendências e educação* (s/d); *A motivação* (s/d); *Método em Pedagogia*; *Aspectos da Universidade do Chile* (s/d); *Comenius* (s/d); *Se bem me lembro* (Memórias, 2000).

Fontes:

Jornal *Estado de Minas*, Belo Horizonte, 2 set. 2002; 05 nov. 2006; *Boletim Informativo da UFMG*. "Uma mulher à frente de seu tempo". Belo Horizonte, ano 30, 4 mar. 2004; LISBOA, Alaíde. *A bonequinha preta*. Ana Raquel (il.). Belo Horizonte: Lê, coedição Secretaria de Estado da Cultura de Minas Gerais, 1982; http://www.fae.ufmg. br (acesso em: 13 de junho de 2006).

ALAN VIGGIANO

Alan Viggiano nasceu em 18 de março de 1932, na cidade de Inhapim (MG). Graduou-se em 1960 pela Faculdade de Direito e, em 1970, recebeu o título de Bacharel em Jornalismo pela Universidade de Brasília. Como jornalista trabalhou em vários jornais, como *Correio da Manhã, Estado de Minas, Última Hora*; de Brasília, *Correio Braziliense,* Caderno de Cultura do *Correio Braziliense* e suplemento Enfoque, do *Diário de Brasília.* Os primeiros textos foram publicados em 1956, no Jornal *Presença,* editado pelos estudantes do curso de Direito. Dez anos depois, surgiu o romance *Amanhece* (1966), e, em seguida: *O exilado* (contos, 1974, que recebeu o Prêmio Afonso Arinos, da Academia Brasileira de Letras); *Itinerário de Riobaldo Tatarana* (ensaio, 1974), e *Manual do Lobo* (prosa humorística, 1979).

Em 2002, com outros escritores, lançou *Poetas mineiros em Brasília,* que divulga a produção literária de inúmeros jovens autores residentes na capital do País. Em 2004, surgiu o romance *Lisábia de Jesus,* que recebeu o Prêmio Coelho Neto, da Academia Brasileira de Letras, e faz uma aguda crítica às desigualdades sociais, através da história de uma negra que, após deixar o interior da Bahia em busca de uma vida melhor, morre em frente ao Congresso Nacional.

Fontes:

Publicações do autor; http://www.unb.br (acesso em: 15 de abril de 2006).

ALBERTO DEODATO (1896-1978)

Alberto Deodato nasceu em Maruim (SE), em 27 de dezembro de 1896, mas ainda na década de 1920 imigrou para Belo Horizonte com a intenção de formar-se em Direito e ingressar no jornalismo e na política. Formou-se em 1919 pela Faculdade de Ciências Jurídicas e Sociais do Rio de Janeiro e atuou como Promotor de Justiça em Pouso Alto e em Rio Pardo, no Estado de Minas. Deixou colaborações em quase todos os jornais de Belo Horizonte, São Paulo e Rio de Janeiro, tanto em prosa como em verso. Em Belo Horizonte, Deodato exerceu com brilhantismo a advocacia e tornou-se respeitado por sua competência e espírito liberal. Foi eleito vereador em Belo Horizonte, antes do Golpe de Estado de 1937; e foi ainda professor na Faculdade de Direito da Universidade de Minas Gerais.

Em página dedicada a Pouso Alto, e intitulada "Pouso Alto – Relicário da História de Minas, Sentinela da Legalidade", Luiz Alexandre Guimarães Vilela faz as seguintes considerações sobre o escritor:

> Suas crônicas na *Tribuna da Imprensa* e no *Maquis* do Rio de Janeiro, vazadas em estilo ameno, são como aguilhões no lombo dos vendilhões da Política, ferem devagarinho, com os exemplos cotidianos, fatos extraídos da própria vida, que fazem do político e escritor ilustre, uma pena incomparável e temida.

Sua passagem pela Comarca de Pouso Alto ficou assinalada de modo indelével, gravada na memória dos homens que o conheceram, no início de sua vitoriosa carreira, como o promotor público que achava a doce filha do juiz digna de um romance (www.pousoalto.org/turismo/relicario.htm).

Publicou inúmeros livros sobre a política e a ciência das finanças. Entre os de literatura, estão: *A cruz da estrada* (romance, 1915); *Senzalas* (contos, 1919; 2. ed., 1933); *Cannaviaes* (contos e novelas, Prêmio da Academia Brasileira de Letras, 1922); *A doce filha do juiz* (romance, 1919); *Flor tapuia* (opereta, representada no Rio de Janeiro, s/d); *A pensão da Nicota* (comédia representada no Rio de Janeiro, s/d); *Um bacharel em apuros* (comédia representada em Belo Horizonte, s/d); *Roteiro da Lapa e outros roteiros* (1960); *Os políticos e outros bichos domésticos* (1962); *Nos tempos de João Goulart* (1965), entre outros.

Fontes:

Publicações do autor; http://www.scielo.br; http://www.wagnerlemos.com.br.

ALCIENE RIBEIRO LEITE

Alciene Ribeiro Leite de Oliveira nasceu em Ituiutaba (MG). Formada em História, resolveu dedicar-se à carreira de escritora, tendo desempenhado diferentes funções, tais como autora de livros infanto-juvenis, cronista, jornalista e editora de texto. Desde 1976 publicava contos no *Suplemento Literário Minas Gerais,* mas o primeiro livro só surgiu em 1979 – intitulado *Eu choro do palhaço* –, que logo recebeu o Prêmio Galeão Coutinho, da União Brasileira de Escritores e abriu-lhe as portas do mundo literário. Outros livros para adultos, crianças e jovens se seguiram, e outros prêmios também, entre eles, o importante Prêmio Cidade de Belo Horizonte. A temática mais recorrente em sua obra relaciona-se aos diferentes conflitos da sociedade moderna, que contribui para despertar nos leitores uma reflexão crítica sobre a própria vida, a conscientização do mundo que os cerca.

Segundo Elza Maria Ribeiro Rodrigues Marques, no *Suplemento Literário* (1985), a importância da escritora consiste em ratificar a cada publicação "sua posição no cenário de ficcionistas contemporâneos, pela capacidade lúcida em criar e transmitir fatos, que bem poderiam estar na vida de muitos leitores". Alciene Ribeiro Leite participa de diversas antologias e associações culturais, como a Associação Profissional dos Escritores de Minas Gerais e a Divisão de Cultura da Secretaria Municipal de Educação.

Publicações: *Eu choro do palhaço* (contos, 1978); *O João nosso de toda hora* (contos, 1980); *Nos beirais da memória* (romance, 1988, Prêmio Concurso Nacional de Literatura Cidade de Belo Horizonte); *E tudo se repete* (romance, 1989); *Filho de pinguço* (infanto-juvenil, 1983); *O mágico de olho verde* (1984); *Borracha nele!* (3. ed. 1986); *Tecelã de sonhos* (5. ed. 1987); *Ora, pipocas!* (3. ed. 1988); *Um jeito vesgo de ser* (1988); *Drácula tupiniquim* (1989, Selo de Altamente Recomendável para Jovens, pela Fundação Nacional do Livro Infantil e Juvenil); *O fino do conto* (1989); *Moça baleia* (1990); *Ideias às pampas* (1990); *Bicho de goiaba* (3. ed. 1990); *A coelhinha chué* (1991); *Condão do gira-mundo* (1991); *O astronauta de Konsolanto* (1992); *Lagarta atrevida, borboleta e vida* (2001); *Uma coelhinha dodói* (2002); *O livro de (quase) todos* (2004), entre outros.

Fontes:

Publicações da autora; COELHO, Nelly Novaes. *Dicionário crítico de escritoras brasileiras.* São Paulo: Escrituras, 2002; http://www.letras.ufmg.br (acesso em: 15 de junho de 2006); http://aspro01.npd.ufsc.br (acesso em: 15 de junho de 2006).

ALCIONE ARAÚJO

Nasceu em Januária (MG), em 9 de novembro de 1945. Formado em Engenharia Elétrica pela Universidade Federal de Minas Gerais, tornou-se também mestre em Filosofia. Lecionou durante algum tempo na UFMG e, como se interessava por teatro, ingressou no Curso de Formação de Atores no Teatro Universitário. Mas foi como dramaturgo que encontrou a sua forma de expressão nessa arte.

A primeira peça – *Há vagas para moças de fino trato* – foi encenada em Belo Horizonte, em 1974, e logo depois no Rio de Janeiro, sob a direção de Amir Haddad, com Glória Menezes, Yoná Magalhães e Renata Sorrah no elenco, com enorme sucesso de público. O mesmo ocorre com a segunda peça – *Bente-Altas: licença para dois* –, encenada em 1976, em Belo Horizonte, após ganhar, no Rio de Janeiro, o prêmio do Concurso de Dramaturgia do Grupo Opinião. Nesse mesmo ano, estreia, ainda em Belo Horizonte, *Sob neblina use luz baixa*, cujo texto também recebeu destaque no Concurso de Dramaturgia do Serviço Nacional de Teatro.

A partir de 1981, já residindo no Rio de Janeiro, passou a se dedicar principalmente à atividade de roteirista de cinema e televisão, Entre os inúmeros roteiros, destacam-se *Nunca fomos tão felizes*, que recebeu o Prêmio Candango, de Brasília; *Jorge, um brasileiro*; e *Policarpo Quaresma*. Para a televisão, Alcione Araújo escreveu a série *Malu mulher*, e a novela *A idade da loba*, que obteve enorme repercussão junto ao público e à mídia.

Em 1998, publicou o romance *Nem mesmo todo oceano*, e *Teatro de Alcione Araújo,* em três volumes, que contêm seus textos teatrais. No primeiro, intitulado *Simulações do naufrágio*, estão as peças: *Há vagas para moças de fino trato; Vôo cego; Comunhão de bens; Augusto jantar*. No segundo, intitulado *Visões do abismo*, estão:

Muitos anos de vida; Sob neblina use luz baixa; A raiz do grito; Licença pra dois. E no volume três, cujo título é *Metamorfoses do pássaro*, temos: *A caravana da ilusão; Em nome do pai; A prima-dona.* Publicou ainda: *Doce deleite* (1999); *A caravana da ilusão* (teatro, 2000); *Urgente é a vida* (crônicas, 2004, Prêmio Jabuti em 2005); *Os sete pecados do capital* (org. Emir Sader, 1999); *Nossa paixão era inventar um novo tempo* (org. Daniel Souza & Gilmar Silva, 1999). Em 2006, lançou *Escritos na água,* primeiro livro da coleção *Crônicas ilustradas,* que reúne 65 crônicas já publicadas no *Estado de Minas.* E em 2008 veio a público o romance *Pássaros de vôo curto.*

A versatilidade de Alcione Araújo – como dramaturgo, romancista, roteirista de cinema e de televisão, cronista e ensaísta – não compromete a coerência de sua obra, que revela sólida base cultural e a preocupação com questões relacionadas à literatura, à criação artística, às novas mídias, à filosofia, à educação, à produção cultural, à diversidade cultural e à indústria do entretenimento, por exemplo. Seus textos discutem as relações sociais de gênero, a sociedade e a política brasileira, geralmente de forma bem humorada e otimista. Em 1984, no Programa de *Muitos anos de vida,* espetáculo que recebeu o Prêmio Moliére, no Festival de Cinema de Gramado, Alcione assim definia seu trabalho: "O que me interessa sempre como matéria-prima teatral é o homem, ideias e ideologias trazidas para o cotidiano, para as situações corriqueiras, onde princípios e doutrinas são postos em xeque. E isso no homem brasileiro".

Em entrevista ao jornal *O Globo,* de 16 de agosto de 2008, o escritor descreve assim o romance *Pássaros de vôo curto:*

> A estrutura é simples: um veículo adaptado para a missão transporta a trupe – a cantora de ópera, o pianista americano que a acompanha nas apresentações, a camareira e o motorista – em turnê pelo Brasil. Ao longo da viagem, se vai revelando o que aconteceu com a vida de cada uma dessas pessoas que as levou a embarcar nesta aventura. Os episódios vividos emergem do passado silencioso para a narrativa trazidos pela própria emoção de cada um, a curiosidade dos outros, ou um eventual acontecimento. Mas, como o fluxo da memória não é linear nem contínuo, não obedece a cronologia. O episódio mais remoto é de 1882, quando o engenheiro George Chalmers, que domina a tecnologia de extração de ouro do fundo da pedra, chega a Nova Lima para assumir a direção da Mina de Morro Velho. O mais recente é de 1982, quando começa e termina a turnê do 'Grande Recital Operístico e Conversas Instrutivas sobre a Arte e a Vida dos Artistas'. O fio condutor é a viagem, que parte do Rio de Janeiro e, 94 cidades depois, chega a Desterro, depois a Sumidouro, e até à aldeia dos índios Ikpengs.

Fontes:

Publicações do autor; CONDE, Miguel. "Toda pessoa encerra um mistério". In: Jornal *O Globo,* Rio de Janeiro, 16 de agosto de 2008.; GOMIDE, Glória. "Vôo da imaginação". In: Jornal *Estado de Minas,* Belo Horizonte, 30 de agosto de 2008; MELO, Janaina Cunha. *Crônicas voltam à moda.* In: Jornal *Estado de Minas,* Belo Horizonte,

5 de dezembro de 2006; http://www.itaucultural.org.br (acesso em: junho de 2006); http://www.ibase.br (acesso em: junho de 2006); http://www.partes.com.br (acesso em: junho de 2006); http://www.bmsr. com.br (acesso em: junho de 2006).

ALÉCIO CUNHA (1969-2009)

Mineiro de em Boa Esperança (MG), Alécio Cunha nasceu em 1969. Jornalista formado pela Faculdade de Filosofia e Ciências Humanas da UFMG, trabalhou na revista *Isto É Minas* e no *Jornal de Casa*. Em 1995 tornou-se repórter, cronista e crítico literário do Jornal *Hoje em Dia*, de Belo Horizonte, onde se destacou por sua dedicação ao trabalho e sua competência profissional.

Falecido prematuramente em 29 de novembro de 2009, em consequência de um AVC, Alécio Cunha deixou trabalhos inéditos e três livros publicados: *Lírica caduca* (poemas, 1999), *Mínima memória* (poemas, 2007) e *Mário Mariano* (ensaio, 2007). Também integrou diversas antologias, como *Cinema em palavras* (1996), *O achamento de Portugal* (2005), *Pelada poética* (2006) e *Terças poéticas* (2006). Em 2008, o escritor recebeu o título de imortal pela Academia de Letras de Boa Esperança. Era casado com a também jornalista Márcia Queiroz. Encontra-se no prelo a publicação de *Sintaxe urbana*, que reúne 26 poemas e vem sendo produzido pelos amigos e também poetas Mário Alex Rosa e Wilmar Silva.

Fontes:

Jornal *Estado de Minas*, de 30 de novembro de 2009; http://www.hojeemdia.com.br (acesso em: novembro de 2009).

ALEXANDRE MARINO

Jornalista, publicitário e poeta, Alexandre Marino nasceu em 1956, em Passos (MG), onde residiu e estudou até a adolescência. Era integrante da União Passense dos Estudantes Secundários (UPES), quando fundou, em 1972, juntamente com Antônio Barreto, Marco Túlio Costa e outros jovens, a Revista *Protótipo,* mais tarde considerada por Glauco Mattoso como pioneira do movimento marginal no Brasil. Segundo conta em seu site, a revista começou "quando um bando de moleques atrevidos, sem muito que fazer, mas com a cabeça fervilhando de intenções, boas ou más, dependendo do ponto de vista, inventou essa história de literatura".

Em Belo Horizonte, para onde se mudou aos 17 anos, Marino publicou dois livros de poesia – *Os operários da palavra*, em 1979; e *Todas as tempestades*, em 1981. Participou também de publicações coletivas, ganhou prêmios literários e integrou um grupo 'independente' de poetas que circulava pelos bares vendendo os próprios livros.

A par dessa efervescência poética, o escritor formou-se em jornalismo pela Pontifícia Universidade Católica de Minas Gerais, profissão que ainda exerce com dedicação e competência. Em seu site, o autor reflete sobre a literatura:

> O que me fascina na literatura é a liberdade de criação de um mundo e uma lógica própria, com a consciência, ou não, de que dentro desse mundo nascerão seres à imagem e semelhança dos humanos, porque frutos de sua mente, de suas emoções, de sua experiência vital, o que a torna uma maravilhosa fonte de informações sobre a humanidade. [...] escreve-se pela necessidade de fazer esse mergulho para dentro de si mesmo, não como indivíduo, mas como ser humano, e para contribuir com sua própria experiência para um acervo composto por grandes descobertas. A literatura é a ferramenta que me ajuda a encontrar o meu espaço dentro desse tempo que, por mal ou por bem, é o meu tempo (www.abordo.com.br/marino).

Desde 1982 reside em Brasília, onde trabalhou em diferentes veículos, como *Jornal do Brasil, Correio Brasiliense, O Estado de S. Paulo, Veja, Isto É* e *Palavra*. A partir de 1995, passou a se dedicar à publicidade e à editoração, criando a Varanda Comunicação e Edições Ltda. O terceiro livro – *O delírio dos búzios* – surgiu em 1999. E, mais recentemente, em 2006, lançou *Arqueolhar*. Tem trabalhos publicados em antologias, como *Poetas mineiros em Brasília* (2002) e *Antologia do conto brasiliense* (2004), organizadas por Ronaldo Cagiano.

Fontes:

CAGIANO, Ronaldo (Org.) *Poetas mineiros em Brasília*. Brasília: Varanda, 2002; http://www.abordo.com.br (acesso em: 15 de março de 2006); http://www.blogger.com.br (acesso em: 15 de março de 2006); http://www.amigosdolivro.com.br (acesso em: 10 de março de 2006); http://www.tribunadaimprensa.com.br (acesso em: 10 de março de 2006).

ALEXINA DE MAGALHÃES PINTO (1870-1921)

Alexina de Magalhães Pinto nasceu na Fazenda Ouro Fino, município de Além Paraíba (MG), em 1870. Pertencente a uma família de grande prestígio e tradição cultural de São João del-Rei, revelou desde cedo gosto pelas Letras e pelo estudo de línguas. Durante o ano de 1890, viajou sozinha pela Europa, frequentando cursos na França, na Itália e na Espanha. Suas ideias avançadas, mais seu comportamento transgressor, incomodavam a sociedade tradicional, que preconizava normas rígidas que deveriam ser seguidas pelas moças de família.

Em 1893, ingressou na carreira do magistério, tornando-se também pesquisadora de cantigas de roda, cantos populares, adivinhas e provérbios, a fim de utilizá-los em sua prática escolar. Alexina lutou contra o antigo sistema de ensino, que penalizava as crianças e exigia apenas a memorização mecânica, e defendeu uma escola mais dinâmica que utilizasse jogos educativos e estimulasse a criatividade dos educadores e dos educandos.

Com base em pesquisas realizadas, publicou diversos livros sobre cultura popular e literatura folclórica, como: *As nossas histórias* (1907); *Os nossos brinquedos* (1909), *Cantigas das crianças e do povo e danças populares* (1911); *Provérbios populares* (1911); *Provérbios populares, máximas e observações usuais* (1917).

Em 1921, morreu tragicamente colhida por um trem, quando fazia pesquisas em Correias, no Estado do Rio de Janeiro. Mas sua morte não teve repercussão na imprensa, e sua figura foi praticamente esquecida nos meios culturais. Só a partir de 1970, com a reportagem "A mineira ruidosa", de Saul Martins, publicada na revista *Veja*, é que sua personalidade e importância cultural voltou a receber destaque na mídia e nos meios acadêmicos.

Fonte:

COELHO, Nelly Novaes. *Dicionário crítico de escritoras brasileiras*. São Paulo: Escrituras Editora, 2002.

ALFREDO MARQUES VIANNA DE GÓES (1908-1992)

Nascido em 23 de novembro de 1908, em Montes Claros (MG), foi poeta, contista e cronista atuante da imprensa mineira. Com apenas um ano, perdeu o pai e foi com a mãe morar na fazenda de um tio, em Contria; mais tarde, residiu em Santa Bárbara e em Curvelo, onde concluiu o ensino médio, e se casou com Maria Carolina Diniz Guimarães. Em 1935, transferiu-se com a família para Belo Horizonte e matriculou-se no curso de Direito.

Nome respeitado em sua cidade natal, Alfredo Vianna esteve à frente do grupo de fundadores da Academia Montesclarense de Letras, da qual se tornou sócio honorário, e também da Academia Municipalista de Letras de Minas Gerais, que presidiu por mais de dez anos. Fez parte ainda da Academia de Letras Municipais do Brasil e do Instituto Histórico e Geográfico de Minas Gerais. Recebeu diversas medalhas pelo mérito intelectual, entre elas a Santos Dumont. Contista, cronista e poeta, colaborou intensamente na imprensa mineira. Em 1987, reuniu parte de sua obra no volume *Vultos e fatos do meu tempo: contos, crônicas e poemas*. Faleceu em Belo Horizonte/MG, em 14 de outubro de 1992.

Fontes:

Publicações do autor; ARRUDA, Wanderlino. Alfredo Marques Vianna de Góes: biografia. Disponível em http://www.academoc.hpg.ig.com.br (acesso em: junho de 2006).

ALPHONSUS DE GUIMARAENS (1870-1921)

Alphonsus de Guimaraens, também conhecido como o "solitário de Mariana", forma com Cruz e Souza a dupla mais representativa do Simbolismo brasileiro. Sua obra revela influência dos poetas franceses Paul Verlaine e Stéphane Mallarmé, que traduziu e divulgou incansavelmente. Seu nome de batismo era Afonso Henriques da Costa Guimarães. Nascido em Ouro Preto, em 24 de julho de 1870, viveu a maior parte da vida na cidade de Mariana. Era filho de Albino da Costa Guimarães, comerciante português, e de Francisca de Paula Guimarães Alvim, filha de fazendeiro e sobrinha materna de Bernardo Guimarães, o autor de *O seminarista*.

Em 1887, aos 17 anos, ingressou no curso complementar da Escola de Minas em Ouro Preto e passou a escrever para os jornais locais. Nessa época, ficou noivo de uma prima, de nome Constança, filha de Bernardo Guimarães. Mas a morte prematura da jovem, vítima de tuberculose, em 1888, marcou definitivamente o poeta, que abandona os estudos e entrega-se à vida boêmia.

A obra de Alphonsus de Guimaraens, toda ela marcada pela estética simbolista, está impregnada de certo clima de sonho, atmosfera sombria, sinestesias. A sublimação da amada, do amor e da morte; o lirismo místico e ainda imagens do inconsciente e do sobrenatural, tudo isso está presente, em um ritmo solene e musical.

Segundo Anelito de Oliveira, em ensaio publicado no jornal *Folha de S. Paulo*, em 10 de novembro de 2001,

> [...] a maneira como o poeta mineiro busca a completude, operacionalizando situações de incompletude, é algo estimulado pelo pressuposto simbolista de que as infinitas partículas do real são indissociáveis. Tudo é fundamental na "floresta de símbolos", qualquer partícula é indispensável por contribuir de forma decisiva para a configuração do real e, assim, qualquer perda se torna um evento dramático que coloca o eu-lírico em crise.

> Certamente, Alphonsus viu na estética do simbolismo um horizonte adequado para dar vazão à imagem da perda com que se depara ainda na aurora da mocidade: sua prima-noiva Constança, filha do poeta Bernardo de Guimarães morre [...] em dezembro de 1888.

Em 1890, Alphonsus de Guimarens viajou com o amigo e também poeta José Severino de Resende para São Paulo, com o projeto de ingressar na Faculdade de Direito. Começa a escrever intensamente para a imprensa paulista, em especial para os jornais *Comércio de São Paulo*, *Correio Paulistano*, *Diário Mercantil* e *O Estado de S. Paulo*, e a frequentar a Vila Kyrial, de José Freitas Vale, ponto de reunião de poetas simbolistas.

Em 1892, transfere seu curso para a Faculdade Livre de Direito de Minas Gerais, em Ouro Preto, onde se forma em 1894. No ano seguinte, viaja para o Rio de Janeiro, onde conhece o poeta Cruz e Souza. Ao retornar, assume o cargo de Juiz Promotor na cidade de Conceição do Serro, em Minas Gerais, onde conhece Zenaide, com quem se casa e tem 15 filhos: João Alphonsus, Albino, Afonsina, Altair, Ana Eulira, José, Guy, Nazareno, Afonso Henriques Filho (Alphonsus de Guimaraens Filho), Francisca Zilá, Maria do Carmo, Joaquina Estela, Guiomarina, Acidália e Constança.

Somente em 1899 publica os primeiros livros: *Câmara ardente*; *Dona mística* e *Setenário das Dores de Nossa Senhora*. Em 1902, publica *Kyriale*, apontada como sua obra mais madura e representativa. Permaneceu em Conceição do Serro até 1906, quando decide retornar a Mariana e exercer a função de juiz e de escritor. Colaborou assiduamente no *Jornal do Comércio*, de Juiz de Fora, e nas revistas cariocas *Fon-Fon!* e *O Curvelano*, do amigo Álvaro Viana. Em 1909, foi eleito membro da Academia Mineira de Letras, em Juiz de Fora, e ocupa a cadeira n. 3, cujo patrono era Aureliano Lessa. Viveu em Mariana por mais 17 anos até falecer, em 15 de julho de 1921, em circunstâncias misteriosas. O fato de ele ter publicado na véspera um poema intitulado "Perdão", que fala de suicidas, fez com que muitos julgassem que ele tivesse se suicidado, principalmente porque completava um mês da morte repentina de sua filha Constança, com apenas um ano de idade.

Após a morte, o poeta passa por um ostracismo, até que os filhos – João Alphonsus de Guimaraens e Alphonsus de Guimaraens Filho –, que também se tornam escritores, reeditam sua obra. Também Mário de Andrade, por ocasião de uma visita a Mariana, inconformado com o esquecimento do mercado editorial pela obra do poeta mineiro, assim se manifestou em discurso publicado no *Suplemento Literário Minas Gerais*, de 15 de agosto de 1987: "Não haverá no Brasil um editor que lhe agasalhe os poemas; tirando-os da escuridão?". Em 1985, foi criado o Museu Casa Alphonsus de Guimaraens, em Mariana, com um rico acervo doado pelos familiares, formado de móveis, objetos, fotografias, manuscritos e parte da biblioteca do autor.

Publicações póstumas: *Novas primaveras*; *Pastoral aos crentes do amor e da morte* (1923); *Escada de Jacó*; *Púlvia*; *paulve lyre*; *Salmos da noite* (versos da mocidade), *Outras poesias*; e ainda duas obras em prosa: *Mendigos* e *Crônicas de Guy D'Alvim*.

Fontes:

COUTINHO, Afrânio. SOUSA, J. Galante de (Org.). *Enciclopédia de Literatura Brasileira*. São Paulo: Global Editora, 2001, 2 v.; CUNHA, Cirlaine Alves. Denúncias e vitupérios. *Jornal de Resenhas* USP/ Unesp/ UFMG/ Unicamp/ *Folha de S. Paulo*. Edição especial, 10 de novembro de 2001; *Grande Enciclopédia Larousse Cultural*. São Paulo: Nova Cultural, 1998. 24 v.; Jornal *O Tempo*. Os clichês prejudicam interpretação. Seção Magazine. Belo Horizonte, 8 de agosto de 1999. p. 4-5; http://www.letras.ufmg.br (acesso em: 9 de abril de 2006).

ALPHONSUS DE GUIMARAENS FILHO (1918-2008)

Alphonsus de Guimaraens Filho descende de uma família de sólida tradição literária e é considerado um dos grandes poetas brasileiros. Nasceu em Mariana (MG), no dia 3 de junho de 1918, filho do ilustre poeta simbolista Alphonsus de Guimaraens e de Zenaide Silvina de Guimarães. Era irmão do também escritor João Alphonsus de Guimaraens e foi com ele que organizou e reeditou a obra completa do pai.

As primeiras letras fez no Grupo Escolar Barão do Rio Branco, e o secundário, no Ginásio Mineiro, na capital mineira. Em 1934, começou a trabalhar como jornalista no *Diário da Tarde*; em 1940, formou-se bacharel em Ciências Jurídicas e Sociais pela Faculdade de Direito da Universidade de Minas Gerais. Nesse mesmo ano, estreou na literatura com o livro *Lume de estrelas*, que foi bem recebido pela crítica e lhe concedeu o Prêmio de Literatura da Fundação Graça Aranha e o Prêmio Olavo Bilac da Academia Brasileira de Letras. Trabalhou na Rádio Inconfidência de 1937 a 1946, até como diretor auxiliar e diretor interino.

Em 17 de julho de 1943, casou-se no Rio de Janeiro com Hymirene de Souza Papi, que conheceu na Confeitaria Papi, que pertencia à família dela, em Belo Horizonte. O casal teve três filhos: Afonso Henriques Neto, também poeta; Luiz Alphonsus, conhecido artista plástico, e Dinah Guimaraens, antropóloga e escritora. Durante os anos 1950, Alphonsus trabalhou no gabinete do presidente Juscelino Kubitschek e residiu em Brasília. Em 1972, aposentou-se como Procurador do Tribunal de Contas da União e transferiu-se para o Rio de Janeiro, passando a se dedicar principalmente à literatura.

Herdeiro de uma cultura calcada na mineiridade, Guimaraens Filho cultivou um imaginário e uma sensibilidade nascidos do amor pela cidade natal e também de certo sentimento de protesto e inconformismo. Em sua obra há traços da estética simbolista, assim como da romântica e do modernismo. Manuel Bandeira, citado em artigo do *Suplemento Literário* de 12 e 19 de junho de 1989, afirma que: "Apesar das influências modernas, Alphonsus Filho se afirmou sempre com um fundo simbolista irredutível. Pode-se dizer que ele e Onestaldo de Pennafort são os dois grandes poetas de hoje em que persiste inata a sensibilidade simbolista". A presença do novo e do antigo é frequente em sua obra, que alia a paisagem mineira mais tradicional com elementos próprios da modernidade. A crítica costuma identificar sua obra como pertencendo à terceira geração modernista, pelo fato de ele ter se aproximado do movimento apenas entre 1945 e 1962, quando foi eleito membro da Academia Marianense de Letras.

O escritor faleceu no dia 28 de agosto de 2008, aos noventa anos, no Rio de Janeiro, onde residia, vítima de choque séptico, em consequência do mal de Parkinson.

Publicações: *Lume de estrelas* (1940), *Poesias* (1946); *A cidade do sul* (1948); *O irmão* (1950); *O mito e o criador* (1954); *Sonetos com dedicatória* (1956); *A sobrinha de Dom Quixote* (1959); *Poesias completas de Bernardo Guimarães* (antologia, 1959); *Poemas reunidos* (1960); *Antologia poética* (1963); *Novos poemas* (1968); *Poemas da ante-hora* (1971); *Alphonsus de Guimaraens: cantos de amor, salmos de prece* (antologia, 1972)

Absurda fábula (1973, Prêmio Luísa Cláudio de Sousa, de 1974); *Água do tempo* (1976); *Só a noite é que amanhece* (1977); *Discurso no deserto* (1982); *Nó* (1984; Prêmio Jabuti de Poesia de 84); *Os melhores poemas: Alphonsus de Guimaraens* (antologia, 1985); *Luz de agora* (1991); *Alphonsus de Guimaraens no seu ambiente* (biografia, 1995); *Todos os sonetos* (1996); *Poemas* (antologia de Afonso Henriques Neto, 1998); *O tecelão do assombro* (2000).

Fontes:

COUTINHO, Afrânio. SOUSA, J. Galante de (Org.). *Enciclopédia de Literatura Brasileira*. São Paulo: Global Editora, 2001. 2 v.; ALVES, L.C. Notícias de Mariana na poesia de Alphonsus de Guimaraens Filho. *Suplemento Literário Minas Gerais*, Belo Horizonte, n. 219 e 220, de 12 e 19 de junho de 1989; ANDRADE, Mário de. A volta do condor. In: *Aspectos da literatura brasileira*. 5. ed. São Paulo: Martins, 1974; ANDRADE, Mário de. BANDEIRA, Manuel. *Itinerários: cartas a Alphonsus de Guimaraens Filho*. São Paulo: Duas Cidades, 1974; BANDEIRA, Manuel. A Alphonsus de Guimaraens Filho. In: *Poesia completa e prosa*. 4. ed. Rio de Janeiro: Nova Aguilar, 1990; BANDEIRA, Manuel de AYALA, Walmir. *Antologia dos poetas brasileiros*: fase moderna: depois do Modernismo. Rio de Janeiro: Edições de Ouro, 1967; GUIMARAENS FILHO, Alphonsus de. *Água do tempo*: poemas escolhidos e versos inéditos. Rio de Janeiro: Nova Aguilar; Brasília: INL, 1976Manancial, 61); GUIMARAENS FILHO, Alphonsus de. *Nó*. RJ: Record, 1984; http://www.letras.ufmg.br (acesso em: maio/junho de 2006); http://www.revista.agulha.nom.br (acesso em: maio/junho de 2006); http://virtualbooks.terra.com.br (acesso em: maio/junho de 2006).

ALTINO CAIXETA (1916-1996)

Altino Caixeta de Castro – que se autodenominava "Leão de Formosa" – nasceu em Lagoa Formosa, nos arredores de Patos de Minas, em 4 de agosto de 1916. Aprendeu as primeiras letras na Fazenda Campo da Onça, fonte de vários poemas, e cursou o ginásio em Patrocínio (MG). Formou-se em Farmácia e Bioquímica na Escola de Odontologia e Farmácia de Minas Gerais. Apesar das temporadas residindo em Belo Horizonte e Brasília, viveu a maior parte do tempo em sua cidade natal. Acompanhou atento, mas de longe, a movimentação que ocorria na literatura brasileira, cumprindo sem alarde o ofício de poeta, enquanto dialogava, através dos livros, com os mais importantes escritores do mundo ocidental.

Altino foi redator de publicações escolares e periódicos interioranos, em que também publicava suas criações literárias. Embora tenha escrito dezenas de livros e deixado centenas de poemas dispersos, publicou poucas obras: *Cidadela da rosa*: confissão da flor, em 1980; *Diário da rosa errância e prosoemas*, em 1989; e *Sementes de sol,* em 2004, todas em edições reduzidas e precariamente distribuídas, o que em parte justifica a não repercussão de seu trabalho nos meios literários nacionais. Além disso, o poeta parecia cultivar certo gosto pelo ineditismo e anonimato.

Segundo a professora Maria Esther Maciel, também escritora,

É muito difícil definir o poeta Altino Caixeta de Castro. Sua versatilidade, seu permanente trânsito em diferentes correntes poéticas, sua potencialidade de ser muitos ao mesmo tempo, seu fascínio pelo novo, conjugado com o respeito criativo pela tradição, não nos permitem classificá-lo em um topos definitivo. Contemporâneo de todas as idades poéticas, não se deixou confinar em nenhuma. E mesmo dialogando com diferentes tendências literárias, conseguiu se furtar aos rótulos e imprimir na sua poesia a marca da diferença e da singularidade (www. secrel.com.br/jpoesia/ag15caixeta.htm).

Altino Caixeta faleceu em 1996, dois meses antes de completar 80 anos de idade.

Fontes:

Publicações do autor; MACIEL, Maria Esther. *Vôo Transverso*: poesia, modernidade e fim do século. Rio de Janeiro: Sete Letras, 1999; *Revista de Cultura Agulha*. Fortaleza/ São Paulo, 2000/ 2001/ 2002.

ALTIVO SETTE (1908-1982)

Altivo de Lemos Sette Câmara nasceu em São João del-Rei, em 1908, e faleceu na mesma cidade, em 1982. Era filho do jornalista Sebastião Rodrigues Sette Câmara, republicano histórico do interior mineiro, dono do tabloide *Pátria Mineira*, de vida breve, mas importante na campanha pela Proclamação da República. Bacharel em Direito pela Universidade do Rio de Janeiro, participou da Revolução de 30 no 11º Regimento de Infantaria (que colheria mais tarde a glória na guerra na Itália, em Monte Castelo). Piloto de "Paulistinha" na juventude, foi contemporâneo de Otto Lara Resende, outro são-joanense talentoso, e voraz leitor dos clássicos. Após residir no Rio de Janeiro e em Belo Horizonte, optou por retornar à vida pacata de sua cidade, onde se casou com Solange Ribeiro de Oliveira (conhecida professora da UFMG), com quem teve seu único filho.

Como tantos poetas de sua geração, foi também funcionário público. Em 1970, com Sebastião de Oliveira Cintra, Fábio Nelson Guimarães e outros escritores, fundou o Instituto Histórico e Geográfico de São João del-Rei. Sua obra foi publicada praticamente toda de forma artesanal, o que explica a reduzida divulgação até mesmo no Estado de Minas.

Publicações: *Da caravela de Zarco à redação de "Pátria Mineira", Apontamentos para uma biografia de Sebastião Rodrigues Sette Câmara* (1973); *Encomendação de almas* (1975); *O nome na saga daquelas marinhagens* (sobre a família Sette Câmara, 1976); *Rosa de bronze* (poesia, 1977).

Fontes:

Informações dadas por Antônio Sette Câmara, filho do escritor, em maio de 2006.

ALVARENGA PEIXOTO (1744-1793)

Inácio de Alvarenga Peixoto nasceu no Rio de Janeiro, em 1744, filho de Simão de Alvarenga Braga e de Ângela Micaela da Cunha. Realizou os estudos secundários no Colégio dos Jesuítas do Rio de Janeiro, onde foi contemporâneo de Basílio da Gama. Na Universidade de Coimbra, em Portugal, tornou-se amigo de Tomás Antônio Gonzaga e de Silva Alvarenga. Ainda em Portugal, ocupou o cargo de Juiz de Fora da Vila de Sintra; após seu retorno ao Brasil, foi nomeado Ouvidor de Rio das Mortes, em Minas Gerais, em 1775, cargo que exerceu durante algum tempo, até decidir se ocupar apenas com a lavoura e a mineração. Em 1781, casou-se com Bárbara Eliodora, de família ilustre e também poetisa, com quem teve quatro filhos.

Juntamente com Tomás Antônio Gonzaga, envolveu-se na Inconfidência Mineira, sendo preso e condenado ao degredo em Angola, onde faleceu, no Presídio de Ambaca. Felizmente, sua obra poética foi recolhida por Rodrigues Lapa, antes que desaparecesse. Nela, há sonetos que costumam ser apontados pela crítica como os mais bem acabados do Arcadismo brasileiro. Como membro da Arcádia Mineira, usava os pseudônimos de Alceu e Eureste Fenício, enquanto a amada Bárbara Eliodora era chamada de Anasda.

Do que restou de sua obra, destacam-se: *Obras poéticas* (1865); *Eneias no Lácio* (drama em verso que chegou a ser encenado na Casa da Ópera); e os sonetos: "Estela e Nise", "A Aleia", "A lástima" e "A saudades". O escritor traduziu ainda a tragédia *Mérope de Maffei*.

Fontes:

http://www.colegioweb.com.br; http://www.antoniomiranda.com.br; http://www.sjdr.com.br; http://www.thesaurus.com.br; http://globominas.globo.com (acesso em: junho de 2006).

ÁLVARO ANDRADE GARCIA

Álvaro Andrade Garcia nasceu em 1961, na cidade de Belo Horizonte, graduou-se em Medicina em 1985, pela UFMG, mas deixou de atuar como médico em 1989, quando passou a se dedicar à literatura, ao vídeo e à multimídia.

Até o momento, a produção literária de Álvaro Garcia compõe-se de nove livros de poesia e dois romances. O contato com as novas tecnologias da informação ocorreu em 1987, quando integrou a Oficina Literária Informatizada e realizou experimentos pioneiros com videopoesia. Em 1990, criou e dirigiu o setor de computação gráfica da produtora de vídeo Versão Brasileira. Em 92, fundou a Ciclope Vídeo e Multimídia e ainda sites de conteúdo multimídia e audiovisuais, como o portal bilíngue "Santuários

Ecológicos", com muitas horas de vídeo e centenas de fotos e textos que desvendam patrimônios ecológicos do Ceará, do Piauí e do Maranhão. E também o site "Cidades Históricas Brasileiras", que contém informações sobre trinta cidades de seis Estados.

Mais recentemente, Álvaro Garcia articulou sua produção literária a novos suportes da comunicação e arte. Em 2001, o poema "O Buda da palavra" participou da instalação "Bunker poético", de Harold Szeemann, na 49ª Bienal de Veneza. No site "Sítio de imaginação", seu projeto autoral de *web art*, ele dá continuidade à produção poética em multimídia. Lançado em maio de 2002, no Museu de Arte da Pampulha em Belo Horizonte, o site/videoinstalação foi também apresentado no Palácio das Artes, no evento Ruído Digital, do Instituto Itaú Cultural, em dezembro de 2002, e no Festival Vida e Arte, de Fortaleza, em janeiro de 2003.

Entre seus trabalhos, destacam-se: *O beijo que virou poesia* (poesia, 1984); *Librare* (poesia, 1986); *Viagem com o rio São Francisco* (poesia, 1987); *Improviso para teclado e flauta* (poesia, 1987); *Monódias* (poesia, 1988); *Visagens* (poesia, 1988), *Operação Caiman* (trama policial, sob o pseudônimo de Tom Laughwood, em conjunto com Delfim Afonso Jr., Mário Flecha e Roberto Barros de Carvalho, 1989) *Faculdade dos sensos* (poesia, 1994); *O verão dentro do peito* (poesia, 1997); *Álvaro* (poesia, 2003); e *Ana* (romance intimista, 1994). O escritor possui também as videopoesias: "Quarteto de sopros" (1987); "País" (1990); "Pepsi Machine" (1991); e uma animação tridimensional com textos e áudio; sites de poesia com conteúdo multimídia (*web art*): http://www.ciclope.art.br; Portais e sites de conteúdo cultural multimídia: http://www.cidadeshistoricas.art.br e http://www.sertoes. art.br. O poeta lançou ainda, em 2004, o livro intitulado *Álvaro*, em que propositalmente confunde autor e obra.

Fontes:

Publicações do autor; http://www.ciclope.art.br (acesso em: junho de 2006); http://www.cidadeshistoricas.art. br (acesso em: junho de 2006); http://www.sertoes.art.br (acesso em: junho de 2006); http://www.ciclope.art.br (acesso em: junho de 2006).

ÁLVARO DE AZEVEDO VIANA (1882-1936)

Nasceu em Curvelo (MG), em 1882, e faleceu em Belo Horizonte, em 1936. Bacharel em Direito, poeta e jornalista, Álvaro Viana participou ativamente do movimento simbolista de Belo Horizonte, tornando-se discípulo fiel de Alphonsus de Guimaraens. Para melhor divulgar o Simbolismo, fundou a revista *Horus*, de apenas dois números – julho e agosto de 1902 –, mas cuja importância é reconhecida por todos que estudam o movimento.

Publicou em vida somente um livro, intitulado *Para quê?*, em 1906, com a ajuda de amigos. Deixou inéditos dois trabalhos em prosa: *A revista maldita, Confiteor*, e um caderno de poesias, que intitulou *Trevas*. Segundo Martins de Oliveira, em *História da*

Literatura Mineira, o poeta Álvaro Viana destacava-se por sua técnica e por especial habilidade em brincar com as rimas.

Fontes:

PEIXOTO, Sérgio Alves. *O melhor da poesia brasileira: Minas Gerais.* Joinville (SC): Sucesso Pocket, 2002; OLIVEIRA, Martins de. *História da Literatura Mineira.* Belo Horizonte: Imprensa Oficial, 1963; http://www.clubedapoesia. com.br (acesso em: maio/junho de 2006).

AMASILDE REHWAGEN

A escritora, ensaísta e poeta Amasilde Rehwagen nasceu em Divinópolis (MG), em 3 de agosto de 1924. Ainda criança, mudou-se com a família para Anápolis (GO), onde fez o primário com a professora Maria José Dafico, ao lado de Anapolino de Faria, Odorico Leão e Washington Valente. Residiu também em Araguari e Ituiutaba, antes de morar em Belo Horizonte, onde trabalhou no Banco de Minas Gerais. Foi nesta cidade que começou a publicar seus poemas e contos, sempre com o pseudônimo "Rosa da Babilônia", nos jornais *Folha de Minas, Estado de Minas* e *Diário de Minas.*

Após ser aprovada em concurso público para o DASP, transferiu-se para o Rio de Janeiro, onde trabalhou no Gabinete do Ministro da Justiça, e passou a publicar seus poemas no jornal *Correio da Manhã.* De volta a Belo Horizonte, trabalhou no Ministério da Agricultura. Na década de 50, ao se casar com o engenheiro George Werner Rehwagen, alemão de nascimento, interrompeu a escrita literária, retomando apenas após a morte do marido, na década de 60. Além de voltar a escrever, ingressou na Faculdade de Direito da UFMG, diplomando-se advogada.

Amasilde Rehwagen tem poemas publicados na *Revista da Academia Municipalista de Letras de Minas Gerais,* onde ocupa a Cadeira 71. É também titular da Academia Feminina de Letras de Minas Gerais, da Sociedade das Amigas da Cultura de Minas Gerais, da Academia Benemérita do Centro Cultural, Literário e Artístico de Filgueiras, em Portugal, e da Academia Anapolina de Filosofia, Ciências e Letras.

Publicou o livro intitulado *Solar estranho,* em 1973.

Fontes:

MARTINS, Mário R. *Dicionário bibliográfico de Goiás.* Rio de Janeiro: Master, 1999; http://www.usinadasletras. com.br (acesso em: 4 de junho de 2006).

AMELINA CHAVES

Amelina Fernandes Chaves nasceu em Francisco Sá (MG), no dia 26 de outubro de 1935. Casou-se com Almir Chaves, em 1948, primo de Hermegildo Chaves, conhecido editorialista da década de 1960, com quem teve 15 filhos. É poeta, romancista, dramaturga, cronista, contista, professora, pesquisadora, compositora, artesã e folclorista. É membro de diversas agremiações literárias, como a Academia Montesclarense de Letras, a Academia Anapolina de Filosofia e Letras de Ipatinga, a Academia de Letras da Fronteira Sudoeste Uruguaiana, a Academia de Letras de Uruguaiana, a Academia Internacional de Letras Três Fronteiras, a Academia Trovadores da Fronteira Sudoeste, tendo sido presidente da Associação dos Repentistas do Norte de Minas, durante quatro anos. É ainda sócia colaboradora da Comissão Mineira de Folclore. Até 2006, a escritora publicou crônicas semanalmente no *Jornal de Notícia* e na *Gazeta Norte Mineiro de Montes Claros*.

Segundo Wanderlino Arruda, na contracapa da biografia que Amelina Chaves escreveu sobre Darcy Ribeiro, intitulado *O eclético Darcy Ribeiro*, seu texto é:

> [...] bonito, simples, direto, claro, cheio de ternura interiorana e muito mineira. Bem apropriado, porque escrito por quem sabe das coisas e tem coragem de pesquisar. De boa procedência, porque feito por uma mulher que teve a sorte de nascer no Sapé, quase barranca do Rio Verde, em paisagem bonita e inspiradora. Inconfundível, é marcante de amores e sensações, fruto de uma inteligência que nunca teve medo de se expor à crítica ou à admiração.
>
> O texto de Amelina tem colorido de flores campestres, cheiro de pequi, brilho de manhã de chuva, doçura de jabuticaba e de leite quentinho com farinha. Além, é claro, de ser sempre um texto corajoso, despido de temores técnicos ou de prejulgamentos, que só atrapalham a arte de escrever.

Publicações: *Diário de um marginal* (contos, 1978), *O andarilho do São Francisco* (romance, 1979); *Mais uma Maria* (teatro, 1981); *Retrato de uma época* (teatro, s/d); *O câncer da vingança* (romance, 1982); *Ventania: o cachorrinho sonhador* (literatura infantil, 1983); *Folclore, quitute e amor* (romance, 2005); *O Comendador Romão* (prosa, 1984); *Um mineiro de Caratinga no Planalto* (biografia, 1991); *Críticas e autocríticas* (opiniões, s/d); *O eclético Darcy Ribeiro* (biografia; 1999); *Jagunços e coronéis* (romance; 1997); *João Chaves: eterna lembrança* (biografia; 2001). Como folclorista, Amelina Chaves influenciou e ajudou vários artistas da sua região. Também a música é uma das paixões de Amelina. Em parceria com Carlos Maia, participou da composição da música "O vaqueiro da ilusão", transmitida com sucesso em Festival da Rede Globo de Televisão. Entre os prêmios literários conquistados, estão: Prêmio Padre Paschoal Rangel de Carangola (MG); Concurso Literário de Araguari (MG); Concurso de Literatura do Jornal Saga (SP); e Concurso Literário de Patos de Minas (MG).

Fontes:

Publicações da autora; Depoimento fornecido pela autora em 08/ 05/ 2006; COUTINHO, Afrânio. SOUSA, J. Galante deOrganizadores). *Enciclopédia de Literatura Brasileira*. São Paulo: Global Editora, 2001. 2 v.; http://www.revista. agulha.nom.br (acesso em: 13 de maio de 2006); http://www.montesclaros.mg.gov.br (acesso em: 13 de maio de 2006); http://www.wanderlino.com.br (acesso em: 12 de maio de 2006); SZLARZ, Eduardo. *Darci Ribeiro de corpo inteiro*. Jornal *Estado de Minas*, Belo Horizonte, 17 de agosto de 1999.

ANA CECÍLIA CARVALHO

Ana Cecília Carvalho nasceu em Belo Horizonte (MG), em 1º de junho de 1951. Graduada em Psicologia pela UFMG, realizou o mestrado na Universidade de San Diego, na Califórnia (EUA), e doutorou-se em Estudos Literários pela UFMG, em 1998. Sua tese foi publicada com o título *A poética do suicídio em Sylvia Plath*, em 2003. É professora no curso de Psicologia da UFMG e mantém clínica particular como psicanalista.

Desde a década de 1970, Ana Cecília Carvalho iniciou a divulgação de seus textos de ficção através de uma imprensa especializada, como o *Suplemento Literário Minas Gerais*, a *Revista Literária/UFMG* e a Revista *Inéditos*. A estreia em livro aconteceu em 1976, com a coletânea *Livro de registros*, republicada depois em *Trilha sonora para o capitão no sonho*. Alguns de seus contos foram traduzidos para o alemão, o espanhol, o inglês e o francês, e divulgados em revistas e jornais de diversos países.

Entre os muitos prêmios literários que já recebeu, destacam-se o primeiro lugar no Concurso de Contos da Academia Municipalista de Letras de Belo Horizonte, em 1974; o Prêmio Nacional de Literatura Cidade de Belo Horizonte, em 1975 (com "Onze contos", publicado com o título *Trilha sonora para o capitão no sonho)*, e em 1985 *(*com o original ainda inédito *Contos desvelados)*; o Prêmio Nacional de Literatura de Brasília, em 1991 (com livro de contos inéditos); Prêmio Melhor para o Jovem, da Fundação Nacional do Livro Infanto-Juvenil, em 1994 (com o livro *Papagaios: uma história de detetives, piratas e mágicos)*, entre outros.

No *Dicionário crítico de escritoras brasileiras*, Nelly Novaes Coelho considera Ana Cecília Carvalho uma "ficcionista de linhagem surrealista (ou do realismo fantástico)", e afirma que:

> [...] tem o estilo fluente/denso/tenso que singulariza a literatura mineira, cuja arte de sugerir abismo, sob superfícies aparentemente rasas, é extremamente fascinante. Oscilando entre o cotidiano mais prosaico e o fantástico mais absurdo, sua matéria ficcional se alimenta dos mistérios do espírito humano. Daí que a principal personagem de todos os contos seja a voz narradora, o eu que vivencia a situação em foco (COELHO, 2002, p. 52).

Publicações: *Livro de registros* (1976); *Trilha sonora para o capitão no sonho* (s/d); *Uma mulher, outra mulher* (1993); *El Orfebre Zapador del Polo* (1995); *Pedrito pega el grito* (1999); *Pedrinho dá o grito* (2002); *Policarpo, o inseto desclassificado* (2002); *Papagaios: uma história de detetives, piratas e mágicos* (2002); *O ourives Sapador do Pólo Norte* (2002); *O mundo do meu amigo* (2002); *A poética do suicídio em Sylvia Plath* (ensaio, 2003), entre outros.

Fontes:

Publicações da autora; COELHO, Nelly Novaes. *Dicionário crítico de escritoras brasileiras*. São Paulo: Escrituras, 2002.

ANA CRUZ

Nasceu em Visconde do Rio Branco, na Zona da Mata mineira. É formada em Jornalismo e reside no Rio de Janeiro. Estreou na literatura em 1997 com a publicação do livro *E... feito de luz*, reeditado em 2006. Em 1998, lançou o jornal literário *De Mina*, em Niterói, com crítica literária e poemas de vários autores. Em 1999, publicou *Com o perdão da palavra* e, em 2001, *Mulheres que rezam*.

Seus poemas – com destaque para um delicado tom sensual e erótico – tratam, principalmente, de questões relacionadas à experiência afro-brasileira, ao preconceito racial, à mulher contemporânea em busca de seu espaço.

Publicações: *E.... feito de luz* (1997); *Com o perdão da palavra* (1999); *Mulheres que rezam* (2001); *Guardados da memória* (2008).

Fontes:

Publicações da autora; EVARISTO, Conceição. In: jornal De Mina, ano 01, edição 01, novembro de 1998; NASCIMENTO, Gizelda Melo do. "A poética afro-mineira de Ana Cruz". In: jornal De Mina, ano 02, edição 02, junho de 2003; http://www.letras.ufmg.br (acesso em: maio de 2007).

ANA ELISA GREGORI (1931-1992)

Poeta, ficcionista, teatróloga e pintora, Ana Elisa de Campos Salles Lisboa Gregori nasceu em Lambari (MG), em 1931. Sobrinha dileta de Henriqueta Lisboa, foi casada com o médico Henrique Sérgio Gregori, com quem teve três filhos. Em 1992, a escritora faleceu, com o esposo, em desastre automobilístico.

Desde jovem, Ana Elisa Gregori revelou grande sensibilidade para as artes. Seus primeiros escritos foram divulgados no jornal *O Diário*, de Belo Horizonte, e a estreia em livro ocorreu em 1966, com os poemas reunidos em *Falar de Lua*, que teve boa acolhida pela crítica.

Entre sua produção teatral, destaca-se a peça *Esporas de prata*, que foi encenada em 1961 pelo Grande Teatro 9, de São Paulo, sob direção de Ademar Guerra. Em 1974, recebeu o Prêmio Serviço Nacional do Teatro, com a peça *Barreado*, depois publicada pela FUNARTE-MEC e encenada no Teatro dos 4, e no Teatro Carlos Gomes, do Rio de Janeiro. Em 1975, a escritora recebeu outro prêmio ao vencer o Concurso de Peças Nacionais para TV de Vanguarda, com *Alguém caiu da varanda*. Mais um sucesso: *A casa da costureira Juliana*, que recebeu, em 1983, o Prêmio Artur Azevedo, da Academia Brasileira de Letras.

Como ficcionista publicou, em 1982, *Os barões da Candeia*, que recebeu o Prêmio Nacional Clube do Livro, de São Paulo, e o Prêmio Fernando Chinaglia, do Rio de Janeiro. Em 1985, publicou *Entre a árvore e a estrela*. Como poeta, publicou *Canto de*

Ofélia (1969) e *Ecce homo* (Prêmio Fernando Chinaglia, 1985). Walmir Ayala, organizador da coletânea *Novíssima poesia brasileira* (1969), incluiu poemas de Ana Elisa em seu livro. Em artigo do *Suplemento Literário Minas Gerais,* de março de 1979, Stella Leonardos cita o depoimento da professora e pintora Isa Aderne, a respeito da obra poética de Ana Elisa Gregori:

> Quando Ana Elisa escreve seus poemas, caminha segura entre palavras, sonhando coisas claras e obscuras; seu interior quis transformá-los em imagens visíveis, fiéis às suas origens, à sua Terra, ao seu tempo, dando o cromatismo do seu momento, trazendo de suas viagens o prazer de voltar, de estar tranquila em seu mundo; encontrou numa montanha do Rio de Janeiro o que restou de suas montanhas mineiras (LEONARDOS, 1979, p. 8-9).

Como artista plástica, Ana Elisa expôs em coletivas no Brasil e no exterior e fez exposições individuais no País. Sobre a inter-relação entre sua pintura e a literatura, Stella Leonardos registra: "Porque poeta, seu pincel de gênese. Porque teatróloga, conflito em seus quadros. [...] Ana Elisa de angústia e onírico. Do entre o abstrato e o figurativo. Do semisonho lúcido" (LEONARDOS, 1979, p. 8-9). Para o público infantil, escreveu a peça *Lenda do beija-flor,* que foi premiada em concurso promovido pelo Juizado de Menores e Companhia Antártica Paulista, em 1965, e publicada em 1985.

Publicações: *Falar de Lua* (poesia, 1966); *Canto de Ofélia* (poesia, 1969); *Ecce homo* (poesia, 1985); *Esporas de prata* (teatro, 1961); *Barreado* (teatro, 1974); *Alguém caiu da varanda* (teatro, 1975); *A casa da costureira Juliana* (teatro, 1983); *Os barões da Candeia* (romance, 1982); *Entre a árvore e a estrela* (romance, 1985); *Tico-tiquinho* (infantil, 1980); *Os irmãos Felipe* (infantil, 1981) e *Bom jardim* (infantil, 1983); *Três sacis na floresta* (teatro infantil, s/d); *O menino e o assovio* (teatro infantil, s/d); *Lenda do beija-flor* (teatro infantil, 1985); *A casa da costureira Juliana* (infantil, 1985); *Entre a árvore e a estrela* (1985).

Fontes:

CASTELO BRANCO, Wilson. Poesia nas Alturas. In: *Suplemento Literário Minas Gerais*. Belo Horizonte, v. 2; n. 36; p. 2, maio 1967; COELHO, Nelly Novaes. *Dicionário crítico de escritoras brasileiras*. São Paulo: Escrituras, 2002; LEONARDOS, Stella. Ana Elisa, mineiridade e visão interior. In: *Suplemento Literário Minas Gerais*. Belo Horizonte, v. 13; n. 651; p. 8-9 mar., 1979.

ANA ELISA RIBEIRO

Ana Elisa Ribeiro nasceu em Belo Horizonte, em 27 de agosto de 1975. Formou-se em Letras, na UFMG, fez mestrado e o doutorado em Linguística. Seu primeiro contato com os livros se deu através dos clássicos da literatura universal, que encontrou na casa de sua avó. Enquanto os colegas liam obras infanto-juvenis, ela conhecia Victor Hugo e Machado de Assis, dentre outros. Desde bem jovem escreve poemas. Já foi vocalista de banda de rock, que deixou, devido à timidez e à pressão da família. Segundo ela, "A poesia também me causa timidez, mas normalmente não vejo diretamente a reação das pessoas diante do que escrevo. Não gosto que leiam meus livros na minha frente. Parece que estão me descobrindo". Aos 17 anos, participou e venceu um concurso de poesias do jornal *Estado de Minas*.

No Projeto Poesia Orbital, por ocasião da comemoração dos 100 anos de Belo Horizonte, Ana Elisa lançou seu primeiro livro de poemas – *Poesinha*, em 1997. Em 2002, publicou *Perversa*, e, em 2008, o livro *Fresta por onde olhar*. O primeiro de contos, intitulado *Meu amor é puro sangue*, encontra-se no prelo.

Ana Elisa Ribeiro trabalha com edição e revisão de textos, e ainda edita um site, um blog e um fanzine. O site, de nome "Patife", tem o formato definido a partir dos textos, colunas e desenhos enviados pelos visitantes. O blog "Estante de Livros" traz resenhas e entrevistas com escritores e textos em geral. O fanzine *Logo Lógos* surgiu em 2002, numa parceria com a designer gráfica Cristiane Linhares. Seus textos curtos e incisivos conseguem ser ao mesmo tempo líricos, bem humorados e irônicos. Alguns poemas tratam de questões relacionadas ao ser humano, em especial o comportamento de homens e mulheres.

Fontes:

Publicações da autora; LOPES, Carlos Herculano. "Poesias de quem corre o risco". In: Jornal *Estado de Minas*, de 2008; http://www.germinaliteratura.com.br (acesso em: 25 de abril de 2006); http://www.jornalexpress.com.br (acesso em 25 de abril de 2006); http://www.vivaleitura.com.br (acesso em 25 de abril de 2006).

ANA MARIA GONÇALVES

Ana Maria Gonçalves nasceu em Ibiá (MG), em 1970. Desde a adolescência, começou a escrever contos e poemas, que nunca divulgou. Formada em Publicidade, trabalhou em várias agências e chegou mesmo a abrir a própria agência, mas, desencantada com a Publicidade, retomou o hábito de leitura e escrita.

Em fins de 2001, mudou-se para a Bahia, indo residir na Ilha de Itaparica, onde escreveu, ao longo de seis meses, o primeiro romance – *Ao lado e à margem do que sentes por mim*. Lançado em edição independente em 2002, e divulgado pela internet, através de eficiente trabalho de blogueiros, vendeu praticamente toda a edição de mil exemplares. Por sorte, um deles caiu nas mãos do jornalista Gravatá, que a apresentou a Millôr Fernandes. Este a levou para a Editora Record, que decidiu publicar seu novo romance – intitulado *Um defeito de cor*.

Desde que foi lançado, em 2006, *Um defeito de cor* tem feito uma carreira de sucesso. No ano seguinte ao lançamento, foi o grande vencedor do Prêmio Casa de las Américas, de Havana, Cuba, numa decisão unânime dos jurados, vencendo 212 concorrentes. O romance de 952 páginas tem agradado tanto aos leitores mais exigentes como aos mais diferentes críticos. A narrativa conta a história de Kehinde, mulher africana, cega e à beira da morte, que viaja da África ao Brasil em busca do filho perdido. Ao longo da travessia, ela narra a comovente história de sua vida, pontuada de mortes, estupro e escravidão. Com competência, o romance relaciona o cotidiano e a vida dos personagens com fatos históricos nacionais, como a Revolução dos Malês, que escravos de origem mulçumana fizeram na Bahia, em 1835.

Em entrevista publicada no site da Editora Record, a escritora explica que fez uma ampla e profunda pesquisa em jornais antigos e em livros de história e biografias, além de documentos examinados no Arquivo do Instituto Geográfico e Histórico da Bahia, no Arquivo Público do Estado da Bahia e no Arquivo Histórico do Município de Salvador.

O próximo projeto também é ambicioso: ela pretende contar a história de Minas Gerais em uma trilogia que vai da Pré-História à Inconfidência Mineira. Ana Maria Gonçalves descobriu que gosta de fazer pesquisa histórica, ler antigos documentos, cruzar informações e, finalmente, criar histórias com tudo isso.

Fontes:

Publicações da autora; http://www.anamariagoncalves.blogspot.com (acesso em: 18 de junho de 2007); http://www.record.com.br (acesso em: 18 de junho de 2007); http://www.flip2007.wordpress.com (acesso em: 18 de junho de 2007); http://www.flip.org.br (acesso em: 18 de junho de 2007); http://www.prascabecas.blogspot.com (acesso em: 18 de junho de 2007).

ANATOLE RAMOS (1924-1994)

Poeta, contista e cronista, esse mineiro nasceu na cidade de Ervália, em 15 de outubro de 1924. Filho de Álvaro Ramos e de Maria José Ramos, fez o primário e o colegial em sua cidade natal. Como sargento da Aeronáutica seguiu para a Itália, com a Força Expedicionária Brasileira (FEB), e ao retornar recebeu uma condecoração pelo trabalho prestado à Pátria. Sendo admitido para trabalhar na Empresa de Correios e Telégrafos, foi transferido para Goiânia (GO), onde residiu até seu falecimento, ocorrido em 16 de abril de 1994. Trabalhou também em diferentes periódicos da cidade, e muitos de seus poemas e crônicas foram publicados primeiro no *Diário da Manhã*, de Goiânia. Entre os prêmios recebidos, estão o Concurso Literário Instituto Goiano do Livro e o Concurso Literário de Brasília.

Publicações: *Antes das águas* (romance, 1968); *Canto alegre* (trovas, 1967); *Minhas queridas formigas; O planeta do silêncio* (1974); *Hoje a noite é mais longa; O sargento vermelho* (romance, 1989); *O fazendeiro que dedurou o bispo; A surpresa da festa* (1989); *O inspetor* (1985).

Fontes:

MARTINS, Mário Ribeiro. *Dicionário bibliográfico de Goiás*. Rio de Janeiro: Máster, 1999; http://www.usinadas-letras.com.br (acesso em: 4 de junho de 2006).

ANDERSON BRAGA HORTA

Filho dos também poetas Anderson de Araújo Horta e de Maria Braga Horta, Anderson nasceu em Carangola (MG), em 17 de novembro de 1934. Durante a infância e a adolescência, residiu em diversas cidades, como Manhumirim, Belo Horizonte, Resplendor, Mutum, Goiânia, Aimorés, Mantena e Lajinha.

No Rio de Janeiro, ingressou no curso de Direito da Faculdade Nacional da Universidade do Brasil, mas, ao se transferir para Brasília, nos anos 1960, como redator da Câmara dos Deputados, decidiu fazer o curso de Letras, que também não concluiu. Casou-se com a capixaba Célia Santos, em 1962, com quem teve os gêmeos – Anderson e Marília. Em Brasília, exerceu o jornalismo e o magistério e se aposentou no cargo de assessor legislativo. Colaborou em inúmeros jornais e revistas literárias do País e participou de várias antologias e obras coletivas.

Publicações: *Altiplano e outros poemas* (poesia, 1971); *Marvário* (poesia, 1976); *Incomunicação* (poesia, 1977); *Exercícios de homem* (poesia, 1978); *Cronoscópio* (poesia, 1983); *O cordeiro e a nuvem* (poesia, 1984); *O pássaro no aquário* (poesia, 1990); *Dos sonetos na corda de sol* (1999); *Quarteto arcaico* (2000); *Fragmentos da paixão: poemas reunidos* (2000); *Pulso* (2000); *Antologia pessoal* (2001); *50 poemas escolhidos pelo autor* (2003; et alli); *Pentagrama* (sonetos, 2001); *A aventura espiritual de Álvares de Azevedo* (ensaio e antologia, 2002); *Sob o signo da poesia*: literatura em Brasília (ensaio, 2003); *Testemunho & participação* (ensaios, 2005); *Traduzir poesia* (ensaio, 2004); *Poetas do século de ouro espanhol* (com Fernando M. Vianna e José J. Rivera, 2000); *Victor Hugo: dois séculos de poesia* (ensaio, 2002); *O sátiro e outros poemas, seleção e tradução* (ensaio, 2002); *Antologia poética ibero-americana* (2006); *O horizonte e as setas* (contos, com Joanyr de Oliveira, Izidoro Soler Guelman e Elza Caravana, 1967); *Semana de estudos sobre Manuel Bandeira* (ensaios, com Aderbal Jurema e Domingos Carvalho da Silva, 1982); *Na cadeira de Álvares de Azevedo* (com H. Dobal, discursos acadêmicos, 1986); *Erotismo e poesia* (ensaio, 1994), *Sob o signo da poesia*: literatura em Brasília (2003); *Criadores de mentiras: ensaios e conferências* (2007); *Pulso instantâneo* (contos, 2008); *Soneto antigo* (2009).

A obra de Anderson Braga Horta tem recebido inúmeros concursos e prêmios, como: Prêmio Jean Cocteau, da Revista *A Época* (1957); Prêmio Gavião, da Livraria Antunes e Antonio Botto, do *Ipase* (1959); Prêmio Alberto Rangel, de *O Cruzeiro*,

Prêmio Canção do Mar, do *Diário de Notícias* (1960); Prêmio da Revista do Funcionário Público, conto e poesia (1961); Medalha da *Amicizia Italo-Brasiliana* (Roma, 1962); Prêmio Nacional de Poesia do Rio de Janeiro (1964); Prêmio Olavo Bilac (1964 e 1966); Prêmio Machado de Assis (1966); Prêmio Bicentenário de Bocage (Setúbal, 1965); Prêmio Alphonsus de Guimaraens da *Academia Mineira de Letras* (1966); Prêmio Rubén Darío (OEA, 1967); Prêmio Fernando Chinaglia II (1969); Prêmio Álvaro de Carvalho (1996); e o Prêmio Jabuti da Câmara Brasileira do Livro (2001), entre outros.

Fontes:

HORTA, Anderson Braga; JUREMA, Aderbal; SILVA, Domingos Carvalho da. *Semana de estudos sobre Manuel Bandeira*. Brasília: CEUB, 1982; *Suplemento Literário Minas Gerais*. Belo Horizonte, 11 de abril de 1992, n. 1174; *Suplemento Literário Minas Gerais*. Belo Horizonte, 5 de maio de 1979, n. 605; http://www.revista.agulha.nom.br (acesso em: maio/junho de 2006); http://pt.wikipedia.org (acesso em: 26 de março de 2010).

ANDERSON DE ARAÚJO HORTA (1906-1985)

Anderson de Araújo Horta nasceu na cidade de Tombos (MG), Zona da Mata, em 30 de novembro de 1906. Começou os estudos na escola primária de seu avô – Horácio Platão de Lanes Horta, mas teve que deixar para acompanhar a família em mudanças para Leopoldina (MG), Conservatória (RJ) e Santa Isabel do Rio Preto (RJ). Mais tarde, diplomou-se pela Academia de Comércio de Juiz de Fora e, em 1937, pela Faculdade de Direito da Universidade do Brasil, no Rio de Janeiro. Além de advogado, foi também professor de Inglês, Geografia e História em Carangola (MG), Vila Boa de Goiás e na cidade do Rio de Janeiro. Em 1934, casou-se com a poetisa Maria Braga, em Manhumirim (MG). Durante o namoro, travaram um diálogo poético que ficou famoso na cidade, que depois foi publicado na introdução do livro *Caminho de estrelas*, de Maria Braga.

Em Vila Boa de Goiás, em 1945, foi nomeado para ocupar o cargo de Primeiro Promotor Público em Goiânia. Em 1947, voltou a Minas, onde continuou advogando, e editou o *Anuário do Rio Doce*. Em 1956, mudou-se com a família para o Rio de Janeiro, onde advogou e lecionou, até se transferir em 1964 para Brasília.

Compôs os primeiros versos ainda estudante em Carangola. Nessa época, com um grupo de colegas, editou o *Jornal Literário Átomo*, que pretendia incentivar a vocação artística e literária dos jovens e fazer uma espécie de movimento renovador. Foi também fundador, em 1941, do Centro Carangolense de Letras. Diversos poemas seus foram publicados em periódicos, como *Revista do Ginásio Municipal Carangolense*, *Jornal do Instituto Propedêutico Carangolense*, *Correio Carangolense*, *Correio Braziliense*, *Revista Fon-Fon*, *Correio da Manhã*, *O Jornal*, *Estado de Minas* (na coluna do poeta e acadêmico Édison Moreira), *Revista Pan*, *Revista da Academia Brasiliense de Letras*, *Jornal Literário Átomo*, *Jornal de Brasília*, *Jornal de Domingo*, *Suplemento Literário Minas Gerais*, entre outros. O escritor Vivaldi Moreira, da Academia Mineira de Letras, publicou um estudo sobre sua poesia na *Revista Pan*, de São Paulo.

Em 1962, obteve, em parceria com seu filho Anderson Braga Horta, a *Medaglia dell'Amicizia Italo-Brasiliana*, no Concurso Internacional de Poesia Grande *Coppa Città di Brasilia*, instituído em Roma. Em 1969, recebeu a Menção Honrosa no 2° Torneio Nacional da Poesia Falada, de Niterói (RJ), com o poema "Rio Subterrâneo". Em 1971, participou da *Antologia dos poetas de Brasília*, de Joanyr de Oliveira, com o soneto "Acróstico", dedicado a Goiânia, nas *Memórias de Pedro Ludovico*. Figura ainda no segundo volume de *Poetas do Brasil*, de Aparício Fernandes, com a coletânea *Poemas subterrâneos*. Segundo depoimento do filho Anderson Braga Horta, também poeta, no texto "Testemunho de vida e poesia",

> Anderson é romantismo, é liberdade, é às vezes arrojo, ocasionalmente com uma pitada de irreverência. A produção do Poeta se distribui por fases de intensa atividade, separadas por longos períodos de silêncio. Dentre os metros da tradição, o decassílabo é o de sua preferência. Alternou, desde cedo, o verso medido com o verso livre

Araújo Horta faleceu no dia 16 de junho de 1985, em Brasília, deixando um romance inédito e grande número de poemas esparsos.

Fontes:

http://www.edicoesgalobranco.com.br (acesso em: 25 de abril de 2006); http://www.revista.agulha.nom.br (acesso em: 25 de abril de 2006).

ANDRÉ CARVALHO

André Ferreira de Carvalho nasceu em Curvelo (MG), no ano de 1937. Editor, jornalista e escritor formou-se em Letras, em 1966, pela Faculdade de Filosofia Ciências e Letras da UFMG. Em seguida, formou-se em Didática pela Faculdade de Educação da UFMG e em Comunicação pelo *International Exchange Program* nos EUA. É também psicólogo graduado e pós-graduado pela Fumec, de Belo Horizonte. Em 1954, aos 17 anos, fundou e dirigiu o Jornal *Curvelo Notícias*, depois criou a Revista *Anuário Curvelo* e a Revista *Anuário de Sete Lagoas*. Em 1955, publicou o primeiro livro voltado para o público infantil – *Conte-me uma estória, mamãe!*

André Carvalho trabalhou como repórter e colunista em diferentes revistas e jornais de Minas Gerais, como *Alterosa, Correio de Minas, Revista e Tempos*, entre outras. Foi editor do Programa de TV 'Alta Tensão', produtor de fotonovelas para as revistas *Isabela* e *Carinho*, chefe do Departamento de Reportagens da Rádio Itatiaia e da Rádio Cultura, redator e cronista de rádio e TV do *Diário de Minas* e *disk-jockey* da Rádio Inconfidência. Entre 1968 e 1980 trabalhou como editor e apresentador do programa

TV Mulher, do Programa Universidade Popular da Manhã, além de produzir discos e audiovisuais pela Gravadora Bemol de Minas Gerais e de São Paulo. Incansável, também trabalhou como professor de Português e de Literatura Infantil e editou suplementos infantis em vários jornais do País, como *Liberal* (Belém); *O Poti* (Natal); *Jornal da Semana* (Recife); *Gazeta do Povo* (Curitiba); *O Estado* (Teresina); *O Jornal de Brasília* (DF); *A Crítica* (Manaus); *Gazeta de Alagoas* (Maceió) e o *Suplemento Gurilândia*, do *Estado de Minas* (BH). Editou ainda a Revista *Oi Turma* (BH).

Entre suas contribuições como editor, no campo da literatura infanto-juvenil brasileira, destaca-se a publicação da *Coleção do Pinto*, pela Editora Comunicação, que fundou em 72, e foi responsável pela divulgação dos primeiros livros de cunho realista voltados para o jovem público leitor. A importância desse trabalho pode ser avaliada pelo volume expressivo de títulos publicados – mais de trezentos livros – e pelos trinta e quatro prêmios nacionais e internacionais que recebeu como editor. E também pelas inúmeras teses e dissertações acadêmicas que ainda hoje são apresentadas em todo o País.

No cenário internacional, André Carvalho tornou-se conhecido com a publicação do romance *Cuba-libre*, que foi traduzido em espanhol e distribuído em 13 países hispânicos, e também pelos livros *Dourado* e *Feminismo*, que tiveram uma edição especial para o governo da Bolívia. E *Boy in the cage* e *Squarely* são alguns de seus títulos editados nos Estados Unidos. É coordenador da Coleção *Pergunte ao José*, da Editora Armazém de Ideias, dedicada a temas educacionais, que recebeu recentemente o Prêmio Cícero, da Abrigraf, na categoria Criação.

Publicações: *Conte-me uma estória, mamãe!* (1955); *Cuba-libre* (1972); *O menino e a nuvem* (1972); *Tusuca e Laurinha no país das águas doces,* e *Tusuca e Laurinha nas terras* (1974); *Tusuca e Laurinha descobrem o progresso* (1976); *Menino preso na gaiola* (1980); *Coleção Pergunte ao José* (*Dourado e Feminismo*) (1999), entre muitos outros.

Fontes:

Publicações do autor; COELHO, Nelly Novaes. *Dicionário crítico da literatura infantil e juvenil brasileira*. São Paulo: Quíron, 1983; Algumas informações foram obtidas com Pollyanna Amaro, que tem contato com o escritor.

ANDRÉ SANT'ANNA

Escritor e músico, André Sant'Anna nasceu em Belo Horizonte, em 14 de dezembro de 1964. Deixou a capital mineira aos 11 anos para morar em Ubatuba, litoral paulista, onde viveu por três anos. Posteriormente, passou um ano em Berlim (Alemanha), onde escreveu para o *Jornal do Brasil*. Depois da experiência na Alemanha, retornou ao Brasil para viver no Rio de Janeiro, onde, em meados dos anos 1980, iniciou e interrompeu dois cursos superiores: Comunicação, na Faculdade da Cidade, e Música, na Faculdade

Estácio de Sá. Entre os anos de 80 e 90, participou do grupo musical Tao e Qual, tocando contrabaixo, teclado e percussão, além de compor e cantar.

O primeiro livro surgiu no final dos anos 1990. Sob incentivo do pai, o romancista e escritor Sérgio Sant'Anna, lançou o livro *Amor* (1998), de contos. O segundo foi o romance *Sexo*, em 1999, que atraiu a atenção da crítica e foi publicado também em Portugal, no ano seguinte. Aliás, publicou, somente em Portugal, o livro *Amor e outras histórias*, em 2001, que é uma ampliação de seu primeiro livro. Um dos contos de *Amor e outras histórias*, intitulado "O importado vermelho de Noé", foi incluído em *Os 100 melhores contos do século*, organizado por Ítalo Moriconi (2000).

Sérgio Sant'Anna publicou ainda o romance *O paraíso é bem bacana* (2006), que narra a aventura de um jogador de futebol que deixa o Brasil para tentar a sorte na Alemanha e se transforma em homem-bomba, e *Sexo e Amizade*, em 2008.

Fontes:

Entrevista concedida pelo autor, em junho de 2006; Jornal *Estado de S. Paulo*, de 6 de janeiro de 2008.

ANDITYAS SOARES DE MOURA

Andityas Soares de Moura nasceu em 1979, em Barbacena (MG). Bisneto de Agenor Soares de Moura, primeiro tradutor brasileiro da obra de Thomas Mann, dedicou-se desde cedo às Letras. Atua como poeta, tradutor, ensaísta e professor universitário. É mestre em Filosofia do Direito pela Universidade Federal de Minas Gerais. Andityas também organizou uma edição da *Lírica* de Luís de Camões e contribuiu com várias revistas, como, por exemplo, a revista portuguesa *Saudade*.

Entre 1995 e 1997, editou um jornal chamado *Jornal Cultural Cânticos do Albatroz*, dedicado à Literatura, às Artes Plásticas, à Poesia, à Música e à Filosofia. Em 1997, estreou no mundo da literatura com uma coletânea de poemas chamada *Ofuscações*. Conforme é relatado, essa obra se esgotou rapidamente e, a partir dela, Anityas começou a publicar seus poemas em várias revistas brasileiras de prestígio, como: *A Cigarra*, *Poiésis, Boletim Literário Komedi, Vozes, Jornal Cultural*, entre outras. Em 1996, o escritor foi premiado no 1º Concurso Literário Jornal de Sábado, realizado em Barbacena, nas três categorias: conto, crônica e poesia.

Além de *Ofuscações* (1997), tem publicado *Lentus in Umbra* (2001); *OS enCANTOS* (2003); *Fomeforte* (2005); e *Algo indecifravelmente veloz* (antologia poética, 2008). Sobre esta antologia, o crítico Ivo Barroso fez as seguintes colocações:

> A antologia termina com uma série de inéditos que atestam sua maturidade poética. Liberto do fascínio pelos falares galegos, ousa e consegue ser ele mesmo, mostrar-se de rosto inteiro, sem cogula. "Canção do

Mestre Celestial" tem diapasão hierático, oracular, numa linguagem explosiva, cascateante, alcançando crescendos de corifeu. "E Língua de fogo do não" é poema-fleuve, a mostra de grande fôlego, a homenagem sutil ao todo-sempre Carlos. Mas sutilieza de linguagem, desnorteio de imagens, sincopes ritmais luzem em fagulhas de poemas menores (em extensão) como 'Lamento', 'Clara jóia', 'A carne triste' e 'A palavra'. A lucidez paradoxal do hermético. O sendo da cadência, o encontro inaudito das palavras. Uma esperada ascensão: previsivelmente veloz! (BARROSO, 2008)

Em Portugal, publicou o ensaio "A letra e o ar: palavra-liberdade na poesia de Xosé Lois García" (2004) e, no Brasil, "A Rosa dos Claustros", sobre a poesia galega de Rosalía de Castro (2004). Entre os poetas que já traduziu, destacam-se Rosalía de Castro, Juan Gelman e Joan Brossa.

Fontes:

BARROSO, Ivo. "Algo previsivelmente veloz". In: jornal *Estado de Minas*, de 23 de agosto de 2008; http://www.ucm.es (acesso em: outubro de 2008); http://www.antologiadoesquecimento.blogspot.com (acesso em: outubro de 2008); http://www.salamalandro.redezero.org (acesso em: outubro de 2008); http://www.pphp.uol.com.br (acesso em: outubro de 2008).

ANELITO DE OLIVEIRA

Anelito de Oliveira nasceu em Bocaiúva (MG), no ano de 1970. Formou-se em Letras pela UFMG e, em seguida, tornou-se mestre em Teoria da Literatura e doutor em Literatura Brasileira, pela USP. Criador e editor do jornal *Não* e do selo *Orobó* (1997), tem realizado um importante trabalho de divulgação da literatura produzida no Estado. Entre 1999 e 2002, foi editor do *Suplemento Literário Minas Gerais*. Além de ensaios sobre Cruz e Souza e Machado de Assis, publicou *Lama*, em 2000, e *Três festas / A love song as monk*, em 2004.

O autor concebe o poeta como criador e acredita que seu grande 'rival', "o maior de todos, é Deus, o criador absoluto". Influenciado por escritores do porte de Bandeira, Drummond, Gullar, Pessoa, Baudelaire e Rimbaud, e experimentando estilos musicais que vão de Debussy a Louis Armstrong, Anelito afirma que *Lama* "é mais para o ouvido que para o olho". O hermetismo do livro sugere ao leitor certa aproximação com o estilo de Fernando Pessoa e Mallarmé e, ainda segundo o próprio autor, *Lama* tem "textos perpassados pela tensão do desterrado ou, no mínimo, do embriagado de realidade". Anelito é um convite para o leitor descobrir as possibilidades de sensações que podem nascer da linguagem (http://www.letras.ufmg.br/literafro).

Fontes:

Publicações do autor; http://www.letras.ufmg.br (acesso em: junho de 2006).

ANGELA LAGO

Angela Anastácia Cardoso Lago, renomada escritora e ilustradora de livros infantis, nasceu em Belo Horizonte, em 1945. É formada em Serviço Social, desde 1968, pela Universidade Católica de Minas Gerais. Suas incursões pelas artes gráficas e pela literatura infantil não partiram, portanto, de sua formação universitária, mas de outras experiências da autora, como o contato com os escultores Bitter e Amílcar de Castro; estudos realizados na Escola Guignard e no Napier College, em Edimburgo (Escócia); a publicação de poemas no *Suplemento Literário Minas* Gerais; o trabalho realizado no Instituto Psicopedagógico, com crianças com dificuldades psicopedagógicas e psiquiátricas, em Belo Horizonte; e ainda os estudos feitos em Denver (EUA), também na área da psicopedagogia.

Estreou no campo da literatura destinada às crianças com dois títulos, em 1980: *Sangue de barata* e *Fio do riso*. Tem mais de trinta obras publicadas no Brasil e no exterior e inúmeros prêmios nacionais e internacionais no currículo, como o Prêmio Jabuti, o Prêmio da Fundação Nacional do Livro Infantil e Juvenil (em diversas ocasiões), o Octogone de Fonte (França), o Prêmio Iberoamericano de Ilustração (Espanha) e o BIB Plaque (Eslováquia).

Sobre seu ofício, Angela Lago afirma: "Trabalho com alegria, considero-me uma felizarda. E é melhor assim, porque este não seria o trabalho adequado se eu fosse uma pessoa sem esperança" (SEBASTIAO, 2008)

Entre as obras escritas e ilustradas pela própria autora, destacam-se, além dos livros de estreia: *Uni duni e tê* (1982); *Outra vez* (1984); *Chiquita Bacana e as outras pequetitas* (1986); *Sua Alteza a Divinha* (1990); *O cântico dos cânticos* (1992); *De morte* (1992); *Coleção Folclore de Casa* (1993); *Charadas macabras* (1994); *Cena de rua* (1994); *Tampinha* (1994); *A festa no céu* (1995); *O personagem encalhado* (1995); *Pedacinho de pessoa* (1996); *Uma palavra só* (1996); *Um ano novo danado de bom* (1997); *A novela da panela* (1999); *ABC Doido* (1999); *Indo não sei aonde buscar não sei o quê* (2000); *Sete histórias pra sacudir o esqueleto* (2002); *A banguelinha* (2002); *Muito capeta* (2004); *A raça perfeita* (com Gisele Lotufo, 2004); *A casa da onça e do bode* (2005); *A flauta do tatu* (2005); *O bicho folharal* (2005) e *João Felizardo* (2007), que foi editada no México e traduzida depois para o Brasil .

Aliás, sua obra tem sido traduzida para o inglês, o espanhol, o japonês e o chinês. Sobre seu último livro, a escritora declarou:

> Para cada época da vida é bom ter um conto de fadas para nos nortear e nos habituar com as mudanças psicológicas que nos acontecem. *João Felizardo* é o conto de envelhecimento, é aprender que perda também · é ganho. E que é importante se desfazer, pouco a pouco, de tudo que

é desnecessário para se chegar ao realmente necessário. E o essencial é nada, é a leveza, é o que Niemeyer fala: um sopro. *João felizardo* é também um livro do agora, quando pensamos na possibilidade do fim do capitalismo – não acabou o comunismo? Ele seria o livro perfeito para comemorar o fim do capitalismo (SEBASTIÃO, 2008).

Cena de rua, por exemplo, é um interessantíssimo livro de imagens que tem como tema a triste realidade dos meninos de rua e vendedores nos sinais. Foi publicado no Brasil, no México, na Venezuela e nos Estados Unidos e rendeu à autora diversas premiações na França, na Alemanha e na Eslováquia, além de importantes prêmios nacionais, como o Jabuti, o FNLIJ e o da Associação Paulista de Críticos de Arte/APCA. Nos Estados Unidos, *Cena de rua* foi selecionado para integrar uma coletânea organizada pela *Abrams Press*, de Nova York, e classificado entre os 15 melhores livros de imagens do mundo. Merecem destaque também as obras *Tampinha*, que virou filme, e *Sete histórias para sacudir o esqueleto*.

Em 2004, Angela Lago foi, pela terceira vez, candidata ao importante Prêmio Hans Christian Andersen de Ilustração, instituído pelo IBBY. É a primeira ilustradora brasileira a possuir uma *homepage* (http://www.angela-lago.com.br), que não pode deixar de ser visitada, principalmente pelas crianças. Com uma obra profundamente marcada pela sensibilidade e criatividade, Ângela Lago é uma referência fundamental para a literatura destinada ao público infantil. Em suas obras, ocorre uma rica e inovadora interação entre o texto e a ilustração, que deixa de ser simples repetição do escrito para ampliar suas significações. Ao abordar temáticas universais e filosóficas, a autora apresenta um texto maduro, bem humorado, e muito poético.

No dia 16 de agosto de 2007, a Editora UFMG realizou, no Anfiteatro do Pátio Savassi, o lançamento do livro sobre a escritora e de autoria de André Mendes, intitulado *O amor e o diabo em Angela Lago: a complexidade do objeto artístico*. Em 2010, lançou *Psiquê*, pela Cosac Naify, em que mescla o mito grego de Eros e Psiquê com elementos dos contos de fada.

Fontes:

COELHO, Nelly Novaes. *Dicionário crítico da Literatura Infantil/Juvenil brasileira 1882-1982*. São Paulo: Quíron, 1983; SEBASTIÃO, Walter. "Um sopro de fantasia". In: jornal *Estado de Minas*, caderno Em cultura, de 18 de outubro de 2008; http://www.angela-lago.com.br (acesso em: maio de 2006); http://www.geocities.com (acesso em: maio de 2006); http://www.rocco.com.br (acesso em: maio de 2006); http://www.ufmg.br (acesso em: maio de 2006).

ÂNGELA LEITE DE SOUZA

Ângela Leite de Souza nasceu em Belo Horizonte, mas viveu parte de sua vida no Rio de Janeiro, onde se formou em Jornalismo pela PUC e trabalhou em importantes jornais e revistas da imprensa brasileira, como *Veja*, *O Globo*, *Jornal do Brasil*, entre outros. A carreira literária teve início em 1982 quando, retornando para Belo Horizonte, recebeu o Prêmio Literário da Imprensa Oficial de Minas Gerais, com o livro de poemas *Amoras com açúcar*. Em 1997 recebeu outro importante prêmio: o Prêmio Casa de Las Américas de Literatura Brasileira, em Cuba, vencendo mais de 200 concorrentes, com outro livro de poesia: *Estas muitas Minas*.

Ângela Leite de Souza também faz crítica literária, especialmente de literatura infanto-juvenil, área em que se especializou em 1992, na PUC/MG, e é ilustradora de livros. Em 1997 e 1999, participou da Bienal de Ilustração de Bratislava com os livros *Os elefantes* e *Medo de escola*. Uma das técnicas que mais tem empregado em seu trabalho de ilustração é o bordado e a colagem em tecido. Foi assim que ilustrou o livro mais recente, *Meus Rios*, verdadeiro canto de amor ao Rio de Janeiro, que venceu o Prêmio Carioquinha de Literatura Infantil de 1997.

Entre seus livros publicados estão: *Amoras com açúcar* (1982, adulto); *Lição das horas* (1990, juvenil); *O meu chapéu* (1993, infantil); *E os pintinhos? Piu!* (1993, infantil); *Três gotas de poesia* (1995, infanto-juvenil); *Aranha Castanha e outras tramas* (2006, juvenil); *Palavras são pássaros* (2006, infanto-juvenil); *Um verso a cada passo* (2009, infanto-juvenil).

Fontes:

Publicações da autora; http://caleidoscopio.art.br; http://www.autenticaeditora.com.br (acesso em: março de 2010).

ÂNGELO MACHADO

Ângelo Machado nasceu em Belo Horizonte, em 1934, fez graduação e doutorado em Medicina na UFMG, e pós-doutorado na Northwestern University, em Chicago (USA); é casado e tem quatro filhos. Mas nunca exerceu a profissão de médico; preferindo dedicar-se à pesquisa científica e ao ensino, tanto no Brasil como no exterior. Foi professor titular de Neuro-Anatomia na UFMG até 1987, quando se aposentou para retornar na condição de professor de Zoologia na mesma universidade. Reconhecido internacionalmente por seu trabalho de educação ambiental e conservação da natureza, é hoje presidente da Fundação Biodiversitas. Como consultor, membro de conselhos editoriais e conferencista, Ângelo Machado viaja constantemente pelo Brasil e exterior, dando palestras, participando de congressos científicos e de expedições cientificas para coleta de material zoológico, principalmente na região amazônica.

Autor de inúmeros livros e artigos científicos, estreou na literatura infantil em 1989 com o livro *O menino e o rio*. Desde então, tem publicado seguidamente para o público infantil, como a novela *Douradinho Douradão rio abaixo rio cima* (2001), de grande sucesso, e peças de teatro, sempre com a preocupação de sensibilizar o público leitor para as questões ambientais.

Entre os inúmeros livros infanto-juvenis que já publicou, estão: *O casamento da ararinha azul* (1996); *Que bicho será?* (1996); *Que bicho será que fez a coisa?* (1996); *Que bicho será que fez o buraco?* (1996); *Será mesmo que é bicho?* (1996); *Viagens de Tamar: a tartaruga-verde do mar* (1996); *Que bicho será que a cobra comeu?* (1996); *Que bicho será que botou o ovo?* (1996); *O velho da montanha:* uma aventura amazônica (1997); *Dilema do bicho pau* (1997); *A barba do velho da barba* (1997); *Fugitivos da esquadra de Cabral* (1999); *Tesouro do Quilombo* (2001); *Outra perna do Saci* (2001); *Chapeuzinho vermelho e o lobo–guará* (2002); *O menino e a rã* (2003); *O menino e o rio* (2003); *A festa de aniversário da Aline* (2003); *O rei careca* (2003); *O estraladabão: tão-tão* (2004); *Olho* (2004); *Língua* (2004); *Dente* (2004); *Garganta* (2004); *Esquilo esquecido* (2006).

Fonte:

Publicações do autor.

ANÍBAL MACHADO (1884-1964)

Mineiro nascido em Sabará, no dia 9 de dezembro de 1884, Aníbal Monteiro Machado estudou em Belo Horizonte no Colégio D. Viçoso e no Externato do Ginásio Mineiro, hoje Colégio Estadual Central. Iniciou o curso superior na Faculdade Livre de Direito do Rio de Janeiro, transferindo-se depois para a Faculdade de Direito de Belo Horizonte, onde se formou em dezembro de 1917. Trabalhou como promotor de Justiça na comarca de Aiuruoca, no sul de Minas Gerais, porém voltou logo para Belo Horizonte.

No início da década de 1920, integrou a redação do jornal *Diário de Minas* e conviveu com o grupo modernista mineiro da segunda geração, do qual faziam parte Carlos Drummond de Andrade, João Alphonsus, Murilo Mendes, Sérgio Milliet, entre outros. Os primeiros trabalhos foram publicados na Revista *Vida de Minas,* sob o pseudônimo de Antônio Verde. Em maio de 1921, foi nomeado professor interino de História Universal no Externato do Ginásio Mineiro. Em 1923, mudou-se para o Rio de Janeiro e, com seu entusiasmo pela poesia, pela pintura e pelo cinema, fez de sua casa na Rua Visconde de Pirajá um dos pontos de efervescência da vida literária brasileira da época.

Em fevereiro de 1924, foi nomeado promotor público adjunto no então Distrito Federal, mas não assumiu o cargo. Nessa época, trabalhava no gabinete do ministro da Justiça, Dr. Augusto Vianna de Castello, mas se demitiu em virtude dos acontecimentos políticos que antecederam o movimento revolucionário de 1930. Também exerceu outros cargos administrativos no Rio de Janeiro, foi casado duas vezes, teve seis filhas, entre elas Maria Clara Machado, que se destacou como autora de peças teatrais, e muitos netos.

Aníbal Machado escreveu para inúmeros periódicos, como *Revista do Brasil, Boletim de Ariel, Revista Acadêmica, Para Todos, Suplementos Literários do Correio da Manhã, Diário de Notícias* e *O Jornal,* entre outros. Participou da segunda fase da *Antropofagia,* movimento chefiado por Oswald de Andrade na década de 1930, e publicou o primeiro conto na revista *Estética,* de Sérgio Buarque de Holanda e Prudente de Morais Neto. Traduziu a peça *Tio Vânia,* de Tchekov, para o grupo teatral Tablado, e também o *Diálogos das carmelitas,* de Bernanos, e *O guardião do túmulo,* de Kafka. Publicou ainda ensaios de críticas de arte. Foi membro fundador do grupo *Os Comediantes,* do Teatro Experimental Negro, e do Teatro Popular Brasileiro. Dedicando-se à produção de contos, publicou seu primeiro livro – a *Vida feliz,* em 1944, e, posteriormente, *Histórias reunidas,* em 1955. Em 1957, lançou *Cadernos de João,* de poemas em prosa. Seu mais conhecido romance – *João ternura* – só foi publicado postumamente, em 65. Aníbal Machado destacou-se no panorama do conto brasileiro com textos memoráveis, como "Viagem aos seios de Duília", "Tati, a garota", "O iniciado do vento", "O telegrama de Ataxerxes", "O ascensorista", entre outros.

O escritor foi ainda condecorado com a Legião de Honra e recebeu o Prêmio Cláudio de Sousa, da Academia Brasileira de Letras, pela peça teatral *O piano,* adaptada da novela de mesmo nome. Manoel Carlos adaptou vários contos seus na telenovela "Felicidade", exibida pela Rede Globo, em 1991. Em análise da obra de Aníbal, o escritor e estudioso Francisco Sobreira afirma que " 'Viagem aos seios' de Duília não é apenas um dos maiores contos brasileiros, mas pode, tranquilamente, figurar entre os maiores do conto universal".

Aníbal Machado faleceu no Rio de Janeiro, no dia 20 de janeiro de 1964, e, no dia de sua morte, Carlos Drummond de Andrade o homenageou com um texto, depois transformado em prefácio do livro *João Ternura:*

> E assim nos deixou nosso amigo Aníbal M. Machado: com a gentileza do costume, dos próximos se despedindo sereno, aos distantes mandando lembranças. Recebeu a morte como recebia os amigos, os viajantes e os perseguidos políticos na casa branca de Visconde de Pirajá. A morte sentou-se na melhor poltrona, provou batida de maracujá, animadamente conversaram; noites e noites [...].
>
> Assim, a muitos ajudou a viver, e a não sei quantos salvou de si mesmos, do tédio, da solidão e da secura. Pois ele todo era uma casa, de mesa posta e luz acesa, para o desesperado e o bêbado, a provar que a cidade não é labirinto do inferno, se nela florescem o domingo feérico dentro do domingo, a paciência e o sorriso (CDA, 10 de março de 1964).

Obras publicadas: *Vida feliz* (novela, 1944); *O ABC das catástrofes* (1955); *Poema em prosa* (1955); *Cadernos de João* (reúne *ABC das Catástrofes, Poema em Prosa,* e textos inéditos, 1957); *Histórias reunidas* (1957)*; A morte da porta-estandarte, Tati, a garota e outras histórias reunidas* (1967); e *João ternura* (1965). *Brandão entre o mar e o amor* (1965) contém cinco partes, e cada uma é assinada por um autor, como Jorge Amado, José Lins do Rêgo, Aníbal Machado, Graciliano Ramos e Raquel de Queiroz. Aníbal escreveu *O triunfante* para a quarta parte do livro.

Fontes:

MACHADO, Aníbal Monteiro *et alii. Brandão entre o mar e o amor*. 2. ed. São Paulo: Martins, 1973; MACHADO, Aníbal Monteiro. *Cadernos de João*. 3. ed. Rio de Janeiro: Nova Fronteira, 2002; MACHADO, Aníbal Monteiro. *Histórias reunidas*. Rio de Janeiro: José Olympio, 1959; MACHADO, Aníbal Monteiro. *João ternura*. 6. ed. Rio de Janeiro: José Olympio, 1984; http://www.itaucultural.org.br (acesso em: 21 de abril de 2006); http://www.wikipedia. org (acesso em: 21 de abril de 2006).

ANTENOR PIMENTA

Antenor Pimenta nasceu em uma fazenda no interior de Minas Gerais, na cidade de São João Evangelista, no ano de 1960. Estudou em sua cidade natal e em cidades próximas, semelhantes em pobreza e aridez, como Santa Maria do Suaçuí e São Pedro do Suaçuí. Atualmente reside em Belo Horizonte, é escritor, compositor, membro da Academia Mineira de Letras, e ainda engenheiro e gerente de uma agência da Caixa Econômica Federal.

Desde o início de sua trajetória literária, tem recebido premiações, como o primeiro lugar no Concurso de Contos da *Revista Literária da UFMG* (1981 a 1985) e o primeiro lugar no Concurso de Contos da Prefeitura de Santo André (SP), em 1985. Em entrevista ao jornal *O Globo,* afirmou ter recebido fortes influências de seu pai, "um legítimo contador de histórias", e da leitura assídua de García Marquez, Cortázar, Canetti, Kafta, Saramago, Calvino, Borges, Vargas Llosa e, principalmente, Guimarães Rosa e William Faulkner (que considera seu herói literário). Entretanto, apesar dos prêmios recebidos e da participação em diversas antologias, só em 1995 publicou o primeiro romance, denominado *A estrada de Salamanca* e, em 1998, lançou *Último Aurélio ou o cadáver adiado*, ambos pela editora Rocco. Este último obteve significativo sucesso junto ao público e à crítica, contribuindo para consolidar seu nome como um dos talentos literários da atualidade. Em 2000, mais um título veio a público: *Réquiem para Monalisa* (2000). Em 2005, Daniele Pimenta, sua sobrinha, publicou um livro com sua história de vida, intitulado *Antenor Pimenta: circo e poesia.* A edição incluiu também o texto integral da peça "E o céu uniu dois corações", além de uma apresentação da professora Neyde Veneziano, especialista em Teatro Popular.

Enquanto informa que dois novos romances se encontram no prelo "A grande barca" e "Leporello"; o músico e escritor prepara-se para lançar uma opereta de sua autoria – "Cabaré Paris".

Fontes:

COUTINHO, Afrânio (Org.) *A literatura no Brasil*. Rio de Janeiro: Sul Americana, 1969; PIMENTA, Daniele. *Antenor Pimenta: circo e poesia*. Belo Horizonte: Imprensa Oficial, 2005.Jornal *O Globo,* Caderno Prosa e Verso, Rio de Janeiro, 1º de agosto de 1998; http://www.editoras.com (acesso em: 12 de abril de 2006); LOPES, Carlos Herculano. Embalado pela memória. In: Jornal *Estado de Minas*, Caderno Pensar, 7 de março de 2009, p. 6.

ANTÔNIO AUGUSTO DE MELLO CANÇADO (1912-1981)

Foi escritor, jornalista, acadêmico, professor e técnico de Educação. Nasceu na cidade de Pará, atual Pará de Minas, no dia 1º de março de 1912, e faleceu em Belo Horizonte, em 22 de agosto de 1981. Filho dos professores Augusto Lopes Cançado e de Judite Ester de Mello Cançado, foi casado com Maria da Glória Machado de Mello Cançado. Ao concluir o curso de Humanidades com os Padres do Verbo Divino em Juiz de Fora (MG), chegou a pensar em seguir a vida religiosa, mas desistiu, por problemas de saúde, tornando-se professor de Português e de Latim do Ginásio São Geraldo. Mais tarde, transferiu-se para Belo Horizonte onde desempenhou diversas funções, inclusive a de linotipista do jornal *Estado de Minas*, antes de ingressar na Faculdade de Direito e se bacharelar em 1941.

Começou a lecionar no ensino superior em 1950, como professor fundador da Faculdade Mineira de Direito, hoje pertencente à PUC Minas, na qual foi diretor por dez anos consecutivos e professor titular de Direito Romano até 1970. Lecionou ainda na Faculdade de Sociologia, na Escola de Serviço Social e de Enfermagem e na Faculdade de Filosofia, todas pertencentes à Universidade Católica, e ainda na Faculdade de Direito da UFMG. Como funcionário da Secretaria de Educação, desempenhou importantes funções no Departamento de Ensino Primário (1950), no Departamento de Educação e na Cultura da Prefeitura de Belo Horizonte (entre 1955 e 1958) e no Departamento de Educação (1961-1964), além de ter sido Secretário de Estado, em 1965.

Colaborou em diversos periódicos do Estado, e suas crônicas registravam com sensibilidade e humor as dificuldades cotidianas da vida moderna, ressaltando a honestidade e a dedicação e valorizando pequenos gestos que demonstravam respeito pelos homens e pela natureza. Também tratavam da educação e pregavam um trabalho metódico, que tornasse a sociedade mais fraterna, menos individualista e consciente.

Participou da Academia Mineira de Letras, da Academia Municipalista de Letras de Minas Gerais, do Instituto Histórico e Geográfico de Minas Gerais, da Sociedade Brasileira de Romancistas e da Sociedade Brasileira de Estudos Clássicos. Foi agraciado com a medalha D. Cabral e também com a medalha de Ouro Santos Dumont, pelo governo de Minas Gerais, em 1979.

Publicou os seguintes títulos: *Temas e figuras* (1949); *Patrícios e plebeus* (1949); *Presença de Vila Rica* (1969); *Moral, direito e profissão* (1971); *Flashes de Belo Horizonte* (ensaio, 1957); *Em louvor de Pitangui* (ensaio, 1971); *Pequeno ofício de esperança* (crônicas, 1983).

Fontes:

CANÇADO, Antônio Augusto de Mello. Apresentação. *Pequeno ofício de esperança*. Belo Horizonte: Coordenadoria de Cultura, Imprensa Oficial de Minas Gerais, 1983; COUTINHO, Afrânio dos Santos; SOUSA, José Galante de. *Enciclopédia da literatura brasileira*. 2. ed. São Paulo: Global Editora; Rio de Janeiro: Fundação Biblioteca Nacional, Academia Brasileira de Letras, 2001; MONTEIRO, Norma de Góis. *Dicionário biográfico de Minas Gerais*. Período republicano: 1889-1991. Belo Horizonte: Assembleia Legislativa do Estado de Minas Gerais, 1994.

ANTÔNIO BARRETO

Antônio Pádua Barreto Carvalho nasceu em Passos (MG), em 13 de junho de 1954, e vive em Belo Horizonte, desde 1973. É filho de Antônio Ferreira de Carvalho e de Eugênia Barreto de Carvalho. Fez o primário e o ginásio em sua terra, onde deu início à carreira literária aos 15 anos, ao editar, com o Grupoema e os colegas da União Passense dos Estudantes, o *Jornal Liba* e a *Revista Protótipo*, depois considerada pioneira do movimento marginal na década de setenta, chegando a ser distribuída até em países da América Latina. Em Belo Horizonte, iniciou – e abandonou – os cursos de História e de Letras, na Universidade Federal de Minas Gerais, optando pelos cursos de Desenho Técnico, Arquitetura e Mecânica da Universidade do Trabalho de Minas Gerais, tornando-se desenhista projetista. Em 1980, fundou, com outros intelectuais e jornalistas mineiros, a Associação Profissional dos Escritores de Minas Gerais (APEMIG), atual Sindicato dos Escritores de Minas Gerais, do qual foi primeiro tesoureiro.

Antônio Barreto é um dos escritores mais premiados da literatura nacional, pois acumula mais de 120 prêmios, além de ter sido objeto de teses e dissertações em diferentes instituições do País. Sua obra inclui contos, poesias, romances, crônicas e literatura infanto-juvenil. Sobre o autor, assim se expressou Roberto Drummond: "Se podemos chamá-lo de filho de Joyce, Antônio Barreto é, seguramente, irmão gêmeo de alguns demolidores do romance, como o cubano Cabrera Infante, o argentino Manuel Puig e o brasileiro Ignácio Loyola Brandão" (na capa do livro *A guerra dos parafusos*, de 1993).

O sono provisório (poesia, 1977); *Lua no varal* (poesia infanto-juvenil, 1987); *A noite é um circo sem lona* (poesia infanto-juvenil, 1987); *Brincadeiras de anjo* (poesia infanto-juvenil, 1987); *Tem um avião lá fora* (poesia infanto-juvenil, 1987); *Vastafala* (poesia, 1988); *Isca de pássaro é peixe na gaiola* (poesia infanto-juvenil, 1989); *A barca dos amantes* (romance, 1990); *Os ambulacros das holotúrias* (contos, 1990); *Guindaste* (poesia, 1990); *Livro das simpatias* (prosa poética, 1990); *A guerra dos parafusos* (romance, 1993); *Reflexões de um caramujo* (contos, 1993); *O velho pássaro da lua* (conto/novela, 1996); Bombeiros do sol (com Graça Sette, conto/novela, 1997); *Balada do primeiro amor* (romance, 1997); *Transversais do mundo: leituras de um tempo* (crônicas, 1998); *Mochila: poemas para viagem* (poesia infanto-juvenil, 2001); *Zoonário* (prosa poética, 2000); *O menino que não sonhava só* (conto/novela, 2000); *Vagalovnis* (poesia infanto-juvenil, 2003); *O jogo da onça* (com Maurício Lima, conto/novela, 2005); *No beleléu* (conto/novela, 2008).

Fontes:

Publicações do autor; ALVES, Luciene. "Vencer concurso literário é com Antonio Barreto". *Suplemento Literário Minas Gerais*. Belo Horizonte, ano 25, n. 1170-1171, 26 out. 1991. Edição Especial; BARRETO, Antonio. *Isca de pássaro é peixe na gaiola*: pequeno concerto para realejo, caniço & vitrola. II. Débora Camisasca. Belo Horizonte: Miguilim: Secretaria de Estado da Cultura de Minas Gerais, 1989; BARRETO, Antônio. *A guerra dos parafusos*. Rio de Janeiro: José Olympio, 1993; SIMÕES, Cleide. SOUZA, Marco Antonio. Poeta e ficcionista Antônio Barreto: os borbotões da palavra: entrevista. *Suplemento Literário Minas Gerais*, Belo Horizonte, ano 24, n. 1158, 5 jan. 1991; http://www.itaucultural.org.br (acesso em: 10 de maio de 2006); http://www.primeiroprograma.com.br (acesso em: 10 de março de 2010).

ANTÔNIO CARLOS FERREIRA DE BRITO (CACASO) (1944-1987)

O poeta Antônio Carlos de Brito, mais conhecido como Cacaso, nasceu na cidade de Uberaba, em 1944. Passou a infância em Alfredo de Castilho e em Barretos, interior de São Paulo. Aos 11 anos, mudou-se com a família para o Rio de Janeiro.

Sua primeira incursão na carreira artística se deu como caricaturista, aos 12 anos. Depois, passou a lustrar os poemas, as crônicas e as letras de músicas com desenhos a nanquim e lápis de cera. Formou-se em Filosofia pela UFRJ e fez pós-graduação na USP. Nas décadas de 60 e 70, lecionou Teoria da Literatura e Literatura Brasileira na PUC-RJ e na Escola de Comunicação da UFRJ. Antes dos 20 anos, ingressou na poesia, através de letras que colocava em músicas dos amigos Elton Medeiros e Maurício Tapajós. Publicou artigos em vários jornais, como *Jornal do Brasil, Folha de S. Paulo, Jornal Movimento* e *Jornal Opinião*.

Foi também um dos principais teóricos e ativistas da chamada "geração mimeógrafo", que criou a poesia 'marginal', assim cchamada pela forma artesanal com que editava os livros. O grupo tornou-se conhecido com a publicação da Antologia *26 poetas hoje*, organizada por Heloísa Buarque de Hollanda, com quem Cacaso, em janeiro de 1974, escreveu o artigo "Nosso verso de pé quebrado", para definir o novo fazer poético. Como poeta estreou em 1967, com o livro *A palavra cerzida*, recebida com entusiasmo por José Guilherme Merquior, por representar, junto de Francisco Alvim, a primeira geração "pós-vanguarda". Em 74, lançou *Grupo escolar*, pela coleção Frenesi. Cacaso une-se então a outros poetas, como Eudoro Augusto, Carlos Saldanha e Chacal (Ricardo de Carvalho Duarte), formando a coleção *Vida de artista*, que lançou, em 75, os seguintes livros: *Segunda classe* (em parceria com Luiz Olavo Fontes), *Beijo na boca, Na corda bamba* (1978), *Mar de mineiro* (1982*)* e *Beijo na boca e outros poemas*, que reunia sua obra até 1985.

Em 2002, foi publicada a antologia *Lero-lero*, incluindo, além dos livros citados, poemas e desenhos inéditos. Publicou também *3 poetas* (com Eudoro Augusto e Letícia Moreira de Souza) em 79, em Lima, no Peru. Seus livros não só o revelaram como uma das mais combativas e criativas vozes dos anos de ditadura e desbunde, como deram visibilidade e respeitabilidade ao fenômeno da "poesia marginal", em que militavam, direta ou indiretamente, amigos como Francisco Alvim, Helena Buarque de Hollanda, Ana Cristina Cezar, Charles, Chacal, Geraldinho Carneiro, Zuca Sardhan e outros. Como letrista, Cacaso foi parceiro de Sueli Costa, Edu Lobo, Toquinho, Francis Hime, Dulce Nunes, Nelson Angelo, Jards Macalé, Novelli, Miúcha, Rosa Emília, Maurício Tapajós, Elton Medeiros, Sivuca, João Donato, Danilo Caymmi, João Bosco, Aldir Blanc, Zé Renato e muitos outros.

Em 66, com Maurício Tapajós e Hermínio Bello de Carvalho, compôs a trilha sonora para a ópera popular *João amor e Maria*, de autoria do próprio Hermínio Bello de Carvalho. Em 74 e 75, integrou o Grupo Frenesi, com Roberto Schwarz, Francisco Alvim, Geraldo Carneiro, João Carlos Pádua, e Vida de Artista, com Eudoro Augusto, Carlos Saldanha (Zuca Sardan), Chacal, Luiz Olavo Fontes, produzindo as próprias coleções, antologias e revistas. Em 76, iniciou parceria com Edu Lobo. Por essa época, compôs também em parceria com Edu Lobo a trilha sonora da peça *O santo inquérito*, de Dias Gomes. Em 1987, conquistou o primeiro lugar no Festival de Música Som das Águas, realizado em Lambari (MG), com a música *O dia do juízo*, em parceria com Sueli Costa.

Compôs, em parceria com Nelson Ângelo, o musical *Táxi*, ainda inédito. Antes de falecer, vitimado por um infarto do miocárdio, trabalhava com Edu Lobo e Ruy Guerra em um roteiro sobre Canudos Sua obra, influenciada por Manuel Bandeira, Carlos Drummond de Andrade e Oswald de Andrade; tematizou a política e o amor em tempos de ditadura e liberação sexual, com humor e crítica social. Segundo Heloísa Buarque de Hollanda, em "O poemão de todos nós",

> Cacaso foi, antes de mais nada, personagem totalmente singular numa hora em que a poesia foi eleita como a forma de expressão predileta da geração que experimentou, de forma cabal, o peso dos anos de chumbo. Num certo sentido, Cacaso nos colocou uma armadilha interessante: pensar sua poesia sem pensar na sua vida é quase errado (http://www.mpbnet.com.br).

O poeta faleceu em 27 de dezembro de 1987, no Rio de Janeiro, aos 43 anos de idade. Em 1997, foi editada pela Unicamp/UFRJ uma coletânea de seus ensaios, poemas inéditos, crônicas e artigos, intitulada *Não quero prosa*. A rica obra poética de Cacaso continua influenciando poetas da atual geração.

Fontes:

Publicações do autor; ttp://www.releituras.com (acesso em: junho de 2006). http://www.mpbnet.com.br (acesso em: junho de 2006); http://www.revista.agulha.nom.br (acesso em: junho de 2006); http://www.dicionariompb.com.br (acesso em: junho de 2006); http://www.itaucultural.org.br (acesso em: junho de 2006).

ANTÔNIO CÉSAR DRUMMOND AMORIM

Antônio César Drummond Amorim, mais conhecido como Drummond Amorim, é mineiro de Bocaiúva. Nascido em 28 de junho de 1943, estudou em Minas Gerais e em São Paulo. É formado em Filosofia, tendo abandonado os cursos de Direito e de Comunicação. Hoje, aposentado, vive em Bocaiúva com a esposa Patrícia Lanari, com quem teve três filhos.

Aos 18 anos, escreveu o primeiro romance, *Aldinha não existe, não é triste?*, publicado em 1971 com um prefácio de Jorge Amado. Ainda desconhecido, ganhou o importante Prêmio Guimarães Rosa, com o segundo romance *De Milena, circo e sonhos*. Drummond Amorim é autor ainda de *Xixi na cama*, conto infanto-juvenil, publicado em 1978; *Droga de cidade grande*, outra novela infanto-juvenil, de 1990; e dos romances *Balé de sombras*, de 93, e *Mar de Letras*. Algumas de suas obras foram adaptadas para o cinema, o teatro e a televisão. Tem ainda editados, em coletâneas de autores premiados em concursos literários, os livros: *Bocaiúva* (1972); *Mercurocromo* (1977); *Antes que matem o que resta dos mortos* (1977); *Agenda* (1977); *Porquinho-da-índia* (1982); *1950, 16 de julho* (1982); *A hora da buzinha* (1983); *Pentaedro* (1985) e *Xadrez* (1975).

Fonte:

Publicações do autor.

ANTÔNIO OLINTO (1919-2009)

Antônio Olyntho Marques da Rocha nasceu em Ubá (MG), em 10 de maio de 1919. Estudou Filosofia e Teologia em seminários católicos de Campos, Belo Horizonte e São Paulo, mas desistiu de ser padre e tornou-se professor de Latim, Português, História da Literatura, Francês, Inglês e História da Civilização, em colégios do Rio de Janeiro, e membro da Academia Brasileira de Letras.

Publicou o primeiro livro de poesia, *Presença*, em 1949. Juntamente com o magistério, ingressou no setor publicitário e no jornalismo. Seu livro *Jornalismo e literatura*, de 1955, foi amplamente adotado em cursos de jornalismo de todo o País. E *Brasileiros na África*, que contém o resultado da pesquisa que realizou sobre o regresso de ex-escravos brasileiros ao continente africano, tornou-se, desde sua publicação em 64, motivo de teses, seminários e debates. De 65 a 67, foi professor visitante na Universidade de Colúmbia, em Nova York, onde ministrou curso sobre Ensaística Brasileira. Dirigiu e apresentou os primeiros programas literários de televisão no Brasil. Em 94, recebeu o Prêmio Machado de Assis, da Academia Brasileira de Letras, pelo conjunto de obra, a mais alta láurea literária do Brasil. O escritor faleceu em 12 de setembro de 2009.

Sua produção intelectual, que abrange poesia, romance, ensaio, crítica literária e análise política, compõe-se de: *Presença* (poesia, 1949); *Resumo* (poesia, 1954); *O homem do Madrigal* (poesia, 1957); *Nagasaki* (poesia, 1957); *O dia da ira* (poesia, 1959); *As teorias* (poesia, 1967); *Antologia poética* (poesia, 1967), *A paixão segundo Antonio* (poesia, 1967); *Teorias novas e antigas* (poesia, 1974); *Tempo de verso* (poesia, 1992); *Jornalismo e literatura* (ensaio, 1955); *O "Journal" de André Gide* (1955); *Dois ensaios* (1960); *Brasileiros na África* (1964); *O problema do índio brasileiro* (1973); *Para onde vai o Brasil?* (1977); *Do objeto como sinal de Deus* (1983); *O Brasil exporta: História da exportação brasileira* (1984); *Literatura brasileira* (1994); *A invenção da verdade* (crítica literária, 1983); *A verdade da ficção* (1966); *Cadernos de crítica* (1958); *Ainá no reino do Baobá* (infantil, 1979); *A casa da água* (romance, 1969); *O cinema de Ubá* (romance, 1972); *Copacabana* (romance, 1975); *O rei de Keto* (romance,1980); *Os móveis da bailarina* (romance, 1985); *Trono de vidro* (romance, 1987); *Tempo de palhaço* (romance, 1989); *Sangue na floresta* (romance, 1993); *Alcacer-Kibir* (romance, 1996); *O menino e o trem* (contos, Editora Ao Livro Técnico, 2000); *Regras práticas para bem escrever / Laudelino Freire (1873-1937)* (ampliada e atualizada por Antonio Olinto, Lótus do Saber Editora, 2000); *A dor de cada um* (primeiro romance da Coleção Anjos de Branco, Mondrian, 2001); *Ary Barroso, história de uma paixão* (romance, Mondrian, 2003).

Fonte:

Entrevista concedida pelo escritor em maio/ junho de 2006.

ANTÔNIO TORRES (1885-1934)

Nasceu em Diamantina, no dia 31 de outubro de 1885, com o nome Antônio dos Santos Torres, e faleceu em Hamburgo, na Alemanha, em 17 de junho de 1934. Era filho do ourives Vicente Pereira Guimarães Torres e de Maria Amélia dos Santos Torres. Iniciou seus estudos na Escola Normal de Diamantina, onde se diplomou em 1902. Depois estudou no Seminário de Diamantina e no Colégio Caraça, onde teve contato com a cultura helênica e latina, através do estudo de Horácio, Virgílio, Cícero, Homero e Xenofonte. Começou a escrever no jornal *A Estrela Polar*, de Diamantina. Como poeta, romancista, crítico e jornalista, utilizou diversos pseudônimos em suas publicações, como Armando Silvio, O Pimentinha, Tomás, Rubim, João Epíscopo, Branco Alvim, Torreão e Sardinha de Nantes.

Como tantos de seu tempo, teve certa influência da filosofia positivista de Auguste Comte. No campo da estilística, foi adepto dos valores acadêmicos, franceses, italianos ou alemães, e desprezava a arte produzida no período colonial. Polemista de formação católica, Antônio Torres não participou do Modernismo.

Em 1918, entrou para o Itamaraty e assumiu funções no Consulado Geral de Londres. Em 1923, retornou ao Rio de Janeiro, onde permaneceu por três anos, até regressar novamente para Londres e para trabalhar no consulado brasileiro. Em 1929, foi transferido para a Alemanha, onde permaneceu até falecer. Após a sua morte, foram doados 1.200 de seus livros à Biblioteca Municipal de Diamantina, desde clássicos franceses a romancistas modernos, em francês, inglês, alemão, latim e português, dando origem à Biblioteca Antônio Torres, e contribuindo para dotar a biblioteca municipal de obras de grande valor cultural e histórico.

Publicações: *Vibrações* (versos, 1909); *Prefácio ao "Eu e outras poesias" de Augusto dos Anjos* (1914); *Carmen tropicale* (Poesias, 1915); *Correspondência de João Epíscopo em colaboração com Adoasto de Godoi* (1920); *Pasquinadas cariocas* (1920); *Prós e contras* (1920); *Verdades indiscretas* (1920); *Razões da Inconfidência* (1925). No *Boletim de Ariel*, entre 1931 e 1936 foram editados os seguintes artigos: "A tragédia de um velho escritor alemão", "A correspondência da Rainha Vitória", "O centenário da morte de Goethe", "Nouveaux Regimes", "Um mestre do epigrama", "O teatro de natal na Alemanha", "Contos populares no Brasil", "O episódio literário de Nietzsche", "Pedro II", "História de Rasputin", "A respeito de vampiros", "O último drama de Gerhardt Hauptmann", "Qual o recorde literário deste ano", "História de um grande drama interior", "Cláudio Manoel da Costa", "A biblioteca de D. Manuel II", "Deus os favoreça", "A láurea do futurismo", "Academia Holandesa de Letras", "Elogio do poeta", "O Rio dos Vice-Reis", "Dois livros de Gilberto Amado", "O império de Konnersreuth", "Germanos e Judas", "Correspondência: Inúmeras cartas a Gastão Cruls", "Saul Borges Carneiro", "J.A.Castilho e Agripino Grieco". Em 2009, foi publicado o livro *Antônio Torres, uma antologia*, pelo embaixador Raul de Sá Barbosa, mineiro de Caxambu, que também trabalhou no consulado do Brasil em Hamburgo, durante o governo de Juscelino Kubitschek.

Fontes:

CARPEAUX, Otto Maria. *Pequena bibliografia crítica da literatura brasileira*. 4. ed. Rio de Janeiro: Edições de Ouro, 1967; COUTINHO, Afrânio. SOUSA, José Galante de. *Enciclopédia da literatura brasileira*. Rio de Janeiro: Editora Fundação de Assistência ao Estudante, 1989; DORNAS FILHO, João. *Antônio Torres*. Curitiba: Guaíra, 1948; LOPES, Carlos Herculano. Antônio Torres: um radical dos anos 20. *Estado de Minas*. Belo Horizonte: 31 de outubro de 1985; TAVARES, Marcelo Coimbra. *Footing* de um repórter na biblioteca de Antônio Torres. In: *Diário de Minas*. Belo Horizonte, 23 de janeiro de 1955; http://www.descubraminas.com.br (acesso em: abril de 2006).

APARECIDA SIMÕES

Maria Aparecida da Silva Simões nasceu em Coimbra (MG), filha de Isolino Custódio da Silva e de Floripes Maria de Jesus. A escritora, que reside em Viçosa com o marido e o filho, fez seus estudou nessa cidade até formar-se em Administração do Lar, na Escola de Ciências Domésticas da UREMG, atualmente Universidade Federal de Viçosa. Em Belo Horizonte, iniciou o curso de Letras na Universidade Católica de Minas Gerais, que não concluiu, e trabalhou na Secretaria de Estado da Agricultura e nos Diários e Emissoras Associados de Minas Gerais. Aparecida Simões pertence a várias entidades, como a União Brasileira de Escritores (UBE); o Sindicato dos Escritores do Estado do Rio de Janeiro; o Sindicato dos Escritores do Estado de Minas; e a Academia de Letras de Viçosa (ALV), da qual é presidente.

Segundo Moacir C. Lopes no site da União Brasileira de Escritores, Aparecida Simões "é nacionalmente reconhecida como uma das mais entusiastas defensoras das causas culturais do nosso país, especialmente da literatura nacional e seus escritores, estimulando encontros de escritores, exposições e debates". No mesmo site, Jorge Fernando dos Santos afirma:

Quem conhece Aparecida Simões conhece sua paixão pela literatura e sabe do seu sacrifício pessoal em prol dos autores de Minas. Escritora de talento, ela agora brinda o público infantil com uma novela terna sobre uma personagem de imaginação criativa. Que os pequenos leitores possam lhe dar atenção e o julgamento merecidos.

A escritora publicou as seguintes obras: *Viver*; *Dez contos e uns quebrados*; *Tatuquinha*; *Seu nome está na rua*; *Coimbra: gente, história e lendas*; *Emílio Jardim: amigo de Arthur Bernardes*. Em 2007, lançou *Chiquita Broinha: o presente*, dirigido para crianças e adolescentes, e também para os pais, professores e psicólogos. Trata-se da história de uma "menina-problema", chamada Broinha, que permite reflexões acerca da educação, dos pais e da personalidade infantil.

Fontes:

Publicações da autora; http://www.ube.org.br (acesso em: abril de 2007); http://www.alv.org.br (acesso em: abril de 2007).

ARCHANGELUS DE GUIMARÃES (1872-1934)

Archangelus de Guimarães nasceu em Ouro Preto, em 25 de dezembro de 1872, com o nome de Arcanjo Augusto da Costa Guimarães. Era o sexto filho do comerciante português Albino da Costa Guimarães e de Francisca de Paula Guimarães Alvim, sobrinha de Bernardo Guimarães. Alphonsus, que era o quinto filho, considerava seu irmão mais novo verdadeiro "irmão de sangue, de berço e de sonhos", e Archangelus, como o irmão que admirava como mestre, também latiniza o nome literário. Em Caeté conheceu a futura companheira – Euthalia Pinheiro Guimarães, com quem, depois de alguns encontros e desencontros, se casa em 8 de outubro de 1900 e tem seis filhos.

Como o irmão Alphonsus, também estudou inglês com o professor Afonso de Brito, fez os preparatórios no Liceu Mineiro, em Vila Rica, mais tarde transformado em Ginásio Mineiro, e matriculou-se na Escola de Minas, aos 18 anos. Mas já escrevia versos e logo perdeu o gosto pela matemática. Deixando a Escola de Minas, passou uma curta temporada em São Paulo, retornando para se matricular na recém-fundada Academia Livre de Direito, de Ouro Preto. E, mais uma vez, como o irmão, após diplomar-se, em 1887, ingressou na magistratura, tornando-se Promotor de Justiça da Comarca de Caeté, Juiz Municipal e Juiz de Direito Interino. Em 1908, Archangelus transferiu-se para Belo Horizonte a fim de ocupar a função de auditor da Força Pública, nomeado por João Pinheiro, aí permanecendo até seu falecimento, ocorrido em 29 de outubro de 1934, na casa em que residia na Rua dos Inconfidentes, 1119.

Não chegou a publicar livro, mas foi autor de uma significativa produção poética que divulgava pelos jornais e revistas do Rio de Janeiro, de Minas Gerais e de outros Estados. Os primeiros versos, por exemplo, vieram a público em *O País*. O poeta fazia parte do grupo simbolista mineiro que considerava Alphonsus de Guimarães o grande mestre, e como "discípulos amados" Álvaro Viana, Augusto de Viana do Castelo, Edgar Mata, Mamede de Oliveira e outros. Deixou inédito *Coroa de espinhos*, que somente foi publicado em 1955. Alguns de seus poemas caíram no gosto popular e são lembrados nas serenatas, como "Vendedores de flores", "Versos campesinos", e "Balada da lua".

Fontes:

DUTRA, Waltensir; CUNHA, Fausto. *Bibliografia crítica das letras mineiras.* Rio de Janeiro: MEC, INL, 1956; GUIMARÃES, Archangelus. *Coroa de espinhos:* poesia. Rio de Janeiro: Organização Simões, 1955, 116p; PEIXOTO, Sérgio Alves (Org.) *O melhor da poesia brasileira.* Joinville (SC): Sucesso Pocket, 2002; http://www.itaucultural. org.br (acesso em: maio de 2006); http://www.revista.agulha.nom.br (acesso em: maio de 2006).

ARDUÍNO BOLÍVAR (1873-1952)

Arduíno Fontes Bolívar nasceu na cidade de Viçosa (MG), em 1873. Tornando-se órfão de pai e mãe muito cedo, foi enviado por um tio para estudar no Colégio do Caraça, onde adquiriu sólida formação humanista. Mais tarde, começou o curso de Farmácia em Ouro Preto, que logo abandonou para estudar Direito, em São Paulo. Em 1906, foi nomeado juiz municipal de Ubá, mas, como sua paixão era o magistério, também lecionava Latim e Português no Ginásio São José. Em 1914, foi convidado por seu amigo Raul Soares para assumir o cargo de Secretário da Agricultura de Belo Horizonte. Mudou-se então para a capital mineira, onde continuou a dar aulas de Literatura, Latim, Francês, Lógica e História, em colégios e faculdades.

Arduíno Bolívar foi poeta, membro fundador da Academia Mineira de Letras e diretor do jornal *Diário de Minas.* Como dominava o francês, o italiano e o espanhol, fez diversas traduções de clássicos latinos e franceses, que, infelizmente, nunca foram publicadas. Seu trabalho de tradutor encontra-se inédito, assim como poemas de sua autoria. Arduíno Bolívar faleceu em Belo Horizonte, em 1952, e foi sepultado no Cemitério do Bonfim.

Fonte:

Acervo da Academia Mineira de Letras, em Belo Horizonte.

ARICY CURVELLO

Nascido em 7 de maio de 1945, em Uberlândia, formou-se em Direito pela Universidade Federal de Minas Gerais, em Belo Horizonte. Nesse período, participou da política universitária em defesa das reformas sociais, o que lhe ocasionou prisões e perseguições durante a ditadura militar (1964-1985). Viajou muito e viveu em diferentes regiões do País e no exterior. Integra a direção do *Proyecto Cultural Sur*, organização internacional de escritores com sede em Montreal (Canadá). Foi correspondente da revista literária portuguesa *Anto*, subsidiada pelo Ministério da Cultura de Portugal e pelo Instituto Português do Livro e das Bibliotecas.

Sua obra de estreia, *Os dias selvagens te ensinam*, de 1979, teve excelente recepção da crítica e dos leitores, ainda no período da ditadura militar. Considerado um importante poeta brasileiro de sua geração, tem trabalhos publicados em revistas e jornais dedicados à poesia, no Brasil e no exterior. Atualmente, é correspondente da revista portuguesa *Palavra em Mutação*, do Porto, integra o conselho editorial da Revista *Literatura*, de Brasília, é sócio da União Brasileira de Escritores, da Casa do Escritor de São Roque (SP), da Sociedade de Cultura Latina de Santa Catarina (Florianópolis), do Instituto de Artes, Ciências e Letras do Triângulo, e da União Brasileira de Escritores do Rio de Janeiro. Recebeu do jornal de cultura *O Capital: Jornal de Resistência ao Ordinário*, de Aracaju, o Prêmio Dom Quixote 2001, pelo trabalho de intercâmbio entre Brasil e Portugal, que vem promovendo. E pelo ensaio *Uilcon Pereira: no coração dos boatos*, de 2000, recebeu o Prêmio Joaquim Norberto da União Brasileira de Escritores RJ.

Publicações: *Os dias selvagens te ensinam* (poesia, 1979); *Vida fu(n)dida* (poesia, 1982); *Mais que os nomes do nada* (poesia, 1996); *Uilcon Pereira: no coração dos boatos* (prosa, 2000); *A dimensão que não termina* (prosa, 2002). Organizou a antologia *Poesía de Brasil. Vol. I* (2000), traduzida para espanhol por Gabriel Solis e para o francês por Haidê Vieira Pigatto. No prelo: *Menos que os nomes de tudo* (poesia).

Fontes:

Publicações do autor; COUTINHO, Afrânio. SOUSA, José Galante de (Dir.) *Enciclopédia de Literatura Brasileira*. Rio de Janeiro: FAE, 1989; NETO, Adriao. *Dicionário biobibliográfico de escritores brasileiros contemporâneos*. Teresina (PI): 1998/99; http://www.protexto.com.br (acesso em: maio de 2006).

AROLDO PEREIRA

Aroldo Pereira nasceu em 1957, em Coração de Jesus (MG), mas reside há mais de duas décadas em Montes Claros, onde é secretário adjunto de Cultura. É poeta, ator e compositor. Participou do movimento punk, nos anos oitenta, como vocalista da banda *Ataq Cardíaco*, e de grupos de teatro e literatura, como *Grupo Tapuia*, *Grupo Sem Nome* e *Grupo de Literatura e Teatro Transa Poética*. Publicou poemas em diversos veículos, como *Jornal Não*, *Revista Dimensão*, *Espaço de Prática Poética*, *Revista Kathédra* e em diferentes edições do *Livro da Tribo*. Tornou-se também conhecido por ter criado o Projeto Salão Nacional de Poesia Psiu Poético, que realiza há 20 anos com muito sucesso em Montes Claros, visando a democratizar a literatura e o teatro. Criou ainda o Projeto Palavras e Ideias, que promove a discussão de temas literários e tem levado a Montes Claros escritores de renome nacional.

É autor dos seguintes títulos: *Canto de encantar serpente, Azul geral, Hai Kai quem quer, Amor inventado, Cinema bumerangue* (todos lançados em 97 pela Edições Cuatiara). Entre as homenagens recebidas, ganhou o título de "Melhor Ativista Literário", pela *International Writers Association: Fraternity*, sediada nos Estados Unidos; seu nome foi dado ao Centro Acadêmico de Letras, da Unimontes; e a Medalha da Inconfidência Mineira, por seu trabalho de valorização da cultura. Em 2007, Aroldo Pereira lançou no Brasil e em Portugal a obra intitulada *Parangolivro*, coletânea de poemas, com prefácio do também poeta e professor de Filosofia Wagner Rocha.

Fontes:

Publicações do autor; http://www.montesclaros.mg.gov.br (acesso em: maio de 2006); http://www.psiupoetico.com.br (acesso em: maio de 2006); http://www.ube.org.br (acesso em: maio de 2006); http://www.otempo.com.br (acesso em: agosto de 2008); http://luiscarlosgusmao.blogspot.com (acesso em: agosto de 2008).

ARTHUR FRANÇA (1881-1901)

Nasceu em Diamantina, em 1º de junho de 1881, e faleceu nessa mesma cidade, em 11 de outubro de 1901. Cursou Jornalismo e se revelou desde cedo um poeta inspirado. É patrono da Cadeira número 2 da Academia Mineira de Letras, fundada por Aldo Delphino. Apesar de ter falecido com menos de 22 anos, Arthur França teria publicado dois livros – *Hóstia* e *Versos à noiva*, ambos de poemas. E deixado um volume de versos inédito, do qual não foi possível obter mais informações.

Fonte:

Acervo da Academia Mineira de Letras.

ASCÂNIO LOPES (1906-1929)

Contemporâneo de Carlos Drummond de Andrade e de Pedro Nava na Belo Horizonte dos anos 1920, o poeta Ascânio Lopes Quatorzevoltas era uma promessa do Modernismo mineiro que não se concretizou, pois foi vitimado precocemente pela tuberculose, antes de completar 23 anos. Nascido em Ubá (MG), em 11 de maio de 1906, foi criado em Cataguases, onde faleceu, em 1929. Durante alguns anos, residiu em Belo Horizonte, quando conheceu Carlos Drummond, Emílio Moura e João Alphonsus, entre outros escritores. Em virtude desses contatos, Ascânio Lopes se aproximou do 'Movimento

Verde', como era conhecido o jovem grupo belo-horizontino. Nessa época, iniciou o curso de Direito, mas, em 1928, já doente, retornou a Cataguases.

Uma atividade marcante, na curta vida de Ascânio Lopes, foi sua participação no grupo que fundou a revista *Verde*, em Cataguases, de 1927 a 1929. Publicação de vanguarda, a revista reunia os jovens mais inquietos da época, como Rosário Fusco, Carlos Drummond, Aníbal Machado, Mário de Andrade, José Américo de Almeida e Guilhermino César, entre outros. Nessa mesma época, Humberto Mauro montou na cidade sua produtora – a Phebo Sul America Film, tornando-se pioneiro do cinema nacional.

Modernista de primeira hora, Ascânio Lopes também se correspondeu com Mário de Andrade, enquanto escrevia sofregamente poemas, prosa e ensaios. Seus versos guardam traços do Modernismo dos anos 1920 e dialogam com os companheiros de geração. O poema "Serão do menino pobre", por exemplo, assemelha-se ao lirismo drummondiano de *Infância*, em inúmeras imagens: "Na sala pobre da casa da roça / papai lia os jornais atrasados. / Mamãe cerzia minhas meias rasgadas". E os conhecidos versos de Drummond: "Meu pai montava a cavalo, ia para o campo. / Minha mãe ficava sentada cosendo. / Meu irmão pequeno dormia".)

Em vida, Ascânio Lopes publicou apenas um livro, *Poemas cronológicos*, em 1928, em conjunto com Enrique de Resende e Rosário Fusco, e sua obra se resume, ao todo, a quarenta e oito poemas, um fragmento de novela, três ensaios e quatro resenhas. Apesar de reduzida, sua obra é expressiva e revela o potencial de vários poetas: o saudosista da infância, o nacionalista, o anedótico-satírico, o poeta adulto diante da vida e da morte.

Após sua morte, o grupo responsável pela revista *Verde* organizou um último número em sua homenagem, antes de a encerrar. E muitos companheiros de geração escreveram sobre ele, como Mário de Andrade, Antônio de Alcântara Machado e Carlos Drummond de Andrade. Em 2006, o centenário de nascimento de Ascânio Lopes foi marcado por inúmeras atividades culturais na cidade de Cataguases, como saraus, palestras, lançamento de livros, como *Verdes vozes modernistas* e *Ascânio Lopes, no fio da navalha*, ambos do escritor Joaquim Branco.

Fontes:

GONÇALVES Ferreira, Delson. *Ascânio Lopes, vida e poesia*. Belo Horizonte: Difusão Pan-Americana do Livro, 1967; http://www.tratosculturais.com.br (acesso em: maio de 2006); http://www.algumapoesia.com.br (acesso em: maio de 2006).

ATALIBA LAGO

Poeta, ensaísta, jornalista, comerciante, advogado, político e professor, Ataliba Lago nasceu em Além Paraíba (MG). Cursou o primário em sua cidade natal e mudou-se mais tarde para Divinópolis, onde atuou em várias profissões. Fundou jornais e revistas, foi membro da Academia Municipalista de Letras e vereador pela Câmara Municipal de Divinópolis e de Belo Horizonte. Sua poesia não acompanhou a tendência modernista: trata de temas elevados, de cunho moralista e religioso, e obedece a padrões rígidos de rima e métrica. Seu nome foi dado à Biblioteca Pública Municipal de Divinópolis e também a uma rua em Belo Horizonte.

Publicações: *Grãos de areia* (poesia, s/d); *Vinte sonetos* (poesia, 1952); *Canções humildes* (poesia, 1954); *Na esteira do tempo* (1963), que recebeu o Prêmio Cidade de Belo Horizonte, e ainda *Falas e conselhos* (ensaios, 1956).

Fonte:

Publicações do autor; http://www.letras.ufmg.br (acesso em: junho de 2006).

AUGUSTA JANDYRA MEYER DE AZEVEDO (JANDYRA MEYER) (1903-1992)

Augusta Jandyra Florence Meyer, ficou conhecida também como Jandyra Meyer Azevedo, Jandyra Meyer e com o pseudônimo poético Jandaya. Nasceu na cidade de Pouso Alegre (MG), em 4 de dezembro de 1903, filha do coronel Octávio Meyer e de Carolina Florence Meyer. Realizou os primeiros estudos na escola de Dona Aristotelina Ribeiro Pires (conhecida como D. Tuta), alfabetizando-se aos cinco anos de idade. Cursou o antigo Colégio da Visitação, transferindo-se em 1911 para o recém-fundado Colégio Santa Dorothéa, onde ficou até concluir a Escola Normal. Ingressou então na Escola Federal de Farmácia de Pouso Alegre, concluindo o curso em 1920, mas pouco exerceu da profissão de farmacêutica. Desde cedo se dedicou ao magistério, que exercia na Escola Santo Agostinho, de sua propriedade. Seu irmão, Vinícius Meyer, cuja aprendizagem das primeiras letras passou pelas mãos de Jandyra, recebeu prêmio da Academia Brasileira de Letras em 1934. Também por sua orientação passou a sensibilidade poética de Jacy Meyer Fernandes, a irmã mais nova, considerada "a poetisa da família".

Lançou o primeiro e único livro de poesias, *Melancolia*, em 1928. O dinheiro para a publicação surgiu de um presente que seu pai deu a cada uma das filhas, para que gastassem como desejassem: uma libra esterlina. Produziu também textos dramáticos para o Teatro Amador de Pouso Alegre e publicou alguns monólogos em jornais da região. Participou ativamente do movimento de poetas pouso-alegrense, que resultou na fundação da Arcádia de Pouso Alegre, depois transformada em Academia PousoAlegrense de Letras.

Sua obra revela uma poetisa "militante", que escrevia versos de circunstância para os diversos propósitos culturais, educativos, sociais, religiosos e até mesmo políticos. Dedicou poemas a alguns parentes e amigos (como Prescilliana Duarte) e também à velhice, à natureza, a datas comemorativas, aos santos de devoção, etc. Sua poesia é marcadamente métrica e segue as regras mais tradicionais de composição, com redondilhas maiores e menores e versos decassílabos.

Casou-se em 3 de novembro de 1932 com o médico santa-ritense Dr. Newton Marques de Azevedo, com quem trocou "cartas literárias" durante o namoro e o noivado. Em 48, foi classificada em primeiro lugar para o cargo de professora do Grupo Escolar Professor Joaquim Queirós, do qual foi a primeira diretora. Foi também diretora do Grupo Escolar Hermantina Beraldo. Sua vida foi longa e profícua, dividida entre os afazeres do lar, a caridade, a família e a literatura. Faleceu em 1º de abril de 1992. O próprio epitáfio foi deixado por ela nesta trova: "Terra minha, em que nasci, / Que meu ser se desintegre, / para ser terra de ti, / Minha terra, Pouso Alegre!".

É patrona da cadeira n. 5 da Academia Pouso-Alegrense de Letras, nome de uma rua do bairro Fátima I, e também do Centro Municipal de Educação de Jovens e Adultos, em Pouso Alegre. Foi uma das pioneiras na criação da Associação de Proteção à Infância, cujo fruto é o Posto de Puericultura Ismael Libânio e o Lactário Fernando Roberto Moreira Sales.

Fonte:

Informações obtidas com seu filho, Newton Meyer, em maio de 2006.

AUGUSTO BARBOSA COURA NETO

Nasceu em Ponte Nova (MG). Formou-se em Engenharia pela Universidade Federal de Santa Maria (RS) e fez a pós-graduação na UFSC, em Florianópolis, onde reside, trabalhando no IBGE e participando de publicações científicas. É membro efetivo da *International Writers and Artists Association* e membro honorário da Academia de Letras e Ciências de São Lourenço (MG). Possui um verbete a seu respeito na *Enciclopédia da Literatura Brasileira Contemporânea* e do *Directory of International Writers And Artists* (1998).

Seus poemas estão publicados em diversas antologias, como *Nova poesia Brasileira* (1989); *Poesia e liberdade* (1989); *Poetas brasileiros de hoje* (1990); *IV e V Antologia del'Secchi* (1997); *Antologia em versos, vol 13 e 14* (1997); *Poetas brasileiros vol II* (1997); *Natal em prosa e verso* (1997); *XII Antologia de poetas e escritores do Brasil* (1998) e da *International poetry and yearbook* (1998).

Fontes:

NETO, Adrião. *Dicionário biobibliográfico de escritores brasileiros contemporâneos*. Teresina, PI: Edição gerações 70, 1998; http://www.letras.ufmg.br (acesso em maio de 2006).

AUGUSTO DE LIMA (1859-1934)

Poeta, jornalista e político mineiro, Antônio Augusto de Lima nasceu na fazenda Engenho Califórnia, em Congonhas do Sabará, atual Nova Lima (em homenagem ao poeta), em 5 de abril de 1859. Era filho de José Severiano de Lima e de D. Maria Rita Deniz Barbosa, e teve seis irmãos, dos quais dois seguiram o magistério: Emília, professora e diretora do Grupo Escolar de Congonhas de Sabará, e Bernardino, professor da Escola de Direito e da Escola de Minas. Frequentou, com o irmão Bernardino, a escola do tio materno Antônio Deniz Barbosa, onde aprendeu música. Também, com esse irmão, frequentou o Seminário de Mariana, o Caraça e o Liceu Mineiro de Ouro Preto, onde terminou os cursos preparatórios. Estudou Direito na Faculdade de Direito de São Paulo, bacharelando-se em 1882. Casou-se em 1888 com Vera Suckow, cantora, pianista e poetisa. Tiveram sete filhos, entre os quais o historiador Augusto de Lima Júnior, o pintor Renato de Lima e o jornalista, poeta e prosador José Augusto de Lima.

Foi promotor da Comarca de Leopoldina e juiz na Comarca de Conceição da Serra, até ser convidado para ser chefe de Polícia do Estado. Quando tomou conhecimento dos planos para a mudança da capital do Estado, sugeriu a região em que se encontrava o Curral Del-Rey. Em 189 1, assumiu provisoriamente o governo de Minas, e durante seu mandato foi aprovado o projeto de mudança da capital. Também, nesse período, realizou inúmeras obras voltadas para a educação, como a regulamentação do ensino primário, a modernização das Escolas Normais, a restauração da Escola de Farmácia de Ouro Preto, e fundou a Faculdade de Direito. Mais tarde, foi nomeado diretor do Arquivo Público Mineiro e transferiu-se para Belo Horizonte. Foi eleito deputado federal pelo seu Estado e novamente representou Minas durante o Congresso Constituinte em 1934.

Como jornalista tornou-se conhecido por seu interesse pelas causas sociais e humanas, como a Abolição da Escravatura. Em Belo Horizonte, dirigiu o jornal *Diário de Minas,* fundou com outros colegas a *Revista de Ciências e Letras,* e o jornal *A Noite,* no Rio de Janeiro, entre outros.

Publicou *Contemporâneas* (1887); *Símbolos* (1892); *Poesias* (1959, que reúne os dois primeiros); *Tiradentes* (ópera musicada por Manoel Macedo, 1895); *Laudas inéditas* (1909); *Noites de sábado* (crônicas, 1920); *São Francisco de Assis* (poema sacro, 1930); *Tiradentes* (poema, s/d). Deixou inédito *Antes da sombra.* Compôs peças musicais para salão, igrejas e bandas militares. Em 1903, foi eleito para a Academia Brasileira de Letras, tendo tomado posse quatro anos depois. Foi eleito presidente dessa instituição, por unanimidade, em 1928.

Augusto de Lima morreu no Rio de Janeiro, em 22 de abril de 1934, aos 75 anos de idade, vitimado por um câncer. Mercês Moreira Maria Lopes considera Augusto de Lima um dos melhores poetas brasileiros. No livro *Augusto de Lima*, ela assim o define: "Era o cantor das noites e das madrugadas. Amava as tardes, as estrelas e os plenilúnios. Enamorado da natureza, do suceder de aurora e poentes. Sua alma, uma aquarela de tintas pálidas e agradáveis" (LOPES, 1959, p. 90).

Fontes:

LOPES, Mercês Maria Moreira. *Augusto de Lima.* Belo Horizonte: Imprensa Oficial do Estado de Minas Gerais, 1959; MOISÉS, Massaud. *Pequeno dicionário de literatura brasileira.* São Paulo: Cultrix, 1995; SANTOS, Diva Ruas. *Antologia da poesia mineira.* Belo Horizonte: Cuatiara, 1992; http://www.academia.org.br/ (acesso em: 12 de junho de 2006).

AURELIANO LESSA (1828-1861)

Aureliano Lessa nasceu em Diamantina, em 1828. Estudou em Congonhas do Campo e foi para São Paulo cursar Direito na Academia do Largo de São Francisco. Lá conheceu Álvares de Azevedo e Bernardo Guimarães, com os quais fez planos de publicar *Três liras*, projeto que só se concretizou para Álvares de Azevedo com a publicação da *Lira dos vinte anos*. Uma reprovação no último ano fez com que Aureliano se transferisse para a Faculdade de Direito de Olinda, onde se formou em 1851. Voltando a Minas Gerais, foi nomeado para a Tesouraria Provincial de Ouro Preto, mas logo resolveu dedicar-se à advocacia em Diamantina e no Serro, cidade onde morreu aos trinta e três anos de idade, em 1861.

O poeta não publicou seus escritos em vida. Apenas em 1873, com a ajuda do irmão Francisco Lessa, seus poemas vieram a público com o título *Poesias póstumas*. Os poemas tratam de amor, da tristeza e da metafísica de um modo bem particular. Alexandre Eulálio aponta para um "pitoresco descritivo, raro na época" em sua obra, e vê nele "algo de frêmito dos pré-românticos" (MIRANDA, 2000). A relação Deus–natureza–homem está bem presente nos poemas de Aureliano Lessa, assim como o tom melancólico que torna o sofrimento leve e belo aos olhos do leitor.

Fontes:

MIRANDA, José Américo. *Poesias* de Aureliano Lessa. Belo Horizonte: Autêntica, 2000; MOISÉS, Massaud. PAES, José Paulo. *Pequeno dicionário de literatura brasileira*. São Paulo: Cultrix, 1980; PEIXOTO, Sérgio Alves. *O melhor da poesia brasileira*: Minas Gerais. Joinville: Sucesso Pocket, 2002.

AUSTEN AMARO (1901-1991)

Austen Amaro de Moura Drummond nasceu em Belo Horizonte, em 12 de dezembro de 1901. Filho de Austen Drummond e de Cecília Amália de Moura Drummond, fez o curso de Humanidades no Ginásio Mineiro e colaborou em *A Revista*, primeiro impresso modernista de Minas Gerais, ao lado de Carlos Drummond de Andrade, Pedro Nava e João Alphonsus.

Sua estreia na literatura se dá com a publicação do poema *Juiz de Fora*, em 1926, ilustrado por Pedro Nava, em que retrata o cotidiano noturno e urbano da cidade da Zona da Mata mineira, com referências a outras cidades. João Alphonsus considerou o poema "o primeiro grito de liberdade literária de Minas Gerais"; e Pedro Nava, como a primeira obra modernista mineira, além de conter suas mais significativas ilustrações. Austen Amaro foi um escritor atento às inovações estéticas e às renovações literárias. Seu primeiro livro testemunha o Modernismo na literatura mineira, e sua publicação, apenas quatro anos após a Semana de Arte Moderna de São Paulo, chegou a provocar polêmica entre Manuel Bandeira e João Alphonsus. O poeta faleceu em junho de 1991.

Publicações: *Juiz de Fora* (1926); *Ante o mistério do amor e da morte!* (1930); *Poemetos à feição do Oriente* (1939); e *Imaginária Hélade* (1971).

Fontes:

Publicações do autor; COUTINHO, Afrânio; SOUSA, J. Galante de. *Enciclopédia de Literatura Brasileira*. v.I. São Paulo: Global, 2001; GUIMARAENS FILHO, Alphonsus de. LISBOA, Henriqueta. *Antologia da poesia mineira: fase modernista*. Belo Horizonte: Cultura Brasileira, 1946; BANDEIRA, Manuel. ANDRADE, Carlos Drummond de. *Andorinha, andorinha*. Rio de Janeiro: José Olympio, 1966; http://www.colegiodosjesuitas.com.br (acesso em: maio de 2006); http://www.comartevirtual.com.br (acesso em: maio de 2006); http://www.casaruibarbosa.gov.br (acesso em: maio de 2006); http://pphp.uol.com.br (acesso em: maio de 2006).

AUTRAN DOURADO

Waldomiro Freitas Autran Dourado nasceu em Patos de Minas (MG), em 18 de janeiro 1926. Foi o terceiro dos cinco filhos de Telêmaco Antran Dourado e de Alice Frentas Autran Dourado.

Estudou no internato do Colégio Paraisense, em São Sebastião do Paraíso (MG), até se transferir, com a família, para Belo Horizonte, em 1942, onde concluiu o ginásio na escola Afonso Arinos. Em 43, durante o curso clássico no Colégio Marconi, teve como professor de Filosofia Arthur Versiani Velloso, que teve grande importância em sua formação de escritor. Ainda nesse ano, Autran Dourado publicou o primeiro conto "O canivete de cabo de madrepérola", na *Revista Alterosa*, que ganhou Menção Honrosa em concurso promovido pela revista. Tendo um livro de contos finalizado, Autran foi aconselhado por um amigo de seu pai, Godofredo Rangel, a guardá-lo mais um pouco.

Em 1945, ingressou na Faculdade de Direito, onde conheceu Sábato Magaldi, que o apresentou a Wilson Figueiredo, Jacques do Prado Brandão, Otávio Melo Alvarenga, Otto Lara Resende, Hélio Pellegrino, Fernando Sabino, Paulo Mendes Campos, Murilo Rubião, entre outros. Ainda em 1945, ingressou no Partido Comunista.

Trabalhou como taquígrafo na Câmara Municipal e na Assembleia Legislativa de Minas Gerais. Foi redator-chefe da revista *Edifício*, periódico literário que circulou por quatro anos, tendo como secretário Wilson Figueiredo e como redatores Sábato Magaldi, Otto Lara Resende, Edmundo Fonseca e Pedro Paulo Ernesto. Nessa época, Autran Dourado conheceu o escritor Lúcio Cardoso e conviveu com artistas do Grupo Guignard, além de Franz Weismann, Amílcar de Castro, Mary Vieira e Maria Helena Andrés.

Em 1947, o escritor publicou sua novela *Teia*, pelas Edições Edifício; e o conto "Assobio", na revista *Nenhum*, que Hélio Pelegrino e Sylvio de Vasconcellos editavam, e ainda participou do II Congresso Brasileiro de Escritores, no Instituto de Educação, em Belo Horizonte. Nessa época, conheceu o escritor Graciliano Ramos e logo depois se desligou do Partido Comunista. Em 1949, tornou-se bacharel em Direito e jornalista do *Estado de Minas* e casou-se com Maria Lúcia Campos Christo, com quem teve quatro filhos. No ano seguinte, publicou *Sombra e Exílio*, com o qual ganhou o Prêmio Mário Sette do *Jornal de Letras*. De 1950 a 1954, Autran Dourado trabalhou como oficial de Gabinete de Juscelino Kubitschek no governo de Minas. Em 1952, publicou *Tempo de Amar*, que ganhou o Prêmio Cidade de Belo Horizonte.

Em 1954, Autran Dourado mudou-se para o Rio de Janeiro e tornou-se secretário de Imprensa da Presidência da República no governo de Juscelino Kubitschek. Mesmo vivendo tão próximo da política nacional, não interrompeu a carreira literária e produziu uma vasta obra ficcional, da qual se destacam: *Três histórias na Praia* (1955), *Nove histórias em grupos de três* (contos, 1957, Prêmio Artur Azevedo, do INL); *A barca dos homens* (romance, 1961, Prêmio Fernando Chinaglia, da UBE; *Uma vida em segredo* (novela, 1964); *Ópera dos mortos* (romance, 1967, incluído na Coleção de Obras Representativas da Unesco); *O risco do bordado* (romance, 1970, Prêmio *Pen Club* do Brasil); *Solidão solitude* (1972); *Os sinos da agonia* (romance, 1974, Prêmio Paula Brito, do Conselho Estadual de Cultura do Rio de Janeiro; *Armas & Coração* (1978); *Novelas de aprendizado* (1980); *Imaginações pecaminosas* (romance, 1981, Prêmio Goethe de Literatura e Prêmio Jabuti da Câmara Brasileira do Livro); *A serviço del-Rei* e *Lucas Procópio* (romance, 1984); *Violetas e caracóis* (1987); *Monte de alegria* (1990); *Um cavalheiro de antigamente* (1992); *Ópera dos fantoches* e *Vida, paixão e morte do herói* (novela infanto-juvenil, 1995).

Na década de 70, o escritor foi convidado pelo Departamento de Letras e Artes da PUC/ RJ para ministrar curso sobre sua criação ficcional, de enorme sucesso de público. Como resultado dessas reflexões sobre o fazer literário, publicou, em 1975, *Matéria de carpintaria*, *Uma poética de romance* e *Novelário de Donga-Novais*. Em 1982, publicou *O meu mestre imaginário* e proferiu palestra em um colóquio de Berlim, *Literarische Coloquim*, quando foi agraciado com o Prêmio Goethe de Literatura.

Sua obra vem sendo traduzida para inúmeras línguas – como o francês, o inglês, o alemão e o espanhol – e sendo publicada em diversos países. No Brasil, o autor conta com leitores fiéis e é estudado frequentemente em dissertações e teses nas universidades do País; tem recebido homenagens em congressos e festas literárias.

José Castello, conceituado crítico, assim se manifestou a respeito de seu projeto literário:

> Autran Dourado é um escritor imune às ilusões do tempo, aos apelos da moda e à voracidade dos críticos. Essa atitude solitária não significa, porém, desinteresse pela técnica e pela perfeição. Muito ao contrário. Talvez nenhum outro escritor brasileiro vivo tenha um projeto literário tão coerente e afinado quanto ele. Pode-se não gostar das ficções de Autran Dourado, por vezes excessivamente cifradas e retorcidas, mas jamais roubar-lhe a singularidade e a obstinação.

Segundo Alfredo Bosi (1994), "embora a matéria pré-literária de Autran Dourado seja a memória e o sentimento, a sua prosa afasta-se dos módulos intimistas que marcavam o romance histórico tradicional".

Em agosto de 2000, o escritor recebeu o prestigioso Prêmio Camões; e, em 2008, outro grande prêmio – o Prêmio Machado de Assis, da Academia Brasileira de Letras, pelo conjunto de sua obra.

Fontes:

Publicações do autor; BOSI, Alfredo. *História concisa da literatura brasileira*. São Paulo: Cultrix, 1994; CAMPOS, Maria C.C. *Obras de Autran Dourado*: para uso dos professores de português e literatura. Rio de Janeiro, São Paulo: Difel, s/d; LUCAS, Fábio. *A ficção de Fernando Sabino e Autran Dourado*. Belo Horizonte: Imprensa Oficial do Estado de Minas Gerais, 1983; MOISES, Massaud. PAES, J. P. (Org.). *Pequeno dicionário de Literatura Brasileira*. São Paulo: Cultrix, 1980; SOUZA, Eneida Maria de. *Autran Dourado*. Belo Horizonte: Centro de Estudos Literários da UFMG; curso de Pós-Graduação em Letras – Estudos Literários, 1996. 114 p.; Jornal *Estado de Minas*, de 5 de julho de 2008; CATELLO, José. "Projeto literário é muito coerente e afinado". Disponível em: http://.revista.agulha.nom.br (acesso em: junho de 2007); http://rocco.com.br (acesso em: junho de 2007); http://pt.wikipedia.org (acesso em: 27de março de 2006).

AVELINO FÓSCOLO (1864-1944)

Avelino Fóscolo nasceu em Sabará (MG), no ano de 1864. Escreveu e atuou em peças de teatro, foi autor de contos e romances, dedicou-se à imprensa, além de ter exercido a profissão de farmacêutico. Era filho ilegítimo de Maria Avelino Fóscolo, neta do escritor italiano Ugo Fóscolo. Após a morte de sua mãe, e insatisfeito com seu tutor, fugiu de Sabará e foi residir em Congonhas do Sabará, hoje Nova Lima (MG). Adolescente, trabalhou na mina de Morro Velho, experiência que mais tarde motivará a realização de um romance, *Morro Velho*, em que retrata as precárias condições dos trabalhadores na mina.

Avelino Fóscolo dedicou-se ao teatro, com o inglês Louis Keller, e com ele viajou por cidades do Brasil e por países da América do Sul. Durante alguns anos deixou o teatro para estudar em Ouro Preto e também no Rio de Janeiro, enquanto dava aulas particulares e trabalhava no comércio. Em 1884, ao retornar a Sabará, ele se dedica novamente à profissão de autor-ator de peças que ele próprio dirigia.

Na imprensa, começou ainda em fins do século XIX, e sua primeira experiência foi no jornal *Folha de Sabará*, com o amigo Luiz Cassiano, em que discutia temas como a escravidão, combatia a Igreja e a monarquia, defendia a República, a ciência e progresso. Alguns anos depois, fundou, também em Sabará, com os companheiros Luís Cassiano Júnior e Arthur Lobo, o periódico *O Contemporâneo*, cujo nome foi uma homenagem a Augusto de Lima, amigo de Fóscolo e autor do livro *Contemporâneas* (1887).

Em 6 de janeiro de 1893, Fóscolo fundou o próprio jornal – *A Vida*, de formato pequeno, que teve a duração de três anos, porque, em 1896, ele altera seu nome, que passa a ser *O Industrial*. Em Tabuleiro Grande (hoje Paraopeba), casou-se com Maria Gonçalves Ribeiro, montou uma farmácia e fundou mais um jornal, sempre preocupado em incentivar a literatura e o gosto pelo teatro. Participou ainda de outros periódicos, como *Nova Era*, de 1906, considerado o primeiro periódico socialista de Minas Gerais.

Avelino Fóscolo também participou da política mineira. Em 1890, candidatou-se ao Congresso, mas não tomou posse por não ter idade suficiente. Foi eleito, em 1912, vereador de Vila Piracicaba, mas deixou o cargo para apoiar a candidatura de Rui Barbosa à Presidência da República. O escritor sempre defendeu ideias progressistas como a Abolição da Escravatura, a liberdade sexual das mulheres, e a República no período do Império e, posteriormente, o Socialismo na República Velha. No âmbito da literatura, era fortemente influenciado pelo Realismo e Socialismo. Entre os escritores que mais apreciava, estavam Zola, Flaubert, Eça de Queiroz, Machado de Assis, e os socialistas Marx e Elisée Réclus. É considerado o fundador do romance social na América do Sul, já que seus romances contêm quadros minuciosos da vida em sociedade. Nos romances *O caboclo* e *O mestiço* (1903), discute os temas da escravidão e da abolição. E *A capital*, de 1893, foi um dos primeiros romances cuja história se passava na recém-inaugurada capital mineira.

Avelino Fóscolo foi membro da Academia Brasileira de Letras, ocupando a cadeira n. 7, em 13 de maio de 1910. O escritor mudou-se de Vila Paraopeba, em 1915, para Belo Horizonte, onde morreu, aos 80 anos, em 29 de agosto de 1944, deixando a mulher e dez filhos, dos 13 que teve.

Publicações: *A mulher* (com Luiz Cassiano Júnior, 1890); *O caboclo* (1902); *O mestiço* (1903); *A capital* (1903); *O jubileu* (s/d); *Vulcões* (1920); *A vida* (s/d); *Morro velho* (publicação póstuma, 1999). É autor de 15 contos, que foram publicados esparsamente em periódicos: "O padre Amaro" (1890); "O vigário" (1890); "Imigrada" (1891); "Nero" (1892); "Na locomotiva" (1891); "Um dos três" (1892); "Mãe" (1893); "A adúltera" (1894); "O ébrio" (1894); "Ilusões perdidas" (1897); "O raquítico" (1897 ou 1898); "A tuberculose" (1987 ou 1898); "Mulheres... mulheres..." (1913); "A morfética" (1913); "A freira" (1913). Peças teatrais: "O semeador", "O demônio moderno", "Cá e lá... águias há", "Estrangeiros", "Os brasileiros" e "Jesus Cristo". Deixou inéditos: *No circo, Os indesejáveis, Latifúndios*.

Fontes:

DUARTE, Regina Horta. *A imagem rebelde*, a trajetória libertária de Avelino Fóscolo. Campinas: Pontes, Editora da Unicamp, 1991; FRIEIRO, Eduardo. Conversando com Avelino Fóscolo. *Folha de Minas*, Belo Horizonte, 22 fev. 1940; MALARD, Letícia. *Hoje tem espetáculo — Avelino Fóscolo e seu romance*. Belo Horizonte: UFMG, 1987; OLIVEIRA, Martins de. *História da literatura mineira*. 2. ed. Belo Horizonte: Imprensa Oficial, 1963; PATRICIO, José. A geração d' *O Contemporâneo*. Jornal *Estado de Minas*, Belo Horizonte, 24 dez. 1944; SOBRINHO, J. F. Velho. *Dicionário bibliográfico brasileiro*. Rio de Janeiro: [s/e], v. 1, 1937; SILVA, Jair. "Seu" Avelino em Paraopeba. Jornal *Estado de Minas*, Belo Horizonte, nov. 1944.

B

BÁRBARA HELIODORA (1759-1792)

Bárbara Heliodora (ou Eliodora) Guilhermina da Silveira nasceu em 3 de dezembro de 1759, na cidade de São João del-Rei. Seus pais, Dr. José da Silveira e Sousa, advogado influente da cidade, e D. Maria Josefa Bueno da Cunha, deram-lhe uma educação bem diferente da das moças de seu tempo, permitindo que fosse alfabetizada e tivesse acesso à literatura. Ainda muito jovem, passou a morar com o Ouvidor da Vila de São João del-Rei, José Ignácio de Alvarenga Peixoto, com quem teve quatro filhos: Maria Ifigênia, José Eleutério, João Damasceno e Tristão. O falecimento da filha Maria Ifigênia, aos 15 anos, considerada pelos pais a 'princesa do Brasil', representou um grande sofrimento para Bárbara Heliodora. Assim como a prisão e o exílio de Alvarenga Peixoto, em 1792, para Angola, onde faleceu alguns meses depois.

Alguns historiadores insistem em afirmar que ela teria ficado muito perturbada com tantas tragédias e que teria vivido na miséria com o sequestro dos bens dos inconfidentes. Mas outros contestam essa informação e comprovam que Bárbara obteve na Justiça a "meação conjugal", com a ajuda do contratador João Rodrigues de Macedo, seu compadre, de quem ela assumiu os negócios, administrou fazendas, lavras e escravos. Praticamente toda a obra de Bárbara Heliodora se perdeu no tempo; ou seus poemas se misturaram aos do marido e foram publicados como de autoria dele. Hoje, apenas conhecemos o poema "Conselhos a meus filhos", soneto dedicado a Maria Ifigênia, uns poucos fragmentos de poemas e algumas cartas.

A escritora faleceu no dia 24 de maio de 1819, aos setenta anos de idade, em São Gonçalo do Sapucaí (MG), vítima da tuberculose.

Fontes:

http://www.itaucultural.org.br (acesso em: janeiro de 2007); http://www.amulhernaliteratura.ufsc.br (acesso em: janeiro de 2007); MUZART, Zahidée L. *Escritoras brasileiras do século XIX*. 1º vol. Florianópolis: Mulheres, 2000. (Verbete de Eliana Vasconcellos).

BARTOLOMEU CAMPOS DE QUEIRÓS

Consagrado escritor de nossa literatura infanto-juvenil, Bartolomeu Campos de Queirós nasceu na cidade mineira de Papagaios, em 1944. Publicou quarenta e quatro livros no Brasil, sendo que vários deles foram traduzidos e publicados também no exterior. O primeiro, *O peixe e o pássaro,* surgiu em 1974, tendo, na contracapa, uma elogiosa apreciação da poetisa Henriqueta Lisboa. Cursou o Instituto Pedagógico de Paris, com formação nas áreas educacional e artística. Tem atuado como educador e contribuído com importantes projetos para a Secretaria de Estado da Educação e o Ministério da Educação. Participa do Projeto ProLer, da Biblioteca Nacional, ministrando conferências e seminários sobre educação, leitura e literatura. Foi presidente da Fundação Clóvis Salgado, membro do Conselho Estadual de Cultura e do Conselho Curador da Fundação Escola Guignard. Hoje, atua como crítico de arte, membro de júris, curadorias e museografias de exposições.

Publicações e principais prêmios recebidos: *O peixe e o pássaro* (Prêmio Prefeitura de Belo Horizonte); *Pedro* (Prêmio Prefeitura de Belo Horizonte, Selo de Ouro – FNLIJ); *Mário* (Altamente Recomendável da FNLIJ); *Onde tem bruxa tem fada* (O Melhor para Criança da FNLIJ); *Raul; Ciganos* (Prêmio Jabuti da Câmara Brasileira do Livro, e Altamente Recomendável da FNLIJ); *Cavaleiros das sete luas* (Prêmio Bienal Internacional de São Paulo); *Correspondência* (Diploma de Honra do IBBY, Altamente Recomendável da FNLIJ, Projeto Meu Livro Meu Companheiro); *As patas da vaca; Apontamentos* (Altamente Recomendável da FNLIJ); *Estória em 3 atos* (Ciranda do Livro da FNLIJ, Prêmio Câmara Brasileira do Livro); *Indês* (Prêmio Orígenes Lessa da FNLIJ); *Diário de classe; Escritura; Ah! Mar; Papo de pato* (Altamente Recomendável da FNLIJ, Projeto Meu Livro Meu Companheiro da FNLIJ); *Coração não toma sol* (Prêmio Bienal de Belo Horizonte, Altamente Recomendável da FNLIJ); *Pintinhos e pintinhas; Minerações* (Grande Prêmio Ass. Paulista de Críticos de Arte, Quatrième Octogonal – França, Prêmio Orígenes Lessa da FNLIJ); *Por parte de pai* (O Melhor para Jovem da FNLIJ); *Ler, escrever e fazer conta de cabeça* (O Melhor para Jovem da FNLIJ); *De não em não; Rosa dos ventos; Os cinco sentidos; Para criar passarinho* (Altamente Recomendável da FNLIJ); *Bichos... São todos os bichos; Pé de sapo e sapato de pato; Mais com mais dá menos; Flora* (Altamente Recomendável da FNLIJ); *A matinta Perera; Menino de Belém; O piolho; Até passarinho passa* (Prêmio Academia Brasileira de Letras, Altamente Recomendável da FNLIJ, Jabuti da Câmara Brasileira do Livro, Prêmio Ofélia Fontes da FNLIJ); *Vida e obra de Aletrícia depois de Zoroastro* (Altamente Recomendável da FNLIJ); *O olho de vidro do meu avô* (2004, Altamente Recomendável da FNLIJ, Hors-Concours da FNLIJ, Prêmio Jabuti da Câmara Brasileira do Livro, Prêmio Nestlé de Literatura); *Entretantos; Formiga amiga; O guarda-chuva do guarda; O pato pacato; De letra em letra; Sem palmeira ou sabiá, Antes do depois* (novela, 2006).

Em 2008, o escritor recebeu importantes prêmios, como o Prêmio Jabuti, da Câmara Brasileira do Livro, e o Prêmio Ibero-Americano SM de Literatura Infantil e Juvenil, no México.

Fontes:

Publicações do autor; LOPES, Carlos Herculano. "Bartolomeu ganha prêmio internacional". In: *Estado de Minas*, 1º de novembro de 2008, p. 5; Orelhas, prefácios e contracapas dos livros do autor; http://www.edukbr.com.br (acesso em: maio de 2006).

BASÍLIO DA GAMA (TERMINDO SIPÍLIO) (1741-1795)

José Basílio da Gama nasceu em São José do Rio das Mortes, hoje conhecida como Tiradentes (MG), em 8 de abril de 1741, e faleceu em 31 de julho de 1795, em Lisboa, já eleito para a Academia Real. Ingressou em 1757 no Colégio dos Jesuítas no Rio de Janeiro e se tornou noviço. Em Roma, encontrou ambiente ideal para desenvolver seu talento literário, sendo recebido, em 1763, na Arcádia Romana, sob o nome pastoril de Termindo Sipílio – pseudônimo adotado pelo poeta.

Em 30 de junho de 1768, Basílio embarcou para Coimbra e, logo após, foi preso em Lisboa, acusado de jesuitismo e condenado ao degredo em Angola. Livrou-se do exílio ao escrever um epitalâmio à filha do Marquês de Pombal, em que louva o ministro e ataca os jesuítas. Com base nesses escritos, o poeta estrutura e publica, em 1769, *O Uraguai*, poema épico em versos decassílabos brancos, sem divisões em estrofes e com cinco cantos. O tema era a guerra dos portugueses e espanhóis contra os índios dos Sete Povos das Missões, apoiados pelos jesuítas. Antonio Candido afirma a respeito dessa obra:

> *O Uraguai* se tornou um dos momentos-chave da nossa literatura, descrevendo o encontro de culturas (europeia e ameríndia), que inspiraria o Romantismo indianista, para depois se desdobrar, como preocupação com o novo encontro entre a cultura urbanizada e a rústica, até *Os sertões*, de Euclides da Cunha, o romance social e a sociologia. No tempo de Basílio, tratava-se de optar, neste processo, entre a tradicional orientação catequética e a nova direção estatal, colocando-se ele francamente ao lado desta (CANDIDO, 1961, p. 99).

Outras publicações: *Epitalâmio da Excelentíssima Senhora D. Maria Amália* (1769), *Declamação trágica* (s/d); *Soneto ao Rei D. José* (s/d); *Os campos elíseos* (1776); *Lenitivo da saudade* (1788); *Quitúbia* (1791) e *Obras poéticas de José Basílio da Gama (1900/1996).*

Fontes:

CANDIDO, Antonio. *Letras e ideias no período colonial*. In: *Literatura e sociedade*: estudos de teoria e história literária. 7. ed. São Paulo: Nacional, 1985; GAMA, Basílio da. *O Uraguai*. Org. Mário Camarinha da Silva. 4. ed.

Rio de Janeiro: Agir, 1983Nossos clássicos, 77); NICOLA, José de. *Literatura brasileira:* das origens aos nossos dias. São Paulo: Scipione, 1998.*Dicionário biográfico universal.* São Paulo: Três livros e fascículos, 1984.

BEATRIZ BRANDÃO (1779-1868)

Poetisa, musicista, educadora e tradutora, Beatriz Francisca de Assis Brandão nasceu em Ouro Preto, em 29 de julho de 1779, e faleceu no Rio de Janeiro, em 5 de fevereiro de 1868. Era filha do oficial Francisco Sanches Brandão e de Feliciana Narcisa de Seixas, e prima de Maria Doroteia Joaquina de Seixas, a Marília de Dirceu. Casou-se em 20 de maio de 1813 com o Alferes Vicente Batista Rodrigues Alvarenga, mas, em 10 de novembro de 1832, requereu o desquite, que conseguiu após um processo de sete anos.

Apesar das limitações impostas às mulheres de sua época, cuja educação devia se reduzir apenas ao aprendizado das primeiras letras, trabalhos manuais e música, aprendeu também o italiano e o francês, o que lhe possibilitou conhecer a literatura das referidas línguas e dedicar-se à poesia e à tradução. Beatriz Brandão foi uma mulher influente e gozou de prestígio na sociedade de seu tempo. Conviveu com pessoas ilustres, entre elas a imperatriz Teresa Cristina. Quando o príncipe regente D. Pedro I foi a Vila Rica desmantelar a Junta Republicana do Dr. Cassiano Espiridião de Melo Matos, ela organizou a recepção, compôs e cantou um hino de exaltação ao Brasil e a D. Pedro. Sua obra foi reconhecida, e seu nome era frequentemente mencionado em livros e jornais da corte.

A poetisa também se dedicou à educação. Foi uma das primeiras professoras mineiras a prestar exame público para o cargo docente. Começou a lecionar em 1830, na escola pública dirigida às meninas, da cidade de Ouro Preto, tornando-se diretora no mesmo ano. Publicou poemas e pequenos contos nos jornais *Marmota Fluminense* e *Guanabara*, do Rio de Janeiro, de 1852 a 1857. Foi indicada por Joaquim Norberto de Sousa e Silva, João José de Sousa Silva Rio e Luís Antônio de Castro para integrar os quadros do Instituto Histórico e Geográfico Brasileiro. Mas, embora seu talento fosse reconhecido, não foi aceita devido às restrições impostas às mulheres. Beatriz Brandão pertenceu à Sociedade Promotora da Instituição Pública de Ouro Preto e é patrona da cadeira número 38 da Academia Mineira de Letras.

Sua poesia é lírica e tem o amor como principal temática. As referências à mitologia clássica e às paisagens bucólicas revelam resquícios da poesia pastoril, típica do Arcadismo, mas as referências bíblicas e a temática religiosa remetem ao Romantismo.

Publicações: *Poesias* (1831); *Carta de Leandro a Hero, traduzida do francês, e dedicada à Senhora D. Delfina Benigna da Cunha, e Carta de Hero a Leandro* (1832); *Cartas de Leandro e Hero* (1859); *Cantos da mocidade* (1856); *Saudação à Ilma., e Exma. Sra. Dona Violante Atabalipa Ximenes de Bivar e Velasco* (1859); *Catão* (drama trágico, 1860); *Lágrimas do Brasil* (poema, 1860); *As comendas* (poesia, s/d.); *Romances imitados de Gessner* (dois romances em versos: *O caçador* e *Lilia e Nerina,* s/d)*; Drama* à coroação de D. Pedro I (s/d); *Saudação à estátua equestre de S.M.I. o senhor D. Pedro I, fundador* *do império do Brasil* (1862); *Drama ao nascimento de D. Pedro II*; *Cantata aos anos da imperatriz Leopoldina* (s/d); Óperas traduzidas para o português: *Alexandre na Índia, José no Egito, Sonho de Cipião, Angélica e Medoro, Semíramis reconhecida, Diana e Endimião.*

Fontes:

PEREIRA, Cláudia Gomes Dias Costa. *Beatriz Brandão*: uma poetisa brasileira do século XIX. 2004. Dissertação (Mestrado em Literatura Brasileira) – Faculdade de Letras, UFMG, Belo Horizonte; VASCONCELLOS, Eliane. Beatriz Francisca de Assis Brandão. In: MUZART, Zahidée L. (Org.). *Escritoras brasileiras do século XIX*: Antologia. Editora Mulheres, Edunisc, 1999, p. 82-109.

BEATRIZ DE ALMEIDA MAGALHÃES

Maria Beatriz de Almeida Magalhães, nascida em Ouro Fino, Sul de Minas, em 27 de setembro de 1944, e radicada em Belo Horizonte, foi bailarina do Ballet Minas Gerais, é bacharel em Artes pela UEMG, em Arquitetura pela UFMG e doutora em Letras, também pela UFMG. Do trânsito entre as experiências das artes e da arquitetura, adveio a escolha da cidade como foco no primeiro livro, *Belo Horizonte: um espaço para a República.*

A transposição do tema para a poesia resultou em *ReGIZtros efêmeros*, poema e ensaio fotográfico, publicado na *ZAP Cultural*: Revista da Secretaria Municipal de Cultura, em 1996, e, para a ficção, no romance *Sentimental com filtro*, contemplado com I Prêmio Vereda Literária, de 2002, e publicado em 2003. A tese *Poetopos: cidade, código e criação errante*, de 2008, confronta a concepção de Belo Horizonte com a produção estética e poética de errantes nas ruas da cidade. O romance *Caso oblíquo*, premiado pelo Programa Petrobras Cultural 2006/2007 e lançado em 2009, reconstitui episódios do antigo Curral Del Rei, em meio ao turbilhonamento da destruição e da construção simultâneas, após ser escolhido, ao final do século XIX, para sediar a capital republicana de Minas Gerais.

Belo Horizonte: um espaço para a República (Proex/ UFMG, 1989), *Belo Horizonte: o barroco e a utopia*, em *Cadernos de Arquitetura e Urbanismo* (PUC Minas, 1994), *A formação da cidade*, em *Arquitetura da modernidade* (org. Leonardo Barci Castriota, UFMG, 1998), são alguns dos ensaios publicados em coautoria com Rodrigo Ferreira Andrade.

Fontes:

Publicações da autora; http://www.autenticaeditora.com.br (acesso em: março de 2010).

BELMIRO BRAGA (1872-1937)

Belmiro Belarmino de Barros Braga nasceu em Vargem Grande, município de Juiz de Fora (MG), em 7 de janeiro de 1872, e faleceu em 31 de março de 1937. Estudou no Ateneu Mineiro dessa cidade, mas abandonou os estudos para trabalhar no comércio com o pai, que era português. Seu primeiro livro, *Montezinas*, foi prefaciado por Batista Ramos, apreciador do seu talento. Alcançou o sucesso em Juiz de Fora e teve poesias publicadas em castelhano. Foi colaborador em jornais e revistas do Rio de Janeiro como *Fon-Fon* e *O Malho*. Viajou para a Europa, onde escreveu seu livro de memórias *Dias idos e vividos*. Apesar da fama, nunca se esqueceu da cidade natal e não perdeu a identidade de "Trovador de Vargem Grande" e "Rouxinol Mineiro".

A obra de Belmiro Braga revela uma vertente parnasiana, e parte de seus poemas enaltece a comida e os costumes de sua terra natal. Além desses, também publicou poemas satíricos e epígrafes, destinadas principalmente a criticar os políticos. Antônio Sales, seu grande amigo, no livro *Retratos e lembranças*, traça um perfil do poeta, seu temperamento, caráter e formação, nestes termos:

> O lar paterno era uma obsessão sentimental de Belmiro. O sitio Reserva, onde nasceu e passou a primeira fase da infância, depois tão dolorosa, tão brutalizada pelos maus tratos da vida, esse sítio era a Meca para onde seu espírito se voltava num culto perene.

Belmiro Braga escreveu também crônicas e peças de teatro e ocupou a cadeira n. 8 da Academia Mineira de Letras. Morreu em Vargem Grande, no dia 31 de março de 1937.

Publicações: *Montezinas* (1902); *Cantos e contos* (1906); *Rosas* (1911); *Contas do meu rosário* (1918); *Coisas do povo* (s/d); *Zás-Trás* (s/d); *Todo marido* (s/d); *Amigo verdadeiro* (s/d); *Que trindade!* (s/d); *Os candidatos na cidade* (s/d); *Coisas da vida* (s/d); *Porto Madureira* (s/d); *Colares* (s/d); *Um Juiz de Paz em Juiz de Fora* (s/d); *O avental* (s/d); *Dias idos e vividos* (s/d); *A moda* (1918); *Tarde florida* (1923); *Redondilhas* (1934). Deixou numerosa produção esparsa em jornais e revistas de seu tempo.

Fontes:

MENEZES, Raimundo de. *Dicionário literário brasileiro*. Edição Saraiva, São Paulo. 1969.v. I; CANDIDO, Antonio. *Iniciação à literatura brasileira*. 2. ed. São Paulo: Humanitas: FFLCH, USP, 1998; BRAGA, Belmiro. *Rosas: versos*. 4. ed. São Paulo: C. Teixeira, 1924 (Rio de Janeiro: abril, 1959); SALES, Antonio. *Retratos e lembranças*. [s/l], 1938; http://www.itaucultural.org.br (acesso em: junho de 2006).

BENEDITO LOPES (1886-1921)

Poeta, prosador, jornalista e tradutor, Benedito Lopes nasceu em Paraisópolis (MG), em 1886. Diplomado em Direito, em 1921, trabalhou como delegado de polícia. Publicou os seguintes livros: *Clarões* (1923); *Jesus, Madalena e Judas* (1956); *Canto de amor* (1958); *Portugal*: pedaços de sua história (1963); *Rosas de outono* (s/d.) e *Jardim fechado* (s/d.).

Fonte:

COUTINHO, Afrânio et SOUZA, J. Galante de. *Enciclopédia da literatura brasileira*. V. 1. São Paulo: Global, 2001.

BENEDITO VALADARES (1892-1973)

Benedito Valadares Ribeiro nasceu em 4 de dezembro de 1892, em Mateus Leme (MG), e faleceu no Rio de Janeiro, no dia 2 de março de 1973. Primeiro formou-se pela Escola de Odontologia de Belo Horizonte, em 1914, mas não exerceu a profissão; depois, pela Faculdade de Direito da Universidade do Rio de Janeiro, em 1920, passando a atuar como advogado em sua cidade natal. Foi político, professor, chefe de polícia e exerceu importantes cargos públicos.

O romance *Esperidião*, que marcou sua estreia na literatura de ficção, conta a história de um político, da vida mineira e suas tradições. Publicou os seguintes livros: *Esperidião* (romance, 1951); *A lua caiu* (romance, 1962); *Na esteira dos tempos* (memorialismo, 1966); *Tempo idos e vividos* (memorialismo, 1966).

Fonte:

http://www.recantodasletras.com.br (acesso em: 5 de junho de 2006).

BENITO BARRETO

Escritor e jornalista, Benito Barreto nasceu em Capelinha de Nossa Senhora das Dores, hoje Dores de Guanhães (MG), em 17 de abril de 1929, filho de Ciro Barreto e de Virgínia Siman Barreto, e sobrinho do também renomado escritor mineiro Abílio Barreto. É casado e tem três filhos, entre eles a escritora Laura Barreto, e a professora Júnia Barreto. Por volta dos anos 1950, dirigiu e editou a revista de engenharia *Informador das Construções*. Foi militante comunista durante a ditadura militar e trabalhou em periódicos do Partido. Atuou também nos jornais *Correio da Tarde, Correio de Minas* e *Tribuna de Minas*. Mais tarde, entre os anos de 89 e 91, manteve uma coluna no *Estado de Minas*, em que publicava contos, crônicas, e até um romance em forma de folhetim, depois reunido no livro *A última barricada*, de 1993. O escritor viveu um período na Bahia, tornando-se amigo de Jorge Amado, com quem se correspondeu no período da ditadura, e conviveu também com Guimarães Rosa.

Sua obra mais conhecida é a tetralogia *Os Guaianãs*, muito elogiada pela crítica desde que foi lançada. A respeito da obra de Benito Barreto, Geraldo Reis faz a seguinte observação:

> O poético transparece em sua obra de tal forma e com tanta força que faz-se necessário o levantamento de todos os momentos em que isso ocorre; mesmo porque, o autor de CAFAIA não constrói poemas em prosa ou o que chamamos de prosa poética, o que ele procura e consegue, é reter o momento poético ao seu de emocional (sic), a frase viva, as coisas vivas, o Homem vivo (in: *Suplemento Literário Minas Gerais*, 27/ 3/ 1976).

Em recente depoimento, o autor assim definiu sua obra: "Minha literatura representa a vida que eu gostaria de ter vivido e não pude. Sou um homem de ação. Trocaria meus livros por uma batalha contra o império americano. Gostaria de poder realizar o que é realizado ficcionalmente em meus livros".

Publicou os livros: *Plataforma vazia* (1962, Prêmio Cidade de Belo Horizonte para ficção, de 1963); *Capela dos homens* (1968, Prêmio Walmap, de 1967 e Prêmio Cidade de Belo Horizonte); *Mutirão para matar* (1974); e *Cafaia* (1975) – que formam a tetralogia *Os Guaianãs*; *Vagagem* (viagens e memórias, 1978); *A última barricada* (1993); *Um caso de fidelidade* (2000), *A Saga do caminho novo* (2009) e *Os idos de maio* (2009).

Fontes:

Entrevista concedida pelo autor em 14 de junho de 2006; http://www.letras.ufmg.br (acesso em: junho de 2006).

BENTO ERNESTO JÚNIOR (1866-1934)

Bento Ernesto Júnior nasceu em Itapecerica (MG), em 25 de agosto de 1866, e faleceu em 1934. Foi poeta, jornalista, prosador, inspetor de ensino, membro do Conselho Superior de Instrução, membro da Academia Mineira de Letras, e contribuiu muito para a educação em Minas Gerais. No período em que residiu em São João del-Rei, compôs o hino da cidade, atuou na imprensa local e engajou-se em movimentos políticos e culturais. Seu nome foi dado ao museu de sua cidade natal.

Aníbal Matos, no *Suplemento Literário Minas Gerais* de 15 de outubro de 1977, afirma que Bento Ernesto Júnior "foi um bom poeta, marcado pela simplicidade, pela discrição e profundo sentimento humano", e que está entre "tantos talentos mineiros que se voltaram à cultura, mas que estão esquecidos, apesar de seus poemas".

Publicou os seguintes livros: *Frontes* (poesia); *Átomos líricos* (poesia); *Árvores do bem* (poesia) e *Terra prometida* (poesia); *Vida aldeã* (prosa) e *Contos cacetes* (prosa).

Fontes:

http://www.clubedapoesia.com.br (acesso em: 2 de maio de 2006); http://www.academiamineiradeletras.org.br (acesso em: 15 de abril de 2006); http://www.letras.ufmg.br (acesso em: 19 de maio de 2006).

BERNARDO GUIMARÃES (1825-1884)

Bernardo Joaquim da Silva Guimarães nasceu em Ouro Preto, em 15 de agosto de 1825, e faleceu em 10 de março de 1884, na mesma cidade. Após terminar os estudos preparatórios, deslocou-se até São Paulo para estudar na Faculdade de Direito, onde se bacharelou em 1852. Foi amigo de Álvares de Azevedo e deixou fama de boêmio. Atuou como juiz municipal de Catalão, província de Goiás, entre as décadas de 1850 e 1860. Escreveu para jornais cariocas e, em 1866, retornou para Ouro Preto, onde se casou. Foi professor de Retórica e Poética no Liceu Mineiro e também de Latim e Francês em Queluz, hoje Conselheiro Lafaiete (MG).

Bernardo Guimarães situou seus romances no espaço entre o oeste de Minas e o sul de Goiás. *A escrava Isaura* é, até hoje, sua obra mais lida e já ganhou inúmeras adaptações para o cinema e a televisão. O grande tema é o da escravidão, com um detalhe peculiar: a personagem "escrava Isaura" é branca e recebeu educação formal, bem diferente dos demais escravos negros que eram considerados inferiores e não podiam ser alfabetizados. Em outro livro, *O seminarista*, o autor trata da questão do celibato clerical, que também era um assunto delicado na época.

Antonio Candido comparou a disposição de Bernardo Guimarães para enfrentar "problemas de tamanha gravidade" com a de José de Alencar, pois consegue expor com competência a "dualidade entre carne e espírito" que ocorre na vida eclesiástica (CANDIDO, 1959, p. 238-239). O autor escreveu ainda poesia erótica, da qual se recuperou apenas uma parte.

Suas obras são: *Cantos da solidão* (poesia, 1852); *Poesias* (1865); *Novas poesias* (1876); *Folhas de outono* (poesia, 1883); *O ermitão do Muquém* (romance, 1864); *Lendas e romances* (romance, 1871); *O garimpeiro* (romance, 1872); *O seminarista* (romance, 1872); *Lendas e tradições da Província de Minas Gerais* (romance, 1872); *O índio Afonso* (romance, 1873); *A escrava Isaura* (romance, 1875); *Os paulistas em São João del-Rei* (romance, 1877); *A ilha maldita* (romance, 1879); *O pão de ouro* (romance, 1879); *Rosaura, a enjeitada* (romance, 1883); e *O bandido do Rio das Mortes* (romance, 1905). Em 2007, Hélio de Seixas Guimarães organizou *Lendas e romances*, volume que traz três contos de Bernardo Guimarães: "Uma história de quilombolas", "A garganta do inferno" e "A dança dos ossos", cujo tema é o Brasil escravocrata nos anos 1800: das tensas relações entre brancos e negros à Abolição.

Fontes:

CANDIDO, Antonio. *Formação da Literatura Brasileira*. São Paulo: Livraria Martins, 1959; BOSI, Alfredo. *História concisa da Literatura Brasileira*. São Paulo: Cultrix, 1976.

BRANCA ADJUTO BOTELHO (1911-1934)

Branca Adjuto Botelho, filha de Francisco Botelho e de Maria Conceição Adjuto Botelho, nasceu em Paracatu (MG), em 23 de agosto de 1911. Criada em uma sociedade essencialmente rural e marcada pelo patriarcalismo, felizmente sua família era composta de respeitados intelectuais. Pero Botelho, seu irmão, dedicou-se aos estudos da filosofia clássica e ainda hoje é figura ilustre em sua cidade; e Beatriz Botelho de Vasconcelos, a irmã, foi funcionária do Itamaraty e representante do Consulado do Brasil na África. As primeiras letras ela fez em Paracatu, mas, como toda jovem pertencente a uma classe mais favorecida da cidade, mudou-se, primeiro para Belo Horizonte para estudar no Colégio Santa Maria, e depois para São Paulo, onde estudou no Colégio Sion e participou ativamente da vida estudantil. Teve apenas um livro publicado postumamente – *Simplicidade*, em 1937 – que reúne parte de seus poemas.

A poética de Branca revela com sensibilidade a vida feminina de seu tempo, sem direitos, controlada por todos, sem possibilidade de ascender socialmente. Sua poesia fala em "alma dilatada" que deseja ir além, buscar novos horizontes: – "Voa minha alma! Voa!/ Voa alto! Por cima de tudo!/ Queria que você se destendesse como um elástico/ E crescesse até abarcar o mundo...". Ou assim: "Almas feitas para grandes vôos/ E de asas amarradas" (BOTELHO, 1937, p. 37). O uso abundante de imagens que expressam tumulto interior, a musicalidade dos versos, a constante alusão à morte, a linguagem vaga, fluida, e a abundância de substantivos abstratos permitem aproximar sua poesia da estética simbolista.

Segundo Emílio Moura, em "A mensagem poética de Branca",

> Quando a morte a veio surpreender, tão matinalmente ainda, Branca devia estar no instante justamente mais intenso de sua comovida e fascinante descoberta do mundo. Seus versos já de um espírito amadurecido e algum tanto irônico, nos falam, a cada momento, dessa descoberta. Talvez seja por isso mesmo que há tanta poesia e poesia autêntica nos versos que nos deixou. Se houvesse vivido um pouco mais, sua poesia ganharia em plasticidade, em força lírica, o que Branca fosse perdendo em ingenuidade diante à vida (in: http://www.cultura.mg.gov.br/suplementoliterario)

Branca Adjuto Botelho faleceu precocemente no Rio de Janeiro, em 24 de agosto de 1934, vítima de uma leucemia.

Fontes:
BOTELHO, Branca Adjuto. *Simplicidade*, [s/i], 1937; http://www.cultura.mg.gov.br (acesso em: maio de 2006); http://www.paracatu.mg.gov.br (acesso em: maio de 2006); http://www.ada.com.br/tvp (TV Paracatu) (acesso em: maio de 2006).

BRANCA MARIA DE PAULA

Conhecida contista e poeta, Branca Maria de Paula nasceu na cidade mineira de Aimorés, em 1946, mas reside em Belo Horizonte desde jovem. Licenciada em Filosofia pela UFMG, dedica-se também à fotografia, tendo vários trabalhos premiados nesta área. Trabalhou na Imprensa Oficial de Minas Gerais, de 1983 a 1989, como assessora do escritor Murilo Rubião, e participou da Comissão de Redação do *Suplemento Literário do Jornal Minas Gerais*. Como fotógrafa, trabalhou no jornal *Estado de Minas*.

Em 1986, foi vice-presidente da Associação Profissional dos Escritores de Minas Gerais, da qual é membro-fundadora. Em 1993, esteve em Munique (Alemanha) como bolsista da Biblioteca Internacional da Juventude e realizou uma palestra no Centro Cultural Latino-Americano. Foi nessa ocasião que o seu conto "Pela primeira vez..." foi traduzido para o alemão. Sua obra foi estudada pelo Department of Spanish and Portuguese da University of Colorado Boulder no curso *Contemporary brazilian prose fiction by women*. A escritora trabalhou também como roteirista, e seu primeiro longa-metragem foi *Kozmic Blues,* em parceria com Paulo Augusto Gomes. Colaborou ainda no roteiro de *O colecionador de memórias,* de José Américo Ribeiro, que está em fase de construção.

O primeiro livro, *A mulher proibida,* de contos, foi lançado em 1980 pela editora Comunicação, mas sua estreia na literatura aconteceu um pouco antes. Em 1978, foi premiada no 3º Concurso Nacional de Contos Eróticos da Revista *Status* com o conto "Fundo infinito", que foi censurado na íntegra, fato que repercutiu por todo o País e tornou seu nome conhecido.

Além desse, recebeu ainda inúmeros outros prêmios, entre os quais: a Menção Honrosa no Concurso de Contos da *Revista Literária* da Universidade Federal de Minas Gerais, em 1978; a Menção Honrosa no 1º Concurso de Contos da Universidade Federal de Juiz de Fora, em 1982; a Menção Honrosa no Concurso de Poesia Augusto dos Anjos, promoção da Editora José Olympio e Governo da Paraíba, em 1982, pela obra *Curva Crítica;* o Prêmio Clarice Lispector no 3º Concurso de Contos de São Bernardo do Campo (SP), em 1982; o Prêmio Jabuti em 1987, da Câmara Brasileira do Livro, de Melhor Produção Editorial em Obras Infanto-Juvenis, pela obra *Truques coloridos;* o III Prêmio Henriqueta Lisboa no Grande Prêmio Minas de Cultura da Secretaria de Estado da Cultura, categoria infanto-juvenil (1989), com a obra *Um fio de camelo.*

Publicações: *Um livro mágico* (infanto-juvenil, 1985); *O desfecho da peça* (contos, 1985); *Truques coloridos* (infanto-juvenil, 1986); *Tamanho de formiga* (infanto-juvenil, 1987); *Assim na terra como no mar* (infanto-juvenil, 1988); *Um fio de camelo* (infanto-juvenil, 1992); *Zigue-zague* (infanto-juvenil, 1992); *Luz Del Fuego: a bailarina do povo* (coautoria com Cristina Agostinho e Maria do Carmo Brandrão, biografia, 1994); *Um osso duro de roer* (infanto-juvenil, 1996); *Arquivo XYZ* (infanto-juvenil, 1996); *Pacífico, o gato* (infanto-juvenil, 1999, Menção Altamente Recomendável pela FNLIJ, na categoria criança; foi transformado em vídeo, sendo exibido desde 2001 na TV Futura); *Janelas de domingo* (em parceria com Ronaldo Simões Coelho, infanto-juvenil, 2002).

Participou ainda das seguintes publicações coletivas: *Os melhores contos de 1980* (1980); *A mulher proibida* (contos, 1980); *10 poetas em volta da mesa* (poemas, 1983); *Antologia /1º Concurso Nacional de poesia Vinícius de Moraes* (1984); *Histórias mineiras* (contos, 1984); *Momentos de Minas: fotografias e textos* (1984); *Carne viva* (poesia erótica, 1984); *Contos da terra do conto* (1986); *Flor de vidro* (contos, 1991); *Antologia da nova poesia brasileira* (1992); *Dois zero zero zero/ 2000* (contos, 2000); *Buraco negro* (infanto-juvenil, 2003); *Fundo infinito* (contos eróticos, 2005). *Claro escuro* (infanto-juvenil, 2006); *Fondo infinito* (trad. Italiana, Roma, 2007). Na poesia, publicou: "Enquanto isso" (ilustrado por Celene Brant em "Varal de Poesia/ Festival das Mulheres nas Artes", São Paulo, 1982); "Usos e costumes" (in: *Poesia-Ouropreto*; Ouro Preto, MG, 1983); "O dragão da maldade" (in: *Jornal de Domingo*, Belo Horizonte, MG, 8 de junho de 1986); "Prece absurda (in: *Mulheres Emergentes*, Ano I, n. 0, Belo Horizonte, MG, 1989); "Revelação" (in: *Mulheres Emergentes*, Ano 7, n. 26, Belo Horizonte, MG, 1996).

Em 2008, o livro de contos *Fundo Infinito*, de Branca Maria de Paula, foi lançado na Itália pela editora Vertigo Edizioni, com tradução de Geórgia Grasso e apresentação da professora Mariagrazia Russo, da Universidade de Viterbo.

Fontes:

Publicações da autora; COELHO, Nelly Novaes. *Dicionário crítico da literatura infantil e juvenil brasileira*: séculos XIX e XX. 4. ed. São Paulo: EDUSP, 1990; http://www.triplov.com (acesso em: abril de 2006).

BRUNA LONGOBUCCO

Bruna Longobucco é filha de imigrantes italianos e nasceu em Belo Horizonte em 10 de abril de 1978. É formada em Comunicação Social e em Direito. Em 2004 começou a divulgar seus trabalhos participando de antologias (como *Panorama literário brasileiro*, em 2004 e 2005; e *Livro de ouro da poesia brasileira contemporânea*), e de outras publicações coletivas. Até o momento, publicou os seguintes títulos: *O menino que tecia sonhos* (2004); *Além das nuvens* (2005); *Luz do sol* (2006) e *O vale da liberdade* (2007). Tem crônicas publicadas no Jornal *Estado de Minas* e foi selecionada na II Olimpíada Cultural – 500 Anos da Língua Portuguesa no Brasil, pelo Clube Amigos das Letras, na categoria prosa.

Fontes:

Publicações da autora.

BRUNO BRUM

Bruno Brum nasceu em Belo Horizonte, em janeiro de 1981. Dono de um estilo performático, o poeta vem sendo considerado representante da nova geração. Até o momento, publicou os seguintes livros de poemas: *Mínima idéia* (2004) e *Cada* (2007). O poeta tem participado com performances e poemas visuais em diferentes eventos, como o Psiu Poético, em Montes Claros; o Fórum das Letras, em Ouro Preto; a Zona de Invenção Poesia &, em Belo Horizonte; e a Balada Literária, em São Paulo. É um dos editores da Revista de Autofagia, dedicada à poesia, à ficção e às artes em geral.

Em seu blog (http://www.saborgraxa.blogspot.com/) é possível conhecê-lo um pouco mais. Afinal, segundo suas palavras, "o blog é para o escritor o que o rádio é para o músico. Uma forma de ser encontrado".

Fontes:

http://projetomacabea.wordpress.com (acesso em 12 de fevereiro de 2008); http://www.convergencia.jor.br (acesso em 12 de fevereiro de 2008); http://gazetaweb.globo.com (acesso em 12 de fevereiro de 2008).

BUENO DE RIVERA (1911-1982)

Bueno de Rivera era o nome artístico do mineiro Odorico Bueno de Rivera Filho, nascido em Santo Antônio do Monte (MG), em 1911. Fez o curso primário na Escola Estadual Amâncio Bernardes; aos 12 anos, já era professor na roça, e, aos quinze, escrevente de cartório. Em 1926, mudou-se para Belo Horizonte, onde – de 1928 a 1932 – trabalhou como tipógrafo, comerciante e repórter do *Estado de Minas,* até que, em 1932, fez concurso para bacteriologista do Centro de Saúde Modelo da Capital. Classificado em primeiro lugar, exerceu a profissão de 1932 a 1962, quando se aposentou. Foi casado com Ângela Rivera, com quem teve dois filhos. Foi ainda locutor da Rádio Mineira, de 1934 a 1947, e diretor fundador do *Guia Rivera,* publicação de utilidade pública.

Publicou *Mundo submerso,* em 1944, e *Luz do pântano,* em 1948, com o qual recebeu o Prêmio Othon Bezerra de Mello, da Academia Mineira de Letras, em 1949. Seu último livro, *Pasto de pedra*, foi lançado em 1971, depois de 23 anos de afastamento da vida literária. Nos dois primeiros livros, observa-se uma dicção marcada pelo surrealismo; no terceiro, o poeta exibe poemas de corte mais formalista, influenciado pelas vanguardas surgidas entre o concretismo e o tropicalismo. O poeta também escreveu poemas dedicados a Aleijadinho, e parte de sua já foi traduzida para o espanhol, o italiano, o francês, o inglês, o alemão, o russo, o lituano e o esperanto.

Bueno de Rivera foi grande colaborador das revistas *Orfeu* e *Suplemento Literário* e é considerado, ao lado de João Cabral de Melo Neto e Ledo Ivo, um dos mais importantes poetas da Geração de 1945. Segundo Antônio Olinto, foi o "criador do Brasil poético do segundo pós-guerra do século passado". E "a beleza de sua poesia, de uma precisão técnica natural, não exibicionista, é de uma pessoalidade que o torna íntimo das coisas e entidades que povoam a Terra".

O escritor faleceu na noite de 25 de junho de 1982, aos 71 anos, em Belo Horizonte, onde residia. Em 2003, foi lançada uma coletânea organizada por Affonso Romano de Sant'Anna, que reúne, não só os poemas conhecidos, como também poemas que haviam sido publicados apenas em jornais e revistas.

Publicações: *Mundo submerso* (1944); *Luz do pântano* (1948); *Pasto de pedra* (1971).

Fontes:

OLINTO, Antônio. "A Volta do Poeta". In: Tribuna da Imprensa (Rio de Janeiro – RJ) em 30/04/2003. http://www.academia.org.br (acesso em: abril de 2006); OLINTO, Antônio. "Da poesia fiel a si mesma na obra de Bueno de Rivera". In: *Suplemento Literário, 6 de julho de 1974*. Guia de pesquisa do Suplemento Literário na internet: http://www.letras.ufmg.br (acesso em: abril de 2006); QUEIROGA, Bernadette Rivera. "Biografia do Poeta e a estória da chuva". In: *Suplemento Literário, 3 de novembro de 1984*. Guia de pesquisa do Suplemento Literário na internet: http://www.letras.ufmg.br (acesso em: abril de 2006); RIVERA, Bueno de. *Melhores poemas*. Seleção de Affonso Romano de Sant'Anna. São Paulo: Global Editora, 2003; http://www.tracaonline.com.br (acesso em: abril de 2006); http://www.librairie-compagnie.fr (acesso em: abril de 2006).

CAMPOS DE CARVALHO (1916-1998)

Walter Campos de Carvalho nasceu em Uberaba (MG), em 1º de novembro de 1916, mas passou parte de sua vida em São Paulo. Faleceu em 1998, aos 82 anos, vítima de problemas cardíacos. Graduou-se em Direito, aos 22 anos, pela Faculdade de São Paulo, e trabalhou como procurador do Estado de São Paulo. Mas dedicou-se também à escrita, tanto de textos jornalísticos como os literários.

Em *site* da internet (http://colunas.digi.com.br/carlos/campos-de-carvalho-um-escritor-unico/), lê-se o seguinte:

> Walter Campos de Carvalho é para mim um dos maiores escritores do Brasil de todos os tempos. [...] Jorge Amado foi o seu padrinho literário. Impressionado com a imaginação do escritor paulista, dizia a quem quisesse ouvir que ele se tratava de um dos melhores romancistas em atividade no país. Porém, sua obra não foi bem aceita no seu tempo. Era um período conturbado. Publicou o primeiro livro em 1954, ano do suicídio de Getúlio Vargas, e o último em 1964, quando veio o golpe militar. Sua prosa original e vigorosa não passou impune diante das ditaduras ideológicas que imperavam no Brasil daquele tempo. A direita o acusava de ser um subversivo, a esquerda de não produzir uma arte engajada. E foi por não se encaixar nos caprichos ideológicos nem destes nem daqueles, que ele acabou sendo desprezado, ignorado, passando ao largo dos grandes escritores da época, sem cativar os numerosos leitores de que era merecedor (http://colunas. digi.com.br/carlos/campos-de-carvalho-um-escritor-unico/).

Publicou os seguintes títulos: *Banda Forra* (ensaios humorísticos, 1941); *Tribo* (romance, 1954); *A Lua vem da Ásia* (romance, 1956); *Vaca de nariz sutil* (romance, 1961); *A chuva imóvel* (romance, 1963); *O púcaro búlgaro* (romance, 1964, depois adaptada para o teatro). Foi colaborador do jornal *O Pasquim* e d' *O Estado de S. Paulo*, no período de 1968 a 1978. Em 1995, publicou *Obra reunida*.

Fontes:

Publicações do autor; ATALA, Fuad. Campos de Carvalho: humor e nonsense. In: jornal *O Globo*, de 18 de outubro de 2008; http://www.pt.shvoong.com (acesso em: novembro de 2008); http://www.revistacult.uol.com.br (acesso em: novembro de 2008); http://www.super.abril.com.br (acesso em: novembro de 2008).

CARLOS ÁVILA

Carlos Ávila nasceu em Belo Horizonte, no ano de 1955, filho de Affonso Ávila e de Laís Corrêa de Araújo, nomes ilustres da cultura nacional. Poeta, crítico e jornalista, Carlos Ávila estreou na literatura em 1981, com o livro *Aqui & agora*, de perfil predominantemente experimental e construtivista. Em 89, publicou *Sinal de menos*, cujo título, derivado de um verso de Drummond, abaliza a opção do poeta pela lógica da subtração, na linha aberta pelo "poetamenos" Augusto de Campos. Depois surgiu *Ásperos*, que se articula com base em poemas fragmentados que falam da vida, da morte e do tédio.

Ávila também publicou, em 2004, um livro – com o título *Poesia pensada* – que contém artigos escritos entre 1983 e 2002, que haviam sido divulgados em seminários, revistas e jornais, refletindo sobre o estado da arte da poesia. E ainda um livro-plaquete – *Obstáculos* – que traz um poema de oito páginas, belissimamente produzido de forma artesanal pela Memória Gráfica Typographia Escola de Gravura, e cuja capa é uma gravura de Ozanam Frederico da Cruz.

O poeta foi editor do *Suplemento Literário Minas Gerais*, no período de 1995 a 1998. E tem muitos trabalhos publicados em diferentes revistas e antologias do País. Seu poema "Perdido entre signos", por exemplo, foi incluído por Zé Lino Grunewald no livro *Pedras de toque da poesia brasileira*. Foi também um dos poetas selecionados para o volume *Nothing the sun could not explain* (*20 contemporary brazilian poets)*, publicado nos Estados Unidos, em 1997, e mereceu o seguinte elogio:

> Carlos Ávila é um dos melhores poetas do Brasil. Dos mais talentosos e lúcidos de uma geração que surgiu no começo dos anos 1970, soube lidar com o legado de João Cabral e da poesia concreta sem traumas ou temores: construiu uma dicção pessoal, de tom coloquial-erudito, lírico-conceitual e irônico. Fora do eixo Rio-São Paulo, Ávila estabelece sua posição, num isolamento relativo que o mantém em profundo diálogo com outros poetas e o resguarda de necessária independência: um lugar subterrâneo de aberto horizonte (http://www.pphp.uol.com. br/tropico/html/textos/2455,1.shl).

Sua obra poética produzida até o momento encontra-se reunida em *Bissexto sentido* (1999), que inclui os livros *Aqui & Agora, Sinal de menos* e *Ásperos*, e faz parte da coleção *Signos*, dirigida por Haroldo de Campos.

Fontes:

PEIXOTO, Sérgio Alves. *O melhor da poesia brasileira:* Minas Gerais. Joinville: Sucesso Pocket, 2002; http://www. uol.com.br (acesso em: maio de 2006); http://www.revista.agulha.nom.br (acesso em: maio de 2006); http://www. letras.ufmg.br (acesso em: maio de 2006); http://www.abepec.com.br (acesso em: maio de 2006).

CARLOS CARMELLO VASCONCELLOS MOTTA (1890-1982)

Nasceu em Bom Jesus do Amparo (MG), em 16 de julho de 1890, e morreu em Aparecida (SP), no dia 19 de setembro de 1982. Estudou no Seminário de Mariana, depois de ter cursado, até o terceiro ano, a Faculdade Livre de Direito de Belo Horizonte, e de ter militado na política municipal de Caeté. Ordenado sacerdote em 1919, por Dom Silvério Gomes Pimenta, tornou-se bispo auxiliar em Diamantina em 1932, arcebispo de São Luís no Maranhão em 1935, e cardeal em 1944, em São Paulo. Nesta cidade, terminou e inaugurou as obras da Catedral da Sé, criou paróquias e a Faculdade de Teologia Nossa Senhora da Conceição. Além disso, adquiriu para a Arquidiocese a Rádio 9 de Julho e lançou o jornal *O São Paulo*. Em 1946, foi transferido para Aparecida.

Partidário de profundas reformas na vida sócio-política brasileira, celebrou em 3 de maio de 1957 a primeira missa no local onde se ergueria a cidade de Brasília, futura capital do Brasil. Como bispo, presidiu diversos órgãos regionais da Igreja no Brasil, participou do Concílio Vaticano II e de outros encontros internacionais católicos e de educação. Foi ainda responsável pela construção da Pontifícia Universidade Católica (PUC) de São Paulo e pela Basílica de Nossa Senhora Aparecida. Figurou entre os fundadores da Conferência Nacional dos Bispos do Brasil e a dirigiu por sete anos, como seu primeiro presidente. Em 1971, foi empossado na cadeira n. 27 da Academia Mineira de Letras, ocupando o lugar de Augusto de Lima Júnior, sendo saudado pelos acadêmicos Vivaldi Moreira, Aires da Mata Machado Filho e Oscar Mendes. Pertenceu também ao Instituto Histórico e Geográfico de Minas Gerais.

Deixou obra literária que abrange, entre outros, os seguintes títulos: *Jubileu de Ouro & Rosa de Ouro* (1970); *Cardeal de Vasconcellos Motta no Instituto Histórico e Geográfico de Minas Gerais*, separata da Revista da Universidade Católica de São Paulo (1970), diversas cartas pastorais, entre elas, uma dedicada aos 250 anos do encontro da imagem de Nossa Senhora da Conceição Aparecida. Realizou várias conferências, como a "De São Paulo à Amazônia", em 1951, e discursos, como o da Conferência Geral da Hierarquia da América Latina, em 1955; o discurso de Ouro Preto, em 21 de abril de 1957; o da primeira missa em Brasília; o discurso de posse na Academia Mineira de

Letras, denominado "O Acadêmico Lima Júnior"; e o discurso para receber Juscelino Kubitschek na Academia. Recebeu diversas condecorações e medalhas, como o título de cidadão itabirano, em 1965.

Fontes:

Acervo da Academia Mineira de Letras; http://www.novomilenio.inf.br (acesso em: junho de 2006).

CARLOS DE BRITO E MELLO

Nascido em Belo Horizonte (MG), em 1974, é mestre em Comunicação Social, professor universitário da área de Comunicação e Artes e integrante do Coletivo Xepa, que realiza projetos ligados às artes plásticas.

Carlos de Brito e Mello conquistou o primeiro lugar na categoria "Jovem Escritor Mineiro", do Prêmio Governo de Minas Gerais de Literatura, em 2008, concorrendo com 169 escritores. O livro de estreia foi o romance *A passagem tensa dos corpos*, que chamou a atenção da crítica pela construção original, composto 156 capítulos curtos, e por tratar da morte a partir de uma perspectiva e ambientação surpreendentes. Publicou também a coletânea de contos *O cadáver ri dos seus despojos*, de 2008, em que se destaca o conto "A madrasta", ganhador do Prêmio Guimarães Rosa. O escritor já participa de duas coletâneas – *Entre duas mortes* e *Sombras*.

Fontes:

Publicações do autor.

CARLOS DRUMMOND DE ANDRADE (1902-1987)

Em Itabira do Mato Dentro, pequena cidade do interior mineiro, nasceu em 31 de outubro de 1902, Carlos Drummond de Andrade. Sua extensa e variada obra compreende, no entanto, muito mais que poesias. Na *Antologia poética*, de 1986, ele deixou, na contracapa, a seguinte mensagem aos leitores:

> Ganhei a vida como funcionário público e jornalista. Dediquei-me à literatura por prazer. Hoje que estou aposentado naquelas duas atividades, posso considerar-me escritor profissional, pois a fonte principal do meu sustento resulta do fato de escrever e publicar livros, que o público tem recebido com simpatia.

Em Itabira, onde viveu a infância, a paisagem mineira de exploração do minério de ferro deixou marcas profundas na alma do poeta, que, mesmo morando muito tempo em Belo Horizonte e no Rio de Janeiro, nunca negou sua origem de mineiro interiorano.

O espaço geográfico de uma cidade pacata, cercada de montanhas com veios de ouro e ferro terá, mais tarde, ressonância em vários poemas, como está sintetizado em "Confidência de um Itabirano": "Alguns anos vivi em Itabira./ Principalmente nasci em Itabira./ Por isso sou triste, orgulhoso: de ferro ". Essa marca indelével da infância ecoa mais forte ainda ao final do mesmo poema: "Tive ouro, tive gado, tive fazendas./ Hoje sou funcionário público./ Itabira é apenas uma fotografia na parede./ Mas como dói!".

Ainda menino, Carlos foi matriculado no internato do Colégio Arnaldo em Belo Horizonte, onde conhece aqueles que, mais tarde, serão grandes companheiros de atividade política e intelectual e, mais que isso, seus amigos: Gustavo Capanema e Afonso Arinos. Mas o poeta interrompeu os estudos no segundo período escolar, em 1916, por problemas de saúde. Em 1918, estudou interno no Colégio Anchieta da Companhia de Jesus, em Nova Friburgo (RJ), de onde foi expulso, em 1920, por "insubordinação mental". Do colégio teria guardado o modo de andar com os braços colados às pernas e a cabeça baixa. Em 1923, inicia o curso de Farmácia em Belo Horizonte para onde a família se mudara em 1920.

Em 1924, escreveu a Manuel Bandeira manifestando admiração por sua poesia. Também nesse ano conhece Mário de Andrade, Oswald de Andrade e Tarsila do Amaral, e, com o primeiro deles, Drummond desenvolve profundo respeito intelectual e amizade, passando a trocar cartas em um ritmo ininterrupto: "As cartas de Mário de Andrade ficaram sendo o acontecimento mais formidável de nossa vida intelectual belo-horizontina. Depois de recebê-las, ficávamos diferentes do que éramos antes" (BARBOSA, 1988, p. 23).

Os anos 1920 foram de fundamental importância para o País. A Semana de Arte Moderna, ocorrida em 1922, em São Paulo, um dos principais movimentos culturais já experimentados em nossos trópicos, desencadeou uma onda modernista que atingiu os mais distantes rincões do País. Em 1925, junto aos amigos Martins de Almeida, Emílio Moura e Gregoriano Canedo, Drummond funda em Belo Horizonte *A Revista*, importante veículo que divulga as propostas do grupo: promover a ruptura de uma produção literária feita com o olhar voltado para a cultura europeia, e a reformulação dos padrões estético-literários brasileiros.

Em 1926, ocorrem três fatos que serão marcantes na trajetória de Drummond. Primeiro: a partida para Itabira para exercer por curtíssimo período o ofício de professor. Segundo: o retorno a Belo Horizonte para trabalhar no jornal *Diário de Minas*. Terceiro: o ingresso, como funcionário, no serviço público. Em 1928, dá-se o nascimento de sua filha, Julieta. Dois anos depois, Drummond é convidado para ser secretário de Gustavo Capanema na Secretaria da Educação do Estado de Minas Gerais. Outro ano marcante foi 1930 em virtude do lançamento do primeiro livro: *Alguma poesia*. A partir daí, inicia-se a luta para conciliar os três ofícios: jornalista, funcionário público e poeta.

Em 1934, publica o segundo livro *Brejo das almas* e muda-se para o Rio de Janeiro para acompanhar Gustavo Capanema, então ministro da Educação e Saúde Pública. Colaborou intensamente em diversos periódicos, como *Correio da Manhã* e *Folha Carioca, Minas*

Gerais e nas revistas *Euclides, A Manhã, Leitura, Tribuna Popular, Política e Letras,* sem parar de escrever poesias. Entre outras publicações, destaca-se o livro *Sentimento do mundo,* de 1940. Nesse livro, há uma visível mudança de estilo e temática passando das análises provincianas, para as globais, numa tentativa de compreensão de si e do mundo. Como funcionário público, aposenta-se em 1962, passando a dedicar-se somente ao ato de escrever.

Havia uma mútua admiração entre Carlos Drummond de Andrade e o também poeta e compositor Vinicius de Moraes, que se manifestava principalmente nas crônicas que publicavam. Em 2008, esse sentimento ganhou nova expressão pública, na forma de um poema que Vinicius dedicou ao amigo, ainda no final dos anos 1940 – "Retrato de Carlos Drummond de Andrade" – que foi descoberto pelo poeta e professor Eucanaã Ferraz e publicado no livro *Poesia Esparsa,* da Companhia das Letras, de 2008.

O poeta faleceu em 17 de agosto de 1987, no Rio de Janeiro, por insuficiência cardiorrespiratória, poucos dias após o falecimento da filha, a também escritora Julieta Drummond. Ambos estão enterrados no Cemitério São João Batista, nessa cidade.

Publicações: *Alguma poesia* (poesia, 1930); *Brejo das almas* (poesia, 1934); *Sentimento do mundo* (poesia, 1940); *José* (poesia, 1942); *A rosa do povo* (poesia, 1945); *Novos poemas* (poesia, 1948); *A mesa* (poesia, 1951); *Claro enigma* (poesia, 1952); *Viola de bolso* (poesia, 1952); *Fazendeiro do ar* (poesia, 1954); *Soneto da buquinagem* (poesia, 1955); *Ciclo* (poesia, 1957); *A vida passada a limpo* (poesia, 1959); *Lição de coisas* (poesia, 1962); *Viola de bolso* II (poesia, 1964); *Versiprosa* (poesia, 1967); *José & outros* (poesia, 1967); *Boitempo & A falta que ama* (poesia, 1968); *Nudez* (poesia, 1968); *Reunião* (poesia, 1969); *As impurezas do branco* (poesia, 1973); *Menino antigo* (poesia, 1973); *A visita* (poesia, 1977); *O marginal Clorindo Gato* (poesia, 1978); *Esquecer para lembrar* (poesia, 1979); *A paixão medida* (poesia, 1980); *Nova reunião* (poesia, 1983); *Corpo* (poesia, 1984); *Amar se aprende amando* (poesia, 1985); *Tempo vida poesia* (poesia, 1986); *Poesia errante* (poesia, 1988); *Farewell* (poesia, 1996).

Antologias poéticas: *50 poemas escolhidos pelo autor* (1956); *Antologia poética* (1962); *Seleta em prosa e verso* (1971); *Amor, amores* (1975); *Carmina drummondiana* (1982). Outras antologias: *Rio de Janeiro em prosa & verso* (1965); *Andorinha, andorinha, de Manuel Bandeira* (1966); *Uma pedra no meio do caminho* (1967); *Minas Gerais* (1967); *Quadrante I* (1962); *Quadrante II* (1963); *Vozes da cidade* (1965); *Elenco de cronistas modernos* (1971); *Dom Quixote* (1972); *Para gostar de ler* (1977); *O melhor da poesia brasileira I* (1979); *O pipoqueiro da esquina* (1981); *A lição do amigo* (1982); *Quatro vozes* (1984); *Mata Atlântica* (1984).

Fontes:

Publicações do autor; BARBOSA, Rita de Cássia. *Carlos Drummond de Andrade. Literatura Comentada.* São Paulo: Nova Cultural, 1988; DALL'ALBA, Eduardo. *Drummond, leitor de Dante.* Caxias do Sul: Educs, 1996; CORREIA, Marlene de Castro. *Drummond. A magia lúcida.* Rio de Janeiro: Jorge Zahar, 2002; BRASIL, Assis. *Carlos Drummond* de *Andrade*. Rio de Janeiro: Livros do Mundo Inteiro, 1971; SIMÕES, Eduardo. "Jogo de espelhos". In: Jornal *Folha de S. Paulo*, de 26 de julho de 2008; BARBOSA, Frederico. *Biografia de Carlos Drummond de Andrade*. Disponível em http://www.casadobruxo.com.br (acesso em: junho de 2006).

CARLOS HERCULANO LOPES

Jornalista e escritor, Carlos Herculano Lopes nasceu em uma fazenda, em 1956, em Coluna, no Vale do Rio Doce (MG). Em Belo Horizonte, para onde se transferiu aos 11 anos, estudou no Colégio Arnaldo e concluiu o curso de Comunicação Social na FAFI-BH, em 1979. Atualmente, trabalha como jornalista no Caderno de Cultura do *Estado de Minas* e tem uma crônica semanal no mesmo jornal. Sua vida lembra a de Carlos Drummond de Andrade em vários aspectos: ambos nasceram no Vale do Rio Doce, estudaram no Colégio Arnaldo, trabalharam como jornalistas e têm um grande amor pela literatura. Talvez por esse motivo, Carlos Herculano tenha aceitado escrever, em 2005, o argumento do filme *O vestido*, de Paulo Thiago, baseado no poema "O caso do vestido", do poeta de Itabira.

Carlos Herculano estreou na literatura, aos 24 anos, com o livro de contos *O sol nas paredes*, uma edição independente que ele mesmo vendia em bares e faculdades. Dois anos depois publicou o segundo livro, *Memórias da sede*, que ganhou o Prêmio de Literatura Cidade de Belo Horizonte. Mas foi em 1984, com a publicação do romance *A dança dos cabelos*, que o autor se consolidou e conquistou maior reconhecimento literário com o Prêmio Guimarães Rosa.

Autor de crônicas, contos e romances, hoje é considerado um dos escritores mais representativos de sua geração. Suas obras transfiguram o cotidiano banal da realidade, através de um olhar lírico e de grande competência narrativa. Apaixonado por Minas e Belo Horizonte, o escritor manifesta esse sentimento em muitas de suas crônicas, que se destacam pelas reflexões originais, pelo ritmo que imprime à narrativa, e a prosa poética que faz delas um texto ímpar. Alguns de seus textos, como "Estranhas criaturas", de *Memórias da sede*, e *Sombras de julho*, receberam adaptações para o cinema e a TV.

Publicações: *O sol nas paredes* (conto, 1980); *Memórias da sede* (conto, 1982); *A dança dos cabelos* (romance, 1984); *Sombras de julho* (romance, 1991); *O último conhaque* (romance, 2000); *O pescador de latinhas* (crônica, 2004); *Entre BH e Texas* (crônica, 2004); *Coração aos pulos* (conto, 2005); *O vestido* (romance, 2005); *A ostra e o bode* (crônica, 2007). O autor ainda participa de inúmeras antologias nacionais.

Fontes:

Publicações do autor; http://www.revista.agulha.nom.br (acesso em maio de 2006); http://www.bmsr.com.br (acesso em maio de 2006); http://www.geracaobooks.com.br (acesso em maio de 2006); http://www.verdestrigos.com.br (acesso em maio de 2006); http://pt.wikipedia.org (acesso em maio de 2006); http://www.penadealuguel.com.br (acesso em maio de 2006).

CARLOS NASCIMENTO

Carlos Nascimento Silva nasceu em Varginha (MG). É mestre em Literatura Brasileira e professor universitário aposentado. Aos 14 anos, começou a escrever poemas, contos e crônicas. Apreciador de escritores como Leon Tolstoi, Thomas Mann, Guimarães Rosa e Machado de Assis, conforme relata, chegou a perder um ano escolar em virtude do grande amor pela leitura (em vez de ir para o colégio, devorava livros, escondido, na biblioteca de sua avó). O primeiro romance – *A Casa da Palma*, Editora Relume Dumará, 1995 – foi premiado pela União Brasileira de Escritores e pela Associação Paulista de Críticos de Arte. Publicado também na Alemanha (*Das Palmenhaus*, Europaverlag, 1998), o livro teve boa acolhida por parte da crítica e do público.

Outros livros se seguiram: *Cabra-Cega* (1999, também pela Relume Dumará); *Vale da Soledade*: a Natureza do Mal (2003, pela Record); *Desengano* (2007, Editora Agir), que, como *Cabra Cega*, foi premiado com o troféu Jabuti de Melhor Livro de Romance.

Em resenha sobre os romances de Carlos Nascimento, Gustavo Bernardo afirma:

> Os romances, à primeira leitura, caminham na contramão da literatura contemporânea. Evitam a retórica metalinguística, no Brasil iniciada por Machado de Assis, e procuram apenas contar uma história [...].
>
> Os quatro romances contam suas histórias a partir de uma pesquisa histórica cuidadosa que não se esconde detrás do enredo mas, ao contrário, se entrelaça com a trama e com os personagens. Sob a aparência de uma literatura 'conservadora' que abdica das soluções metalinguísticas, Carlos transgride a distinção aristotélica pela qual o historiador conta o que aconteceu, enquanto o poeta conta o que poderia ter acontecido. Os seus romances contam o que poderia ter acontecido no ato mesmo de contarem o que aconteceu, tornando intensamente presentes a história e a História (in: http://www.paginas.terra.com.br/arte/dubitoergosum/arq89.htm).

Em 2008, Carlos Nascimento Silva lançou uma coletânea de contos, pela Editora Agir, intitulada *A menina de cá*, nítida inspiração roseana.

Fontes:

Jornal *Estado de Minas*, de 4 de outubro de 2008/ http://www.releituras.com; http://paginas.terra.com.br; http:// veja.abril.com.br.

CARLOS PRATES

Carlos Philinto Prates nasceu em Montes Claros (MG), em 1897, filho do senador Camilo Prates e de D. Amélia Chaves Prates. Iniciou vários cursos superiores, mas não concluiu nenhum. Transferiu-se para a capital mineira e lecionou línguas em alguns estabelecimentos de ensino. Ingressou no serviço público federal, como Agente Fiscal do Imposto do Consumo, cargo que exerceu até se aposentar.

Poeta lírico, seus versos ficam na memória logo à primeira leitura. Era amigo fraterno de Olegário Mariano, que leu seu livro ainda inédito na Academia Brasileira de Letras, sob os aplausos dos acadêmicos presentes. Mas Carlos Prates fez também versos satíricos e consegue, com maestria, ridicularizar uma pessoa com umas poucas palavras.

Publicou apenas um livro de poemas, em 1947, intitulado *Labiata*. No entanto, conforme o próprio autor afirmou em entrevista ao jornal *Estado de Minas*, em 10 de dezembro de 1964, possuía material para vários livros de poesias e contos. Não foi possível saber a data de sua morte.

Fontes:

PRATES, Carlos Philinto. *Labiata*. Imprensa Oficial. Belo Horizonte, 1947; Artigo do jornal *Estado de Minas* de 10 de dezembro de 1964.

CAROLINA MARIA DE JESUS (1914-1977)

Carolina Maria de Jesus nasceu na cidade de Sacramento (MG), no dia 14 de março de 1914. Viveu a infância e a adolescência nessa cidade, sendo neta de escravos e filha de família muito pobre, composta de oito filhos: a mãe era empregada doméstica, e o pai, tocador de violão. Seu primeiro contato com a escola se deu em 1923, quando foi matriculada no Colégio Allan Kardec, onde cursou até o segundo ano primário. E essa foi a única educação formal que Carolina teve: o resto se deve à sua inteligência, à enorme vontade que tinha de aprender, e à vocação literária.

Já adulta, na década de 30, mudou-se para São Paulo e foi morar na favela de Canindé, tornando-se primeiro empregada doméstica e, depois, catadora de papel. E assim criou os filhos: João José, José Carlos, e Vera Eunice. Um dia encontrou um caderno em que passou a registrar sua rotina na comunidade onde morava. À noite, após a longa jornada de trabalho, e com os filhos dormindo, ela se entregava à escrita, que se tornou conselheira e válvula de escape de sua triste realidade de mulher negra, pobre, favelada e mãe solteira.

O primeiro livro – *Quarto de despejo* – foi publicado em 1960 pelo jornalista Audálio Dantas, responsável por seu descobrimento, obtendo logo enorme repercussão. Em poucos anos, as edições contavam-se em milhares de exemplares, e as traduções para diversos idiomas se multiplicavam. O livro foi ainda adaptado para o cinema, para o rádio, a televisão e o teatro. Na Alemanha, ganhou uma filmagem com o título *Despertar de um sonho*, que teve como protagonista a própria Carolina de Jesus. No Brasil, inspirou a minissérie *Caso verdade,* produzida pela Rede Globo, em 1983; e uma peça teatral de

Edy Lima. Foi ainda tema de um samba produzido por B. Lobo e de um livro chamado *Eu te arrespondo Carolina*, de Herculano Neves. Em pouco tempo, a escritora tornou-se conhecida internacionalmente, sendo uma das duas autoras brasileiras incluídas na *Antologia de escritoras negras*, de Nova Iorque (EUA), e no *Dicionário mundial de mulheres notáveis*, de Lisboa (Portugal).

Ainda hoje, *Quarto de despejo* é um referencial para o estudo de uma sociedade marcada pela desigualdade social e por preconceitos, em virtude do caráter de testemunho e às denúncias das condições degradantes da vida de pessoas marginalizadas. No trecho abaixo, um fragmento de sua vivência cotidiana:

> Fui catar papel e permaneci fora de casa uma hora. Quando retornei vi várias pessoas às margens do rio. É que lá estava um senhor inconsciente pelo álcool e os homens indolentes da favela lhe vasculhavam os bolsos. Roubaram o dinheiro e rasgáramos documentos [...] É 5 horas. Agora que o Senhor Heitor ligou a luz! E eu, vou lavar as crianças para irem para o leito, porque eu preciso sair.

Carolina Maria de Jesus publicou ainda *Casa de alvenaria* (1961), *Pedaços de fome* (1963), *Provérbios* (1963) e *Diário de Bitita* (publicado postumamente, primeiro na França, em 1982, depois no Brasil, em 1986). Apesar do enorme sucesso que obteve com sua obra, a escritora conseguiu adquirir apenas uma casa modesta, longe da favela. Em 1977, em entrevista à imprensa francesa, Carolina de Jesus apresentou os escritos biográficos da sua infância e adolescência, que depois seriam reunidos em seu último livro *Diário de Bitita*.

Carolina Maria de Jesus faleceu em São Paulo, aos 62 anos, no dia 13 de fevereiro de 1977. Seu corpo foi sepultado no Cemitério da Vila Cipó.

Fontes:

COUTINHO, Afrânio. SOUSA, J. Galante de (Org.) *Enciclopédia de Literatura Brasileira*. São Paulo: Global Editora, 2001. 2 v.; JESUS, Carolina Maria de. *Quarto de despejo*. 2. ed. São Paulo: Livraria Francisco Alves, 1960; http://www.amulhernaliteratura.ufsc.br (acesso em: 12 de maio de 2006); http://www.letras.ufmg.br (acesso em: 12 de maio de 2006).

CÉLIA LAMOUNIER DE ARAÚJO

Nasceu em Itapecerica (MG), em 19 de julho de 1943. Filha de Raymundo Nonato de Araújo e de Isaura Lamounier de Araújo, fez seus estudos no Colégio Imaculada Conceição de Itapecerica. Ainda jovem, iniciou suas publicações nos jornais *Agora* e *Diadorim*; posteriormente, publicou como editora e jornalista os jornais *Janelão*, *O Itapecerica*, *Quatro Bicas* e outros. Além de ser sócia fundadora das Academias de Letras de Ipatinga e Itapecerica, Célia foi sócia da Academia Feminina de Letras e da União Brasileira de Trovadores (UBT). É sócia de diversas entidades culturais.

Sua poesia foi publicada em mais de setenta antologias, inclusive em outros países (*Cahier Jalons 70*: França; *Nueva poesia Hispanoamericana 8va edición* 2005, Peru). Recebeu inúmeras homenagens e premiações por suas publicações literárias, sendo a de maior destaque a Medalha de Ouro no Segundo Concurso Nacional de Poesias, em Brasília (1981), com o poema "Enquanto há vida". Além da atividade literária, Célia é advogada, ativista cultural, pesquisadora de genealogias, e ainda colunista do jornal *Tribuna do Vale*.

O elemento vital (*pathos*) de sua poesia emana da articulação do sentimento místico e metafísico. É dessas duas fontes que a poeta itapecericana extrai todo o lirismo de sua linguagem poética, pois, semelhante a Jorge Luis Borges, o tratamento que dá à linguagem é o de que "a poesia não tenta pegar um conjunto de moedas lógicas e transformá-las em mágica. Mas ela trata de levar a linguagem de volta às fontes" (BORGES, 2000). Com isso, há um saudável equilíbrio entre os sentimentos vitais (o misticismo e a metafísica) e as exigências estéticas do literário. E, valendo-se dessa conjugação, a poética celiana tece as frágeis linhas da condição humana, expondo um panorama rico de temas (o amor, a justiça, a vida, a morte, o tempo, a solidão, a verdade, etc.) que se expressam em múltiplos gêneros poéticos – como haicai, trovas, sonetos e outros. Ao contrário de poéticas que têm como preço inevitável o caminhar pelo vazio ao tratarem da reflexão metafísica sobre o ser, na obra de Célia a reflexão metafísica conduz o eu-lírico a um salto, exercício transcendental, para o *pathos* místico, ou, mais especificamente, para o encontro com Deus. Assim, reverbera o canto da poetisa que busca mostrar aos seus irmãos a comunhão universal com Deus-Amor, pois "[...] o homem sem a fé não pode conhecer o verdadeiro bem, nem a justiça" (PASCAL, 2001).

Célia Lamounier de Araújo tem publicadas as seguintes obras: *Entardecer de lágrimas* (poesia, 1978); *Sirgas e organsins* (poesias, 1986); *Passo a passo* (poesias, 1998); *Dicionário dos padres e vigários de Tamanduá/Itapecerica* (2001); *Cidades e trovadores* (poesias, 1982); *Itapecerica* (antologia, 1993); *Passo a passo* (1998); *Dicionário dos padres de Itapecerica* (2001). E o livro virtual: *Ternura azul*, no *site*: http://www.celia-lamounier.portalcen.org.

Fontes:

Enciclopédia de Literatura Brasileira. Direção Afrânio Coutinho, J. Galante de Sousa. 2. ed. ver. ampl. atual. e il. São Paulo: Global Editora; Rio de Janeiro: Fundação Biblioteca Nacional; Academia Brasileira de Letras, 2001. p. 904. 2 v.; BORGES, Jorge Luis. *Esse ofício do verso*. São Paulo: Companhia das Letras, 2000; Hilda Agnes Hubner Flores. *Dicionário de mulheres*. Porto Alegre: Nova Dimensão, 1999; PASCAL, Blaise. *Pensamentos*. São Paulo: Martins Fontes, 2001; IGREJA, Francisco. *Dicionário de poetas contemporâneos*. 2. ed. Rio de Janeiro: Oficina Letras & Artes, 1991. p. 76; Neto, Adrião. *Dicionário biobibliográfico de escritores brasileiros contemporâneos*. Teresina: Edições Geração 70, 1998; http://www.sokarinhos.com.br (acesso em: 19 de junho de 2006); Academia Virtual Brasileira de Letras – AVBL < http://www.avbl.com.br> (acesso em: 17 de junho de 2006).

CÉLIO CÉSAR PADUANI

Célio César Paduani nasceu em Divinópolis, em 1940. Bacharelou-se em Direito pela Universidade Federal de Minas Gerais no ano de 1965. É mestre em Ciências Penais e doutor em Filosofia do Direito. É desembargador do estado de Minas Gerais, poeta e membro da União Brasileira dos Escritores em São Paulo.

Publicou *O Estranho canto do pássaro*, *Canto desmistificado e certa poesia de ontem* e *Oração do paraninfo*, entre outros. Sua poesia foi reunida em *Antologia Poética*, livro de 2002, que obteve a classificação Hours Concours em Concurso nacional promovido pela Academia Mineira de Letras.

Fontes:

Publicações do autor.

CELINA FERREIRA

Nasceu em Cataguases (MG), em setembro de 1928. Aos quatro anos, sofreu um acidente em que machucou a perna, deixando sequelas físicas. Ainda adolescente foi professora, lecionando por vários anos em sua cidade. Posteriormente, transferiu-se para Belo Horizonte, onde fez o curso de Assistente Social, sendo contratada pelo SESC. Quando moça, chamava atenção por sua beleza e inteligência.

Aos 27 anos, casou-se e foi morar no Rio de Janeiro. Porém, ficou logo viúva, e teve que criar sozinha os quatro filhos. Nessa época, trabalhou como redatora na Rádio MEC, no *Jornal do Brasil* e, depois, no Programa *Olho por Olho*, da TV Tupi. Assim, jornalista, redatora e poeta, escreveu para o rádio e a televisão, tendo como público, ora os adultos, ora as crianças.

Entre os prêmios recebidos, estão o Prêmio de Literatura Infantil do Estado da Guanabara, em 1971, e o Prêmio Brasília de Literatura Infantil e Juvenil, em 1978. Mesmo reconhecida por importantes nomes da cena literária nacional, como Manuel Bandeira, Guimarães Rosa, Carlos Drummond, Artur da Távola e Affonso Romano de Sant'Anna, entre outros, sua obra permanece pouco divulgada. Alguns críticos escreveram sobre sua obra e a divulgaram em diferentes jornais e revistas. José Nilo Tavares, por exemplo, no *Diário de Minas* de 4 de julho de 1964, afirmou que os dotes poéticos de Celina mereciam ter lugar ao lado de Henriqueta Lisboa e Cecília Meireles no panorama da poesia feminina brasileira. E Oscar Mendes, no Jornal *O Diário* de 23 de fevereiro de 1958, escreveu o seguinte sobre a autora:

> Da sua rica sensibilidade poética poderá ainda Celina Ferreira por certo arrancar novos tesouros de emoção e beleza com que carregar outras naves de poesia. Seu dom poético é dos mais autênticos na nossa poesia atual em que muito *pechisbeque* anda apregoado como ouro de lei.

Celina Ferreira decidiu se internar, por uma temporada, no Hospital Psiquiátrico Santa Clara, para tratar problemas de esquizofrenia. Atualmente, reside na Casa de Saúde Dr. Eiras, onde continua a escrever poemas e crônicas para crianças.

Publicações: *Poesia de ninguém* (1954); *Hoje poemas* (1954); *Nave incorpórea* (1955); *Invenção do mundo* (1957); *Espelho convexo* (1973); *O papagaio Gaio* (poemas, 1998); entre outros.

Fontes:

"Celina Ferreira e a crítica literária". In: *Suplemento Literário Minas Gerais*. Belo Horizonte, v.2, n.67, dez.1967; AYALA, Walmir. "O Rio e o Sono". In: *Suplemento Literário Minas Gerais*. Belo Horizonte, v.2, n.67, dez.1967; http://netpage.estaminas.com.br (acesso em: 24 março de 2006); http://www.paulinas.org.br (acesso em: 24 de março de 2006).

CIDINHA DA SILVA

Natural de Belo Horizonte, Cidinha da Silva vive em São Paulo, desde 1991. Feminista, militante do movimento negro e historiadora, foi uma das fundadoras do Instituto Kuanza, que tem realizado importantes atividades relacionadas à formação e à pesquisa nas áreas da educação, raça, gênero e juventude. Tem diversos artigos e ensaios sobre relações raciais e de gênero publicados em revistas e livros do Brasil e do exterior. É organizadora do livro *Ações afirmativas em educação: experiências brasileiras* (2003), que se encontra na terceira edição e foi adotado pela Fundação para o Desenvolvimento da Educação de SP (FDE), em 2006. No campo literário, publicou *Cada tridente em seu lugar e outras crônicas*, em 2006, com textos semelhantes a pequenos contos, que havia publicado em sua coluna no Jornal *Irohin*, de São Paulo. Alguns desses contos – como "Domingas e a cunhada", "Pessoas trans", e "Angu à baiana" – tiveram os direitos de filmagem adquiridos pela produtora Lúmen Vídeos, de Vitória (ES). O livro está na segunda edição (MAZZA, 2007), com o título reduzido para *Cada tridente em seu lugar*. Em 2009 lançou *Os nove pentes d'África*, que marca sua estreia na cena literária juvenil.

Fontes:

Publicações da autora.

CLÁUDIO MANUEL DA COSTA (1729-1789)

Cláudio Manuel da Costa nasceu em 5 de junho de 1729, em Vargem do Itacolomi (MG), que fica a duas léguas da Vila do Ribeirão do Carmo, atualmente o município de Mariana. Estudou no Rio de Janeiro, entre 1743 e 1749, no Colégio dos Jesuítas e, havendo obtido o grau de "mestre em Artes" (equivalente ao ensino médio), foi para Portugal cursar a Faculdade de Cânones Coimbra. Durante o período que passou na Europa, requereu – sem sucesso – que se iniciasse o processo para sua formação como sacerdote, enquanto publicava os primeiros títulos.

De 1751 são o *Munúsculo métrico* e o *Epicédio*: aquele, romance dedicado a D. Francisco da Anunciação, e, este, à memória de Fr. Gaspar da Encarnação. Em 1753, publicou pelo menos dois poemas – "Labirinto do amor" e "Números harmônicos" –, que mais tarde não incluiria em *Obras*, provavelmente por contrastarem com os preceitos árcades desta.

Retornando a Minas Gerais, exerceu cargos de importância no Governo da Capitania, inclusive o de Procurador Substituto da Coroa e Fazenda. Viveu uma vida abastada e, apesar de não haver se casado, registrou duas filhas. Em 1759, foi eleito sócio supranumerário da Academia Brasílica dos Renascidos, e grande parte de seus dados biográficos se devem aos documentos que ele próprio enviou à Academia.

Cláudio Manuel tornou-se uma referência na chamada Escola Mineira e cultivou grande amizade com Tomás Antônio Gonzaga, que o considerava uma espécie de mestre do verso. Juntamente com os poetas Gonzaga e Alvarenga Peixoto, participou ativamente na Inconfidência Mineira. Contudo, entre os presos em 1789, foi ele que teve o fim mais trágico: encontraram-no morto em sua cela, tendo se suicidado, segundo o auto de corpo delito, com "uma liga de cadarço encarnado".

Publicadas em 1759, em Coimbra (Portugal), suas obras costumam ser consideradas o que melhor se fez de produção lírica em português, e como responsáveis, em grande parte, pela formação de uma tradição poética brasileira. Nos poemas em que assina Glauceste Satúrnio, temos a dor de um pastor que sofre, em meio a uma natureza visivelmente inspirada nas Minas Gerais, as agruras de um amor não correspondido por Nise. Em 1768, publicou o livro intitulado *Obras*, marco inicial do Arcadismo no Brasil. No mesmo ano, fez o discurso de abertura da Colônia Ultramarina, prolongamento da Arcádia Romana em Minas Gerais. Os poemas épicos e encomiásticos de Cláudio Manuel da Costa não possuem o mesmo relevo da sua lírica: os críticos parecem unânimes em afirmar que *Vila Rica* (1773), apesar de seu valor como documento histórico, não possui as qualidades estéticas dos sonetos; e é inevitável que todos os poemas encomiásticos pareçam à recepção contemporânea demasiado anacrônicos e motivados.

É importante observar ainda, em seus sonetos, o jogo de tensões existente entre valores de ordem espiritual e pragmatismo econômico; pureza da natureza e vilania da cidade; *locus amoenus* e *locus horrendus*; fineza da métropole e rusticidade da terra natal. Aos sessenta anos, foi denunciado e preso pela chamada Conjuração Mineira e morreu em circunstâncias obscuras, em Vila Rica, no dia 4 de julho de 1789.

Fontes:

AGUIAR, Melânia Silva de; CARDOSO, Wilton; UFMG. *O jogo de oposições na poesia de Cláudio Manuel da Costa*. Tese (doutorado). Universidade Federal de Minas Gerais, 1973. 146 p.; LOPES, Edward. *Metamorfoses*: a poesia de Cláudio Manuel da Costa. São Paulo: Editora da UNESP, 1997; LOPES, Hélio. *Cláudio: o lírico de Nise*. São Paulo: Editora Fernando Pessoa, 1975; LOPES, Hélio. *Introdução ao poema Vila Rica*. Muriaé (MG): [s.n.], 1985.

CLÁUDIO MARTINS

Cláudio Martins nasceu em Juiz de Fora (MG), em 15 de dezembro de 1948. Desde a adolescência, mostrou interesse pelo desenho e pela escrita. Estudou desenho industrial, formando-se em 1974, mas apaixonou-se mesmo foi pelo trabalho de ilustrador. Hoje é capista conceituado, que assina obras de autores como Kafka, Joyce e Mário de Andrade, e também um ilustrador requisitado, com, aproximadamente, trezentos livros infantis e mais de mil capas de várias editoras. Atua como designer, fotógrafo, escritor e ilustrador brasileiro.

Desde 1992, resolveu dedicar-se a um projeto que chama de "livro total", em que ele mesmo escreve, desenha, faz os projetos visuais e elabora as eventuais dobraduras e artes do papel. Dono de um traço refinado e uma escrita cada vez mais criativa, o mineiro Cláudio Martins já se tornou um nome consagrado na literatura infantil brasileira contemporânea. Em entrevista ao *site Geração Books,* ele confessa:

> Trabalhei em diversos órgãos públicos e particulares, secretarias de Estado, jornais, empresas, etc. Em 1992, resolvi parar um pouco e me dedicar em tempo integral aos livros infantis e didáticos. A barra é pesada. Já fiquei seis meses sem nada na prancheta, por falta de trabalho (http://www.geracaobooks.com.br/releases/entrevista_claudio_martins.html).

Ao longo de sua carreira, já ganhou inúmeros prêmios, entre eles o *International Board on Books for Young People* (IBBY) na Suíça; o prestigiado Prêmio Jabuti (4 vezes); o Prêmio da Associação Paulista dos Críticos de Arte (APCA); o Prêmio por Literatura de Transgressão em Octogone, na França; o Prêmio Adolfo Aizim; o Prêmio Autor Revelação e o Prêmio Melhor Livro Para Crianças com o livro *Eu e minha luneta.* Além disso, sua obra pode ser vista nas principais feiras literárias do mundo: Frankfurt, Bologna, Cataluña, Gotemburgo, Bratislava e Quito.

Cláudio Martins "prega a brincadeira como antídoto para o excesso de racionalismo no mundo" e costuma falar em seus livros de meio ambiente, cultura, tecnologia, patrimônio histórico, ou seja, de tudo que lhe interessa. Na entrevista concedida à Geração Books, ele afirma ainda que "o melhor prêmio mesmo é receber o elogio da criança, o aplauso de pé quando a gente vai nas escolas, as perguntas e todo o carinho que elas nos dão".

Algumas publicações: *A caixa de Pandora* (1995); *A festa* (1998); *A vida sabida de Casmurro, o burro* (2006); *Abaixo a ditadura* (2004); *Adão & Eva* (1995); *Anita numa noite esquisita* (1998); *Bicho na estrada!* (2000); *Chicotinho do Diabo* (1995); *Confuso Horário* (1995); *E se o mundo cair?* (1997); *Eu e minha luneta* (1992); *Jonas e a Baleia* (1995); *Meninos, eu vi!* (1998); *Meu livro do terror* (2005); *Meu livro* (2000); *Meus bravos amigos* (2003); *Não pegue este livro! Fuja! Corra!* (2003); *Não*

(1997); *O anjo de cartola* (2000); *O dia em que a casa caiu* (1997); *O dia em que a terra escureceu* (1997); *O dia em que o Rei Lógio parou* (1997); *O doutor excelentíssimo* (2000); *O feitiço da Vila* (1997); *O jardim* (1995); *O piado do pássaro e o pássaro copiado* (2000); *Os sábios sabidíssimos e a árvore sem nome* (2000); *Oto e o controle remoto* (1999); *Quando explodem as estrelas* (1993); *Que trânsito maluco!* (2000); *Um passeio pela escola* (1998); *Uma barata entrou lá em casa* (2000); *Vaca, leitão & pata* (2004); *A vida sabida de Casmurro, o burro!* – Ecologia 2 (2005/2006), entre outras.

Fontes:

Informações fornecidas pelo autor em 5 de junho de 2006; http://www.geracaobooks.com.br (acesso em: 24 de março de 2006).

CLEONICE RAINHO

Cleonice Rainho nasceu em Além Paraíba, distrito de Angustura (MG), em 15 de março de 1919. Ainda criança, mudou-se para Juiz de Fora (MG), onde se fixou. Formou-se em Letras Clássicas e fez vários cursos de aperfeiçoamento, inclusive em Portugal. É poeta, ficcionista, cronista, jornalista e professora universitária. Casou-se com Jacy Thomaz Ribeiro, com quem ainda reside, nonagenária, em Juiz de Fora.

Começou a escrever poesia, crônica e contos quando ainda era estudante, divulgando-os através da imprensa. O primeiro livro, prosa confessional intitulada *Ternura*, em que registra a experiência da maternidade, foi lançado em 1956. Depois vieram livros de poemas, de trovas e contos. Em 1973, estreou com sucesso na literatura infantil, com *Varinha de condão*, e não deixou mais o gênero.

Cleonice Rainho teve uma vida cultural muito ativa: fundou e dirigiu a Associação de Cultura Luso-Brasileira; foi membro do Conselho Estadual de Educação de Minas Gerais; orientou cursos de Aperfeiçoamento do Ensino Secundário (CADES/MEC); liderou vários grupos literários. Tem trabalhos publicados nas seguintes coletâneas: *A poesia pela passagem* (1972), *Tempo de estrada* (1972), *Palavra de mulher* (1979) e *Encontro 55* (1980). Entre os muitos prêmios que recebeu, destacam-se: Prêmio Cidade de Belo Horizonte; Prêmio Othon Bezerra de Mello; Prêmio Academia Mineira de Letras; Prêmio João Alphonsus Guimarães, da Secretaria do Estado de Educação de Minas Gerais; Prêmio Doutor Antônio Procópio, da Universidade Federal de Juiz de Fora; Prêmio Fernando Chinaglia, da UBE-RJ; Prêmio Jaboatão, da UBE-PE; Prêmio Guararapes de Pernambuco; e a Comenda Ordem do Infante D. Henrique, do governo de Portugal.

Publicações: crônicas, contos e romances: *Ternura* (1956); *O chalé verde* (1964), *3 KMs & picos* (1980); *Parabéns a você* (1982); *João mineral* (1983); *Uma sombra nas ruas* (1984); *Intuições da tarde* (1996) e *La Cucaracha* (1992). Poesia: *Sombras e sonhos* (1956); *Andorinhas* (1964); *Terra corpo sem nome* (1970); *Poemas chineses* (1997), *Linho do tempo* (1997); *Vôo branco* (1979); *Intuitos da tarde* (poesia, 1990); *Verde vida* (poesia,

1993); *Liberdade para as estrelas* (1998). Literatura infantil: *Varinha de condão* (1973); *O galinho azul* (1976); *O castelo da rainha Bá* (1983); *Torta de maçã* (1983); *Moranguinho e seu festival* (1989) e *O palácio dos peixes* (1996).

Fonte:

COELHO, Nelly Novaes. *Dicionário crítico de escritoras brasileiras*. São Paulo: Escrituras, 2002.

CONCEIÇÃO EVARISTO

Maria da Conceição Evaristo de Brito nasceu em 1946, em Belo Horizonte. Trabalhou como empregada doméstica na capital mineira até 1971, quando concluiu o Curso Normal pelo Instituto de Educação de Minas Gerais. Dois anos mais tarde, migrou para o Rio de Janeiro em busca de melhores oportunidades. Nessa época, prestou concurso e ingressou no magistério público. Depois de formar-se em Letras pela Universidade Federal do Rio de Janeiro, continuou lecionando na rede pública da capital fluminense. Mestre em Literatura Brasileira pela PUC/RJ, Conceição Evaristo obteve dez com louvor em sua dissertação, acerca da literatura afro-brasileira. Em seu doutorado em Literatura Comparada na Universidade Federal Fluminense, investiga as relações entre a literatura afro-brasileira e as literaturas africanas de Língua Portuguesa.

Atuante nos movimentos de valorização da cultura negra no Brasil, estreou na literatura na década de 1970 com a publicação de contos e poemas na série *Cadernos negros*, do Grupo Quilombhoje de São Paulo. O seu gosto em contar histórias ela atribui à avó e à mãe, mulheres cheias de imaginação. Sobre a familiaridade com as palavras e a importância da história oral em sua vida, ela afirma: "Eu não nasci rodeada de livros, nasci rodeada de palavras, num ambiente onde contar histórias era coisa natural", em entrevista à revista *Raça*, em março de 2006.

Em 2003, Conceição Evaristo publicou o primeiro romance – *Ponciá Vicêncio* –, em que trata da busca de autoconhecimento, da pobreza e de injustiças sociais. No prefácio, a pesquisadora Maria José Somerlate Barbosa faz o seguinte destaque: "Quase todo texto narrativo de Conceição enfatiza a fortaleza de espírito e de corpo das mulheres, e a criatividade como uma fonte geradora de mudanças sociais". O livro tornou-se *bestseller* no Brasil e já foi traduzido e publicado nos Estados Unidos. Em 2006, foi lançado o segundo romance, intitulado *Becos da memória*. Segundo a autora, o livro constitui-se de reminiscências, tendo como cenário uma antiga favela da capital mineira em que ela foi criada. E, em 2008, é a vez de *Poemas da recordação e outros movimentos*.

A escritora tem participado de obras coletivas em outros países, como Alemanha, Inglaterra e Estados Unidos, e seus contos já foram objeto, entre outros, da tese de Maria Aparecida Andrade Salgueiro (UERJ, 2004), que realizou um estudo comparativo da autora com a norte-americana Alice Walker, autora do best-seller *A cor púrpura*.

Fontes:

Entrevista de Conceição Evaristo a Carol Frederico. "Eu não sei cantar". In: Revista *Raça*: março de 2006; Prefácio de Maria José Somerlate Barbosa In: *Ponciá Vicêncio*, de Conceição Evaristo. Belo Horizonte: Mazza Edições, 2003; Entrevista realizada com a escritora, em maio e junho de 2006; http://www.letras.ufmg.br (acesso em: 15 de abril de 2006).

CONCEIÇÃO PARREIRAS ABRITTA

Maria da Conceição Antunes Parreiras Abritta, mais conhecida como Conceição Parreiras Abritta, nasceu na cidade de Crucilândia (MG), em 19 de dezembro de 1941. Dedicou-se desde cedo à carreira de professora, tornando-se, mais tarde, também contista e poeta. Formou-se em Letras em 1974 e especializou-se em literatura infantil.

A estreia como escritora ocorreu em 1987, com o livro de contos *De braços com a saudade*, em que privilegia o tema da memória e os encontros e desencontros do cotidiano. Em 2006, lançou o romance *Descortinando alvoradas*, em que mistura realidade e ficção ao narrar uma história que contém "todas as cores de Minas", segundo suas palavras. A escritora também tem se dedicado ao haicai, modalidade poética do oriente que busca o poema mínimo.

Nos últimos anos, ganhou diversos prêmios em concursos literários, como o Prêmio Jogos Florais, o Concurso de Trovas, e o Prêmio João Alphonsus da Academia Mineira de Letras. E teve poemas traduzidos e publicados em revistas literárias da França e da Itália. A escritora pertence a diversas entidades culturais, como União Brasileira de Trovadores; Associação Feminina do Ministério Público; Academia Anapolina de Filosofia, Ciências e Letras; Academia Municipalista de Letras de Minas Gerais, entre outras.

Publicações: *De braços com a saudade* (contos, 1987); *Frasco de cristal* (poesia, 1981); *Janelas dos ventos* (contos, 1999); *Canto das águas* (poesia, 2000); *O portal das rosas* (2003); *O baú que contava histórias* (literatura infantil, 1998); *Descortinando alvoradas* (romance, 2006); *Belo Horizonte, nossa capital* (literatura infanto-juvenil). Em 2010 tomou posse como Presidente da Academia Feminina Mineira de Letras, para o biênio 2010/2011.

Fontes:

COELHO, Nelly Novaes. *Dicionário crítico de escritoras brasileiras*. São Paulo: Escrituras, 2002; COUTINHO, Afrânio; SOUSA, J. Galante de. *Enciclopédia de Literatura Brasileira*. Rio de Janeiro: Ministério da Cultura; Global Editora; Fundação Biblioteca Nacional / DNL; Academia Brasileira de Letras. 2001.

CONSUELO DE CASTRO

Consuelo de Castro Lopes nasceu em Araguari (MG), no dia 16 de janeiro de 1946. Passou a adolescência em São Paulo, onde frequentou o Curso Livre de Artes Plásticas na FAAP e fez Ciências Sociais na Faculdade de Filosofia, Letras e Ciências Humanas da Universidade de São Paulo, onde participou ativamente do movimento estudantil de seu tempo.

Em 1962, publicou um livro de poemas, *A última greve*, e, em 1989, um livro sobre o brasileiro, intitulado *Urgência e ruptura*. Será com a dramaturgia que vai se tornar conhecida nacionalmente e receber inúmeros prêmios. O primeiro texto que escreveu para o teatro foi "Prova de fogo", em 1968, mas ele só será publicado em 77. O segundo texto, e o primeiro a ser encenado, é "À flor da pele", de 1969. E muitos outros importantes trabalhos se seguem: "Caminho de volta" (1974); "A cidade impossível de Pedro Santana" e "O porco ensanguentado" (ambos de 1975); "Implosão e último capítulo" (de 1976); "O grande amor de nossas vidas" (1978); "Ao sol do novo mundo" (1986); "Uma caixa de outras coisas", "Hair e aviso prévio" (1987); "O Kotô" (1988); "Marcha a ré" (1989); "Prova de fogo ou invasão dos bárbaros" (1993); "Memórias do mar aberto: Medeia conta sua história" (1997); '*Making off*' (1999); '*Only you*' (2001); e "Mel de pedra" (2005).

Consuelo de Castro recebeu o Prêmio da Associação Paulista de Críticos Teatrais (APCT), de revelação de autor nacional, por "À flor da pele", em 1969. Em 1974, recebeu Prêmio Molière, APCT, para melhor autor por "Caminho de volta", e também o Prêmio Leitura Pública Serviço Nacional de Teatro, SNT, melhor autor, por "O porco ensanguentado", bem como o Prêmio Leitura Pública SNT, melhor autor, por "A cidade impossível de Pedro Santana (Acidente de Trabalho)". Também em 1974 recebeu o Prêmio Leitura Pública SNT, melhor autor, por "A invasão dos bárbaros".

A seu respeito, em 1989, o crítico Yan Michalski afirma:

> Representante destacada da brilhante geração de dramaturgos surgida sob a ditadura, Consuelo de Castro é, entre os autores dessa geração, talvez a que possui o corpo de obra mais volumoso e diversificado. Em comum com os outros, ela tem o sentimento de inconformismo e indignação que perpassa tudo que ela escreve. O que a distingue dos outros é a sua excepcionalmente visceral noção de teatralidade, um diálogo notavelmente colorido, que ela cria com uma espantosa espontaneidade, e uma inquietação que a faz partir sempre em busca de novos caminhos (in: *Pequena enciclopédia do teatro brasileiro contemporâneo*, de Yan Michalski).

Fontes:

ALBUQUERQUE, Johana. "Consuelo de Castro". In: *Enciclopédia do teatro brasileiro; contemporâneo*. São Paulo 2000Projeto de pesquisa para Fundação Vitae); CASTRO, Consuelo de. *Urgência e ruptura*. São Paulo: Perspectiva, 1989; MAGALDI, Sábato. *O texto no teatro*. São Paulo: Perspectiva, 1989; MICHALSKI, Yan. "Consuelo de Castro". In: *Pequena enciclopédia do teatro brasileiro contemporâneo*. Rio de Janeiro, 1989. Material inédito, elaborado em projeto para o CNPq; http://www.itaucultural.org.br (acesso em: abril de 2006).

COSETTE DE ALENCAR (1918-1973)

Cosette de Alencar nasceu em Juiz de Fora (MG), na Rua da Imperatriz, hoje Marechal Deodoro, em 18 de janeiro de 1918. Filha de Gilberto de Alencar e de Sofia Áurea do Espírito Santo. A fim de "devorar" as brochuras de seu pai, muitas delas escritas em língua francesa, a escritora tornou-se autodidata naquele idioma. E o fez com tanto esmero que chegou a ser tradutora da Editora Itatiaia, vindo a trabalhar com Oscar Mendes, Gilberto de Alencar, Heitor Martins, Otávio de Faria e Vivaldi Moreira.

Dos Alencar, Cosette herdou o dom de escrever. Redigiu para jornais de Belo Horizonte, Rio de janeiro, São João del-Rei, mas se destacou no *Diário Mercantil*, de sua terra natal, onde manteve colunas diárias, como "Canto da Página", "Crítica Literária de Livros", "Rodapé Dominical". Suas crônicas, quase sempre de caráter intimista, eram lidas com admiração e orgulho por todos que a conheciam e também por aqueles que não tiveram o prazer de sua convivência. Durante alguns anos, foi responsável pela última página da *Revista Alterosa* de Belo Horizonte, sendo considerada, em 1967, a melhor cronista mineira.

Sua obra prima foi *Giroflê-Giroflá* (1971), único romance que escreveu e chegou a ser considerado pela crítica um dos melhores romances da época. Trata-se de um livro sintonizado com o tempo e o ambiente mineiro e que se torna ainda mais atraente em virtude da pureza da linguagem, da coesão e do equilíbrio existente entre os numerosos capítulos. A última crônica – "Paz" – foi escrita seis dias antes de sua morte, ocorrida em 10 de julho de 1973, e seu corpo, a pedido dos Poderes Executivo e Legislativo locais, foi velado na Câmara Municipal de Juiz de Fora.

Fonte:

http://www.icam.org.br (acesso em: maio de 2006).

CRISTINA AGOSTINHO

Nasceu em Ituiutaba (MG), em 1949. Cursou Direito na Universidade Federal de Uberlândia, e Letras na Faculdade de Filosofia Ciências e Letras da Fundação Educacional de Ituiutaba, onde também lecionou Língua Inglesa e Teoria da Literatura. Mudou-se para Belo Horizonte, em 1977, onde trabalhou como advogada até 1984, quando prestou concurso para redatora da Assembleia Legislativa do Estado de Minas Gerais. Paralelamente a essas atividades, Cristina escrevia resenhas literárias para o Jornal *Estado de Minas* e para o *Suplemento Literário Minas Gerais* e, durante 14 anos, foi companheira do renomado autor de *Jorge, um brasileiro*, Oswaldo França Júnior (1936-1989).

A escritora tem diversos livros publicados e muitos prêmios, como: *Amor inteiro para meio-irmão*, de 1984, Prêmio de Literatura João de Barro; *Pai sem terno e gravata*, de 1986, Prêmio Adolfo Gizen, Categoria Realidade, da União Brasileira dos Escritores;

O mistério do livro sem mistério, de 1988; *Munheca-de-samambaia,* de 1989, Selo de Ouro da Fundação Nacional do Livro Infantil e Juvenil, FNLIJ, na categoria juvenil; *Luz Del Fuego, a bailarina do povo,* de 1994, em parceria com Branca Maria de Paula e Maria do Carmo Brandão, Prêmio Fundação Vitae de Cultura; *As duas Fridas: biografia de Frida Kahlo,* de 1996, selecionado para o catálogo de Literatura Brasileira da FNLIJ, para a Feira de Bolonha; *História de muitas penas,* de 1997, em coautoria com Ronaldo Simões Coelho; *Alfabeto negro* e *Pedreira Prado Lopes: memórias de uma favela,* de 2000, para a Secretaria de Assuntos da Comunidade Negra da Prefeitura de Belo Horizonte; e, finalmente, *Nativos e biribandos: memórias de Trancoso,* de 2004, que teve o patrocínio da Petrobras e foi escrito em parceria com Fernanda Carneiro.

Cristina Agostinho mantém constante diálogo com escritores e intelectuais brasileiros e estrangeiros. Já promoveu lançamentos de livros de autoria internacional em Belo Horizonte, bem como lançou livros em Portugal e realizou diversos trabalhos institucionais voltados para educação e a cidadania, entre eles a idealização da *Coleção Cidadão Mirim* da Assembleia Legislativa de Minas Gerais, que recebeu o Prêmio Opinião Pública do Conselho Regional de Profissionais de Relações Públicas de São Paulo (1996). Em 2003, a Editora Moderna lançou a segunda edição de *Pai sem terno e gravata.*

Fontes:

Informações colhidas em depoimento da escritora em maio de 2006; CARNEIRO, Fernanda; AGOSTINHO, Cristina. *Nativos e biribandos: memórias de Trancoso.* Belo Horizonte: Edição do Autor, 2004.

CRISTINA BASTOS

Mineira natural de Uberlândia, Cristina Bastos nasceu em 1960 e mora em Brasília desde 1972. Poeta, artista plástica e fotógrafa (uma das fundadoras do grupo 'Ladrões de Alma'), participa ativamente de mostras, recitais e coletivas literárias no Distrito Federal. Começou a escrever em 1975, e seus poemas já integram diversas antologias.

O primeiro livro, *Decerto o deserto,* foi publicado em 1992. O segundo, *Teia,* surgiu apenas em 2002, dez anos depois. Sobre seus livros, ela declarou em entrevista ao *Correio Braziliense* (http://www2.correioweb.com.br): "Era um livro bom para meus 32 anos, como esse agora é bom para meus 42. O próximo? Quem sabe não tenho que esperar até os 52?". Mas a demora para a publicação dos livros não é gratuita, pois Cristina é extremamente cuidadosa com as palavras e a construção dos versos.

Ainda no *site* do *Correio Braziliense,* Paulo Paniago afirma a respeito da autora:

> Palavras o mundo tem em excesso. Cristina Bastos aprendeu que precisa de poucas, e que elas sejam suficientes para dizer a que vieram. A poeta afirma ainda que nada há de voz feminina em sua obra, e que nem mesmo gosta de ser chamada 'poetisa': 'Poeta flutua, a palavra poetisa

faz aterrissar'. Ela fala também sobre o que a leva a escrever: 'Escrevo contra a solidão, escrever é essa ferramenta invisível de diálogo comigo mesma' (http://www2.correioweb.com.br).

Cristina Bastos tem recebido prêmios em importantes concursos literários, e seus trabalhos foram escolhidos pela Fundação Cultural Cassiano Ricardo, de São José dos Campos (SP), para integrar a *Antologia Poética Hélio Pinto Ferreira*, de 2002. Tem também poemas publicados na antologia organizada por Ronaldo Cagiano, *Poetas mineiros em Brasília*, lançada no ano de 2002, e na coletânea organizada por Valdir de Oliveira Rocha, *Intimidades transvistas,* de 1997. Em um de seus versos, temos, resumidamente, o projeto de muitos autores de sua geração: "somos mestres/em preencher" (http://www.revista.agulha.nom.br).

Fontes:

CAGIANO, Ronaldo (Org.) *Poetas mineiros em Brasília.* Brasília: Varanda Comunicação e Edições Ltda., 2002. p. 50; http://www.revista.agulha.nom.br (acesso em: junho de 2006); http://www2. correioweb.com.br (acesso em: junho de 2006).

CYRO DOS ANJOS (1906-1994)

Nascido em 5 de outubro de 1906, em Montes Claros (MG), filho de Antônio dos Anjos, conhecido professor-fazendeiro, e de Carlota Versiani dos Anjos, Cyro dos Anjos teve a trajetória esperada para um rapaz de sua posição social. Ainda jovem mudou-se para Belo Horizonte, estudou Humanidades, bacharelou-se em Direito e, como amanuense qualificado, ocupou inúmeros cargos na administração pública ao longo da vida, como oficial de gabinete do secretário das Finanças (1931-35), oficial do gabinete do governador (1935-38), diretor da Imprensa Oficial (1938-40), membro do Conselho Administrativo do Estado (1940-42) e presidente do mesmo Conselho (1942-45). Foi também professor de Literatura Portuguesa na Faculdade de Filosofia de Minas Gerais.

Como jornalista, trabalhou no *Diário da Manhã* (1920), no *Diário da Tarde* (1927), no *Diário do Comércio* (1928), no *Diário de Minas* (1929-31), n' *A Tribuna* (1933) e ainda no *Estado de Minas* (1934-35). Após a formatura, tentou a advocacia na cidade natal, mas logo desistiu da profissão e voltou às atividades de jornalista e de funcionário público na capital mineira

Era previsível que integrasse o grupo de escritores capitaneados por Drummond, João Alphonsus, Guilhermino e Emílio Moura, pois frequentavam os mesmos cafés, as mesmas redações de jornais, os mesmos ideais. O sucesso alcançado por *O amanuense Belmiro*, em 1937, foi decisivo para o pronto estabelecimento de seu espaço nas letras nacionais e para angariar o respeito do campo intelectual. A habilidade com que dissecou liricamente a psicologia de um funcionário público granjeou para o escritor o pertencimento à linhagem machadiana e o título de romancista mais poético da geração de 30.

Mas Cyro dos Anjos não publicou muito. Na verdade, como acontece com outros escritores deste tempo, as demandas dos cargos de confiança e as atribulações sociais absorveram-no de tal forma que sobrou pouco tempo para a literatura. Além disso, escrever, para Cyro, era um ofício que exigia disciplina e apuro da técnica, já que o autor, longe ser um predestinado, era encarado como trabalhador da palavra e um intelectual com responsabilidade pública. Daí a coerência tão zelosamente buscada, a obra enxuta, a valorização da competência profissional, a defesa da liberdade de criação.

Convidado pelo Itamaraty, assumiu a Cadeira de Estudos Brasileiros na Universidade do México e, posteriormente, na Universidade de Lisboa. Ao voltar ao Brasil, no final de 1955, passou a trabalhar no Gabinete Civil da Presidência do governo Kubitschek, e a residir em Brasília. Nessa cidade, lecionou na Universidade de Brasília, e coordenou o Instituto de Letras. Em 1969, ingressou na Academia Brasileira de Letras, ocupando a cadeira de número 24, no lugar de Manuel Bandeira. Em 1976, aposentou-se e regressou ao Rio de Janeiro, cidade em que residiu até seu falecimento, ocorrido em 4 de agosto de 1994.

Além do romance mencionado, Cyro dos Anjos publicou: *Abdias*, em 1945, que recebeu o importante Prêmio da Academia Brasileira de Letras; *Montanha*, de 1956; *Explorações no tempo*, de 1963, que fez parte de *A menina do sobrado*, com o título de "Santana do Rio Verde", e recebeu o Prêmio do PEN – Clube do Brasil; *Poemas coronários*, de 1964; e o livro de memórias *A menina do sobrado*, de 1979, que recebeu o Prêmio da Câmara Brasileira do Livro. O primeiro livro, *O amanuense Belmiro*, teve traduções para o inglês e o francês. O arquivo literário de Cyro dos Anjos encontra-se disponível no Acervo de Escritores Mineiros, da Universidade Federal de Minas Gerais, em Belo Horizonte.

Fontes:

Publicações do autor; http://www.academia.org.br (acesso em: 9 de agosto de 2006); http://www.biblio.com.br (acesso em: 27 de julho de 2006); http://www.letras.ufmg.br (acesso em: 27 de julho de 2006).

DAGMAR BRAGA

Dagmar de Oliveira Braga nasceu em Pitangui (MG), em 1952. Formou-se em Letras pela Pontifícia Universidade Católica de Minas Gerais, especializou-se em Literatura Brasileira e, posteriormente, cursou pós-graduação em Jornalismo e Práticas Contemporâneas, na Faculdade UNI-BH. Atua como poeta, professora, consultora aposentada pela Assembleia Legislativa de Minas Gerais e ainda trabalha como revisora de textos. É responsável pelo Espaço Cultural Letras e Ponto, no qual ministra Oficinas de Literatura.

Em 2008, estreou com *Geometria da Paixão*, livro de poemas publicado pela Editora Anome Livros. Segundo Affonso Romano de Sant'Anna, "a poesia de Dagmar Braga é uma inscrição no silêncio, um diálogo com as sombras, uma caligrafia da solidão, um pressentimento e um suave delírio, aparentemente 'unindo o nada a nada', e, no entanto, nos fala de coisas humanamente familiares". E Bartolomeu Campos Queirós assim se manifestou:

> *Geometria da paixão*, livro de Dagmar Braga, é um vasto campo de beleza e, por ser assim, um imenso espaço em que nossa dúvida, inquietação, pergunta, se não ganham respostas, nos aproximam por fraterna cumplicidade. Ao propor chamar a paixão de geometria, a poeta nos cerca de incertezas, com bem convém à poesia. Impossível ser exato diante da liberdade exagerada em que vivem nossos corações. Não existe tarefa mais vã da que a tentativa de traçar limites rígidos por onde deve passar nossa paixão. Toda paixão tem o tamanho do desejo, e realizar um desejo é abrir-se para mais desejos ("Deslimites da paixão". In: Jornal *Estado de Minas*, 20/ 09/ 2008).

Fontes:

QUEIROS, Bartolomeu Campos. "Deslimites da paixão". In: Jornal *Estado de Minas*, 20 de setembro de 2008 ; http:// www.cultura.mg.gov.br (acesso em: outubro de 2008); http://www.cafecomletras.com.br (acesso em: outubro de 2008); http://www.portugaldigital.com.br (acesso em: outubro de 2008).

DANILO GOMES

Danilo Carlos Gomes nasceu no dia 30 de dezembro de 1942, em Mariana (MG), filho do tabelião Daniel Carlos Gomes e da professora primária Maria das Dores Motta Gomes. Estudou em várias escolas, como o Grupo Escolar Dom Benevides, o Colégio Dom Bosco, de Cachoeira do Campo; o Colégio Arquidiocesano de Ouro Preto, e o Dom Frei Manoel da Cruz, de Mariana. Parte de sua infância foi passada em Belo Horizonte, nos bairros Funcionários e Serra, na casa dos avós e tios. Seu pai chegou a alugar uma casa na capital, mas decidiu retornar a Mariana. Danilo ficou residindo com parentes e estudando, primeiro no Colégio Santo Antônio, depois no Instituto Padre Machado e Colégio Arnaldo. Em Belo Horizonte, ele se casou com Maria Jeanete Carneiro Gomes, em 1970, e viu nascer os filhos Rodrigo e Juliana.

Começou a trabalhar no Ministério da Agricultura em 1961 e, ainda nesse ano, também no jornal *Diário da Tarde*. Desde então não deixou mais de colaborar em jornais, como o *Estado de Minas, Hoje em Dia* e *Diário da Tarde*, e também em jornais e revistas de outros Estados, como o *Jornal do Comercio*, o *Correio Braziliense*, o *Jornal de Brasília*, o *Jornal de Letras*, a *Revista da Academia Brasiliense de Letras*, a *Revista da Academia de Letras do Brasil*, e *A cidade em construção*, de Brasília, entre outras. Em 1974, formou-se pela Universidade Federal de Minas Gerais em Direito, e no ano seguinte mudou-se para Brasília, onde trabalhou no Ministério das Minas e Energia, e como redator da Radiobrás, cedido, desde 85, à Secretaria de Imprensa e Divulgação da Presidência da República. Em 1995, Danilo se formou também em Comunicação Social-Jornalismo pelo CEUB.

Suas principais obras são: *Escritores brasileiros ao vivo* (1978); *Uma rua chamada Ouvidor* (1981); *Água do Catete* (1981) e *Antigos cafés do Rio de Janeiro* (1987). Em *Uma rua chamada Ouvidor*, o autor reconstitui de forma brilhante o passado mundano, social e comercial de uma das principais ruas cariocas do século XIX. A carnavalesca Rosa Magalhães se inspirou nesse livro para criar o samba-enredo do Salgueiro do carnaval de 1991. Já em *Antigos cafés do Rio de Janeiro*, realiza a reconstituição sentimental e histórica dos velhos cafés do Rio de Janeiro, através de pesquisa minuciosa e enorme sensibilidade.

Danilo Gomes pertence a diversas entidades literárias, como: Associação Nacional de Escritores; Academia de Letras do Brasil; Academia Municipalista de Letras de Minas Gerais; Academia Marianense de Letras; Academia Mineira de Letras, etc. No centenário de Belo Horizonte, o escritor recebeu da Prefeitura Municipal o diploma de Embaixador do Centenário.

Fontes:

Acervo da Academia Mineira de Letras; Associação Nacional dos Escritores: Curriculum Vitae. Disponível em: http://www.anenet.com.br (acesso em: 7 de maio de 2006); http://www.tanto.com.br (acesso em: 7 de maio de 2006).

DANTAS MOTTA (1913-1974)

José Franklin Massena de Dantas Motta nasceu em Vila de Carvalhos, Distrito de Aiuruoca (MG), no dia 22 de março de 1913. Filho de Lourenço Motta e de Ana Amélia Dantas Motta, que sempre o incentivaram nos estudos, fez o ginásio em Itanhandu (MG) e formou-se em Direito pela Universidade de Minas Gerais, em 1938. Começou a escrever ainda adolescente, deixando consolidada uma participação importante no movimento modernista de Belo Horizonte. Colaborou com a revista *Surto*, de grande importância para a produção lítero-cultural da época, juntamente com colegas da faculdade. Com o grupo do escritor Heitor Alves, fundou a revista *Elétrica*, em maio de 1927, na cidade de Itanhandu, quatro meses antes da publicação da revista *Verde*, de Cataguases, que se tornou marco do movimento modernista mineiro.

Depois da formatura, Dantas retornou a Aiuruoca, onde viveu toda a sua vida. Casou-se com Arlette Nabel e teve quatro filhos: Ana Maria, Cinara, José Paulo e Lourenço César. Possuía a curiosa mania de distribuir queijos, doces em compotas e outras especialidades mineiras entre os amigos. Manuel Bandeira escreveu uma crônica intitulada *Queijo-de-Minas*, em que faz referência aos presentes saborosos que costumava receber do escritor.

Poeta atuante na "geração de 45", Dantas Motta foi considerado pela crítica um dos melhores poetas de sua época, muito destacado pelo estilo peculiar de seus versos. Apesar de possuir uma bibliografia pouco conhecida do grande público, é autor de obras elogiadas por autores como Mário de Andrade (que costumava recomendar aos jovens "ler Dantas Motta") e Carlos Drummond de Andrade, que o definiu como "a voz telúrica de Minas", e com quem manteve intensa correspondência. Também foi amigo de Emílio Moura, Murilo Mendes e Manuel Bandeira.

O primeiro livro de poemas, *Surupango*: ritmos caboclos, de 1932, possui forte influência da poesia afro-brasileira, já que congrega em si a confluência de elementos africanos inseridos na estética da brasilidade mineira. Em *Epístola do São Francisco*, Motta promove a celebração do Rio São Francisco através de longo poema, com versos lentos e calcados pelo ritmo bíblico. A obra mais elogiada pela crítica, porém, e que fez dele um poeta conhecido foi *Elegias do país das Gerais*, de 1943, coletânea de poemas saudosos, melancólicos e ternos, repletos de um lirismo vivo das montanhas mineiras.

Em depoimento ao *Suplemento Literário Minas Gerais*, o crítico e amigo de infância Adolfo Maurício Pereira descreve Dantas Motta como uma pessoa que atraía tanto pela simplicidade como pela conversa animada que travava com as pessoas. Quanto à obra do amigo, Adolfo faz as seguintes observações:

> Seus escritos não são muitos, mas são constantes em toda a sua vida, mesmo em períodos anteriores ao *Surupango*. Era mesmo um homem-poeta. A força natural de sua Poesia, o cheiro forte de terra que ela exala

talvez, façam-na única em todo o panorama da moderna Literatura Brasileira (in: "Homem poeta" de Adolfo Maurício Pereira, *Suplemento Literário* de 6 de agosto de 1975).

O pesquisador Luís Carlos Maciel, na tese de mestrado *Tempo e escritura na Elegia do País das Gerais*, defendida na UFMG, na década de 1980, define a obra de Dantas Motta como uma "poesia entranhada no lado social, onde existe uma confluência entre terra, alma, lirismo e indignação" (in: "Indignação entranhada com lirismo da terra", *O Estado de Minas*, 23/03/2001).

Os livros do poeta apreendem muito da alma mineira, sendo eles: *Surupango*: ritmos caboclos (poesia, 1932); *Planície dos mortos* (poesia, 1936); *Elegias do país das gerais* (poesia, 1943); *Jerusalém, A tigela, A branca histérica, A espada do alferes, Anjo de capote* (1946); *Antologia poética de Mário de Andrade* (1961); *Hora de Izabel* (1959); *Ernesto* (1967); *Epístolas de Joaquim José da Silva Xavier, o Tiradentes, aos ladrões ricos* (poesia, 1967). Deixou inéditos, entre contos, ensaios, poemas, artigos, os seguintes títulos: *O guarda-chuva do padre* (poesia); *Epístola de Aleijadinho aos artistas livres* (obra apenas iniciada); *Buxo: o último civil* (conto); *Itinerário do defunto Arthêmio de Feitas* (conto).

Dantas Motta morreu em 9 de fevereiro de 1974, aos sessenta anos, deixando sua obra como seu legado. Carlos Drummond de Andrade, grande admirador do poeta mineiro, assim se manifestou após seu falecimento:

> De caligrafia difícil, de coração fácil. De queijos oferecidos, de sonhos parlamentares frustrados, mas de que parlamento precisava, se em poesia falava tudo, intemporal e direto, ao ritmo vagaroso das boiadas, mugindo a soar como lamento, lamento a vibrar como reprovação? (ANDRADE, 1975).

Fontes:

ANDRADE, Carlos Drummond de. O poeta e as gerais: Dantas Mota na lembrança. In: *Suplemento Literário*, de 6 de agosto de 1975, publicado anteriormente em *O Estado de Minas* de 16 de fevereiro de 1974; BANDEIRA, Manuel. *Poesia e Prosa*. Vol. II. Rio de Janeiro: Aguilar, 1958. In: *Suplemento Literário*, de 6 de agosto de 1975; COUTINHO, Afrânio. SOUSA, J. Galante de (Orgs.). *Enciclopédia de Literatura Brasileira*. São Paulo: Global Editora, 2001. 2 volumes; LOPES, Carlos Herculano. "Indignação entranhada com lirismo na terra". In: *Estado de Minas*, 23 de março de 2001; LOPES, Carlos Herculano. "O poeta de Aiuruoca". In: jornal *Estado de Minas*, de 3 de novembro de 2007; PEREIRA, Adolfo Mauricio. "Homem Poeta", *Suplemento Literário* de 6 de agosto de 1975; RIBEIRO, Adriano da Silva. *Na encruzilhada da poesia*. In: *Estado de Minas*, 14 de fevereiro de 2004; http://www.letras.ufmg.br (acesso em: 18 de abril de 2006).

DARCY RIBEIRO (1922-1997)

Darcy Ribeiro nasceu de 26 de outubro de 1922, em Montes Claros (MG), onde viveu até os 17 anos, quando se mudou para Belo Horizonte, pensando estudar Medicina.

Mas, chegando à capital, interessou-se mais pelas aulas da recém-criada Faculdade de Filosofia e pelos cursos da Faculdade de Direito, deixando de lado o curso de Medicina. Quatro anos depois, em 1944, seguiu para São Paulo para estudar Sociologia. Nessa cidade, relaciona-se com intelectuais de destaque, como Caio Prado Júnior, Jorge Amado, Oswald de Andrade e Sérgio Buarque de Hollanda. A partir de 1947, dedicou-se por dez anos a fazer pesquisas sobre povos indígenas, o que vai marcar profundamente suas obras.

No campo da política e da educação, Darcy Ribeiro ocupou inúmeros cargos, como ministro da Educação e Cultura e chefe da Casa Civil no Governo de João Goulart; vice-governador do Estado do Rio de Janeiro, com Leonel Brizola; secretário de Estado de Cultura no Rio de Janeiro, entre outros de igual importância. Entre os trabalhos de que mais se orgulhava, estavam a Universidade de Brasília, que planejou desde sua concepção, e os Centros Integrados de Educação Pública (CIEPs), que propunham revolucionar a educação de jovens.

Em matéria do jornal *Estado de Minas*, de 17 de fevereiro de 2007, o senador Cristovam Buarque, ex-reitor da Universidade de Brasília, comenta que a pregação de Darcy Ribeiro "está longe de ser cumprida. Ficou no papel". Segundo ele: "Essa situação se verifica porque a opinião pública ainda não compreendeu a importância da educação no processo de desenvolvimento do país e não cobra um compromisso dos governantes com o setor". Nessa mesma matéria, temos a pungente confissão de Darcy Ribeiro:

> Fracassei em tudo o que tentei na vida. Tentei alfabetizar as crianças brasileiras, não consegui. Tentei salvar os índios, não consegui. Tentei fazer uma universidade séria e fracassei. Tentei fazer o Brasil desenvolver-se autonomamente e fracassei. Mas os fracassos são minhas vitórias. Eu detestaria estar no lugar de quem me venceu (*Estado de Minas*, 17/ 2/ 2007).

Cassado e exilado pelo regime militar, viveu em diversos países da América Latina, sempre convidado para colaborar em programas de reformas sociais. No Uruguai, deu aulas de Antropologia na Universidade Oriental do Uruguai; no Chile, foi assessor do presidente Salvador Allende, e, no Peru, também deu assessoria ao presidente Velasco Alvarado. Os anos de exílio foram férteis intelectualmente, pois foi nessa época que escreveu os cinco volumes de seus estudos de *Antropologia da Civilização* (composto de *O processo civilizatório, As Américas e a civilização, O dilema da América Latina, Os brasileiros: 1. Teoria do Brasil* e *Os índios e a civilização*), em que propõe uma teoria explicativa das causas do desenvolvimento desigual dos povos americanos.

A carreira literária também teve início no exílio. Enquanto escrevia *O processo civilizatório*, teve a ideia do romance *Maíra*, publicado em 1976, que reconstrói a identidade do povo brasileiro tendo como suporte a cultura indígena. Outros títulos: *O mulo*, de 1981; *Utopia selvagem* (s/d); *Saudades da inocência perdida*, de 1982; e *Migo*, de 1988. Mas *Maíra* era seu livro preferido, que considerava "a minha filha querida, o meu filho querido".

Entre os inúmeros prêmios que recebeu, destacam-se: Prêmio Fábio Prado de Ensaios pelo livro *Religião e mitologia Kadiwéu;* Prêmio João Ribeiro, da Academia Brasileira de Letras, com o livro *Arte plumária dos Índios Kaapo;* e Prêmio da Liberdade, do Pen Club Francês, com o romance *Maíra,* entre outros. Em 1992, foi eleito membro da Academia Brasileira de Letras, ocupando a cadeira 11. Recebeu ainda o título de Professor Emérito do Instituto de Filosofia e Ciências Sociais da Universidade Federal do Rio de Janeiro, de Presidente Emérito do Centro Brasileiro de Pesquisas Físicas, nas comemorações dos quarenta anos de fundação; e *Doutor Honoris Causa* pela Universidade Oriental do Uruguai, pela Universidade de Paris, pela Universidade de Copenhague, pela Universidade de Brasília e pela Universidade do Estado de Minas Gerais.

Em 17 de fevereiro de 1997, aos 75 anos, morria Darcy Ribeiro, sendo sepultado no Mausoléu da Academia Brasileira de Letras. Deixou inéditos um romance, uma coletânea de poemas e o livro *Confissões de Darcy.*

Livros publicados: *Culturas e línguas indígenas do Brasil* (1957); *O processo civilizatório* (1968); *Os índios e a civilização* (1970); *Teoria do Brasil* (1972); *Uira sai à procura de Deus* (1974); *Maíra* (1976); *O dilema da América Latina* (1978); *Ensaios insólitos* (1979); *O mulo* (1981); *Utopia selvagem* (1982); *Migo* (1988); *O povo brasileiro, a formação e o sentido do Brasil* (1995); *Confissões* (1997), entre outros.

Fontes:

COELHO, Haydée Ribeiro (Org.) *Darcy Ribeiro.* Belo Horizonte: Centro de Estudos Literários da UFMG; Curso de Pós-Graduação em Letras – Estudos Literários, 1997; RIBEIRO, Luiz. "Dez anos sem o educador". In: jornal *Estado de Minas,* de 17 de fevereiro de 2007; *Enciclopédia Koogan-Houaiss,* de 1998; http://www.cpdoc.fgv.br (acesso em: maio de 2006); http://www.fundar.org.br (acesso em: maio de 2006); http://www.academia.org.br (acesso em: maio de 2006); http://virtualbooks.terra.com.br (acesso em: maio de 2006).

DILERMANDO ROCHA

Dilermando Rocha nasceu em 5 de março de 1942, na cidade de Raul Soares (MG). Integrante da Associação Nacional de Escritores (ANE), da União Brasileira de Escritores (UBE), da Associação Luso-Brasileira e da Academia Juiz-Forana de Letras, Dilermando, já em seu tempo de ginásio (década de 1940), entrou para o mundo das Letras ao fundar o jornal *A Voz do Estudante.* Posteriormente, publicou diversos trabalhos, como antologias de poesia, contos e crônicas, pelo Brasil e no exterior.

Como funcionário do Itamaraty, Dilermando Rocha serviu no Consulado do Brasil do Uruguai, da Bolívia e da Argentina, e, neste último, atuou também como professor no Centro de Estudos Brasileiros de Buenos Aires e foi redator e locutor de programas em português na Rádio Nacional da capital portenha. Sobre a experiência de viver no estrangeiro, o poeta registra o seguinte:

A saudade aumenta, quando me ausento
da terra do queijo e do bolo de milho (além de coisas mais).
A saudade aumenta, quando demoro a voltar às montanhas mineiras.
[...] A família chama lá de Minas e o banzo aumenta
aumenta o banzo (http://www.verbo21.com.br/arquivo/49ltx2.htm).

Entre suas obras, destacam-se: *Retrato no espelho* (contos, 1982); *Irmão preto* (poemas sociais, 1992); *Primeiro amor & outros* (contos, 1995); *Água mansa* (poesia, 1998); *El agua mansa* (poesia, s/d); *Poesía rebelde de las Américas* (antologia, s/d); *Julgamento de um poeta* (peça, 2001); *Jardim esquisito* (contos, 2002).

Fontes:

Publicações do autor; http://www.anenet.com.br (acesso em: maio de 2006); http://www.verbo21.com.br (acesso: em maio de 2006).

DJALMA ANDRADE (GUILHERME TEL – FÉLIX ARRUDA) (1892-1975)

Djalma Andrade nasceu em 3 de dezembro de 1892, na cidade de Congonhas do Campo, e morreu aos 83 anos em Belo Horizonte, em 1975. Era filho do médico Antônio Cândido de Assis Andrade e de Leonor Martins de Assis Andrade. Estudou Humanidades em Ouro Preto, seguindo depois para Belo Horizonte para estudar Medicina, mesmo sem ter vocação. No quarto ano desistiu e transferiu-se para a Faculdade de Direito, onde se formou em 1915. Na capital mineira, lecionou História Geral no Colégio Estadual de Minas Gerais e tornou-se também jornalista e poeta.

A excentricidade de seu temperamento ficou na memória dos que o conheceram. Apesar de gostar de política, não se filiou a nenhum partido, nem ocupou cargos. Considerava-se um anarquista e um revolucionário sem causa.

Djalma Andrade colaborou em praticamente todos os jornais e revistas de Belo Horizonte de seu tempo, muitas vezes usando os pseudônimos de Guilherme Tell ou Félix Arruda. No *Estado de Minas,* assinou uma coluna intitulada "História alegre de Belo Horizonte", de 1945 a 1974. Foi sonetista, adepto da poética tradicional, de temática religiosa, amorosa e patriótica; mas também um epigramista, admirador do português Augusto Gil, e seu lirismo irônico o tornou conhecido como escritor satírico. Eduardo Frieiro, em *Poetas satíricos mineiros*, afirmou que o forte de Djalma Andrade é o "epigrama ferino ou sentencioso, a sátira lírica, a nota erótica, picante, cínica muita vez" (p. 573). Durante o Estado Novo, o poeta usou a crônica para denunciar a corrupção e os abusos do governo e dos políticos, e, de forma bem-humorada e irônica, criticar os costumes e vilanias sociais, sendo, por isso, preso inúmeras vezes.

Indo da verve mais irônica ao lirismo mais puro, a poesia de Djalma Andrade é sempre de ótima qualidade. Sua poesia não se identifica a nenhum estilo de época, apesar de produzida no auge do movimento modernista. Em sua agitada carreira jornalística Djalma Andrade imprimiu, ao longo de trinta anos de crônicas, sua personalidade excêntrica e exuberante.

Ao todo, deixou oito livros: *Ditosa pátria* (1918); *Vinha ressequida* (1927); *Cartuchos de festim* (1933); *Poemas de ontem e hoje* (1937); *Versos escolhidos* (1938); *Sátiras* (1939); *Versos escolhidos e epigramas* (1952); *Pátria* (s/d). Foi membro da Academia Mineira de Letras, ocupando a cadeira de número 9, que tem como patrono Josaphat Bello. É ainda patrono da cadeira de número 28 da Academia de Ciências, Letras e Artes de Congonhas.

Fontes:

Publicações do autor; FRIEIRO, Eduardo. *Poetas satíricos mineiros*. Belo Horizonte: Kriterion. Revista da Faculdade de Filosofia da UFMG. Separata n.61-62, vol. XV, julho a dezembro de 1962; MOISÉS, Carlos Felipe. *Djalma:* o último poeta satírico. In: *Suplemento Literário Minas Gerais*, Belo Horizonte, junho de 1975; http://www.academia-mineiradeletras.org.br (acesso em: maio de 2006); Recortes de jornal do acervo da Biblioteca Pública Luiz de Bessa.

DOM LUCAS MOREIRA NEVES (1925-2002)

Dom Lucas Moreira Neves, cujo nome civil era Luiz Moreira Neves, foi dominicano, sacerdote, prelado, ex-arcebispo de Salvador e primaz do Brasil. Nasceu em São João del-Rei (MG), em 16 de setembro de 1925, e faleceu em Roma, no dia 8 de setembro de 2002, vítima de problemas renais. Estudou no Grupo Escolar João dos Santos, no Ginásio Santo Antônio, ambos em São João del-Rei, no Seminário Menor de Mariana e, por fim, no Convento Santo Alberto Magno, em São Paulo, e ainda na Escola de Teologia dominicana em Saint-Maximin-la-Sainte-Baume, na França. Recebeu a ordenação das mãos de Dom Alexandre Gonçalves Amaral, bispo e depois arcebispo de Mariana, em 9 de julho de 1950.

Dom Lucas recebeu os títulos de Doutor *Honoris Causa* em Teologia pela Universidade São Tomás de Aquino de Roma (1986) e pelo *College Providence* de Rhode Island (EUA); de comendador da Ordem de Rio Branco (1986); de Grã Cruz da Ordem do Mérito Militar (1988), do Mérito da Aeronáutica (1991) e do Mérito da Marinha (1994) e é cidadão honorário de Salvador (1988). Foi membro da Academia Romana de Santo Tomás Aquino e membro da Academia de Letras da Bahia. Foi ainda o sexto ocupante da cadeira 12, eleito em 18 de julho de 1996, na sucessão de Abgar Renault e recebido pelo acadêmico Marcos Almir Madeira em 18 de outubro de 1996. O jornalista e cronista de Salvador Tasso Franco fez o seguinte comentário a respeito de sua obra:

> Dom Lucas escreveu muitas crônicas contra a baixaria na televisão, que considerava ofensiva à família, e lutou muito para instalar na Bahia a Rede Vida de TV, sob a direção da Igreja Católica. Defendeu também posição firme contra o sincretismo baiano, entendendo que os santos e os orixás, da igreja católica e do candomblé, não podiam ser associados

como entes representativos de uma mesma identidade. Para ele, como para muitas mães de santo da Bahia, 'santo é santo; orixá é orixá'. O livro descreve alguns atritos entre o cardeal e comunidade afro-descendente (http://observatorio.ultimosegundo.ig.com.br/artigos).

Publicações: *Com olhar de pastor* (crônicas, 1990); *Vigilante desde a aurora* (crônicas, 1991); *Pôr-do-sol em Reritiba* (crônicas, 1992); *O homem descartável e outras crônicas* (1995).

Fontes:

http://www.academia.org.br (acesso em: 7 de junho de 2006); http://observatorio.ultimosegundo.ig.com.br (acesso em: 7 de junho de 2006).

DOM MARCOS BARBOSA (1915-1997)

Dom Marcos Barbosa, nome civil de Lauro de Araújo Barbosa, foi sacerdote, monge beneditino, poeta e tradutor. Nasceu em Cristina (MG), em 12 de setembro de 1915, e faleceu no Rio de Janeiro em 5 de março de 1997. Cursou o ginásio em Itajubá e, em 1934, foi aceito na Faculdade de Direito do Rio de Janeiro. Na mesma época, conheceu o Mosteiro de São Bento, onde ingressou com outros universitários em 1940, interrompendo o curso de Letras Clássicas, que começara ao terminar o de Direito, assim como uma promissora carreira de escritor.

Após ser ordenado sacerdote, em 1946, a vocação de escritor ressurgiu através de autos e poemas escritos especialmente para certas ocasiões. Um dos poemas, "O varredor" ("Varredor que varres a rua, / tu varres o Reino de Deus"), foi muito divulgado pela Ação Católica, à qual pertencia desde quando estudante. Outro poema, "Cântico de núpcias", teria igual repercussão, sendo lido ainda hoje em celebrações de casamento, inclusive por juízes de paz e em novelas de televisão. Dom Marcos Barbosa inovou a oratória sacra, pelo estilo manso e poético que dava aos seus sermões. Seus trabalhos foram também divulgados na Rádio Cruzeiro, na Rádio Mayrink Veiga e na Rádio Jornal do Brasil.

Obras publicadas: *Teatro* (1947); *Livro do peregrino, XXXVI Congresso eucarístico internacional* (1955); *A noite será como o dia: autos de Natal* (1959); *O livro da família cristã* (1960); *Poemas do reino de Deus* (1961); *Mãe nossa, que estais no céu* (s.d.); *Para a noite de Natal: poemas, autos e diálogos* (1963); *Para preparar e celebrar a Páscoa: autos, diálogos e fogo cênico* (1964); *Eis que vem o Senhor* (1967); *O livro de Tobias* (1968); *Oratório e vitral de são Cristóvão* (1969); *Manifestações de autonomia literária: a escola mineira e outros movimentos* (in: *História da cultura brasileira*, 2 vols., 1973-76); *Um menino nos foi dado* (1974); *A arte sacra* (1976); *Nossos amigos, os santos* (1985); *Congonhas, bíblia de cedro e de pedra* (1987); *Um encontro com Deus: teologia para leigos* (1991); *As vinte e seis andorinhas* (1991); *Poemas para crianças e alguns adultos* (1994).

Fontes:

BERNET, Diana. *Novo Dicionário Brasileiro*. Rio de Janeiro: Editora A.B.C, 1996; SANTOS, Diva Ruas. *Antologia da poesia mineira*. Belo Horizonte: Cuatiara, 1992.

DOM SILVÉRIO GOMES PIMENTA (1840-1922)

Dom Silvério Gomes Pimenta é natural de Congonhas do Campo e nasceu em 12 de janeiro de 1840. Exerceu diversas atividades como professor, poeta, biógrafo, entre outras. Sua vida foi marcada por grandes dificuldades que tiveram início logo cedo. Com o falecimento de seu pai, Antônio Alves Pimenta, quando tinha apenas nove anos, tornou-se responsável pelo sustento de sete irmãos e da mãe Porcina Gomes de Araújo.

Iniciou seus estudos no Colégio de Congonhas, dos padres Lazaristas, graças à interferência de seu tio e padrinho Manoel Alves Pimenta. Nesse local, aprendeu Latim, Francês, Filosofia e Geografia, e se destacou por sua inteligência, recebendo até mesmo o título de Benemérito do Colégio. Quando a instituição foi fechada em 1855, impossibilitado de continuar os estudos, o jovem trabalhou em diferentes ofícios, inclusive no de sapateiro. Aos 15 anos, novamente com o auxílio do tio e também com ajuda de Dom Viçoso, o bispo de Mariana, Silvério Pimenta estudou no Seminário dessa mesma cidade. Após dois anos, já ministrava aulas de Latim, função que exerceu por cerca de 20 anos. Posteriormente, foi professor de Filosofia e História Universal, por mais 12 anos. Poliglota, falava latim, grego, hebraico, francês e alemão.

Em 1862, aos 20 anos de idade, foi ordenado padre na Matriz de Sabará, e, a partir de então, ocupou vários cargos eclesiásticos até ser elevado a arcebispo da Arquidiocese de Mariana, em 1917. É importante ressaltar que Silvério Pimenta foi o primeiro arcebispo negro do Brasil, numa época em que o preconceito era ainda muito forte na sociedade brasileira. Ao longo da vida, realizou importantes obras sociais, como a construção de escolas agrícolas e seminários, e se posicionando firmemente contra a escravidão e pela Abolição. Tal posicionamento se reflete em grande parte de sua obra. Em 1873, fundou o periódico *O bom ladrão*, além de ter sido responsável pelos jornais: *O Viçoso, O Dom Viçoso* e o *D. Silvério*. Em 1890, começou a escrever cartas pastorais, e foi com elas que o escritor ganhou expressividade no meio literário. Escreveu também poemas em latim e muitos artigos que foram publicados em jornais da época. Em 30 de janeiro de 1919, ocupou a cadeira número 20 da Academia Brasileira de Letras.

O escritor deixou uma produção considerável, como: *Resposta ao discurso de Saldanha Marinho* (1872); *A prática da confissão*: estudos de moral e dogma (1872);

O Papa e a revolução (1873); *Dom Antônio Ferreira Viçoso, bispo de Mariana, conde da Conceição* (1877); *A vida de D. Viçoso* (1920); *Discursos nas exéquias de Pio IX* (1877); *A morte de minha* mãe (1885); *Peregrinação a Jerusalém* (1897); *Sermão da Páscoa* (1899); *Recepção do Exmo. E Revm. Sr. D. Silvério Gomes Pimenta, Arcebispo de Mariana, na Academia Brasileira de Letras* (1920); *Cartas pastoraes* (1890-1922).

Silvério Gomes Pimenta faleceu em Mariana, no mês de agosto de 1922, aos 82 anos.

Fontes:

http://www.letras.ufmg.br (acesso em: abril de 2006); http://www.biblio.com.br (acesso em: abril de 2006).

DONIZETE GALVÃO

Donizete Galvão nasceu na cidade de Borda da Mata, no Sul de Minas, no dia 24 de agosto de 1955. De família modesta, cresceu na zona rural sem envolvimento com a literatura e as artes. Aos 18 anos perdeu o pai, e essa ausência vai marcar para sempre a sua vida e a sua poética.

O primeiro contato com a poesia ocorreu através da leitura do poema "Infância", de Carlos Drummond de Andrade, quando estava no segundo ano primário. Mais tarde descobriu a poesia de Fernando Pessoa, Manuel Bandeira, João Cabral de Melo Neto. Fez o primário, o ginásio e o segundo grau no Colégio Nossa Senhora do Carmo, dirigido por irmãs dominicanas, e estudou Administração de Empresas em Santa Rita do Sapucaí. Enquanto estudava, passou a exercer a atividade de professor. Em 79, mudou-se para São Paulo, onde fez a Faculdade de Jornalismo Cásper Líbero, e começou a trabalhar como redator de publicidade na Editora Abril.

Nessa época, o escritor participou da antologia *Veia poética*, editada por Wladir Nader, ao lado de novos poetas dos anos 1980. Publicou também em antologias do Grupo Poeco, da Universidade Mackenzie, e no *Suplemento Literário Minas Gerais*. Traduzidos por Paulo Octaviano Terra, seus poemas foram publicados no tabloide *Mariel*, de Miami, dos escritores cubanos Reynaldo Arenas e Juan Abreu.

Em 1988, publicou *Azul navalha*, que ganhou o Prêmio da Associação Paulista de Críticos de Arte como autor revelação. Em 1991, publicou *As faces do rio*, com prefácio assinado pelo poeta, crítico e tradutor Paulo Octaviano Terra, e apresentação do crítico e professor Carlos Felipe Moisés. Por ocasião de seu lançamento, o livro recebeu também comentários elogiosos de Fábio Lucas e Fernando Py. Cinco anos mais tarde, surgia o terceiro livro de poesia – *Do silêncio da pedra*, que mereceu ampla divulgação nos meios impressos, através de importantes resenhas, como de Augusto Massi, na *Folha de S. Paulo*; de Floriano Martins, na Revista *Poesia sempre*; de Miguel Sanches Neto, na *Gazeta do Povo*, e de José Paulo Paes, no *O Estado de S. Paulo*. A resenha de José Paulo Paes foi depois incluída no livro *Os perigos da poesia*, de 1997.

Em 97, o escritor lança *A carne e o tempo* com apresentação do jornalista Humberto Werneck. Três poemas do livro foram publicados pelo jornalista Elio Gaspari em sua coluna, que circula em vários jornais do País, obtendo significativa repercussão. Em 96 e 97, o poeta participou do Ciclo Poesia da Secretaria Municipal da Cultura, coordenado por Cláudio Willer e Eunice Arruda, no Centro Cultural de São Paulo e na Casa de Cultura do Butantã.

Em 99, publicou *Ruminações*, pela Nankin Editorial, que teve resenhas na *Folha de S. Paulo*, assinada por Regis Bonvicino, *Gazeta do Povo*, por Miguel Sanches Neto, e revista *Cult*, por Ivan Marques, entre outras. Durante os últimos dez anos, seus poemas têm sido divulgados em diferentes jornais e suplementos literários, tais como *Nicolau, O Galo, Poiésis, Livro Aberto, Babel* (revista de poesia editada na Venezuela), *Blanco Móvil* (México), *Suplemento Literário Minas Gerais, A Tarde* (Salvador), *tsé-tsé* (Argentina), no Caderno Mais da *Folha de São Paulo*. Em 98, integrou uma antologia da poesia brasileira traduzida por Isabel Meyrelles para o francês, *Anthologie de la Poésie Bresilliene*, Editions Chandeigne. Também está incluído na *Antologia da poesia mineira do século XX*, organizada por Assis Brasil.

Em 2001, seus trabalhos foram publicados nas revistas *Babel, Santos, Sebastiana, São Paulo* e um ensaio sobre sua obra, assinado pela professora Ivone Daré Rabello, na revista *Rodapé*. Em 2007, pela editora Musa, foi publicado *O sapo apaixonado*. Entre os inéditos, estão dois livros de poemas: *Olha para esse azul* e *A menina dos olhos e os olhos da menina*.

Fontes:

Publicações do autor: http://virtualbooks.terra.com.br (acesso em: 10 de dezembro de 2006); http://www.jornaldepoesia.jor.br (acesso em: 10 de dezembro de 2006).

DUÍLIO GOMES

O romancista e contista mineiro Duílio Gomes nasceu em Mariana, em 1944. Formado em Direito pela Universidade Federal de Minas Gerais em 1978, ganhou notoriedade como contista em 1960, década que teve como expoentes literários Luiz Vilela, Jaime Prado Gouvêa, Adão Ventura, Sérgio Tross, Lucienne Samôr e Sérgio Sant'Anna.

Até o momento, a produção literária de Duílio Gomes é composta de quatro livros de contos, intitulados: *O nascimento dos leões* (1975); *Verde suicida* (1978); *Janeiro digestivo* (1982) e *Deus dos abismos* (1987); e uma novela – *Fogo verde*, de 1991 –, que retrata a construção da rodovia Fernão Dias. O escritor obteve significativo sucesso entre o público, pois seus contos não só acumulam importantes prêmios de âmbito nacional (Prêmio Minas-Caixa, Prêmio Cidade de Belo Horizonte, Prêmio Guimarães Rosa, Prêmio Status e Prêmio Fernando Chinaglia), como suas estórias estão presentes em 27 antologias, e traduzidas para o alemão, o francês, o italiano, o espanhol, o inglês e o tcheco.

Duílio Gomes exerceu outras atividades, como diretor em duas ocasiões do *Suplemento Literário Minas Gerais*, comentarista de livros e eventos no *Diário Minas Gerais* e integrante da comissão organizadora das Bienais Nestlé de Literatura (1985/1988). No campo publicitário, foi o responsável pelo roteiro do filme para TV e cinema que lançou, no final da década de 70, o Fiat a álcool no Brasil, cuja campanha ganhou a Medalha de Prata do Prêmio Colunistas na época. No final dos anos 1980, o escritor foi convidado pela Câmara Brasileira do Livro, de São Paulo, para integrar o corpo de jurados do Prêmio Jabuti, no gênero contos. Duílio Gomes assina comentários de livros nos cadernos *Pensar* do *Estado de Minas*, e *Ideias*, do *Jornal do Brasil*.

Suas estórias ganharam adaptações não só para a Rádio MEC, como também para o teatro (TU/Teatro Universitário e Grupo Os Diletantes). Sua mais recente participação em volume coletivo se deu na antologia *As 100 melhores histórias eróticas da literatura mundial* (2004), organizada por Flávio Moreira da Costa. Com relação aos contos, pode-se dizer que, em suas narrativas, predomina uma atmosfera realista em que o escritor retrata fragmentos do cotidiano de forma precisa e crítica, utilizando uma linguagem acessível a todo leitor.

Fontes:

COUTINHO, Afrânio & SOUSA, J. Galante de (Org.). *Enciclopédia da literatura brasileira*: volume I. São Paulo: Global Editora, Biblioteca Nacional & Academia Brasileira de Letras, 2001; http://www.tanto.com.br (acesso em: maio de 2006).

EDIMILSON DE ALMEIDA PEREIRA

Edimilson de Almeida Pereira nasceu no dia 18 de julho de 1963. Esse "sujeito calmo e sensato, que nunca sai do prumo e do rumo", nas palavras do colega Ricardo Aleixo em seu blog (http://www.jaguadarte.zip.net), é mineiro nascido no antigo bairro Benjamin Meggiolário, em Juiz de Fora. Sua mãe, Iraci de Almeida Pereira (Conceição do Formoso, MG, 1937), foi costureira, doméstica e tecelã. Seu pai, Geraldo Mendes Pereira (São Pedro de Pequeri, MG, 1934), trabalhou em ferrovia, fábrica de tecelagem, e como tintureiro autônomo. Apesar de sua origem humilde, Edimilson tornou-se professor de Literatura Brasileira do Departamento de Letras da Universidade Federal de Juiz de Fora, poeta, ensaísta e autor de livros infanto-juvenis, aplaudido pela crítica e reconhecido nacionalmente.

Seus estudos – do primário à faculdade – foram realizados na cidade natal. Segundo suas palavras, "o despertar para a literatura se deu na faculdade, em 1983, embora já escrevesse em um jornal colegial e do Senai. Na UFJF entrei em contato com outros autores, inclusive Adélia Prado e Drummond" (http://www.colegiodosjesuitas.com. br). Além desses, Edimilson conheceu os poetas do grupo Abre Alas/*Revista D'Lira*, e Núbia Pereira de M. Gomes (1940-1994), professora de Linguística da UFJF, com quem realizou pesquisas de campo e editou obras sobre culturas populares e afro-brasileiras. Com ela, foi coautor do projeto 'Minas e Mineiros', que realizou um exaustivo levantamento e análise da cultura popular de Minas Gerais. Foi ainda membro efetivo da Comissão Mineira de Folclore e membro do Conselho Editorial do *Folheto Compasso*.

O primeiro livro, *Dormundo*, foi publicado em 1985. Graduou-se em 1986 e tornou-se, posteriormente, mestre em Literatura Portuguesa, pela UFRJ, em 1990, mestre em Ciência da Religião, pela UFJF, em 1996, doutor em Comunicação e Cultura, pela UFRJ, em 2000, e pós-doutor em Literatura Comparada pelo Seminário de Línguas e Literaturas Românicas da Universidade de Zurique, na Suíça, em 2002. Indagado sobre o que o levou a escrever, Edimilson responde: "Usei a literatura como meio de ser escutado. A literatura passou a ser uma voz necessária para me notarem" (http://

www.colegiodosjesuitas.com.br). Ele diz inspirar-se na praticidade moderna e escrever através da racionalização por reflexão. Vencedor de inúmeros prêmios, o poeta, para o crítico Gilvan Ribeiro, estabelece equilíbrios em sua poesia:

> [...] entre a negritude afetiva, ancestral, num certo sentido quase cósmica, e o mundo branco, com toda a ambígua carga de opressão e atração, de cativeiro e libertação que contém; entre o menino pobre e negro e o intelectual celebrado e admirado que descobriu, para citar Drummond, que "sua história era mais bonita que a de Robinson Crusoé" (http://www.astormentas.com)

Sua obra já é significativa, e, entre os títulos publicados, destacam-se, *Dormundo* (1985); *Livro de falas* (1987); *Árvore dos Arturos & outros poemas*1988); *Corpo imprevisto & Margem dos nomes* (1989); *Ô lapassi & outros ritmos de ouvido* (1990); *Corpo vivido*: reunião poética (1991); *O homem da orelha furada* (1995); *Rebojo* (1995); *Águas de contendas* (1998); *A roda do mundo* (com Ricardo Aleixo, 1996); *Traduzioni Traduções* (com Prisca Agustoni, 1999); *Dançar o nome* (português/espanhol, CD, com Fernando Fábio Fiorese Furtado e Iacyr Anderson Freitas, 2000); *Zeosório blues*: obra poética (2002); *As coisas arcas*: obra poética 4 (2003); *O mestressala (Uma nota só,* 2004); *Lugares ares*: obra poética 2 (no prelo); *Casa da palavra*: obra poética 3 (no prelo). Infanto-juvenil: *Cada bicho um seu canto* (poesia, 1998); *O menino de caracóis na cabeça* (prosa, 2001); *Coleção Bilbeli* (poesia, com Prisca Agustoni, 2001-2003); *O primeiro menino* (poesia, 2003); *Os comedores de palavras* (prosa, com Rosa Margarida C. Rocha, 2003), *Histórias trazidas por um cavalo marinho* (prosa, 2005).

Entre os importantes prêmios que já recebeu, estão: Prêmio Nacional de Literatura Editora UFMG, categoria poesia, 1988; Prêmio Nacional de Poesia Carlos Drummond de Andrade, da Secretaria do Estado da Cultura do RJ, 1989; Prêmio Nacional de Poesia Helena Kolody, da Secretaria de Estado da Cultura de Curitiba/ PR, 1998; Prêmio Nacional de Poesia Cidade de Belo Horizonte, 1998; Prêmio Nacional de Poesia Cidade de Belo Horizonte, Secretaria Municipal de Cultura, 2004; "Hors Concours" do Prêmio Alberto da Costa e Silva (Poesia), União Brasileira de Escritores/ Rio de Janeiro, 2004.

O poeta reside em Juiz de Fora e é casado com a suíça Prisca Agustoni, também escritora, com quem tem uma filha.

Fontes:

Publicações do autor; http://www.colegiodosjesuitas.com.br (acesso em: maio de 2006); http://www.astormentas. com (acesso em: maio de 2006).

EDMUNDO DE NOVAES GOMES

··

O escritor e dramaturgo Edmundo de Novaes Gomes nasceu em 1º de maio de 1965, em Belo Horizonte. Formou-se em Comunicação Social pela Pontifícia Universidade

Católica de Minas Gerais (PUC Minas) e é professor do Centro Universitário de Belo Horizonte (UNI-BH) e da PUC Minas.

Edmundo é autor das peças de teatro *The Addams*, *O gigante egoísta*, *Jocasta tirana* e *Quando você não está no céu*; tradutor e adaptador da peça *Mata Hari*, de Jorge Arroyo; tradutor e adaptador da peça *O coordenador*, de Benjamin Galemiri; adaptador para o teatro do conto *Noites Brancas*, de Fiódor Dostoievski. Já foi premiado em concursos da Revista Literária da UFMG. Com o romance *Falar*, ganhou o Prêmio Casa de Cultura Mário Quintana, promovido pela Secretaria de Estado da Cultura do Rio Grande do Sul e pela Editora Nova Prova, cuja primeira edição é de novembro de 2003. Além disso, conseguiu o segundo lugar no Prêmio Carlos Carvalho, promovido pela Prefeitura de Porto Alegre, em 2005, com a peça teatral *Jocasta Tirana*, ainda inédita.

Fontes:

Entrevista com o autor em maio/ junho de 2006; http://www.museuvirtualbrasil.com.br (acesso em: agosto de 2008).

EDMUNDO PEREIRA LINS (1863-1944)

Conhecido magistrado e escritor brasileiro, nasceu no Serro (MG), em 1863, e faleceu no Rio de Janeiro, em 1944. Perdeu o pai aos quatro anos, e a mãe, antes de completar 14 anos. As provações de menino pobre e solitário foram superadas com sua inteligência e força de vontade, tornando-o um vencedor: foi Juiz de Direito em Tiradentes e em Belo Horizonte, professor da Faculdade de Direito de Minas Gerais, e presidente do Supremo Tribunal Federal (1931-1937).

Sem vocação para a carreira eclesiástica, em 1883 seguiu para Ouro Preto a fim de fazer exames preparatórios e, durante o tempo em que lá esteve, lecionou Português, Francês, Latim e Matemática. Em São Paulo, durante o curso acadêmico, colaborou em diversos periódicos republicanos; e também na *Revista da Faculdade Livre de Direito de Minas Gerais* e na *Revista Forense*, onde publicou diversos trabalhos: "Teoria do valor"; "Socialismo do Estado"; "Viabilidade"; "Ensaio sobre a posse"; "Limites da lei no espaço"; "Pluralidade de vínculos na obrigação solidária" e "Equidade". Em 1935, publicou o livro *Estudos jurídicos*, recebendo como prêmio do Conselho Superior do Instituto da Ordem dos Advogados Brasileiros, a concessão da Medalha de Bronze Teixeira de Freitas. Em 1938, publicou o livro denominado *Miscelânea*, que comtém diversos discursos, relatórios, trabalhos jurídicos e literários.

Livros publicados: *Miscelânea* (1938); *Reminiscências literárias* (1941), além de artigos e ensaios em periódicos.

Fonte:

Publicações do autor; Enciclopédia Digital Koogan-Houais.

EDSON GONÇALVES PEREIRA

Nasceu em Divinópolis, onde estudou as primeiras letras e participou de movimentos artísticos e culturais. Foi seminarista beneditino no Colégio São Bento, em São Paulo, estudou na Universitá Italiana per Stranieri, em Perúgia, Itália; e graduou-se em Letras pelo Instituto de Ensino Superior e Pesquisa de Divinópolis (INESP), em Divinópolis.

Atualmente, é professor de Língua Portuguesa em sua cidade, jornalista, e tenor do Coral Divinópolis e do Coral Pequenos Rouxinóis. É ainda membro da Academia Divinopolitana de Letras e da Academia Municipalista de Letras do Estado de Minas Gerais. E autor de vasta obra reconhecida internacionalmente e citada por vários escritores, como Jorge Amado, Henriqueta Lisboa e Laís Corrêa de Araújo, por exemplo, conforme biografia publicada em seu livro de poemas *Apenas por amor* (1983). Publicou ainda: *Poedsana, O cavalo-de-couro e pau, Batido de sol, Rasgando os véus, Nas garras de Deus* (poesias), *Um gosto de vida* (poesia e prosa), *Um dia na vida do povo, Poema mineiro, Poema nordestino, Beba gente, Auto de Natal, Poema natural, Bem brasileiro, Paixão brasileira, Criado mudo, Auto brasileiro da Paixão* (peças de teatro), *Múltiplo poético plástico, no 1, 2, 3, 4, 6 e 6; Múltiplo poético, no 1, 2, 3, 4 e 5*, lançados com a palavra de Adélia Prado no INESP; *Eis o homem, Pé-de-moleque, Dois dedos de prosa* e *Chupando caquis* (prosa e poesia), entre outros.

Fontes:

Publicações do autor.

EDUARDO FRIEIRO (1889-1982)

Eduardo Frieiro foi um intelectual de suma relevância no espaço cultural de Minas Gerais – mais especificamente em Belo Horizonte, onde viveu até o fim da vida. Nascido em 5 de julho de 1889, em Matias Barbosa (MG), era filho de migrantes "galegos sem letras" – o pai era pedreiro, e a mãe, doméstica – de origem proletária. Na escola regular, só fez o curso primário, mas, verdadeiro autodidata, logo obteve cultura humanística notável, tornando-se, inclusive, leitor fluente em espanhol, inglês, francês, italiano e latim (CAVALHEIRO, 1944).

Como bibliófilo e polígrafo, realizou intensa produção crítico-literária em diversas áreas, entre as quais Etnologia, Literatura, Filologia, Filosofia, História, entre outras, além de manter intenso contato epistolar com diversos intelectuais do Brasil (como Otto Maria-Carpeaux, Brito Broca, Cyro dos Anjos e Afrânio Coutinho) e do exterior. Atuou como jornalista na imprensa belo-horizontina, onde iniciou suas atividades como aprendiz de tipógrafo na Imprensa Oficial de Minas Gerais, passando a revisor e, finalmente, a colaborador. No início da década de 1920, chegou a escrever para diversos órgãos de imprensa de Belo Horizonte, do Rio de Janeiro e de São Paulo. Fundador da Sociedade Editora Amigos do Livro, editou os primeiros livros de Carlos Drummond de Andrade, Emílio Moura, Mário Casasanta, Aires da Mata Machado Filho e João Alphonsus de Guimaraens, entre outros membros da intelectualidade belo-horizontina do início do século.

Juntamente com Arthur Versiani Velloso, fundou a Faculdade de Filosofia, Letras e Ciências Humanas da Universidade de Minas Gerais, em 1927, onde lecionou por mais de trinta anos como catedrático de Línguas e Literaturas Românicas (notadamente, Língua Espanhola e Portuguesa), sendo depois agraciado com o título de Professor Emérito da UFMG. Também atuou como secretário da *Revista Kriterion*, órgão da mesma universidade.

A convite do governador Juscelino Kubitschek, organizou e dirigiu por dez anos a Biblioteca Pública Estadual Luis de Bessa. Em 1944, foi eleito membro da Academia Mineira de Letras. Como ensaísta e escritor, sua obra se destaca pela precisão no uso da língua, sem excessos de qualquer natureza. Atuou principalmente no campo da história e da crítica literária, tendo sido um dos primeiros a escrever crítica na imprensa de Belo Horizonte.

Publicou: *O club dos graphomanos* (1927); *O mameluco Boaventura* (1929); *Inquietude, melancolia* (1930); *O brasileiro não é triste* (1931); *A ilusão literária* (1932); *O cabo das tormentas* (1936); *Letras mineiras*: 1929-1936 (1937); *Basileu* (1935); *Os livros nossos amigos* (1941); *Como era Gonzaga?* (1950); *Poesia afro-antilhana* (1955); *Páginas de crítica e outros escritos* (1955); *O diabo na livraria do Conego;* como era Gonzaga e outros temas mineiros (1957); *O alegre Arcipreste:* e outros temas de literatura espanhola (1959); *Feijão, angu e couve:* ensaio sobre a comida dos mineiros (1960); *O romancista Avelino Fóscolo* (1960); *Notas sobre João Ribeiro* (1960); *Torre de papel:* motivos literários (1969); *O elmo de Mambrino* (1971); *Encontro com escritores* – livro póstumo (1983); *Novo diário* (1986); *Poetas satíricos mineiros* (s/d).

Em 1960, Eduardo Frieiro recebeu o Prêmio Machado de Assis, da Academia Brasileira de Letras, pelo conjunto de sua obra – um total de 20 livros, entre romances, biografias, ensaios, textos de crítica literária e seu diário pessoal. Faleceu em Belo Horizonte, em 23 de março de 1982, cego, sem deixar filhos.

Fontes:

CAVALHEIRO, Edgard. Eduardo Frieiro. In: *Testamento de uma geração: 26 figuras da intelectualidade brasileira prestam o seu depoimento*. Porto Alegre: Edição da Livraria do Globo, 1944; LUCAS, Fábio. *O grafômano Eduardo Frieiro*. In: *Mineiranças*. Belo Horizonte: Oficina de Livros, 1991; JOSÉ, Oiliam. OLIVEIRA, Martins de. *Efemérides da Academia Mineira de Letras*, 1909/1997. Belo Horizonte: Imprensa Oficial de Minas Gerais, 1999.

ELIANE ACCIOLY FONSECA

Nasceu em Araguari (MG), no dia 10 de abril de 1941. Formada em Geografia e em Psicologia, Eliane Accioly Fonseca é mestre em Psicologia Clínica, doutora em

Comunicação e Semiótica, terapeuta e também poeta. Há duas décadas, dedica-se a investigar a escrita poética e a prática terapêutica. Em 1990, publicou o primeiro livro: *Histórias de ventania*, logo seguido de *A palavra in-sensata, poesia e psicanálise* (ensaio, 1993); *Trapeiro de sonho* (contos e poemas, 1997); *Corpo-de-sonho, arte e psicanálise* (ensaio, 1999); *Poemas na arena* (poemas, 2001). Tem participação em antologias, como *Setevozes* (1998); *Talento feminino em prosa e verso* (2004); *Círculo de poesia* (2004); e *Presente de natal em prosa e verso* (2005); e artigos publicados em revistas especializadas. Tem no prelo o livro de contos *Confraria do lixo*.

Segundo Sandra Regina Sanchez Baldessin (2005):

> O que mais atrai na poética de Eliane Fonseca é a nítida transposição de termos e significados de um determinado sistema para outro, configurando-se uma bricolagem que harmoniza, de modo súbito e imprevisível, mundos aparentemente irreconciliáveis, arquitetando uma ponte, por exemplo, entre o pensamento mágico e o refletir intelectivo.

Além da interface com a psicanálise, a obra de Eliane Accioly Fonseca se destaca pelo cuidado na construção formal do poema enquanto objeto artístico, pelas imagens sensíveis e a busca de um sentimento feminino ancestral e instintivo.

Fontes:

Publicaões da autora; http://www.avbl.com.br (acesso em: junho de 2006); http://www.rebra.org (acesso em: junho de 2006); http://www.revista.agulha.nom.br (acesso em: junho de 2006).

ELIAS JOSÉ (1936-2008)

Elias José nasceu em 25 de agosto de 1936, em Santa Cruz da Prata (MG), e faleceu, em 2008, em São Paulo, vítima de pneumonia e problemas cardíacos. Durante a adolescência, morou em Apucarana (PR), e em Guaxupé (MG). Em 1973, casou-se com Silvinha e teve três filhos: Iara, Lívia e Érico. Formado em Letras e Pedagogia, pela Faculdade de Filosofia de Guaxupé, tem pós-graduação em Redação Escolar e Literatura Brasileira, e especialização em Teoria da Literatura. Entre 1968 e 1994, foi professor de Teoria da Literatura e Literatura Brasileira, e coordenador do Departamento de Letras na faculdade em que se formou. Foi ainda professor de Língua Portuguesa e Literatura Brasileira na Escola Estadual Dr. Benedito Leite Ribeiro, onde se aposentou como diretor. Como supervisor de Língua Portuguesa na Regional de Ensino de São Sebastião do Paraíso, teve oportunidade de visitar muitas escolas e falar de literatura para professores, crianças e jovens.

Elias José estreou com *A mal-amada*, em 1970, que teve o decisivo apoio de Murilo Rubião, que reuniu os contos publicados em diferentes suplementos do Rio de Janeiro, de

São Paulo, de Minas Gerais e até de Portugal. Mas, antes mesmo de publicar o primeiro livro, havia conquistado o segundo lugar no Prêmio José Lins do Rego, da Livraria José Olympio Editora, em 1968. Em 1971, publicou *O tempo, Camila, Minicontos*; em 1974, *Inquieta viagem no fundo do poço* e *Contos*, que ganhou o Prêmio Jabuti, da Câmara Brasileira do Livro, de Melhor Livro de Contos, e o Prêmio Governador do Distrito Federal como Melhor Livro de Ficção, desse mesmo ano.

Com mais de cem livros publicados, entre romances, poesia, novelas, contos e crônicas, tanto para crianças como para adolescentes e o público adulto, Elias José é um importante nome da literatura infanto-juvenil do País e um colecionador de prêmios, como o Prêmio de Livro Altamente Recomendável para Criança, de 1976; e o Prêmio Odylo Costa Filho para poesia infantil, da Fundação Nacional do Livro Infantil e Juvenil, de 1988. Seus contos e poemas estão sendo traduzidos e publicados em revistas literárias e antologias no México, Argentina, Estados Unidos, Itália, Polônia, Nicarágua e Canadá. Entre sua vastíssima obra, destaca-se: *Caixa mágica de surpresa* (1984); *De repente toda história novamente* (1987); *Vaidade no terreiro* (1987); *Sorvete sabor saudade* (1988); *Um curioso aluado* (1990); *Segredinhos de amor* (1991); *Quem lê com pressa tropeça* (1992); *Cantigas de adolescer* (1992); *Jogo duro* (1995); *Felix e seu fole fedem* (1996); *Vera Lúcia verdade e luz* (1997); *Bicho que te quero livre* (1999); *Viagem criada, emoção dobrada* (1999); *Aquarela do Brasil* (2003); *Deu doideira na cidade* (2003), entre muitos outros.

Fontes:

Publicações do autor; Jornal *Estado de Minas*, de 5 de agosto de 2008; http://www.itaucultural.org.br (acesso em: 5 de maio de 2006).

ELIZABETH FLEURY

Nascida em Curitiba, Elizabeth Fleury veio para Minas ainda na infância. Criada nas fazendas do avô paterno, em Abaeté e Inhaúma, estudou no antigo Colégio Cristo Rei, em Sete Lagoas, em cuja biblioteca teve oportunidade de conhecer a poesia de Olavo Bilac, Murilo Mendes, Carlos Drummond, Cecília Meireles e Manoel Bandeira, entre muitos outros. Desde então, a literatura passou a fazer parte de sua vida. Os primeiros versos surgiram ainda na adolescência, mas tomaram corpo na juventude, enquanto fazia o curso de Comunicação Social na UFMG, em Belo Horizonte.

Na década de 1970, com outros jornalistas e escritores, participou da criação da Revista Cultural *Silêncio* (1974) e do jornal *De Fato* (1975), que marcaram época em Belo Horizonte contra a censura e pelo retorno da democracia. Parte de sua obra poética encontra-se em antologias, como *Língua solta: poetas brasileiras dos anos 90*, Revista *Poesia sempre* (1995), Revista *Mininas,* Revista *Sagarana* e *Antologia I de Poetas de Manguinhos* (1996). Dentre os prêmios recebidos, destaca-se o Prêmio Cem Anos de Augusto dos Anjos, da UFPB, em 1981.

Livros publicados: *Na cor do sangue* (poemas, 1994); *Verso em pêlo* (poemas, s/d); *Palavra possuída* (poesia, 2005).

Fonte:

Publicações da autora.

ELIZABETH RENNÓ

Nascida em Carmo de Minas, em 1930, a poeta, pesquisadora e ensaísta Elizabeth Fernandes Rennó de Castro Santos graduou-se em Letras pela Universidade Federal de Minas Gerais, em 1980, especializando-se em Literatura Brasileira. É presidente emérita da Academia Feminina Mineira de Letras e presidente da Academia Municipalista de Minas Gerais. A partir de 1990, passou a atuar em diversos jornais de Minas e outros Estados. Em 1992, publicou *Palavras e parábolas* seguindo uma linha mística, que se estendeu também em poemas como "Cantata em dor Maior", transcendendo os limites do real através da palavra e da musicalidade, colocando-se como uma poetisa harmonizada com as forças poéticas dos atuais tempos de mudanças constantes.

Tem recebido inúmeros prêmios e condecorações, como o Prêmio Nelson de Faria, da Academia Mineira de Letras, em 2002; Prêmio Alejandro Kosé Cabassa, da União Brasileira de Escritores, e, 2002, Prêmio Centenário de Juscelino Kubistchek de Oliveira de ensaio, da Academia Mineira de Letras em 2002; Placa Comemorativa em Homenagem à Mulher pela Câmara Municipal de Belo Horizonte; Medalha Comemorativa dos 85 anos do Centro da Comunidade Luso-Brasileira; Medalha do Primeiro Centenário do Palácio da Liberdade; Medalha Santos Dumont – Grau Prata; Medalha Bárbara Heliodora da União Brasileira de Escritores; e Grande Medalha da Inconfidência.

Publicou os seguintes livros: *A aventura poética de Ledo Ivo* (ensaio); *Palavras e parábolas, Cantata em dor maior* (poemas); *Rascunho de Minas, um esboço histórico e outros ensaios*; *Ronda universal* (poemas); *Concha-Lua* (romance) e *De Gil a João,* com o qual ganhou o Prêmio Eduardo Frieiro, em 2000, da Academia Mineira de Letras. E integra diversas antologias e obras coletivas, como: *A poesia mineira do século XX*, organização de Assis Brasil, *Reflexos da poesia contemporânea no Brasil, França, Portugal e Espanha,* da Editora Universitária de Lisboa; *A hora da graça* e *Literatura em destaque* (1992); *Vitrine de poesia* e *Pérolas do Brasil* (1993); *Feira poética* (1995); *International poetry & art,* e *Mulher em prosa e verso* (1997); e *A poesia mineira do século XX* (1998).

Fontes:

BERNET, Diana. *Novo dicionário brasileiro*. Rio de Janeiro: Editora A.B.C. 1996; *site* consultado: http://www. antoniomiranda.com.br (acesso em: agosto de 2008).

ELIZETE LISBOA

Elizete Gomes Lisboa nasceu na cidade de Coluna (MG), em agosto de 1951. Deficiente visual, aos 9 anos de idade aprendeu o braile, que lhe permite ter acesso ao mundo das letras, estudar inglês e piano. Formada em Letras pela UFMG, atualmente é professora de português e escritora de livros voltados para o público infantil, os quais têm a particularidade de trazerem o texto, de um lado, em português, e, de outro, em braile, uma real e necessária contribuição a favor da luta por uma escola inclusiva e pela diversidade na sala de aula.

Os livros, inspirados na natureza, nos animais e nos humanos, intitulam-se *O que será que a bruxa está lavando?* (ilustrado por Maria José Boaventura, de 2005); *Rosa e o Gato* (s/d); *Quero brincar* (s/d); *A bruxa mais velha do mundo* (ilustrado por José Carlos Aragão, de 2007) e *Firirim Finfim* (ilustrado por Ana Raquel, de 2007). Este último traz também a ilustração traduzida para o braile, ou seja, desenhada no verso e no reverso da imagem. Sempre que participa de Salões de Livro, encontros de literatura ou de eventos do Setor Braile da Biblioteca Pública de Minas Gerais, a escritora promove oficinas de contação de histórias e apresenta os recursos midiáticos que as pessoas com deficiência visual podem utilizar.

Fontes:

Publicações da autora; http://www.paulinas.org.br (acesso em junho de 2007). *site* da editora Paulina.

ELOÉSIO PAULO

Eloésio dos Reis nasceu em Areado (MG), em 1965. Jornalista, professor de português, poeta e crítico literário, começou a publicar seus poemas nas antologias *Tempoesia I* e *Tempoesia II*, em Alfenas, em 1983 e 1984. Dois anos depois, em 1985, publicou, com Marcos de Carvalho e Francisco Assis de Carvalho, *Troços, traços e troças*, e o único número da revista *Póstudo*, que trazia uma entrevista exclusiva de Augusto de Campos e trabalhos de diversos escritores. Em 1995, concluiu o mestrado em Teoria Literária na UNICAMP, com um estudo intitulado "Teatro às escuras, uma análise da trilogia de romances de Uilcon Pereira *No coração dos boatos*". E em 2004, obteve o título de doutor em Letras com a tese *Literatura e loucura: o escritor no hospício em três romances dos anos 70*.

Além dos trabalhos acadêmicos e de artigos e resenhas publicados no Suplemento Literário *Minas Gerais*, de Belo Horizonte, *Jornal da Tarde* e *O Estado de S. Paulo*, de São Paulo, o escritor tem os seguintes títulos: *Canguru*: antologia poética (1990); *Teatro às escuras* (ensaio, 1997); *Decurso*: poemas praxinesver (poesia, 1998); *Primeiras palavras do mamute degelado* (poesia, 2000); *Cogumelos do mais ou menos* (poesia, 2005); *Inferno de bolso etc.* (poesia, 2007), *Os 10 pecados de Paulo Coelho* (ensaio, 2007). Nesse último, realiza uma interessante e bem humorada leitura da obra de Paulo Coelho, que revela sua competência na modalidade de crítico literário. O escritor é professor da Universidade Federal de Alfenas (MG), onde reside.

Fontes:

Publicações do autor; http://www.alfenashoje.com.br (acesso em 28 de junho de 2007). .

ELZA BEATRIZ (1935-1992)

Elza Beatriz von Dollinger de Araújo nasceu em Belo Horizonte, em 1935; estudou no Colégio Sacre Coeur de Jesus, no Rio de Janeiro, e no Colégio Stella Matutina, em Juiz de Fora. Formou-se em Direito pela Universidade Federal de Minas Gerais, mas logo abandonou a advocacia, para se dedicar a assuntos culturais. Foi diretora do Departamento de Cultura da Secretaria de Cultura e Turismo de Belo Horizonte, assessora cultural da Fundação do Desenvolvimento e da Pesquisa da UFMG e diretora do Museu Histórico Abílio Barreto de Belo Horizonte.

Elza Beatriz iniciou a carreira literária em 1973, com o livro de poemas *Tempo suspenso*. Depois se voltou para o público infantil. Seus poemas tratam com sensibilidade questões relativas à condição humana e à beleza da vida, inclusive os escritos para o público jovem. A escritora faleceu em Belo Horizonte, em 1992.

Livros publicados: *Tempo suspenso* (poesia, 1973); *Fio terra* (poesia, 1975); *Silêncio armado* (poesia, 1978); *Líquido e certo* (poesia, 1983); *Pare no p da poesia* (infantil, 1980); *Um, dois, feijão com arroz* (infantil, 1982); *Futebol da bicharada* (infantil, 1982); *A cor da onda por dentro* (infantil, 1984); *Menina dos olhos* (infantil, 1985); *Sol com chuva* (infantil, 1987), e *Caderno de segredos* (infantil, 1989).

Fontes:

COELHO, Nelly Novaes. *Dicionário crítico de escritoras brasileiras*. São Paulo: Scrituras, 2002.

EMÍLIO MOURA (1902-1971)

Emílio Guimarães Moura, poeta, jornalista, professor e funcionário público, nasceu em Dores do Indaiá (MG), em 14 de agosto de 1902. Fez o primário em diferentes cidades, como Bom Despacho, Carmo da Mata e Cláudio; o secundário no Instituto Guimarães, em sua cidade natal, e no Ginásio Mineiro, em Belo Horizonte. Conheceu a poesia aos 15 anos, quando descobriu Cesário Verde, Antônio Nobre e Alphonsus de Guimaraens. Na capital mineira, teve contato com outros jovens, e, em 1925, criou, com Carlos Drummond, Martins de Almeida e Gregoriano Canedo, *A Revista*, depois considerado o primeiro e mais importante órgão do modernismo mineiro. Concluído o curso de Direito pela UFMG, foi nomeado professor de História da Escola Normal Oficial de Dores do Indaiá, onde residiu até princípios de 1931, quando se casou com Guanayra Portugal Moura. Depois, retornou para Belo Horizonte, onde se estabeleceu e viveu até falecer, em 28 de setembro de 1971. Entre os modernistas mineiros, foi um dos poucos que não emigrou.

Em Belo Horizonte, Emílio Moura dividiu-se entre o jornalismo, a poesia e a burocracia, ocupando cargos diversos, como redator do *Diário Oficial de Minas Gerais*, secretário do Tribunal de Contas e do Departamento Administrativo de Minas Gerais, diretor da Imprensa Oficial do Estado, e superintendente do Departamento de Educação da Secretaria da Educação. Foi ainda professor de Literatura Brasileira e História, na Faculdade de Filosofia, Letras e Artes, e membro da Academia Mineira de Letras.

Apesar do envolvimento com a estética modernista, alguns críticos costumam apontar em sua obra poética certos traços simbolistas. A primeira publicação, *Ingenuidade*, data de 1931. Depois vieram: *Canto da hora amarga*, de 1936; *Cancioneiro*, de 1945; *O espelho e a musa*, de 1949 (Prêmio de Poesia do Estado de MG); *Poesia*, de 1953; *O instante e o eterno*, de 1953; *50 poemas escolhidas pelo autor*, de 1961; *A casa*, de 1961; *Itinerário poético*, de 1969 (Prêmio de Poesia do Instituto Nacional do Livro). Esta última publicação seria, segundo o autor, sua obra definitiva, pois nela se encontram poemas dos livros anteriores que ele selecionou.

Carlos Drummond de Andrade, amigo e poeta de grande influência na vida e na arte de Emílio, declarou:

> Em Emílio Moura, profissional da interrogação, a poesia se elabora no eterno debruçar-se sobre as alheias e próprias superfícies. Ele nada sabe de sua condição, nem de onde vem, nem para onde vai, e na mesma ignorância contempla os aspectos exteriores da realidade, tanto quanto os seus infra-aspectos (Retirado de *Emílio Moura: Palma severa* de Carlos Drummond de Andrade).

Poeta de vocabulário simples, sua poesia tem, no entanto, grande complexidade, principalmente pelas questões que lança para o leitor. Em 2006, foi lançado o romance póstumo *Anáguas*, pela editora Sete Letras, que narra as desventuras de uma família do interior diante do desemprego no campo e a migração forçada para a cidade grande, a partir das lembranças da mulher protagonista.

Em 2002, a Editora UFMG e a Faculdade de Ciências Econômicas da UFMG lançaram a segunda edição de *Itinerário poético: poemas reunidos*, em comemoração ao centenário do nascimento de Emílio Moura. Na ocasião, o crítico Fábio Lucas assim se manifestou: "Poeta espiritualista, tem a nostalgia da pureza, da inocência perdida. Daí o seu desvelo pelas crianças, que encarnam, para ele, a seiva da graça poética. Sua visão do mundo promana de símbolos, dos mitos e das abstrações líricas" (in: "Um homem discreto". *Estado de Minas*, 25/10/2008).

Fontes:

ANDRADE, Carlos Drummond de. "Emílio Moura: Palma severa" In: MOURA, Emílio. *Itinerário poético*. Belo Horizonte: Editora UFMG, 2002; CURY, Maria Zilda Ferreira. "Emílio Moura centenário". Disponível em: http://www.ufmg.br (acesso em: junho de 2006); JOSÉ, Adayr. *Emílio Moura:* meio século de ingenuidade. *Suplemento Literário de Minas Gerais*. Belo Horizonte, v. 14, n.770, p. 5, jul. 1981; LOPES, Herculano Lopes. "Um homem discreto". In: jornal *Estado de Minas*, de 25 de outubro de 2008; MORAIS, Frederico. Emílio Moura: *Um poeta perplexo*. *Suplemento Literário de Minas Gerais*. Belo Horizonte, v. 4, n.137, p. 4-5, abr. 1969; MOURA, Emílio. *Itinerário poético*. Belo Horizonte: Editora UFMG, 2002; PELLEGRINO, Hélio. *Um poeta do corpo inteiro*. *Suplemento Literário de Minas Gerais*. Belo Horizonte, v. 4, n.137, p. 3, abr. 1969; http://emiliomoura.br.tripod.com (acesso em: junho de 2006).

ENRIQUE DE RESENDE (1886-1974)

Henrique Vieira de Rezende nasceu na Fazenda do Rochedo, em Cataguases (MG), entre 1886 e 1889, e morreu no Rio de Janeiro (RJ), em 1974. Ao assumir a Cadeira na Academia Mineira de Letras, em 1966, passou a chamar-se Enrique de Resende (com a omissão do "h" inicial e a substituição do z pelo s). Foi poeta, ensaísta, engenheiro e escritor. Seus estudos tiveram início na fazenda em que nasceu e continuaram no Colégio Anglo-Americano, no Rio de Janeiro. Fez curso de Matemática em Ouro Preto e formou-se em Engenharia pela Escola de Juiz de Fora, em 1924. Antes de aderir ao Modernismo, seus poemas oscilavam entre o Parnasianismo e o Simbolismo.

Ainda estudante, publicou *Turris ebúrnea*, em 1923, quando então ingressou no Grupo Verde de Cataguases. Foi também um dos fundadores e financiador da *Revista Verde*, em 1927, e autor de seus textos mais combativos. Faziam parte do grupo Verde: Blaise Cendrars, Oswald de Andrade, Mário de Andrade, Ribeiro Couto, Alcântara Machado, Carlos Drummond de Andrade, Abgar Renault, Ascenso Faria, Edmundo Lys, Marques Rabelo.

Os versos de Enrique Resende destacam-se pela construção cuidadosa e pela musicalidade e revelam seu olhar reflexivo, sensível, delicado e nostálgico. Destacam-se os temas ligados à família, os bucólicos, a lírica descritiva e pitoresca.

Publicações: *Turris ebúrnea* (1923); *Cofre de xarão* (1933); *Retrato de Alphonsus de Guimaraens* (1957); *Rosa dos ventos* (1964); *Poemas cronológicos* (obra coletiva, 1964); *A derradeira colheita* (1964); *Pequena história sentimental de Cataguases* (1969); *Estórias e memórias* (1970); *Roteiro lírico de Cataguases* (1970); *Camões em três tempos* – Ano do IV Centenário da publicação dos Lusíadas (1972); *Poemas cronológicos* (obra coletiva, s/d).

Fontes:

OLIVEIRA, Martins de; Oiliam José. *Nulus Finis*-Efemérides da Academia Mineira de Letras-1909-1997. Belo Horizonte: 1998; SANTOS, Diva Ruas. *Antologia da poesia mineira*. Belo Horizonte: Guaratiara, 1992 (Poesia Brasileira Coleções).

ÉSIO MACEDO RIBEIRO

Ésio Macedo Ribeiro nasceu em Frutal (MG), em 10 de fevereiro de 1963. É mestre em Teoria Literária e Literatura Comparada e doutor em Literatura Brasileira pela Universidade de São Paulo, com tese sobre a obra de Lúcio Cardoso. É ainda escritor, bibliófilo, fotógrafo e foi curador das exposições "O Modernismo através dos Livros" – Coleção Waldemar Torres (Porto Alegre, 1999), com Waldemar Torres; "RELEREVER" (São Paulo, 2000), com Ana Cordeiro e Almandrade; e da homenagem a "Érico Veríssimo – Centenário de Nascimento – 1905-2005" (São Paulo, 2005). É professor de Literatura Brasileira da USP e ativo colaborador da revista virtual http://www.verbo21.com.br.

Pesquisador sério e prosador habilidoso, Ésio tem se revelado também grande poeta. Além de ensaios e trabalhos acadêmicos, publicou os seguintes títulos literários: *E Lúcifer dá seu beijo* (poesia, 1993); *Marés de amor ao mar* (poesia, 1998); *Pontuação circense* (poesia, 2000); *Viajante, por que não* (conto, 1999); *Riso escuro ou o pavão de luto* (estudo sobre a obra de Lúcio Cardoso, 2006); *40 anos* (2007), entre outros.

Fontes:

Entrevistas concedidas pelo autor em maio e junho de 2006.

EUGÊNIO RUBIÃO (1884-1949)

Eugênio Álvares Rubião nasceu em Silvestre Ferraz (atual Carmo de Minas), em 14 de abril de 1884, e faleceu em Belo Horizonte, em 1949. Filho de Francisco de Barros Álvares Rubião e Mariana Camila Noronha Rubião, era irmão do escritor e jornalista Luiz Álvares Rubião, e pai do contista Murilo Rubião. Apesar de quase não ter frequentado a escola, por dificuldades financeiras da família, ainda bem jovem tornou-se professor, função que exerceu não só em Carmo de Minas, como também em Santa Rita do Sapucaí, Passa Quatro e Conceição do Rio Verde.

Mais tarde mudou-se para Belo Horizonte e ingressou na Escola Normal Modelo (hoje Instituto de Educação), onde logo se destacou por sua competência profissional. Foi professor em inúmeros colégios, como Izabela Hendrix, Ginásio Frei Eustáquio, Colégio Arnaldo e Colégio Coração de Jesus. Eugênio Rubião produziu obras didáticas e muitas poesias, com forte traço religioso, que publicava em jornais e revistas de Minas e do Rio de Janeiro. Em reconhecimento por seu mérito literário, o poeta foi contemplado com uma cadeira na Academia Mineira de Letras.

Publicações: *No horto suave da legenda* (poesia, 1923); *Trovas* (poesia, 1938); *Nos caminhos do Evangelho* (poesia, 1939); *Prontuário de ortografia e prosódia* (obra didática: 1936); *Pontuação* (obra didática: 1935); *Trechos errados* (obra didática: 1944).

Fonte:

Suplemento Literário Minas Gerais. "Série Literatura Mineira (desde as origens)". Belo Horizonte, v. 13, n. 600, p. 11, abr. 1978.

EUSTÁQUIO JOSÉ RODRIGUES (LUÍS CLÁUDIO LAWA – EUSTÁQUIO LAWA)

Eustáquio José Rodrigues nasceu em Ponte Nova em 1946. Sua formação é bem diversificada: é graduado em Engenharia Elétrica pela UFMG, especialista em Engenharia de Manutenção pela Universidade Mackenzie, de São Paulo, diplomado em Psicologia, pela UERJ, especialista em Políticas Públicas e Gestão Governamental pela Escola Nacional de Administração Pública (ENAP), do Rio de Janeiro, e, ainda, é mestre em Administração Pública pela Fundação Getúlio Vargas e analista de Finanças e Controle Externo no Tribunal de Contas da União, por Brasília.

Seu primeiro livro foi a coletânea de contos *Cauterizai o meu umbigo,* publicada em 1986. Depois surgiu *Flor de sangue,* em 1990. Com os pseudônimos de Luís Cláudio Lawa e Eustáquio Lawa, tem publicado contos – como "Pão da Inocência" e "Travessia" – no *Cadernos negros,* de São Paulo. Os textos de Lawa contêm um forte tom de denúncia, além de reflexões acerca dos problemas sociais do País.

Fontes:

http://www.letras.ufmg.br (acesso em: 30 de junho de 2007).

F

FÁBIO LUCAS

Um dos mais importantes nomes da crítica literária contemporânea do País, ao lado de Antonio Candido e Wilson Martins, Fábio Lucas nasceu em 27 de julho de 1931, na cidade mineira de Esmeraldas. Na década de 50, fundou as revistas *Vocação* e *Tendência,* em Belo Horizonte, que reivindicavam o compromisso social do escritor, e se tornaram um marco na renovação das letras nacionais. Durante o governo militar, sofreu perseguições políticas que o obrigaram a deixar as aulas na Universidade Federal de Minas Gerais. Foi professor em diversas outras instituições de ensino superior, inclusive nos Estados Unidos e em Portugal.

Desde 1949, Fábio Lucas colabora em inúmeros jornais e revistas literárias do Brasil, do Canadá, da Espanha, dos Estados Unidos, da Itália, do México e de Portugal. Entre os importantes cargos que já ocupou, estão: diretor do Instituto Nacional do Livro; presidente da União Brasileira de Escritores (seção São Paulo), membro da Associação Brasileira de Crítica Literária; membro do Júri da *Casa de Las Américas,* em Havana, Cuba, em 1987, e sócio honorário de *The American Association of Spanish and Portuguese.* Recebeu também inúmeros títulos e prêmios, como Personagem do Ano, pelo Semanário *O Binômio,* em 1962; professor honorário de 'The American for Foreign Trade de Phoenix', Arizona, EUA; Prêmio Jabuti, da Câmara Brasileira do Livro, pelo livro *O caráter social da literatura brasileira,* em 1970; Personalidade Cultural do Prêmio Fernando Chinaglia da União Brasileira de Escritores, de 1981; Prêmio Crítica Os melhores de 1982, da Associação Paulista de Críticos de Arte (APCA) pela obra *Razão e emoção literária;* Medalha da Inconfidência, concedida em 21 de abril de 1983 pelo então governador Tancredo Neves; Prêmio Juca Pato de 1992, como Intelectual do Ano, conferido pela União Brasileira de Escritores (UBE), juntamente com o jornal *Folha de S. Paulo,* entre outros. O escritor ocupa a cadeira 22 da Academia Mineira de Letras e a 27 da Academia Paulista.

Sua participação na literatura ficcional limita-se, até o momento, à publicação de uma novela – intitulada *A mais bela história do mundo* (1996) – dirigida ao público jovem.

A narrativa traz, em primeira pessoa, os sentimentos, os segredos e as intrigas vividas por um adolescente, em especial a história da paixão que um dia sentiu por Alba. Mais tarde, quando retorna adulto à cidade natal, o personagem revisita suas lembranças e recorda-se do sentimento que um dia parecia ser insuperável.

Muito erudito, e dono de um texto elegante, claro e fluente, Fábio Lucas tem produzido ensaios primorosos, que podem perfeitamente ser considerados exemplares do estilo ensaístico. Entre eles, estão: *Razão e emoção literária* (1982); *Vanguarda, história e ideologia da literatura* (1985); *O caráter social da ficção do Brasil* (1985, 2. ed. 1987); *Do barroco ao moderno: vozes da Literatura Brasileira* (1989); *Crepúsculo dos símbolos: reflexões sobre o livro no Brasil* (1989); *Do barroco ao moderno* (1989); *Mineiranças* (1991); *Fontes literárias portuguesas* (1991); *Cartas a Mário de Andrade* (1993); *Interpretações da vida social* (1995); *Jorge de Lima e Ferreira Gullar: o longe e o perto* (1995); *Presença de Cortazar* (1995); *Luzes e trevas, Minas Gerais no séc. XVIII* (1998); *Murilo Mendes, poeta e prosador* (2001); *Literatura e comunicação na era da eletrônica* (2001); *Expressões da identidade brasileira* (2002); *Ética e estética de Érico Veríssimo* (2006); *A psicanálise do clone* (2008); *O núcleo e a periferia de Machado de Assis* (2009); *O poliedro da crítica* (2009); entre outros.

Fontes:

Publicações do autor; http://www.academiamineiradeletras.org.br (acesso em: 29 de abril de 2006); http://www. academiapaulistadeletras.org.br (acesso em: 29 de abril de 2006).

FABRÍCIO MARQUES

O poeta e jornalista Fabrício Marques nasceu em 22 de novembro de 1965, em Manhuaçu (MG). Reside em Belo Horizonte, onde é professor universitário. Mestre em Teoria da Literatura e doutor em Literatura Comparada pela Faculdade de Letras da UFMG, trabalhou na Revista *Palavra* e nos jornais *Diário da Tarde* e *O Tempo*. Foi editor do *Suplemento Literário Minas Gerais* de 2004 a 2005 e publica regularmente ensaios e poemas em periódicos de circulação nacional como Caderno *Mais*, da Folha de S. Paulo, *Dimensão, Orobó, Aletria, Poesia Sempre*, e no *Suplemento Literário Minas Gerais*.

Em 1998, obteve o primeiro lugar no Concurso de Poesia Prêmios Culturais de Literatura do Estado da Bahia, concorrendo com mais de 600 candidatos, que resultou na publicação do livro *Samplers* (2000). Obteve também Menção Honrosa do Prêmio Cruz e Souza, de Santa Catarina, em 1997, e no Concurso Nacional de Poesia Cidade de Belo Horizonte, em 1994. Em 2001, recebeu Menção Especial no Prêmio de Literatura da Cidade de Juiz de Fora.

Além dos poemas contidos em *Samplers* (2000), publicou os seguintes trabalhos de crítica literária: *Aço em flor: a poesia de Paulo Leminski* (2001); *Meu pequeno fim* (2002) e *Dez conversas: diálogos com poetas brasileiros contemporâneos* (2004). E participou das antologias *Na virada do século: poesia de invenção do Brasil*, organizada por Cláudio Daniel e Frederico Barbosa (2002), *Poesia em movimento,* organizada por Jorge Sanglard (2002) e *Os cem menores contos brasileiros do século* (2004).

Fontes:

Entrevista concedida pelo autor em maio de 2006; http://www.germinaliteratura.com.br (acesso em: março de 2010).

FELÍCIO DOS SANTOS (1828-1895)

Joaquim Felício dos Santos nasceu na Vila do Príncipe, atual cidade do Serro (MG), no dia 1º de fevereiro de 1828. Era filho de Antônio José dos Santos e de Maria Jesuína da Luz. Começou os estudos no Colégio de Congonhas do Campo, fez a Faculdade de Direito de São Paulo, formou-se, mas não exerceu a profissão. Foi jornalista, professor e jurista, além de deputado geral, de 1864 a 1866, e senador, de 1891 a 1895. Em Diamantina, fundou o primeiro jornal de tendência republicana de Minas Gerais, em 1860, intitulado *O Jequitinhonha,* que circulou de 1860 a 1872. Entre suas publicações periódicas, destaca-se a novela *Páginas da história do Brasil.* Faleceu no povoado de Biribiri, em Diamantina (MG), em 21 de outubro de 1895.

Seu romance *Acayaca,* de 1866, baseia-se em uma lenda indígena e está perfeitamente inserido no espírito indianista do período romântico. Escreveu ainda *Memórias do Distrito Diamantino da Comarca do Serro: Frio* (1868), que lançou o mito de Chica da Silva; *Os invisíveis* (narrativa histórica, s/d); *O intendente dos diamantes* (comédia em um ato, 1861-62), entre outros trabalhos. Além disso, lançou um dos primeiros projetos do Código Civil Brasileiro (de 1882), publicado na Imprensa Nacional, em 1891.

Fontes:

SANTOS, Joaquim Felício dos. *Memórias do Distrito Diamantino da comarca do Serro Frio* (Província de Minas Gerais). 3. ed. Rio de Janeiro: O Cruzeiro, 1978; SANTOS, Joaquim Felício dos. *Acayaca.* Ouro Preto: Typographia do Estado de Minas, 1894; http://pt.wikipedia.org (acesso em: maio de 2006); http://www.bu.ufmg. br (acesso em: maio de 2006); http://www.cedae.iel.unicamp.br (acesso em: maio de 2006); http://pt.wikipedia. org (acesso em: novembro de 2006).

FERNANDO FIORESE

Fernando Fábio Fiorese Furtado nasceu em Pirapetinga, Zona da Mata (MG), em 21 de março de 1963, mas reside em Juiz de Fora (MG), desde 1972. É doutor em Semiologia pela Faculdade de Letras da UFRJ, professor da Faculdade de Comunicação Social e mestre em Teoria da Literatura pela Universidade Federal de Juiz de Fora. Colabora regularmente em coletâneas de ensaios e revistas especializadas de literatura.

Fiorese participou do grupo de poetas, escritores, artistas plásticos e fotógrafos, que, durante a década de 1980, editou o importante folheto de poesia *Abre Alas*, e também a Revista *D'lira*. Poeta e contista inspirado, publicou em 1982 o livro *Leia, não é cartomante*, ao qual se seguiram *Exercícios de vertigem* e *Outros poemas,* em 1985, e *Ossário do mito*, em 1990, todos de poesia.

Em parceria com Edimilson de Almeida Freitas, publicou ainda *Panças o nome,* em 2000, antologia bilíngue (português/castelhano) acompanhada de um CD com a leitura dos textos pelos próprios autores. Também participou da edição trilíngue (português/ inglês/ húngaro) da coletânea de poetas brasileiros *Pérolas do Brasil,* organizada por Lívia Paulini, em 1993; e integrou a antologia poética de Juiz de Fora, intitulada *Baú de letras,* que foi lançada em 2000. Em 1998, foi incluído por Assis Brasil na antologia *A poesia mineira do século XXI.* Participou ainda da *Antologia da poesia brasileira / Antologia de la poesia brasileña,* organizada por José Lois García e publicada na Espanha, em 2001. Em 2002, publicou *Corpo portátil,* que reúne sua produção poética do período entre 1986 e 2000. E em 2003 publicou um livro de poemas em prosa sob o título de *Dicionário mínimo.*

Fontes:

Publicações do autor; http://www.germinaliteratura.com.br (acesso em: maio de 2006).

FERNANDO GABEIRA

Fernando Paulo Nagle Gabeira nasceu no dia 17 de fevereiro de 1947, em Juiz de Fora (MG). Escritor, político e jornalista, trabalhou nos jornais *O Dia* e *Folha de S. Paulo* e na *TV Bandeirantes,* e integrou a equipe do *Jornal do Brasil*, de 1964 a 1968, como redator.

No final dos anos 1960, envolveu-se com a luta armada contra a ditadura militar e, em 69, participou do famoso sequestro do embaixador dos Estados Unidos no Brasil, Charles Elbrick. Preso pela ditadura, Gabeira foi um dos presos políticos trocados pelo embaixador da Alemanha, também sequestrado pela guerrilha, e enviado para o exílio na Europa. Nessa época, residiu em vários países, principalmente na Suécia, onde exerceu desde o jornalismo, na *Rádio Suécia,* até a função de condutor de metrô, em Estocolmo.

No final de 1979, após ser anistiado e voltar ao Brasil, lançou o livro que se tornaria um *best-seller*: *O que isso, companheiro?,* reunindo as lembranças da luta armada, e dando a sua versão da resistência à ditadura militar. Em 1997, o livro foi transformado em filme pelo cineasta Bruno Barreto, com grande sucesso de público. Dedicado ao movimento ecológico, em 1986 fundou, com outros ecologistas, artistas e intelectuais, o Partido Verde, e desde então tem sido eleito deputado federal por esse partido.

Além de *O que é isso, companheiro?,* publicou: *Crepúsculo do macho* (1980); *Entradas e bandeiras* (1981); *Hóspede da utopia* (1981); *Sinais de vida no planeta Minas* (1982); *Diário da crise* (1984); *Nós que amávamos tanto a revolução* (1985); *Vida alternativa: uma revolução do dia a dia* (1985); *Diário da salvação do mundo* (1987); *Greenpeace: verde guerrilha da paz* (1987); *Goiânia, rua 57: o nuclear na terra do sol* (1987); *Etc e Tao: crônicas de um fim de século* (1994); *A maconha* (2000) e *Navegação na neblina* (2006).

Fontes:

Publicações do autor; http://www.gabeira.com.br (acesso em: 29 de abril de 2006).

FERNANDO MORAIS

Fernando Morais nasceu em Mariana (MG), em 1946, onde viveu até os 18 anos. Começou sua trajetória profissional como repórter na redação de uma pequena revista de um banco em Belo Horizonte, onde era *office-boy*. Trabalhou no *Jornal da Tarde*, na revista *Veja*, na *Folha de São Paulo*, na *TV Cultura* e, recentemente, escreveu também para o *Portal IG*. A partir da década de 70, começou a atuar como *free-lancer* na imprensa brasileira e passou a dedicar-se à literatura. Em 1970, recebeu o Prêmio Esso de Reportagem pela série *Transamazônica*, depois publicada pela Editora Brasiliense. Ganhou também o importante Prêmio Abril de Jornalismo, por três vezes. Foi deputado estadual pelo MDB e pelo PMDB de São Paulo, e secretário da Cultura (1988-91) e da Educação do Estado de São Paulo.

Sem dúvida, é um dos autores brasileiros de maior sucesso editorial. Seus livros já foram traduzidos em mais de 19 países, e calcula-se que tenham sido vendidos mais de dois milhões de cópias. Em 2003, disputou e perdeu a vaga na Academia Brasileira de Letras para o ex-vice-presidente Antônio Marco Maciel. Sua habilidade em contar histórias supera a fórmula básica do jornalismo e oferece ao leitor, além da informação, o prazer da leitura. Em entrevista a Tânia Portella, afirmou que o diferencial de seus textos é utilizar também os recursos da literatura. Isto é que seduz o leitor:

> É um texto mais rico, mais atraente. Os textos deixaram, aos poucos, de serem elaborados pela quase inexistência de chance de publicação. Assim, perdeu-se o costume de fazê-los e o hábito de lê-los. O jornalismo literário não perde em objetividade ou informação para outro texto jornalístico. Se os jornalistas dispusessem de mais tempo e se dedicassem à tarefa, os jornais de hoje poderiam vir recheados com pelo menos uma grande reportagem a cada semana (MORAIS, 2004).

O sucesso começou em 1975 com uma reportagem-literária sobre Cuba, intitulada *A Ilha: um repórter brasileiro na ilha de Fidel Castro*, que se tornou um sucesso editorial. O livro teve dezenas de edições e ficou semanas nas listas de mais vendidos. Traduzido para o inglês, o francês e o espanhol, foi vendido por toda a Europa, os Estados Unidos e a América Latina. Mas, sob a acusação de fazer apologia da Revolução Cubana, chegou a ser recolhido das livrarias pela polícia política da década de 70, e o debate que se formou em torno com certeza serviu para divulgar ainda mais o trabalho de Fernando Morais.

Outro livro de enorme sucesso, que também provocou polêmica no meio intelectual, foi *Olga*, lançado em 1985, que contava a história de vida e a militância de Olga Benário, esposa de Luis Carlos Prestes. Jorge Amado assim se manifestou sobre o livro:

> Nos últimos anos, poucas obras alcançaram no Brasil sucesso tão estrondoso quanto esta biografia de Olga Benário Prestes. Jornalista renomado, Fernando Morais revelou-se também um pesquisador competente e escritor dotado de sensibilidade e talento. Com simplicidade, sabedoria e grandeza, ele soube recriar um drama profundamente humano de nossa época. Entre a guerra desencadeada pelo nazismo e a miséria de uma ditadura latino-americana (com seus crimes característicos), Fernando Morais delineou a figura quase lendária de uma mulher que sempre empunhou o estandarte de ideais generosos. Este é um livro que conta a vida e a morte, que fala da beleza e da ignomínia – um livro verdadeiramente inesquecível (http://www.companhiadasletras.com.br/).

Em 2004, o livro foi adaptado para o cinema pelo diretor Jayme Monjardim, com roteiro de Rita Buzzar, obtendo enorme sucesso de crítica e de bilheteria. Outra obra de Fernando Morais que também está sendo adaptada para o cinema é *Chatô, o rei do Brasil* (1994), que relata a história vertiginosa de Assis Chateaubriand. Além de escritor, Fernando Morais é autor dos roteiros das minisséries *Brasil, 500 anos* e *Cinco dias que abalaram o Brasil*, exibidas pelo canal GNT/Globosat.

Livros publicados: *Transamazônica* (1970); *A ilha: um repórter brasileiro na ilha de Fidel Castro* (1975); *Não às usinas nucleares* (1980); *Freguesia do Ó: inquérito que desmascarou as brigadas de Paulo Maluf* (1981); *Olga* (1985); *Chatô, o rei do Brasil* (1994); *Corações sujos* (2000); *Souza Cruz: 100 anos* (2003); *Cem quilos de ouro e outras histórias de um repórter* (2003); *Na toca dos leões* (2005); *Montenegro: as aventuras do marechal que fez uma revolução nos céus do Brasil* (2006); *O mago* (biografia de Paulo Coelho, 2008).

Fontes:

Publicações do autor; http://www.companhiadasletras.com.br (acesso em: 25 de julho de 2006); MORAIS, Fernando. "Fernando Morais: de contínuo a contador de histórias". Entrevista concedida a Tânia Portella em 2004. Disponível em: http://www2.anhembi.br (acesso em: 25 de julho de 2006); MORAIS, Fernando. "Nem todo livro que vende muito é um lixo" – palavra de best-seller. Entrevista concedida a Rafael Tonon, em 2005. Disponível em: http://www.cosmo.com.br (acesso em: 25 de julho de 2006); http://www.fja.rn.gov.br (acesso em: 25 de julho de 2006); http://www.companhiadasletras.com.br/ (acesso em: 25 de julho de 2006).

FERNANDO SABINO (1923-2004)

Fernando Tavares Sabino nasceu no dia 12 de outubro de 1923, em Belo Horizonte (MG), e, em 1935, tornou-se locutor do programa infantil *Gurilândia,* da Rádio

Guarani. Três anos depois, já estava publicando artigos, crônicas e contos nas revistas *Alterosa* e *Belo Horizonte*, e não parou mais. Em 1941, iniciou o curso superior de Direito. Sua experiência como jornalista teve início na redação da *Folha de Minas*; e a carreira literária começou aos 17 anos, quando reuniu os primeiros contos no livro *Os grilos não cantam mais*. Após essa publicação, Sabino começou a se corresponder com Mário de Andrade, que o apoiou e impulsionou sua carreira de escritor. Tornou-se funcionário público, fez amizade com Carlos Drummond de Andrade, e passou a escrever regularmente para o *Correio da Manhã*, do Rio de Janeiro. Concluído o curso de Direito, viajou com o amigo Vinícius de Moraes para Nova York, onde ficou por dois anos, voltando ao Brasil apenas em 1948.

Sabino cultivava muito as amizades. Quando residia em Belo Horizonte, aproximou-se de Hélio Pellegrino, Otto Lara Resende e Paulo Mendes Campos, formando com eles o famoso quarteto que ficou conhecido como "os cavaleiros do apocalipse". Também foi amigo de Clarice Lispector, entre outros escritores, e, mesmo quando residia em cidades ou países diferentes, procurava ajudá-la, publicando seus contos, fazendo comentários sobre os romances, ou discutindo literatura. As cartas que trocaram durante tantos anos – que publicou com o título *Cartas perto do coração*, em 2001 – são legitimas testemunhas da amizade fraterna que os uniu.

Após a estreia com *Os grilos não cantam mais* (contos, 1941), muitos livros se seguiram: *A marca* (novela, 1944); *A cidade vazia* (crônicas, 1950); *A vida real* (novelas, 1952). O primeiro romance – *O encontro marcado* – foi publicado em 1956 e se tornou um de seus livros mais conhecidos e de maior sucesso. Nessa época, escrevia crônicas diárias para o *Jornal do Brasil* e mensais para a Revista *Senhor*. Também publicou *O homem nu* (1960) e *A mulher do vizinho* (1962*)*, que recebeu o Prêmio Chinaglia do Pen Club do Brasil; e *O grande mentecapto* (1979), que ganhou o Prêmio Jabuti e também o Prêmio Golfinho de Ouro na Categoria de Literatura. Para coroar uma carreira literária tão vitoriosa, Sabino recebeu o Prêmio Machado de Assis, da Academia Brasileira de Letras, em 1999, pelo conjunto de sua obra.

Títulos publicados: *Os grilos não cantam mais* (contos, 1941); *A marca* (novela, 1944); *A cidade vazia* (crônicas, 1950); *A vida real* (novelas, 1952); *Lugares-comuns* (dicionário, 1952); *O encontro marcado* (romance, 1956); *O homem nu (*contos e crônicas, 1960); *A mulher do vizinho* (crônicas, 1962); *A companheira de viagem* (crônicas, 1965); *A inglesa deslumbrada* (crônicas, 1967); *Gente* (crônicas e reminiscências, 1975); *Deixa o Alfredo falar!* (crônicas, 1976); *O encontro das águas* (crônicas, 1977); *O grande mentecapto* (romance, 1979); *A falta que ela me faz* (contos e crônicas, 1980); *O menino no espelho* (romance, 1982); *O gato sou eu* (contos e crônicas, 1983); *Macacos me mordam* (conto em edição infantil, 1984); *A vitória da infância* (crônicas, 1984); *A faca de dois gumes* (novelas, 1985); *O pintor que pintou o sete* (infantil, 1987); *Os melhores contos* (seleção, 1987); *As melhores histórias* (seleção, 1987); *As melhores crônicas* (seleção, 1987); *Martini seco* (novela, 1987); *O tabuleiro das damas* (esboço de autobiografia, 1988); *De cabeça para baixo* (relato de viagens, 1989); *A volta por cima* (crônicas e histórias curtas, 1990); *Zélia, uma paixão* (romance-biografia, 1991); *O bom ladrão* (novela, 1992); *Aqui estamos todos nus* (novela, 1993); *Os restos mortais* (novela, 1993); *A nudez da verdade* (novela, 1994); *Com a graça de Deus* (1995); *O outro gume da faca* (novela, 1996); *Obra reunida* – 3 volumes (1996); *Um corpo de mulher* (novela, 1997); *O homem feito* (novela, 1998); *Amor de Capitu* (1998); *No fim dá certo* (crônicas e histórias, 1998); *A Chave do Enigma* (crônicas, 1999); *O galo músico* (crônicas, 1999); *Cara ou coroa?* (crônicas, 2000); *Duas novelas de amor* (novelas, Ática, 2000); *Livro aberto: Páginas soltas ao longo do tempo* (crônicas, 2001); *Cartas perto do coração* (correspondência com Clarice Lispector, 2001); *Cartas na mesa* (correspondência com Paulo Mendes Campos, Otto Lara Resende e Hélio Pellegrino, 2002); *Os caçadores de mentira* (infantil, 2003); *Os movimentos simulados* (romance, 2004).

O escritor faleceu na véspera de seu aniversário, em 11 de outubro de 2004, na cidade do Rio de Janeiro e, a seu pedido, seu epitáfio ficou sendo: "Aqui jaz Fernando Sabino, que nasceu homem e morreu menino". Em 28 de novembro de 2006, o livro *O encontro marcado* de Fernando Sabino fez 50 anos de publicação e, para comemorar, o jornal *Estado de Minas* lançou um Caderno Especial "Cinquenta anos de um Encontro Marcado", oferecendo aos leitores preciosas informações sobre a vida e a obra de Fernando Sabino. Em 2009, o Acervo de Escritores Mineiros da UFMG recebeu a doação de seu importante espólio literário.

Fontes:

Publicações do autor; BLOCH, Arnaldo. *Fernando Sabino:* reencontro. Rio de Janeiro: Relume Dumará, 2000 (Coleção Perfis do Rio); http://www.releituras.com/fsabino_bio.asp (acesso em: maio de 2006); Jornal *Estado de Minas especial.* Cinquenta anos de um encontro marcado, Belo Horizonte, 28 de novembro de 2006.

FERREIRA LESTE

Sebastião Ferreira Leste é natural de Salinas, conhecida cidade mineira. Estudou na Escola Agrotécnica Federal de Salinas e, em 1979, transferiu-se para Belo Horizonte, onde fixou residência. É formado em Letras pela Universidade Federal de Minas Gerais, com diploma em Português e Espanhol. Mesmo antes de publicar o primeiro livro, recebeu a Distinção Mención de Honor, pelo Instituto Cultural Latino-Americano, de Lebensohn, na Argentina.

Em 2006 publicou o livro *Inauguração de silêncios e outras sombras*, com poemas que refletem sondagens do autor a respeito do silêncio, sua matéria-prima essencial. Organizado em três seções, o livro explora as sensações possibilitadas pela linguagem verbal, contando com um habilidoso manejo das palavras pelo autor.

Na ocasião, Maria Esther Maciel, escritora e professora da UFMG, assim se manifestou em texto na orelha do livro:

Explorando transparências e penumbras, o poeta alia lucidez e sensibilidade na construção de seus poemas, num diálogo sutil com os dizeres do silêncio, sua matéria-prima essencial. Em cada texto, a sondagem das várias possibilidades de sentidos do silêncio é o que potencializa a tensão entre o vivido e o dito, entre a experiência e sua transfiguração pela linguagem.

Em entrevista ao Jornal *Estado de Minas*, em 31 de março de 2007, Ferreira Lima esclarece que, apesar de escrever poemas há mais tempo, apenas depois que ingressou no curso de Letras considerou a possibilidade de divulgá-los. Apesar da declarada preferência pela poesia, também escreve contos, que, por enquanto, continuam inéditos.

Fontes:

Publicações do autor; Entrevista: Ferreira Leste: "Poesia não pressupõe limites". Jornal *Estado de Minas*, Belo Horizonte, 31 de março de 2007.

FLÁVIO BOAVENTURA

O poeta, ensaísta e professor Flávio Boaventura – ou Boave – nasceu em Belo Horizonte (MG), em 1972. Graduou-se em Filosofia pela PUC Minas, fez mestrado em Filosofia na Unicamp e doutorado na PUC Minas, em Literatura Brasileira. É professor de Filosofia e Ética na Faculdade de Comunicação e Artes da PUC e pesquisador de poéticas contemporâneas. Predomina em seus poemas a ousadia formal, os versos curtos e sintéticos, como fragmentos de pensamento, e o diálogo incessante entre imagens e palavras.

Publicou, além de ensaios e artigos acadêmicos, os seguintes livros de poesia: *Sombras em órbita*, em 1995; *Motim,* em 1996; *Encontro mercado,* em 1999; *Canção de minar* (acompanhado por CD-ROM), em 1999; *Vodu e Tragicália*, em 2001; e *Delírio trêmulo,* em 2003. Em 2007, lançou *Elipses*, em parceria com Vera Casa Nova, também professora e poeta, que realiza um instigante diálogo sensorial, em que as sinestesias saltam aos olhos, e a elipse se faz linguagem.

Fontes:

Publicações do autor.

FRANCISCA SENHORINHA DA MOTA DINIZ (s/d-s/d)

Filha de Gertrudes Alves de Melo Ramos e de Eduardo Gonçalves de Mota Ramos, Francisca Senhorinha da Mota Diniz nasceu em São João del-Rei (MG), em data ignorada do século XIX. Casou-se com o advogado José Joaquim da Silva e teve duas filhas. Dedicou-se ao magistério e lecionou em Campanha da Princesa

(MG) e no Rio de Janeiro. Sua mais importante contribuição ocorreu na imprensa, com a criação do jornal *O Sexo Feminino*, na cidade de Campanha da Princesa, em 1873, com a surpreendente tiragem de oitocentos exemplares e assinantes em diferentes cidades. O periódico era editado na tipografia de seu marido, que, por sua vez, publicava o jornal *O Monarquista*. Ainda em Campanha, Francisca Senhorinha fundou e dirigiu um colégio para moças – o Colégio Santa Isabel.

Mulher de reconhecida cultura, a escritora recebeu o convite para transferir-se para o Rio de Janeiro. Em 1875, já viúva, instalou-se na Corte com as filhas – Albertina Diniz e Elisa Diniz Machado, também escritoras – e abriu novo colégio, conservando o mesmo nome. De 1887 a 1889, voltou a reeditar o jornal *O Sexo Feminino*, agora com mais entusiasmo, e abordando temas polêmicos, como a Abolição da Escravatura, o voto feminino, o movimento feminista e a emancipação da mulher através da educação.

Com o advento da República, Francisca Senhorinha mudou o nome do jornal para *O Quinze de Novembro do Sexo Feminino* e, cheia de esperanças, escreveu um editorial intitulado "A racional emancipação da mulher", em que defendia uma educação mais completa para as moças – física, moral e intelectual – como forma de se tornarem adultas respeitadas, capazes de dirigir as próprias vidas. Mas a República vai decepcioná-la, e, nos números seguintes, ela denuncia a artimanha dos juristas que não consideraram as mulheres como cidadãs, e lamenta que a participação feminina na vida política ficou ainda mais longe com a Constituição de 1891. Francisca Senhorinha foi responsável também, em 1880, pelo lançamento de mais dois semanários: *A Primavera* e *A Voz da Verdade*.

Com a colaboração de sua filha Albertina Diniz, publicou ainda o romance de costumes *A judia Rachel*, no Rio de Janeiro, em 1886. Sua obra poética encontra-se dispersa nos jornais em seus jornais, e nos que colaborou.

Fontes:

COELHO, Nelly Novaes. A emancipação da mulher e a imprensa feminina (séc. XIX – séc. XX). In: http://kplus. cosmo.com.br (acesso em: 22 de abril de 2005); DUARTE, Constância Lima. Feminismo e literatura no Brasil. In: http://www.scielo.br (acesso em: 22 de abril de 2006); SCHUMAHER, Shuma; BRAZIL, Érico Vital (Org.). *Dicionário mulheres do Brasil:* de 1500 até a atualidade. Rio de Janeiro: Jorge Zahar, 2000; "A mulher e as primeiras eleições da República": In: http://www.mulher500.org.br (acesso em: 2 de abril de 2006).

FRANCISCO BARBOSA MALACHIAS (TITO) (1908-2001)

Nasceu em Itapecerica, Minas Gerais, em 4 de outubro de 1908, e faleceu na mesma cidade, em 27 de novembro de 2001. Filho de Belarmino Malachias e de Rita Barbosa Malachias, estudou no Colégio Padre Chico, em sua terra e, posteriormente, no Ginásio Baeta Neves, em Ouro Preto. Demonstrou, ainda jovem, grande interesse pela literatura e pela música e, de volta a Itapecerica, deu início aos estudos musicais, aprendendo a teoria e a técnica violinísticas. Atuou como violinista e regente em orquestras e participou de diversos concertos e eventos artísticos. São várias as composições musicais de sua autoria, como: "Saudades" de José Leopoldo Corrêa, "Marcha Fúnebre" (1948); "Lágrimas a Uma Mãe", "Marcha Fúnebre" (1953); "Melodia Triste" (1980), entre outras.

Publicou inúmeras poesias e contos em jornais e revistas de seu tempo, como: *Revista Itapecerica, Revista Minas Magazine, Revista Alterosa de Belo Horizonte* (esta última sob o pseudônimo de Tito Lívio) e em outros jornais locais. Seu primeiro livro, *Do coração para o coração* (s/d), é composto de poesias; e, o último, *Alma sentimental* (1995), contém, além de dados históricos sobre sua cidade e sua vida, poemas, contos e crônicas. O escritor foi membro da Academia Itapecericana de Letras e Cultura.

De modo geral, os temas das obras giram em torno da descrição dos costumes e tradições da vida no interior, da religiosidade, da nostalgia e da exaltação ao Brasil e à terra natal. Em sua poética, música e literatura conjugam-se numa incessante interfecundação, produzindo efeitos artísticos interessantes. Por um lado, a obra apresenta traços estéticos conservadores, com composições líricas traduzindo a visão de amor própria do Romantismo, com profundos traços de subjetivismo e sofrimento exacerbado. Por outro, apresenta características parnasianas, com o culto da forma, através de rimas ricas e perfeitas. Poder-se-ia dizer que a poética de Tito expressa um excesso rigoroso, que visa à articulação entre elementos centrais da estética romântica e aspectos basilares da estética parnasiana. Aquela fornece a poesia (matéria vivida), e esta, a estrutura poética (poema), lembrando a distinção feita por Otávio Paz em *O arco e a lira* (1982), entre poema e poesia.

Fontes:

MALACHIAS, Francisco Barbosa. *Alma sentimental*: poesias, dados históricos, ficção literária, contos, crônicas. Itapecerica: [s.n.], [1989]. 362 p.; ARAÚJO, Célia Lamounier de. *Itapecerica: antologia n.1*. Belo Horizonte: Academia Itapecericana de Letras e Cultura, 1993. 190 p.; MONTAIGNE, Michel de. *Os ensaios: Livro 1.* São Paulo: Martins Fontes, 2002. p. 4.

FRANCISCO INÁCIO PEIXOTO (1909-1986)

O poeta, ficcionista, tradutor, professor, empresário, Francisco Amaro, mais conhecido como Francisco Inácio Peixoto, nasceu em Cataguases, no dia 5 de abril de 1909. Seu pai era Manuel Inácio Peixoto, imigrante português que fundou, com a ajuda de um conterrâneo, em 1910, o antigo Ginásio Municipal de Cataguases.

Em 1927, participou da fundação da *Revista Verde*, marco do novo movimento literário, e, no ano seguinte, publicou com o amigo de infância, o escritor Guilhermino César, um livro de poemas intitulado *Meia Pataca*, pela Verde Editora. Começou o curso de Direito em Belo Horizonte, mas logo se transferiu para a Faculdade de Direito do Rio de Janeiro, concluindo o curso em 1930. Após formar-se, casou-se com Amélia Drummond de Carvalho, e voltou a residir em Cataguases. Em 1932, prestou concurso para o Instituto Rio Branco, no Rio de Janeiro, mas, apesar da aprovação, foi preterido e não assumiu. Em meados de 1936, voltou definitivamente para a cidade natal, tornando-se primeiro banqueiro (Banco Mercantil e Agrícola de Minas Gerais), e depois bancário (Banco Comércio e Indústria). Trabalhou também na empresa têxtil de sua família, a Indústria Irmãos Peixoto.

Em 1937, lançou um livro de contos, cujo título era *Dona Flor*, pela Editora Irmãos Pongetti do Rio de Janeiro. Em 1942, conseguiu, com os irmãos, recuperar o antigo ginásio que seu pai havia fundado, transformando-o no Colégio Cataguases, com projeto de Oscar Niemeyer. Dez anos depois, em 1952, ergueu o conjunto arquitetônico do Edgar Cine Teatro, com obra de Aldary Toledo. Em 1960, publicou *Passaporte proibido*, em que relata a viagem que fez à antiga União Soviética e à Tchecoslováquia. No mesmo ano, publicou também sua tradução de *Oblomov*, de I. A. Gontcharov. Publicou ainda: *A janela* (contos, 1967); *Erótica* (poesia, 1981, ilustrado por Aldary Toledo); *Chamada geral* (contos, 1982).

Em 1986, o escritor faleceu em Cataguases, a cidade que tanto promoveu culturalmente e ajudou embelezar.

Fontes:

Publicações do autor; http://www.ichs.ufop.br; http://www.jornalopcao.com.br; http://www.dau.uem.br; http://www.asminasgerais.com.br; http://br.geocities.com.

FRANCISCO LINS (1866-1933)

Nasceu em Ubá (MG), em 9 de maio de 1866, filho de Sebastião da Cunha Accioli Lins. Formou-se em 1884 como bacharel em Ciências Sociais e Jurídica, tornando-se ainda poeta, jornalista e professor. Ocupou a cadeira 19 da Academia Mineira de Letras, cujo patrono era o padre mestre Corrêa de Almeida.

Francisco Lins usou os seguintes pseudônimos: Fábio Loti, Flávio Lourival, Leo Frank, Lins de França e Frank Lins. Em nota no livro *Versos* (1898), ele explica que os pseudônimos mantêm as letras iniciais de seu nome. Explica também que a obra surgiu a de uma coleção de versos publicados em 1887, entre os quais estava o soneto "O orpham" (assinado por Fábio Luz), que havia sido publicado na revista *Semana*, de Valentim Magalhães.

Versos é dividido em quatro partes: "Sonhos", cujos poemas são dedicados aos seus pais; "Hontem e Hoje", composto de poemas melancólicos e bucólicos; "Íntimos", com poemas alegres, dedicados à mãe, ao pai, ao sobrinho falecido, e às irmãs; e "Versos diversos", com poemas variados. Livros publicados: *Canções da aurora* (poesia, 1886); *Borboletas negras* (prosa s/d); *Uma campanha* (prosa s/d); *Harpa das selvas* (poesias, 1887); *Versos* (poesia, 1898).

O poeta faleceu em Juiz de Fora, em 1933.

Fontes:

BLAKE, Ausgusto Victorio Alves Sacramento. *Diccionario bibliographico brazileiro.* Ed. Imprensa Nacional. Rio de Janeiro. 1895. v – II.; COUTINHO, Afrânio; SOUSA, J. Galante de (Jose Galante de); Oficina Literária Afrânio Coutinho; Fundação de assistência ao estudante (Brasil). *Enciclopédia de literatura brasileira.* Rio de Janeiro.; LINS, Francisco. *Versos.* Typographia Mattoso. Mattos e Medeiros. Juiz de Fora. 1898; JOSÉ, Oiliam; OLIVEIRA, Martins. *Efemérides da Academia Mineira de Letras 1909/1985.* FUMARC/PUC Minas. Belo Horizonte. 1985.

FRANCISCO PÉRET

Filho de Guilherme Amédée Perét, nasceu no dia 25 de março de 1863, em Ouro Preto (MG). Foi poeta, teatrólogo, tradutor, jornalista, diplomata e professor. Sobre o romance de estreia – *Ouropretanas* –, Augusto de Lima afirma, no prefácio de *Tragédia dos onze* (1892), que: "As ouropretanas podiam trocar esse modesto título, que traz no autor calculado bairrismo, pelo de 'brasileiras', mais extenso, mais digno, sem dúvida da exuberante seiva que as vivifica". E continua:

> As ouropretanas surgem inopinadamente, surpreendendo a todos com a louçania da fórmula e a pujança da concepção. [...] O poeta formou o seu espírito, sem prejuízos de escola, na contemplação da natureza, no estudo dos fenômenos psicológicos e muito principalmente no cinzelamento exato da forma, como cristalização da ideia (LIMA, 1892).

Tragédia dos onze é outra obra importante, que explora temas nacionalistas, liberdade e religiosidade. Sua temática é a prisão dos inconfidentes mineiros e a expectativa angustiada da condenação. O poema se divide nos seguintes subtítulos: "Das fortalezas à cadeia", "Na cadeia", "Enquanto julgam", "Amor de virgem", "Amor de mãe", "À espera da sentença", "A sentença" e "Dor de virgem".

Publicações: *Ouropretanas* (poesia, prefácio de Augusto de Lima, s/d); *Tragédia dos onze* (poesia, 1892); *Mineiras* (poesia, 1893).

Fontes:

BLAKE, Ausgusto Victorio Alves Sacramento. *Diccionario bibliographico brazileiro.* Rio de Janeiro: Imprensa Nacional, 1895. v – II.; COUTINHO, Afrânio. Sousa, J. Galante de. *Enciclopédia de Literatura Brasileira.* Rio de Janeiro: Globo Editora, Fundação Biblioteca Nacional, Academia Brasileira de Letras, 2001. V. II.; LIMA, Augusto de. Prefácio de *Tragédia dos onze,* de Francisco Amédée Perét. Belo Horizonte: Imprenssa Oficial, 1892; PERÈT, Francisco Amédée. *Tragédia dos onze.* Belo Horizonte: Imprenssa Oficial, 1892.

Carlos Alberto Libânio Christo, mais conhecido como Frei Betto, nasceu em Belo Horizonte, em 1944, onde passou a infância e a adolescência. Iniciou seus estudos no Grupo Escolar Barão do Rio Branco. Ainda adolescente, entrou em contato com a Juventude Estudantil Católica, que se dedicava a realizar trabalhos sociais, e se aproximou da juventude militante e religiosa.

Em março de 64, Frei Betto mudou-se para o Rio de Janeiro para estudar Jornalismo na Faculdade Nacional de Filosofia da Universidade do Brasil. Nessa ocasião, em plena ditadura militar, passou a atuar no movimento estudantil, a viajar pelo País a serviço da Ação Católica, fazendo contato com importantes intelectuais do Instituto Superior de Estudos Brasileiros, extinto após o golpe militar. Antes de terminar o curso, decidiu seguir a carreira religiosa e entrou para a Ordem Dominicana, em Belo Horizonte, que não limitou sua participação política nem a simpatia pelo ideal revolucionário. Continuou fazendo oposição à ditadura militar e acabou preso em 1969. Em 73, foi solto e se mudou para uma favela em Vitória, no Espírito Santo. Participou da fundação da Central Única dos Trabalhadores, da Central de Movimentos Populares, e coordenou a Articulação Nacional de Movimentos Populares e Sindicais. Frei Betto foi também um dos integrantes da chamada Teologia da Libertação, a tendência mais progressista da Igreja católica. Participou das Comunidades Eclesiais de Base, foi integrante da Fundação Sueca de Direitos Humanos, assessor da Pastoral Operária do ABC e do Instituto Cidadania de São Paulo, e consultor do Movimento dos Trabalhadores Rurais Sem-Terra. Quando Lula assumiu a Presidência da República, em 2003, Frei Betto tornou-se seu assessor especial e coordenador do programa social Fome Zero.

Ao lado dessa intensa luta por melhores condições de vida da população pobre, Frei Betto publicou mais de cinquenta livros em diversas áreas, como Sociologia, História, Religião, Literatura e, até, Culinária, e ganhou inúmeros prêmios. Intelectual versátil, engajado e internacionalmente reconhecido, reside hoje em Belo Horizonte, onde continua escrevendo e publicando artigos e crônicas em periódicos como o *Estado de Minas* e a revista *Caros Amigos*.

Entre os prêmios recebidos, destacam-se: dois Prêmios Jabuti, um pelo livro de memórias *Batismo de sangue: os dominicanos e a morte de Carlos Marighella*, em 1985, que recentemente foi adaptado para o cinema; e outro pelo livro de crônicas e contos *Típicos tipos*, em 2005. No mesmo ano, foi considerado Intelectual do Ano e recebeu o Prêmio Juca Pato pela União Brasileira de Escritores; também recebeu o Prêmio de Direitos Humanos da Fundação Bruno Kreisley, em Viena (Áustria), 1987; e o Prêmio *Abogados de Atocha*, em 2004, na Espanha, pelo trabalho realizado para erradicação da fome.

Publicações: *Cartas da prisão* (1974); *Das catacumbas* (1976); *Natal, a ameaça de um menino pobre* (1978); *Diário de Puebla* (1979); *A vida suspeita do subversivo no*

Raul Parelo (contos, 1979), reeditado sob o título *O aquário negro* (1986); *Puebla para o povo* (1979); *Nicarágua livre, o primeiro passo* (1980); *Fogãzinho, culinária em histórias infantis* (1984); *Batismo de sangue: Os dominicanos e a morte de Carlos Marighella* (1982); *O dia de Ângelo* (romance, 1987); *Lula: Biografia política de um operário* (1989); *A menina e o elefante* (infanto- juvenil, 1990); *Fome de pão e beleza* (1990); *Uala, o amor* (infanto- juvenil, 1991); *Sinfonia universal, a cosmovisão de Teilhard de Chardin* (1997); *Alucinado som de tuba: romance* (1993); *Cotidiano e mistério* (1996); *A obra do artista: uma visão holística do Universo* (1995); *Comer como um frade: divinas receitas para quem sabe por que temos um céu na boca* (1996); *O vencedor* (romance, 1996); *Entre todos os homens* (romance, 1997); *Hotel Brasil* (1999); *Brasil 500 anos: trajetórias, identidades e destinos* (2000); *A mulher samaritana* (2001); *Os dois irmãos* (2001); *A mula da Balaão* (2001); *Gosto de uva* (2003); *Treze contos diabólicos e um angélico* (2005); *Típicos tipos* (2005); *A mosca azul* (2006); *A arte de semear estrelas* (2008).

Fontes:

Publicações do autor; Jornal *Estado de Minas*, de 15 de março de 2008; http://pt.wikipedia.org (acesso em: maio de 2006); http://www.unb.br (acesso em: maio de 2006).

FRITZ TEIXEIRA DE SALLES (1917-1981)

Nasceu em Santa Luzia (MG), no dia 6 de março de 1917. Foi poeta, cinéfilo, crítico literário, ensaísta e historiador respeitado em seu tempo. Diplomado em Filosofia e em Letras, lecionou Literatura no Centro de Ensino Unificado de Brasília (CEUB) e na Universidade de Brasília, tendo participado inclusive de sua fundação. Pertenceu à Academia Brasiliense de Letras e à Academia Brasileira de Letras. Faleceu em Belo Horizonte, no dia 12 de abril de 1981, e seu nome foi dado a uma rua em sua cidade natal.

Livros publicados: *Geografia da violência* (poesia, 1957); *Tipos sociais do western* (ensaio, 1957*); Miguel Angel Asturia e a novela política hispano-americana* (ensaio, 1957); *Associações religiosas no ciclo do ouro* (1963); *Vila Rica do Pilar* (1965); *Silva Alvarenga* (antologia e crítica, 1973); *Literatura e consciência nacional* (ensaio, 1972); *Das razões do modernismo* (crítica, 1974); *Poesia e protesto em Gregório de Matos* (crítica, 1975); *O poder do algo mais* (poesia, 1980); *Dianice, Diamantina* (poesia, com prefácio de Aires de Mata-Machado Filho, 1980).

Fontes:

Publicações do autor; SALLES, José Bento Teixeira de. *Tarde / Manhã*: um diálogo de duas gerações. Belo Horizonte: Imprensa Oficial, 1986; *Revista da Academia Mineira de Letras*, Ano 81, vol. XXX, set., out., nov., 2003. p. 116; http://www.anenet.com.br (acesso em: maio de 2006).

FÚLVIA CARVALHAIS DE FREITAS

Fúlvia Carvalhais de Freitas nasceu em Monte Santo de Minas (MG), em 19 de setembro de 1917. Foi professora, poeta, cronista, contista e pianista. Formou-se no Curso Normal Oficial Américo de Paiva, onde lecionou até se aposentar. Participou desde cedo da vida cultural do Estado, através de crônicas, contos e poemas que eram divulgados através da imprensa regional. Foi presidente do Grêmio Teatral de sua cidade, além de pianista e professora de piano, e participou de projetos sociais, organizando eventos e ensaiando peças para serem encenadas em benefício de idosos e crianças carentes.

Apenas em 1971 estreou nas letras, com a publicação de *Versos, ainda que seja outono*. O livro, de natureza extremamente lírica, tem como temática recorrente o cotidiano e a memória. A escritora pertence a diversas entidades culturais e literárias, como a Academia de Letras de Uruguaiana e a União Brasileira de Escritores, e tem recebido prêmios e homenagens por suas atividades culturais, beneficentes e literárias.

Publicações: *Versos, ainda que seja outono* (poesia, 1971); *Já é tempo de saudade* (poesia, 1979); *Almas em tumulto e Contos à luz de velas* (s/d).

Fontes:

COELHO, Nelly Novaes. *Dicionário crítico de escritoras brasileiras*. São Paulo: Escrituras, 2002; COUTINHO, Afrânio; SOUSA, J. Galante de. *Enciclopédia de Literatura Brasileira*. Rio de Janeiro: Ministério da Cultura; Global Editora; Fundação Biblioteca Nacional / DNL; Academia Brasileira de Letras, 2001

G

GERALDO ANANIAS DOS SANTOS (BARÃO)

Natural de Carmópolis de Minas (MG), Geraldo Ananias dos Santos nasceu em 22 de junho de 1964. Estudou na Escola Américo Leite e no extinto Colégio Padre Francisco, onde já demonstrava interesse pela literatura. Ainda jovem, deixou a cidade natal para estudar na Escola Agrotécnica Federal de Barbacena, onde se formou Técnico em Agronomia em 1984.

Enquanto exercia a profissão de agrônomo em Santo Antônio do Amparo e em Carmópolis de Minas, Geraldo dedicava-se também à produção literária. O resultado dessa produção surgiu em 1996 quando publicou *O vento também tem segredo*. Conhecido como Barão, o poeta define sua obra como "filopoética", ou seja, um diálogo entre poesia e filosofia, sobretudo a existencialista. Em 2006 lançou o segundo livro de poemas, *O olhar da lua cintilante*, cujo conteúdo mantém o caráter filosófico do primeiro livro. Segundo o jornalista Márcio Almeida, Barão é um "existencialista sartriano" que busca, através de sua poesia, questionar a existência. Para o poeta, "a vida é uma hipótese sem nenhuma tese".

Fonte:

Informações obtidas em entrevista com o autor em 29 de abril de 2006 e 29 de julho de 2006.

GERALDO CARNEIRO

Geraldo Carneiro nasceu em Belo Horizonte, em 11 de junho de 1952. É conhecido como poeta, compositor de letras para canções, dramaturgo, cronista, tradutor, roteirista e ensaísta. Reside no Rio de Janeiro, desde 1955, quando seu pai, Geraldo Andrade Carneiro, para lá se transferiu como secretário do então presidente Juscelino Kubitschek.

Geraldinho Carneiro, como ficou conhecido na década de 1970, participou ativamente da geração da "poesia marginal carioca", tendo estreado com a obra *Em busca do sete-estrelo* (1974), quando ainda era estudante da PUC-RJ, ao lado de Francisco Alvim, Cacaso, Roberto Schwarz e João Carlos Pádua. Integrou a primeira antologia de Heloísa Buarque de Hollanda, *26 poetas hoje*, de 1976. Tem publicados os seguintes livros de poesia: *Verão vagabundo* (1980), *Piquenique em Xanadu* (1988), *Pandemônio* (1993) e *Folias metafísicas* (1995), *Por mares nunca dantes* (2000) e *Lira dos cinquent'anos* (2002). Além desses, publicou *Vinícius de Morais*: a fala da paixão (1984), e *Leblon: a crônica dos anos loucos* (1996), e traduziu sonetos de Shakespeare para a coletânea *Sonhos de insônia* (1997), em parceria com Carlito Azevedo.

São de sua autoria mais de duas centenas de letras para músicas de Egberto Gismonti, Astor Piazzolla, Francis Hime, Wagner Tiso, entre outros músicos de renome internacional, que já foram gravadas por diversos intérpretes, entre os quais os acima mencionados, além de Tom Jobim, Ney Matogrosso, Gal Costa, Olívia Byington, Miúcha, Fafá de Belém, Gal Costa, Lenine, Zé Renato, Zezé Motta, Vinícius de Moraes e Michel Legrand. Com Francis Hime, escreveu poemas para a cantata "Carnavais", executada em 1988, e para a "Sinfonia do Rio de Janeiro de São Sebastião", encomendada pelo Governo do Estado, que estreou em 2000, no Teatro Municipal. Geraldo Carneiro já foi traduzido e publicado em francês, espanhol, italiano e inglês, e publicou artigos, poemas, crônicas e ensaios em diversos periódicos brasileiros.

Para o teatro escreveu *Lola Moreno*, em parceria com Bráulio Pedroso (encenada em 1979 e 1982*); Folias do coração* e *Apenas bons amigos*, parceria com Miguel Falabella, ambas encenadas em 1983; *Divina increnca* e *A bandeira dos cinco mil réis*, ambas encenadas em 1986; *Manu Çaruê* (ópera performática com música de Wagner Tiso, encenada em 1992). Traduziu a peça *A tempestade*, de William Shakespeare (encenada em 1982 e 1983 e publicada em 1991); adaptou *As you like it*, do mesmo autor (encenada em 1985 e publicada em 1986), além de *Lúcia McCartney*, de Rubem Fonseca, 1987), *Lulu*, de Frank Wedekind (1989) e *As 1001 noites* (1991).

Como roteirista, fez roteiros para o cinema e minisséries, entre os quais *Sônia: morta & viva*, de Sérgio Waissman (Tucano de Ouro do FestRio II), *Eternamente Pagu* (em parceria com Márcia de Almeida), *O judeu* (em parceria com Millôr Fernandes). Para a TV, adaptou diversas obras literárias para a série "Brasil Especial" (entre as quais, *O santo que não acreditava em Deus*, *A desinibida do Grajaú*, *Lúcia McCartney* e *O compadre de Ogum*), escreveu as minisséries *Tudo em cima*, exibida em 1985, e *O sorriso do lagarto* (adaptação do romance homônimo de João Ubaldo Ribeiro), exibida em 1991. Ainda na TV, participou da criação do programa *Tamanho família* e da série *Você decide* (da Rede Globo de Televisão), da qual foi supervisor de texto.

Fontes:

Publicações do autor; http://releituras.com (acesso em: 5 de junho de 2006); Verbete: http://pt.wikipedia.org (acesso em: 5 de junho de 2006); site Oficial: http://www.geraldocarneiro.com (acesso em: 5 de junho de 2006).

GERALDO FRANÇA DE LIMA (1914-2003)

Geraldo França de Lima, romancista, contista, poeta, advogado e professor, nasceu em Araguari (MG), em 24 de abril de 1914, e faleceu no Rio de Janeiro, em 22 de março de 2003. Consta que seu primeiro escrito, ainda bem jovem, descrevendo uma viagem que demandou cinco dias, pela antiga Estrada de Ferro Oeste de Minas, de Uberaba a Belo Horizonte, mereceu publicação no jornal *Araguari*.

Em 1934, no Rio de Janeiro, ingressou na Faculdade de Direito da Universidade do Brasil, e obteve emprego de revisor e articulista do jornal *A Batalha*, de Júlio Barata. Em 35, suas poesias são publicadas na prestigiada revista *Fon-Fon*. Em dezembro de 38, após colar grau em Ciências Jurídicas, e de rápida passagem por Araguari, voltou para Barbacena como professor do Ginásio Mineiro, nomeado pelo então governador Benedito Valadares. Foi nessa cidade que conheceu e tornou-se amigo de Guimarães Rosa. Em 1951, retornou ao Rio de Janeiro a convite do ministro da Justiça, Bias Fortes, onde se torna advogado da Estrada de Ferro Central do Brasil, procurador-geral da República e consultor geral da República. Em 58, foi nomeado professor do Colégio Pedro II e, posteriormente, é admitido como professor de Literatura Brasileira na Faculdade de Letras da UFRJ. Também foi assessor do presidente do Conselho de Ministros, Dr. Tancredo Neves, e do presidente Juscelino Kubitschek.

O primeiro romance surgiu em 1961, intitulado *Serras azuis*. Depois, vieram: *Brejo alegre* (romance, 1964); *Branca Bela* (romance, 1965); *Jazigo dos vivos* (romance, 1969); *O nó cego* (romance, 1973); *A pedra e a pluma* (romance, 1979); *A herança de Adão* (romance, 1983); *A janela e o morro* (romance, 1988); *Naquele Natal* (romance histórico, 1988); *Rio da vida* (romance, 1991); *Folhas ao léu* (contos, 1994); *Sob a curva do sol* (romance, 1997). Entre as instituições literárias e artísticas a que pertenceu, estão: Academia de Letras do Triângulo Mineiro, União Brasileira de Escritores, Academia Brasileira de Arte e PEN Clube do Brasil.

Fontes:

Publicações do autor; http://www.biblio.com.br (acesso em: 14 de junho de 2006); http://www.academia.org.br (acesso em: 14 de junho de 2006); *Enciclopédia Koogan-Houaiss*, 1998.

GERSON MURILO

Gerson Murilo Ávila de Paula, nascido em Belo Horizonte em 06 de janeiro de 1959, é daqueles artistas que preferem ser conhecidos através de sua arte, e não pelos dados biográficos. Esse fato torna sua obra ainda mais atraente, na modalidade de constituinte de uma imagem de autoria, porque nos revela os procedimentos da construção autoral através do texto. Em um poema denominado "Ser", temos a seguinte charada: "Dados sobre o autor: no verso". Mesmo na contracapa de *Ei, quem você pensa que é?!*, de 1998, no espaço destinado aos dados biográficos, ele escapa e opta por falar do livro.

Os poemas de Gerson Murilo são curtos e pungentes. Ao transitar entre o sublime e o visceral, atinge o leitor provocando emoção estética e o questionamento de valores. Na literatura infantil destaca-se pela simplicidade das imagens que usa e pela profundeza dos conceitos aplicados. Por meio de histórias sensíveis, consegue inserir no mundo infantil os conceitos de amizade, individualidade e respeito.

Além de fundador da revista *Punhal, publicou Soluço paquidérmico* (1982), *Coisa molhada* (1989), *Poesia marginal HAICAI* (1994); *Língua à deriva* (1996); *Eu fico é segurando o meu nariz* (1998); *Olha só o que acontece aqui dentro!* (1998); *Ei, quem você pensa que é?* (1998); *Que quieto o quê* (2005); *Que roubada!* (2005).

Fontes:

Publicações do autor.

GILBERTO DE ALENCAR (1886-1961)

Nasceu em João Gomes (MG), em dezembro de 1886, filho do Dr. Fernando de Alencar, um dos fundadores do Hospital de Misericórdia, e autor do romance *Celestina*, de quem Gilberto herdou o gosto pela literatura. Residindo em Juiz de Fora, exerceu o jornalismo e a direção da Secretaria de Educação. Membro da Academia Mineira de Letras, Gilberto de Alencar é considerado com justiça um dos maiores escritores mineiros.

No romance intitulado *Tal dia é o batizado: o romance de Tiradentes* (1972), ele recria, com linguagem rica e precisa, o ambiente e a vida de Joaquim José da Silva Xavier, o Tiradentes, cujo maior crime foi desejar libertar o País do domínio português. Com muita competência, desenvolve o drama da Inconfidência Mineira, com ricas cenas de heroísmo e paixões. Além do alferes, são também personagens os poetas Antônio Gonzaga e Cláudio Manoel, os padres inconfidentes, Alvarenga Peixoto e as musas do movimento – Maria Doroteia, a Marília de Dirceu, e Bárbara Eliodora. Gilberto de Alencar faleceu em Juiz de Fora, em 4 de janeiro de 1961, onde é nome de uma rua e uma escola.

Livros publicados: *Reconquista* (romance, 1961); *O escriba Julião de Azambuja* (romance, 1962); *Memórias sem malícia de Gudesteu Rodovalho* (romance, 1970); *Cidade do sonho e da melancolia* (2. ed. 1971); *Tal dia é o batizado: o romance de Tiradentes* (romance histórico, 1972).

Fontes:

Publicações do autor; http://www.icam.org.br (acesso em: 21 de maio de 2006).

GILBERTO MANSUR

Gilberto Mansur nasceu em São João del-Rei (MG), em 1942. Ainda jovem, transferiu-se para Belo Horizonte, onde se formou em Letras, participou de grupos de Estória e Texto, e trabalhou como professor de Português, repórter e redator. Os primeiros contos foram publicados em jornais e revistas de Belo Horizonte. Em 1967, em coautoria com André Carvalho, escreveu a peça infantil *Liderato, o rato,* que se tornou um sucesso de público e crítica. No ano seguinte, ainda na literatura para crianças, teve contos incluídos na coleção intitulada *Histórias de bichos e gente,* que circulava no formato de LP. Em 1968, mudou-se para São Paulo, onde reside com a esposa – a também escritora Vivina de Assis Viana – e os filhos. Trabalha no *Jornal da Tarde.*

Entre os livros publicados, destacam-se: *Asa curta* (1942); *A fome do mundo* (1977), que ganhou o Prêmio Nestlé de Literatura; *Jean-Pierre, o caracol* (1993), *Um outro jeito de voar* (1989); e *No inferno do mundo* (1998), entre outros. Participou ainda como organizador da antologia *Contos jovens* (1973).

Fontes:

Publicações do autor; LAJOLO, Marisa Philbert. *Contos jovens.* São Paulo: Brasiliense, 1973.

GODOFREDO RANGEL (1884-1951)

Nascido na cidade de Três Corações (MG), em 21 de novembro de 1884, José Godofredo de Moura Rangel foi um dos mais respeitados escritores mineiros de seu tempo. Desde os 12 anos, fazia pequenos jornais manuscritos, onde eram encontradas notícias, páginas literárias e até peças teatrais, das quais muitas vezes participava.

Após a morte de seu pai, Godofredo Rangel mudou-se para São Paulo e ingressou na Faculdade de Direito, onde participou ativamente do Cenáculo, nome dado por um grupo de jovens com pretensões literárias – ou "a doença: o carnegão literário" – para sua agremiação. Esse grupo escrevia para inúmeras revistas e jornais e ainda editava periódicos de pequena circulação com assuntos de interesse geral. Foi precisamente nesses jornais de pequena circulação, como o *Minarete,* que Godofredo Rangel publicou muitos contos e crônicas de sua autoria. "Minarete" era também o nome que o grupo dava ao chalezinho amarelo em que Rangel residia e no qual eles faziam suas reuniões. Entre os amigos dessa época, estavam Monteiro Lobato e Ricardo Gonçalves. O escritor residiu ainda em Campinas (SP), antes de retornar a Minas Gerais, e dar início à longa correspondência com Monteiro Lobato. Em 1906, já feito bacharel, casou-se com Bárbara Pinto de Andrade, com quem teve quatro filhos: Duse, Nello, Caio e Túlio.

A estreia nas Letras deu-se em 1920 com *Vida ociosa: romance da vida mineira,* após enorme insistência dos amigos. Em seguida, publicou um livro de contos, *Andorinhas* (1922), e uma narrativa romântica, *A filha* (1929). Publicou ainda dois livros infantis: *Um passeio à casa do Papai-Noel* e *Histórias do tempo do onça,* e o livro de contos, *Os humildes,* todos em 1929. Postumamente, em 1955, foram publicados dois romances: *Falange gloriosa* e *Os bem casados.* Godofredo Rangel publicou ainda a gramática *Estudo prático de português.*

Sua vida esteve dividida entre o magistério, as funções jurídicas e a atuação nas letras. As obras de Godofredo Rangel são consideradas pequenos retratos de Minas, pois registram o modo de viver do mineiro, com seus costumes mais prosaicos; acrescidas das lembranças da infância e da adolescência.

No dia 4 de agosto de 1951, três anos após a morte do amigo Monteiro Lobato, morria Godofredo Rangel, na capital mineira, aos 66 anos. A correspondência de Lobato para Rangel foi reunida no volume intitulado *A barca de Greyre,* e publicada em 1944. Alguns anos depois, Lobato publicou um segundo volume de *A Barca de Gleyre,* que continha novas cartas. Permanecem inéditas as cartas de Rangel, que se recusou a publicá-las por achar que não tinham mérito, principalmente diante das respostas de Monteiro Lobato.

Fontes:

LOBATO, Monteiro. *A barca de Gleyre.* São Paulo: Brasiliense, 1950; MENEZES, Raimundo de. *Dicionário literário brasileiro.* São Paulo: Saraiva, 1969; http://www.lobato.com.br (acesso em: maio de 2006); http://www.filologia. org.br (acesso em: maio de 2006).

GONZAGA DE CARVALHO

Nasceu em Virgem da Lapa (MG), em 1926. Segundo filho do casal Pedro Pereira de Carvalho e Inácia Ferreira de Oliveira, estudou no Seminário Arquidiocesano, em Diamantina (MG), para atender ao desejo da mãe, que queria vê-lo padre. Consciente de sua falta de vocação para o celibato, sentimento que expressa muito bem no poema "Oração de seminarista", Gonzaga de Carvalho deixou a vida religiosa e foi ser professor primário em Ladainha, no Nordeste de Minas, onde trabalhou por aproximadamente dois anos. Depois, mudou-se para Teófilo Otoni, onde trabalhou no Departamento Nacional de Estradas de Rodagem e, em seguida, para o Rio de Janeiro, onde trabalhou em um escritório de contabilidade. Após alguns anos, decidiu voltar para Teófilo Otoni. Em 1952, foi convidado para trabalhar na Rádio Teófilo Otoni, primeiro como produtor, depois como diretor. Entre os programas que lançou, o de maior sucesso foi *Paisagem urbana, Crônica diária,* que ficou no ar por cerca de dez anos. Em 1960, casou-se com Terezinha Leandra de Carvalho, com quem teve três filhos. Em 1962, tornou-se secretário municipal, cargo que ocupou por 20 anos e no qual se aposentou.

Gonzaga de Carvalho começou a escrever aos 15 anos, e seus poemas e crônicas guardam um perfil autobiográfico. Inicialmente publicou nos jornais *O Nordeste de Minas, Correio de Teófilo Otoni, O Liberal, Folha do Nordeste, O Independente, Gazeta de Teófilo Otoni, Jornal Carta, Tribuna do Mucuri* e *O Imparcial*. Mais tarde reuniu sua produção nos livros *Caminhos de rapaz* (crônicas, 1979); *Sonhos do jovem eu* (poemas, 1997); *Morro da vida* (crônicas, 1998) e *O revolucionário Ottoni* (biografia romanceada, 1983).

Muito respeitado na cidade, o escritor recebeu o título de cidadão honorário por sua importante contribuição cultural para Teófilo Otoni. Segundo ele, seu principal hobby hoje é a leitura. Dono de rica biblioteca com mais de 2.500 títulos, Gonzaga de Carvalho ainda escreve para o jornal *Afato* – da Associação dos Filhos Ausentes de Teófilo Otoni.

Fontes:

Entrevista concedida pelo escritor em maio de 2006.

GUILHERMINO CÉSAR (1908-1993)

Guilhermino César nasceu em Eugenópolis (MG), em 1908. No Ginásio Municipal de Cataguases, conheceu Ascânio Lopes, Francisco Peixoto, Humberto Mauro e Rosário Fusco, que, em 1927, fundariam com ele a revista *Verde*, considerada uma das maiores expressões modernistas do Estado. Durante o curso ginasial, dirigiu o Grêmio Literário Machado de Assis, cujas reuniões chamava de "caldeirão literário", e ainda colaborou em jornais locais e do Rio de Janeiro.

Em 1928, publicou o primeiro livro: *Meia pataca*, com a ajuda de Francisco Peixoto e Rosário Fusco. Em 1932, formou-se em Direito, e casou-se com Wanda Belli de Sardes, com quem teve dois filhos: João José e Guilhermino Augusto. Ainda nessa época, fundou os jornais *Mercúrio* e *Leite Criôlo*, enquanto colaborava em inúmeros outros, como *A Tribuna, Folha de Minas, Estado de Minas, Minas Gerais, Diário da Tarde, O Diário* e *Revista Mensagem*. Foi diretor da Faculdade de Filosofia, Ciências e Letras de Minas Gerais, e professor de Literatura Brasileira, História Moderna, Estética e História do Brasil, além de professor de Economia Política, na Escola de Ciências Econômicas.

Mas Guilhermino César não permaneceu em Minas. Convidado para ser o chefe de Gabinete do governador Ernesto Dornelles, transferiu-se para Porto Alegre (RS), cidade que adotou (assim como foi adotado), e realizou importantes serviços políticos e culturais. Entre os cargos que ocupou, foi presidente do Tribunal de Contas do Estado, presidente do Instituto Histórico e Geográfico por vários mandatos, e secretário da Fazenda entre 1953 e 1956. E no suplemento *Caderno de Sábado,* do jornal *Correio do Povo*, Guilhermino César atuou por mais de uma década como cronista respeitado e crítico literário. Em 1962, aceitou o convite para exercer a cátedra de Literatura Brasileira no Instituto de Estudos Brasileiros da Universidade de Coimbra (Portugal), aí permanecendo alguns anos até receber o título de doutor Honoris Causa da conceituada instituição.

Além dessa, recebeu outras importantes homenagens. Em 1986, o Instituto Estadual do Livro dedicou-lhe o número 13 de seus Cadernos, série Autores Gaúchos; e em 1990, foi escolhido patrono da 36ª Feira do Livro de Porto Alegre. A Universidade Federal do Rio Grande do Sul, através do reitor Hélgio Trindade, prestou homenagem à memória do escritor com a instalação de uma praça junto ao Instituto de Letras, que, por sua vez, inaugurou o Núcleo de Literatura Brasileira Guilhermino César, dedicado à pesquisa literária. O escritor faleceu em Porto Alegre, em 7 de dezembro de 1993, aos 85 anos.

Entre suas obras, estão: *Sul* (romance, 1939); *História da literatura do Rio Grande do Sul* (1956); *Ladrão de cavalo* (poema dramático, s/d); *Lira Coimbrã e Portulano de Lisboa* (1965, poesia); *O barroco e a crítica literária no Brasil* (1965); *Dona Fernanda, a gaúcha do Quincas Borba*; *O embuçado do erval: mito e poesia de Pedro Canga* (1968); *Bouterwek, os brasileiros na Geschichte der Poesie und Berdsamkeit*; *Sismonde de Sismondi e a Literatura Brasileira*; *Arte de matar* (poesia, 1969); *Primeiros cronistas do Rio Grande do Sul* (1969); *O Corpo Santo, as Relações Naturais e outras comédias* (teatro, 1986); *Carpinteiro só* (poesia, 1988); entre outros.

Fontes:

Publicações do autor; http://www.ichs.ufop.br; http://www.ufrgs.br.

GUIOMAR DE GRAMMONT

Guiomar de Grammont, escritora e dramaturga, nasceu em Ouro Preto (MG), em 3 de outubro de 1963. Residiu alguns anos em Brasília, até fixar-se novamente na cidade natal, com o marido e os três filhos, onde é diretora e professora do Instituto de Filosofia, Artes e Cultura da Universidade Federal de Ouro Preto. Formada em História, pelo Instituto de Ciências Humanas e Sociais da UFOP, tem especialização em Cultura e Arte Barroca por essa mesma instituição, mestrado em Filosofia pela UFMG, e doutorado em Literatura Brasileira pela Universidade de São Paulo. Realizou estágio na École de Hautes Études en Sciences Sociales de Paris, durante os anos de 1999 e 2000.

Entre os livros publicados, destacam-se: *Don Juan, Fausto e o Judeu Errante em Kierkegaard* (ensaio, 2003); *Caderno de pele e de pelo / Cahier de peau et de poil* (edição bilíngue, 2002); *Fuga em espelhos* (romance, 2001); *O fruto do vosso ventre* (contos, 1994); *Corpo e sangue* (contos, 1991). Possui ainda inúmeros artigos e ensaios acadêmicos publicados em livros, jornais e revistas do País e do exterior.

Guiomar de Grammont foi editora da *Revista do IFAC*, especializada em Cultura e Arte Barroca, de 1995 a 1998, e organizou coletâneas de artigos científicos nas áreas de História da Arte e Estética Teatral. No campo teatral, sua produção também é extensa: *Medeias*, encenada pela Cia Teatral "As Medeias", semifinalista no 2º Festival de Novos Humoristas da ABN; *Olympia*, que estreou em junho de 2001 pelo Grupo Teatro Andante, com direção de Marcelo Bonés, e foi considerada pelo Jornal *Estado de Minas* a melhor peça de 2001. Outras peças: *Ele:* o outro, que estreou em novembro de 2002, com direção de Julliano Mendes; *Tabu*, que foi ao palco em novembro de 2003, com direção de Gustavo Bartolozzi; e *Lírios*, adaptação de textos de Fernando Bonassi e Guiomar de Grammont, e realizada pela própria autora, que estreou em fevereiro e julho de 2004, com direção de Fernando Mencarelli.

Na ata do Prêmio *Casa de Las Américas*, que lhe foi concedido em 1993 pelo livro *O fruto do vosso ventre*, os jurados, entre eles os professores e ensaístas Davi Arrigucci Jr, Silviano Santiago e Trinidad Pérez Valdéz, registraram o seguinte comentário ao livro:

> *Este texto contiene relatos que nos revelan las cualidades de una nueva y promisora voz femenina en el panorama actual de las letras brasileñas. En* O fruto do vosso ventre *surge, con extraordinario vigor, un universo de ficción de notable y compleja energía dramática expresado a través de un lenguaje seco y conciso.*
>
> *Bajo la mirada lúcida de la narradora, el éxtasis amoroso se transforma en muerte, en autodestrucción, y una patética poesía se desprende de los cuerpos que en vano buscan una unidad talvez irrecuperable.*
>
> *O fruto do vosso ventre es, pues, por su audacia insospechada, una nueva y sensible contribución a la imaginación creadora latinoamericana de estos tiempos.*

Em 2006 a autora lançou uma antologia de contos intitulada *Sudário*, que reúne contos premiados e textos inéditos. No início de 2007, surgiu um novo livro: *O Aleijadinho e o aeroplano: paraíso barroco e a construção do herói colonial*, resultado da tese de doutorado defendida na USP. Guiomar de Grammont é ainda responsável pela realização anual do Fórum das Letras de Ouro Preto, importante evento que tem levado inúmeros escritores nacionais e internacionais até a cidade barroca para discutir e disseminar a literatura contemporânea.

Fontes:

Publicações da autora; entrevista concedida pela autora em 24 de maio de 2006; http://www.amulhernaliteratura. ufsc.br (acesso em: maio de 2006).

H

HELENA ARMOND

Helena Armond nasceu em Muzambinho (MG), em 1941. Desde jovem dedica-se à pintura e à escultura e vem participando com sucesso de exposições individuais e coletivas de artes plásticas. Estreou na literatura em 1983, com o livro *Linhas, segmentos e pontos... de vista*. Depois surgiram *Ecléticas crônicas poéticas*, em 1984; *Limites, conquistas... e linhas mistas*, em 1985; *Velaturas*, em 1987; *Corredor de espera*, em 1988; *Ver melhor*, em 1990.

Este último, destinado ao público infantil, abriu caminho para a Série 'Arte é Forma', composta dos livros: *Travessuras, Abro ou não abro* e *Cá dentro*. Em 1996, publicou *Enigma*, em que fala da terra, do ar, do pensamento e da palavra. Em 97, publicou *Pedra d'ara*, em que articula com sensibilidade o processo de transformação dos elementos da natureza pela ação do homem, unido pelo processo da vida; e, em 1998, *Água forte*, que traz como elemento principal a água.

Na obra *Em busca do elo perdido*, de 1999, ocorre o encontro entre a escultora e a poeta. Após o lançamento do livro, Helena Armond esculpiu em pedra-sabão sessenta e quatro sapos que ficaram expostos no Paço das Artes, em São Paulo. E, retomando a linha dos elementos da natureza, a escritora lançou *Falo de fogo*, em 2001, feito em papel *couché*, com capa de pano vermelho, o título chamuscado e delicadas ilustrações feitas de papel queimado contrapondo-se com breves poemas.

Fontes:

http://www.revista.agulha.nom.br (acesso em: 16 de junho de 2006); http://www.allaboutarts.com.br (acesso em: 16 de junho de 2006); http://www.planetanews.com (acesso em: 16 de junho de 2006).

HELENA MORLEY (ALICE DAYRELL CALDEIRA BRANT) (1880-1970)

Nasceu em Diamantina (MG), em 1880, e morreu no Rio de Janeiro, em 1970. Alice Dayrell Caldeira Brant utilizaou esse pseudônimo para publicar seu livro *Minha vida de menina*, em 1942, que escreveu, sem pretensões literárias, com base em seu diário de adolescente. O pseudônimo foi necessário para não expor a família, descendente de ingleses que imigraram para o Brasil em busca de cura para a tuberculose do Dr. John Dayrell, chefe de seu pai. Inicialmente, a família estabeleceu-se em Nova Lima, na Mina do Morro Velho. Posteriormente, mudaram-se para Diamantina, onde o Dr. Dayrell fundou a Santa Casa de Misericórdia e trabalhou o resto de sua vida.

Minha vida de menina conta, com inteligência e vivacidade, o cotidiano de uma família no final do século XIX, em Diamantina. A narrativa revela ainda a sensibilidade e o olhar atento da menina que anotava tudo à sua volta, desde a bondade e a ignorância dos moradores da província até a decadência econômica da região gerada pelo fim do Ciclo do Ouro. A autora lembra a ajuda financeira e emocional que recebia dos avós e revela o abismo cultural que existia entre seu núcleo familiar, inglês e protestante, e os vizinhos, brasileiros e católicos. O livro situa-se no limiar entre ficção e documento pela habilidade com que registra suas observações e reconstrói situações do cotidiano. Temos, aí, a triste situação dos ex-escravos após a Abolição da Escravidão, o racismo, o voto de cabresto, os preconceitos religiosos, o poder da Igreja, as relações familiares, o casamento entre primos, o cotidiano urbano, e, por fim, a disputa por heranças.

Alice Dayrell era sogra do escritor Abgar Renault. Seu livro impressionou a todos que o conheceram, como Guimarães Rosa, Carlos Drummond de Andrade e Elizabeth Bishop, que também morava em Ouro Preto, e o traduziu para o inglês. Em 2004, o livro foi adaptado para o cinema com a direção de Helena Solsberg, sob o título *Vida de menina*, e obteve relativo sucesso de público e crítica.

Fontes:

MORLEY, Helena. *Minha vida de menina*. São Paulo: Companhia das Letras,1998; http://www.georgezarur.com. br (acesso em: abril de 2006).

HELI MENEGALE (RICARDO MARTINS) (1903-1982)

O poeta, ensaísta, contista, professor e jornalista Heli Menegale nasceu em Juiz de Fora (MG), no dia 10 de janeiro de 1903, e faleceu em 1982. Filho de Heitor Menegale e de Amália Guimarães Menegale, estudou no Colégio Granbery, onde seu pai trabalhava como secretário, e no Colégio Mineiro Americano. Depois, estudou em Lavras, no Instituto Grammom, fez o Curso de Humanidades em Juiz de Fora, e concluiu os estudos em Campinas (SP). Nessa época, colaborou na Revista *A Onda*. Parte significativa de sua obra foi publicada sob o pseudônimo Ricardo Martins.

Escreveu o primeiro livro de poesia – *Azul* (1922) – aos 18 anos. Em 1923, formou-se engenheiro agrônomo pela Escola Superior de Agricultura e Pecuária do Sul de Minas, mas não exerceu a profissão, preferindo dedicar sua vida ao magistério, à literatura e ao jornalismo. Ocupou inúmeros cargos administrativos, entre eles, no

Conselho Estadual de Educação, no Colégio Estadual de Minas Gerais, na Interventoria Federal de Minas Gerais, durante o Governo Noraldino Lima, no Departamento Nacional de Educação no Rio de Janeiro, na Secretaria de Educação do Distrito Federal, no Ministério da Educação e Cultura, na Escola Técnica de Comércio Brasileira de Belo Horizonte e no Conselho de Planejamento Integral da Educação. Foi ainda membro da Academia Mineira de Letras, onde ocupou a cadeira 36, cujo patrono era Marquês de Sapucaí, tendo exercido a presidência da casa durante dois biênios.

Entre 1964 e 1967, decidiu viajar e permaneceu na Europa, residindo em diferentes países, enquanto estudava línguas. Heli Menegale foi casado com Odette Régnier Menegale, com quem teve cinco filhos: Cid, Maurílio, Júlio, Danilo e Berenice, esta última conhecida pianista.

Títulos publicados: *Azul* (poesia, 1922); *Ânfora do sonho* (poesia, 1926); *O suave poema* (poesia, 1928); *Passa quatro* (poesia, 1928); *A montanha* (poesia, 1928); *Antiga melodia* (poesia, 1935); *Cabo Deonato* (prosa, 1936); *Joãozinho e Maria e outras poesias infantis* (poesia, 1943); *A iconografia didática na história* (1960) *Roteiros de poesia* (ensaio, 1960); *Educar para progredir* (ensaio, 1960); *A família e a escola* (ensaio, 1960); *Aldeia* (poesia, 1966); *A porta do paraíso* (contos, 1967); *Villa Lobos e a educação* (ensaio, 1969) e *Permanência no azul e outros poemas* (poesia, 1979). Alguns de seus poemas foram transformados em partituras para piano por Angélica de Rezende García (1893-1973).

Para Alphonsus de Guimaraens Filho, "Heli Menegale foi sempre um poeta esquivo, infenso à publicidade ou afeito a reunir seus poemas em edições limitadas, dessas que alcançam invariavelmente um público restrito" (GUIMARAENS FILHO; 1979). Também sobre a discrição do poeta, e a falta de referências ao autor na edição de *Aldeia*, Amadeu Amaral faz o seguinte comentário:

> Bonito livro. Excelente livro. Trata-se de um poeta, um poeta de verdade, um poeta-poeta, daqueles que têm muita música dentro de si, e não fazem senão deixá-la escapar cá pra fora, corretamente, abandonadamente, diríamos, se os seus versos não se apresentassem lavrados a capricho, como por alguém que conhece e ama a sua doce língua, como vai conhecendo e amando os recursos infinitos da métrica (AMARAL, 1966)

Lamentavelmente, sua obra não foi reeditada e é praticamente desconhecida do público. Alguns livros podem ser encontrados no Acervo de Escritores Mineiros, da Universidade Federal de Minas Gerais, na Biblioteca de Henriqueta Lisboa, com afetuosas dedicatórias que revelam sua admiração pela poetisa.

Fontes:

AMARAL, Amadeu. Contracapa. In: MENEGALE, Heli. *Aldeia*. SP: Edart Livraria Editora, 1966; COUTINHO, Afrânio. SOUSA, J. Galante de (Org.). *Enciclopédia de Literatura Brasileira*. São Paulo: Global Editora, 2001, 2 vol; *Grande Enciclopédia Larousse Cultural*. São Paulo: Editora Nova Cultural, 1998. 24 volumes; GUIMARAENS FILHO, Alphonsus de. Contracapa. In: MENEGALE, Heli. *Permanência do azul e outros poemas*. Porto Alegre: Editora Globo, 1979; MENEGALE, Heli. *Aldeia*. São Paulo: Edart Livraria Editora, 1966; MENEGALE, Heli. *Permanência do azul e outros poemas*. Porto Alegre: Editora Globo, 1979. Edição organizada por Alphonsus de Guimaraens Filho; MELLO, Carmem. *Um poeta em transparência do azul*. In: *Suplemento Literário Minas Gerais*. Belo Horizonte, 5 de fevereiro de 1983. Disponível em: http://www.letras.ufmg.br (acesso em: 13 de maio de 2006).

HENFIL (HENRIQUE DE SOUZA FILHO)

Henrique de Souza Filho, mais conhecido como Henfil, nasceu em Ribeirão das Neves (MG), em 5 de fevereiro de 1944, periferia de Belo Horizonte. Em sua cidade, fez o supletivo noturno e, depois, o curso de Sociologia no Colégio Arnaldo da Ordem do Verbo Divino, em Belo Horizonte. Exerceu diferentes ofícios, antes de se tornar jornalista, cartunista e quadrinista na revista *Alterosa*, a convite do escritor Roberto Drummond. Em 1965, trabalhou no jornal *Diário de Minas*, fazendo caricatura política; depois charges esportivas para o *Jornal dos Sports,* do Rio de Janeiro. Em pouco tempo, Henfil publicava seus trabalhos nas principais revistas do País, como *Visão, Realidade, Placar* e *O Cruzeiro*. Em 1970, quando já integrava a equipe do *Pasquim*, lançou uma revista de humor, intitulada *Os fradinhos*, ou apenas *Fradins*, que se tornou conhecida pelo traço satírico, bem-humorado e extremamente crítico da situação nacional. A importância de Henfil na história do quadrinho brasileiro deve-se principalmente à renovação que trouxe ao desenho humorístico e ao estilo inconfundível de seus *cartoons*.

Como escritor, publicou os livros: *Hiroxima, meu humor* (1976); *Diário de um cucaracha* (1976); *Dez em humor* (obra coletiva, em 1984); *Diretas já* (1984); *Henfil na China* (1984); *Fradim de Libertação* (1984), e *Como se faz humor político* (1984). Produziu ainda a peça de teatro *A Revista do Henfil*, em coautoria com Oswaldo Mendes; escreveu, dirigiu e atuou no filme "Tanga: deu no *New York Times*", e participou do quadro TV Homem, no Programa TV Mulher, da Rede Globo de Televisão. Como outros companheiros de sua geração, destacou-se na resistência à ditadura, pelas manifestações a favor da democratização, pela anistia aos presos políticos, e pelo Movimento Diretas Já.

Como seus irmãos, Chico Mário e Betinho, Henfil era hemofílico, e, após uma transfusão de sangue, contraiu o vírus da Aids. Assim, aos 43 anos, no auge da carreira profissional, quando seu trabalho ilustrava as principais revistas do País, e o regime ditatorial, que ele tanto combateu, dava mostras de estar terminando, Henfil morria, vítima das complicações da doença, em 4 de janeiro de 1988, no Rio de Janeiro.

Fontes:

Publicações do autor; http://www.mre.gov.br (acesso em: 17 de julho de 2007); http://www.gibindex.com (acesso em: 17 de julho de 2007).

HENRIQUETA LISBOA (1901-1985)

Em 15 de julho de 1901, nasceu, em Lambari (MG), Henriqueta Lisboa, criatura predestinada às Letras, segundo o jornal *Estado de Minas* de 26 de agosto de 2006. No ano seguinte ao seu nascimento, o irmão da escritora, José Carlos, juntou-se a ela, e, dois anos mais tarde, sua irmã Alaíde, formando, assim, o famoso trio de literatos da família Lisboa. Formou-se no Colégio Sion de Campanha (MG) como normalista e, em 1924, mudou-se para o Rio de Janeiro, onde seu pai assumiu o cargo de deputado federal. Um ano depois, publicou o primeiro livro de poemas: *Fogo fátuo*. Em 31, recebeu o Prêmio de Poesia Olavo Bilac, da Academia Brasileira de Letras, pelo livro *Enternecimento*, publicado em 29.

Em 1935, mudou-se para Belo Horizonte, onde exerceu várias atividades, como inspetora federal de Ensino Secundário, professora de Literatura Hispano-Americana e de Literatura Brasileira da Universidade Católica e professora de História da Literatura da Escola de Biblioteconomia da Universidade Federal de Minas Gerais. Além de poetisa, Henriqueta foi tradutora e ensaísta, tendo traduzido Dante e Gabriela Mistral, entre outros poetas. Durante alguns anos, manteve intensa correspondência com importantes escritores, como Mário de Andrade, Carlos Drummond de Andrade, Cecília Meireles e Manuel Bandeira. Foi a primeira mulher a se eleger para a Academia Mineira de Letras, em 1963. Recebeu inúmeras condecorações, entre as quais a Medalha conferida pelo Ministério das Relações Exteriores da Itália; a Medalha da Academia Mineira de Letras; a Medalha de Honra da Inconfidência de Minas Gerais; a Medalha de Mérito da Municipalidade de Belo Horizonte e ainda o título de Cidadã Honorária de Belo Horizonte. Em 1984, recebeu o Prêmio Machado de Assis, pelo conjunto da obra, concedido pela Academia Brasileira de Letras.

Publicou os seguintes livros de poesia: *Fogo fátuo* (1925); *Enternecimento* (1929); *Velário* (1936); *Prisioneira da noite* (1941), Prêmio Othon Bezerra de Mello, da Academia Mineira de Letras; *O menino poeta* (1943); *A face lívida* (1945); *Flor da morte* (1949); *Madrinha lua* (1952, Prêmio da Câmara Brasileira do Livro, São Paulo), *Azul profundo* (1956); *Montanha viva: Caraça* (1958), *Além da imagem* (1963); *Belo Horizonte, bem querer* (1972); *O alvo humano* (1973); *Reverberações* (1976); *Miradouro e outros poemas* (1977); *Celebração dos elementos* (1977) e *Pousada do ser* (1982, Prêmio Pen Club do Brasil). Entre os ensaios, destacam-se: *Alphonsus de Guimaraens* (1945); *Convívio Poético* (1955); *Vigília Poética* (1968); e *Vivência Poética* (1979). Organizou ainda a *Antologia poética para a infância e a juventude* (1961, 2. ed. 1966); *Literatura oral para a infância e a juventude* (1968, 2. ed. 1969).

Henriqueta faleceu no dia 9 de outubro de 1985. No aniversário de dois anos de seu falecimento, foi criado o Prêmio Literário Henriqueta Lisboa, pela Secretaria de Cultura de Minas Gerais. Seu espólio intelectual – formado de livros, manuscritos, correspondências, objetos pessoas, quadros e recortes de jornais, entre outros documentos – encontra-se depositado no Acervo de Escritores Mineiros, na UFMG, na Sala Henriqueta Lisboa, à disposição dos pesquisadores e dos estudiosos de sua obra.

Fontes:

CARVALHO, Abigail de Oliveira. SOUZA, Eneida Maria de. MIRANDA, Wander Melo Miranda (Org.) *Presença de Henriqueta*. Rio de Janeiro: José Olympio, 1992; DUARTE, Constância Lima. *Henriqueta Lisboa e Carlos Drummond*: correspondência. In: *Remate de Males*, Campinas, Unicamp, vol. 23, 2003; LUCAS, Fábio. *Henriqueta Lisboa* (seleção). São Paulo: Global, 2001; RANGEL, Paschoal. *Essa mineiríssima Henriqueta*, ensaio de interpretação da obra poética de Henriqueta Lisboa. Belo Horizonte: O Lutador, 1987; VIRGILLO, Carmelo. *Henriqueta Lisboa*: bibliografia analítico-descritiva (1925/1990). Rio de Janeiro: José Olympio, 1992.

HENRY CORRÊA DE ARAÚJO

Mineiro de Campo Belo, nascido em 1940, formou-se em Contabilidade em 1964, na Escola Técnica de Comércio de Minas Gerais. Em 1966, ingressou na Faculdade de Filosofia da UFMG na área de Letras; porém abandonou o curso para se tornar poeta, escritor, jornalista, repórter, redator, cronista, crítico literário e autor de literatura infanto-juvenil.

Henry participou ativamente dos movimentos de vanguarda dos anos 1960, trabalhou no *Diário de Minas*; no *Jornal da Cidade* e no *Suplemento Literário do Estado de Minas*. Sua produção poética teve início com o grupo concretista de São Paulo e com o Invenção, de Belo Horizonte. Em 66, participou do movimento Poesia Processo, juntamente com Wladimir Dias, em que foram apresentadas as obras *Poemas leque*, *Custo de vida, Sanfona e Unhas de gato*. Em 62, obteve Menção Honrosa com o poema "Poesia: cor de homem", no Concurso Cidade Belo Horizonte, e venceu diversos outros prêmios, como o Concurso de Poesia da TV Continental do Rio de Janeiro, o Concurso de Poesias da *Revista do Corpo Discente da UFMG*, o Concurso da Casa do Estudante Mineiro e o Troféu Casimiro de Abreu.

Em 1977, Henry Corrêa de Araújo se envolve com a novidade que ocorria no campo da literatura infantil e juvenil: a presença da temática cotidiana e realista também nos livros para o público jovem. Nesse ano, ele lança com enorme sucesso o livro *Pivete*, que relata a história de meninos de rua que praticam pequenos delitos. Segundo Nelly Novaes Coelho, tratava-se de "uma marginalidade precoce, gerada pela miséria sem horizontes, e por uma sociedade ainda não estruturada pela base. Uma sociedade, em cujo seio vem-se alimentando um monstruoso círculo vicioso" (COELHO, 1983). Outros livros também vão explorar essa vertente urbana e a linha do realismo crítico, como, por exemplo, *E se a mamãe não voltar*, de 82, que aborda com sensibilidade o temor infantil provocado pela ausência da mãe que trabalha fora o dia inteiro. Em 80, ganhou o 1º Lugar no Concurso de Ensaios promovido pela Secretaria de Educação e Cultura de Minas Gerais, com o tema Especificidades da Literatura Infantil.

Obras publicadas: *Valacomum e vereda* (1966); *Antologia* (poesia, 1975); *Tempo contrario tempo* (poesia, 1976); *Pivete* (infanto-juvenil, 1977); *Dr. Gargalhada* (infanto-juvenil, 1981); *O distribuidor de sorrisos* (1981); *Balão de couro* (1982); *E se a mamãe não voltar* (infanto-juvenil, 1982); *Enquanto eu for meu próprio sol* (poesia, 1986); *Memórias de uma bola de futebol* (infanto-juvenil, 1988); *O salto duplo mortal* (infanto-juvenil, 1991); *Toque, sopre, ou dê uma surra* (infanto-juvenil, 1992), entre outros.

Fontes:

Publicações do autor; COELHO, Nelly Novaes. *Dicionário Crítico da Literatura Infantil/Juvenil Brasileira. 1882-1982.* São Paulo: Quíron, 1983.

HUMBERTO WERNECK

....

Humberto Werneck nasceu em Belo Horizonte, em 1945, e vive em São Paulo (SP), desde 1970. É jornalista, professor e escritor. Iniciou a carreira jornalística no *Suplemento Literário Minas Gerais*, em 1968, ao lado de Murilo Rubião, e já trabalhou no *Jornal da Tarde* – do qual foi correspondente em Paris, nos anos 1970 –, no *Jornal do Brasil*, no *Jornal da República* e nas revistas *Veja, Status, Isto É, Elle, Playboy* e *Forbes*. Atualmente, é jornalista *free-lancer* e, entre os periódicos que contam com sua colaboração, estão as revistas *Uma, Trip, Daslu* e *Mitsubishi*, e o *site* http://www.no.com.br, onde publica resenhas de livros. Werneck considera a experiência mais marcante de sua carreira profissional o curto período em que trabalhou no *Jornal da República,* projeto criado por Mino Carta, em 1979, que pretendia estabelecer um novo padrão de jornalismo no Brasil, independente e fiscalizador.

Como escritor, publicou *O desatino da rapaziada* (1992), em que traça o painel de meio século de vida lítero-jornalística em Minas Gerais, e é considerado fundamental para se entender o espírito literário mineiro. Publicou também: *Gol de letras*, em 1989, que acompanha o *songbook* de *Chico Buarque Letra e Música;* uma reportagem para o álbum *Havana Veja*, do fotógrafo Cláudio Edinger, em 1997, já traduzido na Inglaterra e na Suíça; e o livro – *Minérios domados*, de 1993, em que reúne parte da poesia de Hélio Pellegrino; e a organização dos últimos livros de contos de Murilo Rubião. Em 2001, publicou *Os passos da música*, que faz parte da obra *Oito ou nove ensaios sobre o Grupo Corpo*. Participou da Coleção Jornalismo Literário com *A arte de sujar os sapatos* (2004). Em 2005, publicou *Boa companhia: crônicas e pequenos fantasmas* que contém dez contos escritos nas décadas de 60 e 70, na época agrupados com o título *Primeiro movimento*. É autor do texto que acompanha as imagens do livro fotobiográfico *Oswaldo Cruz: o médico do Brasil.*

Como bolsista da Fundação Vitae, desenvolveu diversos projetos, como a biografia do poeta e compositor Jayme Ovalle; um livro sobre os bares da cidade de Belo Horizonte, *Praia de Mineiro*; e o dicionário *Pai-dos-burros*, com cerca de 1.500 verbetes de lugares-comuns. Em 2007, publicou *Pequenos fantasmas*, escrito entre 1965 e 1970, quando ainda residia em Belo Horizonte, cujo título era "Primeiro movimento". O livro teve edição limitada a 500 exemplares, numerados e assinados, mas alguns contos foram publicados no *Suplemento Literário* e disponibilizados no *site* http://www. letras. ufmg.br/websuplit. E, em julho de 2008, veio a público a esperada biografia intitulada *O santo sujo: a vida de Jayme Ovalle*. Em 2009 publicou *O pai dos burros*, uma divertida investigação de frases feitas.

Fontes:

Publicações do autor; FARIA, Ângela. "Vida com poesia". In: jornal *Estado de Minas* de 5 de julho de 2008; TEIXEIRA, Marcos Vinicius. "Passado ainda presente". In: jornal *Estado de Minas* de 8 de dezembro de 2007; http://www.camara.gov.br (acesso em: maio de 2006); http://www.facasper.com.br (acesso em: maio de 2006); http://revistatrip.uol.com.br (acesso em: maio de 2006); http://www.pbh.gov.br (acesso em: maio de 2006); http:// www.portaldovoluntario.org.br (acesso em: maio de 2006).

HYEDA CAMPOS

Nascida em 18 de julho de 1974, em Rio Vermelho, no Vale do Jequitinhonha, Hyeda Campos iniciou a carreira literária ainda jovem. Em 1993 lançou seu primeiro livro de poemas intitulado *Sombras do Rio*. Em 1998 publicou *Rosa*, também de poesia, que motivou o surgimento de espetáculos de poesia e teatrais na cidade. Nessa ocasião foi criado o Grupo Teatral Heros, que durante alguns anos foi o responsável pela agitação cultural da região.

Além dos citados, Hyeda Campos publicou ainda *Terra* (poesia, 2003); *Zé Maurício* (prosa poética, 2003), *Mestria do olhar* (poemas, 2006). Além destes, tem diversos trabalhos incluídos em obras coletivas, como *Antologia literária grandes escritores de Minas Gerais* (2001); *Antologia literária nas asas da imaginação* (2002); *Antologia literária internacional Del Secchi* (vol. XIII, 2003); *Antologia internacional palavras no 3º milênio* (2004).

Fontes:

Jornal Estado de Minas, de 22 de março de 2008; site da autora: www.hyedamiranda.com.br

IACYR DE FREITAS

Em Patrocínio do Muriaé (MG), no dia 22 de setembro de 1963, nasceu Iacyr Anderson de Freitas. Formado em Engenharia Civil pela Universidade Federal de Juiz de Fora, tornou-se mestre em Teoria da Literatura pela mesma instituição.

Participou do Grupo Abre Alas, de Juiz de Fora, e das edições da *Revista D'Lira*, que reúne poetas, contistas, romancistas, jornalistas, fotógrafos, músicos e artistas plásticos. Sobre seu trabalho literário, os elogios são muitos. Ronaldo Cagiano afirmou que o poeta está "entre as melhores vozes da recente poesia brasileira". E que consegue se impor "pelo valor de sua poesia, de alta voltagem estética, comprometida unicamente com a legítima recuperação da palavra, tão aviltada pelos processos idiossincráticos de ruptura e transgressão" (http://www.verdestrigos.com.br).

Embora jovem, já publicou volumes de poesia, de ensaios literários e uma coletânea de contos. Entre os prêmios recebidos, destacam-se a Menção Especial no Prêmio Jorge de Lima, da União Brasileira de Escritores, por *Sísifo no espelho,* em 1989; e o Prêmio de Poesia do Concurso Nacional de Literatura Cidade de Belo Horizonte, em 1990 e em 1993, com os livros *Messe* e *Lázaro*. Recebeu ainda o Prêmio Eduardo Frieiro, da Academia Mineira de Letras, em 2000, e o Prêmio Centenário de Oscar Mendes, em 2002. Sua antologia *Oceano coligido* foi considerada a Melhor Obra Poética de 2000, no Prêmio Nacional Joaquim Norberto, da União Brasileira de Escritores. Foi também premiado na Itália, com o primeiro lugar no *Premio Internazionale Il Convivio*, em 2002, na categoria de livro de poesia publicado em língua portuguesa. Parte de sua obra está traduzida para o francês, o inglês e o espanhol, e divulgada na Colômbia, na Espanha, na Argentina, nos Estados Unidos, na França, no Chile, em Malta, na Itália e em Portugal.

Publicações: *Verso e palavra* (poesia, 1982); *Pedra-Minas* (poesia, 1984); *Colagem de bordo & outros poemas* poesia, 1986); *Outurvo* (poesia, 1987); *Pedra-Minas & Memorablia* (poesia, 1989); *O aprendizado da figura* (poesia, 1989); *Sísifo no espelho* (poesia, 1990); *Primeiro livro de chuvas* (poesia, 1991); *Messe* (poesia, 1995); *Lázaro* (poesia, 1995); *Mirante* (poesia, 1999); *Oceano coligido* (antologia poética, 2000); *Messe* (edição revista, 2000); *Dançar o nome* (em coautoria com Edimilson Pereira e Fernando Fiorese, que contém CD com leitura dos poemas, 2000); *A soleira e o século* (poesia, 2002); *Duo. Magdalena* (poesia, 2004); *O cavalo alado e outros poemas* (poesia infantil, 2004); *Eu tinha um gato branco que fugiu* (poesia, infantil, 2004); *Respeitável público* (infantil, 2006); *Trinca dos traídos* (contos, 2003); *Primeiras letras* (antologia poética 2007); *Quaradouro* (antologia poética, 2007). Antologias que participa: *Antologia da nova poesia brasileira* (1992); *Pérolas do Brasil / Pearls of Brazil / Brazilian Gyöngyei* (1993); *International Poetry Review: Brazil Issue*. Greensboro (1997); *A poesia mineira no século XX* (1998); *Anto* (1998); *Fui eu* (1998); *Reflexos da poesia contemporânea do Brasil, França, Itália e Portugal* (2000); *Ricerca research recherche* (1998); *Baú de letras* (2000); *Quanta terra!!!* (2001); *Antología de la poesía brasileña* (2001); *Letras da cidade* (2002); *Poesia em movimento* (2002); *Terra além mar* (2005); *Antologia comentada da literatura brasileira*: poesia e prosa (2006); *Oiro de Minas: a nova poesia das Gerais* (2008); *Os dias de amor: um poema para cada dia do ano* (2009); *Portuguesia* (2009). Ensaios: *Heidegger e a origem da obra de arte* (1993); *Quatro estudos* (1998); *O artista e a cidade* (2000); *As perdas luminosas: uma análise da poesia de Ruy Espinheira Filho* (2001).

Fontes:

Publicações do autor; http://www.acessa.comacesso em: maio de 2006); http://www.verdestrigos.com.br (acesso em: maio de 2006); http://www.germinaliteratura.com.br (acesso em: junho de 2006); http://pt.wikipedia.org (acesso em: março de 2010).

ILDEU BRANDÃO (1913-1994)

Francisco Ildeu Brandão nasceu na cidade sul mineira de Ouro Fino, em 10 de maio de 1913, filho do também escritor João Lúcio Brandão e de Luiza da Fonseca Brandão. Residiu durante toda a vida em Belo Horizonte, onde cursou Direito na UFMG e trabalhou como jornalista e funcionário público, até se aposentar.

Publicou o primeiro livro – *Três histórias* – em 1948, e, depois de 20 anos, os contos reunidos em *Um míope no zôo* (1968). Tem ainda publicado em jornais do País, e participado de antologias, como *O conto mineiro*, organizado por Edgar Cavalheiro, *Contos jovens* e *Os melhores contos brasileiros de 1973*. A partir de 1980, passou a escrever para o público juvenil, e surgiram os contos: *Gavião de penacho* (1980); *Azul balão* (1986); *A ponte* (1987); *Minhoca não é só isca* (1992), entre outros.

Após seu falecimento, ocorrido em 1994, foi publicado o conto "Ato falho".

Fontes:

COELHO, Nelly Novaes. *Dicionário crítico da literatura infantil e juvenil brasileira, 1882/1982*. São Paulo: Quoron, 1983; BRANDÃO, Ildeu; APOCALIPSE, Álvaro. *Gavião de penacho*. Belo Horizonte: Comunicação, c1980. 19p; http://prascabecas.blogspot.com (acesso em: 15 de junho de 2006).

IRIS AMÂNCIO

Nascida em Muriaé (MG), em 1966, Iris Amâncio é formada em Letras pela Faculdade Santa Marcelina, de sua cidade. Em Belo Horizonte, concluiu o mestrado em Literaturas de Língua Portuguesa pela PUC Minas, em 1996, e o doutorado em Estudos Literários pela Universidade Federal de Minas Gerais, em 2001. Estudiosa das literaturas africanas de língua portuguesa, tem inúmeros artigos e ensaios publicados em livros, jornais e revistas especializadas do país e do Exterior. Foi professora de Língua Portuguesa da PUC Minas, consultora do Programa das Nações Unidas para o Desenvolvimento, sobre Desigualdade e Raça, e coordenadora do curso de Pós-Graduação em Estudos Africanos e Afro-Brasileiros, em Contagem. Atualmente, é professora de Literaturas Africanas na Universidade Federal Fluminense, em Niterói, e responsável pela Nandyala Livraria e Editora, em Belo Horizonte, que está sempre promovendo encontros entre professores e escritores, de reflexão sobre as literaturas de matrizes africanas.

A estreia de Íris Amâncio na literatura ocorreu em 2005, com o livro *A ginga da rainha*, que conta a história de Njinga Mbande, que nasceu em Angola em 1582,e tornou-se verdadeiro mito da história africana, numa linguagem acessível aos jovens leitores. O livro foi lançado também em Angola, em uma edição cuidadosa com belíssimas ilustrações cedidas pelo Museu Histórico de Angola. Acompanha o livro o CD-ROM Caderno Virtual Complementar.

Fontes:

Publicações da autora; http://www.mazzaedicoes.com.br (acervo em março de 2010).

IVAN ÂNGELO

O escritor nasceu em Barbacena (MG), em 4 de fevereiro de 1936. Formou-se no tradicional Colégio Anchieta, e em 1956 publicou sua primeira ficção na *Revista Complemento*. A atividade jornalística desde o início foi intensa: trabalhou nos jornais *Correio de Minas*, *Diário de Minas* e *O Tempo*; foi editor, editor-executivo e secretário de Redação do *Jornal da Tarde*; e colaborador nas revistas *Playboy* e *Veja*, entre outros veículos.

Em 1959, publicou *Homem sofrendo no quarto,* que dá início a uma investigação que parece percorrer toda sua obra: a busca de novas formas de narrar. O livro *Duas faces* foi publicado em 1961 com a parceria de Silviano Santiago e, em 1963, começou a escrever *A festa*, interrompido alguns anos por causa da ditadura militar, e que depois retoma para incorporar a repressão e a guerrilha popular. Em 1976, publica o livro, que ganha o Prêmio Jabuti, e torna-se um dos depoimentos ficcionais mais contundentes da sociedade brasileira dos anos 1970.

O autor publicou outras obras, como *A casa de vidro* (1979); *A face horrível* (1986); *O ladrão de sonhos e outras histórias* (1994); *Amor?* (1995, Prêmio Jabuti); *Pode me beijar se quiser* (infantil); *O vestido luminoso da princesa* (infantil, 1997); *História em ão e inha* (infantil, 1998); *O comprador de aventuras e outras crônicas* (2000). Alguns de seus livros estão traduzidos na França, nos Estados Unidos, na Alemanha e na Áustria. Uma coletânea de suas crônicas foi selecionada, em 2007, para integrar a Coleção Melhores Crônicas da Global Editora, idealizada pela escritora Edla van Steen, e que já lançou alguns dos mais representativos autores da literatura brasileira, como Machado de Assis, José de Alencar, Marques Rebelo, Roberto Drummond, entre outros.

Muito conhecido do público leitor por frequentar eventos literários e feiras de livros, Ivan Ângelo foi escritor residente na Universidade da Califórnia, Los Angeles (USA), por um mês, quando teve oportunidade de lecionar Literatura Brasileira. Sua obra contém uma visão lúcida e crítica da sociedade e revela a busca incessante pela inovação estilística. A forma como constrói as personagens e exterioriza seus pensamentos e suas emoções costuma ser apontada como ímpar na literatura nacional.

Fonte:

Publicações do autor.

IVAN CUPERTINO DUTRA

Ivan Cupertino Dutra nasceu em 13 de dezembro de 1963, na cidade de Nova Lima (MG). Após realizar os estudos primários em sua terra natal, mudou-se para Belo Horizonte, onde concluiu sua formação escolar. Em 1992, graduou-se em Letras pela Universidade Federal de Minas Gerais, especializando-se em Língua Portuguesa e Francesa. Cursou Direito no Centro Universitário Luterano de Palmas e fez o mestrado em Letras pela Pontifícia Universidade Católica de Minas Gerais, em 1997. Mais tarde, o escritor mudou-se para Palmas (TO), onde se tornou professor do Colégio Objetivo e do Instituto Luterano de Ensino Superior (ILES), da Universidade Luterana do Brasil (Ulbra).

O poeta, ensaísta e educador Ivan Cupertino tem os seguintes livros publicados: *O mundo e o sonho* (1983), *Verde* (1984), *Ave de rapina* (1985), *Exercício de existência* (1988), *Feminino* (1991), *Despaisado* (s.d).

Fontes:

Publicações do autor; http://www.letras.ufmg.br (acesso em: 30 de junho de 2007); http://www.buscatextual.cnpq.br (acesso em: 30 de junho de 2007).

J

JACYNTHO LINS BRANDÃO

Nascido em Rio Espera (MG), em 1952, Jacyntho José Lins Brandão é licenciado em Letras pela UFMG e doutor em Letras Clássicas pela USP. Atuou como professor visitante na Universidade de Aveiro (Portugal), na École des Hautes Études en Sciences Sociales (França) e na Universidad Nacional del Sur (Argentina). Além de professor titular de Língua e Literatura Grega na Faculdade de Letras (FALE) da UFMG, tem ocupado importantes cargos administrativos, como secretário geral, tesoureiro e presidente da Sociedade Brasileira de Estudos Clássicos (SBEC), a direção da FALE, em dois mandatos: 1990-1994 e 2006-2010, e a vice-reitoria da UFMG, de 1994 a 1998. Publicou os romances *Relicário* (1982) e *O fosso de Babel* (1997); a peça de teatro *Que venha a Senhora Dona* (2007), que recebeu o primeiro lugar no Concurso de Textos Teatrais da Fundação Clóvis Salgado, em 1981; além de livros sobre a cultura, a literatura e a língua grega, tais como *Antiga Musa: arqueologia da ficção* (2005); *A poética do hipocentauro* (2001), indicado para o Prêmio Jabuti; *Helleniká: introdução ao grego antigo* (2005) e *A invenção do romance* (2006).

Fontes:

Publicações e site do autor: www.letras.ufmg.br/jlinsbrandao (acesso em: março de 2010).

JAIME PRADO GOUVÊA

Jaime Prado Gouvêa nasceu em Belo Horizonte, em 1945. Graduou-se em Direito pela UFMG, mas exerceu pouco a profissão, preferindo atuar como jornalista, primeiro no *Jornal da Tarde* (SP), depois na sucursal mineira de *O Globo*, no início dos anos 1970. Integrou a equipe do *Suplemento Literário Minas Gerais* em diferentes ocasiões: no início do jornal, em 1969, antes de ir para São Paulo; quando Murilo Rubião tornou-se diretor da Imprensa Oficial; e mais tarde, quando o periódico tornou-se *Suplemento da Secretaria de Cultura* (1995). Ao longo dos anos, relacionou-se com importantes figuras do meio literário mineiro, como Murilo Rubião, Ildeu Brandão, Bueno de Rivera, Humberto Werneck, Adão Ventura, Sebastião Nunes, Duílio Gomes, Manoel Lobato, entre outros.

Antes mesmo de publicar seu primeiro livro de contos – *Areia tornando em pedra*, em 1970 –, foi premiado no II Concurso Nacional de Contos do Paraná, em 1969. Em 75, publicou *Dorinha Dorê*, e, em 1982, *Fichas de vitrola*, que mistura ficção e música, através de instrumentos e citações musicais, que ganhou o Prêmio Guimarães Rosa desse mesmo ano. Em 1991, publicou o romance *O altar das montanhas de Minas*, em que brinca com clichês do pós-modernismo, como o excesso de referências intelectuais, fazendo quase 'um romance dentro do romance'.

Em 2007, retorna à cena literária com a reedição de *Fichas de vitrola & outros contos*, que, além dos contos de *Fichas de vitrola*, contém dois contos de *Areia tornando pedra* (1970), seis de *Dorinha Doré* (1975), e três que estavam publicados em antologias coletivas: "Maçã em pedaços", "Guardando roupa suja" e "Pequenas canções de outono". Em 2009, o escritor Jaime Prado Gouvêa assumiu pela quinta vez o cargo de editor do *Suplemento Literário de Minas Gerais*. Em 2010 lançou o romance *O altar das montanhas de Minas*.

Fontes:

GOUVÊA, Jaime Prado. *O altar das montanhas de Minas*. Rio de Janeiro: Edições Siciliano, 1991; GOUVÊA, Jaime Prado. *Fichas de vitrola*. Rio de Janeiro: Edições Guanabara, 1986; Entrevista com o autor por meio de correio eletrônico em abril e maio de 2006.

JANETE CLAIR (1925-1983)

Janete Stocco Emmer, mais conhecida como Janete Clair, nasceu em Conquista (MG), no ano de 1925, e faleceu no Rio de Janeiro, em 1983. Iniciou sua carreira como rádio-atriz na Rádio Tupi Difusora de São Paulo, em 1943. O nome artístico foi uma homenagem à música *Clair de Lune*, do compositor Debussy.

Em 1956, já casada com o dramaturgo Dias Gomes, Janete Clair escreveu a primeira radionovela de sucesso intitulada "Perdão, meu filho", que foi transmitida pela Rádio Nacional do Rio de Janeiro. Ao todo, foram trinta e uma radionovelas, principalmente para a Rádio Nacional do Rio, que consolidaram sua carreira de novelista.

A primeira novela para a televisão – *O acusador* – ocorreu em 1964, na Rede Tupi do Rio. Na Rede Globo, sua estreia se deu com *Anastácia, a mulher sem destino*, que era inicialmente escrita por Emiliano Queirós. Solicitada a reduzir despesas de produção, ela providenciou um furacão que eliminou metade do elenco e dos cenários. A partir de então, não deixou mais a Globo, onde se consagraria em meio ao público com novelas de sucesso, como *Irmãos Coragem* e *Selva de pedra*, no início dos anos 1970. Em 1976,

Pecado capital foi considerado pela crítica seu melhor trabalho. Em seguida, veio *O astro*, que mobilizou o País na noite de seu último capítulo, quando seria revelada a identidade do assassino do personagem Salomão Hayalla.

Além das novelas já citadas, Janete Clair escreveu: *Sétimo sentido* (1982); *Coração alado* (1980/1981); *Pai herói* (1979); *Duas vidas* (1976/1977); *Fogo sobre terra* (1974/1975); *O semideus* (1973/1974); *O homem que deve morrer* (1971/1972); *Véu de noiva* (1969/1970); *Bravo!* (com Gilberto Braga) (75/76); *Eu prometo* (1983); *Rosa rebelde* (1969); *Passo dos ventos* (1968/69) e *Sangue e areia* (1967/68), que foram transmitidas pela Rede Globo, em diferentes horários. E ainda *Paixão proibida,* que foi transmitida pela Rede Tupi, em 67, e *Acorrentados,* transmitida pela Rede Record, em 69.

A novelista escreveu um único romance, ainda na década de 70, intitulado *Nenê Bonet*, hoje uma raridade nos sebos. Encomendada pela Revista *Manchete*, a narrativa foi divulgada em capítulos, no formato de folhetim. A história era ambientada no Rio de Janeiro dos anos 1920, e tem como protagonista Ernestina, jovem aristocrata criada para ser submissa ao marido. Após perder os pais, e descobrir que o marido, autoritário e grosseiro, tem uma amante, ela toma consciência do quanto tinha sido ingênua, então busca sua liberdade sexual. O romance foi recentemente reeditado e lançado na Academia Brasileira de Letras, em 11 de agosto de 2005, como parte das comemorações pelos 80 anos de nascimento da autora e também pelo Dia da Televisão.

Janete Clair ficou conhecida como "a maga das 8", pela magia que suas novelas operavam no público telespectador, a ponto de cristalizar o horário da novela. Segundo Sergio Maggio,

> Janete Clair revolucionou a linguagem da telenovela com ousadia e emoção... Tem um Brasil que nunca esqueceu o beijo final de Cristiano e Simone em *Selva de pedra* (1972). Existe um país que parou para descobrir quem assassinou Salomão Hayala em *O astro* (1978). Há uma plateia que guardou nas reminiscências as histórias de tantos personagens: João Coragem, Herculano Quintanilha, Ana Preta, Juca Pitanga, Priscila Capricce, Luana Camará. A lista de tipos inesquecíveis se esgotou há exatos 20 anos. Naquele 16 de novembro de 1983, morria Janete Clair, a autora que criou o jeito brasileiro de fazer telenovela (MAGGIO, 2003).

A novelista faleceu vitimada por um câncer em dezembro de 1983, enquanto ia ao ar a novela *Eu prometo*, concluída por sua colaboradora Glória Perez. Três novelas suas tiveram *remakes* após sua morte: *Selva de pedra* (em 1986), *Irmãos coragem* (em 1995) e *Pecado capital* (em 1998). E o autor Walter Negrão se baseou numa antiga radionovela de sua autoria, *A noiva das trevas,* para escrever *Direito de amar,* em 1987.

Fontes:

MAGGIO, Sérgio. Alma Brasileira. In: Jornal *Correio Braziliense*, 21/ 11/ 2003; SCHUMAHER, Shuma & BRAZIL, Érico Vital. *Dicionário mulheres do Brasil de 1500 até a atualidade.* Rio de Janeiro: Jorge Zahar Editor, 2000; http://www.teledramaturgia.com.br (acesso em: maio de 2006); http://www.tribunadonorte.com.br (acesso em: maio de 2006); http://www.terra.com.br (acesso em: maio de 2006); http://www.curtagora.com (acesso em: maio de 2006); http://www2.metodista.br (acesso em: maio de 2006).

JEFERSON DE ANDRADE

Jeferson de Andrade, mineiro de Paraguaçu, nasceu em 14 de julho de 1947. Residiu em Belo Horizonte, no Rio de Janeiro e em São Paulo, retornando em 1996 para Belo Horizonte. No Rio, conviveu durante 15 anos com o poeta Carlos Drummond de Andrade, de quem recebeu os originais do livro *Corpo*, para ser publicado na Editora Record, onde ele trabalhava.

Estreou no meio literário no início da década de 1970, publicando contos em revistas literárias. É autor de *Anna de Assis: história de um trágico amor*, que narra com base no depoimento de Judith Ribeiro de Assis, a história do triângulo amoroso vivido por Ana, Dilermando de Assis e o escritor Euclides da Cunha, que terminou morto pelo jovem amante de sua esposa, em 1909. O livro tornou-se um *best-seller* e deu origem à minissérie "Desejo", produzida pela TV Globo, na década de 1990.

Com o jornalista Joel Silveira, escreveu *Um jornal assassinado: A última batalha* do *Correio da Manhã*, que conta a história do jornal fechado pela ditadura militar das décadas de 1960 e 1970. Jeferson de Andrade foi um dos organizadores do Manifesto dos Intelectuais contra a Censura, em 1976, e fez parte da comitiva que esteve em Brasília para entregar o documento ao ministro da Justiça da época. Como editor, além de inúmeras edições mimeografadas, trabalhou na Codecri, a editora do jornal *Pasquim*, e na Record. De 1997 a 1999, escreveu muita crítica literária e fez reportagens culturais para o Jornal *Estado de Minas*. Atualmente edita o jornal de bairro *Folha do Padre Eustáquio*, com circulação mensal na região noroeste de Belo Horizonte.

Entre seus livros, destacam-se: *Senhoras e senhores: a voz do Brasil* (1980); *Um homem que bebe cerveja no Bar do Odilon* (contos, 1982); *Um segredo de verão* (1985); *Prazer Imenso*: contos eróticos masculinos (1986); *Jornal assassinado: a última batalha do Jornal Correio da Manhã* (1991); *A falta que faz um gol* (infanto-juvenil, 2002); *Anna de Assis: história de um trágico amor* (2006) e *Nunca seremos felizes* (2007).

Fontes:

Publicações do autor; http://www.observatoriodaimprensa.com.br (acesso em: maio de 2006/ setembro de 2008); http://www.usinadeletras.com.br (acesso em: maio de 2006/ setembro de 2008); http://www.millarch.org (acesso em: maio de 2006/ setembro de 2008); http://www.solereditora.com.br (acesso em: maio de 2006/setembro de 2008).

JOANYR DE OLIVEIRA

Nascido em 6 de dezembro de 1933, na cidade de Aimorés (MG), além de poeta laureado, é cronista e contista, bacharel em Direito, jornalista desde os 16 anos, e professor em escolas de várias cidades, como Vitória, São Paulo, Goiânia, Rio de Janeiro, e até nas cidades norte-americanas de Boston, Hartford, Santa Ana e Anaheim. Em 1960, mudou-se para Brasília e, na capital federal, foi redator da

Rádio Educadora, revisor do Departamento de Imprensa Nacional, funcionário da Câmara de Deputados e membro de diversas entidades culturais.

Entre os livros que publicou, estão: *Minha lira* (1957); *Cantares* (1977); *O grito submerso* (1980); *Casulos do silêncio* (1982); *Caminhos do amor* (contos, 1985); *Entre os vivos e os mortos* (romance, 1985), *Soberanas mitologias* (1991), *A cidade do medo* (1991); *Luta a(r)mada* (1992); *Flagrantes líricos* (1993); *Pluricanto, trinta anos de poesia* (1996); *Canção ao filho do homem* (1998); *Vozes de bichos* (infanto-juvenil, 2000); *Tempo de ceifar* (2002); *A hora de Deus* (2002); *50 poemas escolhidos pelo autor* (2003); *Por que chora a chuva?* (infanto-juvenil, 2005); *Biografia da cidade de Brasília* (2005); *Antologia pessoal: 7* (2007); *Raízes do ser: Poemas para Aimorés* (2007). No prelo: *Poetas brasileiros dos anos 30, Raízes do ser: poemas para Aimorés e Antologia pessoal*. Participa de várias antologias de poemas, contos e crônicas, no Brasil e no exterior, como Argentina, Canadá, Espanha, EUA, França, Índia, Itália e Portugal.

Fontes:

CAGIANO, Ronaldo. *Poetas mineiros em Brasília*. Brasília: Varanda Comunicação e Edições, 2002; http: http:// www.antoniomiranda.com.br (acesso em: maio de 2006); http: http://www.revista.agulha.nom.br (acesso em: maio de 2006); http://www.jornaldepoesia.jor.br (acesso em: setembro de 2008); http://www.antoniomiranda.com.br (acesso em: setembro de 2008); http://www.thesaurus.com.br (acesso em: setembro de 2008).

JOÃO ALPHONSUS DE GUIMARAENS (1901-1944)

Poeta, escritor e crítico literário, nasceu em Conceição do Serro, hoje Conceição do Mato Dentro (MG), em 6 de abril de 1901. Era o primogênito dos 15 filhos do poeta Alphonsus de Guimaraens e de Zenaide Silvina de Guimaraens, e irmão dos poetas Alphonsus de Guimaraens Filho e Archangelus de Guimaraens. Fez os primeiros estudos no Seminário Arquiepiscopal de Mariana (MG), cidade em que viveu até 1918. Em Belo Horizonte, terminou os preparatórios e iniciou o curso de Medicina, que logo trocou pelo Direito, formando-se em 1930. Casou-se com Esmeralda Viana de Guimaraens, com quem teve três filhos.

Trabalhou, ainda estudante, na Secretaria das Finanças do Estado. Em 1922, viajou a trabalho para a cidade de Caravelas, na Bahia, onde ocupou durante alguns meses o posto de vigia fiscal do Porto de Ponta d' Areia. Foi nessa época que escreveu o conto "A pesca da baleia". Também trabalhou como redator-chefe no jornal *Diário de Minas*, juntamente com Carlos Drummond de Andrade, Emílio Moura e Pedro Nava, com quem fundou a *Revista*, o órgão divulgador do movimento modernista mineiro. Colaborou também na revista *Verde*, de Cataguases, outro importante veículo das ideias modernistas. Após formar-se, foi nomeado Promotor da Comarca de Belo Horizonte, e, em 1931, foi promovido a auxiliar jurídico da Procuradoria-Geral do Estado, cargo que ocupou até sua morte, em 23 de maio de 1944, aos 43 anos de idade, vítima de uma septicemia.

Segundo o autor, em entrevista a Edgar Cavalheiro, o gosto pela literatura foi-lhe inspirado pelo pai, que enviou seu primeiro conto, "Guaraci", para um jornal de Belo Horizonte. Os primeiros poemas foram publicados em 1918, na revista *Fon-Fon* do Rio de Janeiro. Os demais publicou em variados jornais e revistas de seu tempo, sem nunca reunir em livro. Também escreveu contos, novelas, romances e crítica literária, mas era como contista que o autor se sentia mais realizado. Segundo Fernando Correia Dias, foi "o ficcionista mineiro mais fiel ao Modernismo" (DIAS, 1981, p. 169). Recebeu diversos prêmios por seu trabalho literário, tendo sido eleito para a Academia Mineira de Letras, em 1942.

O primeiro livro de contos, *Galinha cega*, surgiu em 1931. Em 34, publicou o romance *Totônio Pacheco*, que ganhou o Prêmio Machado de Assis da Companhia Editora Nacional. O romance *Rola moça*, de 38, obteve o Prêmio da Academia Brasileira de Letras. Publicou ainda o livro de contos *Pesca da baleia*, em 42, e *Eis a noite!*, de contos e novelas, em 1943. Este último foi vencedor de um concurso promovido pela *Folha Carioca*, como o melhor do gênero naquele ano.

A obra de João Alphonsus é descrita por Carlos Drummond de Andrade como "cheia de desconforto na sua ironia e na sua cruel desmontagem do ridículo e da insatisfação pequeno-burguesa, é uma literatura humana, terrivelmente, miudamente, dolorosamente humana" (DRUMMOND, 1952, p. 169-170).

De fato, sua obra é marcada pelo pessimismo e impregnada pela dor existencial inerente ao ser humano. A morte é tema recorrente, mas o sofrimento humano é tratado de forma irônica, como se transitasse entre o dramático e o risível. Seus contos possuem ainda um claro caráter social, pois muitos de seus personagens são gente do povo, simples funcionários públicos ou donas de casa. O autor extrai poesia das situações mais prosaicas, ao narrá-las com leveza e muito lirismo.

Fontes:

ANDRADE, Carlos Drummond de. *Passeios na ilha: divagações sobre a vida literária e outras matérias*. Rio de Janeiro: Edição da Organização Simões, 1952; DIAS, Fernando Correia. "O romance urba no em Belo Horizonte: primeiros tempos". In: *Seminário João Alphonsus*. A ficção mineira de Bernardo Guimarães aos primeiros modernistas. Belo Horizonte: Imprensa Oficial de Minas Gerais, 1981; LOPES, Maria Angélica Guimarães. Uma lupa sobre a burguesia: a hipérbole nos contos e novelas. In: *Suplemento literário Minas Gerais*, Belo Horizonte, 20 de maio de 1989.

JOÃO BATISTA MELO

João Batista Melo nasceu em Belo Horizonte, em 1960, onde sempre residiu. Formou-se em Comunicação Social pela UFMG e por muito tempo atuou como crítico de cinema e de literatura em diversos jornais.

O primeiro livro de contos surgiu pela Secretaria de Cultura do Estado de Minas Gerais, em 1989, com o título *O inventor de estrelas*, que recebeu o Prêmio Minas de Cultura em 1989. O segundo, *As baleias do Saguenay*, foi lançado pela editora Rocco, em 1995, e ganhou o Prêmio Nacional Cidade de Belo Horizonte, e o primeiro lugar do Prêmio Paraná. Em 1999, lançou *Um pouco mais de Swing*, pela editora Rocco.

João Batista Melo integra ainda várias antologias, como *Novos contistas mineiros* e *O melhor da literatura mineira*. Em 1998, teve seu conto "Após o crepúsculo" incluído na antologia *Des nouvelle du Brésil*, lançada no Salão do Livro de Paris, ao lado de autores como Lygia Fagundes Telles e Clarice Lispector. Nesse ano, publicou, pela Editora Rocco, seu primeiro romance, intitulado *Patagônia*, a história de Otaviano Caldeira, que, para encontrar o assassino de seu irmão, percorre terras e mais terras, até chegar na região de Cholila, na Patagônia. O romance mistura com habilidade elementos ágeis próprios do *western* com descrições e informações geográficas e históricas comuns no romance histórico.

Na década de 1980, dirigiu um curta-metragem de ficção, chamado *A quem possa interessar*. Esse tratou sobre o preconceito que pessoas idosas sofrem dentro do mercado de trabalho. O filme foi selecionado para participar do Festival Internacional de Bilbao e da Jornada de curta-metragem de Salvador.

Em 2008, lançou pela editora Record uma coletânea de contos intitulada *Colecionador de sombras*, onde o escritor reúne contos escritos ao longo dos últimos dez anos.

Fontes:

Publicações do autor; http://www.editoras.com (acesso em: outubro de 2008); http://pphp.uol.com.br (acesso em: outubro de 2008).

JOÃO CARLOS TAVEIRA

João Carlos Taveira é mineiro de Caratinga, nascido em 17 de setembro de 1947. Em 1969, mudou-se para Brasília (DF), onde trabalhou na Empresa Brasileira de Correios e Telégrafos e na Viação Aérea São Paulo (Vasp). Com formação em Letras Neolatinas, foi diretor da Divisão de Desporto, Lazer e Turismo, no Governo José Aparecido de Oliveira; e trabalhou com Paulo Gontijo na organização de obras literárias e na construção do Templo da Ciência.

Passou a fazer parte da vida literária de Brasília ainda no início da década de 70, por incentivo de Cassiano Nunes para publicar seus poemas. Pertence à Academia Brasileira de Letras, à Associação Nacional de Escritores, ao Instituto Histórico e Geográfico do Distrito Federal e Academia Brasiliense de Letras, cujo patrono é Cruz e Sousa. Em 1994, recebeu a Medalha do Mérito Cultural de Brasília.

Livros publicados: *O prisioneiro* (1984); *Na concha das palavras azuis* (1987); *Canto só* (1989); *Aceitação do branco* (1991); *A flauta em construção* (1993) e *Arquitetura do homem* (2005). Participa das seguintes antologias: *Antologia da nova poesia brasileira* (de Olga Savary, 1992); *Cronistas de Brasília* (de Aglaia Souza, 1995); *Caliandra: poesia* em *Brasília* (de Mário Viggiano, 1995); *A poesia mineira do século XX* (de Assis Brasil, 1998); *Antología de la poesía brasileña* (de José Lois García, 2001); *Poetas mineiros em Brasília* (de Ronaldo Cagiano, 2002); *Pensamentos da literatura brasileira* (de Napoleão Valadares, 2002); *Trilhos na cabeça* (de Albert von Brunn, 2003); *Poemas para Brasília* (de Joanyr de Oliveira, 2004); entre outras. Encontra-se no prelo *Arquitetura do homem & outros poemas*, que reúne sua produção poética de 1984 a 2004.

Fontes:

Publicações do autor; http://www.revista.agulha.nom.br (acesso em: 2 de maio de 2006); pt.wikipedia.org (acesso em: 2 de maio de 2006); http://www.antoniomiranda.com.br (acesso em: 2 de maio de 2006).

JOÃO DORNAS FILHO (1902-1962)

No dia 7 de agosto de 1902, nasceu em Itaúna (MG), João Dornas Filho, romancista, contista, ensaísta, historiador e biógrafo. Filho do fazendeiro João Dornas dos Santos – republicano e defensor da emancipação da cidade – e de Maria Eugênia Vianna Dornas, teve 11 irmãos. Seu amor pela palavra escrita começou na infância, quando trabalhou como tipógrafo. Amante da literatura e da informação, João Dornas cursou apenas o primário, no Grupo Escolar Dr. Augusto Gonçalves, que foi a base para seu autodidatismo e a aquisição de uma cultura ampla e sofisticada. Para muitos, Dornas Filho era um excêntrico intelectual, que chamavam de Záu. Seus parentes e amigos relatam que ele era "uma pessoa humilde e fácil de se lidar". Em artigo do *Suplemento Literário Minas Gerais*, denominado "Literatura Mineira: João Dornas Filho e Júlio Ribeiro", o escritor é assim descrito:

> De temperamento extrovertido João Dornas Filho era amigo de toda a gente, boêmio a seu modo, grande trabalhador e pesquisador, aberto a todas as manifestações da beleza e da sensibilidade. Defendia com força e coragem suas ideias, indo à polêmica, se necessário. Um grande exemplo de responsabilidade e autenticidade intelectual (*Suplemento Literário*, 1977).

Foi nos anos 1920 que Dornas mudou-se para Belo Horizonte a trabalho e teve início sua colaboração para os jornais locais, entre eles o *Zum Zum*. Na capital mineira, fez amizades com intelectuais e artistas de projeção nacional e internacional, como o pintor Di Cavalcante, que desenhou em pastel a sua caricatura, hoje uma preciosa relíquia guardada com zelo pela Prefeitura Municipal de Itaúna. Em 1928, com Guilhermino César e Aquiles Vivacqua, Dornas teve contato com Mário de Andrade e contribuiu para impulsionar o movimento modernista de Belo Horizonte ao editar o panfletário *Leite Crioulo*, importante órgão alternativo da imprensa modernista, que repercutiu não só em Minas Gerais, como também em São Paulo e no Rio de Janeiro.

Sua primeira obra foi *Itaúna: contribuição para a história do município*, de 1936, que critica os antigos costumes, como a escravidão e o preconceito religioso. Também são de sua autoria: *Silva Jardim* (1936); *Os Andradas na história do Brasil* (1937); *A escravidão no Brasil* (1939); *Bagana apagada* (1940); *A influência social do negro brasileiro* (1943); *Eça e Camilo* (1945); *Júlio Ribeiro* (1945); *Antônio Torres* (1948); *Figuras da província* (1949); *Os ciganos em Minas Gerais* (1949) e *Efemérides itaunenses* (1951).

Em 1945, foi eleito para a Academia Mineira de Letras, ocupando a cadeira n. 12, cujo patrono é Alvarenga Peixoto. De acordo com Miguel Augusto Gonçalves de Souza, Dornas tentou reformar o estatuto da Academia Mineira de Letras para permitir a entrada de mulheres nas atividades acadêmicas, mas não conseguiu a adesão de seus pares. Considerado um dos mais expressivos filhos de Itaúna, por ter retratado os valores culturais da cidade natal sempre com palavras de admiração e carinho, João Dornas Filho morreu em Belo Horizonte, em 11 de dezembro de 1962.

Fontes:

COUTINHO, Afrânio. SOUSA, J. Galante de (Org.). *Enciclopédia de Literatura Brasileira*. São Paulo: Global Editora, 2001. 2 v.; FILHO, João Dornas. *Três poetas em busca da imortalidade*. In: *Suplemento Literário Minas Gerais*, 22 de julho de 1972. Disponível em: http://www.letras.ufmg.br/websuplit/ (acesso em: maio de 2006); *Literatura mineira: João Dornas Filho e Júlio Ribeiro*. In: *Suplemento Literário Minas Gerais*, 29 de janeiro de 1977. Disponível em: http://www.letras.ufmg.br (acesso em: maio de 2006); http://www.viafanzine.yan.com.br (acesso em: maio de 2006); http://www.letras.ufmg.br (acesso em: maio de 2006); http://joaodornas.blog.terra. com.br (acesso em: maio de 2006).

JOÃO FELÍCIO DOS SANTOS (1911-1989)

Sobrinho neto do ilustre deputado, senador e escritor Joaquim Felício dos Santos (1828-1895), João Felício dos Santos nasceu em Diamantina, em 14 de março de 1911, e faleceu no Rio de Janeiro, em 13 de junho de 1989. Como topógrafo, teve oportunidade de viajar por todo o País e conhecer – e também recolher – as personagens que se tornariam depois temas de seus romances. A preferência por obras de cunho histórico fez com que se debruçasse ora em episódios da história do Brasil, ora em figuras lendárias de diferentes regiões. Felizmente, as exaustivas pesquisas que empreendia para reconstruir as narrativas de figuras tão esquecidas, coexistem com sua enorme competência na criação literária. Por isso, ainda hoje seus romances são utilizados em roteiros de filmes e enredos de escola de samba.

Entre os muitos títulos que publicou, destacam-se: *João Abade*, de 1958; *Ganga Zumba*, de 1962; *Carlota Joaquina, a rainha devassa*, de 1968; *Ataíde, azul e vermelho*, de 1969; *Xica da Silva*, de 1976; *A guerrilheira, o romance da vida de Anita Garibaldi*, de 1979; *Insurreição de Queimado*, s/d; *Quilombo*, de 1984; *Cristo de Lama*, s/d; entre outros.

Fontes:

Publicações do autor; http://www.dec.ufcg.edu.br (acesso em: novembro de 2006); http://www.sobiografias.hpg.ig.com.br (acesso em: novembro de 2006).

JOÃO GUIMARÃES ROSA (1908-1967)

Nascido em Cordisburgo (MG), em 27 de junho de 1908, João Guimarães Rosa era filho de Francisca Guimarães Rosa e de Florduardo Pinto Rosa, conhecido comerciante e juiz de paz da cidade. Joãozito, como era chamado na intimidade, começou a aprender francês e holandês ainda criança e não parou mais, tal a facilidade que tinha para aprender línguas estrangeiras. Em depoimento a uma prima, já adulto, Rosa declarou que falava, além do português, alemão, francês e inglês, também espanhol, italiano, esperanto, russo, sueco, holandês, latim e grego húngaro, árabe, sânscrito, lituânio, polonês, tupi, hebraico, japonês, tcheco, finlandês e dinamarquês. Em 1925, matriculou-se na Faculdade de Medicina da Universidade de Minas Gerais, em Belo Horizonte.

Os primeiros textos surgiram em 1929, através de um concurso literário da Revista *O Cruzeiro*, em que inscreveu quatro contos: "Caçador de camurças", "Chronos Kai Anagke", "O mistério de Highmore Hall" e "Makiné". O resultado não podia ser outro: venceu o concurso e embolsou o prêmio de cem contos de réis. Aos 22 anos casou-se com Lígia Cabral Penna, com quem teve duas filhas: Vilma, também escritora, e Agnes. Após formar-se em Medicina, exerceu a profissão durante dois anos em Itaguara, pequena cidade do interior mineiro. Aprovado em concurso para o Itamaraty do Ministério do Exterior, trocou a medicina pela carreira diplomática e a literatura. Em Hamburgo, na Alemanha, trabalhou como cônsul adjunto desde 1938, onde conheceu Aracy Moebius de Carvalho, que depois se tornaria também sua esposa. Mesmo correndo riscos, os dois facilitaram a fuga de inúmeros judeus perseguidos pelo nazismo e, por isso, em 1985, o casal recebeu uma importante condecoração em Israel.

De volta ao Brasil, em 1951, Rosa participou de uma viagem pelo sertão mineiro, que resultou numa reportagem poética intitulada "Com o vaqueiro Mariano". Segundo Manuel Narde, vulgo Manuelzão, que o acompanhou na expedição, o escritor tomava nota de tudo que ouvia e observava: desde a flora, a fauna, os usos e costumes, até o palavreado, os versos, anedotas e canções que ouvia. Em 1956, ao publicar *Corpo de baile* e *Grande sertão: veredas,* Rosa provoca um forte impacto no cenário literário do país, e inaugura a moderna ficção do regionalismo nacional, principalmente pelas inovações formais e linguísticas. O romance foi imediatamente traduzido para diversas línguas e recebeu prêmios importantes, como o Prêmio Machado de Assis do Instituto Nacional do Livro; o Prêmio Carmen Dolores Barbosa, de São Paulo; e o Prêmio Paula Brito, do Rio de Janeiro. Ao lado de Clarice Lispector e de João Cabral de Melo Neto, Guimarães Rosa passou a integrar a chamada terceira geração modernista brasileira.

Em 1963, candidatou-se novamente à Academia Brasileira de Letras (já havia se candidatado em 1957), sendo eleito por unanimidade, mas não tomou posse. Parece que sabia que não resistiria a tanta emoção. Quatro anos depois, apenas três dias após assumir a Cadeira da ABL, em 19 de novembro de 1967, morreu subitamente em seu apartamento em Copacabana.

Livros publicados: *Magma* (poesia, 1936); *Sagarana* (contos e novelas regionalistas, 1946); *Com o vaqueiro Mariano* (1947); *Corpo de baile* (novelas, 1956); *Grande sertão: veredas* (romance, 1956); *Primeiras estórias* (contos, 1962); *Tutameia: Terceiras estórias* (contos, 1967); *Estas estórias* (contos, obra póstuma, 1969); *Ave, palavra* (obra póstuma, 1970), entre outros. *Corpo de baile* foi depois publicado em três partes: *Manuelzão e Miguilim, No Urubuquaquá, no Pinhém* e *Noites do sertão*. Deixou poemas e contos no suplemento "Letras e Artes", do jornal *A Manhã*, nos anos de 1953 e 1954, em *O Globo*, em 1961, e na revista *Pulso*, em 1965 e 1966.

A obra de Guimarães Rosa tem sido objeto de adaptações para o teatro, o cinema, o balé, curtas metragens e ensaios fotográficos, sempre com enorme sucesso de público e de crítica. Alguns exemplos: em 1975, foi feita a adaptação dos contos "Corpo fechado" (de *Sagarana*), com direção de Lima Duarte, e "Soroco, sua mãe, sua filha" (de *Primeiras estórias*), com direção de Kiko Jaess, para o programa Teatro 2, da TV Cultura de São Paulo (SP). Também em 1975, o conto "Sarapalha" (de *Sagarana*) foi adaptado por Roberto Santos para o Caso Especial da Rede Globo (RJ). Em 1984, foi adaptado "Noites do Sertão", sob direção de Carlos Alberto Prates Corrêa; em 1985, adaptação de *Grande sertão: veredas* para a minissérie da Rede Globo, sob a direção de Walter Avancini; em 1994, adaptação para o teatro de *Grande sertão: veredas*, com direção de Regina Bertola, no Centro Cultural Banco do Brasil, no Rio de Janeiro. E em 1994 surgiu o filme *A terceira margem do rio*, com direção e roteiro de Nelson Pereira dos Santos, baseado em cinco contos do livro *Primeiras Estórias*: "A terceira margem do rio", "A menina de lá", "Os irmãos Dagobé", "Sequência" e "Fatalidade".

Fontes:

Publicações do autor; FANTINI, Marli. *Guimarães Rosa: fronteiras, margens, passagens*. São Paulo: Senac, 2003; *Suplemento Literário Minas Gerais*. Belo Horizonte, edição especial. Secretaria de Estado

JOÃO LÚCIO BRANDÃO (1875-1948)

Nascido em Ouro Fino (MG), em 15 de abril de 1865, João Lúcio Brandão foi jornalista, farmacêutico, poeta, romancista e contista. Tornou-se também conhecido como um dos autores do "Hino a Minas Gerais", muito executado nas escolas públicas mineiras nas primeiras décadas do século XX. Filho de Martiniano de Paula Brandão e de Adelaide Augusta de Paiva Brandão, aos quinze anos foi levado por um tio para Londres, onde permaneceu estudando até 1892, na Sunny Hill School. De volta ao Brasil, formou-se em Farmácia pela Escola de Ouro Preto, em 1895, mas foi no jornalismo que se realizou profissionalmente. Residindo em São Paulo, trabalhou nos principais jornais da cidade e iniciou o curso de Direito, que só terminou anos depois, em 1944, em Belo Horizonte.

Em 1903, publicou seu primeiro e único livro de versos – Lápides. Em 1909, participou da fundação da Academia Mineira de Letras, em Juiz de Fora, tornando-se sócio-fundador e titular da cadeira 24 – cuja patrona é Bárbara Heliodora – e seu presidente durante alguns anos. Em 1911, transferiu-se para Belo Horizonte, onde trabalhou na imprensa local, ao lado de Artur Lobo e Azevedo Júnior. Em 1912 publicou o romance *Pontes & cia.*, sobre costumes mineiros, que ganhou o segundo lugar no prêmio da Academia Brasileira de Letras daquele ano. Em 1917, publicou outro romance, intitulado *Bom viver*. A partir de então passou a se dedicar principalmente a escrever livros didáticos, destinados às primeiras séries, que obtiveram enorme sucesso em escolas públicas do Rio de Janeiro, de Minas Gerais, do Paraná e de Santa Catarina, entre outros Estados. Seus títulos: *O livro de Elza*, *Os bonecos de Violeta*, *O livro de Violeta*, *O livro de Ildeu*, *O livro de Zezé*, *As minhas férias* e *O bom semeador*. Sua dedicação ao ensino resultou na designação de seu nome, em 1927, para secretário da Prefeitura Municipal de Belo Horizonte, cargo que ocupou até se aposentar em 1944.

Em 1930, publicou *A flor de uma raça*, romance de estudos e costumes sociais. Casado com Luísa de Fonseca Brandão, com quem teve sete filhos, João Lúcio Brandão faleceu em 10 de abril de 1948, pouco antes de completar 73 anos. Deixou inéditas duas obras infanto-juvenis – *Malandrino e Aventuras do grilo*; e *Promissão e Tião Barunda*, romance que concluiu pouco antes de morrer, dedicado ao amigo Amadeu de Queirós. Também permanecem inéditos o romance *A corja* e a coletânea de contos *Monólogos de louco*, que havia publicado em jornais.

Fontes:

COUTINHO, Afrânio; SOUSA, J. Galante de. *Enciclopédia de literatura brasileira*. São Paulo: Global; Rio de Janeiro: Fundação Biblioteca Nacional, Academia Brasileira de Letras, 2001. 2v.; http://pt.wikipedia.org/ (acesso em março de 2010).

JOAQUIM BRANCO

Joaquim Branco Ribeiro Filho, poeta, escritor, jornalista e professor universitário, nasceu no dia 25 de maio de 1940, em Cataguases (MG). Casou-se com Sônia Regina Tinoco e com ela teve três filhas: Maria Antônia, Natália e Eugênia. Cursou Direito na Universidade do Estado do Rio de Janeiro, graduou-se em Letras pela Faculdades Integradas de Cataguases, fez mestrado em Literatura Brasileira (1998-2001) no Centro de Ensino Superior de Juiz de Fora, e, finalmente, em 2003, concluiu o doutorado em Letras na Universidade do Estado do Rio de Janeiro.

Joaquim Branco conviveu, durante a década de 1970, com alguns dos escritores do chamado *Movimento Verde*, tornando-se depois um estudioso da revolução poética promovida em 1927. Em sua página na *web* (http://www.joaquimbranco.cjb.net), o escritor afirma que foi por influência externa que os rapazes de Cataguases tiveram interesse em fazer poesia. O contato com Mário, Oswald de Andrade, Aníbal Machado e Carlos Drummond, entre outros modernistas, foi decisivo para abrir os caminhos da nova poesia para eles. Nos anos 1960, Joaquim integrou o Grupo do Poema Processo e estreou no jornal chamado *O Muro*, em que divulgava experiências do movimento da Vanguarda. Mais tarde, organizou, com outros companheiros, duas versões do Festival Audiovisual de Cataguases (música & poemas visuais) em 1969 e 1970.

Publicações: *Concreções da fala* (1969); *Consumito* (1975); *Selva selvaggia* (poesia, 1976); *Pomba poema* (poesia, 1977); *Laser para lazer* (1984); *500 anos do descobrimento da América* (1993); *Cataguases é cachoeira* (homenagem aos 100 anos de Humberto Mauro, 1997); *O caça-palavras* (1997); *Do pré ao pós-moderno* (1998); *Ascânio, o poeta da Verde* (1998); *Recr(e,i)ações* (1999); *Minas em mim e o mar esse trem azul* (poesia, 1999); *Passagem para a modernidade* (2002). Antologias: *A poesia mineira no século XX* (1998) e *Poemas cariocas* (2000). Inéditos: *Tempos de mineração* (poesia), *Preto nu branco* (poesia) e *Doris day by night* (poesia).

Fonte:

Publicações do autor.

JOAQUIM FELÍCIO DOS SANTOS (1828-1895)

Político e romancista, nasceu em 1º de fevereiro de 1828, na cidade mineira do Serro, mas viveu a maior parte da vida em Diamantina. Como deputado, senador e presidente do Senado da República, publicou diversas obras voltadas para a área jurídica, como o primeiro Projeto do Código Civil Brasileiro, de 1882, e a formulação de leis e decretos.

Em Diamantina, fundou, no ano de 1860, o primeiro jornal – *O Jequitinhonha* –, de tendência republicana de Minas Gerais, do qual foi editor até 1869. Entre suas publicações periódicas, destacava-se a novela "Páginas da História do Brasil", escrita no ano 2000, impiedosa sátira contra a monarquia e o imperador.

Em 1860, tornou-se representante legal dos herdeiros de Chica da Silva no processo pela posse dos bens do contratador João Fernandes de Oliveira no Brasil. Logo depois, tornou-se o primeiro escritor a relatar a história de Chica da Silva, através do livro *Memórias do distrito Diamantino*, lançado em 1878, em que mistura memórias, história e ficção. Publicou ainda Acayaca (s/d), romance de inspiração indígena. Joaquim Felício dos Santos faleceu em 21 de outubro de 1895.

Fontes:

Enciclopédia Koogan-Houaiss, 1998; http://www.senado.gov.br (acesso em: 14 de junho de 2006); http://www. sobiografias.hpg.ig.com.br (acesso em: 14 de junho de 2006).

JOAQUIM JOSÉ CORREIA DE ALMEIDA (PADRE CORREIA DE ALMEIDA) (1820-1905)

Joaquim José Correia de Almeida, ou Padre Correia de Almeida, nasceu em Barbacena (MG), em 4 de setembro de 1820, e faleceu em 6 de abril de 1905, na mesma cidade. Estudou Letras, Latim e Música em Barbacena e em São João del-Rei. Foi professor, tipógrafo e responsável pela redação e impressão dos manifestos da Revolução de 1842. Em 1844, decidiu abraçar o sacerdócio, o que não o impediu de tornar-se poeta satírico e autor de sonetos bem construídos.

Começou a publicar em 1854, com *Sátiras, epigramas e outras poesias*. Foram sete livros com esse título, entre 1854 e 1879. Em 1871, publicou anonimamente *Devaneio de um mineiro*, a que se seguiram *A república dos tolos* (1881), *Sonetos e sonetinhos* (2 vol. 1884 e 1887), *Sensaborias métricas* (2 vol. 1890 e 1892), *Decrepitude metromaníaca* (1894), *Produções da caducidade* (1896), *Puerilidades de um macróbio* (1898), *Destampatórios rimados* (1900), *Os aplausos incondicionais* (1900), *Marasmo senil* (1903), *Rabugem inaderente* (1903), *Chocha prosa rimada* e *agudezas rombas* (1904), *Delicadezas grossas ou versos inversos* (1905). A Coleção Mineiriana da Biblioteca Pública Estadual Luiz de Bessa disponibiliza para o público as obras *Sátiras, epigramas e outras poesias* (antologia, 1982); *Sátiras, epigramas e outras poesias* (1876) e *Sonetos e sonetinhos: últimos versos* (1887).

Fontes:

OLIVEIRA, Martins de. *História da literatura mineira*. Belo Horizonte, 1963; MIRANDA, José Américo. Prefácio de *Sátiras, epigramas e outras poesias*. Antologia. Belo Horizonte: UFMG, FALE, 1982; *Enciclopédia da Literatura Brasileira*. Brasília: FAE, MEC, 1985. vol.1.

JOAQUIM MENDES DE OLIVEIRA (1882-1918)

Joaquim Mendes de Oliveira nasceu em Pouso Alegre (MG), em 21 de agosto de 1882. Filho de Frederico Mendes de Oliveira e de Ana Custodia Mendes de Oliveira, estudou no Colégio Mendonça, em sua terra natal, no Ginásio Mineiro de Ouro Preto, e em São Paulo. Retornando a Minas Gerais, fez o curso de Humanidades em Ouro Preto, onde publicou em jornais seus primeiros versos no melhor estilo parnasiano.

Estreou na poesia em 1898, com o livro *O país*, e logo passou a publicar no *Jornal do Brasil*, do Rio de Janeiro, e em *O Farol* e *Jornal do Comércio* de Juiz de Fora. Em 1900, fixou residência em Belo Horizonte, fazendo parte da redação do *Diário de Minas*. Tornou-se conhecido também como um dos fundadores de *A época*, *Verbo*, *Vida Mineira*, *Diário de Notícias* e outros periódicos.

Publicou ainda: *Jogos florais*, *prélios pagãos* (1913*), Parasitas, passagem de Itororó* (s/d), de forte inspiração parnasiana, e a conferência *Criações artística e defesa nacional* (s/d). Em dezembro de 1909, assumiu a cadeira 34 da Academia Mineira de Letras, cujo patrono é Tomás Antônio Gonzaga. Joaquim Mendes de Oliveira foi ainda redator da Câmara dos Deputados Estadual, secretário da seção regional da Liga de Defesa Nacional e sócio do Instituto Histórico e Geográfico de Minas Gerais. Faleceu em Belo Horizonte, em 29 de outubro de 1918, vitimado pela gripe espanhola.

Fontes:

Publicações do autor.

JORGE FERNANDO DOS SANTOS

Jorge Fernando dos Santos nasceu em Belo Horizonte (MG), no dia 23 de abril de 1956. Graduou-se em Jornalismo, e em 1983 passou a colaborar no *Suplemento Literário Minas Gerais*, onde conhece Duílio Gomes, Manoel Lobato, Paschoal Motta, Adão Ventura e Murilo Rubião. O jornalismo foi a porta de entrada para diversas outras atividades culturais que passou a exercer, como a música, a literatura e o teatro. Seu livro de estreia, publicado pela Imprensa Oficial de Minas Gerais, foi precisamente *Teatro mineiro: entrevistas & críticas*.

Em 1986 estreou na literatura, com *O menino e a rolinha*, escrito para o público infantil. No *site* do escritor, encontra-se um breve comentário de Jorge Amado, por ocasião de seu lançamento: "É um doce conto de liberdade". No ano seguinte, o escritor retornou ao teatro, através da publicação da peça *O aviso da terra*, da encenação de *Garimpo: lugar ao sol*. A versatilidade para criar textos literários dirigidos a diferentes faixas etárias é um dos traços mais marcantes de Jorge Fernando dos Santos. Em

1988, publicou mais dois livros para o público jovem: *O camaleão azul* e *O rei da rua*. Neste último, um grupo de meninos promove uma série de disputas, tais como guerra de pipas, corrida de skate e uma partida de futebol.

Em 1989, o escritor recebeu o Prêmio Guimarães Rosa – um dos mais tradicionais do País – pelo romance *Palmeira seca*, que contribuiu para divulgar sua obra além das fronteiras regionais. Entre as resenhas, notas e críticas publicadas em diferentes jornais, que se encontram no *site* oficial do escritor, Luís Carlos Junqueira Maciel afirma que: "*Palmeira seca* faz o romance mineiro voltar a espaços percorridos por Guimarães Rosa e Mário Palmério, retoma temas seculares e traz sangue novo ao gênero" (in: *Estado de Minas*, 1992). Em 1997, o autor produz o CD *Belôriceia*, com canções de sua autoria, em parceria com Ângelo Pinho e Clésio Vargas para a voz de Helena Penna.

Publicações: *Teatro mineiro: entrevistas & críticas* (1984); *O menino e a rolinha* (1986); *O avesso da terra* (1987); *O camaleão azul* (1988); *O pintinho pedrês (1990); Reportagem mortal (1992); A medalha cigana* (1991); *O boi da cara branca* (1991); *Palmeira seca* (1991); *Chuvas de abril* (1993); *O roubo do vinho* (1994); *O menor espetáculo da terra* (1994); *Morte à meia-noite* (1996); *E a terra parou novamente: O caso dos ETs de Varginha* (1998); *Álbum de retratos* (1998); *Fábrica de notícias* (2000); *Sumidouro das almas* (2003); *Todo mundo é filho da mãe* (2003); *Como escrever (manual prático)* (2003); *No clarão das águas* (2004); *Primavera dos mortos* (2005); *Caiçara* (2008).

Fontes:

Publicações do autor.

JOSÉ AFRÂNIO MOREIRA DUARTE (1931-2008)

Contista, ensaísta, crítico literário e poeta, José Afrânio Moreira Duarte nasceu em Alvinópolis (MG), em 8 de maio de 1931, mas em 1955 se transferiu para Belo Horizonte, onde se bacharelou em Direito pela UFMG. Recebeu duas condecorações do Governo de Minas Gerais: a Medalha da Inconfidência e a Medalha do Centenário de Belo Horizonte. Imortal da Academia Mineira de Letras e escritor muito estimado, recebeu diversos prêmios, entre eles o Prêmio João Alphonsus da Secretaria de Educação do Estado de Minas Gerais; o Prêmio Pandiá Calógeras da Secretaria de Educação do Estado de Minas Gerais; o Prêmio Adelino de Magalhães da Secretaria de Educação e Cultura do Estado de Minas Gerais; e o Prêmio Silvio Romero da Academia Brasileira de Letras.

No campo da literatura, publicou os seguintes títulos: *O menino do parque* (contos, 1966; 2 ed. 1978); *A muralha de vidro* (contos, 1971); *Tempo de Narciso* (poesia, 1975); e *Azul: estranhos caminhos* (contos, 2003). Publicou também: *Fernando Pessoa e os caminhos da solidão* (ensaio, 1968; 2 ed. 1985); *Henriqueta Lisboa: poesia plena* (ensaio, 1996); *Alvinópolis e Literatura* (antologia, 1973); *De conversa em conversa* (entrevistas, 1976); *Opinião literária* (crítica literária, 1981); *Palavra puxa palavra* (entrevistas, 1982); *Impressões críticas* (critica literária, 1991); *Panorama da literatura alvinopolense* (antologia, 1992). José Afrânio faleceu no dia 3 de junho de 2008, vitimado por um enfarto do miocárdio fulminante.

Fontes:

Publicações do autor.

JOSÉ AMÉRICO DE MIRANDA

José Américo de Miranda Barros nasceu em Alto Rio Doce (MG), em 15 de dezembro de 1951. Durante a infância, residiu em várias cidades, como Rio Espera, Barbacena e Antônio Carlos, onde estudou interno no Instituto Missionário São Miguel. Em 1965, mudou-se definitivamente para Belo Horizonte, indo estudar no Colégio Arnaldo e no Colégio Estadual Central. Em 1971, prestou vestibular para a UFMG, sendo aprovado em primeiro lugar no curso de Medicina. Formou-se em Clínica Médica em 75 e fez residência clínica no Hospital Felício Rocho.

Mas sua carreira como médico estava sendo ameaçada pelas Letras, que também o atraíam. Em 1970, já havia publicado alguns poemas em revistas literárias. O primeiro livro de poesia – *Cidade exata* – é de 1981. No ano seguinte, ingressou no mestrado em Literatura Brasileira na UFMG e publicou o segundo livro, intitulado *Amor bruxo*. Exerceu a Medicina até 1992, quando passou a ser professor de Literatura Brasileira na Faculdade de Letras da Universidade Federal de Minas Gerais, e concluiu o curso de Doutorado, também em Literatura Brasileira. O livro *Poemas do amor incompleto,* de 1990, reúne poemas de sua autoria e algumas traduções. Por ocasião das comemorações do centenário de Belo Horizonte, em 1997, participou do projeto Poesia Orbital ao lado de mais de sessenta escritores da capital mineira, com o livro intitulado *Poemas.*

Além da significativa produção poética, José Américo de Miranda Barros tem produzido consistentes estudos acerca de poetas e escritores brasileiros, como Lúcio Cardoso, Carlos Drummond de Andrade, Aureliano Lessa e Eusébio de Matos, entre outros. E reeditado importantes obras dos séculos XVII, XVIII e XIX, como *Sátiras, epigramas e outras poesias* de José Joaquim Correia de Almeida (1982), *Obras de Antônio Augusto de Queiroga* (1999), *Sermão do Mandato,* de Eusébio de Matos (com Maria Cecília Boechat, 1999), *Minerva brasiliense* (2000), *Bosquejo da história da poesia brasileira,* de Joaquim Norberto de Sousa Silva (1997), e uma antologia de poesia satírica do padre mestre José Joaquim Correia de Almeida, entre outros trabalhos.

Fontes:

Entrevista concedida pelo escritor em 25 de maio de 2006; publicações do autor.

JOSÉ ANTÔNIO DE SOUZA

José Antônio de Souza nasceu em Januária, norte de Minas Gerais. Formado em 1964 na primeira turma do Teatro Universitário da UFMG, participou do Grupo Geração, ao lado de Eid Ribeiro e José Lúcio de Oliveira. Em 1973, trocou a capital mineira pela paulista em busca de profissionalização, deixando boas lembranças de sua participação na montagem de *Eles não usam black-tie, O pagador de promessas, Vestido de noiva* e *Sonho de uma noite de verão*, entre outros trabalhos.

Em São Paulo, teve encenados os textos *Mal secreto, Oh Carol!, Pássaro da noite* e *Crimes delicados*, de sua autoria, entre outros. A literatura surgiu quando escrevia a novela *Tudo ou nada* e viu que tinha fôlego para muito mais. Adaptada para a televisão, foi exibida pela rede Manchete, entre 15 de setembro de 1986 e 21 de março de 1987, com 161 capítulos e direção de Herval Rossano, David Grimberg e Lucas Bueno. Para José Antônio, a sensação de escrever um livro compara-se com a experiência de viver integralmente o poder criativo. Por isso, tenta ficar longe do teatro para poder escrever no seu ritmo, construindo cada personagem e refletindo filosoficamente sobre o que está criando. Em 1977, publicou o romance *Paixões alegres*, inusitada história de amor entre um menino de 13 anos e uma mulher de 25, passada na Januária dos anos 1950, que foi indicado para o Prêmio Nestlé desse mesmo ano.

Fonte:

PEIXOTO, Mariana. "Do teatro à literatura". Jornal *Estado de Minas*, Belo Horizonte, 23 jun. 1997. Espetáculo/ Entrevista, p. 12.

JOSÉ BENTO TEIXEIRA DE SALLES

José Bento Teixeira de Salles nasceu em Santa Luzia (MG), no dia 30 de julho de 1922, mas mudou-se ainda criança para Belo Horizonte. Fez o curso primário no Grupo Escolar Afonso Pena e o secundário no Colégio Santo Agostinho, onde depois lecionou de 1940 a 1947. Diplomado pela Faculdade de Direito da UFMG em 1946, foi presidente do Diretório Acadêmico da Faculdade e da União dos Estudantes e vice-presidente da UNE. Foi oficial de Gabinete do Governador Milton Campos, de 1947 a 1951, e funcionário da Imprensa Oficial de 1951 a 1977. Também dirigiu o Serviço de Divulgação e Imprensa da Belgo-Mineira, por onde se aposentou, em 88. Foi conselheiro da Fundação de Arte de Ouro Preto e do Conselho Regional de Relações Públicas.

Como jornalista, trabalhou no *Correio do Dia*, no *Diário do Comércio*, no *Minas Gerais* e na sucursal de *O Globo*. Hoje, é cronista do jornal *Estado de Minas*. Entre seus livros, destaca-se *No avarandado da memória*, que reúne crônicas sobre Belo Horizonte; e *Rua da Bahia*, que resgata interessantes episódios da boemia belo-horizontina.

José Bento coleciona condecorações, como a Insígnia da Inconfidência, de 1982; a Medalha Santos Dumont, de 1993; o Diploma do Centenário da Imprensa Oficial, de 1991; e a Medalha Antônio de Castro e Silva, da Prefeitura de Santa Luzia. Eleito em 5 de setembro de 1995 para a Academia Mineira de Letras, tomou posse da cadeira 28, sendo, atualmente, editor da revista da instituição.

Livros publicados: *Vigília* (s/d); *No avarandado da memória* (s/d); *Tarde/manhã:* um diálogo de duas gerações (coautoria com a filha Maria Beatriz Teixeira de Salles, 1986); *Brumoso, o rato que virou porco* (Fábulas Mineiras, 1989); *Liberta que serás também* (s/d); *Milton Campos: uma vocação liberal* (1994); *Rua da Bahia:* do Estrela à Gruta, uma trajetória boêmia (2005); A estrela verde (crônicas, 2008).

Fontes:

Publicações do autor; http://www.academiamineiradeletras.org.br (acesso em: abril de 2006); http://www.bhdecadaum.com.br (acesso em: abril de 2006).

JOSÉ BERNARDINO CORRÊA (ZEZÉ DO SÊO FINO)

Nasceu em Itapecerica (MG), em 5 de agosto de 1893. Filho de Josefino Corrêa e de Maria Carmelita de Sena Corrêa, fez os primeiros estudos em sua terra natal e em Lavras (MG). Ainda jovem, demonstrou interesse pela literatura, e, em 1909, recebeu o prêmio de primeiro lugar no concurso literário promovido entre os alunos do ginásio de Lavras, pelo soneto "A mulher". Foi dono e redator do jornal humorístico *O Corta-Jaca* onde comentava, a partir de artifícios do campo ficcional, episódios da vida social itapecericana. José Bernardino morou a maior parte de sua vida no Rio de Janeiro, onde se destacou como homem do comércio e da indústria.

Sua obra tenta dar vida e voz à cidade de Itapecerica de seu tempo, recuperando as tradições, relendo críticamente o passado e apontando para a futuro. Assim, o escritor pode reclamar a existência de seu tempo no infindável mar da história, conclamando que:

> As hodiernas gerações, tão cheias de entusiasmo pela vida atual, numa época de átomos e elétrons, terão alguns momentos de recolhimento e ternura ao tomar conhecimento das figuras em foco, seus ascendentes, exemplos vivos de simplicidade, honradez e sinceridade. Os moços de agora irão ter um contato mais direto com a velha Itapecerica, com seus avós desaparecidos, com seus costumes inocentes, apanágio do caráter tradicional de nossa gente (CORRÊA, 1951, p. 5).

Inegavelmente, a obra desse escritor não se reduz a mero exercício historiográfico; ao contrário, é o trabalho estético da imaginação que preenche e modela os espaços da memória. Nesse sentido, José Bernardino Corrêa é um exímio retratista, ao estilo dos *portraitistes* franceses dos séculos XVIII e XIX, pois nos mostra, com fina ironia, humor e sátira, os costumes e a sociedade de seus contemporâneos.

Publicações: *Reminiscências,* crônicas da velha tamanduá (crônicas de ficção, conferência, teatro, poemas e outros gêneros, 1951); *Caleidoscópio* (poesias e conto, s/d).

Fontes:

Publicações do autor e documentos obtidos no Cartório de Registro Civil de Itapecerica (MG).

JOSÉ CARLOS ARAGÃO

José Carlos Aragão nasceu em Governador Valadares (MG), mas reside em Belo Horizonte, onde exerce as funções de jornalista, dramaturgo e escritor. Desde jovem revelou-se apreciador de Literatura e da Língua Portuguesa. O primeiro livro que escreveu foi *O menino que varou a noite e depois virou poeta.* Mas o primeiro a ser publicado foi *Aventura no fundo da gaveta* (1991), que ganhou o Prêmio Henriqueta Lisboa de Literatura Infantil. Após esse, vieram outros livros e mais prêmios: *O menino que varou a noite e depois virou poeta* (1996; terceiro lugar do II Concurso Nacional de Histórias Infantis de 1991); *Poema em carne viva* (Prêmio Poesia CLESI/APROC, de 1996); *O guardador de tijolos* (Prêmio Formato de Literatura de Poesia, 1997); *Girafa não serve para nada* (2000); *Poema de amor confesso (declaração para os devidos fins)* (Prêmio Eugênio Coimbra Jr. de Poesia 2000, da Prefeitura de Recife); *No fundo, no fundo, não tem fundo* (Menção Honrosa no IV Concurso Nacional de Histórias Infantis de 1993); *O menino que engoliu o quatro* (Prêmio Mater Dei de Cultura de Literatura Infantil, de 2000); *Poema de amor confesso* (Prêmio Literário Cidade do Recife de Poesia, de 2000); *Adeus, minha quitinete* (seleção de contos premiados); *Cabeça de touro* (infantil), e *Trem chegou, trem já vai* (infantil).

O escritor também escreve peças de teatro, como: *Bastidores de Romeu e Julieta, Não é nada disso, companheiro!, Pra morrer de rir: autoajuda para suicidas, Os alpinistas, A remoção, Os assassinatos, O poço, Tizin e Tiziu.*

Fontes:

Publicações do autor; http://www.divertudo.com.br (acesso em: 19 de junho de 2007); http://j.aragao.sites.uol. com.br (acesso em: 19 de junho de 2007); http://www.paulinas.org.br (acesso em: 19 de junho de 2007).

JOSÉ CARLOS LISBOA (1902-1994)

José Carlos Lisboa, filho de João de Almeida Lisboa e de Maria Rita de Vilhena Lisboa, e irmão de Henriqueta Lisboa e Alaíde Lisboa, nasceu em 4 de novembro de 1902, em Lambari (MG). Fez o primário no Grupo Escolar Dr. João Bráulio Júnior e o secundário no Ginásio São Joaquim, em Lorena (SP). Formou-se em Farmácia, em 1922, em Pouso

Alegre (MG), e bacharelou-se em Direito, em 1935, pela Faculdade Nacional de Direito da Universidade do Brasil. Teve intensa e dinâmica vida acadêmica e administrativa. Em 1960, tornou-se catedrático e doutor em Língua e Literatura Espanhola na Faculdade Nacional de Filosofia da Universidade do Brasil, no Rio de Janeiro. Foi um dos fundadores da Faculdade de Filosofia, Ciências e Letras da Universidade Minas Gerais, hoje UFMG, em Belo Horizonte, onde deu aulas de Língua e Literatura Espanhola a partir da década de 1940; e também do curso de Jornalismo da Faculdade de Filosofia da UFMG. Em 1967, participou também da criação da Escola de Comunicação da Universidade Federal do Rio de Janeiro, onde foi diretor até 1971. Lecionou nos cursos de Pós-Graduação da Faculdade de Letras da UFRJ e recebeu o título de Professor Emérito da UFRJ e da UFMG.

Também foi um incentivador da cultura espanhola, tendo fundado e dirigido o Ateneu García Lorca, o Instituto Brasileiro de Cultura Hispânica, fundador e presidente do Centro de Estudos Hispânicos da Universidade do Brasil, e fundador do Seminário Menéndez Pidal, da Faculdade de Letras da UFRJ. Foi ainda membro da Academia Brasileira de Filologia e da Academia Mineira de Letras, diretor de Publicações e Divulgação da Biblioteca Nacional e membro do Conselho Nacional de Cultura.

Amigo pessoal de Carlos Drummond de Andrade e de outros escritores contemporâneos, possuía um rico acervo bibliográfico de mais de oito mil volumes, que emprestava generosamente aos alunos que o procuravam. Publicou cerca de 14 livros, entre romances, poesias, ensaios e peças de teatro, como: *Ao correr do tempo I e II* (coletânea de textos); *A província* (teatro) e *O rei do câmbio* (teatro); *O teatro de Cervantes* (ensaio); "Da vida à vivência" (ensaio, 1951); *Espírito Mediterrâneo* (ensaios); *Conceitos de lingüística fabular* (1984); *Poesia e Henriqueta* (ensaio, 1984); *Xavier e o Caraça* (depoimento literário, 1987); *A casa do bode, O homem e a gente, Filhos partidos, Rainha das onças* (infanto-juvenil), entre outros. Faleceu no dia 4 de junho de 1994, em Belo Horizonte, deixando saudades em uma legião de ex-alunos.

Fontes:

Revista da Academia Mineira de Letras. Belo Horizonte: Ano 80 – vol. XXVII – dezembro/02, janeiro-fevereiro, 2003.

JOSÉ EDUARDO GONÇALVES

Natural de São João del-Rei (MG), nascido em 28 de novembro de 1957, José Eduardo Gonçalves é jornalista, escritor e editor. Formado pela PUC Minas, tem pós-graduação em Comunicação e Gestão Empresarial. Atuou no jornal *O Globo* e coordenou por dez anos a área de Comunicação Corporativa do Grupo Gutierrez. Foi ainda professor na Faculdade de Comunicação da PUC Minas, repórter do Jornal *O Globo*, fundador e editor da revista de cultura *Palavra*, além de colaborador das revistas *Bravo!* e *Vogue*.

Em 2001, assumiu a presidência nacional da Associação Brasileira de Comunicação Nacional (ABERJE), sendo agora membro do Conselho Consultivo da entidade.

Foi também presidente da Rádio Inconfidência; e editor e apresentador do programa Rede Mídia, na Rede Minas de Televisão, que promove debates sobre comunicação, culturas e tecnologias midiáticas. Em 2009, foi empossado presidente da Rede Minas de Televisão.

Curador do Projeto Literário Ofício da Palavra, publicou três livros até o momento: *Cartas do paraíso* (1998); *Vertigem* (2003); *A cidade das memórias flutuantes* (2005). Dentre os projetos editoriais que desenvolveu, merecem destaque a coleção "BH. A cidade de cada um", com 17 livros já publicados; a obra *Tancredo Neves: Um homem para o Brasil*, de 2005, que ganhou o Prêmio ABERJE 2006 como Melhor Publicação do País; e a coleção "BH Perfis", iniciada em 2009.

Fontes:

Publicações do autor.

JOSÉ ELÓI OTTONI (1764-1851)

José Elói Ottoni nasceu em Vila do Príncipe, atual Serro (MG), em 1º de dezembro de 1764, e faleceu no Rio de Janeiro, em 3 de outubro de 1851. Foi jornalista, professor e poeta.

Antonio Candido, em *Formação da Literatura Brasileira*, informa que Elói Ottoni viajou à Europa por três vezes: na primeira, esteve na Itália com intenção de seguir o sacerdócio, o que não se concretizou; na segunda, esteve em Portugal, onde trabalhou como secretário da poetisa Alcipe, a marquesa de Alorna. Nessa ocasião, Elói Ottoni teria conhecido o poeta português Bocage, sobre quem mais tarde escreveu um texto. A terceira viagem à Europa ocorreu quando foi eleito deputado por Minas Gerais, cargo que não chegou a ocupar. De volta ao Brasil, por volta de 1825, foi nomeado funcionário da Secretaria da Marinha, que exerceu até a sua morte.

José Elói Ottoni publicou: *Poesia dedicada à Condessa de Oeynhausen* (1801); *Anália de Josino* (1802); *Drama alusivo ao caráter e talento de Manuel Maria Barbosa du Bocage* (1806); *Provérbios de Salomão* (1815); *O Livro de Jó* (1852), publicado após sua morte. Consta que ele teria ainda escrito outras obras, mas que as teria destruído, segundo seu sobrinho Teófilo Ottoni.

A relevância do escritor pode ser constatada com a associação que constantemente é feita entre sua obra e a do Padre Souza Caldas. Tanto Antonio Candido quanto Alfredo Bosi citam os dois autores, atribuindo-lhes importante papel na literatura do período pré-romântico. O Padre Souza Caldas traduziu o livro bíblico dos *Salmos*, enquanto Elói Ottoni fez a tradução de *Jó* e *Provérbios*. Por ocasião da morte de Souza Caldas, foi Elói Ottoni quem compôs seu epitáfio. A obra de Elói Ottoni aguarda um estudo cuidadoso, para que sua importância seja enfim reconhecida. Um exemplar de O *Drama alusivo ao caráter e talento de Manuel Maria Barbosa du Bocage* pode ser consultado na Coleção Mineiriana da Biblioteca Pública Estadual Luiz de Bessa, em Belo Horizonte.

Fontes:

VARNHAGEN, F.A. *Florilégio da poesia brasileira*. Tomo III. Rio de Janeiro: Coleção Afrânio Peixoto da Academia Brasileira de Letras, 1987; CANDIDO, Antonio. *Formação da Literatura Brasileira*. São Paulo: Livraria Martins Editora, 1959; BOSI, Alfredo. *História concisa da Literatura Brasileira*. São Paulo: Cultrix, 1976.

JOSÉ GUIMARÃES ALVES (1910-1992)

Nascido em 1910, e falecido em 1992, João Guimarães Alves era neto do escritor Bernardo Guimarães. Foi poeta, crítico de arte, jornalista, e importante nome do primeiro momento do Modernismo em Minas Gerais. Fez parte do grupo responsável pela publicação da revista *Leite Crioulo*, que posteriormente se tornou um suplemento do jornal *Estado de Minas*, ao lado de João Dornas Filho, Guilhermino César, Aquiles Vicacqua e outros jovens intelectuais. Em *Leite Crioulo* (na revista e no suplemento), José Guimarães Alves publicou poemas de caráter nacionalista crioulo, impregnados de romantismo banto, para combater a tendência paulista favorável à Europa e pouco representativa das autênticas raízes nacionais.

Participou também da criação do *Suplemento Literário Minas Gerais*, foi diretor da Imprensa Oficial de Minas Gerais, no período de 1961 a 1966, e criou a editora Edições Movimento/Perspectiva, responsável pela publicação de grande número de escritores mineiros, entre os quais Murilo Rubião, Pedro Nava, Fábio Lucas, Affonso Romano de Sant'Anna, Libério Neves, Henry Corrêa e Márcio Sampaio. Editou também revistas literárias – como a do Grupo Piyx –, foi presidente da Fundação Palácio das Artes e dirigiu a Casa do Brasil em Paris. Além da atividade jornalística, nos anos 1930 e 1940, Guimarães Alves foi crítico de arte, de literatura e de teatro, ao mesmo tempo em que realizava importante trabalho de divulgação dos poetas modernos ingleses, franceses e norte-americanos, publicando traduções, sempre acompanhadas de argutas notas críticas.

Publicou *Poemas do tempo,* em 1948, na forma de plaquete, pelas Edições Edifício, e muitos poemas no *Suplemento Literário*. Em sua obra pode-se notar pinceladas de mineiridade misturadas às de engajamento social, na medida em que volta os olhos para as raízes africanas, como ocorre, por exemplo, nos versos "O ventre recebe bordados/ em rápidos gestos mecânicos. / A luz do refletor se extingue, / um a um os homens saem/ [...] o corpo inerte sobre a mesa/ é devolvido à família" (*Cirurgia*, 1947) e "Hoje não pude almoçar/ na mesa de Tiradentes. / Quis dormir mas era fria/ a cama de d. Marilia" (*Ouro Preto*, 1929) e ainda, no artigo *Cultura e responsabilidade*, para o *Suplemento Literário* de junho de 1973, do qual citamos um pequeno parágrafo:

> O fenômeno cultural afro-brasileiro apresenta, sem dúvida, muitas aberturas às modificações. É uma esculturação e, como tal, permite a

introdução de caracteres outros, que não os da origem racial pura. Não obstante, merece respeito às suas raízes já embebidas na realidade do contexto multi-racial em que se desenvolveu.

Fontes:

http://www.iof.mg.gov.br (acesso em: junho de 2006); http://www.letras.ufmg.br (acesso em: junho de 2006).

JOSÉ ISSA FILHO

Nascido na cidade de Pedro Leopoldo (MG), em 11 de abril de 1923, José Issa Filho é autor de significativa obra literária na qual se incluem poemas, crônicas, contos, romances e ainda narrativas de caráter memorialístico. A cidade em que nasceu, onde ainda reside, tornou-se o espaço privilegiado para a ambientação de seus romances e tem sua história quase confundida com a do escritor, que se faz de cronista para registrar, através de relatos descontraídos e bem humorados, antigos costumes, episódios pitorescos e personagens do cotidiano local. Por ocasião do lançamento do livro de poemas intitulado *A vida, suas flores, seus espinhos*, em 2006, Júnia Sales afirmou que

Ao reunir reflexões sobre o mundo através de Pedro Leopoldo, José Issa faz, ao mesmo tempo, uma revisão poética e ética de si, compreendendo o universo de seus desejos não realizados e a universalidade de seu jardim interior, florido e, ao mesmo tempo, cravado de espinhos (*Recanto das Letras*, 30/10/2007; Jornal *Aqui*, setembro de 2006).

Livros publicados: *Rua de São Sebastião* (1961); *Um curto e infeliz amor na lapa* (1963); *Coisas do reino de Pedro Leopoldo* (memorialismo, vol.1: 1995; vol.2: 1996; vol.3: 2002); *O mascate Elias* (1999); *A época dourada dos cabarés* (2000); *As mãos do gato* (2001); *A vida, suas flores, seus espinhos* (2004); *O comprador de ouro* (2007); *Contraste* (2005) e *Gavetas* (poesia, 2009).

Fonte:

Publicações do autor.

JOSÉ LINDOLFO FAGUNDES

José Lindolfo Fagundes nasceu em Andrelândia, sul de Minas, em 1936. Mudou-se para Divinópolis em 1954, onde se formou em Contabilidade e em Direito. Membro da Academia Divinopolitana de Letras, o teatrólogo Lindolfo Fagundes pode ser considerado um agitador cultural da cidade, principalmente na área da dramaturgia, pois, além de ter escrito várias peças teatrais, fundou o Theatron Cultural, espaço de importância histórica para a cultura divinopolitana, que serviu de palco para inúmeros espetáculos de teatro, música e dança. Lindolfo Fagundes é também contista, cronista e coeditor da revista *Literatura*.

Barragem, A capela, Chapéu roxo, Herança, Negócio na Europa, O seqüestro e *Tabaréu* são alguns dos títulos que compõem sua obra.

Fontes:

COUTINHO, Afrânio; SOUSA, J. Galante de. *Enciclopédia de literatura brasileira*. São Paulo: Global; Rio de Janeiro: Fundação Biblioteca Nacional, Academia Brasileira de Letras, 2001: 2v.; Disponível em: http://recantodasletras.uol. comacesso em abril de 2010); http://www.literaturabrasileira.ufsc.br (acesso em abril de 2010).

JOSÉ MARIA CANÇADO (1952-2006)

O escritor, jornalista e crítico literário José Maria Cançado nasceu em 1952, em Belo Horizonte. Tornou-se conhecido como crítico literário e ensaísta, e colaborador assíduo dos principais jornais e revistas do País por mais de três décadas. É autor da única biografia publicada do poeta Carlos Drummond de Andrade, que se intitula *Os sapatos de Orfeu*. Foi editor do jornal paulistano *Leia Livros,* na década de 80, e professor da PUC Minas.

É autor dos seguintes livros: *Marcel Proust: As intermitências do coração* (ensaio, 1983), *Os sapatos de Orfeu* (biografia, 1994) e *Memórias videntes do Brasil* (ensaio, 2003), que foi sua tese de doutoramento sobre a obra de Pedro Nava. Em 2004, publicou o livro de poemas *O transplante é um baião de dois* (2004), que escreveu no hospital após uma delicada cirurgia cardíaca, e teve ampla repercussão em meio à crítica. José Maria Cançado também participou da seleção e organização dos volumes *50 poemas pré-60*: *a experiência do século* e *50 poemas anos 60*: *política & vanguarda*.

O escritor faleceu no dia 19 de julho de 2006, aos 54 anos, em Belo Horizonte, em decorrência de complicações por conta do transplante cardíaco que havia feito em 2004.

Fontes:

Publicações do autor; http://www2.fpa.org.br (acesso em: 19 de junho de 2007); http://www.algumapoesia.com. br (acesso em: 19 de junho de 2007).

JOSÉ MARIA TEIXEIRA DE AZEVEDO JUNIOR (AZEVEDO JUNIOR) (1865-1909)

Nascido no Rio de Janeiro, em 11 de dezembro de 1865, falecido também nessa cidade, em 30 de abril de 1909, Azevedo Júnior foi jornalista, orador e escritor dos mais conhecidos em seu tempo. Filho do industrial comendador José Maria Teixeira de Azevedo, português e da senhora Beralda Celestiano Teixeira de Azevedo, natural de Pitangui (MG), ainda jovem transferiu-se para Minas Gerais, onde acompanhou de perto a construção e a inauguração da nova capital. Através das inúmeras crônicas que publicou nos jornais *O Contemporâneo*, de Sabará, e *O Pharol*, de Juiz de Fora, entre outros, assinadas com os pseudônimos de "Tupy", "Ubirajara", "Urubussu" e "Yuca Pirama", é possível conhecer interessantes episódios dos primeiros anos do século XX, bem como a verve irônica, o bom humor e as relações de amizade que ele mantinha com jornalistas e políticos.

No campo literário são conhecidos os livros *Quadros* e *Trechos de prosa*, contendo crônicas publicadas no jornal *Pharol*, entre 1901 e 1902; além de notícias de uma brochura também de crônicas e peças teatrais que teriam sido encenadas no *Club Riachuelense*, que se encontram desaparecidas.

Fontes:

Publicações do autor; "Vida, atividade crítica e percalços de José Maria Teixeira de Azevedo Junior". Disponível em: http://www.cultura.mg.gov.br/ (acesso em: março de 2010).

JOSÉ RENATO DE PIMENTEL E MEDEIROS

José Renato de Pimentel e Medeiros, além de poeta, é artista plástico e, como tal, ganhou o Prêmio Cidade de Belo Horizonte em 1961. Reside em Lagoa Santa (MG), onde tem seu ateliê.

Tem publicado os seguintes livros: *Madrugada sem lua* (1958); *Vitral de fogo* (coletânea de poemas, 1959); *O julgamento do rio* (1961); *O sangue e o sal* (1961); *O caos* (1964); *Pão poema gume* (1969); *Parábola em cinco falas* (1985).

Fontes:

Publicações do autor; http://www.tanto.com.br (acesso em: maio de 2006).

JOSÉ ROBERTO MELLO

Mineiro de Araçuaí, no Vale do Jequitinhonha, José Roberto Mello dedica-se à ficção histórica e de aventura. Tem os seguintes livros publicados: *A mansão Hollywood*, contos, de 1990; *A lei de Gérson*, novela policial, de 1995; *Mistério em São Sebastião*, de 2000, que ganhou o primeiro lugar no Concurso de Literatura da Prefeitura de Belo Horizonte; e a novela *Armação em Búzios*, de 2005. Para breve, o escritor anuncia o lançamento de dois romances. Um deles – *Margens plácidas* – em que ficcionaliza a exploração predatória de minério de ferro, ao longo do rio Paraopeba. O outro – ainda sem título – é um romance histórico cujo tema é a fundação da cidade de Araçuaí, por Luciana Teixeira, em 1817.

Fonte:

Publicações do autor.

JOSÉ VIEIRA COUTO DE MAGALHÃES (1837-1898)

Nascido em Diamantina (MG), em 1º de novembro de 1837, o político, militar, sertanista e escritor José Vieira Couto de Magalhães cursou o Seminário de Mariana, estudou Matemática na Escola Militar do Rio de Janeiro, e fez o Curso de Artilharia de Campanha, em Londres. Em 1860, doutorou-se pela Faculdade de Direito de São Paulo. Foi conselheiro do Estado e Deputado por Goiás e Mato Grosso. Ocupava a presidência da Província de São Paulo quando foi proclamada a República; e foi secretário do Governo de Minas Gerais no período de 1860 a 1861. Após a Guerra do Paraguai, na qual participou da batalha de reconquista de Corumbá, ganhou do governo imperial o título de barão de Corumbá, que recusou, preferindo o de general Brigadeiro, distinção que raras vezes era concedida a civis.

Couto Magalhães foi uma pessoa de extrema atividade intelectual. Pesquisador dedicado de línguas estrangeiras e indígenas, estudou ainda a Astronomia, a Física e a Mecânica, doando, posteriormente, seus instrumentos de experiências científicas ao Instituto Politécnico de São Paulo. Foi fundador do Clube de Caça e Pesca de São Paulo, e organizador da Sociedade Paulista de Imigração. Colaborou em diversos periódicos, como *Jornal do Comércio* e *Diário Popular*, e foi membro do Instituto Histórico e Geográfico Brasileiro. Deixou inédita uma gramática da língua geral. Seu nome foi escolhido como Patrono da Cadeira 31 da Academia Tocantinense de Letras.

Suas obras mais importantes são: *O selvagem* (obra escrita a pedido de D. Pedro II para figurar na Exposição da Filadélfia, em 1876, é um tratado do idioma, dos costumes, mitos e usos de nossos índios); *Viagem ao Araguaia*; *A revolta de Felipe dos Santos em 1720* (que lhe abriu as portas do Instituto Histórico e Geográfico); *Os guaianases* (romance histórico); *A fundação de São Paulo*; *Anchieta e as línguas indígenas* (escrito por ocasião do tri-centenário do jesuíta); *Episódio da história pátria*; *Dezoito milhas do interior do Brasil*; *Ensaio de Antropologia*; entre outros.

Faleceu no Rio de Janeiro, no dia 14 de setembro de 1898.

Fonte:

BERNET, Diana. *Novo dicionário brasileiro.* Rio de Janeiro: Editora ABC, 1996.

JULINDA ALVIM (s/d-s/d)

Filha de Felicidade Moreira de Alvim Machado e de José Soares de Alvim Machado, nasceu em Palmas (MG), provavelmente em fins do século XIX.

Jornalista, prosadora e poeta, escreveu um livro de poemas intitulado *Saudades*, que foi publicado pela Imprensa Oficial, em Belo Horizonte, em 1917. Trata-se de uma obra romântica, perpassada de temas nostálgicos, sentimentais e religiosos. A autora inicia com um poema carinhoso dedicado ao pai, e louva a natureza, a família, o amor e a religião, principalmente. O livro se divide nas seguintes partes: "Paizagens e Rimas", "Nocturnaes", "À Beiramar" e "Medalhas Antigas". A primeira é rica em descrições campestres e pode ser comparada a um álbum de fotografia, tal o cuidadoso detalhamento das imagens. A segunda é marcada por descrições nostálgicas, tristes e sombrias, e tem como temas recorrentes a noite e o luar. A terceira parte explora as imagens litorâneas; e a última, mais rica e interessante, trata de mulheres históricas e mitológicas que sofreram por amor e saudade. As mulheres aí citadas são a Virgem Maria, Eva, Judith, Cornélia, Cleópatra, Diana, Aurora, Penélope, Orithya e Ariana. Segundo Cândida de Brito, a poetisa

> É uma escritora de real valor. Há muito que o seu nome aparece assinalado em poesias que a recomendam como uma artista que nos transmite as suas emoções através de versos de invulgar beleza. A sua arte é despida de roupagens requintadas. Entretanto, nos seus versos de encantadora simplicidade, sente-se a exuberância de um temperamento artístico (BRITO, 1929).

Não foi possível encontrar a data de seu falecimento.

Fontes:

ALVIM, Julinda. *Saudades*. Belo Horizonte: Impressa Oficial, 1917. 156 p; BRITO, Cândida de. *Antologia feminina*. 2. ed. [s/i], 1929 .p. 63; ARAÚJO, José Marinho de. *Povoadores do Município de Palmas*. BEZERRA, Kátia da Costa (Org.). *Tirando do baú: antologia de poetas brasileiras do século XIX*. Pedro Leopoldo (MG): Fundação Cultural Dr. Pedro Leopoldo, 2003. Coleção Mulher & Literatura, volume VI; COUTINHO, Afrânio. Sousa, J. Galante de. *Enciclopédia de Literatura Brasileira*. São Paulo: Globo Editora, Fundação Biblioteca Nacional/DNL, Academia Brasileira de Letras, 2001. v. I p. 212.

JÚLIO CASTAÑON GUIMARÃES

Júlio Castañon Guimarães nasceu em 1951, na cidade de Juiz de Fora (MG), mas reside no Rio de Janeiro, desde a década de 1980. Doutor em Letras pela UFRJ, é também ensaísta, tradutor, poeta e pesquisador da Fundação Casa de Rui Barbosa. Foi coeditor da revista *Inimigo Rumor*, do Rio de Janeiro, ao lado de Carlito Azevedo, e participou das antologias *Nothing the sun could not explain* e *Outras poesias* da revista *Submarino*.

Estreou na poesia com o livro *Vertentes*, que busca liricamente as raízes mineiras, sem perder de vista a proposta do Movimento Concretista. O vínculo com a vanguarda visual ainda se faz presente no livro seguinte, *17 peças*, de 1983, mas se esvai nos que se seguem. O mais recente livro é *Poemas*, em que reúne sua produção de 1975 a 2005. Castañon tem chamado a atenção da crítica pela utilização sensível que faz da poesia como se fosse um filtro através do qual observa e registra os fatos, as pessoas e as coisas que o cercam.

Sua produção acadêmica é extensa, com ensaios, artigos e traduções. Alguns títulos: *Territórios/Conjunções*: poesia e prosa críticas de Murilo Mendes (1993); edição crítica de

Crônica da casa assassinada, de Lúcio Cardoso (1991); organizador da *Seleta de prosa* de Manuel Bandeira (1997); *A cinza das horas, Carnaval e O ritmo dissoluto* de Manuel Bandeira (1994; em colaboração com Rachel Valença); *Horto de mágoas* de Gonzaga Duque (1996; em colaboração com Vera Lins); *Impressões de um amador* de Gonzaga Duque (2001; em colaboração com Vera Lins); *Madame Pommery* de Hilário Tácito (1992); *Caderno de Escritos* de Arlindo Dalbert (1995); *Murilo Mendes 1901-2001* (2001); e *Sobre Augusto de Campos* (2004). Traduções: *A câmara clara*, de Roland Barthes (1983), *Incidentes*, de Roland Barthes (1988); *Autobiografia de todo mundo*, de Gertrude Stein (1983; em colaboração com José Cotrim); *13 escritos*, de Francis Ponge (1980); *Extraterritorial* de Georges Steiner (1990); *As Montanhas rochosas*, de Michel Butor (1990); *Brinde Fúnebre e Prosa*, de Mallarmé (1995); e *Seis semanas nas minas de ouro do Brasil*, de Ernest de Courcy (1997).

Publicou os seguintes livros de poesia: *Vertentes* (1975), *17 peças* (1983), *Inscrições* (1992), *Dois poemas estrangeiros* (1995), *Matéria e paisagem e poemas anteriores* (1998) *Práticas de extravio* (2003), *Poemas – 1975-2005* (2006).

Fontes:

http://www.casaruibarbosa.gov.br (acesso em: abril de 2006); CAVALCANTI, Jardel Dias. Entrevista com o poeta Júlio Castanõn Guimarães. Digestivo Cultural, 7 abr. 2003. Disponível em: http://www.digestivocultural.com (acesso em: abril de 2006).

JÚLIO EMÍLIO BRAZ

Júlio Emílio Braz nasceu em 1959, em Manhumirim (MG), mas vive no Rio de Janeiro, desde os cinco anos de idade. Iniciou o curso superior de História, que deixou por dificuldades financeiras.

Seu interesse pela leitura aconteceu precocemente, através de revistas de terror que acabaram sendo seu primeiro contato com o universo literário. Ainda jovem, escreveu roteiros para quadrinhos que lhe renderam publicações em vários países e ainda o Prêmio Ângelo Agostini, de Melhor Roteirista de Quadrinhos, em 1986. Escreveu também histórias de *bang-bang* em livro de bolso, utilizando 39 pseudônimos. Mas é através da literatura infanto-juvenil que vai se tornar realmente conhecido. O primeiro livro, intitulado *Saguairu*, surgiu em 1988, e ganhou o importante Prêmio Jabuti de Autor Revelação.

Agora já são mais de cem títulos, e a maioria reflete sobre problemas sociais, sobretudo os relacionados às crianças e aos adolescentes, como a pobreza, a sexualidade, o preconceito racial, o amor e a violência. Em entrevista publicada no *site* http://www.members. tripod.com/escola, o escritor afirma: "Acho que os jovens do meu país têm direito de saber como ele realmente é, até para mudá-lo no que ele tem de ruim e aprimorá-lo no que ele certamente tem de bom. Por isso, gosto tanto de abordar tal temática em meus livros".

Entre sua extensa produção, destacam-se: *Crianças na escuridão* (publicado também na Suíça); *Pivete* (1991); *Enquanto houver vida viverei* (1994); *Felicidade não tem cor* (1994); *Megalópolis* (1995); *Gabriel e a grande árvore* (s/d); *Zumbi: o Despertar da liberdade* (1995); *Um conto de fim de mundo: drama da prostituição infantil* (1996); *A serpente cintilante* (1997); *O herdeiro de Aranda* (1997); *O mistério do homem amarelo* (1997); *Policarpo dos céus inatingíveis* (1997); *Pretinha, eu?* (1997); *Tantos natais* (1999); *Uma pequena história de Natal* (1999); *Cenas urbanas* (coautoria, 2000); *Lendas negras* (2001); *O grande dilema de um pequeno Jesus* (2002); *Carolina e a ostra* (2003); *Vôo cego* (coautoria, 2003); *Aparências e outras cenas do cotidiano* (contos, 2008).

Além dos prêmios citados, Júlio Emílio tem recebido importantes premiações internacionais, em reconhecimento ao seu trabalho literário, como: *Austrian Children Book Award*, da Áustria, e o *Blue Cobra Award*, do *Swiss Institute for Children's Book*, com o livro *Crianças na escuridão*.

Fontes:

Publicações do autor; http://www.letras.ufmg.br (acesso em: abril de 2006); http://www.rocco.com.br (acesso em: abril de 2006); http://www.members.tripod.com (acesso em: abril de 2006);

JÚLIO RIBEIRO (1845-1890)

Júlio César Vaughan nasceu em 16 de abril de 1845, em Sabará (MG), e faleceu em 1º de novembro de 1890, em Santos (SP). Filho de um norte-americano boêmio, George Washington Vaughan, e de uma professora pública, Maria Francisca Ribeiro, passou a adotar o sobrenome materno depois que o pai abandonou a família. Iniciou seus estudos em Baependi (MG), entrou para a Escola Militar do Rio de Janeiro, em 1862, que abandonou três anos depois para se dedicar ao jornalismo e ao magistério. Conhecia bem o Latim, o Grego, e algumas línguas modernas, além de música. Foi professor de Latim na Faculdade de Direito de São Paulo e de Retórica no Instituto de Instrução Secundária.

Júlio Ribeiro era republicano e abolicionista convicto. Em seus artigos, combatia ardorosamente qualquer espécie de restrição à liberdade e exigia que o político conhecesse também a ciência e a literatura. Foi proprietário e diretor de diversos jornais, como o *Sorocabano* (1870-72), em Sorocaba; *A Procelária* (1887) e *O Rebate* (1888), em São Paulo. Colaborou também no *Estado de S. Paulo*, no *Diário Mercantil*, na *Gazeta de Campinas*, no *Almanaque de São Paulo*, nos quais publicava seus estudos sobre Filologia e Arqueologia. E no jornal *Gazeta Comercial* publicou parte de seu primeiro romance, *Padre Belchior*.

Como romancista, Júlio Ribeiro seguiu fielmente a estética do naturalismo. O romance *A carne*, de 1888, obteve grande êxito, mas também provocou enorme polêmica. Vários críticos, entre eles José Veríssimo e Alfredo Pujol, atacaram o romance, mas o principal ataque partiu do padre Sena Freitas, com o artigo

"A carniça", publicado no *Diário Mercantil*. O romancista imediatamente revidou com uma série de artigos intitulados "O urubu Sena Freitas", em dezembro de 1888, que depois foram recolhidos no livro *Uma polêmica célebre*, de 1934. Mais tarde, Manuel Bandeira, em estudo dedicado a Júlio Ribeiro, fez justiça ao romancista e ao seu romance, consolidando-o definitivamente na história literária brasileira.

Publicações: *Padre Belchior de Pontes* (romance histórico, e vols. 1876-1877); *Traços gerais de lingüística* (1880); *Gramática portuguesa* (1881); *Cartas sertanejas* (1885); *A carne* (1888); *Uma polêmica célebre* (1934) e *Procelárias* (1935, publicação póstuma).

Fontes:

SEMINARIO João Alphonsus. *A ficção mineira de Bernardo Guimarães aos primeiros modernistas.* Belo Horizonte, 1981; BRAYNER, Sonia. *Labirinto do espaço romanesco: tradição e renovação da literatura brasileira.* Rio de Janeiro: Civilização Brasileira, 1979; RIBEIRO, Júlio. *A Carne.* Rio de Janeiro: [s/i], 1967.

JUSSARA SANTOS

Jussara Santos nasceu em Belo Horizonte (MG), no dia 12 de setembro de 1963. É licenciada em Letras, doutora em Literatura de Língua Portuguesa, pela PUC Minas. Foi professora do Projeto Ensino Supletivo de 1º grau do Centro Pedagógico da UFMG, em 1992, e também no ensino superior.

Jussara Santos tem poemas publicados em antologias e revistas literárias nacionais. Em 1993, ganhou o Concurso de Poemas Rosas de Abril da UFMG, e o 25º Concurso de Contos, Poemas e Ensaios da *Revista Literária do Corpo Discente da UFMG*. Alguns de seus poemas, tais como "Passional" e "I Corpus", foram incluídos no Programa A Tela e o Texto, do projeto "Leitura para todos", iniciativa da Faculdade de Letras da UFMG em parceria com a Prefeitura de Belo Horizonte, para divulgar literatura nos ônibus da cidade. Em 2005, foi uma das ganhadoras do Prêmio Poesia BDMG Cultural de Literatura, e seu texto encontra-se publicado no volume coletivo *Minas em mim*.

Em 2002, Jussara Santos reuniu seus contos no livro *De flores artificiais*. Outros títulos: *Com afago & margaridas* (contos, 2006). A escritora é professora da rede pública municipal de Belo Horizonte e pesquisadora da Fapemig, no Projeto da PUC Minas intitulado "Literatura afro-brasileira, equívoco ou uma fratura da linguagem?" É ainda autora de diversos ensaios acadêmicos sobre questões relacionadas à afrobrasilidade.

Fontes:

SANTOS, Jussara (coautoria). *Minas em mim.* Belo Horizonte, BDMG, 2005 ; FIGUEIREDO, Fernanda Rodrigues de. "Representação de minorias: a reversão do centro". In: http://www.letras.ufmg.br (acesso em: 1º de agosto de 2006); http://www.bdmgcultural.mg.gov.br (acesso em: 1º de agosto de 2006).

KIKO FERREIRA

Eustáquio Ferreira Neto, conhecido como Kiko Ferreira, nasceu em 1959, em Belo Horizonte. É poeta, crítico de música do jornal *Estado de Minas*, colunista das revistas *Na Sala* e *Mercado Comum* e responsável pela programação musical da Rádio Band Minas. Em Minas Gerais, trabalhou como produtor, diretor artístico e comentarista de cultura da TV Globo, Bandeirantes, Minas, Horizonte, Universitária; das rádios FM Inconfidência, Guarani, 107; dos jornais *Hoje em Dia*, *Diário de Minas* e das revistas *Palavra*, *Istoé*, *Minas*, entre outras.

Desde 1980, o escritor vem lançando livros de poesia em parceria com outros artistas, como Fernando Fiúza, Nilson e Luiz Daré. Seu primeiro livro foi *Cordiana*, logo seguido de *Cio em setembro*, *Beijo noir*, *Belo blue* e *Solo de kalimba* (2003). Kiko Ferreira é também Curador de Minas no projeto Brasil-França e foi membro da Comissão Projeto Pixinguinha 2004.

Em julho de 2006, o escritor relançou a obra *Solo de kalimba* e homenageou o poeta canadense Leonard Cohen no Projeto Terças Poéticas, do Palácio das Artes. E em 2007 lançou o livro intitulado *Stet*, que era aguardado por todos que dele tiveram notícia, ou que o viram declamar alguns dos poemas.

Fontes:

Publicações do autor; http://www.germinaliteratura.com.br (acesso em: 18 de junho de 2007); http://www.agenciaminas.mg.gov.br (acesso em: 18 de junho 06 de 2007).

L

LACYR SCHETTINO (1914-2004)

Lacyr Annaziata Schettino, filha do coronel Nunziato Schettino e de Maria Rosa Schettino, nasceu em Mar de Espanha, Minas Gerais, em 1914, e faleceu em Belo Horizonte, em 26 de abril de 2004. Sua obra engloba poesias, pesquisas históricas, traduções, crítica literária e literatura infantil.

Aos dez anos, compôs o primeiro poema em memória do avô e desde então não parou mais de escrever. Publicou os primeiros textos em periódicos, como o *Correio da Manhã* e *O Jornal*. Em Barra Mansa (RJ), para onde a família se transferiu, a música, o estudo de línguas e a poesia tornaram-se suas principais ocupações. Em 1952, ela se diploma pelo Conservatório de Música do Rio de Janeiro, em Canto, História da Música, Teoria Musical e Solfejo; e também em Canto Coral e Harmonia, pelo Conservatório Barramanense de Música, que, aliás, havia sido fundado por sua irmã – Elisa Schettino. Em 1970, a autora licenciou-se em Letras pela Faculdade de Ciências Humanas da Universidade Católica de Minas Gerais (PUC Minas), especializando-se em literaturas estrangeiras. Exerceu o magistério secundário e superior nessa Capital e em outras cidades.

Sua poética identifica-se com a estética moderna, e seus livros quase sempre são lindamente ilustrados. Há, nos poemas, uma tentativa de apreender o processo de escrita através do experimento com as palavras e também da exploração do espaço vazio da página. Na maioria das vezes, utiliza uma métrica livre, em consonância com as tendências contemporâneas e com os temas que trabalha, como o cotidiano, a vida e a morte. Também costuma refletir sobre a realidade, a violência, a ganância, o ritmo acelerado da vida e o excesso de informações. Em resumo, trata-se de uma poetisa engajada no seu tempo, sempre atenta às questões da atualidade.

Lacyr Schettino publicou ainda livros infantis que costumam ser adotados por colégios da cidade. Segundo Euclides M. Andrade, ela é "uma das mais altas vozes da poética feminina no Brasil", e sua literatura infantil alcança com facilidade a sensibilidade das crianças. Para ele, "é uma poesia solitária e solidária de profunda densidade, vivencial e poética" (*Suplemento Literário*, dez. 1977).

Livros publicados: *Nariz em pé* (s/d); *Essa dor tem outro nome* (poesia, s/d); *Quando as sombras se espalham* (poesia, 1940); *Rumor de asas* (poesia, 1951); *O espelho da morte* (1954, Prêmio de Poesia Feminina de *A Gazeta*, São Paulo, 1953); *Santa Teresa de Jesus* (poesia, 1958; Prêmio Olavo Bilac, da Prefeitura do Distrito Federal, 1956); *Verdamazônia* (poesia, 1977); *É Natal* (Torneio Nacional de Poesia Falada do Governo do Estado do Rio de Janeiro, 1970); *Vamos todos cirandar* (infantil, 1969); *As sete meninas* (infantil, 1979); *Parábola do semeador* (poesia, 1974); *América Latina* (poesia, 1986); *Alvorada no Rio das Mortes* (poesia, 1989); *A gatinha Bonifácia* (infantil, 1993); *Versos de ontem e de hoje* (poesia, 1994). Ensaios: *"A poesia de Sofia de Melo Breiner Andresen"* (1971); *"Panorama da Literatura Infantil"* (1973); *"Em torno do episódio de Inês de Castro"* (1980); *"Descobrindo o Brasil em Os lusíadas"* (1982); *Lendas da cidade de Tiradentes* (1981); *Vá em terra santa* (1986); entre outros.

Pertence à Academia Mineira de Letras, à Academia Municipalista de Letras de Minas Gerais e ao Instituto Histórico e Geográfico de Minas Gerais. Lacyr é a terceira sucessora da 26ª cadeira da Academia Mineira de Letras. Entre as diversas condecorações e honrarias que recebeu, destacam-se: Intelectual Sul Fluminense do Ano, em 1981; Cidadã Honorária de Barra Mansa (RJ), em 1962; Personalidade Literária do Ano, pela Prefeitura de Barra Mansa, Rio de Janeiro; patrona da cadeira 4 da Academia de Letras Infantil do Grupo Escolar Barão do Rio Branco, de Belo Horizonte, em 1968; patrona do Centro Cívico do Colégio Washington Luiz de Barra Mansa (RJ), em 1975; presidente do XIV Congresso Brasileiro de Esperanto, Belo Horizonte, em 1972; Medalha Tiradentes do Governo de Minas Gerais e Prefeitura de Tiradentes, em 1967; Diploma e Medalha de Honra ao Mérito, Mar de Espanha (MG), em 1994.

Fontes:

Publicações da autora; site da Secretaria de Estado de Cultura de Minas Gerais, disponível em: http://www.letras. ufmg.br (acesso em: junho de 2006).

LAÍS CORRÊA DE ARAÚJO (1927-2006)

Laís Corrêa de Araújo nasceu em 3 de março de 1927, em Campo Belo (MG), mas mudou-se em 1928 para São João del-Rei, que passou a considerar sua terra adotiva. Foi poeta, professora universitária, jornalista, crítica literária e pesquisadora, entre outras atividades. Concluiu o curso ginasial no Colégio Afonso Arinos, tendo como colega o escritor Autran Dourado. Em 1945, bacharelou-se em Línguas Neo-Latinas pela Universidade Federal de Minas Gerais, e trabalhou como escriturária do Serviço Público Federal no antigo IAPI (hoje INSS).

Laís Corrêa participou ativamente da vida cultural do País e dos movimentos mais renovadores da literatura brasileira. Nas décadas de 50 e 60, participou, ao lado de um grupo de jovens intelectuais, entre eles Affonso Ávila, com quem se casaria, das ousadas propostas da poesia de vanguarda. Em agosto de 63, foi a única escritora presente na Semana Nacional de Poesia de Vanguarda, realizada na capital mineira, ao lado de Haroldo e Augusto de Campos, Décio Pignatari, Benedito Nunes e Luiz Costa Lima. Participou também do grupo responsável pela criação das revistas *Vocação* e *Tendência*, que obtiveram significativa repercussão nos meios letrados nacionais.

A poeta esteve presente em inúmeros congressos, tanto no País como no exterior, ocupou cargos importantes e recebeu muitos prêmios. Em 59, criou a coluna *Roda Gigante*, no jornal *O Estado de Minas,* de enorme sucesso entre os leitores tal a respeitabilidade de seu nome. Foi também colaboradora da Revista *O Cruzeiro*, do Rio de Janeiro, e do jornal *O Estado de São Paulo*, entre outros.

Em 1945, publicou seu primeiro poema – intitulado "O vento" – no suplemento literário do jornal *Folha de Minas*. O primeiro livro foi *Caderno de poesia*, em 1951, a que se seguiram: *O signo e outros poemas* (1955); *Cantochão* (1967); *Decurso de prazo* (1988); *Pé de página* (1995); *Clips* (2000). Em 2004, reuniu sua obra poética em *Inventário – 1951-2002*, editado pela Universidade Federal de Minas Gerais. A literatura infantil também encontrou espaço em sua atividade literária, através dos títulos: *O grande blá-blá-blá* (1974); *Maria e companhia* (1983); *Que quintal!* (1987); *O relógio mandão* (1989) e *A loja do Zeconzé* (2000). A escritora participou ainda de muitas obras coletivas e se destacou na tradução e no ensaísmo, com estudos sobre Murilo Mendes e outros autores nacionais. Parte de sua obra poética está traduzida e publicada no exterior. Em 1996, em homenagem ao ilustre casal de poetas, foi apresentado o espetáculo *Laís e Affonso,* na Sala Juvenal Dias, do Palácio das Artes.

A escritora faleceu no dia 19 de dezembro de 2006, após um mês internada com complicações respiratórias. Deixou inédito o livro *Geriátrico*.

Fontes:

LOPES, Carlos Herculano. "Sob o signo da delicadeza". In: jornal *Estado de Minas*, de 20 de dezembro de 2006; MACIEL, Maria Esther. (Org.) *Laís Corrêa de Araújo*. Belo Horizonte: Faculdade de Letras da UFMG, Centro de Estudos Literários, 2002 (Coleção Encontro com Escritores Mineiros, 5).

LAURA MEDIOLI

Laura Medioli nasceu em Belo Horizonte e pertence a uma conhecida família de escritores. É neta de Ataliba Santos (jornalista e poeta premiado), e de Paulo Machado (autor do livro *Menino feliz*), sobrinha de Lúcia Machado de Almeida (autora de dezenas de títulos como *O escaravelho do diabo*) e de Ângelo Machado (também autor de literatura infanto-juvenil). Como se não bastasse, é ainda parente de Aníbal Machado e Maria Clara Machado. Casada com o empresário e deputado Vittorio Medioli, tem duas filhas: Marina e Daniela. É formada em Magistério e em Estudos Sociais pela Faculdade Newton Paiva. Fundadora dos jornais comunitários *Vila Paquetá* e *Nossa Gente*, promove regularmente atividades culturais para os moradores de vilas e favelas da região da Pampulha. Em 1995, adquiriu o *Jornal Pampulha* e trabalha na Sempre Editora, responsável pelos jornais *O Tempo*, *Super Notícias*, *Pampulha*, entre outros.

Começou a fazer poesia ainda criança, aos nove anos de idade. Adolescente, experimentou o teatro e escreveu quatro peças teatrais. O primeiro livro – intitulado *Xangô, o detetive e o mistério de Matinho*, de 1994 – hoje em terceira edição, é dirigido ao público mais jovem. Em recente entrevista, a escritora não esconde a predileção pela literatura infanto-juvenil e pela crônica, que publica semanalmente nos jornais *O Tempo* e *Pampulha* e na revista *Habitat*.

Em novembro de 2005, lançou o segundo livro – *Levando a vida leve* –, que reúne 46 crônicas maravilhosamente ilustradas pelo artista plástico Fernando Fiúza. As narrativas de Laura Medioli retratam situações cotidianas com leveza e humor, sobretudo as que se referem ao universo feminino. Segundo a autora, os leitores participam de sua produção através de comentários, de críticas e até sugerindo histórias. E o cronista que mais a influenciou foi Fernando Sabino, segundo ela própria afirma. *Aninha, muito prazer* é o nome do próximo livro destinado ao público jovem. Trata-se de um romance quase autobiográfico, remontando histórias de uma amizade vivida na adolescência. Laura Medioli tem sido apontada, pelos leitores e críticos, não apenas como uma cronista sensível, mas como revelação literária.

Fontes:

Informações obtidas em entrevista com a autora no dia 12 de maio de 2006; MEDIOLI, Laura. *Levando a vida leve*. Ilustração Fernando Fiúza. Belo Horizonte: Soler Editora, 2005; Jornal *O Tempo*: Magazine, Belo Horizonte, 10 de novembro2005; http://www.otempo.com.br (acesso em: maio de 2006).

LEDA MARIA MARTINS

Leda Maria Martins graduou-se em Letras pela Universidade Federal de Minas Gerais em 1977. Realizou seu mestrado em *Master Of Arts* pela Indiana University (USA), em 1981, seu doutorado em Estudos Literários pela Universidade Federal de Minas Gerais em 1991 e pós-doutorado pela New York University (USA), em 2000. Atua como professora adjunta da Universidade Federal de Minas Gerais, participa do membro de corpo editorial da Caligrama da mesma instituição, e é também membro de corpo editorial da Gragoatá (UFF). Suas pesquisas estão voltadas para o campo de

Literatura Comparada, abordando, principalmente, os seguintes temas: Teatro Negro, Teatro Americano, Teatro Brasileiro.

Possui diversos trabalhos, artigos e ensaios publicados em livros, jornais e revistas. Entre suas publicações, destacamos: *Os dias anônimos* (poesia, Sette Letras, 1999); *Afrografias da memória: O reinado do rosário no Jatobá* (Perspectiva/ Mazza Edições, 1977); *Callaloo, a special issue on Afro-Brazilian Literature* (John Hopkins University Press, 1995); *A cena em sombras* (Perspectiva, 1995); *O moderno Teatro de Qorpo-Santo* (UFMG/UFOP, 1991); *Cantigas de Amares* (poesia, Edição do Autor, 1983).

Fontes:

Publicações da autora; http://buscatextual.cnpq.br

LEO CUNHA

Leo Cunha nasceu na cidade de Bocaiúva (MG), em 5 de junho de 1966. Ainda criança mudou-se para Belo Horizonte, onde realizou o curso primário, o secundário e o universitário. Em 1985, começou a estudar Economia, que abandonou no segundo ano. Em 1988, iniciou Comunicação na Pontifícia Universidade Católica (PUC Minas), formando-se em Jornalismo em 1991, e em Publicidade em 1993. Como jornalista, começou como redator de jornais de empresa, tornando-se depois cronista dos jornais *O Tempo* e *Hoje em Dia*. É especialista em Literatura Infantil e Juvenil pela PUC Minas e mestre pela Faculdade de Biblioteconomia da UFMG. Integra o corpo docente do curso de Jornalismo do UNI-BH e também do IEC, onde leciona a disciplina Introdução à Crítica da Arte na Pós-Graduação.

Além de dar aulas, Leo Cunha escreve contos e poesias e dedica-se à tradução publicitária. Seu primeiro livro, *Pela estrada afora,* foi lançado em 1993 e recebeu o 1º lugar no Concurso Nacional de Histórias Infantis no Paraná. Até o momento, já publicou quase 30 livros e duas coletâneas de crônicas, que foram publicadas nos jornais *O Tempo* e *Hoje em Dia*. Segundo o escritor, seu processo de escrita é meio caótico, pois escreve e reescreve diariamente dois ou três livros ao mesmo tempo. Os temas preferidos são as dúvidas, os desejos e tudo o mais que diz respeito ao cotidiano de um adolescente. E a utilização cuidadosa de uma linguagem poética e bem-humorada, cheia de aliterações, rimas e jogos metalinguísticos, com certeza contribuem decisivamente para a fácil comunicabilidade dos textos.

Entre seus muitos títulos, destacam-se: *O sabiá e a girafa* (1993); *Lições de girafa* (1993); *Pela estrada afora* (1993); *Que bicho mordeu?* (1994); *O menino que não mascava chicle* (1994); *As pilhas fracas do tempo* (1994); *Em boca fechada não entra estrela* (1994); *Sonho passado a limpo* (1995); *Conversa para boi dormir* (1995); *O dinossauro: mais uma história ecológica* (1995); *Quase tudo na arca-de-Noé* (1996); *O inventor de poesias* (1996); *Joselino e o seu esporte favorito* (1996); *Nas páginas do tempo* (1997); *Debaixo de um tapete voador* (1997); *O gato de estimação* (1997); *Cantigamente* (1998); *Na marca do pênalti* (1999); *Poemas lambuzados* (1999); *Clave de lua* (2001); *A menina da varanda* (2001); *Pão e circo* (2002); *O macacão espantado* (2003); *Manual de desculpas esfarrapadas* (2004); *XXII!! 22 brincadeiras de linhas e letras* (2004); *Poemas avoados* (2004); *Contos de grin golados* (2005); *Era uma vez um reino de mentira* (2005); *Lápis encantado* (2006); *Perdido no ciberespaço* (2007); *Tela plana: crônicas de um país telemaníaco* (2007); *Era uma vez um reino sonolento* (2007); *Profissonhos: um guia poético* (2007); *Três terrores* (2007); *Sorte Grande* (2007); *Viva-Voz* (2008) e *Turmas do prédio, da rua e do bairro* (2008).

Segundo o autor, seu trabalho literário é influenciado pelos escritores de sua predileção, como Sylvia Ortohf, José Paulo Paes, Mário Quintana, Bartolomeu Campos Queirós, Carlos Drummond de Andrade, Chico Buarque, Ana Maria Machado, Monteiro Lobato, entre outros. Entre os prêmios que já recebeu, estão: o Prêmio de Autor Revelação da Fundação Nacional do Livro Infantil e Juvenil (FNILJ), em 1993, o Prêmio de Autor Revelação em Literatura Infantil da Câmara Brasileira do Livro (CBL), em 1993, selecionado para o Catálogo da FNLIJ "O livro para crianças no Brasil", da Feira de Frankfurt, em 1994; e para o Catálogo da FNLIJ, no Congresso do IBBY, Cartagena – 2000.

Leo Cunha, por sua originalidade e competência, vem sendo considerado o escritor que melhor representa a novíssima geração de autores da Literatura Infantil e Juvenil Brasileira.

Fontes:

Publicações do autor; http://www.educarede.org.br (acesso em: maio de 2006); http://www.leocunha.jex.com.br (acesso em: maio de 2006); (acesso em: maio de 2006).

LEÔNIDAS LORENTZ (1914-1993)

Nasceu em Teófilo Otoni, em 20 de maio de 1914, e faleceu no Rio de Janeiro, em 29 de novembro de 1993. Filho de Carlos G. Lorentz e de Olímpia Alves Barbosa, cursou o primário e o ginásio em Teófilo Otoni. Mudou-se para o Rio de Janeiro, onde cursou advocacia, trabalhou como advogado e também foi professor no Colégio Pedro II. Sua paixão pelo ensino o levou, mais tarde, a fundar o Colégio João Lira. Casou-se em 8 de maio de 1943, com Joviana Cavaliere Lorentz, diretora do Colégio João Lira.

Apesar de viver a maior parte de sua vida no Rio de Janeiro, nunca se esqueceu de suas origens. No livro *Minas em versos*, de 1979, declarou seu amor e admiração por sua terra, seus costumes, sua gente e figuras mais ilustres do Estado de Minas Gerais. Defensor empenhado do meio ambiente, publicou três livros sobre o tema: *A primeira* correspondência do Parque Florestal da cidade de Teófilo Otoni; *A segunda correspondência do Parque Florestal da cidade de Teófilo Otoni* (1989) e *A batalha ecológica na cidade de Teófilo Otoni* (1990), onde adverte com muita ênfase para os problemas ecológicos e mostra sua indignação perante o descaso dos políticos em relação ao problema. Esses livros contêm não somente reflexões e denúncias sobre a depredação ambiental, como também versos exaltando a natureza. Em 89, Leônidas Lorentz doou para a Prefeitura de Teófilo Otoni um terreno destinado à construção de um Parque Florestal, que infelizmente ainda hoje não foi construído.

Publicou os seguintes livros: *Minas Gerais em versos* (1979); *Primum poetari; Versos para nossa mãe; Brasil que ninguém segura; Palavras de civismo; Vida de São Paulo Apóstolo; Teófilo Otoni; Geografia do Brasil em versos; Camões – vida e obra; Cancioneiro do Aleijadinho de Vila Rica* (1990); *A primeira correspondência do Parque Florestal da cidade de Teófilo Otoni; A segunda correspondência do Parque Florestal da cidade de Teófilo Otoni* (1989); *A batalha ecológica na cidade de Teófilo Otoni* (1990).

Fontes:

LORENTZ, Leônidas. *A segunda correspondência do Parque Florestal da cidade de Teófilo Otoni*. Rio de Janeiro: Gráficos Borsoi S.A. Indústria e Comércio, 1989; informações obtidas em entrevista com a viúva do escritor, a Sra. Joviana Cavaliere Lorentz, em maio de 2006.

LETÍCIA MALARD

Mineira de Pirapora, Letícia Malard formou-se em Línguas Neolatinas pela antiga Faculdade de Filosofia, Ciências e Letras, em 1958. Lecionou em escolas de ensino médio de Belo Horizonte até ingressar, em 1966, no ensino superior, primeiro no UNI-BH, depois, na UFMG, em 1972, como professora de Teoria da Literatura. Ainda nesse ano, concluiu a tese de doutorado sobre o romance *Vidas secas*, de Graciliano Ramos. E, por ocasião do concurso de professora titular, apresentou o trabalho *Vida e obra de Avelino Fóscolo*. Reconhecida como uma das principais especialistas brasileiras na área de estudos literários, Letícia Malard tem inúmeros ensaios e trabalhos acadêmicos publicados, entre eles, *Literatura e dissidência política* (2006); *No vasto mundo de Drummond* (ensaio, 2005); *Morro Velho, de Avelino Fóscolo* (com José Américo Miranda, 1999); *Hoje tem espetáculo: Avelino Fóscolo e seu romance* (ensaio, 1987); *Ensino e literatura no 2º grau: problemas & perspectivas* (ensaios, 1985); *Escritos de literatura brasileira* (ensaios, 1981); *Ensaio de literatura brasileira: ideologia e realidade em Graciliano Ramos* (1976).

A estreia na literatura ocorreu em 2005, para surpresa de quem só a conhecia como professora de literatura. Seu romance, intitulado *Um amor literário*, articula uma interessante rede de referências literárias e foi muito bem acolhido pela crítica, ficando entre os finalistas do Prêmio Jabuti, da Câmara Brasileira do Livro, e do Prêmio de Literatura Brasileira Portugal Telecom, de 2006.

Em 2002, Letícia Malard recebeu o título de Professora Emérita da Faculdade de Letras da UFMG. No discurso de saudação à colega, José Américo de Miranda, professor de Literatura Brasileira da instituição, e poeta, destacou, como uma de suas contribuições, a de ter estabelecido, nos anos 1970, conexões entre literatura e política e literatura e história, com base na teoria marxista.

Fontes:

Publicações da autora; http://www.ufmg.br (acesso em: 19 de junho de 2007).

LIBÉRIO NEVES

Antônio Libério Neves nasceu em Buriti Alegre (GO), em 1934, mas ainda jovem foi estudar em colégios de Tupaciguara, no Triângulo Mineiro, e em seguida em Uberlândia. Após concluir os estudos secundários, transferiu-se para Belo Horizonte, onde se formou em Direito, em 1960.

A trajetória literária começou em 1965, quando publicou *Pedra Solidão*, fruto de experiências concretistas, que recebeu o primeiro lugar em Concurso Literário da Prefeitura. Fez parte da revista *Vereda*, da qual participavam também Henry Corrêa de Araújo, Ubiraçu Carneiro da Cunha, Elmo Abreu Rosa, Valdimir Diniz, entre outros. Até o momento publicou mais de duas dezenas de livros, entre poesia e ficção para o público adulto e o público infanto-juvenil, tendo recebido diversos prêmios, entre eles, a Medalha Santos Dumont de Honra ao Mérito Literário, em 1997.

Obra publicada: *O ermo* (poesia, 1968, Prêmio Cláudio Manoel da Costa); *Pequena memória de Terra Funda* (1971); *Circulação de sangue* (Poesia, 1972, Prêmio Cidade de Belo Horizonte); *Mil quilômetros redondos* (1974); *Antologia I* (1975); *A solidão dos muros* (1976); *Força de gravidade em terra de vegetação rasteira* (Poesia, 1977, Prêmio Cidade de Belo Horizonte); *Força de gravidade em terra de vegetação rasteira* (1978); *Que tal nosso quintal* (1980); *O cavalo amarelo* (1982); *Circulação de sangue* (1983); *A bicicleta encantada* (1983); *Olhos de gude* (1985); *Animagens* (1988); *Para sonhar que vive* (1986); *Balão de couro* (1990); *Lembrança bate as asas* (1991); *Memória dos cães* (1993); *Voa, palavra* (1995); *As cores mágicas* (1996); *Fera no estilingue* (1999); *Você vem comigo* (1999); *O cavalo e a galinha* (1999); *Coisas do coração* (2000); *Águas* (2002); *Peço a palavra* (2004) e *Mineragem* (2006).

Fontes:

Publicações do autor.

LINA TÂMEGA PEIXOTO DEL PELOSO

Escritora, pesquisadora e professora universitária, esta mineira nasceu em Cataguases, em 5 de junho de 1931, onde residiu até a juventude. Ainda em sua cidade natal, fundou com Francisco Marcelo Cabral a revista *Meia Pataca*, que circulou de 1948 a 1949. Mais tarde, transferiu-se para outros centros, onde continuou os estudos e diplomou-se em Letras Clássicas. Chegou em Brasília, em 1958, acompanhando o marido arquiteto que ia trabalhar na construção da cidade. Com um grupo de professores, ajudou a implantar o ensino oficial na capital do País, lecionando na rede oficial e na Universidade de Brasília. Com uma bolsa de estudos do governo português, foi a Portugal pesquisar o lirismo peninsular, a poesia de Cecília Meireles, entre outros temas.

Publicou os seguintes títulos: *Algum dia* (poesia, 1952); *Entretempo* (poesia, 1984); *Dialeto do Corpo* (2005) e *Água polida* (2007). Integra as antologias *Poetas de Brasília* (1962) e *Antologia dos poetas de Brasília* (1971), de Joanyr de Oliveira, e *A poesia mineira no século XX*, de Assis Brasil (1998). Sobre a autora, Walmir Ayala afirmou no *Jornal do Comércio* do Rio de Janeiro, em 27 de agosto de 1963: "Há qualquer coisa de dança, de gesto, de abandono nestes poemas rigorosos de Lina Del Peloso. Esta poetisa integra-se desde já na linha das melhores do Brasil".

Fontes:

AYALA, Waldir. Lina Tâmega. In: *Jornal do Comércio*. Rio de Janeiro, 27 de agosto de 1963; CAGIANO, Ronaldo. *Poetas mineiros em Brasília* (DF): Varanda, 2002; http://www.bnb.df.gov.br

LINDOLFO PAOLIELLO

Lindolfo Paoliello nasceu em 12 de julho de 1946, em Ubá (MG). Morou na capital mineira, onde completou os estudos e graduou-se bacharel em Direito pela Universidade Federal de Minas Gerais. Especialista em Marketing e em Economia, atuou como professor no curso de Comunicação da PUC Minas e participou da criação da área de Comunicação da Fiat Automóveis, entre os anos de 1976 e 1987.

Como escritor, Paoliello é conhecido por sua prosa leve e bem-humorada, próxima à crônica de costume. Entre os livros publicados, destacam-se: *A rebelião das malamadas* (1981); *Nosso alegre gurufim* (crônicas publicadas no *Estado de Minas*, de 1982 a 1983); *O poeta que não sou* (crônicas, 1986); *O país das gambiarras* (crônicas, 1987); *Banquete dos mendigos*: aventuras no cotidiano brasileiro (crônicas, 1992); *Alma dos anjos* (crônicas,1997); *O melhor das crônicas* (2003). Também já se aventurou na literatura infanto-juvenil, com a novela *Alma dos anjos*, de 1997.

Fontes:

Publicações do autor; http://www.bhdecadaum.com.br (acesso em: janeiro de 2007).

LINO DE ALBERGARIA

....

Isalino Silva de Albergaria nasceu em Belo Horizonte, em 24 de abril de 1950. Caçula de cinco irmãos, seu pai trabalhava com presidiários e com crianças carentes e gostava muito de ler e escrever. Sua mãe encadernava livros e fazia outras atividades artísticas. Lino, como se tornou conhecido, estudou no Instituto Ariel, no Colégio Estadual e formou-se em Letras e Comunicação pela UFMG. Trabalhou inicialmente como redator de jornais de empresa, mas, ao fazer estágio numa biblioteca infantil francesa, começou a escrever histórias para crianças, adaptando primeiro os contos populares. Quando retornou ao Brasil, trabalhou como escritor e editor, criando coleções didáticas e coleções de contos infanto-juvenis.

Publicou também dois romances para adultos: *Em nome do filho* (1993) e *Estação das chuvas* (1997); o primeiro chegou a finalista da Bienal Nestlé de Literatura e o segundo foi premiado no Concurso do Estado do Paraná e finalista do Prêmio Jabuti. Nesse período, fez mestrado em Letras, cuja dissertação teve como título *Do folhetim à literatura infantil*, e foi publicada pela Editora Lê. A tese de doutorado – intitulada "Ouro Preto e o imaginário moderno" –, ainda inédita em livro, examina as relações existentes entre as intervenções arquitetônicas de Lúcio Costa, as paisagens imaginárias de Guignard e a obra Romanceiro da Inconfidência, de Cecília Meireles, em torno de Ouro Preto.

Lino Albergaria tem inúmeros contos dispersos em jornais e revistas literárias de todo o País e alguns publicados na Bélgica e no México. Entre seus livros infanto-juvenis, estão: *Um amor de menino* (1986); *O espelho* (1986); *A cadeira* (1986); *A rede* (1986); *O chuveiro* (1986); *A mão do encantado* (1987); *Uma cor dentro da Terra* (1987); *Cinco anos sem chover* (1962); *Crescendo na quadra* (1986); *Tantas histórias tem o tempo* (1985); *O relógio no mundo* (1989); *Alice no metrô* (1993); *Pio e Pinóquio* (1997); *De Paris com amor* (1998); *Caderno de segredos* (1997); *Amanhã chega o sol* (1997); *Maria Poliana* (1997); *A boneca e o saci* (1998); *Adeus escola* (1999); *Miguel e a quinta série* (2002); *Lia e a sexta série* (2002); *Márika e a sétima série* (2002); *Chico, Edu e a oitava série* (2002); *Urano X Netuno* (2004); *A família invisível* (2005); *O menino e o mar* (2005); *Álbum de família* (2005); *Cabelos de fogo, olhos de água* (2006).

Fontes:

Publicações do autor; http://www.caleidoscopio.art.br (acesso em: maio de 2006); Entrevista com o autor em maio/junho de 2006.

LÍVIA PAULINI

Lívia Paulini nasceu na Hungria, mas naturalizou-se brasileira em 1951, tornando-se logo mineira de coração. Sua história de vida impressiona e comove a todos que a conhecem, pois, independentemente dos anos dramáticos vividos durante a guerra, tornou-se conhecida artista plástica e escritora. Formada em Pedagogia e Psicologia pela Universidade da Hungria, fez cursos de Gerenciamento Educacional e de literatura alemã e inglesa na Universidade de Budapeste, onde também estudou Desenho e Pintura. Já residindo em Belo Horizonte, continuou a estudar artes plásticas com Inimá de Paula, tendo participado de inúmeras exposições nacionais e internacionais.

Membro fundadora da Academia Feminina Mineira de Letras, a qual presidiu durante vários anos, Lívia Paulini surgiu nas letras nacionais em 1981, com *Ancoradouro*, um romance que ficcionaliza sua própria história de vida. Em 1986 publicou a coletânea de poemas intitulada *Realidade* e, em 1995, lançou *Monólito*, que contém uma misteriosa e envolvente narrativa. Também tem publicado importantes ensaios, como *A literatura húngara – sintonização com a literatura européia* (1983); *Henriqueta Lisboa: uma poetisa mineira e sua mensagem universal* (1984); *Jubileu de ouro sem júbilo: 50º aniversário da destruição de Hiroshima e Dresden* (1996); e *A utopia do século XXI* (1998). Como tradutora, Lívia Paulini tem construído pontes poéticas entre a Hungria e o Brasil, que podem ser conhecidas através das obras bilíngues e trilíngues intituladas *Pérolas reverberantes* (1999) e *Pérolas de Minas* – coletâneas de poetas mineiros (s/d), entre outras.

Fontes:

Publicações da autora.

LOURDES GONÇALVES (FLORENCE BERNARD)

Lourdes Gonçalves nasceu em Itajubá (MG), em 5 de dezembro de 1925. Residiu em São Paulo e Nova Friburgo (RJ), onde se tornou conhecida nos meios de comunicação como profissional dinâmica e por ocupar cargos administrativos oficiais. É romancista, contista, jornalista, publicitária e relações públicas.

Sua paixão pela leitura começou cedo. Aos 18 anos, iniciou a carreira de escritora, publicando contos, crônicas e reportagens em jornais e revistas do País. Durante anos, manteve a coluna "Consultório Sentimental" (assinada como Maria de Lourdes) na revista *A cigarra*. Na revista *PN* (Publicidade e Negócios), assinava a seção "A mulher na publicidade e nos negócios". Entre 1974 e 1976, editou o Suplemento *Diálogo* do *Jornal da Bahia*. Em São Paulo, foi correspondente do *Correio da Manhã*, assinando a coluna "São Paulo em sete dias".

Lourdes Gonçalves estreou na literatura em 1944 com o romance histórico *Edmeia*, cuja trama se desenvolve entre o fim do império de D. Pedro II e o início da República, que assinou com o pseudônimo de Florence Bernard, que adota por longo período. No segundo romance – *O grande pecado*, de 1947 –, cujo tema central é a prostituição, ela realiza uma contundente denúncia da hipocrisia social. Segundo Nelly Novaes Coelho, em *Dicionário crítico de escritoras brasileiras,* "foi um dos romances de maior sucesso de público e de crítica nos anos 1940 e 1950 (tiragem de 20.000 exemplares em duas edições, esgotada em seis meses), e que consagrou o nome de Florence Bernard como a nova romancista brasileira" (COELHO, 2002, p. 361-362).

Após esses, vieram outros, como *A inimiga*, em 1948, de cunho intimista, que aborda o desajuste conjugal; *Diabo 55*, em 1949, que gira em torno dos problemas de um educandário de meninos de rua; e *As ex-esposas*, em 1952, que trata da situação da mulher desquitada no Brasil. Ainda no *Dicionário crítico de escritoras brasileiras*, Nelly Novaes Coelho informa que:

> após a publicação deste último título, a romancista Florence Bernard entra num longo período de silêncio (1952/1977). Ou melhor, desapareceu, para dar lugar, 25 anos depois, à contadora-de-histórias, Lurdes Gonçalves (um erro gráfico suprimindo o "o" de Lourdes deu lugar ao novo nome literário). Durante esse interregno, a escritora dedicou-se inteiramente à profissão de jornalista e publicitária, por questões econômicas (COELHO, 2002, p. 361-362).

Durante os anos de 1960 e 1964, a escritora foi redatora de grandes agências de publicidade, como a McCann-Erickson, J. W. Thompson, e Standard. No Rio de Janeiro, foi assessora do ministro da Agricultura entre 66 e 70; e, em 1971, representou os Diários Associados no Congresso Internacional de Mulheres Jornalistas e Escritoras, em Washington.

Apenas em 1977, retorna ao cenário literário com a novela *Calunga,* que recebe o Prêmio Jabuti Revelação de Autor e dá início à produção infanto-juvenil. Outros livros vêm a público, com igual sucesso de crítica: *O espantalho* (1979); *Bozo, o elefante de asas* (1980); *Alex rumo ao sol* (1981); *Apenas João* (1984). Em 2006, lança *Aventuras e desventuras de Tião e Mané,* que aborda a desigualdade social, a miséria, a infância roubada de milhões de crianças. Lourdes Gonçalves vive em Nova Friburgo (RJ) e é colunista do jornal *A voz da Serra* – Diário de Nova Friburgo.

Fontes:

COELHO, Nelly Novaes. *Dicionário crítico de escritoras brasileiras*. São Paulo: Escrituras, 2002; GONÇALVES, Lourdes. Bibliotecas Públicas. In: A voz da Serra – Diário de Nova Friburgo, http://www.avozdaserra.com.br (acesso em: 16 de junho de 2006); http://www.rocco.com.br (acesso em: 16 de junho de 2006);

LUCI GUIMARÃES WATANABE

Nascida em 3 de maio de 1944, em Divinópolis (MG), filha de José e Alzira, a autora cresceu em meio a uma família numerosa. O fascínio pela literatura nasceu das histórias de fantasmas, fadas, bruxas, que lia e ouvia desde criança. Segundo ela, ver de perto um disco voador é até hoje um dos sonhos de sua vida. Após os estudos primários em sua terra, deslocou-se para outros centros, onde continuou os estudos. Formou-se em Comunicação Social e mudou-se para Brasília, em 1962. Estreou como escritora em 1984, com a obra *O casebre do fantasma* e, desde então, vem se consagrando cada vez mais no universo da prosa juvenil. Reside em Taguatinga, no Distrito Federal.

Tem publicados, entre outros títulos: *A caixa de sonhos* (1988); *O fantasma que dançava no escuro* (1988); *Canção para Débora* (1990); *O menino e o bruxo* (1992); *As escapulidas misteriosas do vovô* (1996); *O mistério da estrela cadente* (1997); *Os fantasmas da Rua do Canto* (2000); *De que foi que eu morri* (2001); *O riso da morte: esse avô era uma peste* (2002) e *Rah – o mensageiro do sétimo raio* (2005).

Fontes:

http://www.editorasaraiva.com.br (acesso em: 12 de maio de 2006); MARTINS, Mário Ribeiro. *Dicionário bibliográfico regional do Brasil*. Via internet no ensaio no site http://www.usinadeletras.com.br (acesso em: 10 de maio de 2006).

LÚCIA CASTELLO BRANCO

Lúcia Castello Branco nasceu no Rio de Janeiro, em 1955, mas reside em Belo Horizonte desde 1974, com o marido e poeta, Paulinho Assunção. Graduada em Letras pela Universidade Federal de Minas Gerais, fez o mestrado em Literatura Luso-Brasileira na Indiana University, nos Estados Unidos, e o doutorado em Estudos Literários na Universidade Federal de Minas Gerais, onde trabalha desde 1984, como professora de Literatura Portuguesa. Em 2008, tornou-se Titular de Estudos Literários da Faculdade de Letras da UFMG, através de concurso público.

A produção ensaística e acadêmica é extensa e instigante, versando principalmente sobre a especificidade da literatura feminina, erotismo e o binômio 'literatura e psicanálise'. Principais títulos: *Eros travestido: um estudo do erotismo no realismo burguês brasileiro* (1985); *O que é erotismo* (1984); *O que é literatura feminina* (1991); *A traição de Penélope* (1994); e *A branca dor da escrita – três tempos com Emily Dickinson* (2003). Com a colega e também escritora Ruth Silviano Brandão, publicou *Literaterras: as bordas do corpo literário* (1995). Em 1989, escreveu o roteiro do curta de animação *Balançando na gangorra*, de Tânia Anaya; e em 1990, realizou com Musso Greco e Matheus Araújo um curta-metragem intitulado *E viu Deus que era bom*, sobre Arthur Bispo do Rosário.

A ficção de Lúcia Castello Branco surgiu com *A falta*, instigante e refinada narrativa que ora se assemelha a contos, ora lembra um romance, e que dialoga com nomes da literatura universal feminina, como Virginia Woolf, Clarice Lispector, Gabriela Lhansol e Florbela Espanca, aliás, as escritoras da predileção de Lúcia. Depois, vieram: *Livro de cenas fulgor* (2000); *Contos de amor e não* (2004); *O amor não vazará meus olhos* (2006), em delicadas edições artesanais, entre outros. Na literatura para crianças, temos *Júlia-toda-azul*, *Nick Cão: o fim*, *O fazedor de palavras*, e *A menina e a bolsa da menina*, entre outros. Em 2010 lançou *Amorímpar*, uma coleção com dois volumes: um dedicado a Maria Gabriela Llansol, e outro, a Manoel de Barros.

Fontes:

Publicações da autora; http://www.tanto.com.br; http://mostra.ig.com.br; http://www.canalcontemporaneo.art.br

LÚCIA MACHADO DE ALMEIDA (1910-2005)

Lúcia Machado de Almeida pertence à geração literária que surge no País nos anos 1940. Seu nome é reconhecido tanto como o de escritora dedicada à literatura infanto-juvenil, como de intelectual dedicada a estudos e pesquisas sobre a cultura e a arte brasileira. Nasceu na Fazenda Nova Granja, no município de Santa Luzia (MG), atualmente São José da Lapa, no dia 4 de maio de 1910. Em sua família, há outros escritores ilustres, como Aníbal Machado, Maria Clara Machado, Paulo Machado, Carolina Machado de Lima e Murilo Mendes.

Aos seis anos, mudou-se para Belo Horizonte e, desde bem jovem, mostrava forte tendência para os estudos. Além do curso primário e secundário realizados no Colégio Santa Maria, de freiras dominicanas, completou sua formação em cursos particulares de inglês, francês, literatura, história da arte, piano e canto. Começou a escrever ainda adolescente no *Correio Mineiro*, a convite do cronista Alberto Deodato. Seu primeiro trabalho literário foi o poema "Desencanto", publicado no *Estado de Minas* quando tinha 14 anos.

Casada com o museólogo paulista Antônio Joaquim de Andrade e Almeida, irmão do poeta Guilherme de Almeida e fundador do Museu do Ouro de Sabará e do Museu Regional de Caeté. Segundo consta, o início da carreira literária foi acidental. Em 1942, para distrair os filhos pequenos que estavam com sarampo, após esgotar o repertório conhecido de histórias infantis, começou a inventar as aventuras da piabinha no fundo do mar. No ano seguinte, já publicava o primeiro livro intitulado *Estórias do fundo do mar*, que recebeu o Prêmio da Fundação Cultural de Brasília. A partir da década de 1950, fez várias viagens à Europa e aos Estados Unidos como conferencista sobre cultura, arte e literatura brasileira. Além de escritora, Lúcia Machado de Almeida foi editora do *Suplemento Literário*

Minas Gerais, membro da Diretoria da Associação Franco-Brasileira de Cultura, membro do Instituto Histórico de Minas Gerais e da Comissão Nacional de Folclore. Durante alguns anos, escreveu para o suplemento literário do jornal *Estado de Minas*.

Seus livros, publicados pela editora Ática na Coleção Vaga-Lume, fizeram muito sucesso nos anos 1980. Entre os principais títulos, estão: *O caso da borboleta Atíria* (1951); *Atíria na Amazônia, Xisto no espaço* (Prêmio Jabuti); *Xisto e o pássaro cósmico* (nova versão de Xisto e o Saca-Rolha); *Aventuras do Xisto* (1957); *O asteróide, O escaravelho do diabo* (1956); *A vida é fantástica, Spharion – aventuras de Dico Saburó* (1979 – Prêmio da Fundação Cultural de Brasília). A autora recebeu também distinções importantes pelo trabalho que realizou na divulgação de temas do patrimônio e da mineiridade, junto aos jovens, em livros como *Viagens maravilhosas de Marco Pólo, Lendas da terra do ouro,* e *Roteiros das cidades históricas de Minas*.

Entre os vários prêmios que conquistou, destacam-se: Medalha de Ouro da Bienal do Livro, de São Paulo; Prêmio Othon Bezerra de Mello, da Academia Mineira de Letras, além da condecoração Stella Della Solidarietá (medalha de mérito cultural do governo italiano) e Chevalier des Arts et des Lettres, do governo francês. Foi a criadora do Museu Guignard, de Ouro Preto, para o qual fez diversas doações, como seu retrato a óleo pintado por Guignard, de quem era grande amiga. Escreveu ainda *Passeio a Ouro Preto*, considerado um dos mais sensíveis e fascinantes roteiros da cidade-monumento. Dedicou também escritos a Sabará, a Diamantina e à região do Alto Minho, em Portugal. Defensora do patrimônio cultural, incentivou ações em favor das cidades mineiras.

Nelly Novaes Coelho (1983) afirma que Lúcia Machado de Almeida é uma escritora atenta ao mundo em transformação, e especialmente dotada para se comunicar com o público adolescente e pré-adolescente. Sem nenhuma preocupação em teorizar, a autora oferta com sabedoria e perspicácia pequenas doses de informação capazes de instigar a curiosidade dos jovens. Com habilidade, a autora é pedagógica sem qualquer ranço de didatismo, da mesma forma que conferiu ao tema da luta entre bem e mal uma perspectiva que passa ao largo do maniqueísmo.

Lúcia Machado de Almeida viveu em Belo Horizonte, até 1984, quando se mudou para São Paulo com o marido, para ficar próximo dos filhos. Faleceu em Indaiatuba, São Paulo, no dia 30 de abril de 2005, aos 94 anos de idade, vítima de uma pneumonia. Seu rico acervo literário foi doado recentemente pelos filhos ao acervo de Escritores Mineiros da UFMG.

Fontes:

COELHO, Nely Novais. *Dicionário crítico da literatura infantil / juvenil brasileira 1882/1982*. São Paulo: Edições Quiron. 1983; ALMEIDA, Lúcia Machado de. *O caso da borboleta Atíria*. 15. ed. São Paulo: Ática, 1989. Série Vaga Lume; OSWALDO, Ângelo. Lucia Machado de Almeida. Estrela guia. In: *Suplemento Literário Minas Gerais*. Belo Horizonte, v. 19, n. 914, p. 1, abr. 1984.

LÚCIA MIGUEL PEREIRA (1903-1959)

Nasceu em Barbacena, no dia 2 de dezembro de 1903, e faleceu no Rio de Janeiro, em 22 de dezembro de 1959. Era filha de Miguel Pereira, conceituado médico carioca, e, por lado de mãe, pertencia a uma família de mulheres cultas. Desde pequena demonstrou grande capacidade para criar personagens e narrativas. 'Rosa Violeta' foi sua primeira personagem nas histórias que contava para as irmãs, e que depois passou a fazer parte de seus contos infantis. Estudou nos melhores colégios do Rio de Janeiro, destacando-se pela enorme capacidade de concentração, pela dedicação à pesquisa e sensibilidade para a interpretação.

Começou a carreira literária no ano de 1931, ao colaborar para a revista *Boletim de Ariel*, que era dirigida por Agripino Grieco e Gastão Cruls, importantes críticos da época. Escreveu também para a *Revista do Brasil, A Ordem, Lanterna Verde e Gazeta de Notícias*, por toda a década de 1930. Como a maioria dos intelectuais de seu tempo, a temática religiosa inicialmente estava presente em sua produção literária, mas, aos poucos, começa a diminuir até quase desaparecer. Em virtude da sua formação europeia, os escritos da autora revelam grande influência da cultura francesa e dos ideais democráticos que ela representa. Apenas na fase final da carreira, ela se deixa influenciar pelos filósofos e pela literatura norte-americana, o que altera sensivelmente sua leitura do mundo.

Lúcia Miguel Pereira foi uma das mais representativas figuras do pensamento crítico no Brasil, na primeira metade do século XX, tornando-se uma referência obrigatória do ensaísmo feminino. A biografia que fez de Machado de Assis, em 1935, articula com extrema habilidade a crítica literária, ao analisar a obra machadiana do ponto de vista estético. Com esse estudo, obteve o Prêmio Felipe de Oliveira do Círculo Literário no Brasil e tornou-se ainda mais respeitada por seus pares. Ela se destacou também no campo da literatura infantil, tendo recebido o Prêmio do Ministério da Educação no ano de 1939, pelo livro *A fada menina*. A escritora faleceu com o marido em um acidente aéreo sobre a Baía de Guanabara, no ano de 1959.

Obras publicadas, entre romances, infantil, crítica e biografia: *Maria Luíza* (romance, 1933); *Em surdina* (romance, 1933); *Machado de Assis* (crítica, 1936); *Amanhecer* (romance, 1938); *A fada menina* (infantil, 1939); *A vida de Gonçalves Dias* (biografia, 1943); *A floresta mágica* (infantil, 1943); *Maria e seus bonecos* (infantil, 1943); *A filha do Rio Verde* (infantil, 1943); *Prosa de ficção* (história literária, 1950); *Cinquenta anos de literatura* (história literária, 1952); *Cabra-cega* (romance, 1954); *Adolfo Caminha* (1960) – organizado após sua morte.

Fontes:

COUTINHO, Afrânio; SOUSA, José Galante de. *Enciclopédia da literatura brasileira*. Rio de Janeiro: Fundação de Assistência ao Estudante, 1989; CANDIDO, Antonio. "Coletânea revela a importância de Lúcia Miguel Pereira na crítica militante". *Jornal do Brasil*. Rio de Janeiro: 13 de março de 1993; SCHUMAHER, Schuma; VITAL, Érico.

Dicionário de mulheres no Brasil de 1500 até a atualidade. Rio de Janeiro: Jorge Zahar, 2000; http://www.revista. agulha.nom.br (acesso em: abril de 2006).

LUCIANO SHEIK

Luciano Esteves Mendes nasceu em Itanhandu, sul de Minas Gerais, em 1966. Antes de completar dois anos de idade, recebeu o apelido de Sheik, por causa da novela *Sheik de Agadir*, que desde então o acompanha. Formou-se em Administração pela Universidade Federal de Viçosa, onde se especializou em Gestão Estratégica, e fez pós-graduação em Psicopedagogia pela Universidade Federal do Rio de Janeiro. Atualmente mora em Ponte Nova, mas já residiu em Carandaí, Muriaé, Belo Horizonte e Viçosa. Trabalha na Caixa Econômica Federal, desde 1989, e por três anos foi diretor cultural sindical. Exerce atividades de consultoria e treinamentos corporativos, que considera "um exercício dialético".

Tem publicados os seguintes livros: *Coisas da janela* (poemas, 1985); *Procuro-me* (poemas, 1988); *Inversos* (poemas, 1990); *Jovens para sempre* (romance, 2003); *Sossego, o rato que queria ser morcego* (fábula infantil, 2005). Jovens para sempre foi adotado como leitura suplementar em escolas de ensino médio de Belo Horizonte e do interior, e indicado para o vestibular da Universidade Federal de Viçosa e da Universidade Federal de Ouro Preto. Trata-se de uma obra que tenta fundir ficção e realidade, através de uma narrativa passada dentro de um campus universitário, que destaca o relacionamento de um casal de namorados e o movimento estudantil nos anos 1980. Também o livro Sossego, o rato que queria ser morcego tornou-se leitura de crianças do ensino fundamental do interior e da capital mineira. O livro narra a saga de um rato que queria ter asas e voar, ou seja, queria ultrapassar os próprios limites. Ao final, temos uma bela lição de autoconhecimento e aceitação de si próprio. Com ilustrações de altíssima qualidade, o livro e o autor merecem ser mais conhecidos.

Fontes:

Entrevistas concedidas pelo autor em maio de 2006; http://www.sheikk.com.br (acesso em: maio/junho de 2006).

LÚCIO CARDOSO (1912-1968)

Romancista, poeta, dramaturgo e pintor, Joaquim Lúcio Cardoso, nasceu em Curvelo (MG), em 14 de agosto de 1912, e faleceu no Rio de Janeiro, em 24 de setembro de 1968. Com apenas um ano de idade, mudou-se com os pais para Belo Horizonte, onde cursou os primeiros estudos. Em 1923, a família torna a se mudar para o Rio de Janeiro, onde ele continua os estudos. Era irmão da também romancista Maria Helena Cardoso.

No Rio, teve oportunidade de conhecer o poeta Augusto Frederico Schmidt, de quem se torna amigo, e que se propõe a publicar seus romances. Lançado em 1934, o primeiro romance – *Maleita* – insere-se na linha social do regionalismo de 30. Os próximos romances, entretanto, serão marcados por uma mudança de perspectiva e pelo adentramento progressivo na subjetividade. Assim,

> [...] a obra de Lúcio Cardoso está encaixada no centro dessas linhas cruzadas, que se mostram transparentes na radical oposição norte/sul, ou seja, o romance regionalista versus a linha psicológica ou espiritualista da ficção (SANTOS, 2001, p. 12).

Outros livros se seguiram, como *Salgueiro*, de 1935; *Luz no subsolo*, de 1936; *A professora Hilda*, de 1945; e *Angélica*, de 1950, entre outros. O auge da carreira ocorre com *Crônica da casa assassinada*, de 59, o último romance publicado pelo autor e considerado seu livro mais significativo. As técnicas de montagem do romance, a temática do crime, do pecado, e os espaços de Minas são destacados pela crítica como aspectos importantes do universo de Lúcio Cardoso. Em 1966, recebeu, pelo conjunto de sua obra, o Prêmio Machado de Assis da Academia Brasileira de Letras.

Em 1962, o escritor foi forçado a abandonar a literatura devido a um derrame cerebral que paralisou o lado direito de seu corpo. Foi quando teve início a carreira de pintor, que, mesmo usando apenas a mão esquerda, consegue produzir cerca de quinhentas telas e participar de várias exposições coletivas e individuais.

Livros publicados: *Maleita* (1934); *Salgueiro* (1935); *Luz no subsolo* (1936); *Mãos vazias* (1938); *Histórias da Lagoa Grande* (1939); *O desconhecido* (1940); *Poesias* (1941); *Dias perdidos* (1943); *Novas poesias* (1944); *Inácio* (1945); *A professora Hilda* (1945); *O anfiteatro* (1946); *O escravo* (1937); *Coração delator* (1947); *A corda de prata* (1947); *O filho pródigo* (1947); *Angélica* (1950); *Crônica da casa assassinada* (1959) e *O viajante*, organizado por Octavio Faria e lançado postumamente pela editora José Olympio, em 1973.

Foram produzidos os seguintes filmes com base em sua vida e obra: *O enfeitiçado*, em 1968, de Luiz Carlos Lacerda; *A casa assassinada*, em 1971, de Paulo César Saraceni; *Mãos vazias*, em 1971, de Luiz Carlos Lacerda; e *O desconhecido*, de Ruy Santos.

Fontes:

BARROS, José Américo de Miranda; MUZZI, Eliana. *A constituição do narrador na ficção de Lucio Cardoso*. Belo Horizonte: Universidade Federal de Minas Gerais, 1987; BRANDÃO, Ruth Silviano (Org.). *Lúcio Cardoso: a travessia da escrita*. Belo Horizonte: UFMG, 1998; CARELLI, Mário. *Corcel de fogo: vida e obra de Lúcio Cardoso* (1912-1968). Rio de Janeiro: Guanabara, 1988; LINS, Álvaro. *Jornal de crítica*: 1ª série. Rio de Janeiro: José Olympio, 1941; SANTOS, Cássia dos. *Polêmica e controvérsia em Lúcio Cardoso*. Campinas (SP): Mercado de Letras, 2001.

LUIS ALBERTO BRANDÃO SANTOS

Luis Alberto Brandão Santos nasceu em 1964 na cidade de Divinópolis, mas reside em Belo Horizonte. É escritor, ensaísta-ficcionista, professor de Teoria da Literatura na UFMG e membro integrante do Núcleo de Estudos Latino-Americanos (NELAM). Concluiu a graduação em Letras em 1988 (Português e Literaturas) e em 1989 (Inglês e Literaturas), na UFMG. Em 1992, terminou o curso de mestrado com a dissertação *Um olho de vidro: a narrativa de Sérgio Sant'Anna* e, em 1996, o doutorado, com a tese *Nação: ficção: comunidades imaginadas na literatura contemporânea*. O pós-doutorado foi realizado na USP em 2004 e 2005.

Luís Alberto é autor de diversos livros, como *Saber de pedra: o livro das estátuas*, de 1999, que foi premiado no Concurso Nacional de Literatura Cidade de Belo Horizonte; *Um olho de vidro: a narrativa de Sérgio Sant'Anna*, de 2000; *Tablados, livro de livros*, de 2004, e é coautor de *Palavras ao sul: seis escritores latino-americanos contemporâneos*, de 1999 e *Chuva de letras*, de 2008.

Em *Saber de pedra: o livro das estátuas,* ele apresenta as estátuas que existem nas ruas e praças de Belo Horizonte, e dá a cada uma um texto específico, como se tivessem sentimentos e pudessem se manifestar. As fotografias estampadas no livro são de autoria do engenheiro civil e urbanista Ronaldo Guimarães Gouvêa.

Fontes:

SANTOS, Luis Alberto Brandão; OLIVEIRA, Silvana Pessôa de. *Sujeito, tempo e espaço ficcionais: introdução à teoria da literatura*. São Paulo: Martins Fontes, 2001; SANTOS, Luis Alberto Brandão. *Saber de pedra: o livro das estátuas*. Belo Horizonte: Autêntica, 1999; SANTOS, Luis Alberto Brandão; PEREIRA, Maria Antonieta. *Trocas culturais na América Latina*. Belo Horizonte: Pós-Lit/Nelam/FALE/UFMG, 2000; Sistema de currículo plataforma Lattes do CNPq.

LUÍS GIFFONI

Luís Giffoni nasceu em Baependi (MG), em 16 de outubro de 1949, e veio para Belo Horizonte, aos dez anos de idade, onde reside. Formou-se em Literatura Norte-Americana no ICBEU, em 1967, e em Engenharia Civil na UFMG, em 1972. Tem participado de inúmeros eventos importantes de âmbito nacional e internacional, relacionados à leitura e à cultura brasileira, tais como: em 1994, na Alemanha, representou o Brasil na Feira de Livros de Frankfurt, onde proferiu palestras sobre a Literatura Brasileira; em Bad Berleburg no mesmo ano, participou da Semana de Literatura Brasileira; no Canadá, em 96, participou da Feira do Livro de Montreal; e, em Porto Alegre, em 99, representou Belo Horizonte no Encontro de Escritores das Cidades do Mercosul. Foi também observador do Encontro Internacional de Literatura do Segundo Salão do Livro de Belo Horizonte, em 2001. Participou do Projeto Escritores Geração 80/90, promovido pelo Itaú Cultural, que gravou depoimentos de 16 escritores representativos da literatura brasileira a partir dos anos 1980, e de diversos júris para premiações literárias. Desde 2002, publica crônicas e resenhas literárias no jornal *O Tempo*, de Belo Horizonte, além de colaborar eventualmente em outros jornais e revistas, participar de seminários e dar palestras em colégios, fundações, empresas e universidades.

Giffoni é autor de romances, de contos e de livros infanto-juvenis de grande sucesso. Já publicou os seguintes títulos: *A jaula inquieta* (1988); *Os pássaros são eternos,* (1989); *Sonho cigano* (1990); *O ovo de Ádax* (1991); *Boirangos azuis* (1993*); O caçador de Yétis* (1996); *Encontros* (1997); *Narciso, um coelho indeciso* (1997); *Tinta de sangue* (1998); *A árvore dos ossos* (1999); *Adágio para o silêncio* (2000); *A verdade tem olhos verde*s (2001); *Os chinelos de raposa polar* (2002); *Riscos da eternidade* (2002); *O poeta e o quasar* (2003); *Infinito em pó* (2004); *Retalhos do mundo* (2004); *O reino dos puxões de orelha e outras viagens* (2005); *China, o despertar do dragão* (2007); *Don Frei Manoel da Cruz* (2008); *O pastor dos sonhos* (2009); *O fascínio do nada* (2010). Algumas de suas obras foram estudadas no Brasil, nos Estados Unidos e na Inglaterra, através de artigos, trabalhos, dissertações e teses.

Recebeu as seguintes premiações: Bienal Nestlé de Literatura, categoria Conto, 1988; APCA – Associação Paulista de Críticos de Arte, Melhor Autor/ Melhor Livro para *Os pássaros são eternos,* 1989; Prêmio Minas de Cultura, Prêmio Henriqueta Lisboa, 1989; Concurso Nacional de Contos Cidade de Belo Horizonte, 1989; Concurso Nacional de Contos do Estado do Paraná, 1990; UBE – União Brasileira de Escritores, 1990; Concurso Nacional de Romance Cidade de Belo Horizonte, 1994; Concurso Nacional de Literatura Juvenil do Estado da Bahia, 1996; Selo de Leitura Altamente Recomendável da Fundação Nacional do Livro Infantil e Juvenil para o livro *Sonho cigano;* recomendação no *Books for the Family* do IBBY- *International Board on Books for the Youth* para *Boirangos Azuis*; Prêmio Melhor Livro Infantil, do júri infantil da FNLIJ para o livro *Sonho cigano*; Medalha do Mérito Cultural de Belo Horizonte, 1997; premiado no Prêmio Jabuti de romance, 2002, com *Adágio para o silêncio*; indicado ao Prêmio Jabuti de romance, 2003, com *A verdade tem olhos verdes*; indicado ao prêmio Portugal Telecom, em 2003 e 2004, com os livros *Chinelos de raposa polar* e *O poeta e o quasar.*

Fontes:

Publicações do autor; entrevista concedida pelo autor em maio/junho de 2006.

LUIZ CARLOS ABRITTA

Nascido em Cataguases, Minas Gerais, Luiz Carlos Abritta iniciou sua vida profissional no magistério. Diplomou-se pela Faculdade de Direito da Universidade Federal de Minas Gerais, exercendo sua profissão de advogado na capital mineira. Foi promotor de Justiça em várias comarcas do Estado e presidente da Associação Mineira do Ministério Público, da qual permanece como conselheiro. Foi ainda membro efetivo do Instituto Histórico e Geográfico de Minas Gerais e conselheiro da OAB/MG. É filho de Oswaldo Abritta, poeta e magistrado que integrou o movimento modernista da *Revista Verde*, de Cataguases, e casado com a também escritora Conceição Parreiras Abritta.

O poeta Luiz Carlos Abritta preside a União Brasileira de Trovadores, Seção de Belo Horizonte, e é membro da Academia Municipalista de Letras de Minas Gerais, onde foi eleito presidente em 18 de abril de 1998. Publicou diversos livros como: *Pó...emas; Discursos; Nada vale a pena* (poemas) e *História do movimento modernista de Cataguases* (s/d). Conquistou centenas de prêmios e é membro julgador de vários concursos de poemas e contos, em âmbito nacional.

Fontes:

NETO, Adrião. *Dicionário bibliográfico de escritores brasileiros contemporâneos*. Teresina (PI): Edições Geração 70, 1998.

LUIZ FERNANDO EMEDIATO

Nasceu em 1951, em Congonhas do Campo, cidade a 75 quilômetros de BH. Em 1971, ao ganhar o Concurso de Contos do Paraná, decidiu mudar-se para Belo Horizonte e cursar a Faculdade de Jornalismo na UFMG. No segundo ano de curso, foi contratado pela Sucursal da Central do Brasil e descobriu a política estudantil e a censura. Nessa época, editou as revistas *Silêncio*, que, após ser censurada, mudou o nome para *Circus*; e *Inéditos*. Em 1977, foi convidado a publicar contos no livro *Histórias de um novo tempo*, que reunia jovens contistas. O livro teve significativa repercussão na mídia e boas vendagens. Logo depois, foi lançada a coletânea *Queda de braço*, que trazia escritores "marginais", incluindo Emediato. Ainda em 1977, saiu seu primeiro livro de contos: *Não passarás o Jordão*, que foi bem recebido pela crítica, "apesar de ser um volume difícil, pelo tom alegórico, e controverso quanto ao tema, a tortura e os desmandos da ditadura" (RUFFATO, Luiz. In: Por que ler Emediato, hoje?).

Em dezembro de 1977, após ganhar o Concurso de Literatura Cidade Belo Horizonte, com *A rebelião dos mortos*, a Prefeitura recusou-se a pagar o prêmio e editar o livro – conforme o regulamento. Por conta do seu destemido enfrentamento com a censura, Emediato recebeu uma Menção Especial do prêmio concedido pela Associação Paulista de Críticos de Arte "por sua luta para publicar seu livro". Em 78, surgiu o segundo livro, *Os lábios úmidos de Marilyn Monroe*, prefaciado por Antônio Callado, que descreveu Luiz Fernando como "um escritor jovem, mas que já domina a arte exigente de transferir vida para um texto, sem abafar a pulsação da vida, sem transigir com a disciplina do texto". Também em 78, Emediato finalmente lançou *A rebelião dos mortos*, que foi seu último livro de ficção (contos). No ano seguinte, ele declarou no suplemento da *Tribuna da Imprensa* que não ia mais escrever contos e planejava um romance, intitulado *Memórias falsas de um canalha*, que não chegou a sair, e alguns livros infanto-juvenis, dos quais, dois vieram a público: *Eu vi mamãe nascer* (1977) e *O outro lado do paraíso* (1981). Em 82, Emediato ganhou o Prêmio Esso de Jornalismo com uma reportagem que deu origem ao best-seller *Geração abandonada*, livro ganhador de muitos prêmios, entre eles, o da Sociedade Interamericana de Imprensa, SIP.

Escreveu sua primeira peça teatral um ano depois, *Ekhart, o cruel*, para o Grupo de Teatro Persona. Nos anos seguintes, trabalhou no *Jornal do Brasil* e *Estado de S. Paulo*, no qual criou o *Caderno Dois*, e no SBT, até 1990, quando abandonou a profissão e criou a Geração Editorial, da qual é editor e sócio. Em 2004, lançou *Trevas no paraíso*, que reúne os contos dos três primeiros livros, além do conto vencedor do prêmio no Paraná. Após 25 anos, Emediato retomou a carreira de escritor e faz planos: quer terminar o romance *Memórias falsas de um canalha*, lançar uma novela que terminou há 20 anos, e ainda projeta um novo romance a respeito da sua geração. Como viveu a maior parte da sua vida literária no período da ditadura, esse momento histórico tornou-se o principal tema de seus livros.

Livros publicados: *Não passarás o Jordão* (1977); *Eu vi mamãe nascer* (1977); *Os lábios úmidos de Marilyn Monroe* (1978); *A rebelião dos mortos* (1978); *O outro lado do paraíso* (1981); *Geração abandonada* (1982); *Ekhart, o cruel* (1983); *Trevas no paraíso* (2004).

Fontes:

Publicações do autor; http://www.geracaobooks.com.br (acesso em: maio de 2006); http://www.premioesso.com.br (acesso em: maio de 2006); http://geracaobooks.locaweb.com.br (acesso em: maio de 2006); http://www.planetanews.com (acesso em: maio de 2006).

LUIZ PUNTEL

Luiz Puntel nasceu na cidade de Guaxupé (MG). Formado em Letras, com especialização em francês, tornou-se conhecido autor de literatura juvenil e livros didáticos. É professor de Língua Portuguesa e diretor da Oficina Literária Puntel, onde há mais de 20 anos ajuda alunos de ensino fundamental, médio, superior e executivos a dominar o ato de escrever. Puntel leciona ainda em cursos de Oratória para executivos, pós-graduandos e profissionais liberais.

Entre seus livros, destacam-se: *Não aguento mais este regime, Açúcar amargo, Meninos sem pátria, Um soco no estômago, Missão no Oriente, Um leão em família, Carrasco de goleiros, Deus me Livre!, Tráfico de anjos, O grito do Hip Hop* e a Coleção de Livros Didáticos da Coleção Curumim.

Fontes:

Publicações do autor; http://www.puntel.com.br (acesso em: 10 de julho de 2007).

LUIZ RUFFATO

Luiz Fernando Ruffato nasceu na cidade mineira de Cataguases, em fevereiro de 1961. Fez seus primeiros estudos na antiga Companhia Nacional de Escolas da Comunidade, que eram colégios em que se pagava pouco por uma educação de baixa qualidade e funcionavam em espaços emprestados de grupos escolares no período noturno. Mas conseguiu posteriormente uma vaga no Colégio Cataguases, onde estudava a elite da cidade. Foi na biblioteca dessa escola que teve seu primeiro contato com a literatura, incentivado pela bibliotecária. Formou-se depois em Tornearia Mecânica pelo Senai e mudou-se para Juiz de Fora, onde prestou o vestibular na UFJF e passou em primeiro lugar em Comunicação Social.

Entre as atividades que exerceu, destacam-se: pipoqueiro, caixeiro de botequim, operário têxtil, torneiro-mecânico, sócio de assessoria de imprensa, gerente de lanchonete, vendedor de livros autônomo e jornalista. No ano de 1996, já com experiência no jornalismo, Ruffato decidiu que estava pronto para escrever literatura e "perenizar a história das pessoas que passaram por sua vida", conforme afirma em entrevista ao portal *Acessa*. Em 98, o primeiro livro de contos estava pronto: *Histórias de remorsos e rancores*, em que já predominava o tema da vida do trabalhador urbano e operário, ofício que anteriormente exercera. Antes, havia escrito poesias, que também traziam a temática que vai permear toda sua obra. Publicou em 1979, em Juiz de Fora, *O homem que tece*; em 1984, *Cotidiano do medo*, e, posteriormente, em 2002, *As máscaras singulares*, no gênero poético.

Na prosa, gênero em que alcançou projeção maior, publicou em 2000 o livro de contos (*Os sobreviventes*), que recebeu Menção Honrosa Especial do Prêmio *Casa de Las Américas* de 2001, e foi considerado o melhor livro de língua portuguesa. No gênero romanesco, lançou, em 2001, *Eles eram muitos cavalos*, que também foi bem aceito pois ganhou o Prêmio Machado de Assis e o Prêmio APCA (Associação Paulista de Críticos de Arte). O romance foi adaptado para o teatro pela Companhia do Feijão, com o título de *Mire Veja*, e a peça recebeu o Prêmio Shell em 2004.

O escritor organizou ainda as antologias: *Vinte e cinco mulheres que estão fazendo a nova literatura brasileira*, *Mais trinta mulheres que estão fazendo a nova literatura brasileira* e *Fora da ordem e do progresso*, em 2004 e em 2005, respectivamente. No momento, dedica-se a uma obra intitulada *Inferno provisório*, que terá cinco livros, dos quais dois já foram lançados em 2005: *Mama son tanto felice* e *O mundo inimigo*. Essa série pertence a um gênero ainda não rigorosamente definido, conforme palavras de Ruffato, em entrevista ao citado *website*: "Sei que não é saga, que não é conto, que não é romance. Minha preocupação é desconceituar". Em 2006, lançou *Vista parcial da noite*, o terceiro volume da saga intitulada *Inferno provisório*. E, em 2007, lançou *Entre nós*, que trata de assuntos relativos à homossexualidade e *De mim já nem se lembra*.

Em 2008, surgiu *O livro das impossibilidades*, pela editora Record, quarto volume da saga que trata dos migrantes obrer que deixam o interior de Minas Gerais para tentar a sorte no metrópole. São três histórias: "Era uma vez", passada entre Cataguases e São Paulo; "Carta a uma jovem senhora", passada em São Paulo; e "Zezé & Dinim (sombras de um triunfo de ontem)", passada no eixo Rio-São Paulo-Cataguases. A temática dominante são as dificuldades da migração do interior rural mineiro para as cidades industriais de Minas Gerais, Rio de Janeiro e São Paulo. Publicou também *Leituras de escritor*. Em 2009 lançou *Estive em Lisboa e lembrei de você*.

Fontes:

Publicações do autor; SANGLARD, Jorge. "Inferno definitivo". In: jornal *Estado de Minas*, de 18 de setembro de 2008; http://www.acessa.com (acesso em: 25 de abril de 2006); http://www.planetanews.com (acesso em 19 de março de 2010)

LUIZ VILELA

Luiz Vilela nasceu em Ituiutaba, MG, em 31 de dezembro de 1942. Por ter sido criado em uma família de leitores vorazes, o escritor adquiriu logo cedo grande interesse pelos livros. Aos 13 anos, após ter lido histórias de diferentes autores, resolveu escrever as suas. "Gostei tanto da experiência, que nunca mais parei", afirmou. Em Belo Horizonte, fez o Clássico no Colégio Marconi, e entrou para a Faculdade de Filosofia, Ciências e Letras, da UFMG, formando-se em Filosofia. Nesse período, começou a ganhar concursos literários promovidos pela imprensa mineira. Com outros escritores, criou uma revista de contos intitulada *Estória*, e um jornal literário de vanguarda, cujo título era *Texto*. Essas publicações, mantidas pelos próprios autores, marcaram época, e sua repercussão ultrapassou os muros da província, chegando até o exterior.

Em 1967, quando tinha 24 anos, depois de ter sido recusado por vários editores, Luiz Vilela publicou por conta própria, em uma edição modesta, e de apenas mil exemplares, seu primeiro livro de contos – *Tremor de terra*. Mandou-o, então, para um concurso literário em Brasília, e o livro ganhou o Prêmio Nacional de Ficção, disputando com mais de 250 escritores, entre os quais muitos nomes conhecidos da literatura brasileira.

Tremor de terra foi reeditado por uma grande editora do Rio, e Luiz Vilela se tornou conhecido em todo o país como a revelação literária do ano. Entre os elogios que recebeu, destacam-se os de Nelson Werneck Sodré, de Raimundo Magalhães Júnior e de Stanislaw Ponte Preta. Para coroar a espetacular estreia de Vilela, o *Jornal do Brasil*, numa reportagem de página dupla, intitulada "Literatura Brasileira no século XX: Prosa", o escolheu como o mais representativo escritor de sua geração, incluindo-o na galeria dos grandes prosadores brasileiros, iniciada por Machado de Assis. O contista mineiro ganhou também o Prêmio Jabuti de Melhor Livro de Contos, com *O fim de tudo*.

Em 1968, Vilela mudou-se para São Paulo para trabalhar no *Jornal da Tarde*. Foi com base nessa experiência de redator que ele escreveu o segundo romance, intitulado *O inferno é aqui mesmo*. Nesse ano, venceu o I Concurso Nacional de Contos do Paraná; e, no seguinte, foi premiado no II Concurso Nacional de Contos. Ainda em 68, Vilela foi convidado para participar de um programa internacional de escritores, o *International Writing Program*, em Iowa City, Iowa, Estados Unidos, que ele aproveitou para ficar por vários meses e concluir seu primeiro romance – intitulado *Os novos*.

Em 1974, Luiz Vilela ganhou o Prêmio Jabuti de Melhor Livro de Contos, com *O fim de tudo*, publicado no ano anterior pela Editora Liberdade, que ele e um amigo haviam criado. O terceiro romance, *Entre amigos*, foi inspirado nas grandes transformações sofridas na terra natal do escritor, na década de 1970. Em 89, saiu *Graça*, seu quarto romance e décimo livro. No começo dos anos 1990, recebeu o convite do governo cubano para passar um mês em Havana, como membro do júri de literatura brasileira do *Premio Casa de las Américas*. Em junho, foi escolhido como o Melhor da Cultura em Minas Gerais, pelo jornal *Estado de Minas*, na sua promoção anual "Os Melhores". Luiz Vilela esteve também no México, como convidado do *VI Encuentro Internacional de Narrativa*, que reuniu escritores de várias partes do mundo para discutir a situação da literatura; e foi ainda à Alemanha, a convite da *Haus der Kulturen der Welt*, para fazer leituras públicas de seus escritos. No fim de 94, publicou a novela *Te amo sobre todas as coisas*. E, em 96, foi publicada na Alemanha uma antologia de seus contos – *Frosch im hals*. Em 98, o Departamento de Línguas e Literaturas do Instituto Superior de Ensino e Pesquisa de Ituiutaba lançou um projeto cultural de caráter competitivo, intitulado 'Cartas a Luiz Vilela', destinado a universitários de todo o País. No ano 2000, o Concurso de Contos Luiz Vilela, promovido pela Fundação Cultural de Ituiutaba, chegou à décima edição. Nesse ano, também, um conto de Vilela – *Fazendo a barba* – foi incluído na antologia *Os cem melhores contos brasileiros do século* (Rio de Janeiro: Editora Objetiva). E um curta-metragem – *Françoise* – baseado no conto homônimo de Luiz Vilela, ganhou, no Festival de Cinema de Gramado (RS), o prêmio de melhor atriz na categoria curtas, para Débora Falabela. A novela de Vilela, *Te amo sobre todas as coisas* está sendo adaptada para minissérie, pela TV Minas, e, ao também deve ser levada ao palco. Nesse período, a TV Globo levou ao ar, na série *Brava gente*, uma adaptação de seu conto *Tarde da noite*. As produções de Vilela estão traduzidas para diversas línguas. Seus contos aparecem em inúmeras antologias, nacionais e estrangeiras, e sua obra tem servido como objeto de estudos, aqui e no exterior.

Publicações: *O fim de tudo* (contos, 1973); *Contos escolhidos* (1978); *Lindas pernas* (contos, 1979); *O inferno é aqui mesmo* (romance, 1979); *O choro no travesseiro* (novela, 1979); *Tremor de terra* (contos, 1980); *Entre amigos* (romance, 1983); *No bar* (contos, 1984); *Os novos* (romance, 1984); *Uma seleção de contos* (1986); *Contos* (1986); *O violino e outros contos* (2000); *Graça* (romance, 1989); *Te amo sobre todas as coisas* (novela,1994); *Contos da infância e da adolescência* (1996); *Tarde da noite* (contos, 1999);

Boa de garfo e outros contos (2000); *Sete histórias* (contos, 2000); *Histórias de família* (contos, 2001); *Chuva e outros contos* (2001); *Histórias de bichos* (2002); *A cabeça* (contos, 2002). Antologias: *Contos escolhidos* (1978); *Uma seleção de contos* (1986); *Contos* (1986); *Os melhores contos de Luiz Vilela* (1988); *O violino e outros contos* (1989); *Contos da infância e da adolescência* (1996); *Boa de garfo e outros contos* (2000); *Sete histórias* (contos, 2000); *Os melhores contos de Luiz Vilela* (2001); *Histórias de família* (contos, 2001); *Chuva e outros contos* (2001); *Histórias de bichos* (2002); *Bóris e Doris* (2006).

Em 2006, o escritor Luiz Vilela lançou uma novela intitulada *Bóris e Dóris*. que condensa dramas da existência humana envolvendo o amor, o desamor, a juventude, a capacidade de aprender com o instante, entre outros.

Fontes:

Publicações do autor; http://www.releituras.com (acesso em: dezembro de 2006); http://www.planetanews.com (acesso em: março de 2010).

MAGDA LÚCIA RODRIGUES

Magda Lúcia Rodrigues nasceu em 26 de novembro de 1943, em Alvinópolis (MG). Formou-se em Direito pela PUC Minas, é advogada e membro da Advocacia-Geral da União (procuradora federal). Pertence a mais de 20 academias literárias e congêneres, entre as quais a Academia Municipalista de Letras de Minas Gerais, a Academia Feminina Mineira de Letras, a Academia Anapolina de Filosofia, Ciências e Letras, a Academia de Letras de Uruguaiana e a Academia Interamericana de Literatura e Jurisprudência. No exterior, pertence à *Academy of Letter of England*.

Seu livro de poemas – *Além do Espelho* (2000) – tem c onquistado diversas distinções, como Prêmio do Concurso Nacional Centenário de Henriqueta Lisboa, da Academia Mineira de Letras; Prêmio de Poesia Alfredo Marques Vianna *Góes*, da Academia Municipalista de Letras de Minas Gerais; Menção Especial de Poesia Alejandro Cabasa, da União Brasileira de Escritores no Rio de Janeiro/RJ.

Publicou ainda os seguintes livros: *Magducha's* (poesia, 1976); *Narciso & outros* (poesia, 1997); *Além do espelho* (poesia, 2000); *Bailado das máscaras* (poesia, s/d); *Nos olhos azuis de turquesa* (genealogia, 2006). E também participa de obras coletivas, como *Anuário dos poetas do Brasil* (1978/1982); *Panorama da Literatura Alvinopolense* (1992); *Mil poetas do Brasil* (1995); *Mostra poética de Belo Horizonte* (1996); *Práxis* (1997); *Crestomatia* (1998); *Re-In/Sacando a poesia* (1998); *Painel brasileiro de novos talentos* (1999).

Fontes:

Publicações da autora; http://www.alvinews.com.br (acesso em março de 2010).

MALLUH PRAXEDES

Malluh Praxedes pertence a uma família de jornalistas, poetas e músicos. Formada em Publicidade pela Faculdade Newton Paiva e em Jornalismo pelo Uni-BH, essa mineira de Pará de Minas completou 25 anos de literatura, com 12 livros publicados:

cinco de poesia, seis de contos, e um que conta a historia do restaurante Chico Mineiro, de Belo Horizonte. O início da carreira de escritora não foi planejado. Malluh conta que sempre teve o hábito de guardar diários recheados de poemas, letras de música e de escrever histórias que considerava pequenos romances ou novelas. Quando começou a trabalhar no BDMG, foi incentivada pelos colegas a publicar o livro *Nascência*, o que fez em 1980, através da Gráfica Formato.

Produzidos de forma independente, mas com projetos editoriais primorosos, seus livros costumam versar sobre o universo feminino a partir de uma chave erótica. *Nua manhã de uma mulher*, com prefácio de Roberto Drummond, surgiu em 83; seguido de *No verão desta primavera*, de 85. O primeiro livro de contos, *Setilha*, foi publicado em 88. Em 93, surgia outro livro de contos: *A menstruação da ascensorista*, que enfrentou problemas para ser lançado devido ao nome. Também são de contos os livros *Viu, querida?*, de 95, e *Posso interromper o beijo?*, de 98.

Em 2000, publicou dois livros bilíngues: *Mulheres na linha/Women on line* (português e inglês) e *Se assim sou / Si así soy* (português e espanhol), que lançou durante o X Congreso de la Federación Internacional de Estúdios sobre América Latina y el Caribe (FIEALC), realizado em Moscou no ano seguinte. Em 2003, lançou *Suspiração*, com poemas versando sobre o universo feminino, e, em 2005, *Beijos de acender o dia*, delicados minicontos ilustrados com requintadas fotografias de Fernando Fiúza, que marcaram seus 25 anos de literatura.

Durante a 9ª Fiesta de La Poesia Latinoamericana, da Fundação Givré, em Buenos Aires, a autora recebeu o Prêmio Alfonsina Storni com o poema "Mea culpa", sendo a única brasileira selecionada entre os 1.389 inscritos. Em 2008 lançou *Qualquer mulher tem um diário qualquer*. Atualmente, assina a coluna "Sábado que vem", no Jornal *Diário*, de Pará de Minas, e coordena o Prêmio BDMG-Instrumental, desde 2001.

Fontes:

Publicações da autora; http://www.vitrineliteraria.com.br (acesso em: maio de 2006); Entrevista com a escritora em 10 de março de 2006; http://www.new.divirta-se.uai.com.br (acesso em março de 2010).

MANOEL LOBATO

Manoel Lobato nasceu em Acarai (MG), em 1925, e diplomou-se em Farmácia e em Direito. Desde a década de 1970, possui uma farmácia próxima à Estação Rodoviária de Belo Horizonte, nas margens do Rio Arrudas, uma região pobre onde circulam prostitutas, marginais, viciados, alcoólatras e homossexuais, que parecem inspirar o escritor. É autor de vários livros de contos e romances, que tratam principalmente de sexo, misticismo e loucura, que foram distinguidos com importantes prêmios, como Prêmio de Contos Cidade de Belo Horizonte, em 1970; Prêmio da Prefeitura da Capital de Minas; Prêmio Jorge Luis Borges, em 1977; e Prêmio da Fundación Givré da Argentina. Segundo Antônio Olinto, "o livro de Manuel Lobato é dos que revelam a efervescência da ficção brasileira do momento. Faz parte das muitas respostas ao desafio de Guimarães Rosa".

Livros publicados: *Garrucha 44* (1961); *Mentira dos limpos* (1967); *Contos de agora* (1970); *Os outros são diferentes* (1971); *A verdadeira vida do irmão Leovegildo* (1976); *Flecha em repouso* (1977); *O cântico do galo* (1985); *O anjo e o anticristo* (1991), entre outros.

Fontes:

Publicações do autor; http://www.revista.agulha.com.br (acesso em: 2 de maio de 2006); http://www.abepec. com.br (acesso em: 2 de maio de 2006).

MANOEL HYGINO DOS SANTOS

Manoel Hygino dos Santos nasceu em Montes Claros (MG), em 13 de março de 1930. Formou-se, em 1953, em Anatomia, Citologia e Histologia pela Faculdade de Medicina de Montevidéu, Uruguai. Exerce a profissão de jornalista e trabalha no jornal *Hoje em Dia,* como cronista, e na Santa Casa de Belo Horizonte, como ouvidor e editor do jornal *Santa Casa Notícias.* Pertence à Academia Montesclarense de Letras, Academia de Letras de Salinas, Academia de Letras, Ciência e Artes do São Francisco, Academia Municipalista de Letras de Minas Gerais, e Instituto Histórico e Geográfico de Minas Gerais. É também membro atuante do Sindicato dos Jornalistas de Minas Gerais e da Associação Mineira de Imprensa, entre outros.

Manoel Hygino transita entre vários gêneros literários como a crônica, o conto, o artigo e o ensaio. Entre suas publicações, estão: *Vozes da terra* (contos e crônicas, 1948); *Considerações sobre Hamlet* (ensaio histórico-literário, 1965); *Rasputin: o último ato da tragédia romana* (ensaio, 1970); *Governo e comunicação* (monografia, 1971); *Hippies:* protesto ou modismo (1978); *Antologia da Academia Montesclarense de Letras* (1978); *Sangue em Jonestown,* uma tragédia na Guiana (ensaio, 1979); *No rastro da subversão* (ensaio, 1991); *Darcy Ribeiro, o ateu* (biografia, 1999); *Notícias via postal* (correspondências, 2002).

Fontes:

Publicações do autor; http://www.academiamineiradeletras.org.br (acesso em 8 de junho de 2006); http://www. anenet.com.br (acesso em 8 de junho de 2006).

MARCELO DOLABELA

Nascido em Lajinha (MG), em 1957, Marcelo Dolabela é pós-graduado em Letras pela UFMG, onde defendeu uma tese sobre Dolores Duran. Seu campo de atuação é vasto: poeta multimídia e performático, letrista, roteirista, pesquisador, jornalista e professor, já atuou também como artista plástico, com exposições no Brasil e no exterior; como coeditor da revista *Fahrenheit 45* e da revista *Fanzine Gass*; como produtor e apresentador do programa *Rock Molotov*, levado ao ar pela Rádio Liberdade, de Belo Horizonte; como violonista da banda "Sexo Explícito" e vocalista da banda "Divergência Socialista", na década de 1980; e ainda como jurado gastronômico da revista *Veja Gastronomia*.

Como poeta, participou ativamente da chamada poesia marginal dos anos 1970. Destacou-se também, já na década de 1980, em outro movimento poético de Belo Horizonte, conhecido como Geração Mimeógrafo. Nessa época, publicou vários livretos de poemas, como *Adeus, América; Violência; Gatilho; Através das paredes; Arte, suor, souvenir; Coração Malasarte; Lúdicos do inferno; Alimento; Gata presença; Mandarins sem fantasias; Radicais; Grão*, e outros em coautoria, como *Árvore* (com Marlon Dolabela e Marconi Dolabela), *Paixão* (com Emília Dorbolina), *A carne dos raios* (com Marconi Dolabela), *Pam, pan, pã, pão* (com Roberto S.), *Desejo* (com Marcoantonio), *Um a um* (com David R.), *Simples* (com Marconi Dolabela) e *Leite de Moça* (com Murilo A.). Já na década de 1990, publicou os livros *Amônia* (1997) e *Poeminhas & outros poemas* (1998). Em 2000, publicou *Letrolatria*, coletânea de poemas visuais; em 2001, publicou *Cacograma*, CD de poemas em coautoria; em 2005, lançou o livro *Batuques e limeriques*, em coautoria com Clô Paoliello, no 6° Salão do Livro de Minas Gerais, em Belo Horizonte. Seu livro mais recente é *Lorem Ipsus* – Antologia poética e outros poemas, lançado em outubro de 2006. Como letrista, escreveu músicas para a banda "Divergência Socialista", em que atuou também como cantor.

Como roteirista, foi autor dos textos para os curta-metragens *Uakti – oficina instrumental*, premiado como melhor curta e melhor montagem no Festival de Gramado, em 1987; e *Plano – sequência*, de 2002. Foi coautor, com Patrícia Moran, do texto para a produção experimental "Rostilidades – os sentidos do rosto", de 2003. Como pesquisador no campo da música, destaca-se a obra *ABZ do rock brasileiro*, de 1987, publicada pela editora Estrela do Sul, considerada uma historiografia do rock nacional. Como jornalista, assina uma coluna no jornal *Hoje em Dia*, de Belo Horizonte, e artigos para o *Suplemento Literário Minas Gerais*. Atualmente, prepara uma nova edição do *ABZ do rock brasileiro*, que cobrirá o período de 1955 até os dias atuais.

Fontes:

PEIXOTO, Sérgio Alves. *O melhor da poesia brasileira: Minas Gerais*. Joinville: Sucesso Pocket, 2002; http://www.tanto.com.br (acesso em: abril de 2006); http://www.dicionariompb.com.br (acesso em: abril de 2006); http://www.curtagora.com (acesso em: abril de 2006); http://www.portacurtas.com.br (acesso em: abril de 2006); http://www.salaodolivro.com.br (acesso em: abril de 2006); http://www.paulinas.org.br (acesso em: abril de 2006).

MARCELO RAMOS L. OLIVEIRA

Marcelo Ramos L. Oliveira nasceu em Ituiutaba (MG), em 1960. É doutor em Química, professor do Departamento de Química da Universidade Federal de Ouro Preto, e escritor. Estreou no mundo das Letras com o livro *Salada de frutas*, de 1990. Passados três anos, publicou *Catapora*. Em 1998, recebeu o Prêmio Minas de Cultura na Categoria Infanto-Juvenil, também conhecido como Prêmio Henriqueta Lisboa. Em 2000, reapareceu com o romance infanto-juvenil *A reunião dos planetas*, narrativa que mistura literatura, astronomia, ecologia e mitologia greco-romana. Em 2001, lançou *Nós e os bichos*, e, em 2008, surgiu mais um livro de aventuras, intitulado *O sumiço da elefanta*.

Fontes:

Publicações do autor: http://www.educarede.org.br (acesso em: novembro de 2008); http://comprar.todaoferta. uol.com.br (acesso em: novembro de 2008).

MARCELO XAVIER

Marcelo Moreira Xavier nasceu em Ipanema (MG), em 19 de maio de 1949, filho de Ruy Xavier Pinto e de Herondina Moreira Xavier. Passou a infância em Vitória, Espírito Santo, transferindo-se mais tarde para Belo Horizonte, onde se formou em Publicidade pela PUC Minas.

Designer gráfico, ilustrador, roteirista, escritor, cenógrafo, carnavalesco, e artista plástico autodidata, Marcelo Xavier é definitivamente o que se pode chamar de um criador "poliédrico". Seu encontro com o público infantil ocorreu através do trabalho com massa plástica, que desenvolve desde 86, em que modela personagens e objetos que são montados e fotografados, produzindo a chamada "ilustração tridimensional". Marcelo Xavier trabalha ainda em seu atelier Oficina Mágica, situado em Belo Horizonte, onde realiza cenografias e figurinos para espetáculos teatrais, musicais, de dança e TV. Premiado nacional e internacionalmente, o artista ainda se envolve em atividades de arte-educação, ministrando por todo o País oficinas de modelagem para professores e crianças.

Entre suas obras, estão: *O dia-a-dia de Dadá* (1987); *Tem de tudo nessa rua...* (1990); *Mitos* (Coleção *O folclore do Mestre André*, 1997); *Asa de papel* (2000); *Crendices e superstições* (Coleção *O folclore do Mestre André*, 2001); *Mundo de coisas* (2002); *Três formigas amigas* (2004); *Se criança governasse o mundo...* (2005); *Tot* (2005). Em parceria: *Truques coloridos* (com Branca Maria de Paula, 2002); *Andarilhos* (com Alfeu Barbosa, 2008).

Prêmios recebidos: Prêmio Jabuti da Câmara Brasileira do Livro em 1986, 1993 e 2001; Prêmio APCA (Prêmio Paulista de Críticos de Arte) em 1990 e 1993; Prêmio da Associação Brasileira de Escritores em 1997; Prêmio Fundação Nacional do Livro Infantil e Juvenil em 1987, 1990, 1993, 1998 e 2001.

Fontes:

Jornal *Estado de Minas*, de 18 de outubro de 2008; XAVIER, Marcelo. *Mundo de coisas*. Belo Horizonte: Formato, 2002; XAVIER, Marcelo. *Se criança governasse o mundo*. Belo Horizonte: Formato, 2005; http://www.formatoeditorial.com.br (acesso em: 12 de junho de 2006); http://www.ensino.net (acesso em: 12 de junho de 2006); http://www.saci-perere.com (acesso em: 12 de junho de 2006).

MÁRCIA CARRANO

Natural de Cataguases e nascida em 18 de setembro de 1944, Márcia Carrano Castro é licenciada em Letras, mestre em Literatura Brasileira e ainda bacharel em Direito e escritora. Foi professora de Português e Literatura no antigo Colégio Cataguases, hoje Escola Estadual Manoel Inácio Peixoto; atuou em movimentos literários de sua cidade, nas décadas de 60 e 70, ao lado de Joaquim Branco, Ronaldo Werneck, Carlos Sérgio Bitencourt e P.J. Ribeiro, editores dos suplementos literários *S.L.D.*e *Totem*.

Em 1977, lançou o primeiro livro de poemas – *Zero Versus*, considerado por Stella Leonardo, no *Jornal de Letras*, o livro de destaque do ano. Um de seus poemas – "Vôo intro-espacial" – foi depois publicado no *Boletim luso-brasileiro* da Universidade do Colorado, Estados Unidos.

Em 1980, fundou o curso Criarte, que oferece atividades de Português, Redação e Literatura em Juiz de Fora, onde reside. Integrou a primeira diretoria da Fundação Cultural Cataguases, ao lado de Simão José Silva e outros amigos; e colaborou no *Suplemento Literário Minas Gerais* e em outros jornais e revistas literárias, como *Totem, Cataguarte, Pensaminto*. O segundo livro foi de contos – *Porção de tintas*, que recebeu o Prêmio da Funalfa em 2003, em Juiz de Fora; e o seguinte, de poesia, *Vento Leve*, em 2007. Tem contos seus na antologia *Marginais do Pomba*, de 1985. Em 2001, a Secretaria de Cultura de Cataguases deu o nome de Márcia Carrano a uma biblioteca, em homenagem à escritora que tanto tem contribuído para o cenário artístico e cultural da cidade.

Fontes:

CASTRO, Márcia Carrano. *Porção de tintas*. Juiz de Fora: Funalfa Edições, 2003; http://www.usinadeletras.com. br (acesso em: 5 de abril de 2006); http://www.verdestrigos.com.br (acesso em: 14 de abril de 2006); http://www. releituras.com (acesso em: 14 de abril de 2006).

MÁRCIO ALMEIDA

Márcio Almeida nasceu em 1947, em Oliveira. Além de poeta, folclorista, romancista e crítico literário, desenvolve atividades também no campo do jornalismo, do desenho e da música popular. Já ganhou inúmeros prêmios nacionais de literatura, entre eles, o Prêmio de Poesia Emílio Moura, em 1977; o segundo lugar no Concurso de Contos do Paraná, em 1972, o primeiro lugar no Prêmio de Monografia sobre Interação Escola/ Comunidade, MEC, Pró-Memória, em 1982; e o Prêmio Nacional Cruzília, em 1986. Foi editor do boletim semanal *Ars Media* da Fundação Palácio das Artes, em 1976.

Publicações: *Primeiro caderno mostra, Ocopoema, ReVIXta, Lavrário* (1971); *Antologia poética* (1977); *As canções adiadas dos nossos solu ços medrosos* (1979); *Previsão de haveres na terra do Puka* (1978); *Orwelhas negras* (poesia virtual, 1985); *Assassigno* (1987), entre outros.

Fontes:

Suplemento Literário Minas Gerais, 17 de abril de 1976; ALMEIDA, Márcio. *Assassigno*. Belo Horizonte: Arte de Quintal, 1987.

MÁRCIO SAMPAIO

Márcio Sampaio, além de escritor, é artista plástico, professor, crítico literário, ensaísta, museógrafo, historiador de arte e secretário de Cultura em Itabira. Nasceu em Santa Maria de Itabira, em 6 de janeiro de 1941, onde passou a infância, até se transferir para Belo Horizonte para continuar os estudos. Já nessa época começou a publicar poemas bíblicos e crônicas que ele mesmo ilustrava, nos jornais da cidade.

Em 63, formou o grupo PTYX com Maria do Carmo Vivacqua (Madu), João Paulo Gonsalves, Myrian de Abreu Machado, Misabel de Abreu Machado, Dirceu Xavier e Paulo Alvarenga Peixoto, para discutir literatura. Em 67, ingressou na Escola de Belas Artes (Artes Visuais) da Universidade Federal de Minas Gerais, mas acabou sendo jubilado. Dez anos depois, foi aí admitido como professor por "notório saber".

Márcio Sampaio é considerado um vanguardista na poesia concreta e na formação do poema-processo. Integrou a primeira equipe do suplemento literário do *Jornal de Minas*, trabalhando como revisor, articulista, repórter e ilustrador desde o primeiro número, de 66 a 74. Em 69, casou-se com Eliana Rangel, com quem teve dois filhos. Professor aposentado da Escola de Belas Artes da UFMG, foi superintendente da Fundação Cultural Carlos Drummond de Andrade, coordenador do Museu de Arte da Pampulha e do Setor de Artes Plásticas do Palácio das Artes.

O livro *Rubro apocalíptico*, de 64, obteve o Prêmio Cláudio Manuel da Costa da Secretaria de Educação e Cultura de Minas Gerais, em 1965. Nesse mesmo ano, publicou o livro *O ciclo do barro*, que também ganhou o prêmio Cláudio Manuel da Costa em 1966. A novela *Dr. Clorofila contra rei poluidor* ganhou o Prêmio Cidade de Belo Horizonte na categoria literatura infantil, em 1971, e *O tempo em Minas* ganhou o I Prêmio do II Concurso Nacional de Poesia Falada em Varginha, em 1974. O poeta e editor Sebastião Nunes, testemunha do trabalho de Sampaio e contemporâneo de lutas vanguardistas, fez o seguinte relato:

> Se duas palavras podem definir a obra de Márcio Sampaio, estas são surpresa e originalidade. Ao longo de toda a sua trajetória de artista plástico, multimídia e multímodo, Márcio construiu ambigüidades, incertezas, desambientes, desestruturas e castelos no ar, que se transformavam em altas peças de elaborada edificação estética (*Suplemento Literário Minas Gerais*, 4 de janeiro de 1975).

Outras publicações: *Paisagem mineira* (1977); *Litografia em Minas Gerais* (1984); *Um lance de dada em Minas* (1985); *Mário Bhering/Aquarelas* (1998); *A paisagem nossa de cada dia* (1985) e *Nillo Nuno – A poética do cotidiano* (2000).

Em outubro de 2005, Márcio Sampaio inaugurou uma exposição intitulada "Declaração de Bens", com a retrospectiva de seus 50 anos de carreira, na Galeria Alberto da Veiga Guignard (Grande Galeria) do Palácio das Artes, em Belo Horizonte.

Fontes:

NUNES, Sebastião. "Os novos caminhos do escritor". In: *Suplemento Literário Minas Gerais*, 4 de janeiro de 1975; SAMPAIO, Márcio. *O ciclo do barro*, 1966; SAMPAIO, Márcio. *O tempo em Minas*, 1974; Boletim Informativo da UFMG, número 1506, ano 32. Site consultado: http://www.ufmg.br (acesso em: maio de 2008);

MARCO LACERDA

Escritor e jornalista, Marco Lacerda nasceu em Belo Horizonte. Sua intensa atividade jornalística teve início na capital mineira, mas residiu também em São Paulo, onde trabalhou no *Jornal da Tarde*; em São Francisco, nos EUA, durante oito anos; no Japão, como correspondente de uma revista nacional; e ainda em Cuba e no México, entre outros países.

Tem dois romances publicados: *Clube dos homens bonitos* (1996), e *Favela high tech* (1994), esta última, uma espécie de crônica-reportagem, que foi escrita durante o perído que foi correspondente internacional no Japão. No livro, o autor investiga o universo dos decasséguis, os migrantes brasileiros de origem nipônica, que fazem o caminho inverso dos pais e avós e vão tentar a vida no Japão. Filmado pela Gullane Filmes, o livro deve chegar às telas nacionais em breve. Em 2007, Marco Lacerda publicou *As flores do jardim de nossa casa*, narrativa assumidamente autobiográfica.

Fontes:

Publicações do autor; Jornal *Estado de Minas*, 26 de junho de 2007. Caderno Cultura, p. 5; sites da internet.

MARCO TÚLIO COSTA

Marco Túlio Costa nasceu em 1955, em Formiga (MG), onde, ainda menino, rabiscou sua primeira história: "Pedrinho em Xadrezópolis". Em Passos, cidade próxima à terra natal, conviveu com um grupo de jovens escritores – Alexandre Marino e Antonio Barreto –, com quem fundou, na década de 1970, a *Revista Protótipo*, hoje considerada pioneira do movimento marginal no Brasil.

Sua obra literária é composta basicamente de contos (muitos deles publicados em revistas e jornais) e por textos para o público infanto-juvenil, que têm lhe dado muitos prêmios. Como exemplo dessas premiações, o livro *O gato que falava siamês*, de 2001, foi finalista do Prêmio Jabuti, da Câmara Brasileira do Livro, e seu último livro, *Fábulas do amor distante,* foi o grande vencedor desse mesmo prêmio em 2004, na categoria infanto-juvenil.

Stella Leonardos, em nota à sexta edição de *O mágico desinventor*, saúda o autor nestes termos: "Bravo! Muita imaginação e inteligência. Trata-se de um escritor com todos os recursos de literariedade. Boa problemática, e equilíbrio em 'despoluir' o mundo. Coisas engraçadíssimas".

Publicou os seguintes títulos: *Por quem as esquinas dobram* (1973); *O mágico desinventor* (1981); *O ladrão de palavras* (1983); *Aventuras dos filhos na barriga da noite* (1984); *O pastor de nuvens* (1985); *O conto da ave maldita* (1986); *A ovelha blue jeans* (1990); *As leves asas do Rinoceronte* (1992); *A aurora chegou na hora* (1993); *A fada enfadada* (1996); *Tatá e Dó-Ré-Mi-Fá no Reino do Catajá* (1996); *Histórias à flor da pele* (1997); *O rei que ria* (1999); *O canto da ave maldita* (2000); *O gato que falava siamês* (2001); *Fábulas do amor distante* (2003).

Fontes:

COELHO, Nelly Novaes. *Dicionário crítico da literatura infantil/juvenil brasileira* 1882-1982. São Paulo: Quíron, 1983;; http://www.educarede.org.br (acesso em: 16 de março de 2006); http://www.amigosdolivro.com.br (acesso em: 10 de maio de 2006); http://www.submarino.com.br (acesso em: 4 de junho de 2006); http://www.planetanews. com (acesso em maio de 2010)

MARCOS BAGNO

Marcos Bagno nasceu em 21 de agosto de 1961, na cidade de Cataguases (MG). Ainda criança, mudou-se para Salvador, em seguida para o Rio de Janeiro, Brasília, Recife e São Paulo. Atualmente mora em Brasília, para onde se transferiu em 2002, quando se tornou professor de Linguística da Universidade de Brasília. É diplomado em Letras, mestre em Linguística e doutor em Língua Portuguesa, pela USP, além de tradutor, intérprete e escritor. Trabalhou para diversas editoras, tendo traduzido mais de 50 títulos, do inglês, do francês, do espanhol e do italiano.

A estreia na literatura ocorreu com o livro de contos *A invenção das horas*, que recebeu o IV Prêmio Bienal Nestlé de Literatura, em 1988. Outros títulos: *A invenção das horas* (1988); *O papel roxo da maçã* (1989); *Frevo, amor & graviola* (1991); *Um céu azul para Clementina* (1991); *Os nomes do amor* (1993); *A barca de Zoé* (1995); *A vingança da cobra* (1995); *Bafafá em Mangabelal* (1995); *Miguel, o cravo & a rosa* (1995); *Dia de branco* (1995); *Rua da Soledade* (1995); *Mirabilia, didática paulista* (1996); *Uma vitória diferente* (1997); *O processo de independência do Brasil*, (2000); *O espelho dos nomes* (2002); *Murucutu – a coruja grande da noite* (2005); *Uma vida de conto de fadas – a história de Hans Christian Andersen* (2005); *A lenda de Muri-Keko* (2005); *Murucututu – a coruja grande da noite* (2005); *Caraminholas de Barrigapé* (2008). Prêmios recebidos: Prêmio João de Barro de Literatura Infantil, em 1988; Prêmio Cidade do Recife de Poesia, em 1988; Prêmio Cidade de Belo Horizonte de Contos, em 1988; Prêmio Estado do Paraná de Contos, em 1989; e Prêmio Carlos Drummond de Andrade de Poesia, em 1989.

Sua produção ensaística e acadêmica também é significativa, e, entre obras técnicas e didáticas, estão: *A língua de Eulália* (novela sociolinguística, 1997); *Machado de Assis para principiantes* (1998); *Pesquisa na escola: o que é, como se faz* (1998); *Preconceito* lingüístico (1999); *Dramática da língua portuguesa: tradição gramatical, mídia & exclusão social* (2000); *O processo de independência do Brasil* (2000); *Português ou brasileiro? Um convite à pesquisa* (2001); *Norma lingüística* (Org.) (2001); *Língua materna:* letramento, variação & ensino (2002); *Lingüística da norma* (Org.) (2002); *A norma oculta – língua & poder na sociedade brasileira* (2003); *Não é errado falar assim! Em defesa do português brasileiro* (2009); *Gramática: passado, presente e futuro* (2010).

Fontes:

Publicações do autor; *Suplemento Literário Minas Gerais*. Belo Horizonte, v.23, n.1135, dez.1989;); http://aprender. unb.br (acesso em: 28 de março de 2006); http://www.marcosbagno.com.br (acesso em: 28 de março de 2006).

MARCUS VINÍCIUS DE FARIA

Professor, poeta e tradutor, Marcus Vinícius de Faria nasceu em Divinópolis (MG), em 1955, onde viveu até concluir o ensino básico. Em 74, mudou-se para Belo Horizonte, onde cursou duas faculdades: a de Letras na UFMG, e a de Comunicação Social, na PUC Minas, formando-se nos dois cursos.

Publicou, em 1982, *Armadilha para hábil caçador pegar o bicho quanto antes*, com poemas de sua autoria e traduções de Ezra Pound e Emily Dickinson. Em 87, lançou *Desejo insano*, belo livro-objeto que tem as folhas soltas, que o leitor lê na ordem que desejar. Em 97, surge *Outros tempos*, na Coleção Poesia Orbital, iniciativa oficial para divulgar poetas contemporâneos. No início, seus poemas traziam acentuados traços vanguardistas, em consonância com o diálogo que empreendia com importantes nomes do nosso concretismo, como Haroldo de Campos, Augusto de Campos, Décio Pignatari e, principalmente, Paulo Leminski.

Tem poemas e traduções publicados em diversos periódicos e antologias, como *Revistas I, Duas Palavras, Fahrenheit, Cemflores, Suplemento Literário Minas Gerais, Suplemento Literário do Cometa Itabirano*; jornal *Danzibao*; antologias *Poesia Jovem Anos 70* (Literatura Comentada), e *Taquicardias*. Traduziu também o poeta norte-americano E. E. Cummings.

Fontes:

FARIA, Marcus Vinícius de. *Outros tempos*. Belo Horizonte: Poesia Orbital, 1997; Informações fornecidas pelo próprio autor em maio e junho de 2006.

MARCUS VINÍCIUS DE FREITAS

Nascido em Belo Horizonte, em 1959, Marcus Vinícius de Freitas é professor de Teoria da Literatura da Faculdade de Letras da UFMG. Realizou o doutorado na Brown University, nos Estados Unidos, tendo recebido, nessa ocasião, o primeiro lugar no

Concurso de Literatura promovido pelo Consulado Brasileiro em Boston, com o poema *Na beira do rio Providence*, e o segundo lugar na Categoria Contos.

Tem publicados os seguintes títulos no campo literário: *Lírica seca & contra-regra do jogo* (1993); *Sonetos eróticos* (1997) e *No verso dessa canoa* (2005). Este último contém quatro livros: *Redondilhas roubadas, Sonetos eróticos, Barca da dúvida* e *Canto do tordo*, escritos entre 1993 e 2005. A poética de Marcus Vinícius surpreende pela variedade de caminhos percorridos em uma obra relativamente reduzida. Os primeiros poemas encontraram uma dicção minimalista que abusa dos jogos de linguagem e do diálogo intersemiótico. Os seguintes revelam novo fôlego e o investimento em novas experiências poéticas. *No verso dessa canoa* e *Sonetos eróticos,* apresentam uma linguagem cotidiana e bem-humorada, mesmo quando trata do erótico. *A barca da dúvida* configura-se mais como uma ousadia literária: um miniépico de XII cantos, com belas imagens, que cantam o mundo moderno. Em *Canto do Tordo,* os versos são livres e fazem verdadeiras 'pinturas' descritivas de paisagens americanas.

Marcus Vinícius de Freitas é também estudioso da história literária nacional e ensaísta brilhante. Um de seus livros, *Hartt, expedições pelo Brasil Imperial*, publicado em 2001, recebeu Menção Honrosa do Prêmio Jabuti. Em 2008, publicou *Peixe morto*, uma bem construída história policial que se passa em Belo Horizonte, na região da Pampulha, e foi finalista do Prêmio São Paulo de Literatura em 2009, na categoria romancista estreante. Marcus Vinícius também recebeu o título de membro da *Phi Beta Kappa Society*, em 2000.

Fontes:

Entrevista concedida pelo autor em maio de 2006; FREITAS, Marcus Vinícius de. *No verso dessa canoa*. Vitória: Flor& Cultura, 2005; FREITAS, Marcus Vinícius (Bacamarte). *Contra-regra do jogo* e *Lírica Seca*. Belo Horizonte: Cuatiara, 1993.

MARIA AMORIM FERRARA (1898–1974)

Nascida em 9 de outubro de 1898, Maria Amorim Ferrara foi romancista, contista e musicista. Amiga pessoal de Villa Lobos, foi também professora de música no Instituto de Educação de Belo Horizonte durante muitos anos. Em 1946 publicou o romance *Maria dos Anjos*, pela Editora e Livraria Agir, que mereceu algumas críticas na imprensa da época. Na *Revista Província de São Pedro*, número 9, de 1946, por exemplo, temos que o romance reflete acerca dos temperamentos e índoles do ser humano, através das personagens Maria dos Anjos, que, ao contrário do que o nome poderia indicar, age com perfídia e maldade; Jorge, indeciso e ingênuo, cuja masculinidade é feita de palavras, e ainda tia Margarida e Padre Ricardo, entre outros. E conclui:

> A autora pertence, em suma, àquela família de romancistas cultos, mas de certa maneira demasiado críticos para se deixarem arrastar pela criação romanesca. Nesse sentido, é bem mineira. O romance montanhês não

é obra do instinto, nem da improvisação: antes, um debate de idéias sem muito vigor, mas agradável de se ler, revelando um espírito de análise que sobrenada em todas as situações literárias [...].

Maria Amorim Ferrara deixou um livro de contos inéditos, que deve ser em breve publicado pelos familiares. A escritora faleceu em Belo Horizonte, em 2 de agosto de 1974.

Fontes:

Informações biográficas fornecidas por familiares, através de email; *Revista Província de São Pedro,* São Pedro (RS), número 9, 1946; http.//www.ipct.pucrs.br

MARIA BERNADETE ALVERNAZ ALVIM

Bebete Alvim, como é popularmente conhecida, nasceu em Belo Horizonte (MG), no dia 19 de junho de 1956. Bacharelou-se em Turismo pela Faculdade Newton Paiva. É cantora e compositora filiada à Ordem dos Músicos do Brasil e ainda autora infantil, romancista, poeta e cronista. Adaptou sete volumes de textos infantis da coleção *O que há por dentro?* e dos livros *Segredos do mar* e *Segredos da Lagoa.* Já participou de inúmeros eventos, entre eles: 13ª, 14ª e 17ª Bienal Internacional do Livro de São Paulo; 15º Inverno Cultural da Cidade de São João del-Rei, (MG); 3º Salão do Livro de Minas Gerais, em Belo Horizonte; Paixão de Ler, da Prefeitura de Belo Horizonte; Colônia de Férias do Gremig/Cemig; Projeto Meninos no Parque, no Parque das Mangabeiras; XI Fantástico Mundo da Criança, no Parque das Mangabeiras; e Roda de História, no Centro Cultural Lagoa do Nado, também em Belo Horizonte.

Nos anos de 96 e 97, compôs uma música para cada um de seus livros infantis, que foram gravadas em dois CDs com produção e interpretações próprias, ao lado da narração de cada história. Além disso, desde 96 ministra regularmente *workshops* em escolas da rede pública, da rede particular, em fundações e creches. Ocupa lugar de destaque no "Workshop Show Giram Letras", e costuma encantar as crianças. Em suas inúmeras apresentações, estima-se que já tenham participado cerca de 80 mil crianças e 5 mil adultos.

Mas a grande paixão de Bebete é escrever para crianças. Suas obras mesclam alegria, criatividade e muitas informações que, de maneira lúdica, ensinam o jovem leitor. Conforme observa a autora em seu site:

> Minhas obras são soluções fantásticas, que crio para levar alegria e ensino às crianças. Quando as escrevo sei que elas estão sendo criadas a partir de minha consideração, respeito e dedicação ao meu leitor. Estou sempre em sintonia com a criança para a qual escrevo, por isso nos entendemos! E sempre apostando na imaginação e no senso de crítica da criança, que com certeza é capaz de perceber a minha mágica em torno da fantasia de minhas histórias. Sou autodidata e apenas percebo

o mundo da criança e nele faço questão de participar como uma "faze-dora de histórias e de leitores" (In: http://www.bebetealvim.com.br).

Obras publicadas: *O menino e a lua* (1995); *Um chulé sem pés* (1995); *A borboleta de gravata* (1996); *O outro lado do lado* (1997); *Vovô e o gênio* (2002); *Tá na hora de ouvir e cantar histórias I e II*, CDs infantis (2006).

Fontes:

Publicações da autora; http://www.bebetealvim.com.br (acesso em: 24 de março de 2006).

MARIA CLARA MACHADO (1921-2001)

Nasceu em Belo Horizonte, no dia 3 de abril de 1921. Filha do escritor Aníbal Machado, conviveu desde criança com o meio literário. Mudou-se ainda menina para o Rio de Janeiro, tendo vivido nos bairros de Ipanema e Copacabana, onde seu pai costumava receber amigos como Oswald de Andrade, Manoel Bandeira, Pagu e Di Cavalcanti. Atuou como teatróloga, atriz, diretora e professora de teatro. Iniciou sua carreira fazendo teatro de bonecos no Teatro Patronato da Gávea. A primeira peça foi escrita e encenada com o apoio de alguns amigos do Colégio Santo Inácio. Além do teatro, ocupava cargo no Conselho Britânico. Aos 19 anos, em 1950, ganhou uma bolsa de estudos e foi estudar teatro em Paris e Londres, onde conheceu a tradição teatral da *Comedia dell'Arte,* que influenciaria definitivamente seu modo de produção.

Ao retornar, em 1951, criou o Tablado – Teatro do Patronato da Gávea –, impor-tante grupo que logo se tornou referência no Rio de Janeiro. No Tablado, Maria Clara Machado atuava, dirigia e escrevia para adultos e crianças. Em 53, escreveu a primeira peça infantil chamada *O boi e o burro no caminho de Belém,* e não parou mais. Foram mais de 30 peças, entre inéditas e adaptações de clássicos, que contribuíram de forma definitiva para o reconhecimento do valor dramático do teatro infantil.

Principais peças: *O boi e o burro no caminho de Belém* (1953); *O rapto das ceboli-nhas* (1954); *Pluft, o fantasminha* (1955); *O Chapeuzinho Vermelho* (1956); *Embarque de Noé* (1957); *A bruxinha que era boa* (1958); *O cavalinho azul* (1960); *Marroquinhas Fru-Fru* (1961); *A gata borralheira* (1962); *A menina e o vento* (1963); *A volta do Cama-leão Alface* (1965); *As interferências* (1966); *O diamante do Grão-Mogol* (1967); *Maria Minhoca* (1968); *Camaleão na lua* (1969); *Embrulhos* (1970); *Tribobó City* (1971); *Um tango argentino* (1972); *O patinho feio* (1976); *Quem matou o leão?* (1978); *João e Ma-ria* (1980); *A cigarra e a formiga* (1981); *O dragão verde* (1984); *Aprendiz de feiticeiro* (1985); *O gato de botas* (1987); *A coruja Sofia* (1994); *Tudo por um fio* (1994); *Passo a passo* (1994); *A bela adormecida* (1996) e *Jonas e a baleia* (2000), entre muitas outras.

Em 1956, lançou a revista *Cadernos de Teatro,* em sete volumes. Em 61, convidada pelo Governo do Estado do Guanabara, assumiu a direção do Serviço de Teatro e Diversão do Estado e também o cargo de secretária, geral do Teatro Municipal, até 63.

Como autora, ganhou inúmeros prêmios, como o Prêmio Saci (de melhor autor nacional), o Prêmio Mambembe e o Prêmio Machado de Assis, pela Academia Brasileira de Letras. Em 1970, a peça *Pluft, o fantasminha* ganhou uma adaptação para a TV e uma versão em LP, interpretada na voz da atriz Louise Cardoso. Em 2000, suas peças foram homenageadas com desenhos nos cartões telefônicos da Telemar, e ainda recebeu o Prêmio Shell de Teatro. Maria Clara Machado faleceu no dia 30 de abril de 2001, no Rio de Janeiro, deixando um exemplo inesquecível para todos que a conheceram.

Fontes:

COELHO, Nelly Novaes. *Dicionário crítico de escritoras brasileiras* (1711-2001), São Paulo: Escrituras Editora, 2002; SCHUMAHER, Schuma & BRAZIL, Érico Vital. *Dicionário de mulheres do Brasil*. De 1500 até a atualidade. Rio de Janeiro: Jorge Zahar Editores, 2000. p. 468.

MARIA CLOTILDE BATISTA VIEIRA (1918-1995)

Professora, escritora, pintora e musicista, nasceu e faleceu em Ubá. Tem várias obras publicadas, bem como trabalhos artísticos expostos em igrejas de varias cidades, como Guidoval e Rodeiro, e também no Asilo São Vicente de Paulo. Foi professora em diversas escolas, como Ginásio Guido Marliére, em Guidoval, Colégio Sacre-Couer de Marie, de Ubá, Faculdade de Filosofia, Ciências e Letras de Ubá, até aposentar-se. Foi membro de inúmeras entidades culturais, como Academia Ubaense de Letras (reeleita presidente por três vezes); Academia Feminina Mineira de Letras (membro fundador, cadeira 21); membro titular da Academia tambauense de Letras, cadeira 31; Academia Goianense de Letras; Academia Eldoradense de Letras, Eldorado, São Paulo; Academia de Estudos Literários e Lingüísticos de Anápolis (GO); Academia Barbacenense de Letras; Academia de Poetas e Prosadores de Minas Gerais, de Juiz de Fora; Academia Juiz-forana de Letras, de Juiz de Fora (MG). Recebeu a Medalha de Santos Dumont por serviços prestados à cultura mineira. Foi articulista, cronista, contista, poeta e historiadora municipal, muito respeitada na cidade.

Livros publicados: *Reportagem de um coração* (poesia); *Passaporte para o sonho* (poesia); *Baladas de amor* (poesia); *Sopa de pedra* (contos); *Dramas anônimos* (contos); *O planeta Azul* (ensaio); *Historias para Renata* (literatura infantil); e outros.

Fonte:

http//:www.usinadeletras.com.br (acesso em maio/junho de 2006).

MARIA DA GRAÇA RIOS

Maria da Graça Rios de Melo nasceu em Campo da Mata (MG), em 1948, e veio residir em Belo Horizonte ainda criança. Fez graduação e mestrado na Faculdade de Letras da Universidade Federal de Minas Gerais e tornou-se professora do Centro Pedagógico da UFMG, de 1984 a 1992, e de escolas de ensino regular, como colégios Marconi e Tiradentes. Em 82, residiu por alguns meses em Portugal.

Colaborou no *Suplemento Literário Minas Gerais,* nas décadas de 1970 e 1980, onde conheceu os escritores Adão Ventura, Ronald Cláver e Murilo Rubião. Sua estreia na literatura não podia ser melhor, pois o primeiro livro – *Chuva choveu* – já recebeu Menção Honrosa na Primeira Bienal do Livro de Belo Horizonte e foi considerado "altamente recomendável" pela Fundação Nacional do Livro Infantil e Juvenil (FNLIJ). Desde então, sua carreira literária tem acumulado prêmios e o reconhecimento da crítica. A maioria dos livros são infantis ou infanto-juvenis e se caracterizam pela linguagem coloquial, a narrativa descontraída e a descrição do cotidiano das personagens. Além disso, os livros *A princesa Isabela* e *Fantasia* abordam problemas típicos da adolescência, como conflitos familiares e iniciação amorosa. Seus poemas são curtos, musicais, com muitas rimas e onomatopeias, bem ao gosto infantil, como em *Hai–kai balão* e *Chuva choveu, Corrida dos sacos, Iô-iô* e *Amarelinha.* A escritora leciona no Cepemg e trabalha com pesquisas e cursos na Biblioteca Pública Infantil e Juvenil de Belo Horizonte.

Publicou os seguintes títulos: *Textos em construção* (produção de textos, 1982); *Chuva choveu* (1988); *Hai-kai balão* (1992; que recebeu o Prêmio Henriqueta Lisboa e o Prêmio da Secretaria Estadual de Cultura); *Uma aventura bibliotecômica* (1993); *Fantasia* (1995, Prêmio da Fundação Cultural do Distrito Federal); *A princesa Isabela* (1997); *Abel e a fera* (2000, Prêmio João-de-Barro, de Belo Horizonte); *Uma, duas, três Marias* (2002); *Sansão do asilo* (2006). A escritora também recebeu a Medalha de Ouro no Concurso Brasil – Portugal de Poesia, realizado em Juiz de Fora (MG), na década de 1990.

Fonte:

Publicações da autora; informações fornecidas pela escritora em maio de 2006.

MARIA DE LOURDES ABREU DE OLIVEIRA

Maria de Lourdes Abreu Oliveira nasceu na cidade de Maria da Fé, sul de Minas. Reside em Juiz de Fora. Formou-se em Letras Clássicas em 1956 pela antiga Faculdade de Letras e Filosofia na Universidade Federal de Juiz de Fora, e doutorou-se em Teoria Literária pela UFRJ. É professora titular de Literatura Brasileira no Centro de Ensino Superior de Juiz de Fora (CES/JF) desde 1996, após ter se aposentado pela UFJF, onde lecionou Literatura Portuguesa e Teoria Literária. Foi fundadora e coordenadora do Programa de Mestrado em Letras do CES/JF, até maio de 2006.

Além de textos acadêmicos, Maria de Lourdes é uma autora de romances e contos premiados. O primeiro trabalho que publicou foi o conto "A coroa", em 1957, no jornal *Correio da Manhã.* Em 1966, lançou a coletânea de contos *A porta-estandarte.* Na década de 1980, publicou *Corpo estranho,* pela editora Comunicação, de Belo Horizonte, que também publicou sua dissertação de mestrado *Pessoa sob persona – olhar e olhado em* O Delfim, com a qual conquistou o Prêmio Cidade de Belo Horizonte. Sua tese de doutorado, defendida em 1986 com o título "Caminhos e descaminhos na montagem de uma narrativa", a respeito do mito de Édipo, serviu de inspiração para a novela *De olhos bem fechados*, que recebeu o Prêmio Petrobras de Literatura. Em 1995, publicou o livro *Antigamente, no porão*, com o qual ganhou o Prêmio Bloch Nacional de Romance. A escritora também enveredou pela literatura infanto-juvenil, tendo recebido o Prêmio Nacional de Literatura Infantil João-de-Barro, por ocasião da publicação do livro *O menino da ilha*, em 1990. Em 2003, lançou o *ABC do Zezinho*.

Além de lecionar na Pós-Graduação do Curso de Letras do Centro de Ensino Superior de Juiz de Fora, a escritora dedica-se à pesquisa na área da Literatura Brasileira. Publicou *Bravo Brasil!* em que retrata a vida do jovem tenente Halfeld, alemão que guardou na memória as lembranças da Batalha de Waterloo, quando lutou contra o exército de Napoleão Bonaparte.

Fontes:

Publicações da autora; http://www.universia.com.br (acesso em: 30 de junho de 2007); http://www.pjf.mg.gov.br (acesso em: 30 de junho de 2007); http://www.dircom.ufjf.br (acesso em: setembro de 2008).

MARIA DO CARMO BRANDÃO (MADU BRANDÃO)

Maria do Carmo Brandão – ou Madu Brandão – nasceu em Belo Horizonte em setembro de 1948, tem publicado inúmeras obras para o público infantil, tais como: *Ding-Ling* (1985, ilustrado por Regina Coeli Rennó); *Adeus Mister Hardy* (1986); *Dona Maquininha* (1987, ilustrado por Humberto Guimarães; *A barata tonta* (1987, ilustrado por Ferrruccio Verdolin Filho); *Fumacinha* (1990, ilustrado por Humberto Guimarães); *Bola de gude* (1991, ilustrado por Marcelo Xavier); *De noite* (de 1991, ilustrado por Jarbas Juarez); *O marido da mãe* (1991, ilustrado por Cláudia Brandão); *A árvore e o elefante* (1992, ilustrado por Marilia Henriques); *Dom Chicote sem Mancha e seu amigo Balança-a-Pança* (1993, ilustrado por Carlos Jorge Nunes e que parodia a novela de Cervantes, com divertidos diálogos e rimas); *A aranha* (2001, ilustrado por Walter Lara). Publicou também o ensaio biográfico *Luz Del Fuego – a bailarina do povo*, em coautoria com Branca Maria de Paula e Cristina Agostinho, em 1994.

Fontes:

Publicações da autora.

MARIA ESTHER MACIEL

Maria Esther Maciel de Oliveira Borges nasceu em Patos de Minas, em 1963. O início de suas atividades literárias ocorreu no final da década de 1970, quando começou a publicar os primeiros textos em jornais e revistas de sua cidade. Em 78, fundou e editou o jornal *Correio Estudantil*, de circulação trimestral, que durou dois anos, com o apoio de empresas da região. Nesse período, escreveu a primeira novela, inspirada em *As mil e uma noites*, publicada em capítulos no referido jornal. Também fez resenhas de livros de literatura brasileira para o principal jornal da cidade, *Correio de Patos*, a convite do editor.

Ingressou no curso de Letras da UFMG em 1981, quando se transferiu para Belo Horizonte. Ao longo do curso, publicou textos literários e ensaísticos em jornais e revistas do interior de Minas e de Belo Horizonte, como a *Revista Literária* do Corpo Discente da UFMG e o *Suplemento Literário Minas Gerais*. Numa ocasião, obteve o 1º lugar no concurso promovido pela *Revista Literária* da UFMG, na categoria poesia, e uma Menção Honrosa na categoria conto. Com Carolina Marinho e Inês de Almeida, fundou o jornal literário *Expresso* e, no final de 84, lançou o primeiro livro de poemas, intitulado *Dos haveres do corpo*, pela Editora Terra.

Em sua dissertação de mestrado, defendida na UFMG, em 1990, estudou o poeta Augusto dos Anjos; e, na tese de doutorado, realizou um interessante estudo sobre Octavio Paz, intitulado *As vertigens da lucidez: poesia e crítica em Octavio Paz*, logo publicado em livro pela Editora Experimento, de São Paulo. Nessa ocasião, ingressou na instituição como professora de Literatura Portuguesa, transferindo-se depois para a área de Teoria da Literatura.

Em 1998, após várias publicações esparsas de poemas em jornais e revistas, Maria Esther Maciel publicou o segundo livro de poesia, *Triz*, pela Orobó Edições. No ano seguinte, até setembro de 2000, realizou pesquisa de pós-doutorado em Londres sobre o cineasta britânico Peter Greenaway. Esteve também em Aarhus, na Dinamarca, onde ofereceu um seminário sobre Greenaway e Borges no *J. L. Borges Center for Studies & Documentation* da Universidade de Aarhus.

Além da poesia, tem publicado inúmeros trabalhos de crítica literária. Em 2002, publicou um livro sobre Laís Corrêa de Araújo; organizou *O cinema enciclopédico de Peter Greenaway* (2004); e *A memória das coisas*, também em 2004, com ensaios sobre literatura, cinema e artes plásticas. Seu atual projeto consiste na tradução de textos literários e ensaísticos de Greenaway, que deverão ser reunidos em uma edição bilíngue.

Maria Esther Maciel é uma das coordenadoras do Fórum Transdisciplinar de Criação e Estudos Poéticos (TransVerso), que reúne profissionais do meio acadêmico que se dedicam à criação, não apenas no campo da poesia e da narrativa, mas também em outras áreas. É pesquisadora do CNPq, com projeto sobre Arthur Bispo do Rosário e outros artistas/escritores que fazem uso criativo dos sistemas de classificação e organização, como Borges, Calvino, Greeenaway, Georges Perec e Milorad Pávitch.

Seus artigos e poemas encontram-se publicados em diferentes revistas e jornais do Brasil, Argentina, Chile, México, Espanha, Portugal, Inglaterra, Escócia, Dinamarca, Suécia e Estados Unidos. Em 2005, estreou com sucesso na ficção com *O livro de Zenóbia*, lançado pela Lamparina Editora. Tem ainda publicados os livros *As vertigens da lucidez* (1995);

Lição do fogo (1998) e *Vôo transverso* (1999); *O livro dos nomes* (romance, 2008). Segundo Idelber Avelar, Maria Esther Maciel é parte de uma poderosa corrente de escritoras que trabalha em interseções entre a teoria literária, a psicanálise, a ficção, a poesia e o ensaísmo.

Fontes:

Publicações da autora; Jornal *Estado de Minas*, de 4 de março de 2008; http://www.letras.ufmg.br (acesso em: 4 de abril de 2006).

MARIA EUGÊNIA CELSO (1886-1963)

Maria Eugênia Celso de Assis Figueiredo Carneiro de Mendonça foi poeta, jornalista e conferencista. Nasceu em São João del-Rei (MG), em 19 de abril, mas o ano de seu nascimento difere nas fontes consultadas: em algumas consta 1886; em outras, 1889 ou 1890. Seu pai era o conde Afonso Celso, e sua mãe, Dona Eugênia, a herdeira do barão de Itaipé, de tradicionais famílias de Minas Gerais. Maria Eugênia teve graves problemas de saúde na infância, o que levou a família a buscar auxílio médico inclusive na Europa. Com o tempo, ela conseguiu se recuperar quase completamente, apenas precisou usar aparelhos ortopédicos para se deslocar.

Mas nada disso comprometeu sua vida intelectual. Foi aluna brilhante do Colégio Nossa Senhora do Sion, de Petrópolis, na época a melhor escola para as meninas da elite. O livro de estreia ocorreu em 1920, com o título *Em pleno sonho*. Para compensar as limitações físicas, ela dedicava-se aos estudos, à literatura e às atividades culturais. Desde jovem colaborou na imprensa do País e do exterior e, além do *Jornal do Brasil*, onde escreveu por 45 anos, publicou contos, poemas e artigos em *A Época, Diário Carioca, Correio da Manhã, Para Todos, O Malho, Revista do Brasil, O Jornal, O Cruzeiro, Boletim de Ariel, Revue de L'Amerique Latine, Revue de Géneve*, entre outros.

Em 1917, Maria Eugênia casou-se com Adolfo Carneiro de Mendonça, conhecido industrial mineiro, e teve dois filhos. Ao perder o filho, com menos de dois anos vitimado por meningite, ela deu vazão à sua dor em um pungente depoimento intitulado *Vicentinho, breviário das mães que sofrem*, publicado em 1924. Esse relato foi publicado também no jornal *La Nácion*, de Buenos Aires, em espanhol, e ainda traduzido para o francês e divulgado em jornais franceses. No mesmo ano, publicou *De relance... crônicas de B.F.*, com crítica de costumes e ao mundanismo carioca. Costumava assinar suas crônicas com o pseudônimo de "Baby Flirt" (*B.F.*), assim como os versos da *Revista Fon-Fon* e as crônicas do *Jornal do Comércio* e da *Edição da Tarde*. Em 1925, Maria Eugênia publicou *Fantasias,* e, em 1926, *Desdobramentos*, ambos de contos.

No campo da literatura destinada às crianças, publicou o ensaio – *Poesia na educação da criança* – e muitos poemas. Também deixou três peças de teatro: *Amores de abat-jour*, de 1925, representada no Teatro Municipal de São Paulo e no Teatro João Caetano no Rio de Janeiro, em 1926; *O segredo das asas* e *Por causa d'ela*, escritas em

1927 e representadas no Teatro João Caetano, no Rio de Janeiro, no mesmo ano. As três peças foram escritas em versos e publicadas depois no volume *Ruflo de asas*, de 1931.

Em 1931, a autora publicou ainda *Fantasias e matutadas*, em que brincava com a poesia caipira e tentava reproduzir o jeito de falar e o viver simples do caipira. Em 1937, lançou *Alma vária* e *Jeunesse*, dois livros de poemas; e, em 1941, publicou *O diário de Ana Lúcia*. Finalmente, em 1945 surge *O solar perdido*, livro memorialistico em que registra a infância passada em Petrópolis, com poemas dedicados à casa, ao jardim, à mãe, aos avós, aos irmãos e à governanta francesa. Em 55, a Editora José Olympio reuniu parte substantiva de sua produção poética em *Poesias completas*. Entre as muitas traduções que fez, destacam-se *A eterna presença*, de André Dumas, em 1924; *O rosário*, de Florence Barcley, em 1926; *Novos contos de fadas*, de Condessa de Ségur, em 1927; e *Oração da enfermeira*, de autor desconhecido, em 1944.

Maria Eugênia teve ainda atuante vida social e política. Exerceu funções no Ministério de Educação e Cultura, participou da fundação da Cruz Vermelha e da chamada Damas da Cruz Verde; e atuou intensamente na Federação Brasileira pelo Progresso Feminino, ao lado de Bertha Lutz e Anna Amélia de Queiroz Carneiro de Mendonça, chegando a vice-presidente. Foi a primeira mulher convidada para ministrar conferências no Instituto Histórico e Geográfico Brasileiro; representou o Brasil em Congressos Internacionais Feministas, e em uma reunião da Unesco, em Paris, em 1952, onde falou sobre os direitos e a condição da mulher brasileira. Recebeu a Ordem da Legião de Honra do Pen Club e ainda trabalhou na Rádio Nacional. A escritora faleceu no Rio de Janeiro, em 6 de setembro de 1963.

Fontes:

COELHO, Nelly Novaes. *Dicionário crítico de escritoras brasileiras*: (1711-2001). São Paulo: Escrituras Editora, 2002; http://www.blocosonline.com.br (acesso em: 20 de novembro de 2006);

MARIA EUGÊNIA MONTENEGRO (1915-2006)

Maria Eugênia Macieira Montenegro é mineira, nascida na cidade de Lavras, no dia 7 de outubro de 1915. Começou a se interessar pela literatura desde a infância, quando teve acesso aos livros de Monteiro Lobato, como *A menina do narizinho arrebitado*, o seu preferido. Formou-se professora em Lavras, mas não exerceu magistério. Em 1938, casou-se com o engenheiro agrícola Nelson Montenegro de Ipanguassu, no Rio Grande do Norte, e passou a residir em Natal, numa fazenda chamada Itu, que ficava próxima a Açu (RN). Nesse período, Maria Eugênia, mais conhecida pelos açuenses como Dona Gena, teve contato com importantes poetas do Estado, como João Lins Caldas, que se tornou seu amigo e grande incentivador. As horas vagas na fazenda eram preenchidas com discussões literárias, leitura e pintura de telas.

Desempenhou várias atividades em sua região, como prefeita de Ipanguassu e diretora de colégio em Açu. No ano de 1962, publicou seu primeiro livro: *Saudade, teu nome é menina*, que continha memórias de sua meninice. Além desse, escreveu contos infantis, poesias e histórias regionais. Foi colaboradora, com poemas e contos, de diversos jornais não só de Minas Gerais (como *A Gazeta de Minas*), como de Pernambuco (o *Diário de Pernambuco*). E tornou-se membro da Academia Norte-Rio-Grandense e da Academia Lavrense de Letras. Na Revista *Preá*, de novembro/dezembro de 2005, o secretário de Cultura de Açu, Gilvan Lopes, anunciava a publicação de *Redomas de luz* (epitáfios) e *Poemas do entardecer*. A escritora faleceu em 2006, aos 92 anos.

Entre os livros publicados, estão: *Saudade, teu nome é menina* (memórias, 1962); *Azul solitária* (poesia, 1967), *Alfar, a que está só* (prosa regionalista, 1967); *Terra de lembranças* (memórias, 1968); *Lembranças e tradições do Açu* (prosa regionalista, 1978); *Lourenço, o sertanejo* (prosa regionalista, 1996); *Todas as Marias* (conto, 1996); *Perfil do poeta João Lins Caldas* (ensaio, s/d); *Andorinha sagrada de Vila Flor* (literatura infantil, s/d) e, *Porque América ficou lelé da cuca* (literatura infantil, s/d).

Fontes:

COUTINHO, Afrânio. (Org.) *A literatura no Brasil*. Rio de Janeiro: Sul Americana, 1969; COELHO, Nelly Novaes. *Dicionário crítico de escritoras brasileiras*. São Paulo: Escrituras, 2002; http://www.fja.rn.gov.br (acesso em: 12 de abril de 2006); Revista Preá, Natal (RN), n. 15, novembro/dezembro, 2005.

MARIA HELENA CARDOSO (1903-1997)

A escritora nasceu em Diamantina (MG), no dia 24 de maio de 1903, e faleceu no Rio de Janeiro, em 14 de março de 1997. Era filha de Maria Venceslina Cardoso e de Joaquim Lúcio Cardoso, e irmã do ficcionista Lúcio Cardoso, de quem era muito afeiçoada. Sua família mudou-se para Curvelo quando Maria Helena tinha um ano de idade, e depois para Belo Horizonte para que os filhos pudessem continuar os estudos. Na capital mineira, Maria Helena fez o curso secundário e iniciou a vida acadêmica na Escola de Farmácia, diplomando-se em 1922. No ano seguinte, mudou-se para o Rio de Janeiro, juntamente com sua família. Mas nunca exerceu a profissão de farmacêutica. Empregou-se primeiro na Companhia de Seguros de um tio materno; depois trabalhou no escritório do Hospital Samaritano; e por fim no Grupo Atlântico de Seguros onde se aposentou em 1967.

Nesse mesmo ano, estreia na literatura com a obra memorialista *Por onde andou meu coração*, de forma marcante, pois ganhou de uma vez o Prêmio Fernando Chinaglia e o Prêmio Jabuti, considerados os mais importantes das letras nacionais. Nesse livro, a autora registra momentos especiais de sua infância, destacando as primeiras descobertas da vida, os livros, a paixão pela música, as grandes amizades e o mundo familiar dominado por mulheres místicas e heroicas e homens aventureiros. As cidades de Pirapora, Diamantina, Curvelo e Belo Horizonte são reconstruídas através de sua memória afetiva e nos revelam uma representação sensível da Minas Gerais dos anos de 1910 a 1920. Segundo a autora, essas memórias foram escritas para que não desaparecesse no tempo todo um mundo de experiências de vida que a morte havia levado. Após a morte de Lúcio Cardoso, ela lança o segundo romance – *Vida, vida* –, ainda no estilo memorialista, mas agora tendo como foco a vida do irmão.

Além da colaboração em periódicos, publicou os seguintes livros: *Por onde andou meu coração* (memórias, 1967); *Vida – vida* (memórias, 1973); *Sonata perdida* (romance, 1979).

Fontes:

CARDOSO, Maria Helena. *Por onde andou meu coração* (memórias). Rio de Janeiro: Livraria José Olimpio Editora S. A., 1967 (Nota da Editora); COELHO, Nelly Novaes. *Dicionário crítico das escritoras brasileiras*: 1711-2001. São Paulo: Escrituras, 2002; COUTINHO, Afrânio dos Santos; SOUSA, José Galante de. *Enciclopédia da literatura brasileira*. 2. ed. São Paulo: Global Editora; Rio de Janeiro: Fundação Biblioteca Nacional/ DNL: Academia Brasileira de Letras, 2001; LOPES, Carlos Herculano. Caminhos do coração. In: jornal *Estado de Minas*, de 22 de dezembro de 2007.

MARIA JOSÉ DE QUEIROZ

Maria José de Queiroz nasceu em Belo Horizonte, em 1936. Formou-se em Letras Neolatinas, em 1955, e fez doutorado em 1960 na UFMG, onde se tornou professora catedrática. Lecionou na *Indiana University*, EUA, na *Université de Paris*, na França, e na *Deutsch-Brasilianische Gesellschaft*, em Bonn, Alemanha. Em 73, foi nomeada diretora do Departamento de Cultura de Belo Horizonte. É membro da Academia Mineira de Letras, da *Academie du Monde Latin* – Paris – e do Pen Clube do Brasil. Entre os prêmios já recebidos pela autora, destacam-se o Prêmio Sílvio Romero, o Prêmio Othon L. Bezerra de Mello, o Prêmio Pandiá Calógeras, o Prêmio Assis Chateubriand e o Prêmio Pen Clube do Brasil.

Como ensaísta, colaborou intensamente em revistas especializadas no País e no exterior e em jornais no Rio de Janeiro e em Minas Gerais. Na literatura, estreou em 1971 com o livro de poesia *Exercício de levitação*. Seguiram-se os livros *Exercício de gravitação* (1972); *Como me contaram...* (1973); *Exercício de fiandeira* (1974); *Resgate do real:* amor e morte (1978); *Homem de sete partidas* (1980); *Para que serve um arcoíris* (1982); *Operação Strangelov* (1984); *Joaquina, filha de José Joaquim* (1987); *Sobre os rios que vão* (1991) e *Amor cruel, amor vingador* (1998).

Em suas obras, ela concilia literatura com informações de história, política, ciências, linguística e psicologia e trata principalmente dos mais variados aspectos da condição humana. Sua erudição é evidente principalmente no diálogo intertextual que opera com autores como Sartre, E.E. Cummings e Dostoievski. O livro *Invenção a duas vozes*, de 1978, por exemplo, que trata do enclausuramento de um casal e da revelação de seus sentimentos mais íntimos, aproxima-se da peça *Huis clos*, de Sartre, que também explora a temática do isolamento e da busca pela verdade do ser humano.

Fontes:

COELHO, Nelly Novaes. *Dicionário crítico de escritoras brasileiras*. São Paulo: Escrituras Editora, 2002; Jornal *Estado de Minas*. Belo Horizonte. 25 de março de 1997; Jornal (Belle) Belo Horizonte. 25-3-1997; Jornal *Hoje em Dia*. Belo Horizonte. 25de março de 1997.

MARIA JULIETA DRUMMOND (1928-1987)

Maria Julieta Drummond nasceu em 1928, na capital mineira, filha única do consagrado poeta e cronista Carlos Drummond de Andrade. Foi ficcionista, cronista e tradutora. O primeiro livro, novela intitulada *A busca*, foi escrito quando tinha apenas 17 anos. No que se refere a esse livro, encontramos a seguinte afirmação:

> Maria Julieta Drummond de Andrade, então uma adolescente, registra em sua novela os conflitos de uma jovem mineira que observa suas próprias transformações. Para ela, a guerra familiar tem uma dimensão bem maior do que o conflito mundial da década de 1940. Para reduzir suas ansiedades, ela anota algumas frases que a perseguem, começa a conviver com personagens e, durante três semanas, no meio das aulas do Curso Clássico, nos recreios, à noite, insone, escreve de maneira obstinada. A mãe datilografa a narrativa e o pai, Carlos Drummond, concorda com Raquel de Queiroz: a obra deve ser publicada (http://www.editoras.com).

Em 1949, casou-se com Manoel Graña Etcheverry, importante intelectual argentino, e passou a residir em Buenos Aires. Teve três filhos: Carlos Manoel, Luis Maurício e Pedro Augusto Graña Andrade. Foi presidente do Centro de Estudos Brasileiros, em Buenos Aires, onde ministrou alguns cursos e também participou de programas de rádio e televisão em que falava de temas referentes à literatura brasileira e argentina. Voltou ao Rio de Janeiro, em 1983 e em 1985, e foi membro do Conselho Federal de Cultura. Julieta Drummond faleceu em 1987, no Rio de Janeiro, 12 dias antes da morte de seu pai.

Além da novela *A busca*, de 1946, Julieta Drummond publicou mais cinco livros: *Um buquê de alcachofras* (1980) e *O valor da vida* (1982), que reúnem as suas crônicas; *Diário de uma garota* (1985, memórias); *Loló e o computador* (1986, infantil) e *Gatos e pombos* (1987, também infantil).

Fontes:

COELHO, Nelly Novaes. Dicionário crítico de escritoras brasileiras. São Paulo: Escrituras Editora, 2002; http://www.editoras.com (acesso em: 13 de junho de 2006); http://www2.correioweb.com.br (acesso em: 13 de junho de 2006).

MARIA LACERDA DE MOURA (1887-1945)

Maria Lacerda de Moura nasceu em 16 de maio de 1887, na Fazenda Monte Alverne, em Manhuaçu (MG). Aos quatro anos, mudou-se para Barbacena (MG), onde iniciou a vida estudantil no externato de freiras do Asilo de Órfãos e, aos 12 anos, matriculou-se na Escola Normal Municipal de Barbacena. Em 1904, formou-se professora primária e, no ano seguinte, casou-se com Carlos Ferreira de Moura, de quem se separou em 1925. O casal não teve filhos, mas adotou duas crianças.

Maria Lacerda de Moura foi professora, jornalista, escritora, conferencista e poetisa, e acreditava firmemente na educação como o único meio capaz de promover mudanças na vida das pessoas. Em 1912, retomou as atividades de jornalista, fundou a Liga Contra o Analfabetismo em Barbacena e iniciou seu trabalho como escritora, lançando, em 1918, o livro *Em torno da educação* (crônicas e conferências realizadas em Barbacena), que lhe proporcionou contatos com jornalistas e escritores de São Paulo, Santos, Rio de Janeiro e Belo Horizonte, tais como José Oiticica e Galeão Coutinho. Em virtude da grande repercussão do livro, no ano seguinte publicou *Renovação*, em Barbacena (MG). Em 1921, mudou-se para São Paulo e começou a realizar conferências em sindicatos, centros de cultura social, espetáculos de teatro anarquista e em associações operárias. Também colaborava intensamente na imprensa anarquista, como *A plebe, O culinário paulista, A patrulha operária, A lanterna, O trabalhador gráfico*, e outros. Nesses escritos, pretendia esclarecer "os efeitos do álcool, da luta antifascista, e da questão social em sua divulgação de princípios místicos e pacifistas". Participou também ativamente da fundação da Federação Internacional Feminina e do Comitê Feminino Contra a Guerra. Lançou em 1923 a revista mensal *Renascença*, que difundia ideias feministas libertárias e outras questões sociais.

Em 1924, lançou *A mulher é uma degenerada?* e, em 1926, o livro *Religião do amor e da beleza*, consideradas obras de grande importância pela reflexão filosófica e pelo amadurecimento intelectual da autora. André Néblind até relacionou *Religião do amor e da beleza* com o poema do francês Florian-Partmentier – "La lumière de l'auvegle". Maria Lacerda morou em Guararema, no interior de SP, de 1928 a 1937, numa comunidade anarquista com vários italianos, entre eles Arthur Compagnoli. Mas, com a repressão ditatorial do governo Vargas (1935), decidiu voltar a Barbacena, sendo impedida de lecionar porque era considerada comunista, espiritualista e esotérica. Mudou-se, então, para o Rio de Janeiro, em 1938, passando a residir na Ilha do Governador, já com a saúde debilitada. Durante essa época, fez uso de seus conhecimentos de astrologia e ficou responsável pela leitura de horóscopos na Rádio Mayrink Veiga. No fim da vida, ela retomou o contato com a Escola de Ciências Ocultas Rosa Cruz, com a qual havia rompido em 1935, e passou a fazer conferências na instituição. Seu falecimento ocorreu em 20 de março de 1945. Dois anos mais tarde, foi publicada a obra póstuma *O silêncio*.

Além dos livros citados, publicou: *Civilização: tronco de escravos* (1931), *Amai e... não vos multipliqueis* (1932), *Serviço militar obrigatório para mulher? – Recuso-me! Denuncio!* (1933*), Clero e fascismo: horda de embrutecedores* e *Fascismo: filho dileto da Igreja e do capital* (1934). Em 1940, publicou ainda o livro didático *Português para os cursos comerciais.*

Fontes:

LEITE, Míriam Lifchitz Moreira. *Outra face do feminismo: Maria Lacerda de Moura* (1887-1945). São Paulo: Ática, 1984; DUARTE, Constância Lima. Orelha do livro *Maria Lacerda de Moura, uma feminista utópica*, de Miriam L. Moreira Leite. São Paulo: Editora Mulheres, EDUNISC, 2005; MOURA, Maria Lacerda de. *Serviço militar obrigatório para mulher? Recuso-me! Denuncio!*. 3. ed. São Paulo: Opúsculo Libertário, 1999.

MARIA LYSIA CORRÊA DE ARAÚJO

Maria Lysia Corrêa de Araújo nasceu em Campo Belo (MG). É contista, cronista, jornalista, atriz de teatro e escritora infantil. Hoje reside em Belo Horizonte, mas já morou em São João del-Rei, São Paulo, Rio de Janeiro e Recife. Frequentou diversos cursos superiores, como de Língua Anglo-Germânico, na UFMG, de Língua Alemã no Instituto Goethe, e de Língua Inglesa na Cultura Inglesa, mas não os concluiu. Formou-se em Arte Teatral pela Escola de Arte Dramática de São Paulo e obteve o prêmio de melhor interpretação em uma peça de Ionesco. A carreira teatral teve início em Belo Horizonte, representando peças de alta dramaturgia como *As cadeiras, Um bonde chamado desejo, Todo anjo é terrível, Pequenos burgueses* e *Tartufo.* Em São Paulo, atuou em grupos de teatro como Oficina, Arena e Maria Della Costa; e, no Rio de Janeiro, atuou no Teatro Opinião e no Tônia Carrero. Maria Lysia trabalhou também com teatro infantil, nas peças *A bruxinha que era boa* e *Casaco encantado.*

Ao lado da intensa experiência teatral, Maria Lysia dedicou-se à literatura, especialmente ao conto e à crônica. Sua colaboração na grande imprensa é vasta e encontra-se dispersa nas revistas *O Cruzeiro, A Cigarra* e *Ficção;* e nos jornais *Estado de S. Paulo, Correio Paulistano, Última Hora, Academus, Estado de Minas, Suplemento Literário Minas Gerais,* entre outros. O primeiro livro de contos – intitulado *Em silêncio* – foi publicado em 1974 e obteve dois importantes prêmios: o primeiro lugar no Concurso Fernando Chinaglia e o Prêmio Adelino Magalhães da Secretaria de Cultura do Estado do Rio de Janeiro. Segundo informações que estão na contracapa do livro, *Em silêncio* se destaca por mostrar certo realismo mágico, que capta os problemas do ser humano na sua contingência de solidão, conflito ou desengano, a que a autora dá um tom de amarga ironia.

Publicações: *Em silêncio* (1978); *Bairro feliz* (1982); *Em tempo* (1985); *O círculo* (1985); *O carneirinho diferente* (1987); *Aprendiz de barroco* (2004); *Acorda, Luiz!*(s/d).

Fontes:

ARAUJO, Maria Lysia Corrêa. *Em silêncio.* Rio de Janeiro: José Olimpio, 1978; COELHO, Nelly Novaes. *Dicionário crítico de escritoras brasileiras.* São Paulo: Escrituras, 2002. p. 453.

MARIA SABINA (1898-1991)

Maria Sabina de Albuquerque nasceu no dia 6 de dezembro de 1898, em Barbacena, Minas Gerais, filha do médico João Pedro de Albuquerque e de Marieta Ramos de Albuquerque. Em 1904, passou a residir em Niterói (RJ), e, em 1910, sua família transferiu-se para a cidade do Rio de Janeiro.

Foi uma aluna exemplar, conquistando prêmios durante toda sua formação. Bacharelou-se em Letras no Colégio Pedro II e cursou Letras Inglesas na Universidade de Cambridge, na Inglaterra. De volta ao Brasil, diplomou-se no Curso 'Arte de Dizer a palavra', de Ângela Vargas. Especializou-se na interpretação de poesia, peças dramáticas e terapia da palavra e foi professora de Arte Poética no Colégio Universitário. Fez o aperfeiçoamento da *Comédie Française* e fundou, em 10 de abril de 1921, o Curso Olavo Bilac da Arte de Dizer, no Rio de Janeiro. Com filiais em várias cidades do Brasil, o curso funcionou, ininterruptamente, durante 70 anos. Ainda em 1921, Maria Sabina lançou seu primeiro livro de poesias, *Na penumbra do sonho,* e colaborou em diversos jornais e revistas de seu tempo, entre eles *O Mundo Literário* e *Fon-Fon*.

Entre 1924 e 1971, fez apresentações pelo País como declamadora, sendo muito aclamada pela crítica e pelo público. Foi membro titular da Sociedade de Estudos CEEATA, sócia Honorária da Academia Carioca de Letras e Membro da Academia de Letras do Rio de Janeiro. Como jornalista, pertenceu à Associação Brasileira de Imprensa.

Mulher ativa e sempre preocupada com a situação da mulher na sociedade, Maria Sabina participou do Movimento pela Igualdade de Direitos Civis e Políticos da Mulher e do Homem. Em 1928, entrou para a Federação Brasileira pelo Progresso Feminino (FBPF), ao lado de Bertha Lutz e outras feministas, tornando-se responsável, em 1933, pela redação do periódico da entidade, o *Boletim*, que começou a circular naquele ano. Tornou-se presidente da FBPF em 1945 e permaneceu no cargo por outros três mandatos. Foi delegada Classista organizadora e presidente da mesa-redonda sobre Educação Integral da Mulher; delegada do Brasil no Congresso da Aliança Internacional de Mulheres em Nápoles (Itália), e membro da Comissão Interamericana de Mulheres na OEA.

Em 79, fez uma conferência sobre a situação feminina no Senado Federal e foi eleita Mulher de Destaque do Ano, tendo representado o Brasil em 11 congressos sobre os Direitos da Mulher e Educação. Pelos serviços prestados à causa da Mulher e pela divulgação da poesia, Sabina foi condecorada, em 1980, com a Ordem do Mérito de Rio Branco, em Brasília. Em 8 de maio de 86, recebeu o título de Cidadã Carioca e, posteriormente, já enferma, o título de Cidadã Benemérita do Estado do Rio de Janeiro.

Publicou 12 livros durante sua vida, entre poesias, contos e biografias. Maria Sabina deixou incompletas suas memórias, intituladas *Eu me lembro*. Com seu talento, foi uma expressiva e importante voz no Brasil da primeira metade do século XX, defendendo, com beleza e vigor, os interesses da mulher, os valores patrióticos e a importância da arte. Faleceu no Rio de Janeiro, em 17 de julho de 1991, aos 92 anos.

Publicações: *Na penumbra do sonho* (poesia, 1921); *Água dormente* (poesia, 1925); *O paíz sem caminhos...* (poesia, 1931); *Entusiasmo: poemas brasileiros* (poesia, 1944); *Canto de tempo trágico* (poesia, 1946); *Canto solitário* (poesia, 1964); *Antologia poética: 50 anos de poesia* (1971); *Alma tropical* (contos, 1928); *Adolfo Lutz* (biografia, 1950); *Joaquim Gonçalves Ramos: um apóstolo da democracia* (1953); *Um médico, um sanitarista, um homem, João Pedro de Albuquerque:* 22 de julho (1974).

Fontes:

BEZERRA, Kátia da Costa (Org.). *Tirando do baú: antologia de poetas brasileiras do século XIX*. Pedro Leopoldo (MG): Fundação Cultural Dr. Pedro Leopoldo. 2003. Coleção Mulher & Literatura, volume VI; COUTINHO, Afrânio; SOUSA, J. Galante de. *Enciclopédia de Literatura Brasileira*; Rio de Janeiro: Ministério da Cultura; Global Editora; Fundação Biblioteca Nacional ; DNL; Academia Brasileira de Letras. 2001; MAIA, Camila. "Cidade festeja centenário da poetisa Maria Sabina". O Globo, Niterói; n. 826, 24 de maio de 1998; NASCIMENTO, Emília F. S., *Contribuição para um estudo da poesia de Maria Sabina.* In: SABINA, Maria. *Sequência do sonho. Antologia poética: 50 anos de poesia.* Rio de Janeiro: Baptista de Souza, 1971; RÊGO, Neide Barros. *Centenário de Maria Sabina.* Letras Itaocarenses. Itaocara: Academia Itaocarense de Letras, ano IX, nº 106, abril de 1998; SABINA, Maria. *Seqüência do sonho; antologia poética: 50 anos de poesia.* Rio de Janeiro: Baptista de Souza, 1971; SCHUMAHER, Shuma; BRAZIL, Érico Vital (Org.). *Dicionário Mulheres do Brasil: de 1500 até a atualidade.* Rio de Janeiro: Jorge Zahar, 2000.

MARILDA DE MENEZES LADEIRA

Marilda Ladeira nasceu em Belo Horizonte, filha de Menezes Mello e Olívia Moreira de Menezes, mas desde 1951 fixou residência em Juiz de Fora. Aos 12 anos, teve o primeiro emprego no cartório em que o pai trabalhava. Ainda muito jovem recebeu o Prêmio Tristão de Ataíde por sua monografia sobre Machado de Assis.

Formada em Comunicação Social em 1973, tornou-se titular da Prevendo – Pesquisas e Promoções, com trabalhos pioneiros em publicidade e editoração que eram divulgados na mídia impressa, como *Diário Mercantil, Correio da Mata, Tribuna de Minas, Tribuna da Tarde, Jornal Pró-Música*, e nas revistas *O Lince, Em Voga, Brasil S/A*, entre outras. Na TV Industrial de Juiz de Fora produziu e apresentou alguns programas. Além disso, organizou eventos na cidade e grandes feiras em São Paulo e em Belo Horizonte. Fez parte do Núcleo Mineiro de Escritores (Nume). Participou de antologias publicadas em Juiz de Fora e no Rio de Janeiro, de trovas, poesia e contos. Em concursos, teve três premiações de destaque; em 1978 publicou seu primeiro livro – *O enunciado da flor e da pedra*, de contos e poesias, com prefácios de Rangel Coelho e Pedro Nava. Em 2002 teve poemas selecionados em coletâneas da Editora Litteris, do Rio de Janeiro, e no livro *Letras da cidade*, um estudo sobre os poetas e escritores de Juiz de Fora, elaborado pelas professoras e pesquisadoras Marisa Timponi e Leila Barbosa, da UFJF. Em 2002 publicou mais um livro de poemas: *As coisas findas*.

Fontes:

LADEIRA, Marilda. *As coisas findas*. Juiz de Fora: FUNALFA, 2002; http://acessa.com (acesso em 20 de junho de 2006).

MARILENE GODINHO

Marilene Pereira Godinho Soares nasceu em 26 de agosto de 1941, em Caratinga (MG). Filha de Geraldo Godinho e de Nadir Pereira Godinho, estudou do primário ao científico na cidade natal, no Colégio Nossa Senhora do Carmo. Iniciou posteriormente o curso de Pedagogia na Faculdade de Santa Úrsula, no Estado do Rio de Janeiro. Mudou-se, então, para Belo Horizonte e formou-se em Espanhol pelo Cervantes – Centro Cultural Brasil-Espanha. Atualmente, leciona produção de texto e composição infantil na Faculdade de Caratinga, profissão na qual se mantém há mais de 38 anos.

A autora participa intensamente das atividades culturais da cidade e colabora para estimular a educação de crianças, uma de suas maiores preocupações. Segundo ela, "aprendeu com as crianças o valor da fantasia e da beleza da ideia jogada no papel" (In: *Irmão Sol, Irmã Lua*). No período de 1989 a 1992, foi diretora do Departamento de Cultura da Prefeitura de Caratinga e é, atualmente, membro da Academia Feminina de Letras de Minas Gerais e da Academia Caratinguense de Letras. Marilene venceu o primeiro Concurso de Contos de Viçosa e o Prêmio Nacional de Poesia Cora Coralina. Segundo a autora, ela sempre teve vocação para o teatro, para a literatura e a música, mas só após iniciar sua carreira como professora primária é que passou a criar histórias infantis, que constituem grande parte de sua obra.

Publicou seu primeiro livro, *Balão azul*, em 1978, e não parou mais de escrever. Suas histórias, sempre repletas de emoção e delicadeza, costumam abordar temas polêmicos e difíceis de ser abordados na literatura infanto-juvenil, como o racismo, a discriminação e a homossexualidade, por exemplo. Segundo Márcio Almeida, a escritora

> sempre soube contar suas estórias infantis com hilaridade e surpresas. Vencendo mais este desafio – no árduo ofício de trabalhar com as palavras-, colabora no estímulo à educação e ao desenvolvimento das crianças que ensaiam vivências no mundo encantado da realidade ou nesta fantasia cotidiana que tem sido a vida! (extraído de *Irmão Sol, Irmã Lua*).

Tem publicados os seguintes livros: *Balão azul* (1978); *Boneca de pano* (1980); *Menino palhaço* (1982); *A avó que não era antiga* (1983); *Uma canção de amor para Tiago* (1985); *O galo que não sabia cantar* (1987); *Lua de rapadura* (1990); *Muidinho*

(1993); *Quem ama com fé* (1994); *Irmão Sol, irmã Lua* (1995); *Hora anda, hora para* (1996); *Nas águas de meu pai* (1996); *Gorducha* (1997); *Gaguinho* (1998); *É da roça* (1999); *Menino ama menino* (2000).

Fontes:
Publicações da autora.

MÁRIO FRANZEN DE LIMA (1886-1936)

Nasceu em Ouro Preto, Minas Gerais, em 10 de julho de 1886, e faleceu em Belo Horizonte, em 3 de abril de 1936. Era filho do casal Bernardino Augusto de Lima, importante magistrado e professor de Direito, e de Estér Franzen de Lima. Foi político, poeta, escritor, historiador, polemista, jornalista, advogado e professor.

Estudou na Escola Salesiana de Cachoeira do Campo e no Ginásio Mineiro de Ouro Preto e de Barbacena. Em Belo Horizonte, fez o curso superior, diplomando-se, em 1906, pela Faculdade de Direito. No início da vida profissional, foi promotor de Justiça da Comarca de Rio Novo, mas logo retornou a Belo Horizonte para dedicar-se à advocacia, ao magistério e ao jornalismo. Casou-se com D. Leonídia Tamm de Lima, com quem teve oito filhos.

Foi eleito para a Academia Mineira de Letras, em 1909, e foi o fundador da cadeira n.32, patrocinada por Cândido José de Araújo Vianna, o marquês do Sapucaí. Foi ainda Presidente da AML por três períodos e participou da Campanha Civilista, através da imprensa, em 1911. Lecionou História da Civilização no Ginásio Mineiro de Belo Horizonte, e também dirigiu o Ginásio Mineiro de Barbacena. De 1912 a 1922, ocupou a chefia da redação do Órgão Governamental Minas Gerais, e cumulativamente, a partir de 1918, a Direção da Imprensa Oficial. Foi professor de diversas disciplinas na Faculdade de Direito de Minas Gerais. Católico, prestou grandes serviços à Igreja através da ação social da pregação da imprensa e do livro, devendo-se à sua inspiração o estabelecimento do ensino religioso em horário escolar, durante o governo de Antônio Carlos. Foi membro do Instituto Histórico e Geográfico de Minas Gerais.

Publicou as seguintes obras: *Ancenúbios* (1908); *O mito solar nos evangelhos*, (1914); *Audiências de luz* (1917); *Medalhas e brasões* (1918); *O culto das mãos*; *História da literatura em Minas*; *A Escola de Minas de Ouro Preto*; *O catecismo e a formação no Brasil*; *A mocidade e a religião*; *Dante e a Divina comédia*; *Elogio ao Marquês de Sapucaí*; *A escola leiga e a liberdade de consciência*; *Ideias e comentários* (s.d); *Coletânea de autores mineiros* (1922); *O bom combate* (1929); *Para usurpar uma cátedra* (1933); *A hermenêutica tradicional e o direito científico* (1932).

Segundo Osório Dutra: "Mário de Lima foi sobretudo o poeta da terra mineira, com todos os seus encantos e todas as suas lendas. O poeta das montanhas alterosas e dos rios largos e encachoeirados. O poeta de Ouro Preto e das suas Igrejas" (In: Jornal *Estado de Minas*, 10 de julho de 1986).

Para Djalma de Andrade,

> Mário de Lima foi um dos maiores poetas do nosso Estado. Foi grande sob vários aspectos: pela correção da linguagem, pela nobreza dos temas e, sobretudo, pelo valor didático da sua poesia. Exaltou em poemas magistrais, todos os vultos da nossa história, as velhas cidades mineiras e as virtudes de nossa gente (In: Jornal *Estado de Minas*, 10 de julho de 1986).

Hely Menegale afirma: "A poesia de Mário de Andrade filia-se a esta corrente parnasiana. Tem os seus característicos de técnica no apuro da forma, perfeição da matéria, zelo da linguagem e pormenores, como a preferência pelo soneto, o gosto do alexandrino, a rima rica, o *engembement*" (In: Jornal *Estado de Minas*, 10 de julho de 1986).

Fontes:

ANDRADE, Djalma de. Jornal *Estado de Minas*. Belo Horizonte, 10 de julho de 1986; *Dicionário biográfico de Minas Gerais*, Período Republicano – 1889 a 1991. Coordenação: Norma de Góis Monteiro. Belo Horizonte: Assembleia Legislativa do Estado de MG, v.1, 1994; ELÍSIO, Roberto. "No Centenário de Mário de Lima, a lembrança de um poeta que só cantou a bondade". *Estado de Minas*, Belo Horizonte, 10 de julho de 1986; Acervo da Mineiriana da Biblioteca Pública de Belo Horizonte.

MÁRIO GONÇALVES DE MATOS (1891-1966)

Mário Gonçalves de Matos nasceu em Santana do Rio São João Acima (atual Itaúna), em 28 de setembro de 1891, e faleceu em Belo Horizonte, em 28 de dezembro de 1966. Estudou em Dores do Indaiá, em Belo Horizonte e em Juiz de Fora, bacharelando-se pela Faculdade Livre de Direito do Rio de Janeiro, em 1920. Foi poeta, contista e crítico literário.

Na política foi vereador, deputado estadual e deputado federal, até a Revolução de 30. A partir daí, dedicou-se ao magistério e à advocacia, ocupando depois o cargo de desembargador, tendo se aposentado em 1959. Foi presidente da Associação de Cultura Franco-Brasileira, diretor da Associação Mineira de Imprensa, diretor do Diário de Minas e chefe de Redação da revista *Alterosa*. A partir de 1927, foi membro da Academia Mineira de Letras. Pertenceu ainda ao Instituto Histórico e Geográfico de Minas Gerais.

Suas obras são: *A chegada do presidente* (peça de teatro, 1912); *Seu Anastácio chegou de viagem* (peça de teatro, 1914); *Itaúna em fraldas de camisa* (peça de teatro, 1920); *Discursos* (1927); *O último bandeirante* (ensaio sobre Afonso Arinos, 1935); *Último canto da tarde* (poemas, sob o pseudônimo Alberto Olavo, 1938); *Machado de Assis, o homem e a obra* (crítica literária, 1939); *O personagem persegue o autor* (ensaio, 1945); *Casa das três meninas* (contos, 1949).

Na Coleção Mineiriana da Biblioteca Pública Estadual Luiz de Bessa, estão disponíveis duas de suas obras: *Casa das três meninas* e *O último bandeirante*.

Fontes:

Enciclopédia de Literatura Brasileira, volume 2. FAE / MEC, 1985; *Dicionário Biográfico de Minas Gerais* – Período Republicano, 1889 a 1991 – UFMG; Assembleia Legislativa do Estado de Minas Gerais, 1994.

MÁRIO PALMÉRIO (1916-1996)

Em Monte Carmelo, região do Triângulo Mineiro, nasceu em 1º de março de 1916, Mário de Ascensão Palmério, que, entre tantos ofícios exercidos ao longo da vida, vai se destacar como escritor e, mais precisamente, como romancista. Filho de família medianamente abastada, seu pai fora engenheiro civil e juiz de Direito, Mário Palmério realizou estudos colegiais entre Uberaba e Araguari, mudando-se para o Rio de Janeiro a fim de se matricular na Escola Militar do Realengo, de onde se desligou em 1936.

Mudou-se, então, para São Paulo, dando início à carreira de professor de Matemática no Colégio Pan-Americano. Em 1939, decide aprofundar os estudos em Matemática e ingressa na Faculdade de Filosofia da Universidade de São Paulo. Continua, no entanto, com sua carreira de educador, passando a lecionar também no Colégio Universitário da Escola Politécnica. Alguns anos depois, retorna à Uberaba e funda o Liceu do Triângulo Mineiro, e constrói vários prédios, incluindo um grande hospital dedicado ao combate do câncer, que levaria o seu nome. Após exercer três mandatos de deputado federal, em 1950, 1954 e 1958, Palmério é nomeado embaixador do Brasil junto ao governo do Paraguai, de 62 a 64. Terminada a carreira diplomática, retorna ao País e finalmente passa a se dedicar à literatura. Em abril de 68, é eleito para a Academia Brasileira de Letras, sucedendo a Guimarães Rosa na cadeira nº 2. Em 24 de setembro de 1996, o escritor falece em Uberaba.

A obra literária de Palmério não é extensa, mas seus livros – cujo tema central é sempre o homem e a terra – tiveram intensa repercussão nacional. *Vila dos confins* e *Chapadão do bugre*, os mais conhecidos, tratam da vida cotidiana em pequenas cidades do interior, bem distantes dos grandes centros, com destaque para a natureza, o amor, a política e a desigualdade social, entre outros temas.

Obras: *Vila dos confins* (romance, 1956); *Chapadão do bugre* (romance, 1965); *O morro das sete voltas* (romance inédito); *Seleta* (organização, estudo e notas de Ivan Cavalcanti Proença, 1974).

Fontes:

Publicações do autor; NOGUEIRA, Arnaldo. Releituras. "Os melhores textos dos melhores escritores". Disponível em www.releituras.com.

MÁRIO PRATA

Mário Alberto Campos de Morais Prata nasceu em Uberaba, no dia 11 de fevereiro de 1946, mas foi criado em Lins, interior de São Paulo. Com 10 anos de idade, tornou-se redator do jornalzinho de sua classe na escola e, aos 14, começou a escrever a coluna social do jornal *A Gazeta de Lins*, com o pseudônimo de Franco Abbiazzi. Com o tempo fazia um pouco de no jornal, desde editoriais a reportagens esportivas e artigos mais substanciais. Entre suas leituras preferidas, estavam as revistas *O Cruzeiro* e *Manchete*, por causa das crônicas e artigos de Fernando Sabino, Paulo Mendes Campos, Henrique Pongetti, Rubem Braga, Millôr Fernandes e Stanislaw Ponte Preta.

Aos 16 anos, recebeu um convite de Roberto Filipelli para fazer com ele o *Jornal do Lar*. Mas Samuel Wainer, percebendo seu talento, levou-o para o jornal *Última Hora*. O comentário é do próprio Mário: "Meus pais chamavam aquilo que eu escrevia de bobageiras e me previam um péssimo futuro. Medicina, Engenharia, Direito ou Banco do Brasil (eles queriam). E nada de estudar filosofia ou letras: coisa de veado" (In: http://www.releituras.com/marioprata_bio.asp). O autor ainda trabalhou durante oito anos no Banco do Brasil e foi aprovado no vestibular para o curso de Economia na USP; mas o desejo de ser escritor falou mais alto e ele resolveu pedir demissão do Banco do Brasil e abandonar a faculdade.

A partir de então, dedicou-se integralmente aos projetos literários, como livros, novelas, peças de teatro e roteiros, que têm lhe dado importantes prêmios nacionais e internacionais. Durante dois anos, residiu em Portugal, e o livro que foi resultado dessa estada tornou-se um de seus grandes sucessos – *Schifaizfavoire* –, espécie de dicionário bem-humorado do português falado pelos portugueses. Nessa época, realizou diversos trabalhos para a Rádio e a Televisão Portuguesa. Atualmente reside em São Paulo.

Publicações: *O homem que morreu de rir* (contos, 1969); *Fábrica de chocolates* (1980); *Schifatzfavoire, dicionário de português* (1993); *James Lins, o playboy que não deu certo* (1994); *Filho é bom, mas dura muito* (1995); *Mas será o Benedito?* (1996); *O diário de um magro* (1997); *100 Crônicas* (1997); *Minhas vidas passadas (a limpo)* (1998); *Minhas mulheres e meus homens* (1999); *Os anjos de Badaró* (2000); *Minhas tudo* (2001); *Buscando o deu mindinho* (2002); *Palmeiras: Um caso de amor* (2002); *Diário de um magro 2*: a volta ao SPA (2003). Livros infanto-juvenis: *Chapeuzinho vermelho de raiva* (1970); *O homem que soltava pum* (1983); *Sexta-feira, de noite* (1984); *A viagem de Memoh* (1987); *As meninas de vinte anos* (1989); *E o Zé Reinaldo continua nadando?* (1989); *Quadrilha* (1990); *Love story* (1990); *Tá me ouvindo, Frei Vicente?* (1990); *Vestibulando* (1990). Coletâneas em que figura: *Preto no branco* (1978); *Contos pirandellianos* (1984); *Ritos da infância* (1985). Teatro: *O cordão umbilical* (1970); *E se a gente ganhar a guerra?* (1971); *Fábrica de* chocolates (1979); *Dona Beja* (1980); *Besame mucho* (1982); *Salto alto* (1983); *Purgatório, uma comédia divina* (1984); *Papai & mamãe, conversando sobre sexo* (1984); *O caminho da roça* (1990); *Pilatos: vida e obra* (1991), *Eu falo o que elas querem ouvir* (2001). Há textos seus em diversos jornais e revistas, como *Isto é, Época, A Gazeta de Lins; Última Hora; Folha de S. Paulo; O Pasquim; Isto é; Aqui, São Paulo; Jornal da Tarde* e *O Estado de S. Paulo*.

Fontes:

Publicações do autor; http://www.releituras.com(acesso em: 20 de maio de 2006).

MARTA GONÇALVES

Poeta e cronista, Marta Gonçalves nasceu em Juiz de Fora (MG), em 1940, filha de Julieta Gonçalves e de Carlos Augusto Gonçalves, industrial e renomado pintor mineiro. Desde a adolescência, escreve poesias. Em 1980, passou a colaborar na imprensa mineira e também em revistas e em jornais portugueses. Profissionalizou-se na área de administração industrial, mas manteve, ao mesmo tempo, ativo convívio cultural.

Pertence ao Grupo Literário da Associação de Cultura Luso-Brasileira, de Juiz de Fora, onde iniciou a carreira literária ao lado de Ymah Théres, Cleonice Rainho e outras escritoras. Estreou em livro em 1979 com *Pássaros da insônia*, que surpreendeu pela poesia madura, sintonizada com os tempos contemporâneos. Segundo Marta Gonçalves, no poema "Pão na fornalha":

> Os homens gritam ao interior / e ramificam o pavor de jogar / na boca do dia como o pão / quente saindo das fornalhas / suas diretrizes. Já não somos / os mesmos. Tece o bicho-da-seda / seu lavrar ostensivo. / Fizeram do homem casulo....

Logo vieram outros livros, como *Cavalos verdes, Trigais do tempo, Exercício de descoberta* e *Canto provisório*, entre outros, que parecem articulados entre si a partir de um fio poético/ ético/ histórico/ existencial. Em 1993, integrou-se ao Grupo Edições de Minas, que divulga a poesia mineira por meio de opúsculos poéticos.

Livros publicados: *Pássaros da insônia* (1979); *No vidro da aurora* (1982); *Haicais* (1990); *Cavalos verdes* (1991); *Trigais do tempo* (1991); *Exercício de descoberta* (1992); *Canto provisório* (1992); *Primeira palavra* (1994) e *Paisagem imaginada* (1997). Livros infantis: *Luisinho e O boca-de-fomo* (1984) e *O piolhinho mágico* (1990).

Fonte:

COELHO, Nelly Novaes. *Dicionário crítico de escritores brasileiros* (1711-201). São Paulo: Escrituras, 2002.

MARY APOCALIPSE

Mary de Morais Apocalipse Rosa nasceu em Ouro Fino (MG), a 30 de junho de 1922. Diplomada em Letras pela FFLCH e em Educação pela ASMEC (Associação Sul-Mineira de Educação e Cultura), profissionalizou-se em Jornalismo e exerceu durante alguns anos cargos públicos em São Paulo. Recebeu prêmios e menções honrosas por seu desempenho como jornalista, como a Menção Honrosa no Concurso A Mulher na Reportagem, do Sindicato de Jornalistas Profissionais do Estado de São Paulo.

Começou a carreira de escritora publicando contos na imprensa paulistana, participando de concursos e de antologias literárias. Traduziu inúmeros romances franceses e ingleses entre 1940 e 1950, como *A princesa de Cléves*, de Madame de La Fayette, e *Viagem ao centro da África, A ilha desconhecida* e *O império dos quatro mares*, de Júlio Verne. Como pesquisadora, publicou uma importante antologia do folclore brasileiro – *Minas Gerais, Espírito Santo e Rio de Janeiro*, em 1962 – e a *Biografia de Gonçalves Dias*, em 1965. Também se dedicou à dramaturgia, escrevendo e encenando peças em sua cidade natal, como *Rosas para mamãe* (1966), *Minta pra mim!* (1966) e *Joãozinho coração de rola* (1966). Em 1948, publicou o primeiro livro de contos – *Maria pé de violão*, ao qual se seguiram *A bailarina suicida*, em 1952, e *As árvores se abraçam*, de 1965.

Segundo o *Dicionário crítico de escritoras brasileiras*, de Nelly Novaes Coelho, e a *Enciclopédia de Literatura Brasileira*, a escrita de Mary Apocalipse é perpassada de sensibilidade e desencanto, e mostra-se 'sintonizada' com certa consciência-de-mundo, que teria marcado a literatura feminina pós-45 e período da Guerra Fria (1945-56). A escritora colaborou ativamente, durante os anos 1980 e 1990, em vários jornais, como *Jornal Monte Sião*, de Piracicaba, *Correio Popular*, de Campinas, entre outros.

Fontes:

COELHO, Nelly Novaes. *Dicionário crítico de escritoras brasileiras*. São Paulo: Escrituras, 2002; COUTINHO, Afrânio. SOUSA, J. Galante de. (Org). *Enciclopédia de Literatura Brasileira*. São Paulo: Global Editora, 2001. 2 Vol.

MAURA LOPES CANÇADO (1930-1993)

Poeta, ficcionista, memorialista e jornalista, nasceu em 27 de janeiro de 1930, no município de São Gonçalo do Abaeté (MG), filha de uma família rica e respeitada. Casou-se aos 14 anos com Jair Praxedes, natural de Bom Despacho, com quem teve um filho – Cesarion Cançado Praxedes, que também se tornou jornalista e poeta. O marido morreu precocemente em um acidente aéreo em 1960, em Abaeté.

Maura Lopes Cançado teve vida singular. Aos 16 anos, ganhou de presente de sua mãe um avião Paulistinha, prefixo PP-RXK, a que deu o nome de "Cesarion", e aprendeu a pilotar. Residiu em Belo Horizonte, mas fixou residência no Rio de Janeiro, onde trabalhou e publicou sua obra. A escritora tinha problemas de instabilidade mental, e sofria com depressão, tendo por isso sido internada algumas vezes em hospitais psiquiátricos.

Trabalhou no *Jornal do Brasil*, no *Correio da Manhã*, e no Ministério da Educação. E parte de sua produção literária, formada principalmente de contos e de crônicas, foi publicada nesses jornais. Em livro publicou *Hospício é Deus*, que teve várias edições, em 1965, em 1972 e em 1982. Trata-se de um depoimento contundente de sua experiência em hospitais psiquiátricos, e uma denúncia dos tratamentos a que era submetida. Em 1968, publicou *O sofredor do ver*, composto de 12 contos.

A escritora faleceu em 1993, vítima de insuficiência respiratória. Segundo depoimentos de alguns amigos, ela teria deixado inédito um livro – intitulado *Diário II*, cujos originais nunca foram encontrados.

Fontes:

ARAÚJO, Cínara de. *Tinha medo de ver, num mesmo olhar, um trem e um passarinho: a escrita íntima de Maura Lopes Cançado*. Dissertação de mestrado. Belo Horizonte: FALE/UFMG, 2002; CANÇADO, Maura Lopes. *Hospício é Deus*. Circulo do Livro S.A. Editora Nova Cultural: São Paulo, s/d; CANÇADO, Maura Lopes. *O sofredor do ver*. Rio de Janeiro: José Álvaro Editor, 1968; "Adeus a Cesarion Praxedes". Pedro Rogério Moreia. http://www.senhoradosol.com.br (acesso em: 10 de setembro de 2006).

MAXS PORTES

Maximiniano Maxs de Figueiredo Portes nasceu no dia 14 de outubro de 1944, na cidade de Caratinga, filho de José Silvano Portes e de Noêmia de Figueiredo Portes. É jornalista, artista plástico, publicitário, escritor e poeta. Estudou artes gráficas durante dois anos em Paris; formou-se bacharel em Produção Editorial no Centro Universitário de Belo Horizonte (UNI-BH), foi diagramador do *Suplemento Literário Minas Gerais*, do *Ars Media,* da Fundação Palácio das Artes, da *Revista Poesia*, do jornal *O Lutador* e ainda editor da Emater-MG. Atualmente, colabora em vários jornais do País e dirige as Edições Cuatiara. Entre sua extensa obra, composta de poemas, contos, romances e livros infantis, destaca-se *Memórias da casa a dentro*, delicada prosa poética que fez para homenagear a cidade natal. O autor tem recebido inúmeros prêmios, como o Prêmio Cecília Meirelles, da Academia Brasileira de Letras, pelo melhor livro de poesia publicado em 1982, entre outros.

Publicações: *Barco de papel* (poesia); *Antigo amanhã* (poesia); *Libertarde* (poesia); *Das razões inquietas* (poesia); *Bendições* (poesia); *Caderno de rascunho* (poesia) e *Cavalgar no ontem* (poesia); *Toca a flauta Constantino* (infantil); *Que febre de mosquito* (infantil); *É... fogo!* (infantil); *Toda hora é sempre agora* (infantil); *Com os pés na cabeça* (infantil); *O morador da casa maluca* (infantil) e *Passa, passa... passará* (2002, infantil); *O Urubu Jururu* (infantil); *Dona Minhoca e a Pororoca* (infantil); *O cocorocó do Galo Coro* (infantil); *Girival:* o sapo que era o tal (infantil); *O mutirão do João-de-Pau e Corrupião* (infantil); *O*

Godero Lero-Lero (infantil); *O fiu-fiu do Tiziu* (infantil); *Bem-te-vi Bem te vi* (infantil); *O tatu Tururu* (infantil); *O cabrito bom de grito* (infantil); *O Burro-Nhô*; *O mistério no Galinheiro*; *O vendedor de cordel*; *O morador do ipê amarelo e A noite do festival*; *Meu antigo fantasma*; *O passageiro do arco íris*; *Conversa pra boi dormir*; *Conto 4 contos*; *O mistério do envelope*; *Ufa, Ufo – Tem um disco voador na minha radiola*; *O dia em que Raimundo-Cego viu a luz do céu e velhos amigos*; *Maruim* (romance), *À Sombra da noite* (romance); *Guiri* (romance); *Os mortos de Catolé* (romance); *Um rosto na parede* (contos); *Uma estrela na bagagem* (contos); *O respirar do silêncio* (contos); *Cará-branco* (contos); *Gênese* (prosa).

Fonte:

Publicações do autor.

MIÊTTA SANTIAGO (MAGNÓLIA MATILDE) (1903-1995)

Miêtta Santiago nasceu no dia 17 de julho de 1903, em Varginha (MG), e faleceu no Rio de Janeiro, em 1995, com a avançada idade de 92 anos. Seu nome de registro é Maria Ernestina Carneiro Santiago. Foi poeta, romancista, filósofa, professora, advogada, jornalista, conferencista e artista plástica. Destacou-se pela luta que empreendeu, ao lado de outras companheiras, em prol da igualdade de direitos das mulheres, nas décadas de 1920, 1930 e 1940. Em certa ocasião, impetrou mandado de segurança contra o Estado para garantir o seu direito de voto e sua candidatura à Constituinte Mineira e ao Parlamento, como líder do pensamento feminino mineiro, sendo vitoriosa. Fundou a Liga das Eleitoras Mineiras, a Associação das Normalistas e dirigiu a Liga Mineira Pró-Temperança, a Organização da Higiene e Saúde, e a Liga Mineira pelo Progresso Feminino. Foi membro da UBE, da Associação Brasileira de Imprensa e recebeu Menção Honrosa da Secretaria de Educação do Governo Estadual do Rio de Janeiro.

Com o pseudônimo de Magnólia Matilde, publicou parte significativa de sua obra, composta de *Taça de Hebe* (poesia, 1929); *Gosto de alma* (poesia, 1934); *Na morada de Deus* (poesia, 1936); *Maria Ausência* (romance, 1941); *As 7 poesias* (poesia, 1981); além de obras de Filosofia e Direito, e de colaborações que ficaram esparsas nos periódicos. Sua obra teve repercussão até em Paris, através de poemas que foram publicados em jornais e colunas parisienses, e em Portugal, onde publicou o livro *Taça de Hebe*.

Oswald de Andrade fez o seguinte comentário sobre o livro *Maria Ausência*: "Todas as revoltas que uma mulher inteligente é capaz de pensar no Brasil estão no seu livro. Ele é um livro sufocante. A armadura da sociedade colonial prolongada através de costumes e leis até hoje, esboroa diante do veredicto que resulta" (In: *Maria Ausência* de Miêtta Santiago, p. 3). Trata-se de um romance sob a forma de um diário em que a narradora começa apresentando um prefácio intitulado "Ensaio sobre a solidão à maneira de Auto-Prefácio", e expõe sua vida a partir dos 20 anos até sofrer de amnésia. A obra organiza-se em 12 capítulos, permeados de Filosofia e poesia.

Outro livro interessante é *As 7 poesias*, que se divide em seis partes: as três primeiras – "Carne arbitrária, Poesia em amor, Poesia em si" – contêm poemas que exploram a efemeridade da vida. A quarta parte – "Poeminas" – contém poemas referentes a Minas Gerais. E as duas últimas – "Futurescência e Transpoesia" – possuem poemas mais reflexivos e metapoemas, no qual o eu – lírico discute a existência da poesia.

Fontes:

ANDRADE, Oswald. "Carta destinada a Miêtta Santiago". In: *Maria Ausência*. Rio de Janeiro: Civilização Brasileira, 1941; COUTINHO, Afrânio. Sousa, J. Galante de. *Enciclopédia de Literatura Brasileira*. São Paulo: Globo Editora, Fundação Biblioteca Nacional/DNL, Academia Brasileira de Letras, 2001. V. II. p. 1447; SANTIAGO, Miêtta. *Maria Ausência*. Rio de Janeiro: Civilização Brasileira, 1941; SANTIAGO, Miêtta. *As 7 poesias*. Rio de Janeiro: Civilização Brasileira, 1981.

MOACIR ANDRADE (JOSÉ CLEMENTE, PATRÍCIO SOBRINHO E GATO FELIX) (1897-1979)

Jornalista, contista e ensaísta, Moacir (ou Moacyr) Andrade, irmão do poeta Djalma Andrade, nasceu em Queluz de Minas (atual Conselheiro Lafaiete), em 9 de novembro de 1897. Colaborou em e fundou jornais de Belo Horizonte, usando diversos pseudônimos, como José Clemente, Gato Félix e Patrício Sobrinho.

Entre romances, crônicas, biografias e ensaios, publicou as seguintes obras: *Memórias de um dentista fracassado* (romance, s/d); *República Decroly* (romance, 1935); *O espírito de Antonio Carlos* (1946; 2. ed. 1954; 3. ed. 1967); *Hora para o sono* (conto, 1955); *Memórias de um chauffeur de praça/República Decroly* (1964); *Félix Araújo: Mártir do dever e da coragem* (biografia, 2000); *Lapa, alegres trópicos* (crônicas, 1998); *Trinta anos de escriba oficial* (crônicas, s/d); *Dois discursos na Academia* (Moacyr Andrade e Alberto Deodato, 1964). Escreveu também três capítulos para o livro *Minas Gerais* em 1925: "Religião em Minas", "Diamantina", e "Revolução de 1842".

Fontes:

Publicações do autor; OLIVEIRA, Martins de. *História da literatura mineira*. Belo Horizonte: Itatiaia, 1958.

MÔNICA DE CAMARGO COUTINHO

Mônica Dirce de Camargo Coutinho nasceu em Lagoa Santa (MG), no dia 20 de julho de 1940. Desde cedo, revelou a vocação para a literatura. Aos oito anos, morando em Itabira, começou a escrever um livro que futuramente seria premiado – *O diário de*

Kika. Em 78, casada e com os quatro filhos crescidos, ingressou no curso de Letras da PUC Minas e começou a carreira literária, que exerce, ininterruptamente, até hoje. Em 1988, publicou o primeiro livro, intitulado *Momentos*, a que se seguiram muitos outros e vários prêmios.

Em seus livros – de conto, crônica, poesia e romance, para o público adulto e o infanto-juvenil –, a autora utiliza uma linguagem simples, poética e coloquial que a aproxima de seus leitores. A temática gira em torno das relações cotidianas do ser humano com o mundo que o cerca, dos sentimentos e da aventura de viver.

Livros publicados: *Momentos* (1988); *Portas abertas* (1989); *Pedaços de vidas* (1990); *Amor para dois* (1991); *Almas em desfile* (1992); *Acredite se quiser* (1993); *Loucos e varridos* (1993); *A vida de todos nós* (1994); *Pensamentos deturpados* (1994); *Os momentos continuam* (1994); *Impressões de aprendiz* (1995); *Por todos os caminhos* (1996, Prêmio Cidade de São Lourenço); *O gato sem botas* (infantil, 1996); *Diário de Kika* (1997, Prêmio João de Barro); *Criança tem cada uma!* (1998, Prêmio Cidade de São Lourenço); *Coquetel de pensamentos* (1998); *Coração de adolescente* (1999, Prêmio Lima Barreto – União Brasileira dos Escritores); *Divagações* (1999, Prêmio Peregrino Júnior – União Brasileira dos Escritores); *As aventuras de uma pequena órfã* (1999); *De bobagem também se vive* (1999); *O que as crianças pensam e dizem* (infantil, 1999); *Mensagens a Deus* (1999); *Futebol de cachorros* (2000); *Variedades cômicas* (2000); *Piadas de salão* (2000); *Loucos e varridos* (2001); *O ninho do passarinho* (infantil, 2001); *Álbum de família* (2001); *A formiga resgate* (infantil, 2002); *Memórias do inferno* (2002); *Coração inoxidável* (2003); *Para refletir* (2003); *O pequeno mundo de Kika* (2003); *Raízes do passado* (2004); *Sombras da minha vida* (2005); *O apanhador de bolinhas* (2006); *De bobagem também se vive* (variedades cômicas, volume 2, 2006); *Coquetel de emoções* (2006); *Então, vamos rir um pouquinho?* (2007); *Loucos e varridos* (2008); *Chamas de um coração* (2009).

Em 1997, Mônica de Camargo Coutinho ingressou na Academia Municipalista de Letras de Belo Horizonte, ocupando a cadeira 271, que tem por patrono Carlos Drummond de Andrade.

Fontes:

Publicações da autora; http://www.paralerepensar.com.br (acesso em março de 2010).

MURILO BADARÓ

Filho de Francisco Badaró Júnior e de Gelcira Paulino, Murilo Paulino Badaró nasceu em Minas Novas, no dia 13 de setembro de 1931. Após os estudos primários em sua terra natal, mudou-se para Belo Horizonte, onde se formou em Direito. Fez ainda outros cursos, como o de Sociologia Política e o de Administração Pública, na Universidade

Federal de Minas Gerais, e o mestrado pela CETEB em Brasília. Ainda jovem, ocupou cargos e funções públicas de destaque, tornando-se muito respeitado em todo o território nacional. Foi deputado federal, deputado estadual, senador, ministro de Estado de Indústria e do Comércio, secretário-geral da Aliança Renovadora Nacional, e presidente da Comissão de Justiça do Senado Federal, entre outras funções. Entre as premiações que recebeu, destacam-se a Grande Medalha da Inconfidência, a Medalha do Mérito Naval Tamandaré e a Medalha Santos Dumont, entre outras.

Entre os livros que publicou, estão: *Reforma e revolução* (1970); *Memorial político* (1976); *Alma de Minas* (coletâneas, 1984); *Milton Campos – o pensador liberal* (crônicas, 2000); *O Bombardino* (crônicas, 1986). Além dos livros, Murilo Badaró participa de antologias, entre elas, *Horas vagas*, de Manoel Vilela de Magalhães e João Emílio Falcão.

Murilo Badaró ocupa a cadeira n. 29 da Academia Mineira de Letras, da qual é o atual presidente.

Fontes:

Acervo da Academia Mineira de Letras; http://www.senado.gov.br (acesso em: 10 de junho de 2006).

MURILO MENDES (1901-1975)

Murilo Medina Celi Monteiro Mendes nasceu em Juiz de Fora, em 13 de maio de 1901, e morreu em Lisboa, Portugal, em 13 de agosto de 1975. Era o segundo filho de Onofre Mendes, funcionário público, e de Elisa Valentina Monteiro de Barros Mendes, que faleceu quando Murilo tinha apenas um ano de idade. Iniciou sua formação no Colégio Salesiano, internato em Niterói (RJ). Mais tarde, ingressou no curso de Direito, que não concluiu. Leitor compulsivo e autodidata, desde cedo se dedicou ao estudo da cultura francesa e também da italiana e da espanhola. Foi profundo admirador e conhecedor de música clássica (sendo Mozart o favorito), das artes plásticas (inclusive publicou críticas em impressos e livros), do cinema e da literatura, naturalmente.

Foi amigo e manteve intensa correspondência com grandes nomes da literatura nacional, como Carlos Drummond de Andrade, Manuel Bandeira e Mário de Andrade, entre outros. Também foi amigo do pintor, poeta e pensador católico Ismael Nery, que não só influenciou sua obra, como conseguiu sua conversão ao catolicismo, em 1934. Murilo sofreu de tuberculose, ficando internado em um sanatório por vários meses. Em 1947, casou-se com Maria da Saudade Cortesão, filha do historiador e escritor português Jaime Cortesão, opositor do regime de Salazar, e também escritora respeitada em seu país.

Trabalhou como telegrafista, prático de farmácia, guarda-livros, funcionário de cartório, professor de Francês, arquivista do Ministério da Fazenda, secretário da Comissão de Literatura para a Infância do Ministério de Educação, inspetor federal do Ensino Médio, e professor de Literatura Brasileira na Universidade de Roma (Itália). Em uma entrevista,

Murilo Mendes assim explicou essa diversidade de funções: "De fato não me sentia com vocação para nada, tinha e tenho uma irremediável falta de jeito para a vida prática".

Por ocasião da Semana de Arte Moderna, em 1922, o poeta tinha apenas 21 anos. Sua obra poética se desenvolveu à margem desse movimento, e se aproximou depois da chamada Geração de 45, mesmo tendo publicado na década de 30, como o primeiro livro – *Poemas*, de 1930, que recebeu o Prêmio de Poesia da Fundação Graça Aranha. Sua obra compreende cerca de 12 livros de poesia, três de prosa e vários inéditos. Além de literatura, publicou inúmeros textos em catálogos de exposições de artes e em revistas do Modernismo, como *Antropofagia* e *Verde*. Em seus poemas, encontram-se marcas profundas do pensamento religioso cristão, bem como do surrealismo, e ainda muito humor e crítica, por vezes dirigida à sociedade materialista de sua época. Recebeu muitos prêmios tanto em vida quanto após sua morte. Em 77, ocorreu a publicação póstuma de *Ipotesi*, livro de poesia escrito originalmente em italiano, organizado por Luciana Stegagno-Picchio, em Roma. E 'Ipotesi' tornou-se o título da Revista de Estudos Literários da UFJF. Em sua cidade natal, Juiz de Fora, foi criado o Centro de Estudos Murilo Mendes (CEMM), em 1976, a partir da doação realizada por sua viúva de parte substancial da biblioteca e do acervo de artes plásticas do escritor, aliás, considerado um dos maiores acervos de arte moderna do Brasil.

Sua obra inclui os livros *Poemas* (1930); *A idade do serrote* (memórias, 1968); *Tempo e eternidade* (1935, escrito com Jorge de Lima); *A poesia em pânico* (1938); *Visionário* (1941); *Mundo enigma* (1944); *Tempo espanhol* (1964); *Poliedro* (1972); entre outros.

Fontes:

ANDRADE, Carlos Drummond de. "Murilo Mendes Hoje/Amanhã". In: *Poesia e prosa*. 8. ed. Rio de Janeiro: Nova Aguilar, 1992 (Biblioteca Luso-Brasileira. Série Brasileira); ARAÚJO, Laís Corrêa de. *Murilo Mendes*. 2. ed. Rio de Janeiro: Vozes, 1972. (Poetas Modernos do Brasil, 2); CAMPOS, Haroldo de. "Murilo e o mundo substantivo". In: *Metalinguagem & outras metas: ensaios de teoria e crítica literária*. São Paulo: Perspectiva, 1992; GUIMARÃES, Júlio Castañon. *Murilo Mendes: a invenção do contemporâneo*. São Paulo: Brasiliense, 1986 (Coleção Encanto Radical, 73); MELO NETO, João Cabral de. "Murilo Mendes e os Rios". In: 'Agrestes'. *Museu de tudo e depois*, 1967/1987. Rio de Janeiro: Nova Fronteira, 1988; ROZÁRIO, Denira. "Murilo Mendes". In: *Palavra de poeta: coletânea de entrevistas e antologia poética*. Prefácio Antônio Houaiss. Rio de Janeiro: José Olympio, 1989.

MURILO RUBIÃO (1916-1991)

Murilo Rubião nasceu em Carmo de Minas, em 1916. Mudou-se ainda jovem com a família para Belo Horizonte, onde fez o primário no Grupo Escolar Afonso Pena, e o ginásio no Colégio Arnaldo. Em 1942, formou-se em Direito pela Universidade Federal de Minas Gerais, mas não exerceu a advocacia. Rubião trabalhou como professor e jornalista, tornando-se diretor da *Folha de Minas* e da Rádio Inconfidência.

Publicou o primeiro livro, *O ex-mágico*, em 1947, que não teve repercussão imediata. Em 1953, publicou *Estrela vermelha* e, em 65, *Os dragões e outros contos*. Entrou na política a convite de Juscelino Kubitschek, como oficial de Gabinete. Depois, trabalhou com Tancredo Neves, dirigindo a Imprensa Nacional, e integrou os quadros da Embaixada do Brasil na Espanha. Foi o responsável pela criação do *Suplemento Literário do Diário Oficial Minas Gerais*, que se tornou o principal jornal cultural do Estado, e pela reunião de ilustres colaboradores, como Guimarães Rosa, Carlos Drummond de Andrade, Murilo Mendes e Adão Ventura, entre outros escritores.

Com a publicação de *O pirotécnico Zacarias*, em 1975, finalmente Rubião ganha dimensão nacional. Três anos mais tarde, em 1978, surgiram *O convidado*, livro ao qual havia dedicado 26 anos de elaboração, e *A casa do girassol vermelho*. Ao todo foram apenas 33 contos, publicados em sete livros. Mas, muito preocupado em aperfeiçoar e aprimorar cada vez mais suas histórias, ele tinha o hábito de revisar seguidamente os escritos, modificando-os sempre. Considerado precursor do realismo fantástico no Brasil, seus contos tratam do mágico e do maravilhoso, rompendo com a lógica e representando o real de forma alegórica. Todos os contos trazem uma epígrafe bíblica, que sempre sugere ao leitor uma especial reflexão. Rubião admitiu ter Machado de Assis, a Bíblia e a mitologia grega como pontos de referência para sua produção. Mas, quando os críticos compararam seu estilo ao de Kafka (1883-1924), ele negou a influência do escritor tcheco, nestes termos:

> Meus contos devem muito a Cervantes, Gogol, Hoffman, Chamesso, Maximo Bontempelli, Pirandello, Nerval, Poe e Henry James. Mas o autor que realmente me influenciou foi Machado de Assis, talvez meu único mestre. Álvaro Lins viu na minha ficção certa semelhança com a obra de Kafka. Entretanto, só vim a saber da existência do escritor tcheco em 1943, através de uma carta de Mário de Andrade e quando já havia escrito a maior parte dos contos do *O ex-mágico* (*Dicionário prático de literatura brasileira*, 1979).

A obra de Murilo Rubião tem sido objeto de estudos acadêmicos, como a dissertação de mestrado de Fábio Dobashi Furuzato, intitulada *A transgressão do fantástico em Murilo Rubião*, apresentada em 2002, no Instituto de Estudos da Linguagem da Unicamp, sob a orientação da professora Vilma Arêas. O trabalho investiga as diferentes modalidades de "fantástico" na obra do escritor mineiro, tais como o maravilhoso, o sobrenatural, o inexplicável, o estranho, e demais formas de rompimentos com o real.

O escritor faleceu em 1991, sendo enterrado no Cemitério do Bonfim, em Belo Horizonte. No ano de sua morte, a família doou ao Acervo dos Escritores Mineiros da UFMG inúmeros pertences, como mobília, biblioteca, manuscritos, fotografias e a farta correspondência com escritores brasileiros e estrangeiros, que hoje compõem a Sala Murilo Rubião e se encontram à disposição dos leitores e dos pesquisadores interessados em conhecer mais o autor.

Fonte:

Publicações do autor; *Dicionário prático de literatura brasileira*. Rio de Janeiro: Edições de Ouro, Tecnoprint Ltda, 1979.

NAPOLEÃO VALADARES

Napoleão Valadares nasceu em 6 de fevereiro de 1946, em Arinos (MG). Diplomado em Direito pela Unb, foi fundador e diretor do Correio do Vale e da Associação dos Urucuinos em Brasília, responsável pelo Jornal do Urucuia. Foi presidente da Associação Nacional de Escritores, assistente jurídico da União, diretor de Secretaria da Justiça Federal, assessor de Juiz do Tribunal Regional Federal da 1ª Região e advogado da União.

É autor dos seguintes livros: *Os personagens de Grande sertão: veredas* (1982); *Planalto em poesia* (organização e participação, 1987); *Contos correntes* (organização e participação, 1988); *Urucuia* (romance, 1990); *Dicionário de escritores de Brasília* (1994); *Respostas às Cartas Chilenas* (1998); *De Gregório a Drummond* (1999); *Remanso* (romance, 2000); *Pensamentos da Literatura Brasileira* (2002); *Chuvisco* (2003); *Antologia de haicais brasileiros* (2003); *Descendentes de Pedro Cordeiro* (2004); *Campos gerais* (contos, 2004).

Foi premiado em vários concursos literários, como o Concurso Petrobras de Literatura, Concurso de Contos Cidade de Cataguases, Concurso de Contos Cyro dos Anjos da Academia Montesclarense de Letras, entre outros. Tem participação na *Antologia de contos Alberto Renart* (1994); *Cronistas de Brasília* (1995); *De mãos dadas* (1995); *O prazer da leitura* (1997); *Poesia de Brasília* (1998); *Poetas mineiros em Brasília* (2002); *Antologia literária Aclêcia* (2003) e *Antologia do conto brasiliense* (2004).

Fontes:

Publicações do autor e entrevista concedida pelo autor em maio de 2006.

NATÉRCIA SILVA

Natércia Silva Villefort Costa é romancista, poeta e advogada. Nasceu em Campo Belo (MG) e radicou-se em Belo Horizonte. Cursou os primeiros anos escolares em sua cidade natal na Escola Normal São José e no Colégio Dom Cabral e, posteriormente, cursou a Escola de Comércio de Minas Gerais, em Belo Horizonte. Concluiu o curso de Ciências Jurídicas pela Faculdade de Direito de Niterói (RJ). Em 1980, iniciou a carreira como funcionária da Assembleia Legislativa do Estado de Minas Gerais. Ainda jovem, começou a interessar por literatura e teatro. Chegou a participar de um grupo teatral amador fundado por seu pai, Otávio Silva. Além de trabalhar na Assembleia, colabora na imprensa mineira e participa de antologias poéticas.

Sua estreia em livro ocorreu no ano de 1954, quando publicou o romance *Sob o manto do passado* e, a partir desse, surgiram outros romances e poesias. Pertence a várias entidades culturais como: Academia Municipalista de Letras de Minas Gerais; Academia Anapolitana de Filosofia, Ciências e Letras; Academia Campo-Belense de Letras; União Brasileira de Escritores. Também é fundadora e presidente emérita da Academia Feminina Mineira de Letras (1980). Seu nome foi dado a um Prêmio da Academia Municipalista de Letras de MG, em 2006.

Publicações: *Sob o manto do passado* (romance, 1954); *Poemas ao luar* (poesia, 1957); *Uma vida de estudante* (romance, 1967); *Poemas ao Senhor* (poesia, 1974); *Cartas à minha mãe* (poesia, 1974); *Castelo de areia* (romance, 1979).

Fontes:

COELHO, Nelly Novaes. *Dicionário crítico de escritoras brasileiras*. São Paulo: Escrituras, 2002.; SANTOS, Diva Ruas. *Antologia da poesia mineira*. Belo Horizonte: Editora Cuatiara, 1992.

NELLY LAGES JARDIM

Maria Nelly Lages Jardim nasceu em Itinga, então município de Araçuaí (MG). Filha de Domingos Teixeira Lages e de Maria José da Silva Lages, passou a infância na cidade de Jequitinhonha e a adolescência em Araçuaí, onde fez o Curso Normal no Colégio Nazaré. Casada com Dr. Écio Jardim, professor da Faculdade de Odontologia da UFMG, diplomou-se em Psicologia Clínica em 1976, pela Fumec. Foi nomeada psicóloga da Previdência Social e trabalhou na implantação do Programa do Excepcional como membro da Equipe de Classificação de Clínicas.

Em 77, publicou o livro de poemas *Porque mares navega meu vento*, que foi muito bem recebido pela crítica; e, em 92, foi a vez de *Cristais de sonhos*. Segundo Lívia Paulini, presidente da Academia Feminina Mineira de Letras, neste livro, Nelly Lages Jardim

nos brinda com um lirismo enraizado nas profundezas místicas das montanhas mineiras, mas sua temática reflete as impressões colhidas no mundo exótico africano e nos tempos lendários egípcios helênicos. Nos seus poemas ressoa a solidão, que é causa e, ao mesmo tempo, o efeito da condição humana.

Além dos livros de poesia, a autora publicou *Armazém de ideias*, que traz a história do Jequitinhonha, complementando o Projeto O Vale e a Vida, iniciado com a coletânea de poemas *O romance do Jequitinhonha*. Para Jorge Fernando Santos, em artigo publicado no jornal *Estado de Minas*, em 8 de novembro de 1998,

> o Romance do Jequitinhonha reúne poemas inspirados no Vale, com versos em redondilha menor, numa referência à literatura de cordel, que também se faz presente naquela região. A maioria dos temas refere-se ao imaginário, personagens, trabalhadores e à paisagem inóspita que um dia foi fonte de riquezas naturais.

Ainda segundo Jorge Fernando Santos, no mesmo artigo, "esta não é a principal contribuição da autora, que se sai melhor no volume sobre a história do Vale, onde relata a história das principais cidades da região de Araçuaí" [...] e revela "o amor que sente pelo lugar de onde veio, contribuindo para que a memória do seu povo não se perca".

Fontes:

JARDIM, Nelly Lages. *Cristais de sonhos*. Belo Horizonte: Editora O Lutador, 1992; SANTOS, Jorge Fernando. "Pelos caminhos do Jequitinhonha", Jornal *Estado de Minas* em 8 de novembro de 1998; http://www.allaboutarts.com. br (acesso em: maio de 2006); http://www.unimontes.br (acesso em: maio de 2006); http://www.asminasgerais. com.br (acesso em: maio de 2006).

NELSON COELHO DE SENNA (1876-1952)

Nasceu no Serro (MG), em 11 de outubro de 1876, filho do coronel da Guarda Nacional Cândido José de Senna e de Maria Brasiliana Coelho de Senna. Desempenhou diversas funções ao longo da vida, como político, professor, historiador, acadêmico e jornalista. Foi casado com Emilia Gentil Horta Gomes Cândido de Senna. Aos 19 anos, transferiu-se para Ouro Preto, onde ingressou no serviço público primeiro como funcionário da Secretaria de Polícia, depois da Secretaria de Agricultura, Comércio, Obras Públicas e Viação. Em 1896, exonerou-se desse cargo, e, mediante concurso, tornou-se professor catedrático de História do Brasil no Ginásio Mineiro, e também bacharel da Faculdade Livre de Direito de Minas Gerais. Também foi professor de Economia Política, Direito Administrativo e Legislação de Terras da Escola Livre de Engenharia de Minas Gerais.

Ainda nessa época, deu início à carreira de escritor e de jornalista, ao publicar os primeiros livros e editar os periódicos *O Aprendiz* (em 1893) e *A Academia* (em 1896), ao lado de Raul da Silva Bernardes, Arthur da Silva Bernardes e Fernando de Melo Viana. Profundo conhecedor de História, Geografia e Literatura, foi membro-fundador da Academia Mineira de Letras, em 1910, ocupando a cadeira 36, e também do Instituto Histórico e Geográfico de Minas Gerais, São Paulo, Rio de Janeiro, Paraná, Ceará e Paraíba. Participou ainda da Academia de Letras de Pernambuco, da Academia Nacional de História da Venezuela, da Academia Colombiana de Jurisprudência, do Centro de

Periodistas de Santiago de Chile, do Instituto Arqueológico do Recife, e foi presidente do Conselho Superior de Instrução Pública do Estado de Minas Gerais.

Recebeu, em 1933, da Faculdade de Filosofia e Letras do Rio de Janeiro e do Instituto Americanista da Universidade de Vurzburg (Alemanha), pela importância dos seus trabalhos, o título de Doutor Honoris Causa. Recebeu medalhas e títulos de numerosas entidades culturais nacionais e estrangeiras e representou Minas Gerais e o Brasil em diversos congressos realizados no País e no exterior. Faleceu em 2 de junho de 1952, em Belo Horizonte.

Publicou duas obras ficcionais – *Páginas tímidas* (contos e escritos, 1896) e *Contos sertanejos* (lendas e fragmentos, 1903). Mas é autor também de inúmeros artigos, discursos e conferências que se encontram publicados em revistas, jornais ou nos seguintes livros: *Memória histórica e descritiva da cidade e município do Serro* (1895); *Efemérides e fatos mineiros* (1896); *As nossas questões internacionais* (tese de concurso, 1900); *Notas estatísticas de Minas Gerais* (1904); *Serranos ilustres* (esboços biográficos, 1905); *A idade da pedra no Brasil* (1905); *O Rio Doce* (1905); *Bacia do Rio Doce* (1906); *Anuário de Minas Gerais* (1906-1910); *Mining concession on the Rio Doce* (1907); *Os índios do Brasil* (1908); *Um futuro município mineiros na mata de Peçanha* (São João Evangelista, 1909); *Tradições mineiras* (1909); *Balanço de forças* (1909); *Contribuição etnográfica dos padres da Companhia de Jesus e dos cronistas leigos dos primeiros séculos da história da pátria* (1914); *A hulha branca de Minas Gerais* (1914); *A Laura Petrarca de Vila Rica* (Marília de Dirceu) *e o Petrarca de Laura de Vila Rica* (Tomás Antônio Gonzaga), Rio de Janeiro, 1917; *Geografia do Brasil* (1922); *A terra mineira* (corografia do Estado de Minas Gerais, 1928); *Alguns estudos brasileiros* (1ª série, 1937); *Algumas notas genealógicas* (São Paulo, 1937); *Africanismos no Brasil* (Belo Horizonte, 1938-1940); *A nossa toponímia geográfica* (Belo Horizonte, 1944).

Fontes:

Arquivo Público da Cidade de Belo Horizonte. Inventário do arquivo pessoal Nelson Coelho de Senna. Belo Horizonte: APCBH, 2000. 119 p.; SENNA, Nelson C. de. *Páginas tímidas*. Ouro Preto: Silva Cabral, 1896. 164p.; SERRANO, Pelayo [Nelson Coelho de Senna]. *Contos sertanejos*: lendas e fragmentos. Belo Horizonte: Typographia Universal, 1903. 243p.; SENNA, Nelson C. de. *Notas bibliográficas*: [s.n.], 1944. 23p.; OLIVEIRA, Martins de. *História da literatura mineira*. 2. ed. Belo Horizonte: Imprensa Oficial, 1963.

NELSON CRUZ

Nelson Cruz nasceu em Belo Horizonte, no ano de 1957. Trabalhou como pintor, ilustrador e caricaturista em diversas revistas e jornais, mas, além de ser tudo isso, é um excelente escritor cujos livros encantam crianças e adultos e têm recebido os prêmios mais importantes do Brasil e do exterior.

Atualmente, Nelson tem investido também em outro segmento, que é a 'revisão' – através da ilustração – de histórias conhecidas, que ganham uma nova e inusitada dimensão a partir de suas imagens. Esse processo criativo pode ser observado no livro *Conto de escola*, originalmente um conto de Machado de Assis, que foi renovado com o olhar e a competência do autor. Este trabalho rendeu ao escritor / ilustrador reconhecimento internacional em Bolonha, Itália, na Feira de Ilustradores, quando foi exposto pela Fundação Nacional do Livro Infanto-Juvenil. Também virou capa do catálogo dessa fundação durante a Feira, que conferiu ao livro o Prêmio de Melhor Ilustração *Hors Concours* da FNLIJ, e o Selo de "Altamente Recomendado – na Categoria Criança".

Já em outro livro – cujo título é *Leonardo* –, não existe texto algum, mas as imagens falam por si. Trata-se de uma narrativa visual da aventura de uma estátua de um homem, numa praça de cidade grande, que perde a rigidez de monumento e desce, à noite, do pedestal para andar por outros tempos e espaços. O leitor pode – ou não – identificar esse homem com Leonardo da Vinci. Praças de Florença, esboços de desenhos, a Mona Lisa, e invenções ousadas, são detalhes do universo do artista que se colocam diante do leitor, numa intertextualidade pictórica. Quando termina a noite, um pássaro adverte que é hora de voltar, e ele se transforma novamente em estátua.

A veia criativa do escritor sobressai também quando ele cria textos – com ilustrações – em livros como *Bárbara e Alvarenga* e *Dirceu e Marília*. Em ambos, Nelson cria uma ficção amparada por imagens de uma Vila Rica do século XVIII e as histórias de amor dos personagens/ casais Bárbara Eliodora e Alvarenga Peixoto, e Tomás Gonzaga e Maria Doroteia, a sua Marília. Outra obra que segue os mesmos padrões criativos é *No longe dos Gerais*. Nessa, o autor quer recuperar os caminhos percorridos por Guimarães Rosa através dos sertões mineiros na coleta de dados para suas narrativas. A história é contada pela perspectiva de uma criança de dez anos, de nome Nilson, que, em suas pesquisas, Nelson Cruz descobriu que realmente existiu e acompanhou Rosa em peregrinações pelos sertões. A questão central do livro é como aquela criança percebia essas andanças e também a figura de Rosa. Tanto nesse, como em outros livros de Nelson Cruz, pode-se afirmar, com certeza, que o grande diferencial do escritor é a possibilidade de dupla leitura que ele oferece: a verbal, por meio dos textos, e a visual, pela riqueza pictórica de seus traços.

Publicações: *O jogo das palavras mágicas* (ilustração, 1996); *Leonardo* (livro de imagem, 1997); *Dirceu e Marília* (texto e ilustração, 1999); *Chica e João* (texto e ilustração, 2000); *Bárbara e Alvarenga* (texto e ilustração, 2001); *O conto da escola* (ilustração, 2002); *No longe dos Gerais* (texto e ilustração, 2004); *O caso do Saci* (texto e ilustração, 2004); *O aprendiz de feiticeiro* (ilustração, 2006), entre outros.

Fontes:

Publicações do autor; ABREU, Cathia. "A arte de escrever e desenhar". *Ciência Hoje das Crianças* On line. 3 de maio de 2005.

NELSON DE FARIA (1902-1968)

Nelson Soares de Faria nasceu em 29 de abril de 1902, no arraial de Fortaleza (hoje município de Pedra Azul), Nordeste do sertão mineiro. As primeiras letras foram ensinadas por professores particulares. Aos 15 anos, enfrentou a primeira viagem, de 70 léguas, a cavalo, dormindo em pousos de tropeiros e boiadeiros, até alcançar Diamantina, o ponto mais próximo da estrada de ferro. Talvez venham daí suas primeiras e mais fortes impressões que vão influir, posteriormente, em sua formação literária de matizes regionalistas.

Recém-chegado a Belo Horizonte, interna-se no Instituto Claret, transferindo-se depois para o Ginásio Mineiro, no bairro da Serra. Concluídos os preparatórios, fez o curso de Farmácia, na Faculdade de Odontologia e Farmácia, diplomando-se em 1922. Entre os 20 e os 22 anos, publicou os primeiros versos, contos e crônicas. Com Ageu Pio Sobrinho e Clemente Medrado, fundou o jornal *Footing*, que teve ainda a colaboração de Abgar Renault, Djalma Andrade, Carlos Drummond de Andrade e outros. O primeiro prêmio literário veio através do conto "Nas capoeiras", que ganhou o segundo lugar no Concurso Literário promovido pelo *O Jornal*, do Rio de Janeiro, sendo publicado em 24 de novembro de 1922, nesse periódico.

Por três anos e meio, exerceu a profissão de farmacêutico em sua terra natal. Data daí sua convivência com o povo simples do sertão, a quem procurou compreender, estudando-lhe a psicologia, o linguajar, as práticas, os costumes e o folclore. Casado com Anália Ferreira de Faria, transferiu-se para Belo Horizonte, onde ajudou Clemente de Faria, seu irmão mais velho, a fundar o Banco da Lavoura. E sempre estava publicando em jornais e revistas, sob pseudônimo, contos sertanejos, poemas e artigos.

Já bacharel em Direito, decidiu enviar, em 1959, em meses diferentes, três narrativas ao Concurso Permanente de Contos que o jornal *Estado de Minas* organizava, obtendo três vitórias. Animado, resolveu publicar *Tiziu*, composto de dez histórias sertanejas, em 1960, em edição de mil exemplares, para presentear amigos e conhecidos. Enviou o livro à crítica, que o recebeu com aprovação. Em maio de 61, foi eleito para a Academia Mineira de Letras, e, em junho do mesmo ano, recebeu na Academia Brasileira de Letras o Prêmio Afonso Arinos, concedido ao livro de estreia. *Tiziu* reapareceu em segunda edição com o título de *Tiziu e outras estórias*, pois foram acrescentados oito novos contos, também relativos ao meio rural e sertanejo.

Em agosto de 1963, estreou no romance com *Cabeça torta*, obtendo, em 64, o Prêmio João Alphonsus da Secretaria da Educação de Minas Gerais. Em 65, publicou *Bazé*: estórias sertanejas, que obteve igual êxito ao das obras anteriores. Nelson de Faria faleceu em Belo Horizonte, em 25 de março de 1968. Seu nome foi dado a uma rua na Cidade Nova.

Publicações: *Tiziu* (1960); *Tiziu e outras estórias* (1961); *Cabeça torta* (1963); *Bazé*: estórias sertanejas (1965).

Fonte:

Revista da Academia Mineira de Letras, Ano 80º – Vol. XXVII – dezembro/02, janeiro, fevereiro – Belo Horizonte: 2003.

NEUSA SORRENTI

Neusa Sorrenti nasceu em 29 de maio na cidade de Itaguara (MG), mas vive em Belo Horizonte desde 1970. Foi professora no ensino infantil e fundamental; formou-se em Letras e Biblioteconomia, dedicando-se ao ensino de Português e Francês. Especializou-se em Literatura Infantil e Juvenil e é mestre em Literatura de Língua Portuguesa, pela PUC Minas. Trabalhou por 14 anos no setor de Biblioteca e Vídeo-Escola da Secretaria de Estado de Educação de Minas Gerais.

Hoje, dedica-se à carreira de escritora infanto-juvenil e a promover cursos de literatura para professores. Os livros publicados até o momento são: *O casamento da viúva* (1994); *O gatinho que cantava* (1994); *O menino Léo e o poeta Noel* (1994); *Marcado para bater* (1994); *Lua cheia de poesia* (1995); *Magrela* (1996); *Era uma vez eu...* (1997); *Pardal na cozinha* (1998); *Sabiá consolador* (1998); *O encantador de pirilampos* (1999); *Raio de bicicleta* (2000); *Os donos do pedaço* (2000); *Dois sonhos em Rio Calmo* (2000); *Adeus jardineira* (2000); *Ases do volante* (2000); *Na poeira do asfalto* (2000); *Antes a pé do que mal motorizado* (2000); *O anel que tu me deste* (2001); *Chorinho no riacho e outros poemas para cantar* (2006) e *Pintando Poesia* (2008).

A publicação mais recente é uma reunião de poemas para ser cantados ao ritmo de cantigas populares como "Teresinha de Jesus", "Ciranda Cirandinha", "O cravo brigou com a rosa", e outras. O livro *Era uma vez eu...* foi incluído no *Brazilian book magazine* e apresentado na Exposição de Livros Infantis e Juvenis, em Bolonha, projetando internacionalmente a obra de Neusa Sorrenti.

Fontes:

Publicações da autora; http://www.noolhar.com (acesso em: junho de 2006); http://lerparaser.tripod.com (acesso em: maio de 2006).

OCTAVIO DIAS LEITE (1914-1970)

Octávio Dias Leite nasceu em Belo Horizonte, em 1914. Poeta e jornalista, seu nome é importante referência no cenário intelectual e cultural de Minas Gerais, nas décadas de 30 a 60. Como muitos de seus contemporâneos, também ele se correspondeu com Mário de Andrade, entre os anos de 1935 e 1944. Participou de várias revistas de Belo Horizonte, como Síntese e Surto; trabalhou na edição do jornal Horizonte (1952-1953) e da revista Livros & Fatos (1969-1970). E, durante a década de 1960, colaborou com o jornal Diário de Minas, assinando as colunas 'Livros & Fatos', 'Jornal de Literatura', 'Capa e Contracapa', 'Notícia Literária' e 'Cozinha Pitoresca'.

Entre os livros que publicou, destacam-se *Baganas* (poesia, 1934); *Última edição* (poesia, 1936); *Filhos de Deus* (poesia, 1937); *Cavalo de fogo* (poesia, 1951); *Silvana – poema da amada recém-nascida* (poesia, 1962).

Octávio Dias Leite faleceu em 1970. Seu espólio intelectual encontra-se depositado no Acervo de Escritores Mineiros, na UFMG, e se compõe de livros, objetos de uso pessoal, móveis, quadros, manuscritos, recortes de jornais e fotografias.

Fonte:

Acervo de Escritores Mineiros da UFMG, Campus Pampulha, 3º andar da Biblioteca Central.

OLAVO DRUMMOND (1926-2006)

Olavo Drummond é um escritor de destaque de sua geração. Nasceu em Araxá, em 1926, e, durante a infância e a adolescência, estudou em colégios de Araxá, Uberaba, Lavras, Belo Horizonte e São Paulo. Fez o curso de Ciências Jurídicas e Sociais na Faculdade de Direito da Universidade Federal de Minas Gerais e foi redator dos jornais *Estado de Minas* e *Diário da Tarde*, do Serviço de Radiodifusão do Estado de Minas Gerais, e da revista *O Cruzeiro*, do Rio de Janeiro. Além de trabalhar na imprensa, ocupou importantes cargos públicos e privados, como o de deputado estadual, secretário da Presidência do Brasil, em 1959, delegado do Brasil nos Estados Unidos, em 1960, diretor da VASP em São Paulo, em 1980, e prefeito de Araxá, em 1997, entre outros. Entre as diversas condecorações que recebeu, destacam-se a Medalha Santos Dumont, de 1979; a Medalha do Mérito de Brasília, de 1986; a Medalha Ordem do Mérito Militar, de 1987; o Colar do Mérito da Justiça de Contas e a Medalha de Ouro por serviços públicos prestados à República.

Em 1985, ingressou na Academia Mineira de Letras, assumindo a cadeira de número 12, que pertenceu a Tancredo Neves. Segundo Olavo Drummond, o gosto pela literatura se fortaleceu por influência do grande amigo Juscelino Kubitschek, que sempre o incentivou. Seu primeiro livro de poesias – *Noite do tempo*, de 1976, possui um prefácio assinado por Juscelino. Além desse livro, publicou mais quatro: *Ensaio geral*, de 1984, que tem poemas em homenagem a JK; *Ordem do Cardeal*, de 1985; *O amor deu uma festa*, de 1987; e *O vendedor de estrelas*, de 2003, sendo os três últimos de contos. A última publicação, cujos contos falam de amor, fantasia e política, torna evidente a sua identificação com a vida interiorana, pois retratam com muita perspicácia o cotidiano da vida no interior que sempre é alimentado por "causos" fantasiosos.

Participou na Fundação João Pinheiro da edição de um jornal e da elaboração de um livro e de fascículos sobre a História do Comércio em Belo Horizonte. Escreveu livros de cunho histórico, como *Para além da cidade planejada*, de 1997, a respeito do Colégio Magnum e da região Nordeste da capital mineira; e *Iluminando os caminhos de Minas*, de 2005, em que aborda os 50 anos da Cemig. Além disso, participou do livro *JK – Cinquenta anos de progresso em cinco anos de governo* (2006), com o texto "Caminhos de JK – na vida, na política, na cultura".

O jornalista, escritor, político e advogado mineiro Olavo Drummond faleceu no dia 8 de maio de 2006, em São Paulo, aos 80 anos, após sofrer um acidente vascular cerebral.

Fontes:

DRUMMOND, Olavo. *Ensaio Geral*. Rio de Janeiro: Nova Fronteira, 1984; http://www.cpcd.org.br (acesso em: maio de 2006); http://www.olavodrummond.mayte.us (acesso em: maio de 2006); http://www.poppycorn.com.br (acesso em: maio de 2006); http://www.tcu.gov.br (acesso em: maio de 2006).

OLAVO ROMANO

Olavo Celso Romano nasceu em Morro do Ferro (MG), em 6 de setembro de 1938. Estudou no antigo Grupo Escolar São João Batista, em sua cidade, e no Grupo Escolar João dos Santos, em São João del-Rei. Aos 13 anos, mudou-se para Oliveira, onde fez o curso ginasial; e, ao final de 1965, mudou-se para Belo Horizonte para estudar Direito na PUC Minas. Posteriormente, fez o mestrado em Administração, na FGV-RJ, curso de Inglês na Universidade de Michigan (EUA) e curso de Planejamento Educacional pelo Banco Mundial. Fez carreira no serviço público, aposentando-se como procurador do Estado.

Começou a publicar suas histórias em 1979, em jornais e revistas do País, como *Estado de Minas, Jornal de Casa, Globo Rural, Palavra, Cícero, Isto É* e *Veja*. Em vários livros, Olavo Romano registra a fala, o jeito e a vida do interior de Minas. O primeiro – *Casos de Minas* – foi publicado em 82 pela Editora *Paz e Terra*. Depois vieram *Minas e seus casos* (1984), *Dedo de prosa* (1986), *Prosa de mineiro* (1986), *Os mundos daquele tempo* (1988), *Um presente para sempre* (1990) e *Memórias meio misturadas de um jacaré de bom papo* (2002). Em 2003, lançou com grande sucesso de público e de crítica o livro *Pés no Caiçara, um olhar sobre a Pampulha*, escrito especialmente para o Shopping Del Rey.

Também participou da fundação do Sindicato de Escritores de Minas Gerais, do qual é o inscrito de número 2. Escreveu inúmeros prefácios e apresentações em livros de diferentes autores e importantes textos sobre o Rio São Francisco, que foram publicados nas revistas *Globo Rural* e *Palavra*. Em 2004, tomou posse na cadeira 37 da Academia Mineira de Letras. Com apoio financeiro da Usiminas, Olavo Romano está editando *Manuelzão – o último tropeiro*, do qual há uma versão resumida em *No rastro de Manuelzão*, que publicou pela Editora Dimensão. Em 2006, participou de projetos como *Causo, Viola e Cachaça, Sempre um Papo* e *Minas Além das Gerais*, e do quadro 'Prosa Arrumada', do programa *Arrumação*, na Rede Minas. Um de seus contos – "Como a gente negoceia" –, publicado em *Casos de Minas*, de 82, gerou o curta-metragem *Negócio fechado*, dirigido por Rodrigo Costa. Em 2007 publicou *Eta Mineiro... Jeito de Ser*.

Fontes:

Informações obtidas com o escritor através de mensagens eletrônicas, trocadas em maio/junho de 2006; site da Academia Mineira de Letras; http://www.planetanews.com (acesso em março de 2010).

OLEGÁRIO ALFREDO

Olegário Alfredo nasceu em Teófilo Otoni (MG). É escritor, poeta, *haicaísta*, cordelista, mestre de capoeira, contador de história, membro da Academia Brasileira de Literatura de Cordel, coordenador do Suplemento Literário ASTTTER, coordenador do Grupo de Capoeira Unida de Belo Horizonte, e filiado ao Sindicato dos Escritores de Minas Gerais, além de colaborador em diversos jornais e revistas do País.

Vencedor de vários concursos literários, já publicou os seguintes livros, além de muitos cordéis: *Assim se passaram os anos* (poesia, 1984); *Previdenciários em prosa e verso* (coletânea, 1987); *Como se tece uma manhã* (poesia, 1990); *De cavacos e picumãs* (poesia, 1992); *UniVersos diVersos* (poesia, 2001); *Um cisco no olho de São Francisco* (infantil); *Solombra* (haicais) e também coletâneas literárias.

Começou a se interessar pelo cordel ainda adolescente, influenciado pelos livretos que os motoristas de caminhão que desciam a Rio-Bahia deixavam nas mesas do restaurante em que o futuro poeta trabalhava. "Eu me impressionava com aquelas histórias. Elas falavam dos feitos de Lampião, Maria Bonita, Corisco, Padre Cícero, e também de lendas, como a do Pavão Misterioso, Pedro Malazartes e por aí vai", conta o autor. Anos depois, ingressou na PUC Minas, formou-se em Letras e descobriu sua verdadeira vocação: poeta popular. Embora tenha esboçado os primeiros textos em 1974, só conseguiu lançar o primeiro cordel em 2003, durante o II Salão do Livro de Belo Horizonte. "Eu contava a história de Cintura Fina, navalhista que ficou famoso na cidade na década de 50. Era muito temido na região da zona boêmia, lá pelos lados da Rua Guaicurus e Avenida Santos Dumont", diz o poeta. Editado pelo Sesc, o folheto já ganhou várias edições. De lá para cá, Olegário publicou cerca de 80 trabalhos.

Sai Lampião, entra Belo Horizonte – a musa inspiradora do cordelista mineiro. Em seus textos, ele conta desde a história do Presépio do Pipiripau à da antiga Feira Hippie, atualmente instalada na Avenida Afonso Pena com o nome de Feira de Artesanato. Também dedica versos ao lendário Edifício Balança-Mas-Não-Cai, situado na esquina da Avenida Amazonas com Tupis, e ao encontro da Loura do Bonfim com o Capeta do Vilarinho. Funcionário do Tribunal Regional do Trabalho de Minas Gerais desde 1989, Olegário Alfredo guarda em casa cerca de cinco mil folhetos. E mantém intensa correspondência com outros poetas de cordel, sobretudo os nordestinos: "Falo muito com J. Borges, de Bezerros, no interior de Pernambuco; com o pernambucano Costa Leite; com o piauiense Pedro Costa. Também admiro nosso mestre mineiro, o Téo Azevedo". Seus trabalhos podem ser encontrados na Livraria Crisálida, no Edifício Maleta, na Livraria e Sebo do Amadeu, e no Centro do Artesanato Mineiro, no Palácio das Artes.

Publicações em cordel: *Cintura fina, O rei da navalha, A Loura do Bonfim, O Mercado Central de Beagá, O pirulito da praça, O Edifício balança-mas-não-cai, A história do presépio Pipiripau, O dentista e a bruxa, O cordel dos arturos é o rosário, Escravo Chico Rei, A peleja do mestre Cavalieri com o mestre Gaio, A discussão de Olegário Alfredo com Costa Leite, Manuelzão, a Vereda humana do Sertão Mineiro, As proezas do mestre Dunga, A Serra do Curral, Cordel em louvor a Carlos Drummond de Andrade, O SEBO – Livraria Amadeu, A história do Rio das Velhas, O desafio do mestre Noventa com o mestre Cavalieri, A justiça do trabalho em literatura de Cordel, Os trens do metrô de São Paulo, A vida de Aleijadinho ou o gênio Antônio Francisco Lisboa, A lenda do buraco negro em Lavras Novas de Minas, A verdadeira história de Borba Gato, seu Lunga, O rei do mau humor visita Minas Gerais, Cordel em tributo a Chico Xavier, Antônio Dó, O justiceiro do sertão mineiro, O caso da moça que trocava as revistas dos consultórios médicos por revistas pornográficas, Zé Coco do riachão, O Beethoven do sertão mineiro, Patativa do Assaré, O Camões brasileiro, Tutty Maravilha entrevista Elis Regina no céu, A chegada do mestre Bimba no céu, A chegada do mestre Pastinha no céu, O encontro do mestre Bimba com o mestre Pastinha no céu, Zumbi dos Palmares, O herói nacional, Ari Barroso, Este mineiro que dá côco – 100 anos, A lenda do escravo Isidoro no Vale do Jequitinhonha, Peter Lund, o homem de Lagoa Santa, O encontro de Juninho com os anjos no céu, A Feira Hippie de antigamente e a Feira de hoje em dia, A tragédia da Gameleira em 1971, As bandas de congo, Folia de Reis, As proezas do mestre Jacaré, Toninho Cavalieri, O pai da capoeira nas Minas Gerais, Terreiro de capoeira casa do gaio, A peleja de Téo Azevedo com Olegário Alfredo, O destemido Manduca da Praia, A verdadeira história do besouro Mangangá, O encontro de um angoleiro com um regional, Diadorim e Riobaldo – Entre o amor e o ciúme, A vingança do Olegário, Seu Juquinha, O ermitão da Serra do Cipó, O encontro da Loura do Bonfim com o capeta do Vilarinho, A ladainha do mestre Bimba com O mestre Pastinha, Lulinha paz e amor – O Presidente Popular, A sopa de pedras – Pedro Malazartes, A discussão de Tiãozito com Olegário, O marco da Serra da Moeda, Pedro Malazartes e a sopa de pedras, O caso da velha e seus gatinhos espertalhões, Capoeira também é brincadeira de criança, E assim os bichos falaram, A peleja do mestre Binha com o mestre Cabeça, O debate entre um angoleiro e um regional, O mineiro falando dos "TREM BOM" que no mercado tem, A peleja do mestre Leopoldina com o mestre Nestor Capoeira, O Saci-Pererê sassaricando na mata, A peleja entre os irmãos Cebolinha e Cantador, A Intriga entre o galo e a raposa, Carlos Herculano Lopes – grande pequeno menino de Coluna, Santo Antônio, Um santo casamenteiro, Confraria do churrasco, A mala do cordel, O monstro de Itamarandiba, Que bicho é esse?, Bichos que existem e que não existe, O último apito – Baiminas, Dom Quixote em cordel, Che Guevara – hasta la victoria, A moleza da lesma.*

Fontes:

Publicações do autor; http://www.guiabd.com.br (acesso em: 20 de maio de 2006); http://www.uai.com.br (acesso em: 20 de maio de 2006).

OLYNTHO DA SILVEIRA (1909-2009)

O poeta Olyntho da Silveira nasceu em Brejo das Almas (MG), em 25 de agosto de 1909, depois se mudou para Montes Claros, onde iniciou a carreira de escritor. Foi fazendeiro, comerciante, funcionário público, delegado de polícia e ainda vice-prefeito de sua cidade. É membro da Academia Municipalista de Letras de Minas Gerais e da Academia Montesclarense de Letras, da qual, inclusive, já foi presidente. Publicou vários livros de poesia, inclusive *Brejo das almas*, escrito em parceria com sua esposa, a jornalista, cronista e poetisa Yvonne de Oliveira Silveira, que também foi presidente da Academia Montesclarense de Letras. Faleceu em 2009, aos 99 anos.

Obras publicadas: *Cantos e desencantos* (s/d); *Minha terra e nossa história* (1969); *Portais versificados* (s/d); *Francisco Sá nas suas origens*: o *velho Brejo das Almas* (s/d); *Cinquentão* (s/d); *Brejo das almas* (s/d).

Fontes:

SILVEIRA, Olyntho. *Minha terra e nossa história*. Belo Horizonte: Record, 1969; http://www.revista.agulha.nom. br (acesso em: maio de 2006).

ONEYDA ALVARENGA (1911-1984)

Oneyda Paoliello Alvarenga nasceu em Varginha (MG), no dia 6 de dezembro de 1911, e morreu na cidade de São Paulo, no dia 23 de janeiro de 1984. Diplomou-se pelo Conservatório Dramático e Musical de São Paulo, com uma tese a respeito da linguagem musical, no curso de História da Música. Foi o seu ilustre professor – Mário de Andrade – que a indicou para dirigir a Discoteca Pública Municipal de São Paulo, onde ela permaneceu desde a fundação, em 1935, até aposentar-se em 1968. Em 82, a Discoteca foi transferida para o Centro Cultural São Paulo e, em 87, passou a chamar-se Oneyda Alvarenga, em sua homenagem. O valioso acervo – composto de música erudita, popular e folclórica – possui aproximadamente 70 mil discos (78 e 33rpm), 35 mil partituras, 10 mil livros, 400 títulos de periódicos. Oneyda Alvarenga participou também da fundação da Sociedade de Etnografia e Folclore de São Paulo e recebeu um prêmio pelo trabalho que desenvolveu no Sul de Minas Gerais, 'Cateretês', após estudar etnografia e folclore com a francesa Dina Lévi-Strauss, em 1937.

Estreou na literatura no ano de 1938 com o livro de poesia *A menina boba*. Em 45, recebeu o Prêmio Fábio Prado pelo livro *Música popular brasileira*. Foi uma das fundadoras da União Brasileira de Escritores e da Academia Brasileira de Música. Participou intensamente da campanha a favor da valorização das tradições populares na Comissão Nacional de Folclore, criada em 1947, depois substituída pelo Conselho Nacional de Folclore em 1961. Também participou da fundação da Comissão Paulista de Folclore; e foi membro da *Association Internationale des Bibliotèques Musicales* de Paris, e do *International Folk music Council*, de Londres. Em 58, recebeu a Medalha Sílvio Romero da Prefeitura do Rio de Janeiro, em reconhecimento ao trabalho que realizou nessa área.

Obras publicadas: *A menina boba* (poesia, 1938); *Bibliografia do folclore brasileiro* (1949); *Música popular brasileira* (1950); *Mário de Andrade, um pouco* (ensaio, 1947), *Cateretês do Sul de Minas Gerais*; *Cartas: Mário de Andrade/Oneyda Alvarenga* (cartas, 1983); além de muitas colaborações esparsas em periódicos.

Fontes:

SCHUMAHER, Schuma; VITAL, Érico. *Dicionário de mulheres no Brasil de 1500 até a atualidade*. Rio de Janeiro: Jorge Zchar, 2000; COUTINHO, Afrânio; SOUSA, José Galante de. *Enciclopédia da literatura brasileira*. Rio de Janeiro: Fundação de Assistência ao Estudante, 1989; http://www.aomestre.com.br (acesso em: abril de 2006).

ORLANDO BASTOS

Orlando Bastos nasceu em Divisa Nova (MG), em 1920. Formou-se em Filosofia e Letras Clássicas, em Belo Horizonte e, em 1944, mudou-se para São Paulo. Lecionou em diversos colégios e aposentou-se como diretor da Divulgação Cultural da Reitoria da USP.

Seus contos e romances, apesar de abordarem temas universais, destacam-se pelo humor, pela crítica e pela ironia implacáveis. Segundo Carlos Drummond de Andrade, Orlando Bastos conseguia recriar a verdade com humor e finura. O universo que reinventa é iluminado por uma visão mítica do mundo e uma excessiva preocupação com a busca do sagrado. Tais características assinalam a influência de Guimarães Rosa em sua obra. Segundo Paulo Dantas, no *Suplemento Literário* publicado em 29 de janeiro de 1983, o autor é um dos maiores contistas modernos: "Da família rosiana viva, da família abastada das bastardias espirituais, o Orlando agora despeja forte e tutanudo na ficção contista, nos cronicontos da vida única e brasileira". Foi laureado com o prêmio Galeão Coutinho UBE-SP.

Livros publicados: *Confidências do viúvo* (contos, 1982); *Itinerário do regresso* (poesia, 1983); *Era uma vez...* (contos, 1979); *O poetastro* (romance); *A lamparina e a estrela* (romance); *Último sábado* (coletânea de 12 contos publicados na década de 1980); *De repente, às três da tarde* (contos, 1984); *História de amor 22*; *Histórias brasileiras de verão* (s/d).

Fontes:

BASTOS, Orlando. "Singularíssima ocorrência". *Suplemento Literário Minas Gerais*, Belo Horizonte, set. 1983, n. 883. Site da Secretaria de Estado de Cultura de Minas Gerais. Disponível em: BASTOS, Orlando. "Conceição dos Reis". *Suplemento Literário Minas Gerais*, Belo Horizonte, set. 1983, n. 884. Site da Secretaria de Estado de Cultura de Minas Gerais. Disponível em: http://www.letras.ufmg.br (acesso em: junho de 2006); DANTAS, Paulo. "Chão de Minas de todos nós". *Suplemento Literário Minas Gerais*, Belo Horizonte, jan. 1983, n. 852. Site da Secretaria de Estado de Cultura de Minas Gerais. Disponível em: COELHO, Nelly N. "A ficção de Orlando Bastos e a crise do sagrado no mundo moderno". *Suplemento Literário Minas Gerais*, Belo Horizonte, jan. 1982, n.798.

OSCAR DA GAMA (1870-1900)

Nascido em Juiz de Fora (MG), em 22 de maio de 1870, o poeta, jornalista e comediógrafo Oscar da Gama não deixou uma obra muito extensa. Seu desaparecimento precoce, ainda em 1900, antes mesmo de completar os 30 anos, com certeza interrompeu uma carreira que iniciava de forma intensa e profícua. Inúmeros poemas seus ficaram na memória literária da cidade, pois eram declamados em saraus por atrizes ou admiradores de seu trabalho. "Post-mortem", "Flora rubra" e "Noctâmbulos", e "Versos", por exemplo, são alguns de seus títulos, que guardam o clima pós-romântico das últimas décadas do século XIX. Em vida publicou apenas o livro *Luares*, em 1892. Na comemoração de seu centenário, foi publicado o volume *Poesias*, que reúne parte substancial de sua reduzida obra.

Fontes:

FURTADO, Fernando Fábio Fiorese. "Oscar da Gama: um poeta à procura da própria rubrica no complexo estilístico finissecular". In: Revista *Verbo de Minas – LETRAS*. CES/JF. Centro de Ensino Superior de Juiz de Fora. v. 5, n. 10, jul./dez. 2006.

OSCAR DIAS CORREA (1921-2005)

Advogado, professor, político, ensaísta e romancista, Oscar Dias Correa nasceu em Itaúna (MG), em 1º de fevereiro de 1921. Casado com Diva Gordilho Corrêa, teve dois filhos. Formado bacharel em Direito pela Universidade Federal de Minas Gerais, destacou-se entre os colegas por sua intensa atividade cultural e por vencer o Concurso Nacional de Monografias e o Concurso Nacional de Oratória, promovidos, em 1943, pelo Instituto dos Advogados Brasileiros. Em 1946, iniciou a carreira na advocacia e na vida pública, ao ser nomeado oficial de Gabinete do secretário de Finanças do Estado de Minas Gerais. Foi deputado estadual e deputado federal, secretário de Educação do Governo de Minas Gerais, no governo de Magalhães Pinto, e professor de Economia em várias faculdades de Direito, em Minas Gerais, no Rio de Janeiro e em Brasília, entre outros cargos importantes.

A obra intelectual de Oscar Dias Correa é composta principalmente de ensaios, crítica, romance e obras jurídicas, destacando-se: *Brasílio* (romance, 1968); *Manoel Dias Corrêa, um brasileiro nascido em Portugal* (1987); *Vozes de Minas* – Bilac Pinto, Haroldo Valladão, Milton Campos (1988); *Poemas* (1995); *Meus versos dos outros* (2000). Em 1970, tomou posse na Academia Mineira de Letras, e, em 1989, na Academia Brasileira de Letras, para a cadeira 28, na sucessão de Menotti del Picchia. Nessa ocasião, foi recebido, em 20 de julho, pelo acadêmico Afonso Arinos de Melo Franco.

Oscar Dias Correa faleceu no Rio de Janeiro, em 30 de novembro de 2005.

Fontes:

http://www.direito2.com.br ; http://www.academia.org.br; http://www.conjur.com.br; http://www.oscarcorrea. adv.br ; http://www.biblio.com.br

OSMAR PEREIRA OLIVA

Poeta, contista e ensaísta, Osmar Pereira Oliva nasceu em Montes Claros, importante cidade do Norte de Minas Gerais, onde fez seus estudos até a graduação em Letras, na Universidade Estadual de Montes Claros. Em Belo Horizonte, concluiu o mestrado em Literatura Brasileira, na UFMG, com a dissertação *Agosto e o discurso marginal fonsequiano*, e o doutorado em Literatura Comparada, com a tese *O corpo e a voz – Inscrições do masculino na ficção queirosiana*. É professor na Unimontes, com reconhecida experiência no ensino, e desenvolve pesquisas em torno das temáticas: Eça e Machado, orientalismo, o fantástico, identidade portuguesa, homoerotismo, ficção e história.

Como ensaísta, publicou: *Escritas do corpo, da terra e do imaginário* (2001); *Contos de escravos de Machado de Assis* (2005); *Balaio de gatos: ensaios de literatura comparada*

(2006). Na literatura, publicou os livros de poesia: *As esquinas dos homens*, em 2002, e *Canção oblíqua*, em 2003.

Fontes:

Publicações do autor.

OSVALDO ROSCOE

Osvaldo Roscoe nasceu em Nova Lima (MG), em 1920. Poeta, contista, romancista, formou-se em Direito e tornou-se membro da OAB. Colaborou em diversos periódicos do Estado. Tem as seguintes publicações: *Acadêmicas* (1946); *Uma luz apenas* (1949); *Brumas de prata* (1955); *Manhãs* (1965); *Contos do riacho Ipiranga* (1988).

Fonte:

Publicações do autor.

OSWALDO ABRITTA (1908-1947)

Oswaldo José Abritta nasceu em 1908, no distrito de Cataguarino, município de Cataguases. Filho de Boaventura José Abritta e de Ana Lopes do Nascimento, realizou o curso médio no Ginásio Municipal de Cataguases, atualmente Escola Manuel Inácio. Nesse local, participou ativamente do Grêmio Literário Machado de Assis e publicou poemas nos jornais da cidade. Aos 23 anos, escreveu, com colegas e professores, uma antologia manuscrita intitulada *Um pouco de tudo*. Editou, também de forma manuscrita, um jornalzinho de nome *Farol,* com notícias literárias, poemas e pequenos textos em prosa. Participou da criação da Revista *Verde*, em 1927. Formou-se em Direito e exerceu a advocacia, tornando-se juiz de Direito em Guarani e Carandaí (MG).

Sua obra, toda manuscrita e enfeixada sob o título "Versos de ontem e de hoje", datada de 1931, foi preservada durante muitos anos por seu filho – Luiz Carlos Abritta –, que, em 2000, publicou os poemas, mantendo o mesmo título: *Versos de ontem e de hoje.* Oswaldo Abritta faleceu em Carandaí, em 1947.

Fontes:

http://www.nossacasa.net; http://www.otempo.com.br

OSWALDO ANDRÉ DE MELLO

Nasceu em Divinópolis, no dia 30 de agosto de 1950. Estudou teatro no Teatro Universitário da UFMG e se formou pela Faculdade de Letras de Divinópolis. Homem das letras e do teatro, Oswaldo vem desenvolvendo intensas atividades relacionadas à cultura em sua cidade natal.

Estreou na literatura aos 19 anos de idade, com *A palavra inicial* (de 1969), coletânea de poemas apresentada por Bueno de Rivera e Lázaro Barreto. Apenas alguns anos depois, em 1974, publicou *Revelação do acontecimento*, livro de poesia com orelha assinada por Henriqueta Lisboa. Teve poemas seus incluídos em várias antologias, como *A poesia pede passagem* e *Caraça: peregrinação, cultura, turismo*. Publicou ainda *Cantos para flauta e pássaro*, em 1983.

É um ativo colaborador da imprensa divinopolitana e de outras cidades, como Belo Horizonte, Juiz de Fora, Rio de Janeiro, publicando críticas literárias, ensaios, ficção e poesia. Teve poemas traduzidos na Itália, na Espanha e na Nicarágua. Seu nome consta do *Dicionário literário brasileiro*, de Raimundo de Menezes, e do *The dictionary of contemporary brazilian authors*, de David Willian Foster e Roberto Reis. Edgard Pereira, em uma crítica à poesia de Oswaldo André de Mello, publicada no *Suplemento Literário Minas Gerais*, compara seu timbre poético com importantes nomes da literatura universal, como Emily Dickinson, García Lorca e Walt Withmann, entre outros; e afirma: "Não se trata de influência, mas de parentesco, honroso em todos os casos".

Fonte:

Publicações do autor.

OSWALDO FRANÇA JÚNIOR (1936-1989)

Nasceu na cidade mineira do Serro, em 1936. Fez os primeiros estudos com a mãe e uma professora particular. Aos sete anos, perdeu o pai, que era advogado, e foi morar com o avô numa fazenda. Dois anos depois, sua mãe casou-se novamente e o trouxe para a capital de Minas Gerais. Moraram ainda em Lagoa Santa e Sete Lagoas. Cursou o ginásio em Belo Horizonte, no Serro e em Ouro Preto. Estudou ainda na Escola de Preparação de Cadetes do Ar, em Barbacena, e na Escola da Aeronáutica, no Rio de Janeiro. Em 58, era aspirante a oficial aviador e, em 59, foi para Fortaleza onde se especializou em aviação de combate a jato. Terminado o curso, transferiu-se para o Esquadrão de Jatos de Porto Alegre, onde permaneceu por quatro anos, e depois voltou como instrutor para Fortaleza.

Em setembro de 1964 foi cassado da Aeronáutica. Na época, Leonel Brizola, governador do Rio Grande do Sul, comandava uma frente de resistência para garantir a posse do então vice-presidente João Goulart após a renúncia de Jânio Quadros. As Forças Armadas, para impedir a posse de Jango, determinaram que o grupo do qual França Júnior fazia parte deveria bombardear o Palácio em que Brizola estaria na manhã seguinte. Por participar da sabotagem para evitar a decolagem dos aviões que iriam realizar o bombardeio, França foi cassado pelo Ato Institucional 2, por "subversão". Para sobreviver, exerceu as mais diversas atividades, desde vender pipoca e ações, até imóveis e carros usados.

Desde o tempo de estudante, escrevia contos e crônicas que publicava nas revistas da Aeronáutica, e em Barbacena chegou a ganhar um concurso de poesias. Quando se viu sem emprego fixo, sujeito a qualquer trabalho para garantir a sobrevivência, pensou que poderia ganhar dinheiro escrevendo. Deixou então com Rubem Braga alguns contos e logo recebeu uma proposta para publicar um romance. Foi com esse incentivo que surgiu *O viúvo*, publicado em 1965, e inspirado na história de um vizinho. O romance chamou a atenção da crítica por apresentar uma linguagem prosaica, coloquial, e por manter a mesma tensão narrativa da primeira à última página.

Mas a consagração de Oswaldo França Júnior aconteceu com o segundo romance, *Jorge, um brasileiro*, publicado em 1967. O livro foi agraciado com o primeiro lugar do Prêmio Walmap daquele ano. No enredo, o caminhoneiro Jorge narra a um interlocutor desconhecido suas aventuras e desafios pelas estradas de um Brasil em construção, a luta contra a chuva, o barro e outros obstáculos para conseguir transportar a carga para o dono da empresa. Tudo isso narrado de forma coloquial, com muita naturalidade e fluência, causando de imediato o envolvimento do leitor. Segundo Laís Corrêa de Araújo, o protagonista "vive a dimensão rodoviária de sua odisseia menor, como outro Ulisses". O livro se destacou tanto no cenário literário nacional que ganhou as telas de cinema num filme homônimo, de 1988, adaptado por Alcione Araújo e Paulo Thiago. Também foi adaptado para a televisão resultando na série *Carga pesada*, grande sucesso da Rede Globo nos anos 1980, sempre reprisado. Com a projeção internacional, foi convidado para participar da comissão julgadora do Prêmio Literário Casa de Las Américas na capital cubana, em 1985. De sua estada em Havana resultou, no ano seguinte, o livro *Recordações de amar em Cuba*.

Além dos livros citados, publicou *Um dia no Rio* (romance, 1969); *O homem de macacão* (romance, 1972); *A volta para Marilda* (romance, 1974); *Os dois irmãos* (romance, 1976); *As lembranças de Eliana* (romance, 1978); *Aqui e em outros lugares* (romance, 1980); *À procura dos motivos* (romance, 1982); *O passo bandeira – uma história de aviadores* (romance, 1984); *As laranjas iguais* (contos, 1985); *A árvore que pensava* (infanto-juvenil, 1986); *Recordações de amar em Cuba* (romance, 1986); *No fundo das águas* (romance, 1987) e *De ouro e de Amazônia* (1989). Parte de sua obra foi traduzida para outros idiomas, como o inglês, o francês e o espanhol.

Oswaldo França Júnior morreu no dia 10 de junho de 1989, num acidente de carro na estrada que liga Belo Horizonte a João Monlevade. Seu acervo literário encontra-se resguardado no Acervo de Escritores Mineiros, na UFMG.

Fonte:

Publicações do autor.

OTÁVIO RAMOS (1950-2005)

Nascido em Ouro Preto em 1950 e falecido precocemente em 2005, em Belo Horizonte, Otávio Ramos foi um dos poucos alunos da UFMG expulso pelo decreto 477 da ditadura militar. Além de jornalista e sócio da Editora Dubolsinho, foi funcionário, durante 24 anos, da Universidade Federal de Minas Gerais, tendo trabalhado na Escola de Veterinária e na Pró-Reitoria de Extensão da UFMG (Proex).

Ramos publicou livros em diversos gêneros, como poesia, ensaio e ficção, que se destacam pelo uso criativo da intertextualidade, o bom humor e a ironia finíssima que parece atravessar toda sua obra. Como fumante, incluiu em seu primeiro livro uma exaltação ao cigarro, considerado um "belo objeto de prazer". A mesma ironia ele imprimiu em outra obra, intitulada *Obras completas – Tomo 1* (poesia, 1990). Os outros títulos do autor são: *Lúmpen* (poesia, 1992); *O juízo final* (poesia, 1977); *Pise devagar, você está pisando nos meus sonhos* (teatro, 1999); *A teia selvagem do mundo* (ficção, 2003); *Pequena história de um anão* (infanto-juvenil, s/d) e *Rocambole com maionese* (infanto-juvenil, s/d). Entre os trabalhos que continuam inéditos está *O dom silencioso*.

Fonte:

Publicações do autor.

OTTO LARA RESENDE (1922-1992)

Otto Lara Resende nasceu no dia 1º de maio de 1922, em São João del-Rei. Estreou como jornalista no colégio em que estudava, em 1938, sendo gerente do jornal dos alunos. Tomou gosto pela escrita e decidiu seguir esse caminho. Desde jovem, cultivou influências literárias como Agripino Grieco e Machado de Assis, de quem era leitor voraz. Fazia parte de um grupo de jovens escritores mineiros, que tinha como orientador o paulista Mário de Andrade. Aos 16 anos, mudou-se com a família para Belo Horizonte, onde deu início à carreira literária. Foi professor de Português e de Francês no Instituto Padre Machado e tornou-se amigo de Fernando Sabino, Paulo Mendes Campos e Hélio Pellegrino, formando o quarteto de "adolescentes definitivos", amantes da literatura e tomados de um grande sentimento antifascista, segundo Otto. Com a ajuda de políticos, publicam clandestinamente o jornal *Liberdade*, contrário ao Estado Novo. Aos 18 anos, o escritor conciliava o trabalho no jornal *O Diário*, o magistério e o curso de Direito. Já formado, transferiu-se para o Rio de Janeiro, onde trabalhou como repórter no *Diário de Notícias*. Em 48, casa-se com Helena, filha do ex-governador de Minas Gerais Israel Pinheiro.

O primeiro livro de contos surge em 1952 – intitulado *Lado humano*. Em 57, lança o segundo livro, *Boca do inferno*. Nessa ocasião, ele se muda com a família para a Bélgica, onde permanece até 1960, retornando cheio de dúvidas com relação à carreira. É então nomeado diretor do Banco Mineiro de Produção. Mais tarde, funda uma editora com Rubem Braga e Fernando Sabino, e publica *O retrato na gaveta*, de 1962; *O braço direito*, de 1963, e o conto "A cilada", de 1964, na obra coletiva *Os sete pecados capitais*, representando a avareza. Em 1967, estreia um programa na Rede Globo chamado *O pequeno mundo de Otto Lara Resende*. Reside em Portugal por dois anos e quando retorna ao Brasil assume a direção do *Jornal do Brasil*. Em 75, publica *As pompas do mundo* e, em 3 de julho de 1979, é eleito membro da Academia Brasileira de Letras. Após dez anos na Rede Globo, é demitido e, em 1991, contratado como colunista da *Folha de S. Paulo*. Deixou o jornalismo em 92, ano em que é internado para uma cirurgia, que o levaria à morte, em 28 de dezembro do mesmo ano.

Publicações: *O lado humano* (contos, 1952); *Boca do inferno* (contos, 1957); *O retrato na gaveta* (contos, 1962); *O braço direito* (romance, 1964); "A cilada" (conto, 1965, em *Os sete pecados capitais*); *As pompas do mundo* (contos, 1975); *O elo partido e outras histórias* (contos, 1991); *Bom dia para nascer* (crônicas da *Folha de S. Paulo*, 1993); *O príncipe e o sabiá e outros perfis* (história, 1994); *A testemunha silenciosa* (novelas, 1995).

Fontes:

Publicações do autor; http://www.releituras.com (acesso em: maio de 2006); http://www.biblio.com.br (acesso em: abril de 2006); http://www.itaucultural.org.br (acesso em: abril de 2006).

P

PAULINHO ASSUNÇÃO

Poeta, ficcionista e jornalista profissional, Paulinho Assunção nasceu em São Gotardo (MG), em 21 de julho de 1951. Ainda jovem, mudou-se para Belo Horizonte para estudar e trabalhar. Nos anos 1980, foi membro da comissão de redação do *Suplemento Literário Minas Gerais*, a convite de Murilo Rubião. O primeiro livro de poesia que publicou foi *Cantigas de amor e outras geografias*, em 1980. Depois vieram *A sagrada blasfêmia dos bares*, também poesia, em 1981; *Diário do mudo*, em 1984, que ganhou o Prêmio Nacional Cidade de Belo Horizonte; e *Pequeno tratado sobre as ilusões*, em 98, que permaneceu 11 anos na gaveta antes de publicação em Portugal, como um bom vinho que "precisava de tempo para madurar", segundo explica o poeta. A prova de que o livro estava realmente 'no ponto', veio através do Prêmio Minas de Cultura Guimarães Rosa, que recebeu no mesmo ano. Como jornalista, trabalhou no jornal *Diário de Minas*, e na sucursal mineira da Agência Estado, nos jornais *O Estado de S. Paulo* e *Jornal da Tarde*, onde permaneceu até 1995

Paulinho Assunção possui também rara habilidade artesanal para editar livros "feitos à mão", através de instrumentos rudimentares e papéis especiais. Sua editora – Edições 2 Luas –, que considera como "a menor editora do mundo", já tem no catálogo cerca de duas dezenas de títulos, a maioria textos experimentais, que oscilam entre a prosa e a poesia. Entre os publicados desta forma, estão *Noite de palavras, Romances, Rostos, Escreventes* (1998); *Saberes* (1999); *Outras águas* (2001); *Namor: Imaginações para namorados* (2000); *Livro dos quereres, A flauta e o automóvel* (2003) e *Kafka em Belo Horizonte* (2003). Sobre esses livros, ele diz que são "nascidos da artesania, cartas em busca de destinatários" (trecho retirado de *Todo escritor é estrangeiro*, de Paulinho Assunção). A inspiração costuma ser encontrada no dia a dia, e na observação do homem comum. Seus contos são curtos, assemelham-se a notícias, e transitam na fronteira da prosa poética. Para ele, escrever é usar "bússolas enlouquecidas", pois nunca tem uma direção clara quando escreve, ou, então, é produzir "mínimas centelhas no corpo das trevas".

Publicou ainda *Livro de recados* (de menina para menina), dirigido ao público jovem, em 2000, que foi selecionado pela Fundação Nacional do Livro Infantil e Juvenil, entre algumas dezenas, para representar o Brasil na Feira de Bolonha, na Itália. Tem inúmeros poemas e contos publicados em antologias nacionais, como *Carne viva, Antologia Brasileira de Poemas Eróticos*, de 1984, organizado por Olga Savary; *Belo Horizonte Ontem e Hoje*, de 1995; *Pensar Brasil*, organizado por Clara Arreguy, de 2000; e *O melhor da poesia brasileira* – Minas Gerais, organizado por Sérgio Alves Peixoto, de 2002. Em 2008, Paulinho Assunção lançou um romance intitulado *O hipnotizador*, em Portugal, pela Editora Campo das Letras. O escritor mantém ativos alguns blogs, um dos quais é http://www.paulinhoassuncao.blogspot.com. É casado com a professora e também escritora Lúcia Castello Branco, com quem teve dois filhos, e reside em Belo Horizonte.

Fonte:

Publicações do autor.

PAULINHO PEDRA AZUL

Nascido na cidade de Pedra Azul, no Vale do Jequitinhonha, no dia 3 de agosto de 1954, Paulinho tornou-se compositor, instrumentista, pintor e escritor. Iniciou a carreira no conjunto musical *The Giants* e participou de vários festivais de música e poesia na década de 1970. Após morar dez anos em São Paulo, onde gravou os três primeiros discos, decidiu fixar residência em Belo Horizonte. Sua produção musical concentra-se principalmente em canções e serestas românticas. O primeiro disco, *Jardim da fantasia (Bem te vi)*, foi lançado em 1982 pela RCA, quatro anos após a mudança para São Paulo, e a música-título ficou logo muito conhecida. Depois disso, passou a apresentar-se com frequência em universidades e a fazer shows, e lançou discos regularmente nas décadas de 1980 e 1990, obtendo grande sucesso, sobretudo em Minas Gerais. Em 99, lançou o CD *As estações do homem*.

Além do livro *Delírio habanero (Pequeno diário de Cuba)*, que escreveu em Havana (Cuba), possui 15 livros de poesia infanto-juvenil e adulta, como *Os cinquenta anos de Paulinho Pedra Azul* (2004); *Poesia noite e dia* (2004); *Dois mundos* (2000); *Uma pedra no caminho* (1999); *Do bico do passarinho para o bico da caneta* (1995); *Quando se olha para dentro* (1995); *A menina da janela* (infanto-juvenil, 1995); *A canção do circo* (infantil, 1992); *De versos* (1991); *Borboleta branca com cheiro de cravo* (1990); *Soltando os bichos* (infantil, 1990); *Conta gotas* (1990); *Uma fada nos meus olhos* (infantil, 1989); *Pedaço de gente* (1978).

Paulinho chega ao século XXI comemorando 23 anos de carreira e lançando o décimo nono disco – *Os cinquenta anos de Paulinho Pedra Azul* (com participações especiais de Célio Balona, Raimundo Fagner, Rômulo Ras, Wolf Borges, Clóvis Aguiar, Nonato Luiz, Paulo Henrique, Déo Lopes, entre outros) e o décimo quinto livro *Poesia noite e dia*.

Fontes:

Publicações do autor; http://www.cliquemusic.com.br (acesso em: maio de 2006).

PAULO AMADOR

Nasceu em Diamantina, em 15 de dezembro de 1944. A cidade tinha um bairro chamado Arraial de Baixo, o quarteirão dos pretos, antiga passagem para as minerações ao tempo do Distrito Diamantífero. Lá viveu Paulo Amador, em contato com seus vizinhos, gente pobre, sofrida, mas orgulhosa, combativa, bem-humorada. Estudou no célebre Seminário Lazarista de Diamantina, que formava padres e políticos, e por onde também passou Juscelino; no Colégio Leopoldo Miranda, em Belo Horizonte; na Faculdade de Direito da UFMG e na Faculdade de Direito Cândido Mendes, do Rio de Janeiro. Ainda na faculdade, começou a trabalhar no mercado de comunicação. Foi jornalista de *O Estado de Minas*, na revista *Veja*, e na *TV Itacolomy*, em Belo Horizonte; e em *O Jornal*, *O Globo*, *Manchete*, *Fatos e Fotos* e *Tendência*, no Rio de Janeiro.

Já publicou cerca de 15 livros, entre ficção, crítica, ensaio e história. O primeiro – *Cascos de tartaruga para o exército inglês* – de contos, foi publicado pela Editora Comunicação, de Belo Horizonte, em 1976, foram sementes para outros livros, como *Os leões estão cercados* (1978); *O pastor* (1971); *Quem matou Buck Jones?*; *BR-259*; *Grau zero* (1978); *Do retrato de Vargas à Carta de Brasília*: 50 Anos de Fenaseg (2001), entre outros.

Em 2007, o jornalista e escritor Paulo Amador foi o grande vencedor do Prêmio Nacional de Literatura da Cidade de Belo Horizonte, com o romance *Bom poeta, mau elefante*, que deve ser lançado ainda este ano e faz uma parábola da vida brasileira contemporânea, mostrando como a ingenuidade anda desamparada no Brasil. O personagem é um pobre coitado, tuberculoso, que escreve acrósticos e faz bicos nos fins de semana vestindo-se de elefante em festinhas infantis, e todo o seu dinheiro é entregue a uma seita religiosa – Fraternidade Elicoidal das Sete Trombetas.

Entre as diversas premiações que recebeu, estão o Prêmio União Brasileira de Escritores, Prêmio do 1º Concurso de Contos Eróticos de Status, Prêmio Remington de Literatura, Prêmio José Lins do Rego e Prêmio Guararapes, entre outros. Atualmente reside em Copacabana, no Rio de Janeiro.

Fontes:

Publicações do autor.

PAULO MENDES CAMPOS (1922-1991)

Paulo Mendes Campos nasceu em 28 de fevereiro de 1922, em Belo Horizonte. Iniciou seus estudos na capital mineira, concluindo o colegial em São João del-Rei, sem, entretanto, ter-se graduado em curso de nível universitário. Ainda jovem, ingressou na vida literária e foi integrante da mesma geração de Fernando Sabino, Otto Lara Resende, Hélio Pellegrino, João Ettiene Filho e Murilo Rubião. Em Belo Horizonte, dirigiu, entre os anos de 42 e 44, o suplemento literário da *Folha de Minas*. Em 45, foi ao Rio de Janeiro para conhecer Pablo Neruda, e resolveu ficar por lá, onde já viviam seus companheiros de Minas, Sabino, Lara Resende e Pellegrino. Passou a trabalhar nos jornais *Correio da Manhã* (de 46 a 48) e *Diário Carioca* (em 1946), onde assinava a "Semana Literária" e a crônica "Primeiro Plano". Além disso, durante muitos anos foi um dos cronistas efetivos da revista *Manchete*.

Além de excelente poeta e cronista, Paulo Mendes Campos foi tradutor de poesia e prosa, principalmente inglesas e francesas. Entre suas traduções, destacam-se obras de Júlio Verne, Oscar Wilde, John Ruskin, Shakespeare e Neruda. Paulo Mendes faleceu em dois de julho de 1991, na cidade que adotou, sem, no entanto, esquecer suas origens, o que se percebe no seguinte trecho de *Meditações imaginárias*:

> A meu avô Cesário devo este horror pelos cães, o pescoço musculoso, o riso acima de minhas posses, o pressentimento de uma velhice turbulenta. [...] À minha avó Margarida, a maneira leve de pisar e fechar portas.
>
> A Minas Gerais, a minha sede, o jeito oblíquo e contraditório, os movimentos de bondade (todos), o hábito de andanças pela noite escura (da alma, naturalmente), a procrastinação interminável, como um negócio de cavalos à porta de uma venda.

Publicou as seguintes obras: *A palavra escrita* (poesia, 1951); *Forma e expressão do soneto* (antologia, 1952); *Testamento do Brasil* (poesia, 1956); *O domingo azul do mar* (poesia, 1958); *Páginas de humor e humorismo* (antologia, 1965; reeditada em 1965 sob o título *Antologia brasileira de humorismo*); *O cego de Ipanema* (crônicas, 1960); *Homenzinho na ventania* (crônicas, 1962); *O colunista do morro* (crônicas, 1965); *Testamento do Brasil e Domingo azul do mar* (poemas, edição conjunta, 1966); *Hora do recreio* (crônicas, 1967); *O anjo bêbado* (crônicas, 1969); *Trinca de copas* (1984); *O amor acaba* (crônicas líricas e existenciais, 1999); *Cisne de feltro* (crônicas autobiográficas, 2000); *Alhos e bugalhos* (2000); *Brasil brasileiro: crônicas do país, das cidades e do povo* (2000); *Murais de Vinícius e outros perfis* (2000); *O gol é necessário: crônicas esportivas* (2000); *Artigo indefinido* (2000); *De um caderno cinzento: apanhadas no chão* (2000); *Balé do pato e outras crônicas* (2003); *A volta ao mundo em 80 dias* (Tradução e adaptação do livro de Julio Verne, 2004); *Quatro histórias de ladrão* (2005), entre outras.

Fontes:

Publicações do autor; http://www.releituras.com (acesso em: abril de 2006).

PAULO PINHEIRO CHAGAS (1906-1983)

Paulo Pinheiro Chagas nasceu em Oliveira (MG), em 1º de setembro de 1906, e faleceu em Belo Horizonte, em 12 de abril de 1983. Foi médico, advogado, político e jornalista.

Estudou no Grupo Escolar Francisco Fernandes e no Colégio Militar, em Barbacena, e em 1930 doutorou-se pela Faculdade de Medicina da Universidade do Rio de Janeiro. Participou do corpo médico mineiro na Revolução de 30 e tomou parte na Revolução Paulista de 1932, sendo preso por isso. Foi redator do jornal *O Combate*. Em 1933, foi suplente da Assembleia Nacional Constituinte, e, em 1935, elegeu-se deputado na Segunda Assembleia Constituinte de Minas Gerais e foi considerado um dos grandes oradores da sua época. Formou-se em Direito pela UFMG, em 1937, e, durante o Estado Novo, combateu a ditadura de Getúlio Vargas, tendo assinado em 1943 o famoso Manifesto dos Mineiros. Foi secretário de Segurança Pública no governo Bias Fortes até 1959 e, depois, ministro da Saúde do governo Jânio Quadros. Foi eleito em 1959 para a Academia Mineira de Letras.

Publicou diversos livros que refletem, principalmente, seu intenso envolvimento com as grandes causas da história brasileira do século XX. São eles: *Teófilo Otoni, ministro do povo* (biografia, 1943), que recebeu o Prêmio Joaquim Nabuco da Academia Brasileira de Letras, em 1943; *O Brigadeiro da Libertação* (biografia de Eduardo Gomes, 1945); *A resposta de Juscelino* (ensaio, 1953); *Tradição e atualidade do 5 de Julho* (estudo, 1955); *Os dois lados do homem e da lição Vargas* (discurso, 1955); *Do alto desta tribuna* (discursos, 1956); *Arca de Noé* (ensaio, crítica e tribuna, 1956); *Luzias e tenentes na formação democrática do Brasil* (conferência, 1957); *Este velho vento de aventura* (memórias, 1977); *Discursos parlamentares* (1979); *As idéias não morrem* (ensaio, crítica e tribuna, 1983). A Coleção Mineiriana, da Biblioteca Pública Estadual Luiz de Bessa, em Belo Horizonte, disponibiliza para pesquisa os seguintes volumes do escritor: *Arca de Noé, Democracia e parlamento, Do alto desta tribuna, Discursos parlamentares, As ideias não morrem, Resposta de Juscelino, Biografia de Teófilo Otoni*.

Fontes:

Acervo da Academia Mineira de Letras; Coleção Mineiriana da Biblioteca Pública Estadual.

PEDRO NAVA (1903-1984)

Nasceu em Juiz de Fora, Minas Gerais, em 5 de junho de 1903, e faleceu no Rio de Janeiro, em 13 de maio de 1984. Era filho do médico cearense José Pedro da Silva Nava e da mineira Diva Mariana Jaguaribe Nava, mais conhecida como Sinhá Pequena. Em 1913, iniciou os estudos no Ginásio Anglo-Mineiro, de orientação humanística, em Belo Horizonte. Depois foi para o Rio de Janeiro estudar Humanidades no Colégio Pedro II, que conclui com láurea no ano de 1920. De volta à capital mineira, ingressou no curso de Medicina da Universidade de Minas Gerais, onde fez amizade com Prudente de Morais Neto e Juscelino Kubitschek de Oliveira, e concluiu em 1927. Nesse mesmo ano, conseguiu seu primeiro emprego na Secretaria de Saúde e Assistência do Estado de Minas Gerais.

Nava manteve não só contato com os expoentes do movimento modernista – Carlos Drummond de Andrade, João Alphonsus de Guimaraens, Abgar Renault, Emílio

Moura e outros – como integrou os grupos literários *Estrela* e *A Revista*, por onde divulgou seus primeiros poemas. Em Belo Horizonte, no ano de 1925, encontrou-se com os modernistas paulistanos da Caravana Modernista, da qual participavam Mário de Andrade, Oswald de Andrade, Tarsila do Amaral, entre outros, que iria percorrer as cidades históricas de Minas Gerais. Em 31, mudou-se para Monte Aprazível, no oeste paulista, abalado com o suicídio da namorada, doente de leucemia.

Pedro Nava transitou tanto na literatura como nas artes plásticas. Foi ele o ilustrador de *Macunaíma*, de Mário de Andrade, publicado em 1928; do *Roteiro lírico de Ouro Preto*, do amigo Afonso Arinos de Melo Franco, de 1937, por exemplo. Além disso, o escritor juiz-forano teve suma importância no desenvolvimento da Medicina no Brasil, sobretudo na área de Reumatologia, tendo publicado diversos artigos na Revista *Brasil Médico Cirúrgico*, e se tornado membro correspondente de sociedades de Medicina da França, da Itália e de Portugal. Foi ainda membro da Academia Brasileira de História das Ciências e diretor do Departamento de Clínica Médica.

Apenas em 1972, Nava deu início à publicação de suas memórias. O primeiro livro foi *Baú de ossos*, logo seguido de *Balão cativo*, *Chão de ferro*, *Beira-mar*, *Galo-das-trevas*, *O círio perfeito* e outros. Em virtude da grande receptividade que essas obras tiveram por parte da crítica e dos leitores, Nava recebeu inúmeros prêmios, entre eles o Prêmio Luísa Cláudio de Sousa 1973, concedido pelo PEN Club; Prêmio Personalidade Global 1974 – setor literatura, concedido pela Rede Globo de Televisão e pelo Jornal *O Globo*; Prêmio Associação Paulista de Crítica de Arte – SP, de 1974. Em 1975 recebe, por *Balão cativo*, o Prêmio Machado de Assis de Memórias ou Crônicas, do IX Concurso Literário da Fundação Cultural do Distrito Federal. E, em 1984, recebeu o Prêmio de Livro do Ano por *O círio perfeito*, concedido pelo Museu de Literatura da Secretaria de Cultura do Estado de São Paulo; entre outros. Em 15 de julho de 1981, foi empossado no cargo de presidente em Comissão do Conselho Municipal de Proteção do Patrimônio Cultural do Rio de Janeiro, da Secretaria Municipal de Educação e Cultura.

Sua formação intelectual diversificada – médico, escritor e artista plástico – possibilitou a ampliação de sua vivência, ou mais especificamente, a construção de experiências pautadas não na busca de uma estruturação causal de fatos (ações *a priori*), mas numa narrativa fragmentada que não abdica do sentido primordial. Em relação a esse fato, o crítico literário Antônio Sérgio Bueno esclarece

> [...] que o memorialista não abdica da busca utópica do sentido original, em si indecifrável e um bem para sempre perdido, uma anterioridade não definida no tempo (BUENO, 1997, p. 27). Indubitavelmente, Nava sabe que este sentido não é algo dado (totalmente acabado e pacificador do sujeito), pelo contrário, lança o sujeito a uma busca frenética, condição paradoxal do homem, pela significação. Dessa maneira, pode-se entender essa memória, em termos bergsonianos, não como uma faculdade

de classificar lembranças numa gaveta ou inscrevê-las num registro. Não há registros, não há gavetas (BUENO, 1997, p. 280-81).

Sua morte, ocorrida em 13 de maio de 1984, por suicídio, em uma praça pública do Rio de Janeiro, deixou seus amigos e admiradores profundamente consternados.

Fontes:

Publicações do autor; BUENO, Antônio Sérgio. *Vísceras da memória: uma leitura da obra de Pedro Nava*. Belo Horizonte: Editora UFMG, 1997. (Coleção Humanitas); SOUZA, Eneida Maria de. *Pedro Nava, o risco da memória*. Juiz de Fora: Funalfa, 2004;

PEDRO ROGÉRIO COUTO MOREIRA

Nascido em Belo Horizonte, no dia 16 de dezembro de 1946, é filho de Ibrantina Brandão Couto Moreira e do também escritor Vivaldi Moreira. Cursou os primeiros anos no Colégio Marista Dom Silvério e em outros colégios da capital mineira. A profissão de jornalista teve início em São Paulo, no jornal *Última Hora*. Depois, trabalhou nos jornais *A Notícia* e *O Globo* e na TV Globo, no Rio de Janeiro. Em Brasília, trabalhou na TV Globo, no SBT, na Rádio Globo e na Rádiobrás. Hoje, Pedro Rogério faz parte da equipe do *Jornal do Brasil* e do jornal *Hoje em Dia*, de Belo Horizonte, onde assina uma coluna aos domingos.

Até o momento, tem os seguintes livros publicados: *Hidrografia sentimental*, de 1998, em que relata experiências vividas na Amazônia, de 1981 a 1982, como correspondente itinerante; *Almanaque de Pedrim*, de 2000, espécie de diário da infância e adolescência passadas na capital nos anos 1950 e 1960; e *Bela noite para voar,* de 2001, que tem como pano de fundo as revoltas da Aeronáutica ocorridas em 56 e 59, e relata um dia da vida do presidente Juscelino Kubitschek. Escrito em comemoração ao centenário de nascimento de JK, o livro teve excelente aceitação da crítica e foi transformado em roteiro de um filme de Zelito Viana, lançado em 2005, com um elenco de primeira: José de Abreu (Juscelino), Mariana Ximenes (Princesa), Marcos Palmeira (Carlos Lacerda), e Cecil Thiré (Marechal Lott), entre outros.

Além de membro da Ordem Nacional dos Bandeirantes, o autor foi eleito em 2001 para a Academia Mineira de Letras, onde ocupa a cadeira de número 38, como sucessor de seu pai, Vivaldi Moreira, um dos maiores benfeitores da Academia. Pedro Rogério é detentor ainda da Medalha do Mérito Aeronáutico, Medalha da Inconfidência, Medalha Santos Dumont (MG), Medalha do Mérito Santos Dumont (Aeronáutica), Medalha do Mérito Naval Tamandaré Ordem de Rio Branco, Medalha do Mérito de Brasília, Medalha do Mérito da Assembleia Legislativa de Minas Gerais.

Fontes:

Publicações do autor; http://www.academiamineiradeletras.org.br (acesso em: junho de 2006); http://www. senhoradosol.com.br (acesso em: junho de 2006); http://www.usinadeletras.com.br (acesso em: junho de 2006).

PETRÔNIO BAX (1927-2009)

Bax, como o artista prefere ser chamado, nasceu em 11 de maio de 1927, na cidade mineira de Carmópolis de Minas, filho de pai holandês e mãe brasileira. Após a morte precoce de sua mãe, mudou-se com a família para Divinópolis. No início dos anos 1940, já instalado em Belo Horizonte, estudou no Colégio Anchieta e, mais tarde, entre 1946 a 1951, fez o Curso Livre de Desenho e de Pintura com o mestre Guignard. Foi eleito, em 1949, primeiro presidente do Diretório Acadêmico da Escola Guignard, sendo até hoje membro do Conselho Curador. Em 55, o artista participou do X Salão Municipal de Belas Artes de Belo Horizonte e obteve o primeiro prêmio em escultura e o segundo em pintura.

Mas o artista plástico consagrado nacionalmente também foi membro fundador da Academia de Letras de Divinópolis e publicou cinco livros de literatura até o momento, sendo o primeiro um livro de ficção – *Espelho de Alexandra* (1999), e os seguintes livros de poemas – *Som de um caramujo* (2002), *Barco-sonho do pintor* (2003, *Espelho das águas* (2003), e *Das águas ao espírito* (2004).

A pintura está em profunda harmonia com o fazer literário de Bax, tanto que todos os seus livros são ilustrados pelo próprio autor. As imagens emergem das palavras como reflexos dos quadros, onde estão sempre presentes o azul celestial, as figuras marinhas e os temas bíblicos. O artista define-se como um escafandrista, em seu poema "Pintor escafandrista", pois é nesse mundo submerso, marítimo, que ele encontra inspiração para seu trabalho. Percebe-se que refletir sobre as origens da vida e a essência do ser é uma necessidade que transparece na poesia de Bax, como afirma José Bento Teixeira de Salles, membro da Academia Mineira de Letras, no prefácio de *Espelho de Alexandra*: "A evocação do fundo do mar representa, para o artista, a busca de uma vida autêntica, simbolizada pelos mistérios do oceano desconhecido – princípio de todas as coisas". Segundo José B. T. Salles: "Há um forte conteúdo de sonho e idealismo neste trabalho do pintor lírico que agora se revela místico escritor". Essa busca espiritual também aparece no livro *Som de um caramujo*, que, além de poemas sobre a existência humana, encontram-se poemas semelhantes a haicais, em virtude da condensação dos versos e aos temas relacionados à natureza. Também em *Espelho das águas* – livro dedicado às "crianças de todas as idades" –, os elementos da natureza estão fortemente presentes, e o autor brinca com a linguagem, mesclando o português com o espanhol, como se quisesse aproximar de uma linguagem primitiva.

Desde 1991, Bax residia no Condomínio Lagoa do Miguelão, em Nova Lima, próximo à capital mineira, onde mantinha seu ateliê. Em cima do cavalete, estão gravados os seguintes dizeres: "*Veni creator spiritus*", uma evocação ao espírito criador, para que continue inspirando o artista tanto nas artes plásticas quanto nas letras.

No período de 18 de maio a 25 de maio de 2008, a Galeria Alberto da Veiga Guignard do Palácio das Artes, de Belo Horizonte, realizou uma exposição de suas obras e lançou o livro *Bax – vida e obra*, em homenagem aos 80 anos do artista. Em 19 de novembro de 2009, o poeta pintor faleceu, vitimado por uma parada cardíaca.

Fontes:

MACHADO, Daniela Mata. "Nas águas da literatura". Jornal *Estado de Minas*, Belo Horizonte, 19 de outubro de 1999; REIS, Sérgio Rodrigo. "Nas águas do sonho". In: *Jornal Estado de Minas*, Belo Horizonte, de 10 de abril de 2008; SALLES, José Bento Teixeira de. "Pintor-poeta". Jornal *Estado de Minas*, Belo Horizonte, 31 de janeiro de 2003; "Dois Livros". Jornal *Estado de Minas*, Belo Horizonte, 2004; Prefácio de José Bento Teixeira de Salles. In: *Espelho de Alexandra*. Bax. Belo Horizonte: Mazza Edições, 1999; Informações obtidas com o autor, em entrevistas realizadas em maio e junho de 2006.

PLÍNIO MOTTA (1875-1953)

Plínio Sérgio de Noronha Motta nasceu no dia 7 de abril de 1875, em Silvestre Ferraz (MG), hoje, Carmo de Minas. Poeta de forte tendência sentimental e satírica, dedicou-se também à educação e foi, além de professor em diferentes escolas, diretor do Colégio de Conceição do Rio Verde e inspetor regional de Ensino. A seu respeito, afirma Hugo Pontes: "Poeta de grande sensibilidade, sua obra divide-se em poemas sentimentais, satíricos, de temas regionalistas [...], já no fim da vida, voltou-se para os temas religiosos". Plínio Motta foi um dos fundadores da Academia Mineira de Letras, no ano de 1909, assumindo a cadeira 39, cujo patrono era Basílio da Gama (1740-1795). Em 14 de junho de 1953, o escritor faleceu em Caxambu (MG). Seu nome foi dado a uma rua em Caxambu, a uma Biblioteca em Conceição do Rio Verde e a um prêmio literário de poesia da Academia Machadense de Letras.

Publicações: *Pena de Talião*; *Flores mineiras*; *Polêmicos*; *Frauta Ruda*; *Paros, Cariátides e ementários*; *Plena de Talião*: resposta a Osório Duque-Estrada; *Mes tropilles et mes glorification* (poemas escritos em francês); *Reco-reco* (sátiras); *Coletânea: poemas sentimentais*.

Fontes:

Publicações do autor; http://www.academiamineiradeletras.org.br.

PRESCILIANA DUARTE DE ALMEIDA (1867-1944)

Nascida em 3 de julho de 1867, na cidade de Pouso Alegre (MG), Presciliana Duarte de Almeida iniciou seus estudos na cidade natal tendo, desde cedo, se interessado pela poesia. Sua vida intelectual foi particularmente agitada, tendo contribuído para importantes momentos da história do País, como o movimento pela renovação pedagógica do ensino e o feminismo.

Em 1890, lançou seu primeiro livro de poesias – *Rumorejos*. Em 1892, mudou-se para São Paulo e casou-se com o professor Sílvio de Almeida. A carreira jornalística teve início com a criação do periódico *O Colibri*, com a amiga Maria Clara da Cunha Santos, e foi intensificada com a colaboração em diversos outros jornais, como *Imprensa Liberal*, do Rio de Janeiro, e *A Família*, de São Paulo, dirigido por Josephina Álvares de Azevedo.

Com o apoio do marido, criou em 1897 a revista feminina *A Mensageira*, de circulação quinzenal, para tratar dos interesses da mulher brasileira, que circulou durante três anos, sendo o último exemplar de 1900. Na revista, reivindicava o direito à educação, ao voto e à profissionalização da mulher, e também defendia causas polêmicas como a Abolição da Escravatura e o combate à guerra. *A Mensageira* levava assim ao conhecimento de suas leitoras notícias do movimento feminista, suas lutas e principais conquistas em outras partes do mundo. Presciliana atuava como diretora e contava com o apoio de outras importantes figuras como Maria Clara da Cunha Santos, Amélia de Oliveira (noiva de Olavo Bilac), Áurea Pires, e também de alguns homens. Em 1987, a Imprensa Oficial do Estado de São Paulo fez uma edição fac-similar da revista, em dois volumes.

Muitos dos poemas de Presciliana Duarte – que foram publicados em sua revista – tratam do cotidiano e de temas relativos ao universo feminino e possuem forte carga autobiográfica. Com base neles é possível saber, por exemplo, que Presciliana teve um filho que faleceu ainda criança, e que foi motivo de grande sofrimento para ela. Além de *A Mensageira*, criou ainda a revista *A Aurora*, na escola de propriedade de seu marido, o Ginásio Sílvio de Almeida, e a revista *Educação*, em 1902, que muito incentivaram para a renovação pedagógica. Colaborou também na revista *A Alvorada*, de 1902, e escreveu peças infantis que foram encenadas por estudantes. Por ter sido uma das fundadoras da Academia Paulista de Letras, recebeu a condecoração de membro-fundador e de "representante do sexo feminino". Presciliana Duarte de Almeida foi uma grande incentivadora de movimentos sociais, sobretudo o feminista. Para ela tratava-se de uma necessidade vital a mulher ter uma participação efetiva na vida pública.

Publicou os seguintes livros: *Sombras* (1906); *Páginas infantis* (histórias e poemas infantil, 1908) e *Viviter* (1939). Parte de seus poemas foi ainda reunida numa antologia poética e publicada postumamente, em 1976. Presciliana Duarte de Almeida faleceu em 1944.

Fontes:

A Mensageira: revista literária dedicada à mulher brasileira, directora Presciliana Duarte de Almeida – Edição fac-similar/ com comentários de Zuleika Alambert. São Paulo: Imprensa Oficial: Secretaria de Estado de Cultura, 1987. 2 volumes; COELHO, Nelly Novaes. *Dicionário crítico de escritoras brasileiras* (1711-2001). São Paulo: Escrituras Editora, 2002; SCHUMAHER, Schuma; BRAZIL, Érico Vital. *Dicionário de mulheres do Brasil*. De 1500 até a atualidade. Rio de Janeiro: Jorge Zahar Editores, 2000.

RACHEL JARDIM

Rachel Jardim nasceu em Juiz de Fora. Em 1942, foi morar no Rio de Janeiro, depois de uma temporada em Guaratinguetá (SP), na fazenda de seu avô paterno, hoje transformada em clube. Depois de uma carreira bem-sucedida no Serviço Público Municipal, com atuação na área de Patrimônio Cultural, Urbanismo e Ecologia, Rachel aposentou-se. Atualmente, dedica-se à literatura e à leitura, inclusive em grupo, de seus autores favoritos, como Marcel Proust, Machado de Assis, Thomas Mann e Carlos Drummond de Andrade.

Entre os autores mineiros, a escritora manteve intensa amizade com Murilo Rubião, com quem durante muitos anos trocou correspondência, e cujas cartas encontram-se hoje no Acervo de Escritores Mineiros da UFMG. Nessa correspondência, bem como em seu romance autobiográfico, *Os anos 40*, emerge uma pessoa preocupada com questões políticas e culturais, e com os valores morais de uma sociedade que ela percebe decadente. Em outro livro, *O penhoar chinês*, a escritora aborda a temática da cidade, da mulher e do comportamento masculino típico dos anos 1920. A história acontece no Rio de Janeiro, mas Juiz de Fora também é retratada, ora com o nome fictício de Palmas, ora com seu nome real. A própria Rachel, em entrevista, explicou que, por ter trabalhado durante muitos anos com o patrimônio cultural, urbanístico e histórico, a cidade lhe é um tema caro e fascinante. A Vila Elisa de Palmas, a que se refere, é uma criação inspirada na Vila Iracema, da Rua Espírito Santo, onde fica a casa dos Alves. Nas demais obras da autora, os temas são variados e vão desde questões existenciais a relatos da vida cotidiana.

Obras publicadas: *Os anos 40* (retrato de época, 1973); *Cheiros e ruídos* (contos, 1982); *Cristaleira invisível* (contos, 1982); *Vazio pleno* (relatório do cotidiano, 1976); *Inventário das cinzas* (romance, 1984); *O penhoar chinês* (romance, 1987); *Num reino à beira do rio* (com Alexei Bueno, no Caderno Poético de Murilo Mendes, 2004). Participou das seguintes antologias: *Mulheres e mulheres* (1978); *O conto da mulher brasileira* (1979); *Muito prazer* (1980); *O prazer é todo meu* (1985); *Crônicas mineiras* (1992); *A cidade escrita* (1996); *Tigerin und Leopard* (1998); *Contos de escritoras brasileiras* (2003).

Fontes:

Publicações do autor; LEONEL Fernanda. "Escritora juizforana fala sobre sua vida e obra". Disponível em http://www.acessa.com (acesso em: 16 de maio de 2006).

RENATO SAMPAIO

Desde jovem dedicado à música e à poesia, Renato Sampaio tem ocupado cada vez mais um papel de destaque nas artes nacionais. Nascido em Itabira, e fã incondicional do conterrâneo Carlos Drummond de Andrade, tornou-se violonista ainda jovem e durante muitos anos dedicou-se ao estudo do instrumento. Já participou de inúmeros concertos e é considerado um especialista na obra do compositor espanhol Joaquín Rodrigo, que viveu em Paris, durante a Guerra Civil Espanhola.

Entre os livros publicados, estão *O elevador* (contos) e *A última missa em latim* (contos), *Contos de bom humor* (2007), e *Concerto de Aranjuez e outros poemas* (poema, 2007). Este último é dividido em cinco partes: "A clave de fá", "Viageiro do ser", "Canto & memória", "A gênese e o depois", e "O concerto de Aranjuez", e reflete a preocupação musical do autor com o ritmo das palavras. É autor também de biografias dos pintores Inimá de Paula e Chanina, e do compositor Mozart Bicalho, um dos pioneiros do violão em Minas.

Fonte:

Jornal *Estado de Minas*, Caderno Cultura, Belo Horizonte, 21 de junho de 2007, p. 6.

RICARDO ALEIXO

Nascido em 14 de setembro de 1960, em Belo Horizonte, Ricardo Aleixo tem revelado uma interessante vocação multimídia, ao transitar com desenvoltura por várias formas de manifestação artística: é poeta, performador, músico, artista visual e professor de Design Sonoro na universidade Fumec. Foi curador do Festival de Arte Negra e da Bienal Internacional de Poesia de Belo Horizonte, organiza exposições e edita revistas e livros de outros autores. Integrou, como compositor e performador, a Sociedade Lira Eletrônica Black Maria, a Cia. Será Quê? e o Combo de Artes Afins Bananeira-Ciência.

Sua obra compreende a exploração de temas contemporâneos e urbanos e também da tradição africana, tão presente na cultura brasileira. Admirador das vanguardas estéticas do século XX, Ricardo Aleixo revela em seus livros uma sofisticada programação gráfica, em que a palavra escrita interage com o espaço da página, formando poemas que extrapolam a linguagem verbal.

Já publicou os seguintes títulos: *Festim* (1992); *A roda do mundo* (com Edimilson de Almeida Pereira, 1996); *Quem faz o quê?* (1999); *Trívio* (2001); e *Máquina zero* (2004). E tem participações em diversas antologias, como: *Belo Horizonte: a cidade escrita* (organização de Wander Melo Miranda, 1996); *Esses poetas: antologia da poesia brasileira nos anos 1990* (organização de Heloísa Buarque de Hollanda, 1998); *Correspondência celeste: nueva poesía brasileña – 1960-2000* (org. Aldolfo Montejo Navas, Madri, 2001); *Na virada do século: poesia de invenção no Brasil* (org. Frederico Barobosa e Claudio Daniel, 2001); *Poesia do Mundo* (org. Maria Irene Ramalho de Sousa Santos, Coimbra, 2009) e *Alguna Poesia Brasileña* (org. Rodolfo Mata e Regina Crespo, Cidade do México, 2009). Tem, no prelo, o livro *Modelos vivos*, de poemas, produzido com recursos da Bolsa Petrobras Cultural, e prepara para publicação o volume de ensaios *Palavras a olhos vendo: escritos sobre escritas*, com o qual conquistou a Bolsa para Autores Brasileiros com Obras em Fase de Conclusão, da Biblioteca Nacional.

Fontes:

Publicações do autor; FRANCHETTI, Paulo. *Atestado de cultura*. Belo Horizonte: *Suplemento Literário Minas Gerais*, outubro de 2001; http://www.algumapoesia.com.br (acesso em: junho de 2006);

RITA ESPESCHIT

Poeta e autora de livros infanto-juvenis, nasceu em 1961, em Belo Horizonte, e atualmente reside em Edmonton, no Canadá. Seus primeiros poemas foram publicados no *Suplemento Literário Minas Gerais*, em meados dos anos 1970. A escritora também participou do projeto "Pé de Moleque", em fins dos anos 1970, que consistia em fazer cartazes com poemas para pregar nas ruas. Os mesmos jovens depois editaram uma revista homônima, com o mesmo objetivo de divulgar o trabalho literário que produziam.

Rita Espeschit escreveu o primeiro texto aos 17 anos, a que deu o título de "Um autor de contos para crianças". Treze anos depois, o texto foi publicado com o título de *Um homem no sótão*. A estreia em livro ocorreu em 1980, com *O peixe que podia cantar*. Em 1985, surgiu *Lua gorda*, coletânea de poemas editada pelas Edições Dubolso, de Sebastião Nunes, com o patrocínio da Coordenadoria de Cultura de MG. Nessa época, ganhou o Prêmio Cidade de Belo Horizonte com o livro de poemas *O minotauro no divã*, em 1987, no único ano do concurso em que os livros premiados não foram publicados.

Em 1995, a autora começou a escrever mais para o público infantil e, desde então, já foram publicados diversos livros. Alguns ganharam importantes prêmios como o Prêmio Jabuti, de São Paulo; o Prêmio João de Barro, de Belo Horizonte; o Prêmio Cruz e Souza, de Santa Catarina, e o Concurso Nacional do Paraná, entre outros. Com a obra *Ovo de avião*, que foi adaptada para o teatro, ganhou o Prêmio Sesc/Sated para Artes Cênicas de Melhor Texto Estreante. Três anos depois, em 1998, a peça virou também fita de áudio homônima, e constantemente é apresentada em teatros de Belo Horizonte e do interior do Estado. Em 1997, publicou *Par-ou-ímpar*, com poemas adultos em parceria com o marido, e também poeta, Mário Flecha, que integrou a Coleção Poesia Orbital. Atualmente, mantém uma coluna semanal de crônicas no jornal *Hoje em Dia* e um suplemento bimensal, *Baú de ideias,* na revista *Presença Pedagógica,* com sugestões de atividades de leitura para professores do ensino fundamental. É também uma das autoras da coleção de livros didáticos *Na ponta da língua.*

O sucesso que Rita Espeschit vem obtendo como autora de livros infanto- juvenis deve-se, provavelmente, à abordagem sensível que faz de temas da atualidade e que dizem respeito à realidade da vida dos jovens leitores. Um bom exemplo é o livro *Byte coração,* que trata da relação virtual entre um garoto e uma menina de 13 anos na verdade, a mãe dele que vai conseguir, através de mensagens via internet, reconquistar a amizade e a confiança do próprio filho. Em outros livros, mescla a fantasia com a realidade como ocorre em *Minha mãe, a elefanta.* Nesse, uma enorme elefanta que morava em um shopping center era a mãe do menino pequeno. Um outro trabalho que merece ser destacado é *O livro mágico da bruxinha Nicolau,* em que fantasia e magia são usadas para uma abordagem diferente do tema do autoconhecimento infantil.

Livros publicados: *Um homem no sótão* (1980); *Gardênias e tarântulas* (1985); *Lua gorda* (1985); *O Minotauro no divã* (1987); *Mora um anjo no meu nariz* (1995); *Tiro no escuro* (1996); *Byte coração* (1997); *Par ou ímpar, O pirata* (1998); *Marcha, soldado, Cabeça de Miguel, Minha mãe, a elefanta, Ovo de avião* (2002); *O livro mágico da bruxinha Nicolau* (2005); *O sábio ao contrário, Monstro que me ama, Catarina encastelada.*

Rita Espeschit está organizando, em parceria com a professora Márcia Fernandes, um dicionário destinado às crianças, com um total de sete mil verbetes.

Fontes:

Publicações da autora; BARRETO, Antônio at al. *Novos contistas mineiros.* Porto Alegre: Mercado Aberto, 1988; PEIXOTO, Sérgio Alves. *O melhor da poesia brasileira.* Joinville: Sucesso Pocket, 2002.

ROBERTO DRUMMOND (1939-2002)

Roberto Francis Drummond, um dos mais lidos, estudados e comentados autores brasileiros, tema de teses de mestrado e doutorado, nasceu no município de Santana dos Ferros, no Vale do Rio Doce, em 1939. Contista, romancista e cronista, iniciou a carreira literária aos 13 anos, escrevendo contos e radionovelas. Nos tempos de colégio, foi militante e quadro da Juventude Comunista de Belo Horizonte. Estreou no jornalismo fazendo reportagens para o extinto jornal *Folha de Minas,* de Belo Horizonte. Como repórter, também trabalhou na edição mineira do jornal *Última Hora* e no semanário *Binômio.* Com apenas 28 anos, já era diretor da prestigiada revista *Alterosa,* que revolucionou a imprensa de Minas Gerais e foi fechada em 1964. Com os novos acontecimentos do País, mudou-se para o Rio de Janeiro, onde trabalhou alguns anos no *Jornal do Brasil.* De volta a Belo Horizonte, tornou-se conhecido como torcedor incondicional do Atlético e cronista esportivo, autor da coluna *Bola na marca,* no jornal *Estado de Minas,* que assinou ao longo de 21 anos.

Em 1975, publicou o primeiro livro – *A morte de D. J. em Paris*, que lhe valeu o importante Prêmio Jabuti de Revelação de Autor. Publicou também os romances *O dia em que Ernest Hemingway morreu crucificado*, *Sangue de Coca-Cola* e *Hilda Furacão*, este último adaptado com sucesso como minissérie na TV Globo. Traduzido em diversos países, o autor provocou polêmica nos meios letrados, mas também ganhou notoriedade ao incorporar elementos da cultura pop à sua produção ficcional.

Entre as influências que mais o marcaram, costumava lembrar-se das radionovelas da Rádio Nacional, de seu tempo de criança e juventude, de autores como Giuseppe Ghiaroni, Eurico Silva, Otávio Augusto Vampré e, principalmente, gostava de reiterar a admiração literária por William Faulkner, Cabrera Infante, Ernest Hemingway e Jorge Amado, e a eterna amizade com Henfil, Ivan Ângelo, Frei Betto e Jiro Takahashi.

Segundo Frei Betto, em artigo ao jornal *Estado de Minas*, o escritor

> Gostava de andar a pé, percorrer as livrarias, indagar sobre a venda de seus livros, intercalar a fala com o "sô", marca registrada de sua mineirice. Seu sorriso era limpo, seus olhos se dilatavam diante de uma boa notícia e, ponderado no falar, gesticulava com exuberância, lentamente, arredondando o movimento dos braços, circunvolteando as mãos com os dedos indicadores aprumados, e sempre enfático nas afirmações (In: *Estado de Minas*, 1º jun. 2002).

Roberto Drummond faleceu repentinamente, vítima de problemas cardíacos, quando sua carreira estava consolidada nacionalmente e tudo indicava que, finalmente, ele poderia viver dedicado apenas ao ofício de escritor. Era 21 de junho de 2002 – o dia da partida entre Brasil e Inglaterra pelas quartas de final da Copa do Mundo de 2002. O coração não resistiu às emoções do jogo, e ele não pôde ver o que mais queria: o Brasil pentacampeão de futebol.

Livros publicados: *A morte de D.J. em Paris* (1971); *O dia em que Ernest Hemingway morreu crucificado* (1978); *Sangue de Coca-Cola* (romance, 1980); *Quando fui morto em Cuba* (contos, 1982); *Hitler manda lembranças* (romance, 1984); *Ontem à noite era sexta-feira* (romance, 1988); *Hilda Furacão* (romance, 1991); *Inês é morta* (romance, 1993); *O homem que subornou a morte & Outras histórias* (1993); *O cheiro de Deus* (romance, 2001). Edições póstumas: *Dia de São Nunca à tarde* e *Os mortos não dançam valsa*.

Fontes:

Publicações do autor; BETTO, Frei. "Gosto de Deus". Jornal *Estado de Minas*, Belo Horizonte, 1º jun. 2002; COUTINHO, Afrânio; SOUSA, J. Galante de. (Ed.). *Enciclopédia de Literatura Brasileira*. 2. ed. rev., ampl, atual. e il. São Paulo: Global; Rio de Janeiro: Fundação Biblioteca Nacional e Academia Brasileira de Letras, 2001; MENEZES, Raimundo de. *Dicionário Literário Brasileiro*. 2. ed. revista, aumentada e atualizada. Rio de Janeiro: Livros Técnicos e Científicos, 1978; SILVERMAN, Malcolm. *Protesto e o novo romance brasileiro*. 2. ed. revista. Rio de Janeiro: Civilização Brasileira, 2000; http://www.revelacaoonline.uniube.br (acesso em: 27 de maio de 2006).

ROBERTO DUARTE GOMIDES (1926-2006)

Nasceu em Itapecerica (MG), em 28 de dezembro de 1926, e faleceu na mesma cidade, em 27 de maio de 2006. Era filho de Joaquim Duarte Gomides e de Rosa Luperacci Gomides. Ainda moço, residiu no Rio de Janeiro e viajou pelo Nordeste como caixeiro-viajante, o que possibilitou ao escritor recolher farto material para a construção de suas narrativas. Posteriormente, voltou à terra natal, estabeleceu-se no comércio e iniciou a carreira de escritor. Foi presidente da Academia Itapecericana de Letras e Cultura e correspondente do jornal *Estado de Minas* na coluna "Sociedade do Interior".

Tem contos e crônicas publicados nos jornais de Itapecerica e cidades vizinhas, e também em antologias, como o conto "Última leva", incluído na *Antologia da Academia Itapecericana de Letras e Cultura*. Entre os prêmios recebidos estão: 1º lugar no II Concurso de Contos da Academia Dorense de Letras de Boa Esperança (MG), com o conto "Aconteceu em Araxá"; Prêmio no III Concurso de Contos da Academia Dorense de Letras, com o conto "Integralista por Acaso"; e Prêmio da Associação de Escritores de Bragança Paulista, com o conto "Aventura pelas Américas".

A obra de Roberto Gomides caracteriza-se por ser uma narrativa que transita em diversos gêneros, como o romance, o conto, a dramaturgia e a crônica. Em sua obra, encontram-se personagens em situações inusitadas, que se destacam no emaranhado de rostos impessoais do cotidiano das pequenas cidades. Também as figuras femininas se destacam, pelos sentimentos contraditórios que inspiram, e a voz narrativa que oscila entre o narrador de primeira e de terceira pessoa. Todavia, mais do que ser uma testemunha, o narrador da obra robertiana aproxima-se dos antigos "contadores de casos".

A criação da obra de Roberto brota de um incessante entrelaçamento entre ficção – realidade, narrador – e autor, ou, mais especificamente, vida e obra. Na recriação dessa memória deambulante, matéria caótica mergulhada na vivência do narrador, surge um múltiplo panorama de personagens e espaços materializados pela mão de um hábil artesão. Esse narrador – artífice, arquiteto de mundos –, urde a sua rede de estórias valendo-se da ficcionalização das próprias vivências, implicando um exercício potencializador da memória. A nosso ver, este é o grande mérito do escritor, a saber, a capacidade de transmitir uma sabedoria, própria dos contadores de casos, que faz da estória uma experiência intercambiável entre as gerações.

Roberto Duarte Gomides publicou as seguintes obras: *Eclipse da alma* (romance, sem data de publicação e edição do autor); *Casa da sogra* (teatro, sem data de publicação); *Treze contos pitorescos* (2004).

Fontes:

Publicações do autor.

RODRIGO LESTE

Ator, compositor e escritor, mais conhecido pelo trabalho com teatro, Rodrigo Leste, além de ter participado de várias coletâneas, antologias e publicações avulsas, lançou dois livros de poesia: *Tesão e fé e Lobos no cio*, bem como o livro de contos *O labirinto de Machado de Assis e outros contos*. Seu poema "O último osso" foi premiado em 2005 no Concurso Nacional de Poesia do Estado de São Paulo. Na música, Rodrigo tem diversas parcerias e algumas canções gravadas. "Olha o bicho livre", composta com Paulinho Carvalho e interpretada por Lô Borges, é um exemplo. No teatro, já produziu e dirigiu cerca de 30 espetáculos. Entre eles, destacam-se: "Quando os Beatles tocarem juntos outra vez" e "Tudo certo... Mas tá esquisito". O escritor coordena, há mais de 20 anos, o Projeto Literatura em Cena, dedicado à adaptação e montagem da obra de renomados escritores brasileiros.

Fontes:

Publicações do autor.

RODRIGO MELO FRANCO DE ANDRADE (1893-1969)

Rodrigo Melo Franco de Andrade, conhecido também sob o pseudônimo de Esmeraldino Olímpio, nasceu em Belo Horizonte, a 18 de agosto de 1893, e faleceu a 11 de maio de 1969, na cidade do Rio de Janeiro. Foi contista, ensaísta, jornalista, advogado e fundador do IPHAN, instituição federal do Patrimônio Histórico e Artístico Nacional, do qual foi diretor por 30 anos.

Durante o movimento modernista de 1922, aproximou-se de Mário de Andrade e tornou-se redator-chefe da *Revista do Brasil*. Paralelamente à carreira jornalística, iniciada em 1921, trabalhou como advogado e, em 1930, foi convidado pelo ministro da Educação e Saúde, Francisco Campos, para ocupar a chefia do gabinete no Ministério. Já em 1936, por indicação de Mário de Andrade e Manuel Bandeira, o então ministro da Educação e Saúde, Gustavo Capanema, convida-o para organizar e dirigir o Serviço do Patrimônio Histórico e Artístico Nacional. Segundo a escritora Terezinha Marinho, "o período em que Rodrigo esteve à frente do órgão de proteção ao patrimônio nacional – 1937 a 1967 – ficou conhecido como a fase heroica", refletindo, portanto, seu comprometimento com a busca da preservação da cultura e artes nacionais.

Publicou duas obras literárias: *Velórios* (1936) e *Rio Branco e Gastão da Cunha* (1953).

Fontes:

COUTINHO, Afrânio & SOUSA, J. Galante de. *Enciclopédia de Literatura Brasileira*. São Paulo: Global, 2001; "Centenário do nascimento de Rodrigo Melo".

ROGÉRIO ANDRADE BARBOSA

Rogério Andrade Barbosa é mineiro, mas mudou-se ainda criança para o Rio de Janeiro, onde se formou em Letras pela Universidade Federal Fluminense e onde se pós-graduou pela Universidade Federal do Rio de Janeiro. Já morou também na Guiné-Bissau, como voluntário das Nações Unidas, e lá recolheu um rico repertório de histórias da tradição oral, que passou a difundir no Brasil posteriormente. Lançou em 1987, *Bichos da África*, onde se encontra a retextualização de partes dessas narrativas orais. O escritor também se dedica ao estudo do folclore nacional, trabalhando com lendas brasileiras.

Como escritor de literatura infanto-juvenil, Rogério Andrade Barbosa tem viajado muito pelo País e pelo exterior para participar de eventos na área, como a Feira do Livro de Frankfurt, na Alemanha, e a Feira do Livro de Guadalajara, no México. Também participou de eventos literários em Cuba, na Colômbia, na Itália, na Suíça e na África do Sul. Em 2005, recebeu o Prêmio ABL de Literatura Infanto-Juvenil da Academia Brasileira de Letras, pelo livro *Contos africanos para crianças*. Presidiu a Associação de Escritores e Ilustradores de Literatura Infantil e Juvenil, no mandato de 1999 a 2003, e é membro da *Society of Children's Books Writers and Ilustrators*.

Publicações: *Lá-le-li-lo-luta* – um professor brasileiro na Guiné-Bissau (1984); *No ritmo dos tantãs*, antologia poética dos países africanos de língua portuguesa (1986); quatro volumes de *Bichos da África*, lendas e fábulas (1987-1989); *O anel de Tutancâmon* (1991); *O enigma dos chipanzés* (1993); *Dingono, o pigmeu* (1994); *O casaco negro* (1998); *Sangue de índio* (1999); *A carta do pirata francês* (2000) e *Os amantes do lago Rotorua* (2003); além de dezenas de outros livros editados no Brasil e no exterior.

Fonte:

Publicações do autor; http://www.letras.ufmg.br (acesso em: junho de 2007).

ROMÉRIO RÔMULO

Romério Rômulo nasceu em Felixlândia (MG). É professor de Economia Política na Universidade Federal de Ouro Preto e um dos fundadores do Instituto Cultural Carlos Scliar. Rômulo assinou o prefácio da reedição das poesias eróticas do escritor mineiro Bernardo Guimarães, *O elixir do pajé* (Dubolso, 1988), depois de mais de cem anos da edição original, que era clandestina.

Tem publicados os seguintes livros de poesia: *Bené para flauta e Murilo* (1990); *Tempo quando* (quatro livros em dois volumes, 1996) e *Matéria bruta* (2006).

Fontes:

Publicações do autor; http://www.tanto.com.br (acesso em: abril de 2007); http://www.revista.agulha.nom.br (acesso em: abril de 2007).

RONALD CLAVER

Ronald Claver Camargo nasceu em 7 de setembro de 1942, em Belo Horizonte, mas seus pais e irmãos são de Mesquita, interior de Minas. Dos 12 aos 15 anos morou em Acesita, Conceição do Mato Dentro, Santos Dumont e São João del-Rei. Depois de concluir o ginasial, voltou definitivamente para Belo Horizonte. É casado com Miriam, geógrafa, e tem três filhos. Já fez teatro, audiovisual, foi professor e vice-diretor do Coltec-MG, diretor do Centro Pedagógico da UFMG e secretário municipal de esportes.

Segundo Ronald, ele não nasceu em um ambiente intelectual e acadêmico e só começou a escrever quando sentiu a necessidade interior de decifrar o mundo e a ele mesmo, "enfrentando a perversa e louca realidade". Formado em Latim pela Faculdade de Letras da UFMG, enviou seu primeiro livro – *Matemágica* – para o Concurso Fernando Chinaglia, no Rio de Janeiro de 1972, ganhando o primeiro prêmio. A partir daí, não parou mais de escrever. Sua obra é composta de romances infanto-juvenis, poesias diversas e livros de linguística que abordam a questão da escrita, sendo um dos mais famosos *Escrever sem doer*, de 1992.

Torcedor apaixonado do Clube Atlético Mineiro, é sócio benfeitor especial do time e é citado na *Enciclopédia do Galo* e no livro *Raça atleticana*. Movido por essa paixão, Ronald tem o futebol como tema central de muitos dos seus livros, nos quais os personagens amam e ensinam a amar o futebol, sobretudo o time alvinegro, como em *A bola que rola* e *Paixão em preto e branco*.

Participa de concursos literários e pedagógicos, como a Mostra de Inovações em Língua Portuguesa oferecida anualmente pelo Sesc-MG, sempre com destaque. E oferece regularmente oficinas de redação, inclusive durante eventos importantes, como o Salão do Livro de Minas Gerais e a II Semana de Estudos de Língua Portuguesa. Sobre o ato de escrever, afirma que:

> Escrever é um exercício humano como outro qualquer. Requer preparo físico, uma boa dose de sensibilidade, de estar bem ou mal com a vida, disciplina, algumas paisagens e alguns quilômetros caminhados. Escrever é um exercício de liberdade, de coragem, de amor, de solidão [...] (http://www.autenticaeditora.com.br/site/).

Entre os temas que costuma abordar em seus livros e poemas, eles variam desde a política, o amor, a amizade, os conflitos existenciais e o futebol, até a própria arte de escrever. O que se mantém em tudo que realiza é a linguagem leve, lúdica e muitas vezes engraçada. Ione Meloni Nassar, na orelha de *Escrever sem doer*, afirma que ele é poeta "quer escreva prosa ou poesia".

Tem mais de 20 livros publicados, entre os quais, *Auto de Natal* (2004); *Lua cheia de sol* (2004); *Escrever e brincar* (2004); *Escrever sem doer* (1992); *Livraria do Amadeu* (2003); *Bichos e versos* (2003); *A bola que rola* (2003); *Dona Palavra* (2002); *Histórias de um professor de história* (2003); *Palavras de poeta* (2002); *Rumo à estação poesia* (2001); *A arte de adivinhar azul* (1987); *A bola da paixão* (1998); *A casa* (1986); *A história que não é* (1997); *A última sessão de cinema* (1986); *Ana e Pedro* (1990); *As janelas de Nana* (1991); *Às margens do corpo* (1978); *Bar e café São Jorge* (1993); *De duendes e fantasmas* (1999); *Diário do outro* (1989); *Erótika* (1981); *Matemágica* (1972); *Paixão em preto e branco* (2001); *Hoje tem poesia* (2005); *Os bigodes de Tio Sam* (1983), entre outros.

Fontes:

Informações obtidas pelo autor em maio/junho de 2006; CLAVER, Ronald. ATILIO, Cláudio. *Diário do outro*. 3. ed. São Paulo: Atual, 1989; VIANA, Vivina de Assis; CLAVER, Ronald. *Ana e Pedro: cartas*. São Paulo: Atual, 1991; http://www.ronaldclaver.com (acesso em: 10 de maio de 2006); http://www.autenticaeditora.com.br (acesso em: 8 de maio de 2006).

RONALDO CAGIANO

Nascido em Cataguases, em 15 de abril de 1961, o contista, cronista, ensaísta e poeta vive em Brasília, desde 1979, cidade onde se formou em Direito. É funcionário da Caixa Econômica Federal e colaborador de vários jornais do País e do exterior. Considerado um dos mais contumazes escritores de Brasília, é também um dos principais animadores da cidade na área da literatura. Organizou as coletâneas *Poetas mineiros em Brasília* (2002) e *Antologia do conto brasiliense* (2004).

Começou a escrever na adolescência, assinando colunas dominicais nos jornais da terra natal. Sobre as muitas influências que recebeu, em entrevista publicada no site http://www.verbo21.com.br, ele conta o seguinte:

> Minha primeira influência foi poética: Augusto dos Anjos. O poeta paraibano enterrado em Leopoldina (cidade vizinha à minha, Cataguases) despertou-me primeiramente para a poesia. [...] Essa poética das sombras, niilista e trágica, aliada a uma linguagem de domínio científico, catapultou-me para a literatura. Várias vezes fui visitar o túmulo de Augusto, – sonhava conhecer também o túmulo de Baudelaire, e essa proximidade gerou uma empatia maior. Depois, vieram as leituras de Rubem Braga, Condessa de Segur, Drummond, Bandeira, Cecília, Lobato, Graciliano, Zé Lins do Rego. Na adolescência, em Cataguases, tomei contato com as obras de Rosário Fusco (agora redescoberto), Francisco Inácio Peixoto, Ascânio Lopes, Guilhermino César e Enrique de Resende. Aprofundando nesse universo fui descobrindo os clássicos: Eça de Queiroz, Machado de Assis, Dostoievski, Pessoa, Camões, Kafka, Clarice, Thomas Mann, Camilo Castelo Branco, Marguerite Yourcenar, Goethe, Sthendal, André Gide, Rimbaud, Verlaine, etc., escritores que revisito constantemente (In: http://www.verbo21.com.br).

O primeiro livro – *Palavra engajada* – surge em 1989; em 2001, o livro de contos *Dezembro indigesto* obteve o Prêmio Bolsa Brasília de Produção Literária 2001. Mas o prêmio não é sua única referência; pois a crítica tem sido generosa também com ele. Ricardo Alfaya observou o seguinte sobre sua poesia: "Noto a melhor definição para a poesia de Ronaldo Cagiano no título de seu livro anterior: *Palavracesa*. Um canto que se faz luz dentro da noite. Que devolve de maneira crítica e sensível, transmutada pela poética da palavra, o desligar dos patéticos absurdos, que nos impingem durante o 'útil' dos dias" (http://www.antoniomiranda.com.br, em maio de 2006).

Obras publicadas: *Palavra engajada* (poesia, 1989); *Colheita amarga & outras angústias* (poesia, 1990); *Exílio* (poesia) (1994); *Palavracesa* (poesia, 1994); *O prazer da leitura* (em parceria com Jacinto Guerra, contos juvenis, 1997); *Prismas – literatura e outros temas* (crítica literária, 1997); *Canção dentro da noite* (poesia, 1999); *Espelho, espelho meu* (em parceria com Joilson Portocalvo, novela juvenil, 2000); *Dezembro indigesto* (contos, 2001); *Concerto para arranha-céus* (conto, 2004); *Dicionário de pequenas solidões* (2006). Organizou ainda as coletâneas *Poetas mineiros em Brasília* (2002) e *Antologia do conto brasiliense* (2004).

Fontes:

Publicações do autor: http://www.antoniomiranda.com.br (acesso em: maio de 2006); http://www.verbo21.com.br (acesso em: maio de 2006); http://www.verdestrigos.org (acesso em: maio de 2006).

RONALDO WERNECK

Poeta e jornalista, Ronaldo Werneck Silva é mineiro de Cataguases, nascido em 23 de outubro de 1943. Nos anos 1960, junto com o poeta Joaquim Branco, foi fundador e coeditor dos suplementos literários *O Muro* e *SLD-Suplemento/Literatura/Difusão*. Na década de 1970, criaram o *Totem*, uma das principais vertentes do Poema Processo em Minas, que testemunha como estavam antenados com os movimentos nacionais de renovação/experimentação poética e a chamada "vanguarda internacional". Na década de 1990, editam *Cataguarte*, importante publicação que faz um balanço da produção literária dos integrantes da Revista *Verde*. Na época, funcionou como uma espécie de retomada do viés modernista de seus componentes, que fizeram da cidade de Cataguases dos anos 1920 um dos marcos do movimento no Brasil.

A partir de 67, passa a integrar o movimento do Poema Processo, que teve no grupo de Cataguases uma das vertentes mais respeitadas de todo o País. Com Joaquim Branco, foi um dos organizadores do Festival Audiovisual de Cataguases (música & poemas visuais) em suas duas versões (1969-1970). Morou um ano em Salvador (em 64) e 32 anos no Rio de Janeiro (de 1965 a 1997). Foi redator e editor da revista *Cacex,* assessor de imprensa e editor de textos do Centro Cultural Banco do Brasil. Em 1997, lançou o livro *Cataguases é Cachoeira* em homenagem aos 100 anos do cineasta Humberto Mauro.

Em 98, voltou a residir em Cataguases, e passou a assinar as seguintes colunas em jornais da cidade: "Há Controvérsias", "Sob as Traves" e "Com Licença". Em abril de 2001, estreou a peça *Nunca sem poesia*, baseada em seus poemas, com direção de Carlos Sérgio Bittencourt. Participou de várias antologias poéticas, sendo as mais recentes *A poesia mineira no século XX*, de 1998, editada por Assis Brasil, *Poemas cariocas*, de 2000, organizada por Thereza Christina Motta, e *Santa poesia*, de 2001, organizada por Cleide Barcelos. Além de assinar o texto e a direção, Ronaldo Werneck atuou no espetáculo *Dentro & Fora da melodia – que papo é esse, poeta?*, ao lado de duas atrizes/cantoras e um quinteto musical, que foi gravado ao vivo em novembro de 2001, no Anfiteatro do Museu da Eletricidade, em Cataguases. O espetáculo foi reproduzido em CD e lançado um ano depois, em 2 de novembro de 2002, no Teatro Centro Cultural Humberto Mauro, também em Cataguases. Atualmente o escritor é editor de textos da Fundação Cultural Ormeo Junqueira Botelho e diretor de Comunicação do Cineport – Festival de Cinema de Países de Língua Portuguesa.

Segundo Luiz Ruffato,

> Em Ronaldo Werneck, tarefa insana seria tentar firmar as referências de sua arte, pois onivoramente o poeta constrói seus textos, cujo resultado é como um sofisticado molho que leva inúmeros condimentos, mas de tal forma que o sabor final, embora saiba a cada um deles, torna-se num outro, único e indissolúvel (http://www.tanto.com.br).

Publicou os seguintes livros de poemas: *Selva selvaggia* (1976); *Pomba poema* (1977); *Minas em mim e o mar esse trem azul* (1999); *Ronaldo Werneck revisita Selvaggia* (2005) e um de prosa pós-patética: *Há controvérsias*, coletânea extraída de textos das várias colunas que criou. Em *Ronaldo Werneck revisita Selvaggia*, ele acrescenta poemas, cartas e comentários, ao livro de 1976, ampliando seu potencial poético, inovador e audacioso. Guarda alguns inéditos, como *Noite americana, Doris Day by night, Preto nu branco e Tempos de mineração*, e ainda o projeto de reunir seus textos sobre artes plásticas e artistas diversos para exposições do CCBB.

Fontes:

http://www.ronaldowerneck.com.br (acesso em: 29 de abril de 2006); http://www.tanto.com.br (acesso em: 29 de abril de 2006); http://www.revista.agulha.nom.br (acesso em: 29 de abril de 2006).

ROSÁRIO FUSCO (1910-1977)

Rosário Fusco de Souza Guerra nasceu em São Geraldo (MG), em 19 de julho de 1910, e faleceu em Cataguases, no dia 17 de agosto de 1977. Com apenas seis meses de idade e órfão de pai italiano de mesmo nome, chegou a Cataguases com a mãe – que se chamava Auta, era mulata e lavadeira. Durante a infância e a adolescência foi obrigado a trabalhar em diversas funções, como aprendiz de latoeiro, servente de pedreiro, pintor de tabuletas, prático de farmácia, professor de desenho e bedel no Ginásio. Mas logo se destaca, e, aos 15 anos, já colabora no jornal *Mercúrio*, dirigido por Guilhermino César, e também em outros periódicos, como *Boina* e *Jazz Band*.

Ao lado de José Spíndola Santos, editou *Itinerário* e fundou a livraria-editora *Spíndola e Fusco*. Aos 17 anos, foi um dos criadores da Verde Editora e, aos dezoito, publicou *Poemas cronológicos*, em parceria com Enrique de Resende e Ascânio Lopes, em 1928. Foi com esses companheiros que Rosário Fusco idealizou o grupo e a revista *Verde*, cujo trabalho repercutiu além das fronteiras mineiras, nos anos de 1927 a 1929. Em um manifesto, o escritor afirmou que ninguém era de ninguém em arte. "Na Arte Moderna não há escolas, nem nada. Portanto, cada um pra si [...] Nada de partidos. Nada de polêmicas. Nada. Nada. Nada!". Rosário Fusco seguiu à risca o princípio modernista da antropofagia cultural, sob os olhos incrédulos dos demais escritores nacionais.

Em 1932, mudou-se para o Rio de Janeiro, onde se formou em Direito, em 1937, pela Universidade do Brasil. Tornou-se também publicitário, cronista de rádio, redator, crítico literário, secretário da Universidade do Distrito Federal, procurador do Estado da Guanabara, e ainda: viajou à Europa e foi Adido Cultural no Chile. Mas foi como poeta, romancista e dramaturgo que se destacou. Aliás, Fusco foi o primeiro escritor brasileiro a ser reconhecido como tal, pelo antigo INPS.

Publicou diversos livros e deixou inédita sua correspondência com grandes nomes da literatura brasileira, como Mário de Andrade, além de diários, romances, livro de viagens e de poesia erótica. É considerado precursor do surrealismo e do realismo fantástico no País, e chamado de "nosso Kafka brasileiro", por Antônio Olinto. O romance *O agressor*, de 1943, que narra as aventuras do paranoico David, é um marco do realismo fantástico, que lamentavelmente não foi compreendido pelos contemporâneos. Ainda assim, circula a história de que o cineasta Orson Welles teria conhecido sua tradição em italiano e comprado os direitos de filmagem, o que não concretizou. Em 1954, o *Correio da Manhã* definiu o segundo romance – *Carta à noiva* – como "um vasto pornorama", por descrever a anarquia de um bordel, como metáfora de um tempo que só resolve os conflitos através do sexo. Esse é um tema recorrente do autor, ao lado de personagens desajustados que sobrevivem em pensões, lupanares, delegacias.

Rosário Fusco viveu intensamente, tentando conciliar a boêmia com os cargos públicos, a origem humilde com o cosmopolitismo. Casou-se várias vezes, a última com uma francesa de nome Annie. No final dos anos 1960, regressou a Cataguases e fez de sua casa um espaço movimentado de saraus etílico-literários, até falecer em 1977.

Livros publicados: *Fruta de conde* (poesia, 1928); *O agressor* (romance, 1940); *Amiel* (ensaio, 1940); *O livro do João* (romance, 1944); *Anel de Saturno* (teatro, 1949); *O viúvo* (teatro, 1949); *Carta à noiva* (romance, 1954); *Introdução à experiência estética* (ensaio, 1949); *Auto da noiva* (farsa, 1961); *Dia do juízo* (romance, 1961); *Creme de pérolas* (poemas eróticos, s/d); *Um jaburu na Torre Eiffel* (diário, s/d). Deixou inédito o romance *vacachuvamor*, escrito em 1969, e *A.S.A. – associação dos solitários anônimos*, assim em minúsculas, este último foi publicado em 2006, pela Ateliê Editorial.

Fontes:

Publicações do autor; http://www.tratosculturais.com.br(acesso em: janeiro de 2007).

RUBEM ALVES

Rubem Azevedo Alves nasceu em 15 de setembro de 1933, em Boa Esperança, Minas Gerais. Estudou Teologia em Campinas, tornou-se pastor, e foi morar em Lavras (MG). Em 1959, casou-se e teve três filhos. Em 68, foi perseguido pelo regime militar após ser denunciado pela Igreja Presbiteriana como subversivo, à qual pertenceu até o referido ano. Para fugir das ameaças, mudou-se com a família para os Estados Unidos, onde continuou os estudos e se tornou doutor em Filosofia. De volta ao Brasil, foi professor na Faculdade de Filosofia, Ciências e Letras de Rio Claro (SP), na Faculdade de Educação da Universidade Estadual de Campinas, até tornar-se professor titular de Filosofia no Instituto de Filosofia e Ciências Humanas, na Unicamp, onde ficou até se aposentar. No início da década de 1980, tornou-se psicanalista pela Sociedade Paulista de Psicanálise. Atualmente, trabalha como psicanalista, faz palestras pelo País e no exterior e escreve artigos para diversos jornais brasileiros.

Entre livros teóricos, infantis e de crônicas, já publicou mais de 40 títulos. Suas crônicas, em grande parte dirigida ao público jovem, destacam-se pelo tom lírico e uma grande preocupação pedagógica e humanística.

Livros publicados: *A gestação do futuro* (1987); *O enigma da religião* (1979); *Filosofia da ciência*; *Introdução ao jogo e suas regras* (2002); *O que é Religião?* (1984); *Protestantismo e repressão* (1979); *Dogmatismo e tolerância* (1982); *Creio na ressurreição do corpo*: *meditações* (1984); *Estórias de quem gosta de ensinar* (2000); *Tempus Fugit* (1990); *Lições de feitiçaria* (2003); *O retorno eterno* (1992); *Teologia do cotidiano* (1994); *A alegria de ensinar* (1994); *O quarto do mistério* (1995); *A festa de Maria* (6. ed., 1996); *As contas de vidro e o fio de nylon* (1997); *Cenas da vida* (1997); *Navegando* (2000); *Concerto para corpo e alma* (1998); *E aí? Cartas aos adolescentes e a seus pais* (1999); *O amor que acende a lua* (1999). Literatura infantil: *A operação de Lili* (1987); *O patinho que não aprendeu a voar* (1987); *O medo da sementinha* (1987); *Os morangos* (1987); *Como nasceu a alegria* (1987); *A selva e o mar* (1987); *A montanha encantada dos gansos selvagens* (1987); *A volta do pássaro encantado* (1991); *A planície e o abismo* (1991); *A porquinha do rabo esticadinho* (1991); *O escorpião e a rã* (1991); *O gambá que não sabia sorrir* (1992); *Lagartixas e dinossauros* (1992); *A menina e a pantera negra* (1992); *Estórias de bichos* (1992); *A menina e o pássaro encantado* (1985); *A loja dos brinquedos* (1996); *O país dos dedos gordos* (1997); *A menina, a gaiola e a bicicleta* (1997); *A toupeira que queria ver o cometa* (8. ed., 1997); *O flautista mágico* (7. ed., 1997); *A pipa e a flor* (9. ed., 1997);

A boneca de pano (1998); *O gato que gostava de cenoura* (1999); *A árvore e a aranha* (1999); *A estória dos três porquinhos*; *O sapo e o porco espinho* (1977); *O passarinho engaiolado* (1997), *Ostra feliz não faz pérola* (2008).

Fontes:

Publicações do autor; http://www.rubemalves.com.br (acesso em: maio de 2006).

RUBEM FONSECA

José Rubem Fonseca é natural de Juiz de Fora e nasceu em 11 de maio de 1925. Formou-se na Faculdade de Direito, antiga Universidade do Brasil, no Rio de Janeiro, onde reside desde os oito anos. A literatura não foi a primeira atividade desempenhada pelo escritor. Durante alguns anos, a partir de 52, trabalhou como comissário de polícia em São Cristóvão, no Rio de Janeiro. Em 54, fez curso na Fundação Getúlio Vargas (RJ) e se tornou professor da disciplina de Relações Públicas na Polícia, nessa instituição, até 58, quando deixou o cargo, e a literatura se torna sua principal atividade.

Os primeiros contos foram publicados em jornais do Rio de Janeiro e de São Paulo, mas foi com o Prêmio da Fundação Cultural do Paraná que ganhou a notoriedade nacional. Em sua produção literária, Rubem Fonseca dedica-se principalmente ao romance e ao conto, sendo hoje considerado um mestre nos dois gêneros e admirado incondicionalmente pelos jovens escritores. Tem também trabalhado como roteirista na área cinematográfica. Predominam, em sua obra, a atmosfera de suspense e narrativas policiais ambientadas em espaço urbano, com personagens delegados, advogados, assassinos e detetives, perpassados de violência, erotismo e luxúria. Entre os muitos prêmios que recebeu, estão o Prêmio Jabuti – por *A grande arte* e *O buraco na parede* –, e o Prêmio Luís de Camões, pelo conjunto da obra, em 2003. Sua obra está traduzida para diversas línguas, e tem livros adaptados para o cinema, o teatro e a televisão.

Obras publicadas: *Os prisioneiros* (contos, 1963); *A coleira do cão* (contos, 1965); *Lúcia McCartney* (contos, 1967); *O caso Morel* (romance, 1973); *Feliz ano novo* (contos, 1975); *O homem de fevereiro ou março* (antologia, 1973); *O cobrador* (contos, 1979); *A grande arte* (romance, 1983); *Bufo & Spallanzani* (romance, 1986); *Vastas emoções e pensamentos imperfeitos* (romance, 1988); *Agosto* (romance, 1990); *O selvagem da ópera* (romance, 1994); *O buraco na parede* (contos, 1995); *Histórias de amor* (contos, 1997); *Do meio do mundo prostituto só amores guardei ao meu charuto* (novela, 1997); *Confraria dos espadas* (contos, 1998); *O doente Molière* (novela, 2000); *Secreções, excreções e desatinos* (contos, 2001); *Pequenas criaturas* (contos, 2002); *Diário de um fescenino* (contos, 2003); *Ela e outras mulheres* (contos, 2006) e o mais recente *O romance morreu* (2007).

Fontes:

Publicações do autor; BRASIL, Assis. *Dicionário prático de Literatura Brasileira*. Rio de Janeiro: Edições de Ouro, 1979; http://www.unicamp.br (acesso em: 15 de abril de 2006); http://www.cronopios.com.br (acesso em: 15 de abril de 2006); http://www.screamyell.com.br (acesso em: 16 de abril de 2006); http://www.releituras.com (acesso em: 16 de abril de 2006).

RUI MOURÃO

Rui Mourão nasceu em 18 de abril de 1929, em Bambuí, na região Oeste de MG. Ainda jovem, perdeu o pai, enfrentou dificuldades para estudar, até mudar-se para Belo Horizonte com a mãe e os irmãos. Formou-se bacharel em Direito pela UFMG, em 1938, e desde então não parou de exercer importantes cargos públicos.

Sua estreia nas letras ocorreu em 1951, com a publicação de uma crítica literária sobre *Sagarana*, de Guimarães Rosa, no jornal carioca *A Manhã*. Com Fábio Lucas e Affonso Ávila, amigos desde a Faculdade de Direito, lançou a revista *Vocação,* e mais tarde, a revista *Tendência*. Sua produção ensaística é extensa e encontra-se em praticamente todos os principais suplementos, jornais e revistas literárias do País. O primeiro romance – *As raízes* – surgiu em 1956, com o aplauso da crítica e dos leitores. Aos 29 anos, recebeu a Medalha da Inconfidência, grau Insígnia, do governo do Estado de Minas Gerais. Foi professor de Literatura Brasileira na UnB, em 1962, e nos Estados Unidos, em 1966, quando foi forçado a sair do País pela ditadura militar. Seu estudo sobre a obra de Graciliano Ramos – publicado com o título *Estruturas*: ensaio sobre o romance de Graciliano Ramos, de 1969 – continua sendo importante referência sobre o escritor. Voltando a residir em Belo Horizonte, exerceu diversos cargos relacionados à cultura, como editor do *Suplemento Literário Minas Gerais* (1969), diretor do Museu da Inconfidência (1978) e coordenador do Grupo de Museus e Casas Históricas de Minas Gerais (1982).

Haydée Ribeiro Coelho, dedicada estudiosa de sua obra, observa que, nos romances de Rui Mourão,

> [...] há um trabalho laborioso com a técnica narrativa e grande parte deles ocorre nos espaços de Minas. No entanto, o escritor não se restringe ao local, pois a condição humana e seus conflitos constituem o alvo principal do seu interesse. Além disso, o último romance – *Invasões no Carrossel* – percorre outros espaços e tempos do Brasil, unidos por diferentes vozes do passado e do presente. Acompanhar a trajetória do romancista torna-se um imperativo (COELHO, 2004, p. 18).

Livros publicados: *As raízes* (1956); *Estruturas*: ensaio sobre o romance de Graciliano (1969; 2. ed. 2003); *Curral dos crucificados* (1971); *Cidade calabouço* (1973; 2. ed. 1978);

Jardim pagão (1979); *Monólogo do escorpião* (1983); *Boca de chafariz* (romance, 1991; 2. ed. 1992; 3. ed. 1993); *Servidão em família* (1996); *Invasões no carrossel* (2001). Em 2008, a Editora UFMG relançou *Boca de Chafariz*. Em 2009 lançou *Quando os demônios descem o morro*.

Fontes:

ÁVILA, Affonso. "Uma experiência de técnica". Jornal *Correio da Manhã*, Rio de Janeiro, 26 jan. 1957; COELHO, Haydée Ribeiro. "Boca de Chafariz: uma escrita múltipla do tempo". *Revista de Estudos de Literatura*, Faculdade de Letras da UFMG, Belo Horizonte, v. 1, n. 1, 1993; COELHO, Haydée Ribeiro. *Rui Mourão*. Belo Horizonte: FALE/UFMG, 2004. Coleção Encontro com Escritores Mineiros; NASCIMENTO, F. S. *A técnica narrativa de Rui Mourão*. Apologia de Augusto dos Anjos e outros estudos. Fortaleza: Casa de José de Alencar. Programas Culturais, 1990; PAES, José Paulo. "Ouro Preto sob o peso do passado". O *Estado de S. Paulo*, São Paulo, 7 mar. 1992; Jornal *Estado de Minas*, de 16 de fevereiro de 2008.

RUTH SILVIANO BRANDÃO

Ruth Junqueira Silviano Brandão é mineira de Belo Horizonte. Professora de Literatura Brasileira da UFMG, mesmo aposentada continua orientando e participando de bancas e de eventos universitários. Tem inúmeros livros publicados, tanto de ficção e poesia, como de crítica literária. Como ensaísta publicou: *Mulher ao pé da letra* (1993, 2006), *Literatura e Psicanálise* (1996), *A vida escrita* (2006), e organizou *Lúcio Cardoso: a travessia da escrita* (1998), além de duas coautorias com Lúcia Castello Branco, *Literaterras: as bordas do corpo literário* (1995) e *A mulher escrita* (2004), entre outros. Traduziu ainda *O nascimento da poesia: Antonin Artaud*, de Jean-Michel Rey, que foi publicado pela Editora Autêntica, em 2002.

O primeiro livro de poemas foi *Pássaro em vôo* (1994), ao qual se seguiram *Breve vida no branco* (poesia, 1999), *Para sempre amada* (novela, 1998), *Flor da pele* (conto, 2000), *Aporias de Astérion* (prosa-poética, 2004) e *Na frente do coração* (prosa-poética, 2006). Os dois últimos podem ser tomados como exemplares do trabalho sofisticado que a autora realiza com a linguagem poética, pois, mesmo os livros de ficção, tornam-se *prosa poética* em suas mãos. Outro bom exemplo do trabalho literário da escritora é o romance *Para sempre amada,* em que a memória é a peça-chave para conduzir o enredo. Ao encontrar um fio de cabelo de sua mãe em um velho xale, a narradora desenrola, e desdobra uma trama de lembranças, sobre a mãe, o pai e sobre si mesma. Na composição desse romance, a autora mistura modalidades diferentes de gêneros textuais como o romanesco, o memorialismo e a epistolografia.

A obra de Ruth Silviano Brandão nos revela, seja na crítica, na tradução, na ficção ou na poesia, sua dedicação e enorme competência com as palavras e a literatura.

Fontes:

Publicações da autora.

RUY CASTRO

Ruy Castro nasceu em Caratinga (MG), em 1948. Ainda jovem, foi para o Rio de Janeiro, onde fez a Faculdade de Ciências Sociais e iniciou a carreira de jornalista. Em 1967, no jornal *Correio da Manhã*, trabalhou ao lado de Paulo Francis, de quem se tornou amigo, e que exerceu grande influência em sua carreira de jornalista, tradutor e escritor. Dentre os jornais e revistas que trabalhou, estão *O Pasquim, Jornal do Brasil, Folha de São Paulo, Veja São Paulo, IstoÉ, Playboy, Status* e *Manchete*.

Sua trajetória literária começou com o lançamento de uma trilogia sobre irritação, aborrecimento e destemperança, cujos títulos eram: *O melhor do mau humor* (1989), *O amor de mau humor* (1991), e *O poder de mau humor* (1993). Na ficção, o primeiro livro foi o romance de gênero policial *Bilac vê estrelas*, em que trata de um episódio fictício na vida do poeta Olavo Bilac.

Ruy Castro destacou-se também na criação de biografias, que realiza desde a década de 1990, como as de Nelson Rodrigues (*O anjo pornográfico*, de 1992), Garrincha (*Estrela solitária – um brasileiro chamado Garrincha*, de 1995) e Carmen Miranda (de 2006, vencedor do Prêmio Jabuti); e também na produção de reportagens extensas, depois rotuladas de livro-reportagem. Pesquisador nato, e narrador sofisticado, Ruy Castro publicou ainda *Ela é carioca* (1999), sobre o bairro de Ipanema; *Flamengo: vermelho e negro*, sobre o clube carioca; *Chega de saudade – a história e as histórias da Bossa Nova* (1990). O escritor publicou ainda crônicas, críticas cinematográficas, e coordena o relançamento da obra não dramatúrgica de Nelson Rodrigues.

Fontes:

Publicações do autor; http://www.lufernandes.com.br; http://www.educacional.com.br

S

SANTA RITA DURÃO (1720-1784)

Frei José de Santa Rita Durão nasceu em 1720, em Cata Preta, Minas Gerais. Estudou no Rio de Janeiro no Colégio dos Jesuítas, e seguiu para a Europa, em 1731, instalando-se em Portugal, onde teve marcante participação política e se tornou um importante orador. Fez parte da Ordem de Santo Agostinho, foi sócio da Academia Litúrgica Pontifícia e doutorou-se em Teologia pela Universidade de Coimbra, onde foi também professor. Nomeado professor de Filosofia e Matemática em Leiria (Portugal), em 1759, não pôde assumir o cargo por não ter sido liberado por seu superior, o bispo D. João. O escritor foi ainda bibliotecário na Biblioteca Pública Lancisiana, em Roma (Itália), de 1764 a 1773.

No ano de 1781, escreveu o poema épico *Caramuru*, considerada a primeira obra nacional a tomar como tema o índio, suas lendas e costumes. O poema, que segue o modelo de *Os Lusíadas*, narra o naufrágio do Caramuru Diogo Alves, a história de amor com a índia Paraguaçu, a viagem para a França e o regresso à Bahia. Uma das passagens mais citadas trata da morte de Moema, que tenta acompanhar a nado o barco que levava Diogo Alves à Europa. No poema, encontram-se traços comuns aos textos dos cronistas e poetas dos séculos XVI a XVIII, como visão paradisíaca da terra e longas enumerações descritivas. A visão do índio ainda está bem próxima do modelo jesuíta e colonial do que propriamente iluminista, pois seu indígena submete-se ao colonizador e missionário, a ponto de abandonar sua cultura, que era considerada contrária à moral e à religião portuguesa. Frei José de Santa Rita Durão faleceu em Lisboa (Portugal), em 24 de janeiro de 1784.

Fontes:

MARTINS, Patrícia; LEDO, Terezinha de Oliveira. *Manual de Literatura Portuguesa e Brasileira*. São Paulo: Difusão Cultural do Livro 2001; *Enciclopédia Delta Universal*, 1992, 13: 7142.

SANTIAGO DIAS

O escritor, poeta e ator Santiago Dias nasceu em Nova Belém, distrito de Mantena, Minas Gerais. Aos 12 anos, mudou-se para Belo Horizonte e logo começou a escrever. Estreou na poesia em 1982, com a coletânea *Rosas e vidas*. Dois anos depois, publicou *Caminho*, livro composto de 60 poemas. Em 87, publicou *Estradar*, "poesias curtas baseadas em temas simples", que obteve boas vendagens no eixo Rio, São Paulo e Espírito Santo, conforme consta no portal *Literafro*. Em 94, publicou o livro de crônicas *Canto a uma manhã sem dor*.

Santiago Dias também encontrou maneiras alternativas para divulgar sua poesia, como, por exemplo, ilustrando camisetas com os poemas através de técnicas de serigrafia e aerografia. Também divulgou poemas quando integrava o Grupo Cobras de Cipó, de São Paulo, e recitou poemas no Programa *Fanzine*, da TV Cultura de São Paulo, a convite do dramaturgo Plínio Marcos, em 1993. Durante esse programa, ele homenageou os artistas de rua com suas interpretações.

Na dramaturgia, estreou com *Anchieta na terra dos papagaios*, em parceria com o jornalista Gaspar Bissolati Neto, no início dos anos 2000. Na sequência, escreveu e atuou na peça *Zé do Brasil*, e no espetáculo *Índio branco de alma negra*, ao lado do cantor e compositor Mauri de Noronha. Escreveu ainda um roteiro de curta-metragem intitulado *Valei-me Santo*, com Marcos de Noronha, e o roteiro do longa *Tróia Negra, a saga dos Palmares*, com o mesmo parceiro.

Santiago Dias escreve crônicas em diversos jornais e revistas. Além de transitar por vários gêneros, o escritor se utiliza de vários veículos para a divulgação da literatura.

Fontes:

Publicações do autor; http://www.letras.ufmg.br (acesso em: junho de 2007).

SANTUZA ABRAS

Professora e pedagoga, Santuza Abras nasceu em Belo Horizonte, em 19 de novembro. Mãe de Beto e Alexandre, tem extensa lista de livros dedicados ao público infantil e juvenil, muitos até com a importante distinção da Fundação Nacional do Livro Infantil e Juvenil, do Rio de Janeiro, de "Altamente Recomendáveis para Criança", e prêmios de âmbito nacional. Entre tantos títulos, destacam-se: *Pelota bolota* (1981); *Tererê* (1981); *O bigode sorridente* (1981); *Maria Sabe-Tudo* (1981); *Teco* (1981); *Vovó pescadora* (1991); *Desenruga tartaruga* (Ilustrações de Geraldo Valério) (1997); *O azar do Curuçá* (Ilustrações de Edna de Castro, 1985); *Cola melada, bola colada* (Ilustrações de Ana Raquel, 1985); *É só subir e cair* (Ilustrações de Ana Raquel, 1985); *Moto de brinquedo*

(Ilustrações de Humberto Guimarães, 1985); *No cabide da vovó* (Ilustrações de Ana Raquel, 1985); *Gigi* (Ilustrações de Marcelo Moreira, 1985); *Será fusível?* (Ilustrações de Edna de Castro, 1985); *Arranhão engavetado* (Ilustrações de Rúbia Roberta, 1985); *1 é 5, 3 é 10* (Ilustrações de Cláudio Martins, 1992); *Bem-te-verde* (Ilustrações de Denise Rochael, 1994); *Cabeça de vento, coração atento* (Ilustrações de Marilda Castanha, 1995); *Fugindo de Banho* (Ilustrações de Osório Garcia, 2003).

Entre seus livros de crônicas destacamos: "Mailtoemailtoemailtoemailto" (2000); "Ora direis ouvir estrelas..." (2002); "A bênção, papai" (2003); "Um novo tempo" (2003); "H-LERA LERÀ" (2004); "A menina do coração cheio de sol" (2005); "O que dá mais trabalho: reformar uma casa ou fazer uma casa nova?" (2005); "Deixemos o novo entrar em nossas vidas!" (2006); "Páscoa – mudou o mundo ou mudei eu?". Dos poemas e poesias listamos: "Desabafo de criança" (setembro/96); "Tem jeito" (outubro/96); "Natalizar "(dezembro/97); "Ser professor" (outubro de 2002).

Fontes:

Publicações da autora; Dados fornecidos pela escritora em junho de 2006.

SEBASTIÃO BEMFICA MILAGRE (1923-1992)

Sebastião Bemfica Milagre nasceu em Divinópolis, no dia 2 de setembro de 1923. Começou os estudos no Ginásio São Geraldo, na terra natal, e concluiu o então chamado Curso Clássico (atualmente, Ensino Médio) no Colégio Arnaldo em Belo Horizonte. Trabalhou como escrivão da polícia divinopolitana, vendedor de seguros, leiloeiro oficial da Zona de Leilão de Divinópolis, bem como dirigiu e apresentou um programa de música clássica pela Rádio Divinópolis. Poeta e trovador, participou ativamente da vida literária e cultural da cidade e foi membro-fundador da Academia Divinopolitana de Letras. Faleceu em Belo Horizonte, no dia 22 de fevereiro de 1992.

Publicou a seguinte obra: *Via-Sacra* (1960), *Gomos de lua* (1963*), Toma cuidado, menina* (1965), *Pão de sal* (1966), *Pastilhas* (1967), *Gritos* (1972), *Homem agioso* 0 itinerários dos diferentes (1974), *O mundo mundo-outro* (1976), *Sozinho na multidão* (1979), *O mundo e o terceiro mundo* (1981), *O homem e a caixa-preta* (1982), *Almanaque* – o lírico da noite (1985), *3 em 1* (1985), *Lápis de cor* (1986), *A igreja de João XXIII* (1986), *O Viaduto das Almas* (1986), *Lixo atômico* (1987), *Doador de sangue* (1990) e *Quarteto de sopro* – o nome dela é Perpétua (1991).

Fontes:

COUTINHO, Afrânio; SOUSA, J. Galante de. Enciclopédia de literatura brasileira. São Paulo: Global; Rio de Janeiro: Fundação Biblioteca Nacional, Academia Brasileira de Letras, 2001: 2v.; Disponível em: http://letrasamoda.blogspot. com. (acesso em abril de 2010).; http://www.literaturabrasileira.ufsc.br (acesso em abril de 2010).

SEBASTIÃO NUNES

Sebastião Geraldo Nunes nasceu em 5 de dezembro de 1938, em Bocaiúva (MG), e se mudou para Belo Horizonte, em 1955. Formou-se em Direito pela UFMG, mas nunca exerceu a profissão. Trabalhou sempre com publicidade, começando como tipógrafo, depois fotógrafo, arte-finalista e diretor de Arte. Expôs pela primeira vez seus poemas na Livraria do Estudante. Ganhou concursos de conto e poesia, em 65 e 66, e colaborou no *Suplemento Literário Minas Gerais*. Segundo o autor, apenas em 67 ele teria produzido o primeiro poema que considerou satisfatório.

Publicou seu primeiro texto em 1968: um pequeno livro/caderno que continha três poemas "Última carta da América", "Auto da virgem ensimesmada", e "Sete recursos extraordinários". Depois, vieram: *Cidade de Deus*, em 1970; *Finis operis*, em 1973; *Zovos*, em 1977; *O suicídio do ator*, em 1978; *Serenata em B Menor*, em 1979. Em 1980, Sebastião Nunes funda a própria editora – Edições Dubolso – e publica os livros que se seguem: *Somos todos assassinos*, em 1980; *A velhice do poeta marginal*, em 1983; *Papéis higiênicos*, em 1985; o primeiro volume da *Antologia Mamaluca*, em 1988, e o segundo volume, em 1989. Essa antologia inclui praticamente toda a produção poética de 20 anos de trabalho. Publicou ainda *História do Brasil*, em 1992; *Sacanagem pura*, com a reedição de *Somos todos assassinos*, em 1993; e o primeiro volume de *Decálogo da classe média*, em 1998, na verdade um conjunto de poemas dentro de uma pequena caixa, que enviou a cerca de 120 escritores. Em 2000, Nunes fundou a Editora Dubolsinho, especializada em textos infanto-juvenis, e editou os livros: *Gato no mato, O rei dos pássaros, O inventor de xadrez* e *A cidade das estrelas*.

Alguns estudiosos insistem em aproximá-lo do grupo do Poema Processo, mas nem todos parecem concordar. Segundo Fabrício Marques, por exemplo, a distância entre o poeta e os denominados processualistas "começa na percepção do tema, atinge a recriação pessoal do mundo e, por fim, se revela na elaboração concreta que é a visualização comunicativa do universo íntimo do autor" (In: http://www.revistazunai. com.br/ensaios/fabricio_marques_sebastiao_nunes.htm).

Sebastião Nunes parece mesmo escapar de todo rótulo, grupo ou movimento literário. Sua obra é transgressora, marginal, sarcástica, irônica e vanguardista. Em seus poemas, os que exploram a dimensão visual, ele combina texto e imagem de forma criativa e única. Na *Antologia Mamaluca*, toda a produção visual – incluindo fotos, ilustrações, colagens e montagens – foi realizada pelo autor. Também nos livros infantis, Nunes usa artisticamente a imagem, tornando-os um universo extremamente criativo e instigante para o jovem leitor.

Em 2008, para comemorar os 70 anos do poeta, e os 40 anos da publicação de seu primeiro livro, Fabrício Marques publicou *Sebastião Nunes*, que contém um ensaio sobre a obra de Nunes, fotos raras relacionadas à trajetória do escritor e ainda a reprodução de cartas que ele trocou com diversos intelectuais como Glauco Mattoso, Sebastião

Uchôa Leite, Antonio Candido, Millôr Fernandes, Carlos Drummond de Andrade e Augusto de Campos, entre outros.

Fontes:

ARAÚJO, Paulo. "A cidade D/O absurdo da cidade". *Suplemento Literário Minas Gerais*. Belo Horizonte, v. 5, n. 28, p. 7, ago. 1970; ÁVILA, Carlos. "Brutalismo poético". *Suplemento Literário Minas Gerais*, Belo Horizonte, n. 4, p. 3-6, ago. 1995; LACERDA, Alcione Terra. "Zovos: um Poema Livro". *Suplemento Literário Minas Gerais*, Belo Horizonte, v. 13, n. 616, p. 2, jul. 1978; MARQUES, Fabrício. "O Decálogo de Sebastião Nunes". *Suplemento Literário Minas Gerais*, Belo Horizonte, n. 44, p. 16-17, dez. 1998; VIEIRA, Luís Gonzaga. "A Cidade de Deus". *Suplemento Literário Minas Gerais*, Belo Horizonte, v. 5, n. 209, p. 1-2, ago. 1970; WERNECK, Humberto & PELLEGRINO, Carlos Roberto. "Sebastião G. Nunes: A Arte Sem Rótulos". *Suplemento Literário Minas Gerais*, Belo Horizonte, v. 4, n. 164, p. 6-7, out. 1969.

SÉRGIO FANTINI

Sérgio Fantini – ícone da geração mimeógrafo – nasceu em Belo Horizonte, em 1961. Em 76, já começou a publicar seus zines, seus poemas e a realizar shows, exposições, recitais e performances. Possui textos em diversas antologias nacionais, como *Novos contistas mineiros*; *Contos jovens*; *Belo Horizonte: a cidade escrita*; *Temporada de poesia / Salto de Tigre*; *Miniantologia da minipoesia brasileira*; *Geração 90*; *Manuscritos de computador*; *Os cem menores contos brasileiros do século*; *Contos cruéis*; *Literatura para todos*; *Quartas histórias: contos baseados em narrativas de Guimarães Rosa* e *Cenas de favela*.

Muito respeitado também como produtor cultural, Sérgio Fantini é o curador do VIII Salão do Livro e Encontro de Literatura de Belo Horizonte, que acontece de 14 a 24 de junho de 2007, sob o patrocínio da Câmara Mineira do Livro, da Prefeitura de Belo Horizonte, da Fundação Municipal de Cultura, e com o apoio da Câmara Brasileira do Livro. Tem publicado os livros: *Diz xis* (novela, 1991); *Cada um cada um* (1992); *79/97* (poemas, 1997); *Materiaes* (prosa, 2000); *Coleta seletiva* (prosa, 2000). Zines: *O cancioneiro e Pro Domo Meã* (de 76 a 82), *A ponto de explodir* (contos, 2008).

Fonte:

Publicações do autor.

SEVERIANO DE REZENDE (1871-1931)

José Severiano de Rezende nasceu em São João del-Rei, em 23 de janeiro de 1871, e morreu em Paris, em 13 de novembro de 1931. Ao longo da vida, exerceu múltiplas atividades, entre elas a de parlamentar, professor, jornalista e escritor. Estudou Direito em São Paulo, mas não concluiu o curso. Mais tarde, foi para Mariana, onde se ordenou padre no Seminário Nossa Senhora da Boa Morte; retornou a São Paulo e, em seguida, ao Rio de Janeiro. Nessa época, costumava frequentar as mais afamadas rodas boêmias de então, acompanhado de figuras como Olavo Bilac, Mário de Alencar, Emílio de Menezes, Guimarães Passos, entre outros. Morou em Paris alguns anos, mas retornou em 1915 para rever os amigos e a Pátria. Alguns incidentes envolvendo seu nome prejudicaram sua reputação e a carreira religiosa: considerado herege pela Igreja, foi forçado a abandonar a batina.

Como poeta, Severiano de Rezende ora é identificado à estética simbolista – apesar das marcas parnasianas de sua obra, fruto da convivência com Bilac e Emílio de Menezes –, ora é colocado junto aos poetas pré-modernistas. Em todo caso, o conflito provocado pela religiosidade e pelo pecado é uma temática muito presente em sua poética.

Publicou os seguintes livros: *Mistérios* (poesia, 1920); *Eduardo Prado – Páginas de crítica e polêmica* (prosa, s.d); *Meu flo sanctorum* (prosa, s.d). *O hipogrifo* (antologia, 2004); *São Sebastião e outros poemas e prosa* (antologia, 2004). Entre os estudos publicados sobre o poeta, destacam-se: *O sacerdócio da poesia – uma introdução à poesia de José Severiano de Resende* (2000); e *Vivência poética*, de Henriqueta Lisboa.

Fontes:

CAMPOS, Moura. "O estudante literário". *Suplemento Literário Minas Gerais*. Belo Horizonte, v. 7, n. 330, p. 10, dez. 1972; AQUINO, Almir de Resende. "Severiano, homem de fé". *Suplemento Literário Minas Gerais*. Belo Horizonte, v. 7, n. 330, p. 11, dez. 1972.

SILVA ALVARENGA (1749-1814)

Manuel Inácio da Silva Alvarenga nasceu em Vila Rica (atual Ouro Preto) (MG), e morreu no Rio de Janeiro. Era mestiço de ascendência humilde e filho de músico. Foi poeta, advogado, professor de Retórica, e membro da Sociedade Científica do Rio de Janeiro até sua extinção em 1779. Entre os contemporâneos mais ilustres que conheceu, estavam o marquês de Pombal, os poetas Basílio da Gama e Alvarenga Peixoto, os mecenas marquês do Lavradio e Luís de Vasconcelos e Souza. O poeta fez os estudos preparatórios no Rio de Janeiro e, em 1771, foi estudar na Universidade de Coimbra, em Portugal, onde conheceu Basílio da Gama.

Em 1774, publicou o poema cômico *O desertor,* que costuma ser impresso com o título *O desertor das letras*. Na folha de rosto, constava sua filiação à Arcádia Ultramarina, e o pseudônimo árcade Alcindo Palmireno. Após concluir o curso, em 1776, retornou ao Brasil, onde começou a advogar, e continuou a escrever. No Rio de Janeiro, abriu o Curso de Retórica e Poética, em 1782, que fez grande sucesso. Tornou-se membro da Sociedade Científica do Rio de Janeiro, no governo do marquês de Lavradio, e recebeu de Luís de Vasconcelos e Souza a cadeira de professor Régio de Retórica e Poética. Em 1786, fundou a Sociedade Literária do Rio de Janeiro, mas uma denúncia de que divulgavam "ideias francesas" e conspiravam contra a Coroa Portuguesa obrigaram-no a fechá-la, sendo ele e seus sócios processados e presos, em 1795. Em 1797, foi libertado por ordem de D. Maria I, por falta de provas.

Silva Alvarenga sistematizou sua arte poética, bem como a estética árcade, na "Epístola a J. Basílio da Gama, Termindo de Sipilio", e na publicação *As artes*, de 1788. De 1843 a 1844, dedicou-se à publicação do periódico *O patriota*, com Mariano José Pereira da Fonseca (futuro marquês de Maricá), seu companheiro da Sociedade Literária do Rio de Janeiro. Foi essa publicação que deu início à revista de cultura no Brasil.

Para Fábio Lucas, a coletânea de poemas intitulada *Glaura*, de 1797, seria a obra mais relevante de Silva Alvarenga. Segundo o crítico, no Prefácio para o livro,

> *Glaura, poemas eróticos* é, nesse sentido, sua aventura mais ambiciosa. Tomando emprestimo as soluções melódicas de *Metastásio* (1698-1782), o grande modelo neoclássico, o brasileiro soube trazer para os seus poemas uma sonoridade leve e cantante, animada por um sentimentalismo difuso, entre dengoso e lamuriante, que iria derramar-se em clave mais adocicada, em muitas cantigas do nosso cancioneiro popular. Ao mesmo tempo, a imaginação plástica de Silva Alvarenga captou vivamente aspectos da natureza carioca, abrindo espaço para um sentimento da paisagem que os românticos depois iriam aprofundar. Por tudo isso, *Glaura* constitui um episódio digno de nota da nossa 'Arcádia no trópico' (LUCAS F. Prefácio de *Glaura*: poemas eróticos).

Publicações: *Heróida Theseo a Ariadna* (1774); *O templo de Netuno* (1777); *A gruta americana* (1779); *Glaura: poemas eróticos* (1797); *O desertor* (1774) e *Às artes* (1788).

Fontes:

ALVARENGA, Silva. *Glaura, poemas eróticos*. Introdução, cronologia e notas de Fábio Lucas. São Paulo: Companhia das Letras, 1996; http://www.itaucultural.org.br (acesso em: maio de 2006); http://vbookstore.uol.com.br (acesso em: maio de 2006).

SILVIANO SANTIAGO

Romancista, poeta, contista, crítico literário e professor, Silviano Santiago está sendo considerado um dos maiores escritores brasileiros contemporâneos. Nascido em 29 de setembro de 1936, em Formiga (MG), era filho de Noêmia Famese Santiago e Sebastião Santiago. Com a morte prematura de sua mãe, o pai casou-se novamente. Estudou na Escola Normal Oficial de Formiga, no Colégio Estadual de Belo Horizonte e no Colégio Marconi, onde fez opção pelo curso Clássico. Nessa época, frequentou o Centro de Estudos Cinematográficos (CEC), onde conheceu Jacques do Prado Brandão, Cyro Siqueira, José Roberto Duque Novaes e Guy de Almeida, com quem fundou a *Revista de Cinema*. Os primeiros contos, poemas e crônicas surgiram nessa época e foram publicados em diferentes jornais e revistas, como *O Correio do Dia*. Com o pseudônimo de Antônio Nogueira, enviou poemas para o *Jornal do Brasil*, que foram selecionados e publicados por Mário Faustino.

Em 1957, passou no vestibular para Letras Neolatinas na Universidade de Minas Gerais. Dedicado estudioso da Língua Francesa, ganhou o *Diplôme d'Etudes Françaises* da Universidade de Nancy, pela Aliança Francesa, foi monitor de Literatura Francesa e fez algumas traduções, como *Fín de paftie*, de Samuel Beckett e João Marschner. Especialista em André Gide, publicou importantes estudos sobre o poeta no Brasil e na França, inclusive na *Revue Annueile du Centred'Etudes Supérieures de Français*, que lhe rendeu uma Bolsa de Estudos do governo francês para fazer o doutorado na Universidade Sorbonne, de Paris. Também residiu alguns anos nos Estados Unidos, onde lecionou nas Universidades de Novo México e Rutgers, e no Canadá, na Universidade de Toronto. Em 74, retornou ao Brasil e passou a lecionar na PUC-RJ e na Universidade Federal Fluminense. A carreira de professor e crítico literário foi construída com muito sucesso, não apenas na sala de aula, mas também nos congressos do País e do exterior. Santiago foi um dos criadores da Associação Brasileira de Literatura Comparada, introdutor dos Estudos Culturais e Comparatistas, e do pensamento do filósofo francês Jacques Derrida no Brasil.

Entre seus livros de ensaios, destacam-se: *Carlos Drummond de Andrade* (1976); *Uma literatura nos trópicos – ensaios sobre dependência cultural* (1978);); *Vale quanto pesa* (1982); *Nas malhas da letra* (1989); *O cosmopolitismo do pobre* (2004); *As raízes e o labirinto da América Latina* (2006); *A vida como literatura – O amanuense Belmiro* (2006).

Mas, além da crítica e do ensaísmo acadêmico, Silviano Santiago tem publicado trabalhos instigantes no campo da poesia, do conto e do romance, e recebido importantes prêmios como o Prêmio Jabuti, que já recebeu por três vezes. Seus livros estão sendo traduzidos para outras línguas, como inglês, francês, alemão e espanhol. Sua obra literária tem os seguintes títulos, até o momento: *4 poetas* (poesia, 1960); *Duas faces* (com Ivan Ângelo, poesia, 1961); *Salto* (poesia, 1970); *O banquete* (contos, 1970); *O olhar* (romance, 1974); *Crescendo durante a guerra numa província ultramarina* (1978); *Em liberdade* (romance, 1981); *Stella Manhattam* (romance, 1985); *Uma história de família* (1992); *Cheiro forte* (1993); *Viagem ao México* (1995); *Keith Jarrett no blue note* (improvisos de jazz, 1996), *Heranças* (2008).

Em 2008, Silviano Santiago foi tema, ao lado dos historiadores Boris Fausto e Evaldo Cabral Mello, da Coleção Intelectuais do Brasil, editada pela Editora UFMG e pela Fundação Perseu Abramo, com o objetivo de traçar o perfil de artistas e intelectuais que se destacaram principalmente depois de 1964. Ainda nesse ano, Santiago lançou o romance intitulado *Heranças*, pela Editora Rocco, que narra, em primeira pessoa, as reflexões de um velho e rico empresário que adoece gravemente, e decide sair de sua cidade, Belo Horizonte, e residir no Rio de Janeiro. O romance tem merecido inúmeros estudos que destacam o fôlego renovado do romancista mineiro que surpreende a cada nova publicação.

Fontes:

Publicações do autor; PECORA, Alcir. "Prisão de memórias". In: jornal *Folha de S. Paulo*, de 7 de setembro de 2008; Livros do autor, como *Cheiro forte* (1993); *Em liberdade* (1981); *O banquete* (1970); *O olhar* (1974); Jornal *Estado de Minas* de 22 de março de 2008; http://www.pacc.ufrj.br (acesso em: 10 de junho de 2006); http://www.pacc.ufrj.br (acesso em: 10 de junho de 2006); http://www.revista.agulha.nom.br (acesso em: 10 de junho de 2006);

SONIA JUNQUEIRA

Mineira de Três Corações, Sonia Junqueira mora em Belo Horizonte. Formou-se em Letras pela Universidade Federal de Minas Gerais, foi professora de Português e Teoria da Literatura na Faculdade de Letras, por dois anos, mas decidiu abandonar o magistério e se mudar para São Paulo para trabalhar na Editora Abril. Antes de retornar para Belo Horizonte, acumulou ainda experiência em outras importantes editoras.

Além de editar livros, Sonia Junqueira escreve livros didáticos e histórias infantis. Os primeiros trabalhos saíram na Coleção Estrelinha, com a qual ganhou o Prêmio Jannart Murtinho Ribeiro, da Câmara Brasileira do Livro, em 1984, como Revelação de Autor Infantil. Desde então, tem se dedicado à criação de livros destinados a crianças em diferentes estágios de alfabetização e de aprendizagem da leitura. Segundo Nelly Novaes Coelho, seus livros

> [...] atraem de imediato a atenção do pequeno leitor devido a inteligentes e pitorescas ilustrações coloridas, apresentam textos que mantém vivo o interesse da leitura, principalmente devido à linguagem narrativa concisa e bem-humorada com que a autora centrou, em cada livro, uma situação divertida ou inesperada facilmente compreendida pelas crianças (COELHO, 1995).

E já são mais de 80 títulos publicados. Entre eles, destacam-se *A lenda da gralha azul* (1994); *O dia em que um super-herói visitou a minha casa* (1996); *A foca famosa* (1997); *Pesquisa escolar passo-a-passo* (1999); *A arara cantora* (1999); *Será que tem festa?* (2005), entre muitos outros.

Fontes:

Publicações da autora; COELHO, Nelly Novaes. *Dicionário crítico de literatura infantil e juvenil brasileira dos séculos XIX e XX*. 4. ed. São Paulo: Editora da USP, 1995; http://www.ufmg.br (acesso em: maio de 2006); http://www.atica.com.br (acesso em: maio de 2006); http://www.aticaeducacional.com.br (acesso em: maio de 2006); http://www.livrariagalileu.com.br (acesso em: maio de 2006); http://www.siciliano.com.br (acesso em: maio de 2006); http://www.saraiva.com.br (acesso em: maio de 2006).

SÔNIA LINS (1919-2003)

Nascida em abril de 1919, em Belo Horizonte, a escritora e artista plástica Sônia Lins foi considerada "uma espécie de Gertrude Stein a la Minas Gerais por sua autonomia excêntrica e barroca e suas construções acrobáticas com as palavras", pelo crítico de arte Luciano Figueiredo, por ocasião do lançamento do seu primeiro livro *Baticum*, em 1978. Apenas aos 59 anos, a irmã de Lygia Clark estreava no mundo literário com um livro que recuperava memórias de sua infância em Belo Horizonte nas décadas de 1920 e 1930. Outros livros se seguiram, como *Abre-te Sésamo*, de 1994; e *Artes*, de 1996. Este último, uma interessante publicação bilíngue (português/inglês) que trata das memórias e da arte de Lygia Clark, com textos de Guy Brett e projeto gráfico de Julio Villani.

No ano de seu falecimento, 2003, *Baticum* ganhou uma edição de luxo, e a artista foi homenageada com uma exposição de seus trabalhos, com destaque para os que exploram a linguagem gráfica e as novas mídias, no Centro Cultural Telemar. Realizada pela produtora Luiza Mello, com curadoria de Claudia Zarvos, a exposição recuperava ainda trabalhos como *Zumbigos* e *Brasil passado a sujo*. Na ocasião, foi lançada a sua biografia, intitulada *Se é para brincar eu também gosto*, da autoria de Marcel Souto Maior.

Fontes:

THEISS, Samira Ávila. A escrita performática de Sonia Lins. In: http://www.portalabrace.org/ (acesso em março de 2010); SOUTO MAIOR, Marcel. *Se é pra brincar eu também gosto: um perfil biográfico de Sonia Lins*. Rio de Janeiro: Casa da Palavra, 2006.

SÔNIA QUEIROZ

Sônia Maria de Melo Queiroz, conhecida poeta, contista e pesquisadora mineira, nasceu em Belo Horizonte, mas passou quase toda a infância em Bom Despacho, interior de Minas Gerais. Fez o curso de Letras e o mestrado na UFMG, onde leciona Língua Portuguesa e Literaturas de Língua Portuguesa. Depois, fez o doutorado em Comunicação e Semiótica na Pontifícia Universidade Católica de São Paulo.

Como poeta, tem inúmeros poemas publicados em jornais e revistas do Estado, e em antologias como *Palavra de mulher*, de 1979, e *Taquicardias*, de 1985. Publicou até o momento os seguintes livros: *O sacro ofício*, de 1980, que ganhou o Prêmio Cidade de Belo Horizonte; *Relações cordiais*, de 1997; e *Corra água por onde correr*, de 2003. Como contista, publicou *Madrinha*, em 1987, em que realiza um interessante trabalho valendo-se da língua de Tabatinga. Além da ficção, Sônia Queiroz também publicou *Pé preto no barro branco: a língua dos negros da Tabatinga*, um estudo linguístico, em 1998.

Fontes:

Informações obtidas em entrevista com a autora em junho de 2006; http://www.ufmg.br (acesso em: junho de 2006).

STELA MARIS REZENDE

Nasceu em Dores do Indaiá, em 1950. Formou-se em Literatura Brasileira pela Universidade de Brasília e exerceu o magistério pela Secretaria de Educação do Distrito Federal. Entre suas diferentes habilidades, Stela Maris é desenhista, pintora, compositora, autora de peças teatrais, já participou de programas infantis de televisão e atuou como atriz. Tem recebido importantes prêmios literários, entre os quais o Prêmio Fernando Chinaglia, em 1980 e 1986; o Prêmio João de Barro de Literatura Infantil e Juvenil, em 1986 e 2001; e o Prêmio Bienal Nestlé de Literatura, Categoria Infanto-Juvenil, em 1988. Participou de Feiras do Livro na Itália e na Alemanha e já integrou diversas antologias.

Até o momento, publicou cerca de 24 livros, entre eles: *Dentro das lamparinas* (1979); *Temporã* (1980); *O último dia de brincar* (1987); *Alegria pura* (1988); *O sonho selvagem* (1988); *A herança e o mistério* (1989); *Vera mentirosa* (1989); *Apaixonante coração* (1990); *Sem medo de amar* (1990); *Depende dos sonhos* (1992); *O espelho da alma* (1992); *Os nomes do amor* (parceria com Marcos Bagno, 1993); *O que será que tem dentro?* (1993); *Pétala de fúria no vento da rosa* (1995); *Bendita seja esta maldita paixão* (1996); *Amor é fogo* (1997); *O seco e o amoroso* (1998); *Matéria de delicadeza* (2001); *A terra dos mais belos desejos* (2002), *Coração brasileiro* (2003), *O artista na ponte num dia de chuva e neblina* (2003).

Fonte:

Publicações da autora.

TADEU MARTINS

Tadeu Martins Soares nasceu em Itaobim, no vale do Jequitinhonha. É um conhecido contador de casos, pois já se apresentou em diversas capitais e em dezenas de cidades brasileiras e também em programas de rádio e de TV e em colunas de jornais como: *Geraes*, *Estado de Minas* e *Brazilian Voice*, de Nova Jersey – EUA. Durante dez anos, foi professor de Química em cursos pré-universitários em Belo Horizonte. Como produtor cultural, idealizou importantes eventos, como o Festivale, O melhor dos festivais de Minas, Carnaval prapular, BH em 2 Rodas, Santa Tereza em Serenata, Caminhada do Centenário em Belo Horizonte, entre vários outros.

Publicações: *Deus não quis assim* (peça teatral em um ato, 1973); *Viva meu povo* (1981); *Jequitinhonhês* (incluído em *Jequitinhonha antologia poética*, 1983); *Histórias* (incluído em *Jequitinhonha antologia poética II*, 1985); *Jogando conversa fora* (1988); *O que o Brasil precisa* (1989); *Afonso Martins – 90 anos de história* (1991); *Casos populares* (1992); *O martelo da dominação* (1998) e *Minas em versos e outras prosas gerais* (2002), que também foi lançado nos Estados Unidos. Tem ainda dezenas de folhetos de cordel de apoio a eventos culturais, sindicatos, associações de classe, associações comunitárias e partidos (PMDB, PT, PCdoB, PSDB, PSB).

Fontes:

Publicações do autor.

TÂNIA DINIZ

Tânia Maria Miranda Diniz nasceu em Dores do Indaiá, em 20 de maio de 1945. Reside em Belo Horizonte, onde se formou em Letras Neolatinas pela UFMG, e é professora de

Português, Francês e Italiano em vários colégios. Fez também cursos de extensão na área de línguas, comunicação e música, e profissionalizou-se em Relações Públicas de uma firma interestadual. Sua atuação no movimento feminista se fez principalmente no campo da literatura, com a criação, em 1989, do mural poético *Mulheres Emergentes*: publicação alternativa com ênfase no feminino, que obteve repercussão internacional. Em 1993, ela promoveu o I Concurso Internacional de Poesia e Ilustrações, vinculado a esse projeto, que teve dezenas de inscrições e resultou em vários produtos, como o lançamento de camisetas poéticas pela grife ME; e a organização do livro *Prêmio*, com os resultados do concurso.

O livro de estreia – *O mágico de nós*, de 1988 – contém delicados minicontos fantásticos e, no título, a alusão à obra *O mágico de OZ*. Em 92, lançou *Mulher embalada* – que consistia em uma série de poemas publicados separadamente em pequenos cartões, e reunidos em saquinhos amarrados com um laço de fita lilás. A estes trabalhos, seguiram-se *Bashô em nós* (haicais em parceria), de 1996; *Relatos de viagem à marmelada*, de 1997; e *Rituais*, de1997.

Tânia Diniz também participa de diversas antologias nacionais, como *Flor de vidro* (1991); *Nova poesia Brasil* (1992); *Festival de poesia, crônica e conto* (1992); *Antologia poética Vargas Netto* (1997); entre outras. Tem ainda trabalhos publicados em jornais, revistas e zines no Brasil e no exterior. E, sempre muito atuante, possui uma página intitulada "Mulheres Emergentes" em alguns jornais.

Fontes:

Publicações da autora; COELHO, Nelly Novaes. *Dicionário crítico de escritoras brasileiras*. São Paulo: Escrituras, 2002.

TARCÍSIO ALVES JÚNIOR

Nasceu em Ipatinga, Minas Gerais, em 4 de julho de 1965. Veio para Belo Horizonte aos cinco anos de idade, onde estudou, formando-se em História, em 1992, e em Jornalismo, em 94, pela Pontifícia Universidade Católica de Minas Gerais. Foi depois de passar alguns meses na Europa que decidiu escrever para registrar a experiência. É professor de História da Rede Municipal de Ensino de Belo Horizonte. Trabalhou também como estagiário de jornalismo na Assessoria de Imprensa do Sindicato de Professores da Rede Municipal de Educação e no jornal *Diário da Tarde*. O escritor é ainda astrônomo amador, tendo elaborado um pequeno texto sobre História e Astronomia, para trabalhar com seus alunos, intitulado: *Sobre nossas cabeças*. Fundou com outros professores um grupo de teatro denominado Autos de Vera Cruz e já escreveu duas peças: *Narciso* e *Romeu sem Julieta*.

Publicações: *Alto Vera Cruz: a história de Cassandra* (romance, 2000); *A folia dos Ávila* (romance, 2003); *A comédia profana* (poesia, 2008) e *Assassinato na escola do poeta*.

Fonte:

Entrevista concedida pelo escritor em maio de 2006.

TÉO AZEVEDO

Téo Azevedo, poeta e violeiro, nasceu em 2 de julho de 1943, em Alto Belo, distrito de Bocaiúva, no Norte de Minas Gerais. É filho do poeta e cantador Teófilo Isidoro de Azevedo (1905-1951), também famoso cantador mineiro, de quem herdou a vocação para a poesia popular. Frequentou muito pouco a escola formal. Segundo conta, aprendeu a ler e a escrever olhando as placas comerciais e folheando gibis e jornais. Após a morte do pai, começou a trabalhar e, aos oito anos de idade ganhava a vida como engraxate, lavando carros, carregando malas e vendendo frutas.

Envolveu-se com o 'repente' quando conheceu um camelô pernambucano, de nome Antônio Salvino, que vendia remédios pelas feiras e praças populares. Começou a trabalhar com ele e sua função era chamar a atenção das pessoas com uma cobra jiboia enroscada no pescoço e cantando 'calango' – uma das formas de repente. A partir daí não parou mais de cantar, e a cantoria passou a ser sua forma de sobrevivência.

Gravou o primeiro disco em 1965, que trazia uma música folclórica muito conhecida no Norte de Minas: "Deus te salve Casa Santa" (Cálix Bento), que ganhou nova melodia e o acréscimo de três estrofes de sua autoria. Nesta época, Téo começou a fazer abertura de shows em circos e praças públicas acompanhado por cantores e outros repentistas. Compôs várias músicas e, em 1968, foi escolhido pelo jornal *O Debate* como o melhor compositor mineiro do ano. Mudou-se para São Paulo, e lançou o LP *Brasil, Terra da gente,* que enfim vai torná-lo reconhecido entre os cantadores, e também no seu Estado, graças ao apoio que recebeu dos jornalistas Carlos Felipe e Sebastião Breguez, do jornal *Estado de Minas*. A importância de seu trabalho consiste, principalmente, no resgate da cultura popular mineira que realiza, especificamente a do Norte de Minas, uma vez que ele produziu e gravou as diferentes modalidades do cordel mineiro, como o calango, o coco de viola, o lundu, o guaiano, a chula campeira e o repente.

Com o lançamento do livro *Literatura popular do norte de Minas* (Editora Global) teve início sua produção literária. Publicou *Abecedário matuto, Repente folclore, TIOFO, o cantador de um braço só, Cultura popular do Norte de Minas, Plantas medicinais e benzeduras, A folia de reis do norte de Minas, Dicionário catrumano – Glossário de Locuções Regionais, As ervas que curam*, entre outros. Também editou discos de canção popular e criou o selo Pequizeiro Produções Artísticas, em 1998. Suas músicas têm sido interpretadas por artistas renomados como Luiz Gonzaga, Sérgio Reis, Zé Ramalho, Tonico e Tinoco, Caju e Castanha, Milionário e José Rico, Genival Lacerda e Jair Rodrigues. No exterior, tem músicas gravadas com o saxofonista inglês Bobby Keys, da banda *Rolling Stones*, e com o gaitista de blues norte-americano Charlie Musselwhite. Também fez apresentações musicais em cidades de Portugal, sendo o único cordelista a participar de eventos culturais em terras lusitanas.

A obra de Téo Azevedo tem sido estudada por especialistas de cordel no Brasil e exterior. Nos EUA, J. Mack Curran, da Universidade do Arizona, fez referência à sua obra em estudo sobre o cordel brasileiro. O holandês Joseph Luyten, quando estava na Universidade de Osaka (Japão), também mencionou o trabalho de Téo. Ainda, na França, o especialista Raymond Cantel, da Sorbonne, incluiu parte de sua obra na coleção que organizou sobre a literatura de cordel brasileira.

Fontes:

Publicações do autor; www.saladeprensa.org (acesso em 10 de março de 2006).

TEREZINHA ALVARENGA

Tereza Leal de Alvarenga Simões nasceu em Peçanha, Minas Gerais, em 1º de agosto de 1939. Estudou alguns anos na cidade de Governador Valadares e mudou-se para Belo Horizonte, onde se estabeleceu. Em 69, formou-se em Letras pela PUC Minas. Ao longo da vida, Terezinha Alvarenga tem se dedicado ao trabalho de ficcionista, ao jornalismo, ao magistério e à sua fazenda. Desde cedo, começou a escrever contos, até que, em 1966, disputou o Concurso de Contos Cidade de Belo Horizonte e conquistou o 1º lugar. Dois anos mais tarde, o livro *Reza braba* recebeu Menção Honrosa da Academia Mineira de Letras, sendo publicado no ano seguinte. A partir de 79, a autora passou a se dedicar à literatura infantil e juvenil, alcançando grande êxito de crítica e de público. Em 84, publicou o romance *Doce Bárbara*, que, adaptado para o cinema, foi também premiado. Em 88, recebeu o Prêmio Jabuti de Melhor Produção Editorial. Nesse mesmo ano, seu livro *A mãe da mãe da minha mãe* (de 1988) recebeu vários prêmios, entre eles o Prêmio Ofélia Fontes – O Melhor para a Criança da Fundação Nacional do Livro Infantil e Juvenil; Prêmio Melhor Autor Infantil da Associação Paulista dos Críticos de Arte, de SP, entre outros. É membro da Academia Municipalista de Minas Gerais, da Academia Marianense de Letras da Academia Feminina Mineira de Letras e da União Brasileira de Escritores – SP.

A autora tem aguda consciência do processo de produção literária e trabalha preferencialmente com a relação entre realidade e fantasia. Costuma afirmar que é impossível dissociar o conteúdo da forma, pois essa é uma ferramenta que auxilia a construção de sentido. Sua literatura é a "construção de uma linguagem que carrega o mundo, não o fotografa ou o espelha" (*Suplemento Literário Minas Gerais*, 1984).

Algumas de suas publicações: *Reza braba* (1968); *Empreiteiros da morte* (1977); *Rita está acesa* (1979); *Tô pedindo trabalho* (1980); *Forró da tia Olinda* (1980); *Bilhete no pára-brisa* (1984); *Doce Bárbara* (1984); *Quadrilha* (2004); *Fora do arco-íris* (s/d), entre outras.

Fontes:

ALVARENGA, Terezinha. "Um momento de ilustração". *Suplemento Literário Minas Gerais*, Belo Horizonte, 2 maio 1984. Entrevista concedida a Elza Beatriz; COELHO, Nelly Novaes. *Dicionário crítico da literatura infantil e juvenil brasileira*: séculos XIX e XX. 4. ed. rev. e ampl. São Paulo: EDUSP, 1995; COUTINHO, Afrânio; SOUSA, J. Galante de. *Enciclopédia de literatura brasileira*. 2. ed. rev., ampl., atual. São Paulo: Global; Rio de Janeiro: Fundação Biblioteca Nacional: Academia Brasileira de Letras, 2001 2 v.; NETO, Adrião. *Dicionário biobibliográfico de escritores brasileiros contemporâneos*. Teresina: Geração 70, 1998; TEYSSIER, Paul & BRANDÃO, Eduardo. *Dicionário de literatura brasileira*. São Paulo: Martins Fontes, 2003.

TEREZINHA PEREIRA

Terezinha Almeida Melo Pereira nasceu na cidade de Pará de Minas (MG), em 4 de novembro de 1948. Leitora assídua desde a infância dos mais variados estilos e gêneros literários, Terezinha Pereira considera esse fato como o propulsor de seu interesse pela escrita e a escolha do curso de Letras que fez na Universidade Federal de Minas Gerais. Trabalhou no magistério e na Caixa Econômica Federal, em sua cidade. Atualmente, integra a Academia de Letras de Pará de Minas, faz traduções e colabora no *Jornal Diário* e no jornal virtual *JC Notícias*, assinando a coluna Arte e Cultura.

A carreira de escritora teve início em 1988, quando escreveu o primeiro conto – "Mulher feliz" –, que logo recebeu prêmios, como o Prêmio Literário de Araguari, em 1990, e o Prêmio Literário de Itaúna, em 1991. Mais tarde, o conto foi publicado em *Se uma pianista numa noite branca*, de 2004.

A escritora tem outros contos divulgados em antologias e coletâneas do Brasil e do exterior, como Portugal, Uruguai e Itália. Publicou ainda o romance *Em confidência* (2000); *A última folha* (2001); o *e-book* infantil *A princesa e a bailarina* (s/d), *Se uma pianista numa noite branca* (contos, 2004); além de trabalhos em revistas pedagógicas e acadêmicas e do livro de contos intitulado *Contemplação*, que se encontra no prelo.

Fontes:

Publicações da autora; http://www.cafeliterario.jor.br (acesso em: 11 de abril de 2006); http://www.verdestrigos. org (acesso em: 11 de abril de 2006); http://www.casadacultura.org (acesso em: 18 de abril de 2006).

THEREZINHA CASASSANTA

Nasceu em Campanha, Sul de Minas Gerais, no dia 30 de maio de 1927. Mudou-se para Belo Horizonte ainda bem jovem e adotou a cidade como sua. Fez o Curso de Formação de Professores no Instituto de Educação de Minas Gerais e Pedagogia na PUC Minas e trabalhou nas Escolas Estaduais Barão do Branco e Silviano Brandão. A pós-graduação fez nos Estados Unidos, em Educação Elementar e Literatura Infantil, em 1957. Ao retornar, trabalhou na administração do Instituto de Educação e, depois, no Programa de Ciências de Belo Horizonte.

Ainda criança descobriu que gostava de criar histórias, e o primeiro livro foi uma surpresa que sua mãe e uma tia lhe fizeram, publicando um de seus contos. Ao aproximar o ensino de leitura e literatura, conseguiu fazer do livro uma fonte de prazer e fantasia. Mesmo quando trabalhava na docência, costumava aliar o trabalho com a literatura infantil e o desenvolvimento pedagógico de seus alunos. Foi assim que surgiu um livro que construiu com as crianças de sua classe, como ela mesma relata:

> Do meu convívio com as crianças nasceram histórias de livros, que publiquei. A *Porquinha do rabinho enroladinho*, por exemplo, foi escrita para uma turma de 1ª série, que tive no Instituto de Educação, há muito tempo. A cada semana eu levava um trecho da história e as crianças davam opiniões e faziam a ilustração. No final, houve até um teatro. Foi muito gostoso e me lembro com saudade (In: "Carta escrita aos alunos da Escola Municipal Miriam Brandão", em 1999).

Therezinha Casassanta já escreveu mais de 40 livros, de literatura e didático. E continua criando histórias para as crianças de todas as idades, mandando sempre um recado especial: "Ler é voar, ler é sair do lugar!".

Entre seus livros, destacam-se: *Cachuxa*; *Três numa árvore* (1990); *Sula brigou com a comida* (1991); *Tico vai à cidade* (1994); *Que barulheira* (1994); *A porquinha do rabinho enrolado* (1994); *Pituchinha* (1994); *Onde está a mamãe?* (1995); *A tartaruga infeliz* (1995); *Aviso ao Rei Leão* (1995); *Três por um triz* (1995); *Peixinho Dourado vai passear* (1995); *Pluminha procura amigos* (1995); *O coelhinho desobediente* (1995); *O canguruzinho fujão* (1995); *Girafinha Flor faz uma descoberta* (1996); *Um cachorrinho para Kakau* (1996); *O gatinho perdido* (1996); *Dom Ratão faz uma descoberta* (1996); *A vira-volta de Janjão* (1998); *Morangos e Margaridas* (1999); *A Rua do Bem-Me-Quer* (1999); *Um presente especial*, (1999); *Joaninha-de-Barro* (1999); *Caiu, caiu, 1° de abril!* (1999); *Amigos até debaixo d'água* (1999); *Com quem está o chapéu?* (1999); *Pinguinho quer conhecer o mundo* (1999); *Aparecida, a esquecida* (2000), entre muitos outros.

Fontes:

Entrevista concedida pela escritora em 21 de junho de 2006; CASASSANTA, Therezinha. Carta aos alunos da E. M. Míriam Brandão em 1999.

TOMÁS ANTÔNIO GONZAGA (1744-1810)

Tomás Antônio Gonzaga, nasceu no Porto, em Portugal, em 2 de agosto de 1744; mas, por toda a vida, esteve dividido, residindo ora no Brasil, ora em terras portuguesas. Estudou no Colégio dos Jesuítas, em Salvador (BA), e formou-se em Direito na Universidade de Coimbra, em 1768, onde conheceu o poeta Alvarenga Peixoto. Após formar-se, escreveu o Tratado de Direito Natural, de forte caráter iluminista. Durante algum tempo, exerceu a Magistratura em Beja (Portugal); mas decidiu retornar ao Brasil, passando a residir em Vila Rica, onde conviveu com inúmeros intelectuais e poetas, como Alvarenga Peixoto, Cláudio Manuel da Costa e Cônego Luís Vieira.

Apaixonado por uma jovem da sociedade local – a Maria Doroteia Joaquinha de Seixas –, transformou-a no principal centro de sua inspiração poética, dando-lhe o nome de Marília, enquanto se chamava Dirceu. E foram muitos os versos a ela dedicados. Em 1792, publicou a primeira parte de sua obra poética, em Lisboa, justamente intitulada *Marília de Dirceu*. Gonzaga escreveu também poemas satíricos em forma de cartas, que ficaram célebres e conhecidas como as "Cartas Chilenas", para marcar a oposição ao governador Luís da Cunha Meneses. Em fevereiro de 1786, antes da eclosão da Inconfidência Mineira, esses poemas circularam em manuscritos e anônimos pela cidade de Vila Rica. A descoberta de seu envolvimento com a Inconfidência custou sua prisão, o confisco de sua riqueza e o degredo para Moçambique.

Segundo o crítico Antonio Candido,

> [...] com Tomás Antônio Gonzaga [...] o Arcadismo encontrou no Brasil a mais alta expressão. Na sua obra há um aspecto de erotismo frívolo, expresso principalmente nas poesias de metro curto, anacreônticas em grande parte, celebrando a namorada, depois noiva, sob o nome pastoral de Marília. Mas ela vale sobretudo pelas de metro longo, voltadas para a expressão lírica da sua própria personalidade. Nelas, com admirável simplicidade e nobreza, traça um roteiro das suas preocupações, da sua visão do mundo e, depois de preso, do seu otimismo estóico.

Tomás Antonio Gonzaga – patrono da cadeira 37 da Academia Brasileira de Letras – faleceu no exílio em dia desconhecido, no mês de fevereiro de 1810.

Fontes:

http://www.sonetos.com.br; http://www.resumosdelivros.com.br; http://www.jayrus.art.br

VALDIMIR DINIZ (1947-1986)

Valdimir Diniz nasceu em Belo Horizonte, no dia 5 de maio de 1947. Começou a escrever no *Suplemento Literário Minas Gerais* ainda no final da década de 1960. Através do Grupo Beco, que realizava espetáculos de música e poesia em Belo Horizonte, e da revista de vanguarda *Vereda*, na qual publicava seus poemas, participou do meio cultural da capital mineira, revelando-se um dos autores da emblemática Geração Suplemento. Nessa época, fez contatos com os principais poetas da vanguarda, e, entre seus amigos estavam os escritores Jaime Prado Gouvêa, Sérgio Santana, Humberto Werneck, Libério Neves e Henry Corrêa de Araújo. Como jornalista, trabalhou no *Jornal da Tarde*, de São Paulo. Em 72, seguiu para Brasília onde se tornaria editor do *Jornal de Brasília*. Em 74, passou a trabalhar como repórter econômico da revista *Veja*.

O primeiro livro – *Poesia aos sábados*, de 1971 – revela a estreia de um poeta inquieto com a palavra: cortante e agressivo, irônico e sarcástico. Em 77, com o livro *Até o 8º round,* recebeu o 3º lugar no Prêmio Remington de Poesia, publicado no ano seguinte pela Editora Francisco Alves. Esse livro já apresenta um poeta amadurecido, com uma dicção própria, envolvente mas profundamente irônica. Sua poesia espelha o inconformismo e a inquietude de uma geração; a linguagem é rica, precisa na colocação das palavras e eventuais rimas, sem subjetivismos vazios e repetições fáceis de encontrar na poesia brasileira contemporânea. Os versos são bem construídos, sem contudo perder em espontaneidade. Os temas variam desde a própria poesia aos amores, à política e aos drama pessoais.

Valdimir Diniz morreu em Brasília, no dia 8 de dezembro de 1986, em acidente de automóvel que também vitimou sua segunda mulher, Fátima, quando voltavam do velório do tio e jornalista Carlos Rodrigues, deixando quatro filhos. Em 95, o *Suplemento Literário Minas Gerais* publicou diversos poemas seus, inclusive "Quem é você". Em 98, sua obra foi incluída na antologia *A poesia mineira do século XX*, organizada por Assis Brasil.

Fontes:

Publicações do autor; http://www.verdestrigos.org (acesso em: 27 de junho de 2006); http://www.tanto.com.br (acesso em: 27 de junho de 2006).

VERA BRANT

Maria Vera Teixeira Brant nasceu em Diamantina (MG), em 15 de maio de 1932. Começou os estudos em sua cidade natal, completando-os em Belo Horizonte. Em crônica publicada no jornal *O Globo*, Maria Julieta Drummond fala sobre esse período:

> Em Belo Horizonte, cidade para a qual voltou adolescente, Vera continuou construindo seu destino corajoso: normalista, professora de Grupo Escolar, bancária, funcionária pública, aprontava sempre, namorava muito e enjoava dos pretendentes, distribuiu simpatia e risadas, fortaleceu amizades (DRUMMOND, 1986).

Mais tarde, transferiu-se para o Rio de Janeiro, onde exerceu os cargos de escriturária e inspetora de Ensino do Ministério da Educação. Conviveu intimamente com a prima e amiga Alice Dayrell Caldeira Brant, que assinava Helena Morley. Nesse convívio, conheceu Guimarães Rosa, Cecília Meireles, e outros nomes da literatura nacional. Em 1960, mudou-se para Brasília e trabalhou ao lado de Darcy Ribeiro no esforço de criar a Universidade de Brasília. Demitida pelo golpe militar em 64, enveredou-se pelo ramo imobiliário e tornou-se uma empresária de sucesso.

Publicou seu primeiro livro em 1975 – *A ciclotímica* –, depois traduzido para o inglês e o alemão. Além de ter sido muito bem recebido pela crítica, traz em sua apresentação elogios de Carlos Drummond de Andrade, Fernando Sabino, Abgar Renault, e Cora Coralina, entre outros. Em matéria do jornal *Estado de Minas*, Abgar Renault afirma o seguinte, sobre o livro:

> A sua qualidade mais notável está no mostrar como a literatura pode não ser literária, isto é, como se torna possível escrevê-la simples, direta, não artificiosa e, ao mesmo tempo, mantê-la em harmonia com os padrões naturais da linguagem falada, não ortodoxamente gramatical. [...] Um dos elementos mais ricos do livro de Vera Brant é a poesia, que reponta, aqui e ali, com freqüência, temperada de certa ironia, e enche de uma graça inesperada e triste algumas páginas (RENAULT, 1984).

Depois publicou: *A solidão dos outros*, em 1979, livro de contos marcados pelo coloquialismo, humor, monólogo interior e forte lirismo; *Ensolarando sombras*, em 1985, com memórias autobiográficas; *Darcy*, em 2002, uma biografia de seu amigo Darcy Ribeiro; *JK – O reencontro com Brasília*, em 2002, que contém relatos, testemunhos e revelações de convivência com Juscelino Kubitschek; e *Carlos, meu caro amigo* (s.d.), coletânea da correspondência que manteve por 13 anos com Carlos Drummond de Andrade.

Vera Brant reside em Brasília, pertence à Associação das Mulheres Profissionais e é diretora Administrativa da Fundação Darcy Ribeiro. Mantém um site pessoal com amplas informações sobre sua obra, livros completos, correspondências com grandes escritores, artigos, críticas, fotos, entrevista e contos, crônicas e poemas de sua autoria.

Fontes:

BRANT, Vera. "A babá de JK". *Revista Bundas*, n. 06, p. 8-11; Entrevista concedida a Millôr Fernandes, Ziraldo, Joel Silveira, Sérgio Augusto, Eliana Caruso e Fausto Wolff. Rio de Janeiro: 20-26 julho de 1999; COELHO, Nelly Novaes. *Dicionário crítico de escritoras brasileiras*. São Paulo: Escrituras, 2002; DRUMMOND, Maria Julieta. "Leitura ensolarada". In: Jornal *O Globo*, 15/11/1986, MORENO, Jorge Bastos. "Pérolas da história de um Brasil recente". In: Blog do Colunista, disponível em: http://oglobo.globo.com (acesso em: 10 de junho de 2006); RENAULT, Abgar. *A ciclotímica*. In: Jornal *Estado de Minas*, 10 de maio de 1984, disponível em: site da Fundação Darcy Ribeiro: http://www.fundar.org.br (acesso em: 6 de junho de 2006).

VERA CASA NOVA

A poeta, ensaísta, pesquisadora e professora Vera Casa Nova nasceu no Rio de Janeiro, mas reside em Belo Horizonte desde 1978. É doutora em Semiótica pela UFRJ, pós-doutora em Antropologia Visual pela *Ecole Des Hautes Études* em *Sciences Sociales*, de Paris, França. Como professora da Faculdade de Letras da UFMG e pesquisadora atuante do CNPq, tem produzido inúmeros ensaios instigantes e pesquisas na área poética contemporânea.

Seus ensaios, poemas e pesquisas encontram-se publicados em livros, jornais e suplementos literários do Brasil, do exterior, e na internet. Entre seus títulos literários estão: *Canto Zero*; *UM Q um K* (poesia); *Corpos Seriais* (poesia); *Lucia Rosas: textos impuros*; *Desertos* (com CD animado por Afonso Klein, Editora 7 Letras). Dentre os ensaios, destacamos: "Estação Imagem: desafios"; "Lições de almanaque"; "Um estudo semiótico"; "Viver com Barthes", entre outros. Possui também um programa na Rádio UFMG Educativa, chamado "Um toque de poesia", apresentado todos os dias, pela manhã e noite.

Fontes:

Publicações da autora; http://www.germinaliteratura.com.br; http://www.blocosonline.com.br

VICENTE GUIMARÃES (VOVÔ FELÍCIO) (1906-1981)

Vicente de Paulo Guimarães, mais conhecido como Vovô Felício, nasceu no dia 23 de maio de 1906, em Cordisburgo (MG), e faleceu no Rio de Janeiro, em 4 de junho de 1981. Formou-se como professor primário e, logo depois, foi nomeado inspetor federal de Ensino. O escritor, que ocupa lugar de destaque no panorama da literatura infantil brasileira, era sobrinho de Guimarães Rosa, por quem era chamado o "Andersen brasileiro". Escreveu durante 44 anos (1937-1981), nos quais publicou 36 livros e a Coleção Vovô Felício, em 6 volumes, totalizando 60 edições. Em 1937, recebeu uma carta de Monteiro Lobato saudando-o como "discípulo amado" por suas primeiras publicações.

A revista mineira *Caretinha*, que circulou de 15 de outubro de 1935 a março de 1940, publicou as primeiras histórias infantis do escritor. Em 1940, Vicente Guimarães fundou o Suplemento Infantil de *O Diário*, de Belo Horizonte, e começou a usar o pseudônimo que o consagrou – Vovô Felício. Entre as revistas que fundou, todas tiveram vida longa, como *Era Uma Vez*, que circulou até 1947, *Sesinho*, editada pelo SESI, e circulou até 1960, e a revista semanal *Histórias coloridas*, que teve 36 números. O escritor colaborou também em outras publicações, nos anos de 47 a 53, como *Vida infantil* e *Vida juvenil*. Em 1938, em Belo Horizonte, e em 1954/1955, no Rio de Janeiro, dirigiu programas infantis no rádio. Utilizando o pseudônimo de Vitor Peg, escreveu, em 1958, a novela infantil *A máquina infernal*, para a extinta TV Tupi. Em 1959, teatralizou muitas de suas histórias para a TV Itacolomi de Belo Horizonte. Ao se aposentar como inspetor de Ensino, dirigiu o Lar dos Meninos e fundou a Biblioteca Infantil no Minas Tênis Clube, ambos na capital.

Um dos seus livros mais conhecidos é *João Bolinha virou gente*, de 1943, que teve dezenas de edições e até virou nome de Rua no Rio de Janeiro. Outros títulos: *Tranquilidade* (1937); *O pequeno pedestre* (1938); *Campeão de futebol* (1939); *Lenda da palmeira* (1940); *Os bichos eram diferentes* (1941); *O frangote desobediente e a princesinha do castelo vermelho* (1943); *Histórias divertidas* (1945); *Festa de Natal* (1947); *Os três irmãos* (1946); *Quinze minutos de poder* (1946); *Rui* (1949); *O pastorzinho de Pouy* (1949); *Gurupi* (1951); *Marisa, a filha de Mireninha* (1952); *Era uma vez uma onça* (1954); *O casamento da raposa* (1954); *Vida de rua* (1954); *O carneirinho manhoso* (1955); *Anel de vidro* (1956); *O tesouro da montanha* (1957); *Os carneirinhos pretos* (1957); *O repórter João Bolinha* (1965); *Uma cidade nasce de um príncipe* (1968); *A última aventura do Sete-de-ouros* (adaptação do conto "Burrinho Pedrês", de Guimarães Rosa, de 1963); *A fama do Jabuti* (1973); *As aves e suas histórias* (1975); *Histórias alegres de Vovô Felício* (vol. I, 1974; e vol. II, 1975); *O mundo mágico do Vovô Felício* (1976); *Nonô, o menino de Diamantina* (1976); *A corrida inútil* (1978). Escreveu também um livro para adultos que narra a infância de Guimarães Rosa, *Joãozito* (1972).

Vicente Guimarães sempre se dedicou a duas áreas, ao ensino e à literatura. Monteiro Lobato chamou as publicações do escritor mineiro de "contos educativos", como foi destacado no *Dicionário crítico da literatura infantil e juvenil brasileira*. No final dos anos 1930, esse tipo de literatura era recomendado para as crianças e agradava aos pais e à escola por seu caráter educador. Já as crianças o escritor conquistou com "sua frase ágil, pitoresca, bem-humorada" (no mesmo *Dicionário crítico da literatura infantil e juvenil brasileira*). Em sua homenagem, várias bibliotecas infantis, clubes de leituras escolares e grêmios estudantis adotaram seu nome. Também foi homenageado pela Assembleia

Legislativa de Minas Gerais, que institui o dia 23 de maio, data de nascimento de Vicente Guimarães, o Dia do Livro Infantil. Em 77, ganhou o Prêmio Monteiro Lobato da Academia Brasileira de Letras pelo livro *O mundo mágico de vovô Felício*. O escritor ocupou a cadeira número 5 da Academia Brasileira de Literatura Infantil e Juvenil.

Fontes:

COELHO, Nelly Novaes. *Dicionário crítico da literatura infantil e juvenil brasileira*: séculos XIX e XX. 4. ed. São Paulo: EDUSP, 1990; GUIMARÃES, Vicente. *João Bolinha virou gente*. Belo Horizonte: Lemi, [s.d.].

VILMA GUIMARÃES ROSA

Nasceu na cidade de Itaguara, interior de Minas, no dia 5 de junho de 1931. Filha do escritor e diplomata João Guimarães Rosa e Lygia Guimarães Rosa, é contista, ficcionista, ensaísta e professora de línguas. Estudou no Colégio Notre Dame de Sion, no Colégio Sacré-Coeur de Marie, no Rio de Janeiro, e também na Universidade de Sorbonne, em Paris. Desde jovem colaborou com artigos e contos para revistas e jornais nacionais e estrangeiros, tendo alguns textos traduzidos em antologias no exterior. Lecionou francês e inglês no Colégio Andrews do Rio de Janeiro, cidade onde reside.

Estreou em livro em 1967, com *Acontecências*, coletânea de histórias do cotidiano. Ao contrário de seu pai, que era fascinado pelo sertão, a escritora sempre se mostrou fascinada pelo mar. E as histórias de *Acontecências* estão sempre ligadas ao movimento, à luz e à vida do mar como símbolos de vida duradoura. Os livros que se seguiram, como *Setestórias, Por que não?, Serendipity, Carisma e Clique*, tratam de temas relacionados aos dramas e às alegrias da vida em meio à rotina. Predomina na maioria das histórias uma reflexão sensível que parece unir passado, lembranças, presente e o real. Há também mistério, algumas falsas coincidências, e a presença de aspectos do folclore oriental, das lendas e mitos que se misturam aos fatos do cotidiano, à nostalgia da infância e da adolescência passada em diferentes países.

Vilma Guimarães Rosa é membro da Academia Teresopolitana de Letras e sócia do Pen Clube do Rio de Janeiro. Entre as muitas distinções que tem recebido, foi eleita Personalidade Feminina do Ano de 1974, no Rio de Janeiro; Mulher do Ano na Literatura para o Conselho Nacional de Mulheres do Brasil, em 1975; recebeu a Insígnia da Inconfidência pelo Governador Tancredo Neves, em 1984; e a Medalha *Chévalier de L'ordre des Arts Lettres* pelo Governo da França. Ganhou ainda o Prêmio Ensaio Biográfico pelo Pen Clube do Brasil, em 1983; e o Prêmio Joaquim Nabuco pela Academia Brasileira de Letras, em 1984.

Obras: *Acontecências* (contos e poesias, 1967); *Setestórias* (contos, 1970); *Por que não* (contos, 1972); *Serendipity* (contos, 1974); *Carisma* (contos, 1978); *Clique* (contos, 1981); *As visionárias* (contos, 1986); *Mistérios do existir* (contos, 2000); *Relembramentos* (depoimento sobre Guimarães Rosa, 2000).

Fontes:

COELHO, Nelly Novaes. *Dicionário crítico das escritoras brasileiras*. São Paulo: Escritoras Editora, 2002; COUTINHO, Afrânio dos Santos; SOUSA, José Galante de. *Enciclopédia da literatura brasileira*. 2. ed. São Paulo: Global Editora; Rio de Janeiro: Fundação Biblioteca Nacional/DNL: Academia Brasileira de Letras, 2001; ROSA, Vilma Guimarães. *As visionárias*. 2. ed. Rio de Janeiro: Nova Fronteira, 2001.

VIVALDI MOREIRA (1912-2001)

Vivaldi Wenceslau Moreira nasceu em São Francisco da Glória, distrito de Carangola, no dia 28 de setembro de 1912. Seus primeiros estudos foram realizados em Carangola e em Jequitibá. Mudou-se para o Rio de Janeiro em 1933, onde trabalhou como jornalista e formou-se pela Faculdade de Direito em 1937. De volta a Minas, fixou residência em Belo Horizonte e abraçou a profissão que realmente lhe agradava – o jornalismo. Casou-se com Ibrantina Brandão Couto Moreira, descendente de Marília de Dirceu, com quem teve os filhos Pedro Rogério Moreira, jornalista e escritor, José Maria, advogado, Eduardo Vitor, engenheiro, Maria do Céu e Ana Cristina, funcionárias do Tribunal de Contas. Vivaldi Moreira ocupou inúmeros cargos importantes, como chefe de Gabinete do secretário de Finanças, Magalhães Pinto; auditor do Tribunal de Contas do Estado; assessor no Instituto Nacional de Estudos Pedagógicos; chanceler da Medalha da Inconfidência; diretor-geral da Imprensa Oficial e chefe de Gabinete da Secretaria do Interior.

Além da participação na vida política do Estado, teve intensa vida literária e jornalística. Foram mais de 20 livros entre crítica literária, ensaios, memórias, estudos históricos e biográficos, como *Daqui e dalém* (1968); *Milton Campos, política e letras* (1972); *O velocino de ouro*; *Personagens e situações*; *Memorial e destempo* (1986); *Navegação de cabotagem*; *Anatomia do matrimônio e outros estudos*; *Carta ao futuro*; *Frauta de Márisas*; *O menino da mata e seu cão piloto* (1981), entre outros. Neste último, Vivaldi Moreira retrata com sensibilidade encantadora a vida nas primeiras décadas do século XX, através de lembranças de sua vida de menino da roça, as histórias da escola e a importante decisão de estudar em Jequitibá.

Mas, ao falar de Vivaldi Moreira, impõe-se falar também da Academia Mineira de Letras. Eleito para integrá-la em 1959, passou a presidi-la em 75, e só deixou o cargo em 97. Depois de muito empenho, conseguiu uma nova sede para a Academia e ainda construiu um prédio anexo para ampliar as instalações. Sempre dinâmico e dedicado à Casa, foi aclamado pelos seus pares 'Presidente Perpétuo' da Academia. Em 26 de janeiro de 2001, aos 88 anos, o escritor faleceu, sendo reverenciado com honras de Chefe de Estado no enterro.

Fonte:

Publicações do autor.

VIVINA DE ASSIS VIANA

Vivina de Assis Viana nasceu na Fazenda Jacaré, em Morro do Ferro, em 1940. Filha de fazendeiros, que eram antes de tudo leitores, encontrou na própria casa o espaço propício para se tornar leitora e mais tarde escritora. Os pais assinavam jornais do Rio de Janeiro – como *Correio da Manhã* e *Jornal do Brasil* – e as melhores revistas da época – como *O Cruzeiro*, *A Cigarra* e *Alterosa* – além de sempre adquirirem livros. Alfabetizada na própria casa pela mãe, aos oito anos foi mandada ao colégio interno em São João del-Rei, onde estudou por sete anos. Depois, transferiu-se para Juiz de Fora, onde concluiu o curso científico em outro internato, até mudar-se para Belo Horizonte, para fazer a Faculdade de Letras Neolatinas da UFMG. Nessa época – de 1958 a 1968 –, vivenciou os agudos momentos da ditadura. Transferiu-se, então, para São Paulo, já casada com Gilberto Mansur, onde nasceram os três filhos, os primeiros livros, e continua a residir. Antes de se dedicar exclusivamente à literatura, foi professora de Francês e de Português até 1980.

Sua obra é composta em grande parte de contos infanto-juvenis, a maioria premiados, traduzidos e publicados em livros no país e no exterior, como Polônia, Holanda e Japão. Durante a década de 1990, publicou regularmente crônicas no jornal *Estado de Minas*, que estão sendo organizadas em livro por Christian Botelho Borges. Além disso, a autora faz traduções e resenhas, participa de comissões julgadoras de literatura, faz assessoria editorial, coordenando ou criando coleções, como *Vínculos*, pela editora Ática.

Os livros de Vivina de Assis Viana tratam em sua maioria de temas atuais da vida de crianças e jovens, com um olhar crítico, mas sensível e carinhoso. *Ana e Pedro*, *O mundo é pra ser voado* (vencedor do Prêmio Jabuti de 89) e *O dia de ver meu pai* são alguns desses títulos que falam de sentimentos, angústias, alegrias e tristezas para o coração do jovem leitor. Em entrevista publicada no site de sua editora, ela explica:

> Hoje escrevo quando posso, quando tenho vontade, quando preciso. Vou apenas dizer que escrevo, por motivos óbvios, histórias rurais e urbanas. Histórias passadas em beiras de córrego, casas de fazenda, salas de aula, no sufoco das ruas, nos anos sofridos, ou melhor, nos meses sofridos de 1964... Tenho escrito para adultos, jovens, crianças. O trabalho, naturalmente é o mesmo. A emoção também (http://www.atica.com.br).

Entre seus livros, estão: *Ana e Pedro* (coautoria com Ronald Claver, 1991); *O barulho do tempo* (1987); *O dia de ver meu pai* (1988); *O jogo do pensamento* (1984); *Meu dente caiu* (1986); *O mundo é pra ser voado* (1988); *Quero perguntar ao mundo* (1995); *O rei dos cacos* (1917); *Será que ele vem?* (1986); *Segredo bem guardado* (1991); *Sabe de uma coisa: Diário de uma adolescente* (1989); *Os passarinhos do mundo* (2009); entre outros.

Fontes:

Publicações da autora.

WALDEMAR EUZÉBIO PEREIRA

Waldemar Eusébio nasceu em Montes Claros, em 24 de junho de 1946. Desde cedo recebeu a influência musical e a herança cultural africana do seu pai, Geraldo Euzébio, que tocava cavaquinho, bandolim, violão, além de cantar e dançar. Sua mãe, a costureira Inês Pereira, era de origem indígena. O casal teve 16 filhos.

Em sua terra natal, o escritor concluiu o ensino médio e aprendeu a tocar violão, mudando-se para a capital mineira, em 1971, onde se formou em Direito pela UFMG e se casou com Maria Regina Pilati Pereira. Frequentou em Belo Horizonte os principais pontos de encontro de intelectuais na década de 1970, como as livrarias da cidade e os tradicionais bares do Edifício Maletta.

Estreou na literatura em 1976, com *Prosoema*, que foi bem recebido pela crítica. Seu segundo livro, *Do cinza ao negro*, foi publicado anos depois, em 1993. Além deles, possui várias publicações em jornais e revistas literárias como os *Cadernos Negros*, de São Paulo. Em 2004, reuniu alguns contos e publicou *Achados*, seu livro mais recente. Waldemar Euzébio também escreve crônicas e trabalha como músico, tendo em seu currículo a composição de várias trilhas sonoras de peças de teatro.

Fonte:

Publicações do autor; http://www.letras.ufmg.br (acesso em: junho de 2007).

WALDEMAR VERSIANI DOS ANJOS (1901-1980)

Waldemar Versiani nasceu em 3 de fevereiro de 1901, em Montes Claros, e faleceu em 4 de abril de 1980, em Belo Horizonte. Médico, cientista, professor, ficcionista e boêmio convicto, era o nono filho do casal Antônio Pereira dos Anjos, professor e fazendeiro, e Carlota Versiani dos Anjos, e irmão do escritor Cyro dos Anjos. Fez os estudos na Escola Normal de Montes Claros e formou-se pela Faculdade de Medicina da Universidade Federal de Minas Gerais, em 1928. Concluiu também cursos de especialização e aperfeiçoamento do Instituto Manguinhos, no Rio de Janeiro. Depois de diplomado, clinicou em São João Evangelista, onde organizou o Posto de Higiene, dirigiu o Centro de Saúde de Montes Claros, e trabalhou em Divinópolis por sete anos na Diretoria de Saúde Pública. Somente então fixou residência em Belo Horizonte e ocupou o cargo de biologista do Instituto Ezequiel Dias, fundou o Laboratório Pasteur, onde trabalhou por 20 anos, e instituiu o primeiro serviço de transfusão de sangue da capital mineira. Foi casado com Maria Zonólia Correia Rabelo Versiani, também cientista, professora e escritora.

Como professor, lecionou Francês no Curso Livre de Humanidades de São João Evangelista, por ele fundado em 1931; foi assistente da Cadeira de Doenças Infectuosas e Tropicais da FFMG, em 1941; lecionou Fundamentos Biológicos da Educação e da Zoologia na FFMG, atual FAFICH-UFMG, no período de 1943 a 1948, e lecionou Parasitologia na Escola de Saúde Pública (1947-1948). Membro de inúmeras entidades científicas, foi também membro da Sociedade de Escritores Médicos, da Academia Municipalista de Letras de Minas Gerais, da Academia de Letras de Montes Claros e da Academia Mineira de Letras.

Waldemar Versiani dos Anjos publicou artigos científicos e três romances: *Jornal de Serra Verde* (1966); *Simplício* (1971); *Barca dos aposentados* (romance, 1978); *Ramon y Cajá*; *Charles Darwin, o homem* (ensaio); *Os médicos de Eça de Queiroz* (ensaio); *Meu trabalhinho de descobertas em Ciências Naturais* – iniciação às Ciências; *Meu novo livrinho de Ciências e Os seres vivos* – obras didáticas. Publicou ainda trabalhos sobre esquistossomose, a doença de Chagas, malária e parasitologia, que foram divulgados em revistas especializadas.

Fontes:

Dicionário biográfico de Minas Gerais, Período Republicano. 1889 – 1991. Belo Horizonte: Assembleia Legislativa do Estado de Minas Gerais. V. 1, 1994; ARAÚJO, Zilah Corrêa de. "Waldemar Versiani dos Anjos no depoimento de sua esposa Maria Zenóbia Rabelo". Belo Horizonte. *Suplemento Literário Minas Gerais*. v.1, n. 8, p. 4-5, out. 1966.

WANDER PIROLI (1931-2006)

Nasceu em Belo Horizonte, em 30 de março de 1931, no bairro boêmio da Lagoinha, lugar que tanto apreciava e onde começou as primeiras incursões no mundo das letras. Ali, na sua juventude, junto com os amigos Reynaldo Marques, Roberto Pereira dos Santos e Maron Tanus, fundou uma equipe de futebol do bairro – o Lagoinha Futebol Clube. Estudou no Grupo Escolar Silviano Brandão e no Colégio Arnaldo. Formou-se

Técnico em Contabilidade, e, em 1958, tornou-se bacharel em Direito pela Universidade Federal de Minas Gerais. Atuou por cinco anos como advogado trabalhista e foi funcionário público da Secretaria da Agricultura. Iniciou como repórter em 62 e logo passou a editor do polêmico jornal *Binômio*, o primeiro jornal alternativo de Minas Gerais, criado no governo JK para ser de oposição. Também trabalhou em outros jornais, como *O Diário*, *O Sol*, *Diário de Minas*, *Diário de Belo Horizonte*, *Jornal do Shopping*, *Última Hora* e *Estado de Minas*. Em 76, foi secretário do *Suplemento Literário Minas Gerais*, onde deixou dezenas de artigos sobre a cultura mineira.

Na literatura, estreou com o livro de contos *A mãe e o filho da mãe*, em 1966. Em 1974, publicou *O menino e o pinto do menino*, que repercutiu por todo o País, tal a polêmica provocada pelo uso da linguagem coloquial e a presença de um palavrão, consagrando-o nova literatura infanto-juvenil nacional. Essa tendência – chamada também de realismo para crianças – defendia o direito de as crianças lerem livros que tratassem de forma realista questões e problemas presentes no seu dia a dia, como separação dos pais, primeira menstruação, morte de mãe, ciúmes de irmão, ecologia, poluição, entre outros. Em 1975, o autor foi convidado a inaugurar a Coleção do Pinto da Editora Comunicação com esse título.

Seguiram-se outros livros, como *Os rios morrem de sede* (1974), vencedor do Prêmio Jabuti e considerado pela Associação Paulista de Críticos de Arte o Melhor Livro Infantil naquele ano; *Macacos me mordam* (1978) e *Os dois irmãos* (1980). Em 1983, Piroli teve dois livros traduzidos para o búlgaro – *Os morrem de sede* e *O menino e o pinto do menino*, pela Editora Otechestvo de Sofia, com tiragem de 5.000 exemplares. Em 1980, voltou a escrever para o público adulto, após 14 anos: lançando *A máquina de fazer amor*, e *Minha bela putana*, que inova ao trazer contos escritos em versos.

Seus contos encontram-se inseridos em diversas antologias, do exterior e do Brasil, como *Os melhores contos do século XX*, organizado por Ítalo Marconi; e *Os melhores contos de Wander Piroli*, de 1996. No projeto intitulado *BH: a cidade de cada um*, organizado pelos jornalistas José Eduardo Gonçalves e Sílvia Rubião, em 2004, que pretende realizar um resgate da memória da cidade de Belo Horizonte, valendo-se de impressões de mineiros ilustres sobre pontos da cidade, Wander Piroli ficou responsável pelo bairro boêmio da Lagoinha, que ele bem conhecia.

O escritor faleceu no dia 3 de junho de 2006, deixando cerca de 19 livros inéditos. São eles: "Pra pegar bagre de dia é preciso sujar a água" (infantil); "Três menos um é igual a sete" (infantil); "Se não tem pra nós, não tem pra ninguém" (infantil); "Vinte poemas imorais e uma canção indecente" (poesia sem poesia); "Se é puro não presta" (contos); "É proibido comer grama" (contos parapoliciais); "Canto mortal das cigarras" (teatro); "Uma atrás da outra" (crônicas e contos); "O matador" (infantil); "Como se faz um bandido" (infantil); "Eles estão aí fora" (romance); "Segundo Elza" (romance); "Os peixes saem andando" (infantil); "Para jovens em idade escolar" (crônicas e contos juvenis); "Sem tirar nem pôr" (memória); "Amanhã é sempre o mesmo dia" (contos); "Todo grande amor é marginal" (entrevistas); "A vida é o melhor negócio" (memórias). Seu espólio intelectual integra o acervo de Escritores Mineiros, da UFMG

Fontes:

ANDRADE, Euclides Marques. "Os rios morrem de sede". *Suplemento Literário Minas Gerais*. Belo Horizonte, 18 dez.1976. Seção Literatura Infantil, p. 10; BRANCO, Wilson Castelo. "Uma nova experiência no conto". *Suplemento Literário Minas Gerais*. Belo Horizonte, 1966, p. 4; LOPES, Carlos Herculano. "Histórias que brotam da vida". *Estado de Minas*, Belo Horizonte, 27 abr. 2003. Caderno Cultura, Capa e p.7; LOPES, Carlos Herculano. "Pelo viés da emoção". *Estado de Minas*, Belo Horizonte, 28 set. 2004. Caderno Cultura, p.5; LUCAS, Fábio. *Mineiranças*. Belo Horizonte: Oficina de Livros, 1991.

WHISNER FRAGA

Whisner Fraga nasceu em Ituiutaba (MG), em 1971, mas reside em Ribeirão Preto (SP). Possui graduação em Engenharia Mecânica e doutorado em Engenharia Mecânica na USP. Recentemente ingressou no curso de Letras na Universidade de São Carlos (UFSCar). Como ficcionista, tem conquistado alguns prêmios, como o Prêmio Edições Galo Branco, em 2002, no Rio de Janeiro; e o Prêmio do Concurso de Contos Luiz Vilela, em Belo Horizonte, em 2007.

Publicou os seguintes títulos: *O Livro do Verbo* (poesia); *Seres e sombras* (contos); *Coreografia dos danados* (contos, vencedor do Concurso de Contos das Edições Galo Branco); *Cidade devolvida* (contos); *As espirais de outubro* (romance). E integra diversas antologias, tais como: *III Antologia de Poetas de Ituiutaba* – ALAMI; *IV Antologia de Poetas de Ituiutaba* – ALAMI; *V Antologia de Poetas de Ituiutaba* – ALAMI; I Antologia de Contos – ALAMI; Antologias do Concurso de Contos Luiz Vilela; Antologias do Concurso Newton Paiva; Antologias do Mapa Cultura Paulista; Antologias do Prêmio Barueri de Literatura; Antologias da Fundação Cultural Cassiano Ricardo; e Antologias da Editora Blocos.

Fontes:

Publicações do autor; http://www.edicoesgalobranco.com.br (acesso em: outubro de 2008); http://sitededicas.uol.com.br (acesso em: outubro de 2008); http://www.verdestrigos.org (acesso em: outubro de 2008).

WILMAR SILVA

Nasceu no dia 30 de abril de 1965, em Rio Paranaíba (MG), e passou parte da infância em sua cidade natal. Mudou-se para Ibiá, onde deu início ao seu percurso pelas artes. Ainda na adolescência, Wilmar Silva começou a escrever poemas e fundou um grupo teatral onde atuava como ator e representava peças de própria autoria. Mudou-se para Belo Horizonte em 86, publicando nesse ano o primeiro livro – *Lágrimas e orgasmos*. Desde então, publicou: *Águas selvagens* (1990); *Dissonâncias* (1993); *Moinho de flechas*

(1994, que recebeu o Prêmio Jorge de Lima de Poesia da União Brasileira de Escritores); *Cilada* (1997, que foi adaptado para o teatro por Geraldo Octaviano); *Solo de colibri* (1997, que recebeu o Prêmio Blocos de Poesia); *Seiva* (1997); *Pardal de rapina* (1999); *Anu* (2001), *Arranjos de pássaros e flores* (2002); *Cachaprego* (2004). Tem participado também de antologias, como *A poesia mineira no século XX*, organizada por Assis Brasil, 1998; *Antologia da nova poesia brasileira*, de Olga Savary, 1992; *Fenda* – 16 poetas vivos, de Anelito de Oliveira; de 2002, entre outras. E organizou também uma antologia, que intitulou *O achamento de Portugal*, em 2005. Wilmar Silva é ainda o curador do Projeto Terças Poéticas, que se realiza no Palácio das Artes.

A arte de Wilmar Silva se destaca em vários aspectos. A união entre o ator e o escritor permitiu o surgimento de um poeta performático, que dá ao trabalho poético uma desenvoltura e um tom de grande contemporaneidade. Sua poesia não tem preocupação com rimas e métrica, mas com a linguagem, que é reinventada o tempo todo, tanto na forma como no léxico, e explorada no que tem de mais sonoro, lírico e musical.

Fontes:

Publicações do autor; http://www.tanto.com.br (acesso em: maio de 2006); http://www.escritoriodehistorias.com.br (acesso em: maio de 2006).

WILSON ALVARENGA BORGES

Nasceu em Cássia, interior de Minas Gerais, em 9 de setembro de 1922. Tem diversos livros de poesia publicados, como *Canção para Lamis* (1954); *O silêncio e a rosa* (1956); *Revelação do homem* (1963); *O verbo e o tempo* (1967); *O ofício lírico* (1969); *O peregrino* (1970); *Claresfera* (1973); *Flor dos extremos* (1981); *Plurifala* (1985) e *Remição* (1989). E também de outros gêneros, como de crônica – *Notícia de pássaro*, de conto – *Negócio de menino;* e de ensaio – *Prosa complementar* e *Meditação sob a ponte*. Mas foram suas poesias, que tratam principalmente de sentimentos e aflições humanas, que o tornaram conhecido.

Fontes:

Publicações do autor.

WILSON DE LIMA BASTOS

Nasceu em 1915, em Juiz de Fora, onde desempenhou por muitos anos a função de professor de Sociologia e Letras na UFJF. Conhecido estudioso do folclore nacional, é membro efetivo da Comissão Mineira de Folclore. Além disso, foi presidente do Centro de Estudos Sociológicos de Juiz de Fora e do Instituto Histórico e Geográfico.

Na literatura, escreveu desde crônicas até livros teóricos e de crítica literária. Principais obras: *Hortus conclusus* (1953); *Crise de autoridade* (1956); *Em torno do parlamento* (1957); *Rosa mística* (1962); *No orvalho do céu* (1964); *A nordestina e outras 49 crônicas* (1964) e *Uma viagem inesquecível* (1970).

Fontes:

Publicações do autor.

WILSON PEREIRA

Nasceu em 1º de setembro de 1949, em Coromandel (MG). Aos dois anos, mudou-se com a família para Patos de Minas, onde se formou em Literatura pela Faculdade de Filosofia, Ciências e Letras da cidade. A partir de 1976, foi morar em Brasília, onde lecionou Literatura Brasileira e Língua Portuguesa. Em 1974, lançou *Escavações no tempo*, no mesmo ano em que participou da Antologia *Vôo vetor*. Lançou ainda *Pé de poesia*, em 1995, e *Amor de menino*, em 1997.

Suas poesias têm como principal marca o especial cuidado no uso das palavras e da sintaxe, como se estivesse montando um jogo, e a exploração estética e visual das palavras, que faz lembrar as propostas do concretismo e do poema visual. Entre os temas mais recorrentes, estão o pacifismo, a dignidade humana, a compaixão e a solidariedade.

Fontes:

Publicações do autor.

Y

YEDA PRATES BERNIS

Yeda Prates Bernis nasceu em Belo Horizonte, onde sempre residiu. Destaca-se como poeta, ensaísta, pianista e cantora. Foi casada durante muitos anos com o jornalista Nei Octaviani Bernis, falecido em 2005, com quem teve cinco filhos. Ela costuma dizer que deve o amor pela literatura e pela arte aos pais e à prima Vanessa Neto, que foi "musa de toda uma geração de intelectuais de Belo Horizonte, como Fernando Sabino e Murilo Rubião", segundo conta. Começou a escrever ainda criança, e as primeiras produções literárias tiveram a forma de sonetos.

Escritora formada em Letras Neo-Latinas pela UFMG, cursou também canto e piano no Conservatório Mineiro de Música. Foi eleita por unanimidade sócia correspondente da Academia Lusíada de Ciências, Letras e Artes, e nomeada Personalidade Ilustre pela Fundação Cultural dos Professores do Estado de Belo Horizonte, por ocasião do Centenário de Belo Horizonte, em 97. Foi coordenadora do Projeto de Desenvolvimento Integrado da Arte/MEC-MG, assessora para assuntos culturais da Secretaria de Educação, integrante do Conselho Estadual de Cultura, diretora da Sociedade Amigos da Cultura e fundadora entusiasmada do Coral Madrigal Renascentista de Belo Horizonte.

A estreia nas letras aconteceu em 1967, com o livro de poemas *Entre o rosa e o azul*, que ganhou o Prêmio Cidade de Belo Horizonte. Outros livros também receberam prêmios importantes, como *Grão de arroz* – Menção Especial no Prêmio Jorge de Lima, 1995, da União Brasileira de Escritores do Rio de Janeiro; *O rosto do silêncio* – Prêmio Olavo Bilac, da Academia Brasileira de Letras (1992), e Prêmio Alejandro José Cabassa (1992), conferido pela União Brasileira de Escritores do Rio de Janeiro, e Personalidade Cultural, da U.B.E. – Rio de Janeiro; *À beira do outono* – Prêmio *Hors-Concours* Jorge de Lima (1995), da União Brasileira de Escritores do Rio de Janeiro; *Encostada na paisagem* – Prêmio Conjunto de Obras da UEB do Rio de Janeiro (1999) e Medalha Auta de Souza da UEB do Rio de Janeiro (2001). Recebeu ainda a importante Condecoração

Ordem do Cedro-Grau de Cavalheiro, do Governo do Líbano, por textos poéticos sobre o país, divulgados no mundo árabe, e ainda a Placa de Prata do Instituto Cultural Newton de Paiva Ferreira em 1997. Yeda Prates tem ainda poemas musicados por Camargo Guarnieri, sob o título *Tríptico de Yeda*; e poemas traduzidos para o italiano, o inglês, o espanhol, o francês e o húngaro, divulgados no exterior.

Como toda escritora, Yeda reconhece que teve muitas influências, mas destaca principalmente Henriqueta Lisboa, Carlos Drummond de Andrade, Cecília Meireles, Abgar Renault, Pablo Neruda e Jorge Luis Borges, que "ama de paixão", conforme suas palavras. Segundo alguns críticos, a poetisa sofisticou aos poucos sua arte poética, explorando uma poesia com temática existencialista que ora é simples, ora é extremamente elaborada. Suas obras revelam uma face mística, uma linguagem aparentemente desprovida de formalidade, um olhar que encara o mundo de frente.

Livros publicados: *Entre a rosa e o azul* (poesia, 1997); *Enquanto é noite* (1974); *Palavra ferida* (1979); *Pêndula* (1983, 2. ed.1986); *Grão de arroz* (1986); *O rosto do silêncio* (1992); *À beira do outono* (1994); *Encostada na paisagem* (1998); *A poesia no século XX* (1998); *Cantata* (2004); *Viandante* (2007). Nessa obra, constituída de 41 poemas, Yeda presta uma singela e poética homenagem à memória do seu marido, o jornalista Ney Octaviani Bernis.

Fontes:

COELHO, Nelly Novaes. *Dicionário crítico de escritoras brasileiras*. São Paulo: Escrituras, 2002; GOULART, Audemaro Taranto. "A palavra do resgate". In: jornal *Estado de Minas*, de 17 de fevereiro de 2007; http://www. caleidoscopio.art.br (acesso em: 17 de junho de 2006); http://www.blocosonline.com.br (acesso em: abril de 2006).

YMAH THÉRES (IMACULADA TERESINHA MIRANDA RIBEIRO)

Imaculada Teresinha Miranda Ribeiro – ou Ymah Théres – nasceu na cidade de Lima Duarte (MG), em 28 de julho de 1939, e reside atualmente em Juiz de Fora. É poeta, ficcionista e jornalista formada pela Universidade Federal de Juiz de Fora. Fez vários cursos de extensão universitária, entre eles, sobre o folclore e a língua francesa. A carreira literária teve início com a publicação de textos na imprensa e em antologias.

Em 73, publicou o primeiro livro de poesias, intitulado *Elegias*. Em 86, lançou *Escrínio/Asa de borboleta* e *Musgos & gerânios*, ambos de poesia, sendo o primeiro escrito em parceria com seu pai, o poeta João Ribeiro de Oliveira. *Canções de convés* foi publicado em 88 e, no ano seguinte, *Haicais*. O ano de 92 foi bastante produtivo para a autora, que publicou os seguintes títulos: *Na concha do ouvido* (poesia); *Acervo de cristais* (contos); o romance *Diário esparso de Mariana*, e mais dois livros de poesia: *Solo de flauta doce* e *Treze cartas dos ventos de agosto*. Novamente, Ymah Théres organiza uma antologia em parceria com seu pai, que se intitula *Flor & Cipreste* em 94, e, no mesmo ano, publica *Menina em flor*, também de poesia. Os últimos livros foram: *Ramalhete de alecrim* (1998) e *Flor de outono* (1999), ambos de poesia. Ela publicou também alguns contos no *Suplemento Literário Minas Gerais* e em antologias e fez uma incursão pela literatura infantil.

Nos contos, há forte recorrência aos temas relacionados ao universo feminino, como maternidade, traição e amor. Além disso, há carência intencional de diálogos, prevalecendo o tom intimista do fluxo de consciência. Já em sua poesia, encontram-se predominantemente presentes no eu-lírico o sentimento de desencanto, bem como o de impotência perante os acontecimentos da vida.

Fontes:

COUTINHO, Afrânio. SOUZA, J. Galante. *Enciclopédia da Literatura Brasileira*, volume II. Rio de Janeiro: Editora Global, 2001; NOVAES, Nelly Coelho. *Dicionário crítico de escritoras brasileiras*. São Paulo: Escrituras, 2002.

Z

ZILAH CORRÊA ARAÚJO (BÁRBARA DE ARAÚJO) (1916-1975)

A escritora nasceu em Campo Belo, Minas Gerais, em 1916, e faleceu em 1975. Usando o pseudônimo de Bárbara de Araújo, ingressou na literatura. Era filha do doutor Lafayette Corrêa de Araújo, advogado e professor de português, e de D. Josephina Rios de Araújo, professora primária. Era irmã de Laís e Maria Lysia, também escritoras. Seu pai foi poeta, orador admirado, colaborador de vários jornais de São João del-Rei, onde exerceu o cargo de promotor público. Sua mãe, conhecida como "D. Finica", também demonstrou uma "queda" literária e foi considerada uma das melhores educadoras de sua época.

Zilah formou-se na Escola Normal Nossa Senhora da Conceição de São João del-Rei. Após o falecimento de seu pai, transferiu-se para o Rio de Janeiro e posteriormente para Belo Horizonte, onde realizou o curso de Comércio (hoje, Contabilidade), o curso de Ciências Econômicas e o curso de Direito da UFMG. Nessa instituição, fez também a pós-graduação em Direito Público. Como estudante de Ciências Jurídicas, recebeu dois importantes prêmios universitários nacionais: um pela monografia sobre Bernardo de Vasconcelos, e outro pelo ensaio sobre a Liga das Nações.

A escritora obteve sucesso nas duas áreas a que se dedicou: como profissional liberal e escritora. Iniciou a carreira literária escrevendo contos para a revista *A Cigarra* e a revista *O Cruzeiro*, do Rio de Janeiro, que lhe encomendou um romance. Foi a partir daí que Zilah começou a publicação de *Uma flor sobre o muro*, obra de ficção que possui como cenário a histórica cidade de São João del-Rei. Publicada em folhetins na revista *O Cruzeiro*, logo, a pedido do público, apareceu sua edição em livro, em 1955. No ano seguinte, recebeu o Prêmio Othon Bezerra de Melo da Academia Mineira de Letras. O segundo romance saiu pela Editora José Olympio, intitulado *Loja das ilusões*, que obteve a mesma repercussão do primeiro, recebendo o Prêmio Júlia Lopes de Almeida, da Academia Brasileira de Letras.

Zilah Corrêa de Araújo publicou o livro de contos *O bezerro de ouro*, com o qual recebeu o Prêmio João Alphonsus, da Secretaria de Educação do Estado de Minas Gerais, em 1961, mas que só foi publicado em 1970, pela Imprensa Oficial. Outro romance – intitulado *E oferecerás a tua outra face* – obteve, em 1969, o Prêmio Nacional de Ficção da Academia Paulista de Letras. E com outro livro de ficção romanesca, intitulado *A flor do tempo*, a escritora recebeu o Prêmio de Literatura Cidade de Belo Horizonte. Recebeu ainda o Troféu Fundepar, pela 3ª colocação no famoso Concurso Nacional de Contos promovido por essa instituição do Paraná. A antologia *Você faz questão de saber o que está acontecendo ou faz como todo mundo?*, foi publicada em São Paulo e incluiu o conto "A estante" da escritora, entre os 12 selecionados no volume.

A escritora teve algumas atuações no campo da literatura teatral, tendo recebido o Troféu Tele-Teatro Cacilda Becher, da Tv Record de São Paulo, por sua peça *Conselheiro sentimental*. Foi condecorada com a medalha de bronze da Academia Mineira de Letras e eleita membro do Instituto Histórico e Geográfico de Minas Gerais, colaborando com artigos sobre a História na revista dessa instituição. Hoje, sua obra encontra-se esgotada nas primeiras edições, e seu nome ameaça tornar-se desconhecido das novas gerações, o que seria lastimável para a literatura.

Fontes:

ANDRADE, Lígia Bruzzi de. *Bibliografia de Zilah Corrêa de Araújo/* 1941 a 1971. Belo Horizonte, 1971 (localizado no setor de Coleção Mineiriana da Biblioteca Pública).

ZIRALDO

Ziraldo Alves Pinto nasceu em Caratinga (MG), em 24 de outubro de 1932, onde viveu até 1952. Com apenas seis anos, teve seu primeiro desenho publicado na *Folha da Manhã*, jornal belo-horizontino. Depois publicou as primeiras histórias em quadrinhos nas revistas *Sesinho*, *Vida Infantil* e *Vida Juvenil* e colaborou com charges nos últimos números de *O Malho*. Em Belo Horizonte, ingressou na Faculdade de Direito da UFMG, enquanto continuava publicando trabalhos na revista *Era uma Vez*, e posteriormente, na *Folha de Minas*. Ao se formar, em 1957, mudou-se para o Rio de Janeiro, onde publicou trabalhos em *A Cigarra* e na revista *O Cruzeiro*. Na década de 1960, foi responsável por um dos momentos mais importantes dos quadrinhos nacionais com a criação da Turma do Pererê, publicado mensalmente durante cinco anos, em *O Cruzeiro*.

Os anos pós-64 foram os anos da conscientização política de Ziraldo. Até então, só fazia *cartoons* humorísticos e caricaturas de costumes. Começou então a colaborar no *Pif-Paf*, jornal de crítica política editado por Millôr Fernandes, fechado pela censura no oitavo número. Em 69, após a edição do AI-5, ato institucional que marcou o auge da repressão, lançou, juntamente com Millôr, Jaguar, Sérgio Augusto, Ivan Lessa, Tarso de Castro, Henfil, Paulo Francis e outros, o semanário *Pasquim*. De acordo com Ziraldo, o *Pasquim* foi "um centro difusor de jornalismo crítico de resistência à ditadura. Foi também o grande celeiro de humoristas pós-68". Seu talento começa a ser reconhecido internacionalmente com a publicação de seus trabalhos na importante revista *Graphis*, e nas revistas *Penthouse* e *Private Eye*, da Inglaterra; *Plexus* e *Planète*, da França; e *Mad*, dos Estados Unidos.

Em 1969, publicou *Flicts*, seu primeiro livro infantil, que vai conquistar leitores em todo mundo. E vieram outros livros como *O planeta lilás* e *O menino maluquinho*, que se tornou o maior sucesso editorial da Bienal de São Paulo, ganhou o Prêmio Jabuti, da Câmara Brasileira do Livro e vendeu mais de oito mil exemplares mensais no ano de 1981, sendo ainda adaptado para o teatro, para o cinema (dois filmes) e para a *web*. Teve ainda uma versão para ópera infantil, feita pelo maestro Ernani Aguiar. Ainda na década de 1980, lançou *O pipoqueiro da esquina*, em coautoria com Carlos Drummond de Andrade.

Já consagrado, Ziraldo teve vários de seus personagens transformados em selos comemorativos no Natal, foi homenageado por escolas de samba, ganhou um programa na TV Educativa – programa *Ziraldo – um papo*, e foi ainda convidado para montar um parque temático em Brasília – o *Ziramundo*. Quando completou 70 anos, em 2002, foi feito um documentário por Marisa Furtado – *Ziraldo, profissão cartunista* –, que foi exibido pela TV Senac. E, após 35 anos de sua publicação, o livro *Flicts* valeu a Ziraldo o Prêmio Internacional Hans Christian Andersen, em 2004.

O pintor, cartazista, jornalista, teatrólogo, chargista, caricaturista e escritor está, como se pode perceber, em constante atividade. Uma vez indagado por Samira Youssef e Benjamin Abdala Jr. sobre projetos futuros, ele simplesmente respondeu: "Todos!".

Algumas das obras publicadas de Ziraldo são: *O bichinho da maçã* (1982); *Além do rio* (1987); *A bela borboleta* (1990); *O Abc do B* (1991); *Abc do Louro*; *O Abz do Ziraldo*; *A Leste do E* (1991); *Um amor de família* (1991), *Um bichinho na linha* (1991); *O bichinho que queria crescer* (1991); *Cada um mora onde pode* (1991); *Um C em concerto* (1991); *As anedotas do Pasquim*, *As anedotinhas do bichinho da maçã*; *As aventuras do bonequinho do banheiro*; *Um bebê em forma de gente* (1996); *O bebê que sabia brincar*; *A bola quiquica*; *A bonequinha de pano*; *Cafute e pena de prata* (texto de Rachel de Queiroz); *Os Cangurus* (teatro); *A casinha pequenina*; *O Menino Maluquinho*; *O menino da lua* (2006); entre outros.

Fontes:

Publicações do autor CAMPEDELLI, Samira Youssef. ABDALA Jr., Benjamin. *Ziraldo*. São Paulo: Abril Educação, 1982. Coleção Literatura Comentada; http://www.educacional.com.br (acesso em: junho de 2006).

ZITA MACHADO (1902-1975)

Luiza Viana Machado – mais conhecida como Zita – nasceu em Curvelo, MG, em 28 de março de 1902, mas passou sua infância em Santa Luzia, cidade que mais tarde vai retratar em vários escritos. Filha do Desembargador Pedro Batista de Azevedo Viana e de Maria Augusta Diniz Viana, foi casada com Dr. Lucas Monteiro Machado, conceituado ginecologista e professor, com quem teve três filhos.

Dentre as obras publicadas destacam-se o romance *A casa*, de 1975, que recebeu o Prêmio Cidade de Belo Horizonte; o conto "Saudade", distinguido com o Prêmio da Associação Médica de Minas Gerais; além de crônicas publicadas no Jornal *Estado de Minas*, e de poemas, que permanecem inéditos. A obra de Zita Machado não é extensa, mas traz a ótica da mulher consciente de seu papel social, e o traço competente de uma narradora que não se intimida diante de temas como a morte, a violência e o cotidiano mesquinho e sem perspectivas, de cidades do interior mineiro.

Fonte:

Publicação da autora.

ZUENIR VENTURA

Nascido em 1º de junho de 1931, em Além Paraíba (MG), Zuenir Carlos Ventura é filho de Antônio José Ventura e de Herina de Araújo. Durante a infância, residiu em várias cidades em função do emprego do pai, no Almoxarifado da Leopoldina. Em 1954, muda-se para o Rio de Janeiro, ingressa na Faculdade Nacional de Filosofia, hoje UFRJ, onde recebe o diploma de Letras Neolatinas. Foi redator de *A História em Notícia*, dirigida por Amaral Netto, que tratava de acontecimentos históricos em linguagem jornalística; trabalhou como arquivista na *Tribuna da Imprensa*, até ser promovido para a redação pelo proprietário do jornal, Carlos Lacerda; e ainda trabalhou no *Diário Carioca* e na revista *O Cruzeiro*, como chefe de Reportagem.

Em 1968, acompanhou em Paris a mobilização dos estudantes, o que rendeu excelentes reportagens. Identificado pela polícia da ditadura como agente comunista, foi preso após o AI-5, e passou alguns meses entre o Sops, o Dops, o Quartel da PM Caetano de Faria e o do Exército em Harmonia. Na ocasião, teve como companheiros de cela: Hélio Pellegrino, Ziraldo, Gerardo Mello Mourão e Osvaldo Peralva. Em março de 1969, deixou a prisão por intervenção de Nelson Rodrigues, que conseguiu, junto aos militares, sua libertação e a de Hélio Pellegrino.

Em 1988, publica *1968 – O ano que não terminou*, que logo se torna um *best-seller*, com mais de 200 mil exemplares vendidos. Anos depois, o livro serviu de inspiração para a minissérie *Anos rebeldes*, de Gilberto Braga e Sérgio Marques, na Rede Globo. Em 1994, após passar meses frequentando a favela de Vigário Geral, transformou a experiência no livro *Cidade partida*, um retrato das causas da violência no Rio, e ganha o Prêmio Jabuti de Reportagem do ano. Em 1998, publicou *Inveja – mal secreto*, da Coleção Plenos Pecados, da Editora Objetiva, em que narra seu tratamento vitorioso contra um câncer na bexiga. A convite do caricaturista Cássio Loredano, escreve também *O Rio de J. Carlos*, longo texto que acompanha os desenhos do cartunista.

Após deixar o *Jornal do Brasil*, em 99, passou a assinar uma coluna em *O Globo*, aos sábados, e outra na revista *Época*, que começa semanal e passa a quinzenal. Os textos escritos para o *Jornal do Brasil*, *O Globo* e *Época* foram reunidos no livro *Crônicas de um fim de século*. Com Heloísa Buarque de Hollanda e Elio Gaspari, publica, em 2000, o livro *Cultura em trânsito*, com textos escritos nas décadas de 1970 e 1980. Uma nova viagem ao Acre – 13 anos após a primeira – resulta no livro *Chico Mendes – crime e castigo*, tendo como base a premiada série *O Acre de Chico Mendes*, que recebe o Prêmio Esso de Jornalismo e o Prêmio Wladimir Herzog de Direitos Humanos.

Jornalista brilhante, lúcido e muito coerente, seus livros misturam ficção e realidade, e as narrativas têm uma vivacidade que empolga e encanta leitores de todas as idades. Os inúmeros prêmios que tem recebido ao longo da vida são mais do que merecidos e servem de reconhecimento por seu trabalho de registrar a história, os fatos e as personagens mais importantes das últimas quatro décadas da História nacional.

Fontes:

Publicações do autor; http://portalliteral.terra.com.br (acesso em: maio de 2006).

Rua Aimorés, 981, 8º andar – Funcionários
Belo Horizonte-MG – CEP 30140-071

Tel.: (31) 3222 6819
Fax.: (31) 3224 6087
Televendas (gratuito): 0800 2831322

vendas@autenticaeditora.com.br
http://www.autenticaeditora.com.br

ESTE LIVRO FOI COMPOSTO COM TIPOGRAFIA MINION CONDENSED E IMPRESSO
EM PAPEL OFF SET 75G NA FORMATO ARTES GRÁFICAS.
BELO HORIZONTE, ABRIL DE 2010.